# HANDELSRECHT

AUTONOME PROVINZ BOZEN SÜDTIROL · PROVINCIA AUTONOMA DI BOLZANO ALTO ADIGE
Deutsche Kultur und Familie

STIFTUNG SÜDTIROLER SPARKASSE
1854

Die Drucklegung dieses Buches wurde ermöglicht durch die
Südtiroler Landesregierung/Abteilung für deutsche Kultur und Familie
und die Stiftung Südtiroler Sparkasse.

2009 · Vierte, überarbeitete Auflage

Titelbild: Stock Exchange © Fotolia VII
Rückseite: Containerhafen bei Nacht © Peer Frings
Satz: Ferrari-Auer, Bozen
Druck: Athesiadruck, Bozen

ISBN 978-88-8266-476-3

www.athesiabuch.it
buchverlag@athesia.it

Alexander Brenner-Knoll

# HANDELSRECHT

## EINE EINFÜHRUNG

Herausgeber
Arbeitskreis Südtiroler Mittel-, Ober-
und Berufsschullehrer/innen (ASM)

VERLAGSANSTALT ATHESIA | BOZEN

# Vorwort

Eine Reihe von wichtigen gesetzlichen Neuerungen hat erneut eine Überarbeitung dieses Lehrbuches erforderlich gemacht. Dazu zählen vor allem die Umsetzung der MiFID-Richtlinie, das Verbraucherschutz-Gesetzbuch, die Reform des Insolvenzrechts, das neue Versicherungsgesetzbuch, das neue Marken- und Patentrecht, die novellierte Südtiroler Handwerksordnung und die Liberalisierung der geschützten Freiberufe. Auch der neue EU-Verfassungsvertrag (Vertrag von Lissabon), dessen Ratifizierung durch die Mitgliedsstaaten im Gange ist, wurde berücksichtigt. Obwohl nach dem irischen Nein das Schicksal des Verfassungsvertrages noch offen ist, kann man davon ausgehen, dass das Vertragswerk doch noch ohne größere Änderungen genehmigt werden dürfte.

Zahlreiche Beispiele und Fragen sollen helfen, einen Bezug zur Praxis herzustellen und sie sollen zur Lösung einfacher Fälle anregen. Dabei wurde stets berücksichtigt, dass dieses Lehrbuch vor allem für Schüler der Wirtschaftsschulen bestimmt ist. Doch soll es auch anderen Lesern einen Überblick über das italienische Handelsrecht und die damit verbundenen Bereiche bieten. Aus diesem Grund wurden die oft sehr komplexen und umfangreichen Gesetzesbestimmungen möglichst einfach dargestellt. Auf lange theoretische Abhandlungen wurde weitgehend verzichtet und dafür viel Wert auf Praxisnähe gelegt.

Ein großer Dank gebührt der Vorsitzenden des ASM, Frau Dr. Martina Adami, die dieses Buchprojekt wohlwollend unterstützt hat. Wegen der niedrigen Auflage konnte das Lehrbuch nur dank der finanziellen Unterstützung der Stiftung Südtiroler Sparkasse und der Südtiroler Landesregierung erscheinen, denen dafür besonders gedankt sei. Zum Gelingen dieses Werkes hat auch die Verlagsanstalt Athesia wesentlich beigetragen, der ich hierfür ebenfalls danken möchte.

Abschließend noch einige Bemerkungen zu den Schwierigkeiten, die bei der Arbeit an diesem Buch aufgetreten sind. Eine wesentliche Hilfe bot die bei Athesia erschienene Übersetzung des Italienischen Zivilgesetzbuches (vierte Auflage), die sich durch große Genauigkeit auszeichnet. In einigen Fällen wurde jedoch von dieser Übersetzung abgewichen, und besonders bei den Genossenschaften ergeben sich etliche Unterschiede. In diesem Fall sind die in Südtirol allgemein üblichen Bezeichnungen wie Obmann, Vollversammlung und Genossenschaftsmitglied (statt Präsident, Gesellschafterversammlung und Gesellschafter) verwendet worden. An Stelle von »allgemeinen Vertragsbedingungen« *(condizioni generali di contratto)* wurde der im deutschen Sprachraum übliche Ausdruck »Allgemeine Geschäftsbedingungen« benutzt. Unter anderem wurde für die Überschrift des V. Buches ZGB *(Del lavoro)* eine andere Übersetzung nämlich »Die Arbeit« gewählt (statt Arbeitsrecht), weil dies der ständestaatlichen Idee aus der Zeit des Faschismus besser entspricht.

Gute Dienste haben die kürzlich bei Athesia erschienenen »Gesetze über den Verbraucherschutz« geleistet, weil in diesem Lehrbuch auch auf den Verbraucherschutz eingegangen wird.

In bestimmten Fällen dürften die gewählten Übersetzungen Anlass für besondere Kritik bieten. Für *decreto legislativo* findet man in diesem Buch die Übersetzung »Ermächtigungsverordnung« (abgekürzt EVO), weil das »gesetzesvertretende Dekret« nicht überzeugt. Vielleicht müsste man der Bezeichnung »Dekret mit Gesetzeskraft« den Vorzug geben, während das in der Landesverwaltung übliche »Legislativdekret« eindeutig abzulehnen ist.

Die Leser mögen mir nachsehen, dass ich auch in einigen anderen Fällen von der amtlichen Übersetzung abweiche, wie das zum Beispiel beim »beruflich qualifizierten landwirtschaftlichen Unternehmer« *(imprenditore agricolo professionale)* der Fall ist.

In diesem Buch habe ich mich stets um eine klare und möglichst verständliche Darstellung bemüht. Die Leser und besonders die Schüler mögen darüber urteilen, ob dies auch tatsächlich gelungen ist. Anregungen, Kritiken und Verbesserungsvorschläge nehme ich gerne entgegen, und ich werde sie bei einer Neuauflage selbstverständlich berücksichtigen.

Alexander Brenner-Knoll

# Hinweise für die Leser

Im Handelsrecht sind die Verträge von hervorragender Bedeutung. Deshalb wird den Lesern empfohlen, zuerst den Abschnitt über die Handelsverträge im Allgemeinen durchzunehmen. Die Kenntnisse der grundlegenden Begriffe des Vertragsrechts sind nämlich auch eine wichtige Voraussetzung für das Gesellschaftsrecht und für die zahlreichen Arten von Handelsverträgen, die in diesem Buch behandelt werden. Zudem sollte stets ein italienisches Zivilgesetzbuch *(codice civile)* möglichst mit einer Sammlung wichtiger Einzelgesetze zur Verfügung stehen. So können nämlich die im Buch angeführten Artikel gelesen und richtig eingeordnet werden. Zur Beantwortung der Fragen am Ende der einzelnen Abschnitte ist ebenfalls ein Zivilgesetzbuch erforderlich.

Wenn im Text ein Gesetzesartikel ohne weitere Angabe angeführt wird (z. B. Art. 2043), so handelt es sich stets um einen Artikel des Zivilgesetzbuches. In allen anderen Fällen wird auch das betreffende Gesetz oder die Verordnung in gekürzter Form angegeben.

Die Fragen und Beispiele am Ende eines jeden Abschnittes ermöglichen die Vertiefung und das selbständige Erarbeiten des Stoffes. Meistens handelt es sich um stark vereinfachte Fragestellungen, die dazu dienen, wesentliche Merkmale und Unterschiede hervorzuheben. Die abgedruckten Vertragstexte sollen dazu anregen, sich mit den in der Praxis verwendeten Formularverträgen und Allgemeinen Geschäftsbedingungen kritisch auseinander zu setzen. Auch über das Internet können in diesem Zusammenhang zahlreiche Informationen erschlossen werden.

# Inhalt

# Einführung in das Handelsrecht

## Begriff

Die Wirtschaft der Industriestaaten ist durch eine starke Arbeitsteilung und hohe Produktivität sowie durch zunehmende internationale Verflechtungen gekennzeichnet. Es ergeben sich so vielfältige wirtschaftliche Beziehungen zwischen einer Vielzahl von Wirtschaftssubjekten: Unternehmen, Konsumenten und Sparer sowie öffentliche Körperschaften. Zur Regelung dieser wirtschaftlichen Beziehungen gibt es umfassende rechtliche Vorschriften, die vorwiegend in den Bereich des Handelsrechts fallen.

Das **Handelsrecht** (*diritto commerciale*) kann in unterschiedlicher Weise abgegrenzt und definiert werden. In knapper Form lässt sich dieser Bereich des Privatrechts wie folgt umreißen:

Das **Handelsrecht** regelt die rechtliche Organisation der Unternehmen, die rechtlichen Beziehungen zwischen den Unternehmen sowie ihre Beziehungen mit den Konsumenten und Sparern.

Das Wirtschaftsgeschehen innerhalb eines Staates wird somit zu einem wesentlichen Teil durch das Handelsrecht geordnet. Zusammen mit dem Personen- und Familienrecht, dem Erb- und Schenkungsrecht, dem Sachenrecht und dem Schuldrecht zählt das Handelsrecht zum Privatrecht (*diritto privato*). Teil des Handelsrechts sind auch die rechtliche Regelungen für den internationalen Waren-, Dienstleistungs- und Kapitalverkehr.

## Entwicklung des Handelsrechts

Vorschriften, die den Handel und das Gewerbe betreffen, findet man schon im Gesetzbuch des babylonischen Königs Hammurabi (1792–1750 v. Chr.) und in vielen Quellen aus der Antike. Die bedeutende römische Rechtstradition hat die spätere Rechtsentwicklung in Kontinentaleuropa stark geprägt. Der Einfluss des römischen Rechts auf die Entwicklung des Handelsrechts war jedoch eher bescheiden.

Das Handelsrecht entsteht im Mittelalter als Sonderrecht des Kaufmannsstandes.

Das heutige Handelsrecht hat seinen Ursprung im **Mittelalter**, und zwar hauptsächlich in den italienischen Handelsstädten, die damals weitgehend selbständig waren: Mailand, Venedig, Florenz, Genua, Pisa, Lucca, Siena, Amalfi, um nur die wichtigsten zu nennen. Dort entstand das Handelsrecht aus dem Gewohnheitsrecht der in Gilden (Korporationen) zusammengeschlossenen Kaufleute. Anfänglich war das Handelsrecht also das **Sonderrecht des Kaufmannsstandes** und wurde in den Statuten der Gilden und in den Stadtrechten niedergelegt.

Mit der **Ausweitung der Geldwirtschaft**, dem Aufblühen des Fernhandels und der Entwicklung der Bankgeschäfte, besonders als Folge der Kreuzzüge, vermehrten sich ab dem 12. Jahrhundert die Kontakte zwischen den Kaufleuten aus den verschiedenen Städten und Ländern. Von großer Bedeutung für den Warenhandel und den Zahlungsverkehr waren im Mittelalter die Messen: so z. B. die Messen der Champagne und, neben vielen anderen, auch die Bozner Messen. Durch diese Kontakte wurde das Handelsrecht im Mittelalter in den wichtigsten europäischen Handelsplätzen vereinheitlicht, und vielfach setzte sich das Recht der italienischen Handelsherren durch. Aus dieser Zeit sind unter anderem rechtliche Regelungen für die Personengesellschaften, das Handelsregister, die Markenzeichen sowie für Wechsel und Scheck bekannt.

Mit dem Beginn der **Neuzeit** verlagerte sich der wirtschaftliche Schwerpunkt vom Mittelmeer in den westlichen Teil Europas. Ausgehend von den Hafenstädten am Atlantik und an der Nordsee wurden neue Seewege entdeckt. Abenteurer und Soldaten, gefolgt von profitgierigen Händlern, eroberten und plünderten riesige Kolonialreiche. Gleichzeitig entwickelten sich in Europa die absolutistischen Monarchien. Bürokratie und Zentralismus schränkten die Selbstverwaltung des Kaufmannsstandes ein.

Handelsrechtliche Bestimmungen wurden im Zeitalter des **Absolutismus** hauptsächlich von den staatlichen Zentralbehörden erlassen, die das Wirtschaftsleben oft bis in die kleinsten Details zu regeln versuchten. Zur Ausbeutung der Kolonien gründete man damals Handelskompanien, aus denen sich später die Aktiengesellschaften entwickelten. Um den Waren- und Kapitalverkehr zu fördern, entstanden in dieser Zeit auch die ersten Börsen.

Die **Industrielle Revolution** (ab 1750 in England) und die **Französische Revolution** (1789) führten zu tief greifenden wirtschaftlichen, sozialen und politischen Umwälzungen. Die alte Gesellschaftsordnung wurde umgekrempelt, Zünfte und Gilden abgeschafft und gleichzeitig die Gewerbefreiheit verwirklicht. Mit dem französischen »Code de commerce« von 1807 kam es zu einer Neuregelung des Handelsrechts. Wie der »Code civil« von 1804 war auch das neue französische Handelsgesetzbuch stark vom **Liberalismus** des aufsteigenden Bürgertums geprägt. Es fußte auf den Grundsätzen der Unantastbarkeit des Privateigentums, der Gleichheit vor dem Gesetz und der Vertragsfreiheit. Das französische Beispiel wurde in vielen Ländern Kontinentaleuropas nachgeahmt. Auch das für das geeinte Italien erlassene Handelsgesetzbuch von 1865 (*codice di commercio*) lehnte sich stark an das französische Vorbild an.

Der »Code de commerce« übte einen großen Einfluss auf das Handelsrecht in anderen europäischen Ländern aus.

## Quellen des italienischen Handelsrechts

Während in einigen europäischen Ländern noch heute eigene Handelsgesetzbücher in Kraft sind (z. B. in Deutschland, Österreich und Frankreich), wurde in Italien ein wesentlicher Teil des Handelsrechts in das **Zivilgesetzbuch** (ZGB – *codice civile* – c.c.) von 1942 eingefügt und gleichzeitig das Handelsgesetzbuch abgeschafft. Die Handelsverträge sind in das Schuldrecht (IV. Buch des ZGB) eingegliedert worden. Die Bestimmungen über den Unternehmer, die Handelsgesellschaften und den Wettbewerb wurden mit Teilen des Arbeitsrechts im V. Buch des ZGB (»Die Arbeit«) zusammengefasst. Für das Wechsel- und Scheckrecht sowie für die Konkursverfahren gibt es eigene Gesetze.

Die Ausweitung und Vertiefung der internationalen Wirtschaftsbeziehungen haben dazu geführt, dass seit dem Ende des 19. Jahrhunderts einige Bereiche des Handelsrechts **international vereinheitlicht** wurden, so z. B. das Wechsel- und Scheckrecht, die Handelsklauseln im internationalen Handel, wichtige Teile des Transportrechts sowie das Patent- und Urheberrecht. Auch in Bereichen wie dem internationalen Kaufrecht sowie bei den internationalen Factoring- und Leasingverträgen hat eine internationale Vereinheitlichung stattgefunden. So wurde z. B. das **Wiener Übereinkommen** (1980) zur Regelung internationaler Kaufverträge bereits von vielen Staaten, darunter auch Italien, ratifiziert.

Der starke Aufschwung des Welthandels und die tief greifenden wirtschaftlichen Verflechtungen fördern die internationale Vereinheitlichung des Handelsrechts.

**Zivilgesetzbuch**

*(codice civile)*

| | | |
|---|---|---|
| I. Buch<br>Personen- und Familienrecht | II. Buch<br>Erbrecht | III. Buch<br>Sachenrecht |
| IV. Buch<br>**Schuldrecht**<br>*(Delle obbligazioni)*<br>Art. 1173–2058 | V. Buch<br>**Die Arbeit**<br>*(Del lavoro)*<br>Art. 2060–2642 | VI. Buch<br>Schutz der Rechte<br>*(Della tutela dei diritti)*<br>Art. 2643–2969 |
| **wichtige Bestimmungen für das Handelsrecht** | | |

**Wichtige Einzelgesetze**

*(einige Beispiele)*

| | | |
|---|---|---|
| Wechsel- und Scheckrecht | Konkursrecht | Schutz des Wettbewerbs |

Im Rahmen der **Europäischen Gemeinschaft** (EG) hat in den Mitgliedstaaten eine Angleichung (**Harmonisierung**) auf einigen Gebieten des Handelsrechts stattgefunden. Dazu zählen Teile des Gesellschaftsrechts, das Bankrecht, das Börsenrecht und das Versicherungsrecht. Im Jahr 1993 ist in der EG der **einheitliche Binnenmarkt** in Kraft getreten. Seitdem gibt es in der Europäischen Gemeinschaft einen fast völlig freien Waren-, Dienstleistungs- und Kapitalverkehr sowie die weitgehende Niederlassungsfreiheit für Unternehmen und Freiberufler. Der Vertrag von Amsterdam (1997) und die Einführung des Euro in der **Währungsunion** (1999) fördern die weitere Harmonisierung des Handelsrechts in der Europäischen Gemeinschaft und machen gleichzeitig eine Beschleunigung der Gerichtsverfahren erforderlich. Zudem hat man einige Regelungen für den rasant sich entwickelnden Geschäftsverkehr im Internet erlassen.

## Marktwirtschaft – die rechtlichen Rahmenbedingungen

In den Industriestaaten, dem reichen Teil der Erde, haben sich fast überall die Marktwirtschaft und die Demokratie durchgesetzt. Seit dem Zusammenbruch der Sowjetunion und der Planwirtschaft kommunistischer Prägung sind auch die Länder des ehemaligen Ostblocks meist unter größten Schwierigkeiten auf dem Weg zur Marktwirtschaft und zu einer »offenen Gesellschaft«. Die Entwicklungsländer unterliegen einem verstärkten Druck zur Öffnung ihrer Märkte und sie verlangen einen leichteren Zugang zu den Absatzmärkten in den Industriestaaten, um ihre Wirtschaftslage verbessern zu können.

Damit die Marktwirtschaft funktionieren kann, braucht es allgemein anerkannte und durchsetzbare Regeln. Vielfach ist es der Staat, der die wesentlichen Rahmenbedingungen für die wirtschaftlichen Tätigkeiten schafft und die erforderlichen gesetzlichen Regelungen erlässt. Dazu zählen insbesondere das Handels- und das Arbeitsrecht sowie das Steuerrecht. Durch die Beteiligung an der Europäischen Gemeinschaft und durch internationale Wirtschaftsabkommen, wie jene im Rahmen der Welthandelsorganisation (World Trade Organisation – WTO), sind allerdings die Handlungsspielräume der Staaten oft beachtlich eingeengt. So können die Mitgliedstaaten der EU ihre Wirtschaft nur sehr begrenzt mit Beihilfen fördern. Der freie Waren-, Dienstleistungs- und Kapitalverkehr darf in der Gemeinschaft nicht behindert werden. Und auch bei der Besteuerung sind im Rahmen der EU Angleichungen erfolgt. Durch die verschiedenen Welthandelsabkommen werden außerdem die Hemmnisse und Beschränkungen im weltweiten Handels- und Dienstleistungsverkehr immer stärker abgebaut.

Die wichtigsten rechtlichen Voraussetzungen für eine Marktwirtschaft (*economia di mercato*) sind das **Privateigentum** und die **Vertragsfreiheit**. Über die öffentliche Verwaltung, die Polizei und die Gerichte sorgt der Staat für die Befolgung der Gesetze und er sichert die Einhaltung vertraglicher Abmachungen. Die durch den Staat garantierte **Rechtssicherheit** ist eine wesentliche Grundlage für geordnete Wirtschaftsbeziehungen und somit ein Grundpfeiler einer funktionierenden Marktwirtschaft.

Für eine effiziente Marktwirtschaft ist außerdem die **Sicherung des Wettbewerbs** und die Beschränkung von Monopolstellungen von besonderer Bedeutung. Der Wettbewerb zwingt nämlich die Unternehmen, sich auf die Bedürfnisse der Kunden auszurichten, er fördert Innovationen und wirkt sich dämpfend auf die Preise aus. Wettbewerb und Freihandel gelten somit als wesentlicher Ansporn für Wachstum und wirtschaftliche Effizienz. Es besteht eine allgemeine Tendenz, bürokratische Hemmnisse und gesetzliche Schranken abzubauen (Deregulierung), um so den Wettbewerb und die wirtschaftlichen Entfaltungsmöglichkeiten zu fördern.

Die Marktwirtschaft und die als Globalisierung (*globalizzazione*) bezeichnete weltweite Öffnung der Märkte für Güter, Dienstleistungen und Kapital haben aber auch Kehrseiten: Die einzelnen Staaten verlieren zunehmend an Einflussmöglichkeiten auf die Wirtschaft, Anpassungskrisen überfordern den Sozialstaat, Fusionswellen führen in vielen Branchen zu internationalen Riesenunternehmen (Handel, Banken, Energie, Chemie, Tourismus usw.), gewaltige kurzfristige Kapitalbewegungen können Wirtschaftskrisen wesentlich verschärfen, die Einkommens- und Vermögensunterschiede vergrößern sich …

## Verfassungsbestimmungen für den Wirtschaftsbereich

In Italien hat die Entwicklung zum modernen Industriestaat relativ spät begonnen. Die Zeit zwischen den zwei Weltkriegen war durch die Krise der Demokratie und die faschistische Diktatur geprägt. Nach dem Sturz des Faschismus und nach der Befreiung durch die Alliierten gab sich Italien eine moderne Verfassung (1948). Sie stellt einen Kompromiss zwischen den verschiedenen politischen Kräften – Christdemokraten, Sozialisten, Kommunisten – und den oft stark auseinander klaffenden Weltanschauungen in der Verfassungsversammlung dar. Dieser Kompromiss zwischen den unterschiedlichen Positionen zeigt sich auch in den verschiedenen Verfassungsbestimmungen, die die Wirtschaft betreffen.

Die Verfassung sieht Einschränkungen der wirtschaftlichen Privatinitiative vor. Das Privateigentum wird geschützt, seine Nutzung darf aber nicht gegen das Gemeinwohl gerichtet sein. In der Verfassung fehlen hingegen Bestimmungen zum Schutz des freien Wettbewerbes.

Die italienische **Verfassung** (*costituzione*) enthält im Titel über die **Wirtschaftsbeziehungen** grundlegende Bestimmungen für die Bereiche Arbeit und Wirtschaft (Verfassung Teil I, Titel III). Sie betreffen auch die wirtschaftliche Privatinitiative und das Privateigentum.

Laut **Art. 41** der italienischen Verfassung ist die **wirtschaftliche Privatinitiative** (unternehmerische Freiheit) im Prinzip frei, unterliegt aber den Einschränkungen der Absätze 2 und 3 des genannten Artikels. Der **Staat** hat nach Art. 41 Abs. 2 der Verfassung die Möglichkeit, sich wirtschaftlich aktiv zu betätigen. Zudem kann der Staat die gesamte Wirtschaft durch Programme oder Pläne im Sinne des Gemeinwohls lenken. Eine uneingeschränkte Marktwirtschaft, aber auch eine Planwirtschaft nach dem Beispiel des ehemaligen »realen Sozialismus« sind nach Art. 41 nicht zulässig. In diesem Zusammenhang ist vor allem das Prinzip der **rechtlichen und sozialen Gleichheit** (Verfassung Art. 3) von besonderer Bedeutung.

Zwischen der wirtschaftlichen Privatinitiative und dem Privateigentum besteht ein enger Zusammenhang. Neben der unternehmerischen Freiheit schützt die Verfassung deshalb auch das **Privateigentum** (Verfassung Art. 42). Die Nutzung des Eigentums darf aber nicht dem Gemeinwohl zuwiderlaufen.

Für die Wirtschaftsordnung sind noch weitere Verfassungsbestimmungen im Titel über die Wirtschaftsbeziehungen von Bedeutung, wie z. B. der Schutz der Sparer und die Förderung des Genossenschaftswesens. Zusammenfassend kann gesagt werden, dass die italienische Verfassung Grundregeln für eine **gemischte Wirtschaftsordnung** – Marktwirtschaft mit vorwiegend privaten Unternehmen zusammen mit direkten und indirekten Eingriffen des Staates – enthält, und dass die Verfassung dem Staat beachtliche Eingriffsmöglichkeiten bietet. Stärkere staatliche Eingriffe in die Wirtschaft werden jedoch durch den EG-Vertrag (künftig EU-Verfassungsvertrag) unmöglich gemacht. Die Bestimmungen des EG-Vertrages und des künftigen EU-Verfassungsvertrages haben nämlich Vorrang vor den einschlägigen Verfassungsbestimmungen.

Mit dem Verfassungsgesetz Nr. 3/2001 (Föderalismusreform) wurden die Zuständigkeit der Regionen mit Normalstatut erweitert (Verfassung Art. 117–119), was auch zu einer Ausweitung der **primären Gesetzgebungsbefugnisse** für das **Land Südtirol** führte. Zu diesen erweiterten Befugnissen zählen auch wichtige Bereiche für die Wirtschaft, wie Handel, Lehrlingswesen und Industrieförderung. Zudem werden die Einschränkungen der primären Gesetzgebungsbefugnisse gelockert: Landesgesetze müssen künftig nur mehr im Einklang mit der Verfassung und mit den internationalen Verträgen stehen. Die Achtung der Grundsätze von wirtschaftlich-sozialen Reformgesetzen des Staates und der nationalen Interessen (Autonomiestatut Art. 8 und Art. 9) ist nicht mehr vorgesehen.

## Wirtschaftsverfassung der EU

Mit den **Römischen Verträgen** (1957) wurde der Grundstein für die **Europäische Gemeinschaft** (*comunità europea*) gelegt, die heute 28 Mitgliedsstaaten umfasst und der schon bald weitere südosteuropäische Staaten beitreten sollen. Die Einheitliche Europäische Akte (1986 – **Binnenmarkt**) und die **Verträge von Maastricht** (1992 – Währungsunion) stellten bedeutende Schritte zur Stärkung und Vertiefung der Europäischen Union dar. Nach dem Scheitern der EU-Verfassung durch das französische und niederländische Nein soll der in Lissabon (2007) unterzeichnete **Vertrag von Lissabon** die neue Grundlage für die Europäische Union bilden. Damit werden die erforderlichen Änderungen am Vertrag über die Europäische Union und am Vertrag über die Europäische Gemeinschaft vorgenommen. Diese Änderungen können aber erst in Kraft treten, wenn sämtliche 27 Mitgliedsstaaten der EU den Vertrag von Lissabon ratifiziert haben. Besondere Probleme ergeben sich dabei, weil der Verfassungsvertrag in Irland durch ein Referendum abgelehnt wurde. Trotzdem bestehen Hoffnungen, dass das Vertragswerk noch durch einen Kompromiss gerettet werden kann.

Der Reformvertrag übernimmt wesentliche Elemente des alten Verfassungsvertragsentwurfs. Er sieht eine tief greifende Reform der EU vor. Das gilt sowohl für die Institutionen und die Verfahren als auch für die Sachpolitiken wie etwa die Gemeinsame Außen- und Sicherheitspolitik, die Gemeinsame Justiz- und Innenpolitik oder die Klimaschutzpolitik. Der EU-Rat kann in zusätzlichen Bereichen mit qualifizierter Mehrheit entscheiden und muss keine Einstimmigkeit erreichen.

Der Schwerpunkt der europäischen Einigungsbestrebungen liegt im wirtschaftlichen Bereich. Auf vielen Gebieten, die das Handelsrecht betreffen (Banken, Versicherungen, Börsen, Gesellschaftsrecht usw.), haben zahlreiche EG-Verordnungen *(regolamento CEE)* und EG-Richtlinien *(direttiva CEE)* tief greifende Änderungen gebracht. Auf diese vom Rat – er besteht aus einem Minister je Mitgliedsstaat – zusammen mit dem Europäischen Parlament auf Vorschlag der EU-Kommission erlassenen Regelungen wird noch näher in den betreffenden Abschnitten eingegangen.

Hier werden nur kurz jene **Grundsätze** im Vertrag über die **Europäische Union** (EU-Vertrag) und im Vertrag über die **Arbeitsweise der Europäischen Union** behandelt, die für die Mitgliedsstaaten praktisch als Teil ihrer Wirtschaftsverfassung anzusehen sind.

Der Vertrag von Lissabon legt im **Art. 3** die **grundlegenden Ziele** der Europäischen Union fest:

Art. 3

(1) Ziel der Union ist es, den Frieden, ihre Werte und das Wohlergehen ihrer Völker zu fördern.

(2) Die Union bietet ihren Bürgerinnen und Bürgern einen Raum der Freiheit, der Sicherheit und des Rechts ohne Binnengrenzen, in dem – in Verbindung mit geeigneten Maßnahmen in Bezug auf die Kontrollen an den Außengrenzen, das Asyl, die Einwanderung sowie die Verhütung und Bekämpfung der Kriminalität – der freie Personenverkehr gewährleistet ist.

(3) Die Union errichtet einen Binnenmarkt. Sie wirkt auf die nachhaltige Entwicklung Europas auf der Grundlage eines ausgewogenen Wirtschaftswachstums und von Preisstabilität, eine in hohem Maße wettbewerbsfähige soziale Marktwirtschaft, die auf Vollbeschäftigung und sozialen Fortschritt abzielt, sowie ein hohes Maß an Umweltschutz und Verbesserung der Umweltqualität hin. Sie fördert den wissenschaftlichen und technischen Fortschritt.
Sie bekämpft soziale Ausgrenzung und Diskriminierungen und fördert soziale Gerechtigkeit und sozialen Schutz, die Gleichstellung von Frauen und Männern, die Solidarität zwischen den Generationen und den Schutz der Rechte des Kindes.
Sie fördert den wirtschaftlichen, sozialen und territorialen Zusammenhalt und die Solidarität zwischen den Mitgliedsstaaten.
Sie wahrt den Reichtum ihrer kulturellen und sprachlichen Vielfalt und sorgt für den Schutz und die Entwicklung des kulturellen Erbes Europas.

(4) Die Union errichtet eine Wirtschafts- und Währungsunion, deren Währung der Euro ist.

...

Im Zusatzprotokoll zum EU-Vertrag wird festgelegt, dass der Binnenmarkt ein System umfasst, das den Wettbewerb vor Verfälschungen schützt. Die Europäische Union verwirklicht also einen **Binnenmarkt** und eine **offene Wirtschaft**, wo der **freie Wettbewerb** gesichert wird.

Die Arbeitsweise der Union sowie die Bereiche und die Ausübung ihrer Zuständigkeiten werden durch den Vertrag über die Arbeitsweise der Europäischen Union geregelt. Damit wird der Union für bestimmte Bereiche die ausschließliche Zuständigkeit übertragen. Es sind das:

- die Zollunion,
- die Wettbewerbsregeln für das Funktionieren des Binnenmarktes,
- die Währungspolitik für die Mitgliedsstaaten des Euro-Raumes,
- die Erhaltung des marinen Lebensraums und
- die gemeinsame Handelspolitik.

Die Union teilt eine Reihe von Zuständigkeiten mit den Mitgliedsstaaten in folgenden Hauptbereichen: Binnenmarkt, Sozialpolitik (mit großen Einschränkungen), wirtschaftlicher, sozialer und territorialer Zusammenhalt, Landwirtschaft und Fischerei (ausgenommen die Erhaltung des marinen Lebensraumes), Umwelt, Verbraucherschutz, Verkehr, transeuropäische Netze, Energie, Raum der Freiheit, der Sicherheit und des Rechts, gemeinsame Sicherheitsanliegen im Bereich der öffentlichen Gesundheit.

Der **Binnenmarkt** *(mercato interno)* soll den freien Verkehr von Waren, Personen, Dienstleistungen und Kapital zwischen den Mitgliedsstaaten ermöglichen. In diesem Bereich sind bereits zahlreiche Hindernisse beseitigt worden.

Dazu kommen noch begrenzte Zuständigkeiten der Union in den Bereichen Forschung, technologische Entwicklung und Raumfahrt, Entwicklungszusammenarbeit und humanitäre Hilfe sowie ergänzende Zuständigkeiten in den Bereichen Gesundheit, Industrie, Kultur, Tourismus, allgemeine und berufliche Bildung, Jugend und Sport, Katastrophenschutz, Verwaltungszusammenarbeit.

Auf den Gebieten, die nicht in ihre ausschließliche Zuständigkeit fallen (Binnenmarkt, Sozialpolitik, Umwelt ...), wird die Union nur nach dem Grundsatz der **Subsidiarität** tätig. Das bedeutet, dass die Union nur jene Aufgaben an sich ziehen darf, die von Mitgliedsstaaten nicht selbst wahrgenommen werden können.

Einen wesentlichen Beitrag zur Marktöffnung und zum Schutz der Verbraucher hat der **Europäische Gerichtshof** (*Corte di Giustizia Europea*) mit seiner Rechtsprechung geleistet. Bahnbrechend war z. B. das Urteil im Fall »**Cassis de Dijon**« (1979), das einen wichtigen Schritt zur Aufhebung von unzulässigen Handelshemmnissen in

**Der Binnenmarkt**

Wirtschaftsraum ohne Binnengrenzen

**offene Marktwirtschaft mit freiem Wettbewerb**

**Freier Personenverkehr**
- keine Personengrenzkontrollen im Schengen-Raum
- Freizügigkeit für Arbeitnehmer
- Niederlassungsrecht für Freiberufler und Unternehmen

**Freier Dienstleistungsverkehr**
- grenzüberschreitende Dienstleistungen von Freiberuflern und Unternehmen
- grenzüberschreitende Finanzdienstleistungen (Banken, Versicherungen, Wertpapierhandel)
- Verkehrswesen (Abbau von Beschränkungen im Straßen-, Bahn-, Schiffs- und Flugverkehr)
- Telekommunikation (freie Märkte für Telefon, Mobilfunk, Fernsehdienste, elektronischen Zahlungsverkehr)
- Öffentliche Aufträge

**Freier Warenverkehr**

abgebaut wurden:
- Grenzkontrollen
- technische Handelshemmnisse
- steuerliche Handelshemmnisse

**Freier Kapitalverkehr**
- keine Beschränkungen bei Zahlungen und Kapitalausfuhr
- Eindämmung der Steuerhinterziehung
- Bekämpfung der Geldwäsche

der EU darstellt. Der Import des französischen Likörs »Cassis de Dijon« war nach dem Branntweingesetz in Deutschland wegen zu geringem Alkoholanteil nicht erlaubt. Vom Europäischen Gerichtshof wurde dieses Verbot als unzulässig erachtet, weil es gegen den Grundsatz des freien Warenverkehrs im EG-Vertrag verstößt. Ein Produkt, das in einem Mitgliedstaat in den Handel gebracht werden kann, darf in anderen Mitgliedstaaten nicht vom Vertrieb ausgeschlossen werden, auch wenn dort andere gesetzliche Bestimmungen gelten. In der Folge sind dann viele Handelsbeschränkungen gefallen, so das deutsche Reinheitsgebot für das Bier und die italienische Vorschrift, dass Teigwaren nur aus Hartweizen hergestellt werden dürfen.

**Europäischer Gerichtshof**
(Sitz in Luxemburg) Er ist für Streitsachen im Zusammenhang mit dem EG-Vertrag zuständig.

## Besonderheiten bei internationalen Handelsbeziehungen

Durch die Ausweitung der internationalen Wirtschaftsbeziehungen und mit dem Zusammenwachsen der Märkte sind viele Unternehmen verstärkt im Ausland tätig. Sie gründen Niederlassungen, gehen Partnerschaften ein und erschließen neue Absatzmärkte für ihre Produkte und Dienstleistungen. Ergeben sich in diesem Zusammenhang Streitfälle, so stellt sich die Frage, **welches Gericht** für den Streitfall zuständig ist und **welches Recht** angewandt werden soll. Wenn z. B. eine italienische Gesellschaft und eine Gesellschaft aus Hongkong ein Gemeinschaftsunternehmen für den Vertrieb von Modeartikeln gründen, so ist bei Streitfällen zu klären, ob ein italienisches Gericht oder ein Gericht in Hongkong oder sogar ein Gericht in einem anderen Staat mit dem Fall befasst werden soll und welches Recht anzuwenden ist: das italienische Recht, das Recht von Hongkong oder das Recht eines anderen Staates.

**Internationales Privatrecht**
Es regelt, welche Rechtsordnung in einem bestimmten grenzüberschreitenden Streitfall anzuwenden ist.

Diese Fragen werden unter anderem durch das Gesetz über **internationale Zuständigkeiten und internationales Privatrecht** (Gesetz Nr. 218/1995, *Riforma del diritto internazionale privato e processuale*) geregelt, das im Wesentlichen den einschlägigen Gesetzen in anderen europäischen Staaten entspricht. Es muss zudem hervorgehoben werden, dass auf die internationalen Beziehungen nicht nur die Rechtsbestimmungen eines bestimmten Staates Anwendung finden können. Verstärkt wird nämlich das so genannte **Einheitsrecht**, das durch internationale Vereinbarungen geschaffene Recht, angewandt. An die Stelle reiner Kollisionsnormen (internationales Privatrecht), die nur das jeweils anwendbare Recht bestimmen, treten somit einheitliche materielle Regelungen, wie z. B. das bereits erwähnte Wiener Übereinkommen über den internationalen Warenkauf.

Was die Frage der Zuständigkeit von Gerichten bei Streitfällen anbelangt, so sind nach dem erwähnten Gesetz über das internationale Privatrecht die **italienischen Gerichte** dann zuständig, wenn der Beklagte in Italien lebt oder dort seinen Wohnsitz hat. Die italienischen Gerichte sind auch dann zuständig, wenn der Beklagte in Italien einen Vertreter hat, der zu seiner gerichtlichen Vertretung bevollmächtigt ist.

Das Gesetz über das internationale Privatrecht (Art. 3 Nr. 2) verweist auf das **Brüsseler EWG-Übereinkommen** (1968 – *Convenzione di Bruxelles*), das die gerichtlichen Zuständigkeiten und die Vollstreckung gerichtlicher Entscheidungen in Zivil- und Handelssachen regelt. Grundsätzlich findet das Brüsseler Übereinkommen dann Anwendung, wenn der Beklagte seinen Wohnsitz in einem der Vertragsstaaten hat. Als Vertragsstaat bezeichnet man einen Staat, der ein internationales Übereinkommen – in diesem Fall das Brüsseler Übereinkommen – ratifiziert hat.

Das Brüsseler Übereinkommen ist auch anwendbar, wenn der Streitgegenstand in dessen Anwendungsbereich fällt.

Als **Grundregel** des Brüsseler Übereinkommens gilt, dass Personen, die in einem Vertragsstaat ihren Wohnsitz haben, ohne Rücksicht auf ihre Staatsangehörigkeit vor den Gerichten dieses Staates geklagt werden können. Eine Person mit Wohnsitz in einem Vertragsstaat kann jedoch auch in einem anderen Staat geklagt werden: Wenn es sich z. B. beim Streitgegenstand um Ansprüche aus einem Vertrag handelt, so gilt der Erfüllungsort des Vertrages als Gerichtsstand. Handelt es sich dagegen um Schadenersatzansprüche aus einer unerlaubten Handlung, so ist der Gerichtsstand an jenem Ort, an dem das schädigende Ereignis eingetreten ist.

Im Rahmen des Brüsseler Übereinkommens wird bei Streitigkeiten zwischen Unternehmern und Verbrauchern auch der **Verbraucherschutz** berücksichtigt. So kann der Verbraucher nur an seinem Wohnsitz geklagt werden. Für Gerichtsstandsvereinbarungen mit Verbrauchern – damit wird festgelegt, welches Gericht im Streitfall zuständig ist – gelten bedeutende Einschränkungen. Weitere Bestimmungen des Brüsseler Übereinkommens betreffen die Anerkennung und Vollstreckung von Urteilen, die in einem Vertragsstaat erlassen wurden.

Zur Lösung der Frage, welches materielle Recht in einem Streitfall angewandt werden soll, besitzen viele Staaten so genannte **Kollisionsnormen** (Internationales Privatrecht). Diese Normen regeln nicht unmittelbar die Sachverhalte mit internationalem Bezug, sondern sie verweisen auf eine der berührten Rechtsordnungen. Anhand von **Anknüpfungsgrundsätzen** (*criteri di collegamento*) wird das jeweils anwendbare Recht ermittelt. Bei einem Streitfall zwischen einer Gesellschaft aus Südtirol und einer Gesellschaft aus New York kann zum Beispiel anhand der Bestimmungen des Internationalen Privatrechts festgelegt werden, ob das italienische Recht oder das Recht des US-Teilstaates New York anzuwenden ist.

Wenn der Streitfall eine **Sache** betrifft, so ist stets das Recht des Staates anwendbar, wo sich die betreffende Sache zum fraglichen Zeitpunkt befunden hat (Gesetz Nr. 218/1995 Art. 55). Anknüpfungspunkt ist somit der Ort, an dem sich die Sache befunden hat (lex rei sitae).

Von Bedeutung für das **internationale Vertragsrecht** ist das EG-Übereinkommen (1980) über das auf vertragliche Schuldverhältnisse anwendbare Recht. Grundsätzlich gilt das **Prinzip der freien Rechtswahl**. Die Parteien können frei wählen, welchem Recht sie ihren Vertrag unterstellen wollen. Haben die Vertragspartner **keine Rechtswahl** vorgenommen, so unterliegt der Vertrag dem Recht des Staates, mit dem er die **engste Verbindung** (*collegamento più stretto*) aufweist. Ausschlaggebend ist dabei, welcher Geschäftspartner die charakteristische Vertragsleistung erbringt: z. B. die verkaufte Ware liefert, ein Darlehen gewährt oder eine Beratungsleistung erbringt. In diesen Fällen ist das Recht des Staates anzuwenden, wo der Geschäftspartner, der die charakteristische Vertragsleistung erbringt, seinen gewöhnlichen Aufenthalt hat oder sich seine Hauptverwaltung befindet. Die Zahlung des Kaufpreises, der Darlehenszinsen oder des Beratungsentgelts gilt hingegen nicht als die charakteristische Vertragsleistung und sie ist somit nicht für die Rechtswahl entscheidend.

Bei Streitfällen besteht auch die Möglichkeit, ein **Schiedsgericht** (*collegio arbitrale*) an Stelle von staatlichen Gerichten anzurufen. Die Parteien vereinbaren vielfach beim Abschluss eines Vertrages, dass etwaige Streitfälle von einem Schiedsrichter (*arbitro*) entschieden werden. Von diesem zeitsparenden Verfahren wird

**Schiedsgericht**
Durch einen Schiedsvertrag oder eine Schiedsvereinbarung wird festgelegt, dass ein etwaiger Streitfall nicht durch ein Gericht, sondern durch ein meistens aus drei Rechtsexperten bestehendes Schiedsgericht entschieden wird.

zunehmend Gebrauch gemacht, um Streitfälle im internationalen Wirtschaftsverkehr zu lösen.

**Internationale Wirtschaftsbeziehungen**
**Rechtliche Bestimmungen und internationale Abkommen**

**Internationale Zuständigkeiten und internationales Privatrecht**
(Gesetz Nr. 218/1995)
Enthält Regelungen über die zuständigen Gerichte und über das anwendbare Recht sowie über die Vollstreckung von Urteilen

**Internationale Abkommen**
- **Brüsseler EWG-Übereinkommen** (1968) regelt die gerichtlichen Zuständigkeiten und die Vollstreckung gerichtlicher Entscheidungen in Zivil- und Handelssachen
- EG-Übereinkommen (1980) und andere Abkommen

**International vereinheitlichte Regelungen:**
Handelsklauseln im internationalen Handel, für Patent- und Urheberrecht, Wiener Übereinkommen für internationalem Warenkauf

# Der Unternehmer

## DER UNTERNEHMER UND DIE FREIEN BERUFE

### Einführung

In diesem Abschnitt befassen wir uns hauptsächlich mit dem Unternehmer, und zwar besonders mit dem **Handelsunternehmer**. Dabei werden auch die Begriffe Unternehmen, Firma und Betrieb geklärt, die in der Umgangssprache vielfach als gleichbedeutend verwendet werden, was zu Unklarheiten und Verwirrungen führen kann. Bei der Übersetzung dieser Ausdrücke aus dem Italienischen ergeben sich dabei noch zusätzliche Schwierigkeiten. Es erfolgt außerdem die Abgrenzung zwischen dem Unternehmer und dem Freiberufler.

### Wesentliche Merkmale des Unternehmers

Fast alle Abhandlungen über das Handelsrecht beginnen mit der Definition des Unternehmers. Es handelt sich hierbei um einen Begriff, der vor allem durch die Wirtschaftswissenschaften geprägt wurde. Nach Art. 2082 wird der **Unternehmer** (*imprenditore*) wie folgt definiert:

> »Unternehmer ist, wer berufsmäßig eine organisierte wirtschaftliche Tätigkeit ausübt, um Güter zu erzeugen oder Dienstleistungen zu erbringen.«

Nach dieser Definition gelten als Unternehmer: **Einzelunternehmer** (Landwirt, Handwerker, Kaufmann, Gastwirt usw.), **Gesellschaften** (Personen- oder Kapitalgesellschaft), **Genossenschaften** oder **öffentliche Körperschaften** (z. B. eine Gemeinde, die ein Schwimmbad führt). Unternehmer kann also entweder eine **natürliche Person** (Einzelunternehmer, Personengesellschaft) oder eine **juristische Person** sein (Kapitalgesellschaft, Genossenschaft oder öffentliche Körperschaft).

In einer Marktwirtschaft sind die Unternehmen von grundlegender Bedeutung. In den Unternehmen, vom kleinen Handwerksbetrieb oder dem Detailgeschäft bis zum Riesenkonzern, erbringen die arbeitenden Menschen den wesentlichen Teil der Wirtschaftsleistung eines Landes, und in den Unternehmen wird gleichzeitig der Großteil der Einkommen (Löhne, Zinsen, Gewinne) erzielt.

Die Wirtschaftswissenschaften unterstreichen die zentrale Rolle der Unternehmer und der Spitzenmanager bei der Durchsetzung wirtschaftlicher und technischer Neuerungen (Innovationen). Entscheidend sind oft neue Ideen und nicht ein großes Startkapital.

Nach Art. 2082 sind für den Unternehmer folgende **Merkmale** kennzeichnend: eine gewerbsmäßig ausgeübte wirtschaftliche Tätigkeit und das Vorhandensein einer entsprechenden Organisation.

Unternehmer ist, wer eine **wirtschaftliche Tätigkeit** ausübt, d. h. Güter erzeugt oder damit Handel betreibt oder Dienstleistungen gegen Entgelt erbringt. Eine nur auf Selbstversorgung ausgerichtete Produktion wird in diesem Zusammenhang nicht als unternehmerische Tätigkeit angesehen. Gleiches gilt, wenn Güter kostenlos abgegeben oder Dienstleistungen kostenlos erbracht werden (z. B. Wohltätigkeitsorganisationen). Ob die wirtschaftliche Tätigkeit des Unternehmers auch durch Gewinnstreben gekennzeichnet sein muss, ist strittig, weil als Unternehmer auch Genossenschaften tätig werden können. Die Genossenschaften verfolgen aber in erster Linie die wirtschaftliche Förderung der Mitglieder und sie sind nicht vorrangig auf die Gewinnerzielung ausgerichtet.

Bei der unternehmerischen Tätigkeit muss es sich um eine **organisierte Tätigkeit** handeln, und deshalb muss ein Mindestmaß an dauerhafter Organisation vorhanden sein (Angestellte, Maschinen, Büro, Geschäfts- und Lagerräume usw.).

Schließlich muss es sich um eine **gewerbsmäßig (berufsmäßig) ausgeübte Tätigkeit** und somit nicht um eine nur gelegentliche Tätigkeit handeln: z. B. der Antiquar, der berufsmäßig Handel mit Antiquitäten betreibt, und im Gegensatz dazu eine Privatperson, die ältere Gemälde aus dem persönlichen Vermögen verkauft; das Betreiben eines Tanzlokals durch einen Unternehmer und im Gegensatz dazu die von einer Schulklasse oder einem Verein organisierte Tanzveranstaltung.

Vom Begriff »Unternehmer« kann der im ZGB nicht definierte Begriff »Unternehmen« abgeleitet werden. Demnach ist das **Unternehmen** (*impresa*) die **vom Unternehmer ausgeübte Tätigkeit.** Die beiden Begriffe können auch als gleichbedeutend betrachtet werden.

**Die Wirtschaftssubjekte**

**Familien**
(Haushalte)
erbringen Faktorleistungen und unentgeltliche Leistungen.
Der Verbrauch erfolgt zum Großteil in Haushalten.

**Staat**
und andere öffentliche Körperschaften
(erbringen in der Regel unentgeltliche Leistungen)

**Gemeinnützige Organisationen**
Vereine, Stiftungen, Wohltätigkeitsorganisationen
(erbringen in der Regel unentgeltliche Leistungen)

**Freie Berufe und freiberuflich Tätige**
*(führen Dienstleistungen aus oder erstellen ein Werk)*

**Unternehmen**
*(erzeugen Güter und erbringen Dienstleistungen)*

**natürliche Personen**
- Einzelunternehmen
- Personengesellschaften

**juristische Personen**
- Kapitalgesellschaften (AG und G.m.b.H.)
- Genossenschaften
- als Unternehmen tätige öffentliche Körperschaften

## Die freien Berufe

**Freie Berufe**
Freiberufler erbringen eine vorwiegend persönliche Leistung ohne Abhängigkeit vom Auftraggeber. Oft ist für die Ausübung eines freien Berufes eine besondere Ausbildung erforderlich.

Von den Unternehmen sind jene Personen zu unterscheiden, die als Selbständige einen freien Beruf oder sonstige freiberufliche Tätigkeit (*lavoro autonomo*) ausüben. Es handelt sich dabei um Dienstleistungsberufe, wie z. B. jene der Rechtsanwälte, Notare, Ärzte, Architekten, Ingenieure, Wirtschaftsprüfer, Steuerberater, Betriebsberater, Übersetzer, Musiker oder Schriftsteller. Sie erbringen ihre berufliche Leistungen im Wesentlichen **persönlich**, und zwar im Rahmen eines einfachen Werkvertrages (*contratto d'opera*) oder eines Werkvertrages über eine geistige Arbeitsleistung (*contratto d'opera intellettuale*), die im ZGB im fünften Buch unter Titel III (Art. 2222–2238 Selbständige Arbeit – *lavoro autonomo*) geregelt sind.

Nach dem EU-Recht gelten hingegen die Freiberufler ebenfalls als Unternehmen.

Für eine Reihe von Freiberuflern ist für die Berufsausübung die Eintragung in ein **Berufsverzeichnis** (*albo professionale*) notwendig (Art. 2229), was mit der Zugehörigkeit zu einer **Berufskammer** (*ordine professionale*) oder zu einem Berufskollegium (*collegio professionale*) verbunden ist. Für die Eintragung in ein Berufsverzeichnis sind der vorgeschriebene Studientitel und meistens ein Praktikum erforderlich. Zudem muss die vorgesehene **Staatsprüfung** (*esame di stato*) abgelegt werden.

**RECHTSANWALTKANZLEI**
**STUDIO LEGALE**

Rechtsanwalt Dr. Josef Müller
Rechtsanwalt Dr. Ilona Kofler

**Berufskammern** (*ordine*) bestehen für Architekten, Ingenieure, Ärzte und Zahnärzte, Tierärzte, Rechtsanwälte, Notare, Wirtschaftsberater und Rechnungsprüfer, Apotheker, Geologen, Agronomen, Chemiker, Versicherungsmathematiker. Die Berufskammern sind Organe für die Selbstverwaltung der Freiberufler in berufsständischen Angelegenheiten. Sie wachen über die Einhaltung der Rechtspflichten und der berufsethischen Regeln (*regole deontologiche*) durch die Mitglieder. Für Freiberufler, wie Arbeitsrechtsberater (*consulente del lavoro*), Geometer, Hebammen, geprüfte Techniker (*perito industriale*), geprüfte Agrarfachleute (*perito agrario*), Schilehrer, Bergführer usw. gibt es entsprechende **Berufskollegien** (*collegio*).

Die freien Berufe, für die die Eintragung in ein Berufsverzeichnis vorgeschrieben ist, fasst man unter dem Begriff **geschützte Freiberufe** (*professioni intellettuali protette*) zusammen.

Geschützte Freiberufe

Nach dem Zivilgesetzbuch müssen Freiberufler, die einen geschützten Freiberuf ausüben, den übernommenen Auftrag persönlich ausführen (Art. 2232). Bis vor kurzem durften sie deshalb keine Gesellschaften für die Ausübung des geschützten Freiberufs gründen. Dieses Verbot war zur Zeit des Faschismus gegen die jüdischen Freiberufler gerichtet, die so keine Möglichkeit mehr hatten, das nach den faschistischen Rassengesetzen geltende Berufsverbot durch Gründung einer Gesellschaft mit einem »arischen« Partner zu umgehen.

Inzwischen wird auf Druck der EU-Kommission und der Wettbewerbsbehörde darauf hingearbeitet, dass die geschützten Freiberufe auch in Gesellschaftsform betrieben werden können. Zudem sind Bestrebungen im Gange, wettbewerbshemmende Vorschriften für die geschützten Freiberufe, wie das Werbeverbot oder die Honorarvorschriften, zu lockern oder abzuschaffen und den Zugang zu diesen Berufen zu erleichtern.

In so genannten Engineering-Gesellschaften, die Projekte für große Bauvorhaben ausarbeiten und die Ausführung überwachen, sowie in Buchprüfungsge-

## Berufskammern und Berufskollegien

(Eingetragene Stand 2002)

| | |
|---|---|
| Ärzte | 338.305 |
| Agrarfachleute | 21.000 |
| Agrartechniker (*periti agrari*) | 14.937 |
| Agronomen und Forstfachleute | 17.604 |
| Apotheker | 63.730 |
| Arbeitsrechtsberater | 20.018 |
| Architekten | 100.165 |
| Biologen | 40.083 |
| Börsenagenten | 47 |
| Buchprüfer und Handelsfachleute (*ragionieri*) | 39.619 |
| Chemiker | 9.528 |
| Geologen | 13.854 |
| Geometer | 96.176 |
| Geprüfte Techniker (*periti industriali*) | 46.626 |
| Hebammen | 14.565 |
| Ingenieure | 153.009 |
| Journalisten und Publizisten | 69.322 |
| Krankenpfleger | 236.140 |
| Notare | 4.545 |
| Patentberater | 831 |
| Psychologen | 40.108 |
| Rechtsanwälte | 151.470 |
| Röntgentechniker | 20.799 |
| Sozialassistenten | 29.796 |
| Tierärzte | 21.600 |
| Versicherungsmathematiker | 702 |
| Wirtschaftsberater | 50.809 |
| Zahnärzte | 41.782 |
| Zollspediteure | 2.344 |
| **Insgesamt*** | **1.659.514** |

* nicht alle der eingetragenen Personen üben tatsächlich einen Freiberuf aus

Quelle: Il sole – 24 ore

sellschaften können Freiberufler schon seit einiger Zeit ihre Tätigkeit in Gesellschaftsform ausüben.

Für eine unüberschaubare Vielzahl von **nicht geschützten freiberuflichen Tätigkeiten**, wie Unternehmensberater, Übersetzer, Werbeberater, Grafiker, Trainer, Kondominiumsverwalter, Computerfachleute, Wahrsager, Zauberer usw. gibt es keine Berufsverzeichnisse. Für diese Dienstleister bestehen keine zwingenden Vorschriften über die berufliche Ausbildung. Leistungen freiberuflicher Art erbringen vielfach auch so genannte **freie Mitarbeiter** im Rahmen eines Vertrages für Projektarbeit (*lavoro a progetto*).

Nicht geschützte freiberufliche Tätigkeiten können selbstverständlich auch von Gesellschaften ausgeübt werden. Diese Gesellschaften gelten als Unternehmen und müssen in das Handelsregister bei der Handelskammer eingetragen werden.

## Freie Berufe

| **Geschützte freie Berufe** | **Nicht geschützte freiberufliche Tätigkeiten** |
|---|---|
| (Ärzte, Rechtsanwälte, Ingenieure, Notare, Sozialrechtsberater, Buchprüfer, Geometer usw.)<br>• vorgeschriebene Ausbildung<br>• Prüfung<br>• Eintragung in das entsprechende Berufsverzeichnis und Mitglied der Berufskammer oder des Berufskollegiums<br>• verfügen meistens über eigene Pensionskassen | (Unternehmensberater, Computerfachleute, Trainer, Sänger, Schauspieler usw.)<br>• keine vorgeschriebene Ausbildung<br>• Tätigkeiten können auch von Gesellschaften ausgeübt werden<br>• teilweise soziale Absicherung (Pensionsversicherung, zum Teil Arbeitsunfallversicherung u. a.) |
| Beziehungen mit dem Auftraggeber werden durch den **Werkvertrag über eine geistige Arbeitsleistung** (*contratto d'opera intellettuale*) geregelt. | Beziehungen mit dem Auftraggeber werden durch den **Werkvertrag** (*contratto d'opera*) geregelt. |

## Dienstleistungsfreiheit und Anerkennung von Berufsqualifikationen

Sollen Ärztinnen und Ärzte, Notare, Skilehrer, Fremdenführer und viele andere Freiberufler oder Erbringer von Dienstleistungen ihre Leistungen ohne Einschränkungen in allen Mitgliedsstaaten erbringen können oder soll es Beschränkungen geben? Für die Dienstleistungsfreiheit und das freie Niederlassungsrecht *(diritto di stabilimento)* ist besonders die gegenseitige Anerkennung der Diplome und der Berufsqualifikationen durch die EU-Mitgliedsstaaten von Bedeutung. Um diese Anerkennung zu erreichen, hat man für einige Berufe in langwierigen Verhandlungen die Mindestausbildungsbedingungen festgelegt. Diese gelten für Ärzte, Zahnärzte, Tierärzte, Apotheker, Architekten, Rechtsanwälte, Krankenschwestern und Krankenpfleger sowie Hebammen. Die Berufsanerkennungsrichtlinie (Richtlinie 2005/36/EG) fasst die bereits bestehenden Regeln für die Anerkennung von Berufsqualifikationen zusammen. Damit wird die Erbringung von Dienstleistungen innerhalb der EU weiter liberalisiert. Gleichzeitig wird die automatische Anerkennung von Berufsabschlüssen und -qualifikationen ausgeweitet. In Italien ist die **Berufsanerkennungsrichtlinie** *(riconoscimento delle qualifiche professionali)* mit der Ermächtigungsverordnung Nr. 20/2007 umgesetzt worden.

Die neuen Regelungen über die Dienstleistungsfreiheit bringen wichtige Neuerungen mit sich. Jeder Mitgliedsstaat muss auf seinem Hoheitsgebiet Berufstätige zulassen, die vorübergehend eine Dienstleistung erbringen wollen, ohne von ihnen eine Diplomanerkennung zu verlangen. Die Berufsanerkennungsrichtlinie sieht nämlich ein Anerkennungssystem von Beruf zu Beruf vor und nicht eines von Diplom zu Diplom. Dies selbst dann, wenn der Beruf im Aufnahmestaat reglementiert ist. Die Richtlinie über die Anerkennung von Berufsqualifikationen stellt deshalb einen bedeutenden Fortschritt für die Freizügigkeit innerhalb der EU dar. Eine Ausnahme gibt es nur bei Berufen, die die öffentliche Gesundheit oder Sicherheit berühren (Ärzte, Installateure von Gasanlagen usw.).

### BEISPIELE

[1] Frau Adele Weis hat die Ausbildung zur Fremdenführerin abgeschlossen und hat bereits mehrere Jahre Berufserfahrung. Die Fremdenführerin möchte Reisegruppen nach Deutschland und Frankreich begleiten und dabei auch Führungen in Museen machen. Dies ist aufgrund der Berufsanerkennungsrichtlinie möglich, weil in solchen Fällen die Dienstleistungsfreiheit gesichert ist.

[2] Wenn sich Frau Weis als Fremdenführerin in einem anderen EU-Mitgliedsstaat niederlassen möchte, können etwaige Ausgleichsmaßnahmen, wie eine zusätzliche Ausbildung in Landesgeschichte, verlangt werden.

[3] Auch der französische Skilehrer Yves Laneige kann im Sinn der Dienstleistungsfreiheit für einige Tage in Südtirol seinen Beruf ausüben. Er kann in diesem Fall nur zu einer Voranmeldung seiner Tätigkeit verpflichtet werden. Wenn der ausländische Skilehrer sich hingegen dauerhaft in Südtirol niederlassen will, kann eine etwaige Eignungsprüfung oder können Anpassungslehrgänge (höchstens dreijährige) vorgesehen werden, um die Sicherheit der Leistungsempfänger (Teilnehmer an Skitouren) zu gewährleisten.

Hindernisse für die Dienstleistungsfreiheit und die Niederlassungsfreiheit stellen die unterschiedlichen Steuer- und Sozialversicherungssysteme sowie die Pflichtmitgliedschaft bei etwaigen Berufskammern und Berufskollegien dar. Auch hierfür sind mit der Berufsanerkennungsrichtlinie einige Erleichterungen vorgesehen.

Dazu kommt noch die neue **Dienstleistungsrichtlinie** (Richtlinie 2006/123/EG), die von den Mitgliedsstaaten bis Ende 2009 umzusetzen ist. Hiermit sollen die Hindernisse für die Erbringung von Dienstleistungen zwischen den Mitgliedsstaaten abgebaut werden, um die Verwirklichung des einheitlichen Binnenmarktes voranzutreiben.

Zusammenfassend kann man feststellen, dass für die Anerkennung von Berufsqualifikationen drei wesentliche Punkte zu berücksichtigen sind:

- die Dauer und die Form der **Berufserfahrung** (Tätigkeit als Selbständiger oder abhängig Beschäftigter) im entsprechenden Bereich;
- die **vorherige Ausbildung**, sie kann die Dauer der verlangten Berufserfahrung verkürzen;
- alle vorherigen Ausbildungen müssen durch ein **staatlich anerkanntes Zeugnis** bescheinigt oder von einer zuständigen Berufsorganisation als vollwertig anerkannt werden.

## DER HANDELSUNTERNEHMER

Im Zivilgesetzbuch werden die Unternehmer in **landwirtschaftliche Unternehmer** (*imprenditore agricolo* Art. 2135) – sie werden noch später behandelt – und in **Handelsunternehmer** (*imprenditore commerciale*) eingeteilt. Hierbei ist vom Handelsunternehmer in einem sehr weit gefassten Sinn die Rede. Die Handelsunternehmer müssen in das **Handelsregister** (*registro delle imprese*) bei der Handelskammer eingetragen werden und sie müssen die Handelsbücher (Geschäftsbücher) führen.

Handelsunternehmer

Laut Art. 2195 ist **Handelsunternehmer**, wer eine der folgenden wirtschaftlichen Tätigkeiten ausübt:

- die gewerbliche Produktion von Gütern (Handwerks- und Industrieunternehmen) oder Erbringung von Dienstleistungen (Dienstleistungsunternehmen);
- den Handel mit Waren (Handelsunternehmen im engeren Sinn);
- den Transport auf dem Land, in der Luft und auf dem Wasser (Transportunternehmen);
- Bank- und Versicherungsgeschäfte (Bank- und Versicherungsunternehmen);
- Hilfsleistungen für die anderen Tätigkeiten (Vermittler, Makler usw.).

Als **Kleinunternehmer** *(piccolo imprenditore)* gelten laut Art. 2083 die selbstbewirtschaftenden Bauern und Pächter (*coltivatore diretto*), die Handwerker und die Kleinkaufleute, die im Betrieb vorwiegend ihre eigene Arbeitskraft und jene ihrer Familienmitglieder einsetzen. Laut Zivilgesetzbuch sind die Kleinunternehmer von der Führung der Geschäftsbücher befreit. Aufgrund der Steuerbestimmungen sind hingegen alle Handelsunternehmer, also auch die Handwerker und die Kleinkaufleute wenigstens zur Führung der Mehrwertsteuerbücher und anderer Geschäftsbücher verpflichtet.

**Unternehmer**

| **Handelsunternehmer** (im weiteren Sinn)<br>• Unternehmer<br>• Kleinunternehmer | **landwirtschaftliche Unternehmer**<br>• beruflich qualifizierter landwirtschaftlicher Unternehmer<br>• landwirtschaftliche Kleinunternehmer: selbst bewirtschaftende Bauern und Pächter |
|---|---|
| • müssen laut ZGB Geschäftsbücher führen<br>• Eintragung in das Handelsregister | • ZGB schreibt keine Geschäftsbücher vor<br>• Eintragung in das Sonderverzeichnis des Handelsregisters<br>• kein Konkursverfahren bei Zahlungsunfähigkeit |

Nach den Bestimmungen über das von den Handelskammern geführte Handelsregister müssen alle Kleinunternehmen in die **Sonderverzeichnisse** (*sezioni speciali*) des Handelsregisters eingetragen werden.
Die Einzelunternehmer beantragen meistens die Eintragung in das Sonderverzeichnis der Kleinunternehmer, was jedoch keine Auswirkung bei einem Konkursverfahren hat.

Es sei noch darauf hingewiesen, dass nach den Steuerbestimmungen (Mehrwertsteuer und Einkommensteuern) die Definition des Handelsunternehmers weiter gefasst ist als im ZGB. Die gewerbliche Produktion von Gütern, Dienstleistungen, Handel, Transport usw. werden nach dem Einheitstext der Einkommensteuern (Art. 51, V.P.R. 917/1986 – *Testo Unico delle imposte sui redditi*) auch dann als unternehmerische Tätigkeit angesehen, wenn sie nicht von einem organisierten Unternehmen ausgeübt werden. Damit soll besonders die so genannte Schattenwirtschaft oder Wirtschaft im Untergrund (*economia sommersa*) erfasst werden. Schwarzarbeit und wirtschaftliche Tätigkeiten am Rande der Legalität sind in Italien besonders stark verbreitet. Sie entziehen sich meistens mit Erfolg dem Zugriff des Fiskus und beachten kaum die vielen Vorschriften, die normale Unternehmen oft unter großem bürokratischen Aufwand befolgen müssen.

## Die Pflichten des Handelsunternehmers

Laut ZGB besteht für Handelsunternehmer die Pflicht zur **Eintragung in das Handelsregister** und die **Buchhaltungspflicht**. Darüber hinaus müssen die Handelsunternehmen noch viele andere Vorschriften aus einer Reihe von Einzelgesetzen und Verordnungen befolgen, die hier aber nur gestreift werden können. Dazu zählen die zahlreichen Arbeits- und Sozialgesetze, die Bestimmungen über die Arbeitssicherheit, die Steuergesetze, die Bestimmungen über die Preisauszeichnung, die Umweltschutzbestimmungen usw.

## Das Handelsregister

Mit der **Führung des Handelsregisters** (*registro delle imprese* Art. 2188 ff.) sind die **Handelskammern** (*camera di commercio*) betraut (Gesetz über die Neuordnung der Handelskammern Nr. 580/1993). Für alle Unternehmer einschließlich der Landwirte besteht die Pflicht, bei Tätigkeitsbeginn und bei etwaigen Änderungen der Tätigkeit die erforderliche Eintragung im Handelsregister vorzunehmen.

**Das Handelsregister**

| Ordentliche Sektion | Sondersektion |
| --- | --- |
| • Einzelunternehmer (mit Ausnahme der Kleinunternehmer)<br>• Personengesellschaften<br>• Kapitalgesellschaften<br>• Genossenschaften | • als Kleinunternehmer (nach Art.2083 ZGB) geltende Handelsunternehmer<br>• selbst bewirtschaftende Bauern oder Pächter *(coltivatore diretto)*<br>• landwirtschaftliche Unternehmer<br>• Handwerksbetriebe<br>• einfache Gesellschaften |

## Alleinige telematische Meldung

Bei Beginn einer unternehmerischen Tätigkeit ist die vorherige telematische Meldung mit einer E-Mail erforderlich, wozu der Unternehmer die digitale Signatur verwenden muss. Die telematische Meldung wird meistens über einen Unternehmerverband (z. B. Handwerkerverband, Kaufleutevereinigung, Bauernbund) sowie über ermächtigte Wirtschaftsberater, Arbeitsrechtsberater oder Notare durchgeführt. Unternehmensgründungen, -abänderungen und -auflösungen erfolgen ausschließlich mit der **alleinigen telematischen Meldung** *(comunicazione unica – ComUnica)* an das **Handelsregister** bei der Handelskammer. Das Handelsregister ist somit die alleinige, elektronisch erreichbare Kontaktstelle (Gesetz Nr. 40/2007), die auch für die elektronische Weiterleitung der Unternehmensmeldungen an die übrigen Behörden sorgt. Es sind das:

- die **Einnahmenagentur** (Steuerbehörde – *Agenzia delle Entrate)*,
- das **Sozialversicherungsinstitut** *(Istituto Nazionale Previdenza Sociale – INPS)*,
- das **Arbeitsunfallversicherungsinstitut** *(Istituto Nazionale Assicurazione contro gli Infortuni sul Lavoro – INAIL)*.

Das Unternehmen erhält mit **zertifizierter E-Mail** *(posta elettronica certificata – Pec)* die Bestätigung über den gemeldeten Tätigkeitsbeginn. Von der Einnahmenagentur wird damit dem Unternehmen auch die **Mehrwertsteuernummer** *(numero di partita Iva)* zugeteilt, die für die wirtschaftliche Betätigung unerlässlich ist.

Eintragungen in das Handelsregister können rechtsbekundende oder rechtsbegründende Wirkung haben.

Die **Eintragungen** in das Handelsregister können **rechtsbekundende** Wirkung (deklaratorische Wirkung – *pubblicità dichiarativa*) oder **rechtsbegründende** Wirkung (konstitutive Wirkung – *pubblicità costitutiva*) haben. Rechtsbekundende Wirkung hat z. B. die im Handelsregister eingetragene Beschränkung der Vertretungsvollmacht eines Geschäftsführers. Während die Eintragung einer Kapitalgesellschaft (AG, GmbH) rechtsbegründende Wirkung hat, weil die Gesellschaft dadurch als juristische Person entsteht.

Das Handelsregister ist ein öffentliches Register, das von jedem eingesehen werden kann. Es handelt sich um eine elektronische Datenbank. Die Eintragungen erfolgen elektronisch über Datenleitungen und die Informationen über eingetragene Unternehmen können ebenfalls elektronisch abgerufen werden. Die im Handelsregister eingetragenen Tatsachen gelten als bekannt und ihre Unkenntnis kann von Dritten nicht geltend gemacht werden (Art. 2193).

## FALLBEISPIEL UND FRAGEN

[1] Herr Kleinmann hat beschlossen, auf seinem Grundstück ein Einfamilienhaus zu bauen, um selbst darin zu wohnen. Er beginnt mit den Arbeiten und schließt sämtliche erforderlichen Verträge mit den Handwerkern.
Ist Herr Kleinmann Unternehmer?
(Siehe die Definition nach Art. 2082 ZGB)

[2] Das Ehepaar Herberger führt ein Hotel in einem bekannten Badeort am Meer. Das Hotel ist 5 Monate im Jahr geöffnet. In der restlichen Zeit des Jahres lebt das Ehepaar Herberger vom erwirtschafteten Gewinn. Sind die beiden Unternehmer? (Siehe Art. 2082 ZGB, Bedeutung der Berufsmäßigkeit)

## LÖSUNG DES FALLBEISPIELS

Gesetze sind allgemein abgefasst und bringen keine Regelungen für einen bestimmten Einzelfall. Um entscheiden zu können, welche Rechtsbestimmungen für einen gewissen Fall anzuwenden sind, muss zuerst die Frage in klarer Form gestellt werden.

1. **Fragestellung**

Die Fragestellung, die sich auf den geschilderten Sachverhalt bezieht, ist bereits im Beispiel vorgegeben und lautet: Ist Herr Kleinmann Unternehmer nach Art. 2082 ZGB?

2. **Gesetzesbestimmungen**

Wenn die Fragestellung klar ist, müssen die entsprechenden Gesetzesbestimmungen gefunden werden. In diesem Fall handelt es sich um die Definition des Unternehmers (Art. 2082 ZGB):
»Unternehmer ist, wer berufsmäßig eine organisierte wirtschaftliche Tätigkeit ausübt, um Güter zu erzeugen oder Dienstleistungen zu erbringen.«
Gesetze sind nach folgendem Muster formuliert: Wenn bestimmte Voraussetzungen (z. B. berufsmäßig ausgeübte wirtschaftliche Tätigkeit, Erzeugung von Gütern oder Erbringung von Dienstleistungen) gegeben sind, dann gilt etwas ganz Bestimmtes (Rechtsfolge: die Person ist ein Unternehmer).

3. **Überprüfung**

Der Bau des eigenen Hauses stellt keine berufsmäßig ausgeübte wirtschaftliche Tätigkeit nach Art. 2082 ZGB dar. Es fehlt das Merkmal der berufsmäßigen (gewerbsmäßigen) Ausübungen der Tätigkeit, es fehlt ein Mindestmaß an dauerhafter Organisation, das Haus ist ausschließlich für die private Nutzung durch den Bauherrn bestimmt.

4. **Ergebnis**

Die Überprüfung des Sachverhaltes ergibt: Herr Kleinmann ist nach Art. 2082 ZGB kein Unternehmer.

## DIE VERTRETER DES HANDELSUNTERNEHMERS: GESCHÄFTSFÜHRER, BEVOLLMÄCHTIGTE, VERKÄUFER

In einem Unternehmen sind in der Regel einige Angestellte beauftragt, die Beziehungen zu Kunden, Lieferanten, Banken, Freiberuflern usw. zu pflegen und mit diesen Geschäfte **im Auftrag** und **im Namen** des Unternehmers abzuschließen.

Auftrag

Aufgrund der allgemeinen Bestimmungen über den **Auftrag** (*mandato* – Art. 1703 ff.) braucht der Beauftragte (oder der Arbeitnehmer), der Geschäfte auf Rechnung seines Auftraggebers (Arbeitgebers) abschließt, eine ausdrückliche **Vollmacht** (Art. 1387 ff.), um diese Geschäfte auch **im Namen des Auftraggebers** abschließen zu können. Besonders wenn der Auftrag nur mündlich erteilt wurde, ergeben sich beachtliche Unsicherheiten. Überschreitet der Beauftragte seine Vertretungsvollmacht, so bindet der abgeschlossene Vertrag in der Regel den Auftraggeber nicht (Art. 1398). Dies wäre z. B. der Fall, wenn man einem Freund den Auftrag erteilt, ein Klavier zu vermieten und dieser hingegen das wertvolle Stück verkauft.

Um die Vertragsabschlüsse in der Wirtschaft zu erleichtern, wird die **Vertretungsvollmacht** bestimmter Mitarbeiter des Unternehmers gesondert geregelt (Art. 2203 ff.), und das gilt für **Geschäftsführer, Bevollmächtigte** und **Verkäufer**. Die Bestimmungen sehen vor, dass diese Mitarbeiter in den Beziehungen mit Dritten **stets die Vertretungsvollmacht** haben, die natürlich auf ihren jeweiligen Zuständigkeitsbereich beschränkt ist. Der Unternehmer kann die Vertretungsvollmacht einschränken. Dritten gegenüber muss die Beschränkung durch die Eintragung in das Handelsregister bekannt gemacht werden. Für die Verkäufer hingegen genügen ein Anschlag in den Geschäftsräumen wie z. B.: »Die Angestellten dürfen die Waren nur gegen Barzahlung verkaufen« oder ähnliche Formen der Bekanntmachung.

### Der Geschäftsführer

»Geschäftsführer (*institore*) ist, wer vom Inhaber zur Leitung eines Handelsunternehmens bestellt wird« (Art. 2203). Er kann auch mit der Leitung einer Filiale oder eines bestimmten Unternehmensbereiches beauftragt werden. Dabei ist ausschlaggebend, dass der Geschäftsführer nur dem Unternehmer untersteht. Nach dem ZGB steht dem Geschäftsführer eine sehr **weitgehende Vertretungsvollmacht** (Prokura) zu. Er kann alle Rechtshandlungen vornehmen, die mit dem von ihm geleiteten Unternehmen zusammenhängen. Nur für die Veräußerung von Immobilien und für die Errichtung von Hypotheken braucht er eine besondere Ermächtigung.

Geschäftsführer werden oft als Manager bezeichnet.

Der Geschäftsführer muss Dritten gegenüber zu erkennen geben, dass er **im Auftrag** des Unternehmers handelt, **sonst haftet er persönlich** (Art. 2208). Noch wichtiger ist freilich, dass die Vertragspartner auf jedem Fall auch den Unternehmer selbst zur Rechenschaft ziehen können, sollte der Geschäftsführer nicht in der Lage sein, seine Verpflichtungen zu erfüllen.

### Die Bevollmächtigten

Prokurist

Die Bevollmächtigten oder **Prokuristen** (*procuratore*) können, obwohl sie nicht mit der Leitung des Unternehmens beauftragt sind, verschiedene mit dem Unternehmen zusammenhängende Rechtshandlungen vornehmen. Es handelt sich in der Regel um leitende Angestellte, die in ihrem Bereich oder in ihrer Abteilung (Einkauf, Verkauf, Finanzen, Personal) einen bestimmten Entscheidungsspielraum haben, wie z. B. Gewährung von Zahlungsaufschub, Abschluss und Kündigung von Dauerlieferungsverträgen, Durchführung von Zahlungen in der Regel bis zu einer bestimmten Höchstgrenze, Einstellung und Kündigung von Mitarbeitern usw.

## Die Verkäufer

Die **Verkäufer** (*commesso*) und die sonstigen mit den Beziehungen zu Dritten beauftragten Mitarbeiter des Unternehmens sind zu jenen Rechtshandlungen ermächtigt, die ihre Tätigkeit gewöhnlich mit sich bringt (Art. 2210). So bindet der vom Angestellten in der Reception mit einem Gast abgeschlossene Beherbergungsvertrag den Hotelinhaber. Die vom Verkäufer mit dem Kunden vereinbarte Lieferung bindet den Geschäftsinhaber, und der von Bankangestellten getätigte Ankauf von Devisen ist für die Bank verpflichtend.

Für Waren, die sie nicht dem Kunden übergeben, dürfen die Verkäufer keine Zahlungen entgegennehmen. Sie dürfen auch keinen Zahlungsaufschub oder Preisnachlass gewähren, der das handelsübliche Maß übersteigt, wenn sie nicht ausdrücklich dazu ermächtigt werden. Genauso brauchen sie eine ausdrückliche Ermächtigung, um allgemeine Geschäftsbedingungen oder die in Vordrucken festgelegten Bedingungen abzuändern.

### BEISPIELE UND FRAGEN

[1] Der junge und dynamische Thomas Brause wird vom Unternehmer Jimmy Wichtig als Geschäftsführer angestellt. Die im Handelsregister eingetragene Vollmacht enthält keine Beschränkung. Während einer langen Abwesenheit des Unternehmers verkauft Geschäftsführer Brause eine Garage im Namen des Unternehmers Wichtig. Nach seiner Rückkehr verweigert Herr Wichtig die Zustimmung zu diesem Verkauf. Was sind die Auswirkungen?
(Siehe Art. 2204 ZGB)

[2] Frau Anna Sorglos kauft in einem Textilgeschäft einen kostbaren Seidenstoff. Sie zahlt den am Stoffballen angegebenen Preis an eine im Geschäftsraum befindliche Person, die sie für die Verkäuferin hält. Am folgenden Tag wird Frau Sorglos vom Geschäftsinhaber aufgefordert, den Stoff zurückzugeben. Die Person sei nämlich nicht zum Verkauf ermächtigt gewesen, so der Geschäftsinhaber. Was kann Frau Sorglos einwenden?
(Siehe Art. 2210 und Art. 2213 ZGB)

[3] Während einer Auseinandersetzung, bei der auch Dritte zugegen waren (darunter Herr Fuchs), entzieht der Unternehmer Zornig seiner Mitarbeiterin, Frau Blau, die zum Abschluss von Kaufverträgen gegebene Vollmacht. Herr Zornig begibt sich darauf sofort zum Notar, um die Rücknahme der Vollmacht beurkunden zu lassen. Die telematische Übertragung an das Handelsregister erfolgt aber erst am nächsten Tag. In der Zwischenzeit schließt Frau Blau mit Herrn Fuchs einen Kaufvertrag im Namen des Unternehmers Zornig, ohne dass dieser etwas davon erfährt. Welche Ansprüche können die Beteiligten geltend machen?

[4] Herr Müller ist Geschäftsführer des Unternehmens Maier & Sohn: Delikatessenhandel. Er schließt mit der Fa. Ochetti einen Vertrag über die Lieferung von 10 kg Gänseleberpastete, ohne dabei ausdrücklich zu erwähnen, dass er für das Unternehmen Maier & Sohn handelt. Haftet für dieses Geschäft sowohl der Geschäftsführer Müller als auch das Unternehmen Maier & Sohn?
(Siehe Art. 2208 ZGB)

Nach dieser Übersicht über die allgemeinen Bestimmungen, die Handelsunternehmer betreffen, wird jetzt auf einige Bestimmungen für die Handwerksunternehmen sowie für den Einzelhandel und das Gastgewerbe eingegangen.

## DIE HANDWERKSUNTERNEHMEN

Die gesetzliche Regelung des Handwerks und die damit verbundene Verwaltungstätigkeit zählen nach dem Autonomiestatut zu den primären Zuständigkeiten der Autonomen Provinz Südtirol. Die **Südtiroler Handwerksordnung** (Landesgesetz Nr. 1/2008) fußt auf der Tradition des Handwerks in unserem Land und sie orientiert sich an den einschlägigen gesetzlichen Bestimmungen in Österreich und in Deutschland. Wesentliche Merkmale des Südtiroler Handwerks sind die geregelte **Lehrlingsausbildung mit Berufsschulpflicht** und **Gesellenprüfung** sowie die **Meisterprüfung**. Für das Handwerk soll so ein hoher Leistungsstandard gewährleistet werden.

»Der **Handwerksunternehmer** *(imprenditore artigiano)* ist persönlich im Produktions-, Organisations-, Verwaltungs- oder Verkaufsbereich eines Handwerksunternehmens tätig.« (Südtiroler Handwerksordnung Art. 3)

Tätigkeiten »handwerklicher Natur«

Ein **Handwerksunternehmen** *(impresa artigiana)* muss Tätigkeiten »handwerklicher Natur« ausüben und mindestens drei der fünf folgenden Voraussetzungen erfüllen:

- die Fertigung der Güter und die Erbringung der Dienstleistungen erfolgen nicht vorwiegend serienmäßig;
- es besteht keine organisatorische Trennung zwischen Produktions- und Verwaltungseinheit im Betrieb;
- die Produktion und die Erbringung der Dienstleistungen ist nicht durch systematische Arbeitsteilung gekennzeichnet;
- in der Regel werden die Aufträge nicht zur Gänze an andere Unternehmen weitergegeben;
- die Güter werden vorwiegend auf Bestellung hergestellt.

Die nicht serienmäßige Herstellung und die schlankere Organisation der Handwerksunternehmen bilden somit den wesentlichen Unterschied zu den Industriebetrieben.

Ein Handwerksunternehmen kann als Einzelunternehmen, Genossenschaft und Konsortium oder in Form einer Gesellschaft, mit Ausnahme einer Aktiengesellschaft, geführt werden.

Damit eine Personengesellschaft als Handwerksunternehmen gilt, muss die Mehrheit der Gesellschafter (der Komplementäre in der KG) die Voraussetzungen als Handwerker besitzen. Eine GmbH oder eine Genossenschaft gilt als Handwerksunternehmen, wenn die Mehrheit der Verwalter oder der Mitglieder des Verwaltungsrates die Voraussetzungen als Handwerker besitzen.

Die Handwerksunternehmen sind in die betreffende **Sondersektion** des Handelsregisters eingetragen. Daraus ergeben sich verschiedene Vorteile:

- Kreditbegünstigungen, Investitionsbeihilfen, Beihilfen für Produktentwicklung;
- die Kollektivverträge für das Handwerk sind im Vergleich mit den entsprechenden Industriebetrieben für die Handwerksunternehmen günstiger;

- nur Handwerksunternehmen dürfen in der Firma, im Firmenzeichen oder im Markenzeichen Hinweise auf das Handwerk machen.

Nach Abschluss der Lehre mit der Gesellenprüfung bietet die Ausbildung zum/zur **Handwerksmeister/-in** *(maestro artigiano)* und zum/zur Betriebswirt/-in des Handwerks zwei weitere Qualifikationsmöglichkeiten. Die Meisterausbildung ist eine Fortbildung, in welcher die unternehmerischen, berufspädagogischen, berufstheoretischen und praktischen Kenntnisse und Fähigkeiten vermittelt werden, die für die Wahrnehmung verantwortungsvoller Aufgaben in einem Betrieb oder für die selbständige Betriebsführung erforderlich sind und in besonderem Maß für die Ausbildung junger Mitarbeiter und Mitarbeiterinnen qualifizieren. Damit soll ein möglichst hohes Niveau der dualen Ausbildung (Berufsschule und Lehrbetrieb) für die Lehrlinge gewährleistet werden.

### BEISPIELE UND FRAGEN

[1] Thomas Grundig ist ausgebildeter Fernsehtechniker. Er plant, sich in Südtirol selbständig zu machen. Braucht er dafür eine Gesellen- oder Meisterprüfung? Begründen Sie Ihre Antwort.

[2] Nach seinem Schulabschluss möchte Michl Schlau gerne Elektroniker werden. Gibt es für ihn eine geregelte Ausbildung als Handwerker? (Siehe die Lehrberufe im Abschnitt über das Arbeitsrecht.)

[3] Frau Schönhaar ist Damenfriseuse und hat einen Friseursalon, in dem 10 Angestellte arbeiten. Sie verbringt nicht mehr ihre Zeit mit der Haarpflege und kümmert sich nur mehr selten um die organisatorischen Belange ihres Friseursalons, während sie hauptsächlich mit der Führung eines gut gehenden Einkaufszentrums beschäftigt ist. Handelt es sich beim Friseursalon von Frau Schönhaar noch um einen Handwerksbetrieb?

[4] Welche Vorteile ergeben sich für die Handwerker aus der Tatsache, dass die Handwerksunternehmen in die Sondersektion des Handelsgegisters bei der Handelskammer eingetragen sind?

## DER EINZELHANDEL

Liberalisierung für kleine Handelsbetriebe

Mit der teilweisen **Liberalisierung des Einzelhandels** ist für kleine Handelsbetriebe mit einer Verkaufsfläche bis zu 100 m² (in Gemeinden bis 10.000 Einwohner) und bis zu 150 m² (in Gemeinden über 10.000 Einwohner) **keine Handelsermächtigung** (Lizenz) mehr erforderlich. Zudem gibt es nur mehr zwei verschiedene Warengruppen: Lebensmittel und andere Waren. Für die Eröffnung, Erweiterung oder Verlegung von kleinen Geschäften ist nur eine Mitteilung an die betreffende Gemeinde vorgeschrieben. Zudem sind die berufliche Qualifikation (nur für den Lebensmittelbereich) und die Unbescholtenheit des Betriebsinhabers sowie die Einhaltung der urbanistischen und der hygienischen Vorschriften erforderlich.

Für Geschäfte mit größerer Verkaufsfläche bedarf es weiterhin einer Handelsermächtigung, die vom Bürgermeister der betreffenden Gemeinde auf Grund eines Gutachtens der Handelskommission ausgestellt wird. Die Handelsermächtigungen für größere Einzelhandelsbetriebe (über 500 m² Verkaufsfläche) werden von der Landesregierung erteilt.

Durch restriktive Lizenzvergabe wurden in Südtirol die großen Einkaufszentren auf der grünen Wiese verhindert.

Über die Erteilung von Handelsgenehmigungen und durch die Stadtplanung kann die Entwicklung des Einzelhandels von Gemeinden und Land wenigstens teilweise gesteuert werden. Dies gilt auch für die Festlegung der Geschäftsöffnungszeiten.

## DAS GASTGEWERBE

In Südtirol haben das Gastgewerbe und die damit zusammenhängenden Wirtschaftszweige eine große Bedeutung. Dieser Bereich wird durch die **Gastgewerbeordnung** im Rahmen der primären Gesetzgebungsbefugnis des Landes geregelt (Landesgesetz Nr. 58/1988 – *norme in materia di esercizi pubblici*). Das Gastgewerbe umfasst Schank- und Speisebetriebe sowie Beherbergungsbetriebe, die gewerblich betrieben werden. Für Buschenschankbetriebe, Schutzhütten und private Zimmervermieter gelten hingegen andere Landesgesetze.

Wer einen Schankbetrieb, einen Speisebetrieb oder Beherbergungsbetrieb führen will, muss in das **Verzeichnis der Gastgewerbetreibenden** (*registro degli abilitati alla conduzione di pubblici esercizi*) bei der Handelskammer eingetragen sein und zudem ist die **Betriebserlaubnis** (*licenza d'esercizio*) erforderlich, die vom zuständigen Bürgermeister erteilt wird.
Für die Eintragung in das Verzeichnis der Gastgewerbetreibenden muss der Antragsteller den Abschluss der Pflichtschule nachweisen und einen entsprechenden Berufslehrgang erfolgreich abgeschlossen oder die Eignungsprüfung bei der Handelskammer bestanden haben. Auch eine genügend lange berufliche Erfahrung im Gastgewerbe (3 Jahre in einem Schank- oder Speisebetrieb, 6 Jahre in einem Beherbergungsbetrieb) ermöglicht die Eintragung.

Die für die Ausübung des Gastgewerbes erforderliche **Betriebserlaubnis** kann natürlichen und juristischen Personen (z. B. AG oder GmbH) erteilt werden. Der

### Schankbetriebe und Speisebetriebe

- **Schankbetriebe:** Milchbars, Bars, Cafés, Bier- und Weinlokale
- **Speisebetriebe:** Jausenstationen, Gasthäuser, Restaurants, Pizzerie, Vereinswirtschaften und Betriebskantinen
- **Unterhaltungslokale:** in Tanzlokalen, Billardsälen, Spielhallen und Veranstaltungslokalen können mit der entsprechenden Ermächtigung Getränke und Speisen verabreicht werden.

### Beherbergungsbetriebe

- Garnis, Pensionen, Gasthöfe (für die Einstufung als Hotel sind mindestens 35 Betten erforderlich), Motels, Hoteldörfer, Residences (gasthofähnliche Beherbergungsbetriebe)
- Berggasthäuser, Camping, Feriendörfer, Ferienhäuser und Ferienwohnungen, Jugendferienheime und Jugendherbergen (nicht gasthofähnliche Beherbergungsbetriebe)

**Voraussetzungen für die Betriebserlaubnis**

Unternehmer, der gesetzliche Vertreter der juristischen Person oder der Geschäftsführer müssen hierfür folgende Voraussetzungen erfüllen:
- Handlungsfähigkeit und Zuverlässigkeit des Antragstellers (keine rechtskräftige Verurteilung wegen schwererer Delikte oder wegen bestimmter Straftaten);
- berufliche Befähigung, die durch die Eintragung in das Verzeichnis der Gastgewerbetreibenden bescheinigt wird.

Außerdem ist noch Folgendes erforderlich:
- Feststellung, ob der Bedarf für den betreffenden gastgewerblichen Betrieb besteht. Hierfür erstellt die Kommission für das Gastgewerbe der betreffenden Gemeinde ein Gutachten für den Bürgermeister;
- es müssen die geeigneten Betriebsräume und Betriebsflächen zur Verfügung stehen. Die Räumlichkeiten und Flächen müssen den Hygienevorschriften, den Bestimmungen über die Öffentliche Ordnung und Sicherheit sowie den Brandschutzbestimmungen entsprechen.

Öffentliche Lokale

Die gastgewerblichen Betriebe zählen zu den öffentlichen Lokalen (*esercizio pubblico*), für deren Führung eine Reihe von Auflagen zu beachten sind. So ist für die Aufrechterhaltung von Ruhe und Ordnung zu sorgen. Ruhestörer können aus dem Lokal gewiesen werden. Während der Öffnungszeiten sind jedem, der dafür bezahlt, die üblichen Leistungen zu erbringen. Der Ausschank von alkoholischen Getränken an Minderjährige (unter 16 Jahren) und an offensichtlich Betrunkene ist verboten. Von Ausnahmen abgesehen, müssen die Öffnungszeiten und der wöchentliche Ruhetag eingehalten werden. Bei vorübergehenden Betriebsschließungen (Urlaub, Todesfall, Umbau) ist der Bürgermeister zu verständigen.

## Verschiedene lizenzpflichtige Gewerbe

Die Behörden haben früher viele gewerbliche und freiberufliche Tätigkeiten streng überwacht, weil sie als sittengefährdend galten, um sicherheitstechnische und hygienische Mindeststandards zu gewährleisten (z. B. Tanzveranstaltungen, Badeanstalten, Gasthäuser usw.) oder weil die Gefahr bestand, dass gegen die Obrigkeit gerichtete Informationen oder Ideen verbreitet werden konnten (Theater, Druckereien). Für die Ausübung einer Reihe von Gewerben war deshalb eine Lizenz erforderlich. Viele der heute noch erforderlichen Lizenzen fußen auf dem Einheitstext über die Öffentliche Sicherheit (kgl. D. Nr. 773/1939). Nach dem Autonomiestatut (Art. 20) und den entsprechenden Durchführungsbestimmungen übt in Südtirol der Landeshauptmann verschiedene verwaltungspolizeiliche Zuständigkeiten aus, die sich auch auf die Erteilung von Lizenzen erstrecken.

Bei Erfüllung der gesetzlichen Voraussetzungen erteilt der Landeshauptmann unter anderem Lizenzen für folgende Unternehmen:

- Ausstellungen zu Werbezwecken,
- Handel mit Gebrauchtwaren und Antiquitäten,
- Spielsäle (Spielautomaten und andere Spiele, aber kein Glücksspiel),
- öffentliche Veranstaltungen größerer Art oder von längerer Dauer (Konzerte, Sportveranstaltungen, Zeltfeste usw.). Für kleinere Veranstaltungen sind die Bürgermeister zuständig,
- Tanzlokale (Discos usw.),
- Haustürgeschäfte in Bozen,
- Verleih von Videokassetten.

Für Agenturen zur Vermittlung von Dienstleistungen (Werbe- und Handelsagenturen, Datenverarbeitungsagenturen, Ehevermittlungsagenturen, Bestattungsdienste usw.) besteht eine Meldepflicht beim Aufsichtsamt der Landesverwaltung. Wenn die Kontrollen zu einem positiven Ergebnis führen, stellt das Aufsichtsamt die Bestätigung aus, die zur Ausübung der Tätigkeit ermächtigt.

Für andere Unternehmen (Gastgewerbe, kleinere Veranstaltungen, Haustürgeschäfte außerhalb von Bozen, nur vom Unternehmer geleistete Taxi- und Mietwagendienste usw.) werden die Lizenzen vom zuständigen Bürgermeister erteilt.

Die oben aufgezählten Unternehmen (Tanzlokale, Spielsäle, Hallenbäder usw.) unterliegen einer verwaltungspolizeilichen Ermächtigung und Kontrolle, da ihre Tätigkeiten mit Gefahren für die öffentliche Sicherheit verbunden sein können und weil dies zum Schutz der Konsumenten erforderlich ist. Auf italienisch wird für diese Dienstleistungsunternehmen der Sammelbegriff *»esercizio pubblico«* verwendet. Bei groben Verstößen gegen die gesetzlichen Bestimmungen (ungenügender Brandschutz, Umweltbelastung, Drogenkonsum usw.) können die Lizenzen zeitweilig oder endgültig entzogen werden.

Für wirtschaftliche Tätigkeiten, wie Internet-Provider, WLAN-Access-Points, Telefonshops oder Callcenter (Telefon-Beratungszentrum) ist die Genehmigung der Quästur und des Telekommunikationsministeriums erforderlich. Der Zugang zu kontingentierten Genehmigungen, wie jene für Taxiunternehmen oder für Tabaktrafiken, ist oft nur durch Zahlung einer Ablösesumme (»Kauf der Lizenz«) an den Inhaber einer solchen Lizenz möglich.

Für die Wach- und Schließgesellschaft, für den Handel mit Waffen und Munition usw. wird die erforderliche Lizenz von der staatlichen Polizei erteilt. Die Verkaufslizenzen für Monopolwaren (Tabak, Stempelmarken usw.) werden von der Monopolverwaltung des Staates vergeben.

## DIE HANDELSKAMMER

Die Handelskammern wurden im Zeitalter des Absolutismus zur Förderung des Gewerbes und des Handels gegründet. Heute gibt es Handelskammern als öffentliche Einrichtungen oder als private Zusammenschlüsse von Unternehmen in den meisten Ländern der Welt. Sie vertreten in der Regel die Interessen der gesamten Wirtschaftstreibenden und sie sind häufig mit öffentlichen Aufgaben betraut. Dadurch unterscheiden sich die Handelskammern von den Unternehmerverbänden (Industrieverband, Handwerkerverbände, Kaufleutevereinigungen usw.) und den Berufskammern der Freiberufler (Ärztekammer, Kammer der Architekten und Ingenieure usw.), die hingegen vor allem die Interessen einzelner Wirtschaftszweige oder Berufsgruppen vertreten.

Vertretung aller Wirtschaftstreibenden

In Italien sind die Handelskammern oder genauer die **Handels-, Industrie-, Handwerks- und Landwirtschaftskammern** (*Camera di commercio, industria, artigianato e agricoltura*) öffentliche Körperschaften, die in jeder Provinz errichtet wurden und die mit dem staatlichen Gesetz Nr. 580/1993 eine neue Regelung erfahren haben. In der Region Trentino-Südtirol zählt die Regelung der Handelskammern

**Die Organe der Handelskammer**
(Amtsdauer 5 Jahre)

**Präsident**
gesetzlicher Vertreter der Handelskammer

**Kammerausschuss**
12 Mitglieder
wird vom Kammerrat gewählt

**Kammerrat**
47 Mitglieder
von Wirtschaftsverbänden vorgeschlagen, von Region ernannt
davon:
45 in Vertretung der Unternehmer
1 Gewerkschaftsvertreter
1 Vertreter der Konsumentenorganisationen

zu den wenigen Zuständigkeiten, die mit dem neuen Autonomiestatut der Region verblieben sind. Zusammen mit anderen Zuständigkeiten ist die Aufsicht über die Handelskammer an das Land Südtirol delegiert worden. Die Handelskammern von Bozen und Trient werden durch Regionalgesetze geregelt (vor allem Einheitstext der Regionalgesetze 1988).

Die **Bozner Handelskammer** ist eine öffentliche Körperschaft, die in einheitlicher Weise die Interessen der verschiedenen Wirtschaftsbereiche vertritt und die Maßnahmen zur Förderung der Wirtschaft ergreift. Sie erfüllt eine Reihe von Aufgaben, die ihr aufgrund von Gesetzen zugewiesen wurden oder die ihr vom Staat oder vom Land Südtirol übertragen wurden. Die wichtigsten Einnahmen der Handelskammer bilden die jährlichen Kammergebühren der eingetragenen Unternehmen sowie die Sekretariatsgebühren für die von der Handelskammer erbrachten Dienstleistungen.

### Die wichtigsten Aufgaben der Handelskammer

**Führung von Registern und Berufsverzeichnissen:**

- Handelsregister (ordentliche Sektion und Sondersektion),
- Verzeichnis der Handelsagenten und -vertreter,
- Verzeichnis der Makler, der Anlagevermittler, der Versicherungsexperten usw.,
- Verzeichnis der Gastgewerbetreibenden,
- Verzeichnis der Handwerksunternehmen (wird von der Landeshandwerkskommission geführt),
- Verzeichnis der Abfallentsorgungsunternehmen.

**Sonstige Aufgaben der Handelskammer:**

- Existenzgründerservice für angehende Unternehmer,
- im Bereich des Außenhandels: Warenursprungszeugnisse, Belege für den zeitweiligen Export von Musterwaren, Informationen und Beratung bei Exporten,
- Einreichungsstelle für Gesuche zur Registrierung von Patenten, von Gebrauchs- und Geschmacksmustern sowie von Marken,
- Organisation von Gemeinschaftsausstellungen und Teilnahme an Messen,
- Sammlung des Gewohnheitsrechts in Südtirol,
- Werbemaßnahmen im Rahmen der Absatzförderung und Weiterbildungsangebote für Unternehmer, Führungskräfte und Mitarbeiter (Wirtschaftsförderungsinstitut WIFI),
- Studien und Erhebungen (Wirtschaftsforschungsinstitut WIFO),
- Schiedsverfahren und Schlichtungsverfahren bei Vertragsstreitigkeiten (Schiedsgericht),
- Weinbergrolle (für Weine mit kontrollierter Ursprungsbezeichnung und für Weine mit kontrollierter und garantierter Ursprungsbezeichnung),
- amtliches Verzeichnis der Wechselproteste,
- Verhängung von verschiedenen Verwaltungsstrafen im Bereich des Handels.

## DAS FAMILIENUNTERNEHMEN

Mit der Familienrechtsreform von 1975 sind zwei besondere Unternehmensformen geregelt worden, nämlich das Familienunternehmen (*impresa familiare*) und der von Ehegatten gemeinsam geführte Betrieb (*azienda coniugale*).

Bei einem **Familienunternehmen** handelt es sich um **Einzelunternehmen**, wenn neben dem Unternehmer ein oder mehrere Familienangehörige dauerhaft mitarbeiten und wenn kein anderes Rechtsverhältnis besteht (z. B. ein Arbeitsvertrag mit den im Betrieb beschäftigten Familienangehörigen oder eine Personengesellschaft, an der die Familienangehörigen als Gesellschafter beteiligt sind). Als Familienangehörige gelten in diesem Zusammenhang der Ehepartner des Unternehmers oder der Unternehmerin, seine/ihre Verwandten bis zum dritten Grad und die Verschwägerten bis zum zweiten Grad (Art. 230 bis ZGB). Die Mitarbeit kann im Rahmen des Unternehmens erfolgen (z. B. die Söhne oder die Töchter sind im Betrieb des Vaters oder der Mutter beschäftigt) oder sie kann in Leistungen für die Familie bestehen (z. B. die Ehefrau führt den Haushalt). Das Familienunternehmen dient somit dem Schutz der sonst häufig benachteiligten Familienangehörigen (z. B. Hausfrau, Kinder, Brüder, Schwestern oder Eltern ohne Arbeitsvertrag).

Die **Gründung des Familienunternehmens** erfolgt in der Regel spontan und es ist keinerlei schriftliche Vereinbarung vorgeschrieben. Das Familienunternehmen bietet im Vergleich zum Einzelunternehmen deutliche steuerliche Vorteile. Der Gewinn kann auf die Beteiligten aufgeteilt werden. Dadurch sind höhere Steuerabzüge möglich und zudem wird die Steuerprogression gemildert. Um diese steuerlichen Vorteile nutzen zu können, muss eine Gründungsurkunde abgefasst werden (eine private Urkunde mit beglaubigten Unterschriften oder eine öffentliche Urkunde).

Zwischen den Gesellschaftern einer Handelsgesellschaft bestehen klarere Verhältnisse als in Familienunternehmen.

Die dauerhaft im Unternehmen oder in der Familie **mitarbeitenden Familienangehörigen** haben Anrecht auf:

- **Unterhalt** entsprechend der Vermögenslage der Familie,
- **Beteiligung am Gewinn** und den damit erworbenen Gütern und
- **Beteiligung an den Wertsteigerungen** des Betriebes, einschließlich des Firmenwertes entsprechend dem Umfang und der Art der geleisteten Arbeit.

## Die Geschäftsführung im Familienunternehmen

Die Geschäftsführung steht für die gewöhnlichen Geschäfte dem Inhaber oder der Inhaberin des Familienunternehmens allein zu und er/sie braucht diesbezüglich seine/ihre mitarbeitenden Familienangehörigen weder zu benachrichtigen noch zu befragen.

Die am Familienunternehmen Beteiligten entscheiden hingegen **mehrheitlich** über:

- Verwendung des Gewinns und der Wertsteigerungen,
- Maßnahmen der außerordentlichen Geschäftsführung,
- Geschäftsplanung,
- Auflassung des Unternehmens.

Ein einstimmiger Beschluss aller Beteiligten ist erforderlich, um Teilhaberrechte von einem Familienangehörigen auf einen anderen zu übertragen. Beim Austritt eines Beteiligten aus dem Familienunternehmen muss ihm sein Anteil am Wertzuwachs des Betriebes während der Zeit seiner Mitarbeit ausbezahlt werden. Das kann z. B. der Fall sein, wenn ein Familienangehöriger eine eigene berufliche Tätigkeit außerhalb der Familie beginnt oder wenn mit dem Firmeninhaber ein reguläres Arbeitsverhältnis begründet wird.
Um die steuerlichen Vorteile des Familienunternehmens – mehr Abzüge und geringere Progression – nutzen zu können, muss, wie bereits erwähnt, eine **schriftliche Gründungsurkunde** abgefasst werden.

Eventuelle **Verluste** des Familienunternehmens muss ausschließlich der Firmeninhaber tragen, der sie mit seinen sonstigen Einkünften aufrechnen kann.

**Gründungsurkunde des Familienunternehmens**

Pension *Waldruhe*
Inhaber: Josef Müller

Ich, Josef Müller, geboren in Bozen am 22. 3. 1957, wohnhaft in Sarnthein, Waldweg 2, Steuernummer: MLLJSF57C22B104A, Inhaber der Pension »Waldruhe« mit obiger Adresse, erkläre im Sinne des Gesetzes Nr. 576/1975, dass ab 1. 1. 2005 das obige Unternehmen als Familienunternehmen zusammen mit folgenden Familienangehörigen geführt wird:
Maria Oberkalmsteiner, geboren in Sarnthein am 14. 8. 1963, Steuernummer …, Ehegattin des Firmeninhabers, und
Karl Müller, geboren in Bozen am 2. 9. 1976, Steuernummer …, Sohn des Firmeninhabers.

Diese heute getroffene Vereinbarung gilt bis zum 31. 12. 2015.

Sarnthein, am 5. 12. 2005

*Josef Müller*
*Maria Oberkalmsteiner*
*Karl Müller*

(Privaturkunde mit beglaubigten Unterschriften oder öffentliche Urkunde)

## Gemeinsam von Ehegatten geführter Betrieb

Seit der Familienrechtsreform von 1975 gilt im ehelichen Güterrecht grundsätzlich die **Gütergemeinschaft** (*comunione dei beni*) zwischen den Ehegatten. Laut Art. 177 ZGB umfasst die Gütergemeinschaft auch die nach der Eheschließung gegründeten und gemeinsam geführten Betriebe (**gemeinsam von Ehegatten geführter Betrieb** – *azienda coniugale*).

Wenn ein Betrieb, der vor der Eheschließung einem der Eheleute gehörte, gemeinsam von den beiden Ehepartnern geführt wird, so betrifft die Gütergemeinschaft nur den Gewinn und die Wertsteigerung des Betriebes.

### BEISPIELE UND FRAGEN

[1] Hans Hase ist Inhaber eines Lebensmittelgeschäfts, in dem auch Schreibwaren verkauft werden. Mit ihm zusammen arbeiten seine Frau, seine Cousine und seine beiden erwachsenen Söhne sowie der Mann seiner Tochter.

a) Können sie ein Familienunternehmen gründen? Welche Voraussetzungen sind hierfür erforderlich?

b) Was können die dauerhaft und vorwiegend im Unternehmen mitarbeitenden Familienangehörigen vom Inhaber Hans Hase verlangen?

c) Nach schweren Familienstreitigkeiten bestehen sämtliche im Geschäft mitarbeitenden Familienmitglieder darauf, dass der Inhaber Hans Hase mit ihnen Arbeitsverträge abschließt. Dieser gibt dem Druck der Familienangehörigen nach. Besteht in diesem Fall noch ein Familienunternehmen?

[2] Frau Gruber ist Eigentümerin eines Unternehmens. Nach ihrer Eheschließung, bei der keine Gütertrennung vereinbart wurde, führt sie das Unternehmen gemeinsam mit ihrem Ehemann.
Inwieweit fällt der Betrieb unter die Gütergemeinschaft?

## LANDWIRTSCHAFTLICHE UNTERNEHMER UND LANDWIRTSCHAFTLICHE PACHTVERTRÄGE

Im Zivilgesetzbuch, in der Steuergesetzgebung und in vielen Einzelgesetzen wird zwischen den **Handelsunternehmern** im weiteren Sinn und **den landwirtschaftlichen Unternehmern** unterschieden. Nach Art. 2135 in der neuen Fassung (EVO Nr. 228/2001) gilt als **landwirtschaftlicher Haupterwerbsunternehmer** *(imprenditore agricolo a titolo principale)*, wer eine der folgenden Tätigkeiten ausübt:

- Bearbeitung des Grundes,
- Forstwirtschaft,
- Viehzucht und damit verbundene Tätigkeiten.

Als mit landwirtschaftlichen Tätigkeiten verbunden gelten die Verarbeitung und Vermarktung der landwirtschaftlichen Erzeugnisse, die vorwiegend aus der eigenen Bewirtschaftung des Bodens sowie des Waldes oder aus der eigenen Tierhaltung stammen. Ebenfalls als mit den landwirtschaftlichen Tätigkeiten im Bezug stehen die Lieferungen von Sachen oder Dienstleistungen unter vorwiegender Verwendung der normalerweise bei der landwirtschaftlichen Tätigkeit eingesetzten Maschinen und Betriebsmittel. Dazu zählen die Landschaftspflege und die Verbesserungsmaßnahmen in Land- und Forstwirtschaft sowie die vom Gesetz bestimmten Verpflegungs- und Beherbergungsangebote (Buschenschank, Urlaub am Bauernhof).

Für die landwirtschaftlichen Unternehmen gelten verschiedene Sonderregelungen und Begünstigungen: Es brauchen keine Handelsbücher geführt werden (wohl aber die Mehrwertsteuerbücher, wenn die Umsatzgrenze überschritten wird), die Einkommensteuer wird meistens vom Katasterertrag und nicht vom tatsächlich erzielten Gewinn entrichtet, es gelten Begünstigungen bei Registersteuer und Sozialabgaben, in Südtirol muss keine Gemeindeimmobiliensteuer (ICI) bezahlt werden, kein Konkursverfahren bei Zahlungsunfähigkeit, begünstigte Stromtarife usw.

Mit diesen Förderungen und Begünstigungen soll die Leistungsfähigkeit der landwirtschaftlichen Betriebe gesteigert werden. Man will damit auch die negativen Auswirkungen des Strukturwandels in der Landwirtschaft (Landflucht, unzureichende Einkommen) mildern.

**Der geschlossene Hof** *(maso chiuso)*
Eine besondere gesetzliche Bestimmung ermöglicht in Südtirol die Errichtung von geschlossenen Höfen. Diese landwirtschaftlichen Betriebe sollen den Lebensunterhalt für eine Bauernfamilie sichern. Sie dürfen im Erbgang nicht aufgeteilt werden, und für die Auszahlung der Erbanteile an die weichenden Erben ist der Ertragswert und nicht der Marktwert des Hofes maßgebend.

### Die landwirtschaftlichen Unternehmer

Landwirtschaftliche Tätigkeiten können von Einzelunternehmern, von Gesellschaften (Personen- und Kapitalgesellschaften), von Genossenschaften und auch von öffentlichen Körperschaften (z. B. die Gemeinden oder das Land) ausgeübt werden. Für eine Reihe von Förderungsmaßnahmen und Begünstigungen muss der landwirtschaftliche Unternehmer *(imprenditore agricolo)* bestimmte Anforderungen erfüllen. In diesem Zusammenhang unterscheidet man:

- **»Selbstbebauer«** (*coltivatore diretto*)
- **beruflich qualifizierte landwirtschaftliche Unternehmer** und
- nicht selbst bewirtschaftende landwirtschaftliche Unternehmer (*imprenditore agricolo non diretto*).

Als **»Selbstbebauer«** (*coltivatore diretto* – selbst bewirtschaftender Landwirt) gilt, wer selbst und berufsmäßig landwirtschaftliche Gründe als Bauer oder Pächter bearbeitet und wenigstens ein Drittel des notwendigen Arbeitseinsatzes selbst oder zusammen mit seinen Familienangehörigen aufbringt. Für die »Selbstbebauer« sind verschiedene steuerliche Begünstigungen vorgesehen und es gilt ein Vorkaufsrecht bei der Veräußerung von angrenzenden landwirtschaftlichen Grundstücken.

Als **beruflich qualifizierter landwirtschaftlicher Unternehmer** (*imprenditore agricolo professionale – iap*) gilt, wer nach Ermächtigungsverordnung Nr. 99/2004

a) berufliche Kenntnisse und die Qualifikation nach der EU-Verordnung Nr. 1257/1999 besitzt,
b) eine landwirtschaftliche Tätigkeit nach Art. 2135 ausübt und
c) mindestens 50 % (25 % im Berggebiet) seiner gesamten Arbeitszeit für die landwirtschaftliche Tätigkeit aufwendet und mindestens 50 % (25 % im Berggebiet) seines Gesamteinkommens aus der landwirtschaftlichen Tätigkeit erwirtschaftet.

Der **beruflich qualifizierte landwirtschaftliche Unternehmer** hat Anspruch auf die gleichen steuerlichen Vergünstigungen, begünstigten Finanzierungen und sonstige Erleichterungen, wie sie für die »Selbstbebauer« vorgesehen sind. Auch Gesellschaften (Personen und Kapitalgesellschaften) und Genossenschaften können als beruflich qualifizierte landwirtschaftliche Unternehmer gelten, wenn ihre Satzungen eine landwirtschaftliche Tätigkeit nach Art. 2135 ZGB als ausschließlichen Gesellschaftszweck vorsehen. In landwirtschaftlichen Personengesellschaften muss mindestens ein Gesellschafter und in den landwirtschaftlichen Kapitalgesellschaften muss mindestens ein Verwalter die Voraussetzungen als beruflich qualifizierter landwirtschaftlicher Unternehmer erfüllen. Die Firma einer solchen Gesellschaften oder Genossenschaften muss den Zusatz **»landwirtschaftliche Gesellschaft«** (*società agricola*) enthalten. Zum Beispiel: »Biofleisch landwirtschaftliche Gesellschaft mit beschränkter Haftung«.

## Die landwirtschaftlichen Pachtverträge

Wer sich als Unternehmer in der Landwirtschaft betätigen will, muss nicht unbedingt der Eigentümer des erforderlichen Grundes sein. Landwirtschaftliche Grundstücke können auch aufgrund von Pachtverträgen genutzt werden.

Für die Verpachtung landwirtschaftlicher Grundstücke ist, von Ausnahmen abgesehen, eine **Mindestdauer von 15 Jahren** vorgeschrieben (Gesetz Nr. 203/1982). Der **Pachtzins** muss als Geldbetrag festgelegt werden und die Höhe kann nicht frei von den Vertragspartnern vereinbart werden. Vielmehr wird der Pachtzins aufgrund einheitlicher Werte berechnet, die für die einzelnen Agrarzonen und die jeweiligen Kulturarten gelten. Mit dem Beistand von Bauernverbänden (z. B. Südtiroler Bauernbund) können jedoch auch Pachtverträge abgeschlossen werden, die von den gesetzlichen Bestimmungen abweichen (*patto in deroga* Gesetz Nr. 203/1982). In diesem Fall kann eine kürzere Pachtdauer (mindestens 3–5 Jahre) festgelegt werden und der Pachtschilling kann frei vereinbart werden.

»Bauernbund-Verträge«

## BEISPIELE UND FRAGEN

[1] Die Familie Meraner ist für ihren im Überetsch hergestellten Eigenbau-Wein bekannt. Ein Teil davon dient dem Eigenbedarf, der Rest wird an Feriengäste und Einheimische verkauft. Wegen des großen Erfolges beschließt die Familie Meraner Trauben von anderen Bauern zu kaufen. Der zusätzliche Wein wird in Weinlokalen und im Handel vertrieben. Gilt das (kraft des Sachzusammenhangs) als eine landwirtschaftliche Tätigkeit?

[2] Michaela Bauer lebt in der Stadt, möchte aber als landwirtschaftliche Unternehmerin tätig werden. Ihr Problem ist, dass sie kein eigenes Land besitzt. Welche Möglichkeiten hat sie?

[3] Mit großen Investitionen errichtet Herr Hühnerbaron auf seinem Grundstück eine große Hühnerfarm. Er baut selbst einen Großteil des erforderlichen Hühnerfutters an und beschäftigt dauerhaft 30 Arbeitskräfte. Ist er ein landwirtschaftlicher Unternehmer?
(Art. 2135 ZGB)

# Betrieb, Firma, Markenschutz

## DER BETRIEB

Als Unternehmen wird im italienischen Handelsrecht normalerweise die vom Unternehmer ausgeübte wirtschaftliche Tätigkeit bezeichnet. Der **Betrieb** *(azienda)* wird hingegen als »die Gesamtheit der vom Unternehmer zur Ausübung seiner wirtschaftlichen Tätigkeit in organisierter Weise eingesetzten Sachen« definiert (Art. 2555). Ohne ein Mindestmaß an Wirtschaftsgütern (Anlage- und Umlaufkapital) einzusetzen, wäre eine unternehmerische Tätigkeit wohl kaum denkbar. Dabei ist es vom rechtlichen Standpunkt aus unerheblich, ob der Unternehmer Eigentümer der Sachen ist oder ob sie Dritten gehören, über die er auf Grund von Verträgen wie Pacht-, Miet- oder Leasingverträge verfügen kann.

Im Betrieb können folgende Arten von Sachen vorhanden sein:

- **körperliche Sachen** (Güter) Anlagen, Maschinen, Einrichtungen, Rohstoffe, Halb- und Fertigwaren usw.,
- **immaterielle Sachen** *(bene immateriale).*

Zu den immateriellen Sachen zählen die Firma, das Geschäftszeichen und die Markenzeichen oder einprägsame Domänennamen für das Internet sowie die Urheber- und Patentrechte, von denen noch später die Rede sein wird. Ein besonderes Merkmal eines Betriebes ist der so genannte Geschäfts- oder Firmenwert, der bei der Veräußerung des Betriebes von Bedeutung sein kann.

## DIE FIRMA

Als **Firma** (Firmenbezeichnung – *ditta*) bezeichnet man den Namen, unter dem der Unternehmer seine Tätigkeit ausübt (Art. 2563 u. ff. ZGB). Die Firma kann frei gewählt werden, muss aber mindestens den Familiennamen des Unternehmers oder die Anfangsbuchstaben seines Namens (Vor- und Familienname) enthalten. Als Beispiele:

**Reinigungsfirma Müller**
**»blitz und blank«**

**Hotel »blauer Affe« J. H.**

(J. H. ist die Abkürzung für Josef Hofer)

Die Firma kann für den Ruf und für die Geschäftsbeziehungen des Unternehmers von großem wirtschaftlichen Wert sein. Der Unternehmer hat deshalb das Recht auf die ausschließliche Verwendung der von ihm gewählten Firma. Wer als Erster eine bestimmte Firma verwendet, kann daher unterbinden, dass ein anderer Unternehmer die gleiche oder ähnliche Bezeichnungen wählt, wenn es dadurch zu Verwechslungen kommen kann.

### Weiterführung der Firma

Wenn es sich um ein gut eingeführtes Unternehmen handelt, kann der Käufer des Betriebes ein großes Interesse haben, die bestehende Firma unverändert weiter zu verwenden. Für die Weiterführung der Firma gelten gemäß Art. 2565 folgende Bestimmungen:

- die Firma darf **nicht getrennt** vom Betrieb übertragen werden,
- bei der Übertragung des Betriebes unter Lebenden ist die **Zustimmung** des veräußernden Unternehmers für die weitere Verwendung der Firma erforderlich,
- wird der Betrieb durch **Erbfolge** erworben, besteht ein Recht auf Weiterführung der Firma, wenn keine gegenteilige testamentarische Verfügung vorliegt.

Diese Bestimmungen erlauben es dem Erwerber eines Betriebes, die bisherige Firma weiter zu verwenden. Die Forderung nach Klarheit in den Beziehungen mit den Geschäftspartnern und den Verbrauchern wird in diesem Fall leider nicht genügend berücksichtigt.

### Das Firmenzeichen

Das **Firmenzeichen** (**Geschäftsbezeichnung** – *l'insegna*) dient der Kennzeichnung der Räumlichkeiten des Unternehmens (Geschäft, Werkstätte, Gastbetrieb usw.). Dabei kann es sich um wörtliche Kennzeichen (z. B. »Bar Dolores«) oder um bildliche Kennzeichen (z. B. das Gasthausschild mit einem Hirschen) handeln. Das Firmenzeichen unterliegt dem gleichen rechtlichen Schutz wie die Firma.

## VERÄUSSERUNG UND VERPACHTUNG DES BETRIEBES

Öffentliche Urkunde

Die Bestimmungen des ZGB über den Betrieb regeln hauptsächlich die Veräußerung oder Verpachtung sowie die Begründung des Fruchtgenusses. Der Vertrag über die Veräußerung oder die Verpachtung eines Betriebes muss als **notarielle Urkunde** (*atto notarile*) abgefasst und vom Notar elektronisch beim Handelsregister hinterlegt werden.

Wenn ein Betrieb veräußert oder verpachtet wird, bestehen meistens eine Reihe von Vertragsverhältnissen (Arbeitsverträge, Versicherungsverträge, Dauerlieferungsverträge, Kommissions-, Agentur- und Speditionsverträge usw.). Es ergibt sich deshalb die Frage, was mit den laufenden Vertragsverhältnissen geschehen soll.

Wird keine andere Vereinbarung getroffen, so tritt der Käufer oder Pächter des Betriebes die **Nachfolge** in die zur Führung des Betriebes abgeschlossenen Verträge an und übernimmt die daraus sich ergebenden Rechte und Pflichten. Die Zustimmung des von der Abtretung betroffenen Vertragspartners ist nur dann erforderlich, wenn die Persönlichkeit des Vertragspartners ausschlaggebend für den Vertragsabschluss war (Art. 2558). Diese Bestimmungen entsprechen nicht der allgemeinen Regelung für die Abtretung von Verträgen, wonach die Zustimmung des von der Abtretung betroffenen Vertragspartners erforderlich ist (Art. 1406).

Wenn der bisherige Eigentümer seinen Betrieb verpachtet oder veräußert, so geht der etwaige **Mietvertrag** für die Geschäftslokale auf den Pächter oder den neuen Eigentümer über. Der Vermieter, in der Regel der Eigentümer des Lokals, muss mit Einschreiben verständigt werden und kann sich nur dann widersetzen, wenn ein

**Pachtvertrag**

*(contratto di affitto di azienda)*
gekürzt

Die Linus AG mit Sitz in Bruneck, M.-Pacher-Str. 14, Steuernummer: 266344122188, vertreten durch den dazu beauftragten Verwaltungsrat Frau Dr. Elisabeth Müller, in der Folge als »Verpächter« bezeichnet

und

die Sporting GmbH mit Sitz in Corvara, Dolomitenstr. 55, Steuernummer 674499933201, vertreten durch den Alleinverwalter Lois Costa, in der Folge als »Pächter« bezeichnet

schließen folgenden
Pachtvertrag
vom 1. 10. 2005 bis zum 1. 10. 2015

1. Der Verpächter verpachtet dem Pächter das Hotel »Piz Sella« in Corvara einschließlich Einrichtung, Wäsche, Besteck, Küchengeräten, Büroeinrichtung und sonstigen Geräten laut beiliegender Aufstellung. Der Pächter erklärt, dass das gesamte Inventar sich in einem guten Zustand befindet und für die bestimmungsgemäße Verwendung geeignet ist.
2. Vom Pachtvertrag ausgeschlossen ist das Sportgeschäft im Erdgeschoss des Hotels »Piz Sella«.
3. Der jährliche Pachtzins beträgt 84.000 Euro, und davon muss die erste Hälfte am 1. April und die zweite Hälfte am 1. Oktober des jeweiligen Jahres bezahlt werden. Bei Zahlungsverzug von mehr als 30 Tagen kann der Verpächter den Vertrag auflösen und der Pächter ist verpflichtet, die verpachteten Sachen unverzüglich zu übergeben.
4. Der Pächter muss für die ordentliche und außerordentliche Instandhaltung sorgen und er kann hierfür keinerlei Forderungen an den Verpächter stellen.
5. Eine Weiterverpachtung des Hotels »Piz Sella« ist nicht zulässig. Bei Zuwiderhandeln kann der Verpächter den Vertrag auflösen.
6. Bei Beendigung des Pachtvertrages sind die verpachteten Sachen in gutem Zustand zurückzugeben, wobei die normale Abnützung berücksichtigt werden muss.
7. Der Pächter verpflichtet sich, geeignete Brand- und Haftpflichtversicherungen abzuschließen.
8. Der Verpächter ist berechtigt, einmal im Monat Kontrollen im Betrieb durchzuführen oder von einer beauftragten Person durchführen zu lassen.

Bruneck, 23. 10. 2008

*Elisabeth Müller*

*Lois Costa*

schwer wiegender Grund vorliegt (Art. 36 Gesetz Nr. 392/1978 über den gesetzlichen Mietzins – *equo canone*).

Für den **Arbeitsvertrag** gelten im Falle der Veräußerung des Betriebes die Bestimmungen des Art. 2112. Demnach wird bei einer Betriebsveräußerung das Arbeitsverhältnis nicht aufgelöst, sondern es wird ohne Unterbrechung mit dem neuen Inhaber unter voller Berücksichtigung des erreichten Dienstalters fortgesetzt.

Bei der Veräußerung des Betriebes können noch **Forderungen** aus Lieferungen an Kunden oder aus sonstigen Leistungen bestehen. Die Übertragung dieser Forderungen auf den Erwerber (Pächter) des Betriebes wird mit der Benachrichtigung des Schuldners wirksam.

Der Erwerber muss auch für die **Verbindlichkeiten** aufkommen, die sich auf den übernommenen Betrieb beziehen, wenn sie aus den Geschäftsbüchern hervorgehen (Art. 2560). Wenn die Gläubiger nicht zustimmen, ist der Verkäufer des Betriebes nicht von seiner Haftung für die eingegangenen Verbindlichkeiten befreit.

An die Stelle von Pachtverträgen treten immer öfters die Franchisingverträge, mit denen Unternehmer (oft Existenzgründer) das Recht erwerben, bereits am Markt erprobte Vertriebsformen zu nutzen.

Für den **Pachtvertrag**, der einen Betrieb betrifft (*contratto di affitto di azienda*), gelten die Bestimmungen des Zivilgesetzbuches (Art. 1615–1627 sowie Art. 2562) sowie das Gesetz Nr. 310/1993 über die Transparenz bei Abtretung von Beteiligungen und bei Veräußerung von Handelsunternehmen. Der Pachtvertrag hat nach Art. 1615 die Nutzung einer Ertrag bringenden beweglichen oder unbeweglichen Sache zum Gegenstand. Sehr oft wird der Pachtvertrag für einen Betrieb abgeschlossen. Dabei verpflichtet sich der Pächter (*affittuario*), den Betrieb seiner Bestimmung entsprechend zu führen und den vereinbarten Pachtzins (*canone d'affitto, fitto*) zu bezahlen. Der Pächter darf also nicht die Bestimmung des gepachteten Betriebes verändern. So kann z. B. ein gepachtetes Hotel nicht in eine Klinik umgewandelt werden. Der Pächter muss für die normale Instandhaltung aufkommen, während die außerordentliche Instandhaltung (z. B. eine neue Heizanlage) zu Lasten des Verpächters (*locatore*) geht. Eine Weiterverpachtung (*subaffitto*) des Betriebes durch den Pächter ist untersagt.

Im Gastgewerbe, wo Pachtverträge besonders häufig sind, gilt folgende Einschränkung für neu errichtete Hotelgebäude. Wenn die Führung des neuen Hotels einem Unternehmer übertragen wird, so liegt ein Mietvertrag *(contratto di locazione)* und kein Pachtvertrag vor (Gesetz Nr. 118/1985). Der Mietvertrag bietet einen größeren Schutz für den Mieter.

## Wettbewerbsverbot und Geschäftswert

Wer einen Betrieb veräußert, unterliegt in den folgenden 5 Jahren einem gesetzlichen **Wettbewerbsverbot** (Konkurrenzverbot – *divieto di concorrenza*). Er darf in diesem Zeitraum kein neues Unternehmen beginnen, das geeignet wäre, die Kunden vom veräußerten Betrieb abzulenken (Art. 2557). So z. B. darf der Verkäufer eines Pizza-Restaurants (Pizzeria) im nahen Umkreis keinen ähnlichen Betrieb eröffnen. Wurde der Betrieb verpachtet oder wurde daran der Fruchtgenuss eingeräumt, gilt das Wettbewerbsverbot für die Dauer des Pachtvertrages oder die Dauer des Fruchtgenusses. Ein weiter gefasstes Wettbewerbsverbot kann von den Vertragspartnern vereinbart werden, jedoch darf damit nicht jegliche berufliche Tätigkeit des Verpflichteten unterbunden werden. Der Umfang des Wettbewerbsverbotes wird sich auch auf den für den Betrieb vereinbarten Kaufpreis auswirken. Den Vertragsparteien steht es natürlich frei, das Wettbewerbsverbot einzuschränken oder ganz auszuschließen.

Geschäftswert

Durch die Bestimmungen über das Wettbewerbsverbot soll der **Geschäftswert** (Firmenwert – *valore di avviamento* oder kurz *avviamento*) des veräußerten Betriebes erhalten werden. Der Geschäftswert ergibt sich aus der wirtschaftlichen Leistungsfähigkeit oder Ertragsfähigkeit des Betriebes, wofür z. B. die Lage der Geschäftslokale, die Qualität und Bekanntheit der Erzeugnisse, eine bewährte Organisation, der Kundenstock, verlässliche Lieferanten usw. ausschlaggebend sein können.

Bei der Veräußerung wird der Geschäftswert dadurch ersichtlich, dass der Kaufpreis für den Betrieb den Wert des betrieblichen Reinvermögens übersteigt. Vom rechtlichen Standpunkt aus gilt der Geschäftswert als eine Eigenschaft des Betriebes. Er darf nur dann **aktiviert**, das heißt als Aktivposten in die Bilanz aufgenommen und dann abgeschrieben werden, wenn hierfür beim Erwerb des Betriebes ausdrücklich ein bestimmter Betrag bezahlt wurde.

Wenn der Unternehmer ein **Geschäftslokal** gemietet hat, das der Allgemeinheit zugänglich ist, steht ihm im Fall der **Kündigung des Mietvertrages** eine Entschädigung in der Höhe von 21 Monatsmieten (25 Monatsmieten, wenn es sich um einen Gastbetrieb handelt) für den Verlust des Geschäftswertes zu (Gesetz Nr. 392/1978 über den gesetzlichen Mietzins).

Entschädigung bei Kündigung des Mietvertrages

## DER MARKENSCHUTZ

**Marken** (*marchio*) haben den Zweck, die Waren oder Dienstleistungen eines Unternehmens von gleichen oder ähnlichen Waren und Dienstleistungen anderer Unternehmen zu unterscheiden. **Kollektivmarken** (*marchio collettivo*), die Vereinigungen von Unternehmen oder öffentlichen Körperschaften gehören, dienen dazu, den Ursprung und die Qualität bestimmter Produkte sicherzustellen (z. B. die geschützte geographische Angabe – *indicazione geografica protetta* »Südtiroler Speck«).

Voraussetzung für einen umfassenden rechtlichen Schutz der Marke ist die **Eintragung** beim staatlichen **Patent- und Markenamt** (*Ufficio italiano brevetti e marchi*). Man spricht in diesem Fall von einer **registrierten** oder **geschützten Marke** (*marchio registrato*, registered trademark, ®). In den Mitgliedsstaaten der EU ist der Markenschutz mit der Markenrechts-Richtlinie (Richtlinie 89/104/EWG) angeglichen worden. Das hat auch in Italien die Anpassung der einschlägigen Bestimmungen erforderlich gemacht, die im **Gesetzbuch über Patent- und Markenrechte** *(EVO Nr. 30/2005 Codice della Proprietà Industriale)* zusammengefasst sind.

Als Marken können Phantasienamen, sonstige Namen einschließlich der Personennamen geschützt werden. Auch Abbildungen, Buchstaben, Zahlen, Kennmelodien und andere Tonfolgen, die Form des Produktes oder der Verpackung sowie Farbtöne (z. B. das Rot von Ferrari oder das Lila der Milka-Schokolade von Suchard) oder Farbkombinationen können als Marken gewählt und geschützt werden. Es muss sichergestellt sein, dass die Marke bei der Antragshinterlegung zur Eintragung **neu** ist und sich von ähnlichen, bereits eingetragenen Marken unterscheidet. Gattungsnamen wie »Wein« oder »Wasser«, aber auch allgemeine Bezeichnungen wie »Medikament« oder »Moka-Express« für eine Kaffeemaschine können nicht registriert werden. Außerdem dürfen die Marken nicht gegen das Gesetz oder die guten Sitten verstoßen. Bei der Darstellung der Marken als **Markenzeichen** (Warenzeichen) unterscheidet man Bildzeichen (*marchio emblematico*), Wortzeichen sowie Kombinationszeichen, die aus Wort und Bild zusammengesetzt sind.

Der Inhaber einer geschützten Marke kann die Benutzung von gleichen oder verwechselbaren Marken jüngeren Datums für die Kennzeichnung von Waren oder Dienstleistungen gleicher oder ähnlicher Art unterbinden und eventuell Schadenersatz fordern. Durch die **Eintragung beim Patentamt** ist der Schutz der Marke für die Dauer von 10 Jahren gewährleistet. Es besteht die Möglichkeit, vor Ablauf dieser Frist den Schutz jeweils um 10 Jahre zu verlängern, wobei auch unwesentliche Änderungen der Marke möglich sind.

Einen starken Schutz erfahren Marken, die einen besonders großen Bekanntheitsgrad erlangt haben und eine hohe Wertschätzung genießen, wie z. B. Coca-Cola, Pirelli, MacDonald's oder Mercedes. Solche Marken oder sehr ähnliche Marken dürfen auch nicht für ganz andere Arten von Waren oder Dienstleistungen einge-

**Domain-Namen,** die von der zuständigen Internet-Organisation vergeben werden, können im elektronischen Handel eine ähnliche Bedeutung wie die geschützten Marken erlangen (z.B. amazon, yahoo!, ebay usw.)

tragen werden, wenn dadurch die allgemeine Wertschätzung dieser Marken ohne rechtfertigenden Grund in unlauterer Weise ausgenutzt oder beeinträchtigt wird (z. B. die Marke Ferrari soll für ein Parfum oder für einen Miststreuer eingetragen werden).

Durch die Eintragung erwirbt der Inhaber das **ausschließliche Recht**, die Marke im Geschäftsverkehr zu verwenden. Er kann also unterbinden, dass andere eine gleiche Marke für gleiche oder ähnliche Waren und Dienstleistungen verwenden. Wenn für das Publikum eine Verwechslungsgefahr besteht, kann der Inhaber der Marke auch die Verwendung von ähnlichen Zeichen für gleichartige oder ähnliche Waren oder Dienstleistungen unterbinden.

Nutzung fremder Marken mit Lizenzvertrag

Mit einem **Lizenzvertrag** kann der Inhaber der Marke anderen (Lizenznehmer) die Nutzung der Marke gestatten. Der Inhaber der Marke »Gucci« könnte z. B. einem anderen Unternehmer deren Verwendung auf einem Teil des Staatsgebietes gestatten, während er im restlichen Gebiet die Marke für seine eigenen Produkte und Dienstleistungen beibehält. Wer eine Marke erwirbt, darf nach Art. 2573 diese Marke nicht zur Kennzeichnung von Waren oder Dienstleistungen verwenden, wenn sie sich von den ursprünglichen in Art und Qualität wesentlich unterscheiden. Eine Irreführung der Kunden und Konsumenten soll dadurch vermieden werden.

Die Marke verfällt, wenn sie vom Inhaber nicht innerhalb von 5 Jahren nach Eintragung tatsächlich benutzt wurde. Dadurch soll vermieden werden, dass Unternehmen zahlreiche, besonders einprägsame Marken horten.

Vor allem größere Unternehmen versuchen ihre Erzeugnisse von jenen der Konkurrenten zu differenzieren und sie wenden oft bedeutende Mittel für die Werbung und sonstige Absatzmaßnahmen auf. Da Neuerungen auf dem Gebiet der Werbung, der Absatzwege, der Verkaufsorganisation usw. nicht geschützt und somit oft leicht nachgeahmt werden können, ermöglichen die eingetragenen Marken eine Abgrenzung gegenüber Nachahmungen. In manchen Ländern, und dazu zählt auch Italien, bildet die Nachahmung berühmter Markenartikel (**Markenpiraterie**) einen illegalen, aber blühenden Wirtschaftszweig.

Einen schwächeren rechtlichen Schutz erfährt die **nicht registrierte Marke** (*marchio non registrato* Art. 2571). So kann der Inhaber einer nicht registrierten Marke nicht verhindern, dass seine Marke von anderen registriert wird. Er kann jedoch seine Marke trotz der Registrierung durch andere im bisherigen Ausmaß weiter verwenden. Nur in dem wohl seltenen Fall, dass die nicht registrierte Marke im ganzen Staatsgebiet bekannt ist, können Dritte nicht deren Registrierung vornehmen.

Internationaler Markenschutz

Da immer mehr Unternehmen ihre Tätigkeit auch auf das Ausland ausdehnen, besteht ein starkes Interesse an einem **internationalen Markenschutz**. Dem wurde bereits mit dem Madrider Markenabkommen von 1891 Rechnung getragen. Auf-

**Geschützte Marken**

| Arten von Marken | Eintragung | gesetzliche Regelung | Wirksamkeit |
|---|---|---|---|
| **Nur im Staatsgebiet geschützte Marke** | staatliches Patent- und Markenamt | EVO Nr. 480/1992 | Italien |
| **Gemeinschaftsmarke** | Harmonisierungsamt (Alicante) mit Wirksamkeit für die gesamte EU | EG-Verordnung 40/94 | in allen EU-Mitgliedstaaten |
| **Internationale Marke** | Weltorganisation für geistiges Eigentum (Genf) | Madrider Abkommen (1891) und spätere Änderungen | Gültigkeit in den Vertragsstaaten (44) nach vorheriger Eintragung in Italien |

grund dieses Abkommens kann der Schutz der Marke in den Vertragsstaaten, zu denen auch Italien gehört, durch eine einzige Registrierung erreicht werden.

Von besonderer Bedeutung ist die **Gemeinschaftsmarke** (*marchio comunitario* – Community trade mark), die durch Eintragung beim dafür zuständigen Harmonisierungsamt in Alicante (Spanien) erworben wird. Mit der Eintragung erfährt die Gemeinschaftsmarke Schutz in allen EU-Mitgliedstaaten.

## BEISPIELE UND FRAGEN

[1] Herr Anton Stern betreibt seit etlichen Jahren eine Reinigungsfirma, die als »Firma Anton Stern« gut bekannt ist. Sein gleichnamiger Neffe will im selben Dorf ein Elektrowarengeschäft eröffnen und er besteht darauf, die gleiche Geschäftsbezeichnung zu verwenden, nämlich ebenfalls »Firma Anton Stern«. Kann Herr Anton Stern verhindern, dass sein Neffe diesen Firmennamen verwendet?

[2] Frau Rossi hat ihr gut gehendes Schuhgeschäft an Herrn Bianchi veräußert, um sich aus der Berufstätigkeit zurückzuziehen. Nach zwei Jahren bereut sie diesen Schritt und beschließt, in der Nähe des ehemaligen Geschäftes ein neues Schuhgeschäft zu eröffnen. Ist dies zulässig?
(Siehe Art. 2557 ZGB)
Ändert sich die Rechtslage, wenn Frau Rossi das Geschäft lediglich verpachtet hat?

[3] Herr Mario Trovato verkauft sein bekanntes und gut besuchtes Restaurant an Frau Anna Anderlan. Dabei gibt er seine Absicht zu erkennen, ein neues Restaurant in seiner 500 km entfernten Heimatstadt zu eröffnen. Verletzt er damit das Konkurrenzverbot?
(Siehe Art. 2557 ZGB)

[4] Herr Reich, ein tüchtiger Unternehmer, will sich ganz der Suche nach Goldschätzen in der Karibik widmen und er veräußert deshalb seine florierende Firma »Internetprofi« an Josef Hofer. Am nächsten Tag erhält Herr Hofer die Mitteilungen des bisherigen Steuerberaters und eines Lieferanten der Firma »Internetprofi«, dass sie ihre Zusammenarbeit einstellen. Was kann Herr Hofer unternehmen?
(Siehe Art. 2258/1 und Art. 1408 ZGB)

[5] Frau Schneider befindet sich in wirtschaftlichen Schwierigkeiten. Sie möchte deshalb aber nicht den gesamten Betrieb veräußern, sondern lediglich die Firma und die Marke eines ihrer wichtigsten Produkte. Ist das möglich?
(Art. 2565/1 ZGB)

[6] Die Trekkingschuhe der Firma »San Giorgio« sind in den Ostalpen auch unter der nicht registrierten Marke »gelbe Gämse« sehr bekannt. Der Eigentümer der Firma erfährt, dass die gleiche Marke von einem anderen Schuhhersteller beim Patent- und Markenamt eingetragen wurde. Dieser Unternehmer plant, seine Trekkingschuhe unter der registrierten Marke im gesamten Staatsgebiet zu vertreiben. Welchen rechtlichen Schutz kann der Unternehmer für seine nicht registrierte Marke »gelbe Gämse« beanspruchen?
(Siehe Art. 2571 ZGB)

[7] Nennen Sie einige berühmte Marken.

[8] Frau Klein verwendet für ihr Bekleidungsgeschäft ein Ladenschild mit der Abbildung eines Panthers, der völlig dem Markenzeichen des Sportbekleidungsherstellers »Sprint« gleicht. Auf eine Klage der Firma »Sprint« verteidigt sich Frau Klein, dass sie keine Sportbekleidung verkauft, die mit der beanstandeten Panther-Marke in Verbindung gebracht werden kann. Außerdem wendet Frau Klein ein, dass sie die Tierabbildung nur aus ästhetischen Gründen ausgewählt hat. Genügen diese Einwände zur Abwendung der Klage?

[9] Frau Ritter hat zusammen mit einem Geschäft für Reitbedarf auch ein eingetragenes Markenzeichen zur Kennzeichnung von Westernsätteln erworben. Nun möchte Frau Ritter das Warenzeichen für die von ihr hergestellte Wintersportbekleidung verwenden. Ist das zulässig?

## DER SCHUTZ DES GEISTIGEN EIGENTUMS: URHEBERRECHT UND PATENTRECHT

In diesem Abschnitt geht es um den Schutz des so genannten geistigen Eigentums. Diesem Schutz unterliegen sowohl Schöpfungen auf kulturellem und geistigem Gebiet (Literatur, Musik, Film usw.) als auch die Erfindungen im gewerblichtechnischen Bereich.

**Schutz des geistigen Eigentums und Wettbewerbsrecht**

| GEISTIGES EIGENTUM | | |
|---|---|---|
| **Urheberrecht**<br>**Marke** | **Patent**<br>Gebrauchsmuster<br>Geschmacksmuster | Geschäfts-geheimnis<br>Know-how |

| WETTBEWERBSRECHT | |
|---|---|
| Schutz vor unlauterem Wettbewerb | Wettbewerbsschutz (Antitrustgesetz) |

### Das Urheberrecht

Das **Urheberrecht** (*diritto d'autore*) ist das **Recht des Schöpfers** eines Werkes in den Bereichen Wissenschaft, Literatur einschließlich Übersetzungen und Bearbeitungen, Musik, bildende Künste, Architektur, Theater, Fotografie, Film, Fernsehen und in den sonstigen Bereichen, in denen die menschliche Schöpfungskraft zum Ausdruck kommt. Der urheberrechtliche Schutz erstreckt sich auch auf **Computerprogramme** (Software) und auf Werke des Industriedesigns. Schutzfähige Werke sind laut Urheberschutzgesetz (Gesetz Nr. 633/1941 mit zahlreichen Neuerungen auch aufgrund von EU-Richtlinien) nur **persönliche geistige Schöpfungen**, die **neu** sind und einen gewissen **Eigentümlichkeitsgrad** aufweisen. In keiner Weise ausschlaggebend ist die Qualität des betreffenden Werkes. Auch der Autor eines kitschigen Liebesromans oder der Komponist einer jämmerlichen Schnulze (nach der Art: »Warum ist es in Hintertupfingen so schön, so schön?«) haben Anrecht auf den Schutz ihrer Urheberrechte. Das Urheberrecht entsteht mit der Schöpfung des Werkes und man unterscheidet dabei die Urheberpersönlichkeitsrechte und die wirtschaftlichen Verwendungsrechte.

Urheberpersönlichkeitsrecht

Das **Urheberpersönlichkeitsrecht** (*diritto morale dell'autore*) ist unverzichtbar und unveräußerlich. Es umfasst:

- das Recht, als Urheber (Schöpfer, Autor, Bildhauer, Komponist, Regisseur usw.) des Werkes anerkannt zu werden,
- das Recht, die Veröffentlichung zu untersagen und entstellende Veränderungen sowie Veränderungen, die den guten Ruf des Urhebers beeinträchtigen, zu verhindern,
- das Recht des Urhebers, das Werk aus schwer wiegenden moralischen Gründen aus dem Verkehr zu ziehen. Dritte, die Rechte zur wirtschaftlichen Nutzung erworben haben, müssen in diesem Fall entschädigt werden.
- das Folgerecht *(diritto di seguito)* des Urhebers: Wenn das Original eines Kunstwerks oder ein Manuskript im Handel weiterverkauft wird, steht dem Künstler bei jeder Veräußerung eine Entschädigung zu. Das Folgerecht ist unverzichtbar.

Das Urheberrecht umfasst auch das Recht auf die ausschließliche wirtschaftliche Verwertung des Werkes durch seine Aufführung, Veröffentlichung, Ausstellung, Übersetzung, Verfilmung usw. Dieses **Verwertungsrecht** (*diritto di utilizzazzione economica*) geht auf die Erben des Urhebers über und endet erst 70 Jahre nach dem Tod des Urhebers. Nach Ablauf dieser Frist ist die Nutzung frei.

Wirtschaftliche Verwertungsrechte

Die wirtschaftliche Nutzung der Schöpfung kann an Dritte mit Vertrag übertragen werden. Der Romanautor oder Sachbuchautor tritt seine Rechte an einen Verlag oder an eine Filmgesellschaft ab, der Komponist verkauft seine Rechte an einen Musikverlag oder an eine Plattenfirma usw.

Im Zusammenhang mit dem Urheberrecht können Jugendliche schon ab dem **16. Lebensjahr** selbständig sämtliche Rechtshandlungen vornehmen und auch Klage erheben. Wenn ein Jugendlicher eine schöpferische Ader hat und z.B. erfolgreiche Schlager komponiert oder ein erfolgreiches Computerprogramm entwickelt, kann er schon zwei Jahre vor Erreichung der Volljährigkeit ohne Beistand der Eltern oder eines anderen gesetzlichen Vertreters Verträge mit Verlagen oder Computerfirmen abschließen usw. (Art. 14 Gesetz Nr. 39/1975).

Mit dem **Schutz der Urheberrechte** ist in Italien die italienische Verwertungsgesellschaft (*società italiana autori ed editori – SIAE*) betraut. Bei Verletzungen der Urheberrechte kann zivilrechtlich (Schadenersatzforderung) vorgegangen werden.

Um den Handel mit Raubkopien zu erschweren, werden Bücher, CDs, Musik- und Videokassetten sowie unbespielte Multimediaträger mit einem **Aufkleber** der italienischen Verwertungsgesellschaft *(Siae)* versehen. Dieser Aufkleber bestätigt, dass die Urheberrechte ordnungsgemäß bezahlt worden sind. Auch für **Fotokopien** von urheberrechtlich geschützten Werken sind die Urheberrechte abzugelten. Von den öffentlichen Bibliotheken werden die Urheberrechte pauschal bezahlt. Zudem ist es nicht zulässig, ein Buch oder eine Zeitschrift vollständig abzulichten. Von Ausnahmen abgesehen, dürfen höchstens 15 Prozent eines Buches oder einer Zeitschrift (die Werbung nicht berücksichtigt) fotokopiert werden.

Scharfe Strafbestimmungen sollen die Verletzung von Urheberrechten und besonders die Verbreitung von Raubkopien eindämmen helfen. Wer sich einen Vorteil verschafft, indem er zum Beispiel Raubkopien von Computerprogrammen herstellt, vertreibt oder nutzt, dem drohen bis zu drei Jahre Gefängnis und eine Geldstrafe bis zu 15.000 Euro.

Berner Übereinkunft

Der **internationale Schutz des Urheberechts** ist durch die »Berner Übereinkunft zum Schutz von Werken der Literatur und Kunst« von 1886 geregelt. Dieser internationalen Übereinkunft ist auch Italien beigetreten und sie wurde mehrfach überarbeitet. Neben der Berner Übereinkunft gibt es auch noch das auf das amerikanische System des »copyright« (©) abgestimmte Welturheberrechtsabkommen, das 1952 in Genf abgeschlossen wurde.

Besonders problematisch ist der Schutz von Urheberrechten im Internet, vor allem was Computerprogramme, Unterhaltungsmusik, Filme, Bilder und andere Werke anbelangt, die über das weltweite Datennetz zugänglich gemacht werden. Es gibt aber auch Bewegungen und Organisationen, die Computerprogramme (z. B. Linux) und sonstigen Dienstleistungen (z. B. das Nachschlagwerk »Wikipedia«) zur kostenlosen Nutzung im Internet anbieten und auf eine wirtschaftliche Nutzung der Urheberrechte ausdrücklich verzichten. Die von den USA ausgehende Patentierung von Teilen von Computerprogrammen könnte jedoch die Entwicklung von kostenlos nutzbarer Software erschweren.

## Das Patentrecht

Für Erfinder, Forscher und Unternehmen ist es von großer Bedeutung, dass sie für die Erfindungen *(invenzione)* einen Patentschutz erlangen können. Zum **Schutz des geistigen Eigentums** *(proprietà intellettuale, intellectual property rights)*, so bezeichnet man zusammenfassend die Urheberrechte und die Erfindungen, sind eine Reihe von internationalen Abkommen geschlossen worden. Sie reichen von der mehrfach revidierten Pariser Übereinkunft zum Schutz des gewerblichen Eigentums (1883) und der Berner Übereinkunft zum Urheberrecht (1886) bis zum TRIPS-Abkommen über handelsbezogene Aspekte der Rechte am geistigen Eigentum (1994).

In Italien ist der Patent- und Markenschutz im **Gesetzbuch über Patent- und Markenrechte** (EVO Nr. 30/2005 *Codice della Proprietà Industriale*) zusammengefasst worden, wobei man auch die internationalen Abkommen und die einschlägigen EU-Richtlinien berücksichtigt hat. Unter dem Begriff *proprietà industriale* fallen Marken und andere Kennzeichnungen, »geschützte geografische Angaben« *(indicazione geografica protetta – igp)* und »geschützte Ursprungsbezeichnungen« *(denominazione d'origine protetta – dop)*, das Design (Modelle und Muster), Erfindungen und Gebrauchsmuster, Topographien von Halbleitererzeugnissen, Betriebsgeheimnisse und Pflanzenzüchtungen.

Im Gesetzbuch über Patent- und Markenrechte gibt es keine ausdrückliche Begriffsbestimmung für eine Erfindung im Bereich der Technik und der Biotechnologie. Es werden aber die **wesentlichen Merkmale** für patentfähige Erfindungen festgelegt: Sie müssen neu sein, auf einer erfinderischen Tätigkeit beruhen, gewerblich anwendbar und erlaubt sein.

Genauer ausgeführt, sind die **wesentlichen Merkmale** patentfähiger Erfindungen folgende:

- die Erfindungen müssen, gemessen am Stand der Technik, **neu** sein. Das heißt neu im Vergleich zu den Kenntnissen, die der Allgemeinheit zum Zeitpunkt der Patentanmeldung zugänglich waren;
- die Erfindungen müssen das Ergebnis einer **erfinderischen Tätigkeit** *(attività inventiva)* sein, die sich für eine Fachperson des betreffenden Bereichs nicht aus dem Stand der Technik ergibt (Erfindungshöhe);
- die Erfindungen müssen **praktisch** im gewerblichen Bereich anwendbar sein;
- die Erfindungen dürfen keine Beeinträchtigung der öffentlichen Sicherheit und der guten Sitten bewirken. Sie dürfen zum Beispiel nicht gegen die Menschenwürde verstoßen oder schwere Umweltschäden verursachen.

Die Erfindungen werden unterschieden in **Sacherfindungen** *(invenzione di prodotto)*, die körperliche Erzeugnisse wie zum Beispiel einen neuen Antrieb für Autos oder neue Fasern für Sportbekleidung betreffen, und **Verfahrenserfindungen** *(invenzione di procendimento)*, wie zum Beispiel das Gefriertrocknen von Lebensmitteln oder Verfahren zur industriellen Mülltrennung.

Viele Unternehmen melden jedoch nur ganz wenige Patente an, weil man so Produktpiraterie vermeiden will. Denn die detaillierten Beschreibungen und Pläne, die nach der Patentanmeldung einsehbar sind, können von skrupellosen Nachahmern leicht genutzt werden. Dies gilt besonders für Länder mit unzureichendem Patentschutz wie zum Beispiel China. Um Schäden zu vermeiden, raten Experten, Patente nur noch anzumelden, wenn die Produkte ein sehr komplexes technisches Know-how voraussetzen.

Um ein Patent zu erlangen, ist die Erfindung beim italienischen Patent- und Markenamt einzureichen. Wenn keine formalen Mängel vorliegen, wird das **Patent** (*brevetto*) vom Amt erteilt. Damit wird dem Erfinder für die Dauer von 20 Jahren ab der Einreichung des Antrags das ausschließliche Recht eingeräumt, das patentierte Produkt oder Verfahren wirtschaftlich zu nutzen. Die so geschaffene Monopolstellung soll einen Anreiz für die Forschung und die technische Entwicklung bieten. Für viele Unternehmen sind Forschung und Entwicklung entscheidend, um sich am Markt behaupten zu können. Man denke an Bereiche wie die Elektronik, Computertechnik, Flugzeugbau, Pharmaindustrie usw. Im Gegensatz zu anderen Staaten überprüft das italienische Patent- und Markenamt nicht, ob eine zur Patenterteilung eingereichte Erfindung tatsächlich eine technische Neuerung darstellt. Es bleibt dem jeweiligen Inhaber eines italienischen Patents überlassen, sich vor Gericht gegen später patentierte Nachahmungen seiner Erfindung zu schützen. Es besteht auch die Möglichkeit, dass das erteilte Patent gegen ein bereits früher geschütztes Patent verstößt und es deshalb zu einem Rechtsstreit kommt. Seit 1. Juli 2008 ist ein Abkommen mit dem Europäischen Patentamt in München in Kraft getreten, das die Prüfung zum **Stand der Technik** durchführt. Der Prüfungsbericht des Europäischen Patentamtes ermöglicht eine bessere Einschätzung, ob die patentierte Erfindung einer Anfechtung durch andere Patentinhaber standhält. Außerdem kann man mit diesem Prüfungsbericht eine Erfindung auch leichter im Ausland patentieren lassen.

**Nicht zum Patent angemeldet** werden können unter anderem Entdeckungen (z. B. ein neues Elementarteilchen, Korrosionserscheinungen bei Metallen usw.), wissenschaftliche Theorien und mathematische Methoden; Pläne, Regeln und Verfahren für geistige Tätigkeiten, für Spiele oder für geschäftliche Tätigkeiten; die Darstellung von Informationen. In diesen Fällen fehlt das Merkmal der gewerblichen Verwendbarkeit der Erfindung. Neue Verfahren im Bereich der Biotechnologie und damit gewonnene Produkte sowie gentechnisch manipulierte Pflanzen und Tiere können hingegen mit Einschränkungen zum Patent angemeldet werden.

In den USA können Geschäftsmethoden patentiert werden.

Das Recht des Erfinders an seiner Erfindung hat so wie das Urheberrecht eine persönlichkeitsrechtliche und eine vermögensrechtliche Seite. Als **Persönlichkeitsrecht** des Erfinders gilt das unveräußerliche Recht im Zusammenhang mit der Erfindung als deren Erfinder genannt zu werden. **Vermögensrechtlich** entsteht mit der Erfindung für den Erfinder oder seine Rechtsnachfolger das Recht, die Erfindung gewerbsmäßig zu verwirklichen und wirtschaftlich ausschließlich zu nutzen. Das Recht auf die wirtschaftliche Nutzung kann auf andere übertragen werden, und zwar durch Abtretung des Patents oder durch einen Lizenzvertrag.

Mit dem **Lizenzvertrag** kann dem Lizenznehmer die Nutzung des Patents in unterschiedlicher Weise gestattet werden, z. B. ausschließliche oder nicht ausschließliche Nutzung durch den Lizenznehmer, auf eine kurze Zeit oder auf ein bestimmtes Gebiet beschränkte Nutzung usw. Es handelt sich beim Lizenzvertrag für Patente um eine Art Pachtvertrag. Das Eigentum wird damit nicht übertragen.

## Das Know-how

Als **Know-how** (englisch: wörtlich »wissen wie«) bezeichnet man meistens **technisches** oder **organisatorisches Erfahrungswissen**, das gegenüber den Mitbewerbern Vorteile bringt und nicht durch Schutzrechte gesichert ist. Es gilt als ein Teil des

Betriebsgeheimnisses und wird als solches geschützt. Das Know-how kann vertraglich weitergegeben werden, wobei der Empfänger in der Regel zur Geheimhaltung verpflichtet wird. Oft wird das Know-how zusammen mit den Lizenzverträgen für Patentrechte oder Franchisingverträge übertragen.

## Arbeitnehmererfindungen

Die Mehrzahl der Erfindungen werden heute von den Beschäftigten in den Forschungs- und Entwicklungsabteilungen der Unternehmen gemacht. Für Arbeitnehmererfindungen gelten folgende gesetzliche Regelungen:

- Wird die Erfindung von einem Arbeitnehmer gemacht, der ausdrücklich mit Forschungs- und Entwicklungsaufgaben betraut ist, so gehen alle Rechte auf den Arbeitgeber über. Der Arbeitnehmer hat in diesem Fall nur das Recht, als Erfinder genannt zu werden.
- Macht der Arbeitnehmer eine Erfindung im Rahmen seiner Tätigkeit, **ohne** mit Forschungs- und Entwicklungsaufgaben betraut zu sein, so gehen die Rechte ebenfalls auf den Arbeitgeber über. Ihm steht aber das Recht zu, als Erfinder genannt zu werden und er hat außerdem Anrecht auf eine angemessene Vergütung.
- Besteht kein Zusammenhang zwischen der Erfindung des Arbeitnehmers und seiner Beschäftigung im Betrieb, so kann sie nicht vom Arbeitgeber beansprucht werden. Fällt die Erfindung in den Tätigkeitsbereich des Unternehmens, in dem der Arbeitnehmer beschäftigt ist, so hat das Unternehmen ein Vorkaufsrecht.

## Der internationale Patentschutz

Ein wichtiger Schritt zum internationalen Patentschutz wurde bereits 1883 mit der Pariser Verbandsübereinkunft gemacht. Damit werden der Patenterwerb und die Patentausübung in den Staaten erleichtert, die dem Verband beigetreten sind.

Europäisches Patentamt (München)

Mit dem Europäischen Patentübereinkommen (1973) wurde das **Europäische Patentamt** mit Sitz in München geschaffen. Es erteilt ein europäisches Patent mit unmittelbarer Wirkung für die Vertragsstaaten. Die Patentrechte und der Patentschutz richten sich aber nach den gesetzlichen Bestimmungen der einzelnen Staaten. Ein Großteil der in den Vertragsstaaten gemachten Erfindungen wird inzwischen beim Europäischen Patentamt patentiert.

Starke Einwände gibt es gegen die Patentierung von genetisch veränderten Lebewesen (z. B. besonders krebsanfällige Mäuse für Laborversuche) und genetisch veränderte menschliche Organe.

## Gebrauchs- und Geschmacksmuster

Erfindungen ermöglichen es oft, Maschinen, Werkzeuge, Gebrauchsgegenstände oder sonstige Erzeugnisse wirkungsvoller einzusetzen oder bequemer zu verwenden (z. B. ein besserer Griff für ein Werkzeug, die Verwendung eines neuartigen Werkstoffs für eine bereits in Einsatz befindliche Maschine usw.). Auf Antrag kann das Patent- und Markenamt für solche Erfindungen ein **Gebrauchsmuster** (*modello d'utilità*) erteilen, das den Schutz der Erfindung für den Zeitraum von 10 Jahren bewirkt.

Im Bereich der Mode, Möbel, Haushaltsgeräte, Fahrzeuge usw. haben Formgebung und Farbgestaltung (Design) oft einen entscheidenden Einfluss auf den wirtschaftlichen Erfolg dieser Produkte. Es besteht die Möglichkeit, neue Muster und Modelle für die **ästhetische Gestaltung** von gewerblichen Gütern (Stoffmuster, Kleiderschnitte, Gestaltung von Beleuchtungskörpern oder Möbeln, Formgebung von Autos oder Motorrädern und im Allgemeinen alles, was unter den Begriff »Industriedesign« fällt) durch Eintragung beim Patentamt schützen zu lassen. Solche geschützte Muster oder Modelle bezeichnet man als Geschmacksmuster (*modelli e disegni ornamentali*) und ihr Schutz wird für 15 Jahre gewährt.

## BEISPIELE UND FRAGEN

[1] Der begabte Ingenieur Franz Mair wird in der Forschungsabteilung eines Industrieunternehmens beschäftigt und arbeitet zusammen mit anderen Fachleuten an der Entwicklung eines neuen Motors. Nach dem erfolgreichen Abschluss der Entwicklungsarbeiten kündigt Ing. Mair und lässt den neuartigen Motor beim Patentamt patentieren. Welche rechtliche Mittel hat das Industrieunternehmen, um seine Ansprüche zu verteidigen?

[2] Der weltfremde Hobbybastler Daniel Tüftler entwickelt nach zahlreichen Fehlschlägen ein elektrisches Dampfbügeleisen, obwohl es davon schon viele am Markt gibt. Er reicht die Erfindung beim italienischen Patentamt ein. Formale Fehler liegen nicht vor. Wird das Patent erteilt?

[3] Welche Voraussetzungen muss eine patentfähige Erfindung erfüllen?

[4] Welche Art von Entdeckungen können nicht zum Patent angemeldet werden?

[5] Martina Herz schreibt einen Liebesroman, den sie im Selbstverlag veröffentlicht. Der Roman hat einen großen Erfolg und schon bald sind sämtliche Exemplare verkauft. Zwei Jahre später erscheint der gleiche Roman im Verlag S. Schlau, der ihn ohne Zustimmung der Autorin neu aufgelegt hat. Welche Rechte hat Frau Herz?

[6] Martin Ketzer verfasst ein Buch, in dem er den Papst und die katholische Kirche scharf angreift. Die Nutzungsrechte an diesem Werk überträgt er einem Verlag, der für die Veröffentlichung sorgt. Als Martin Ketzer in die Jahre kommt, wird er von Reue und schlechtem Gewissen geplagt und er beschließt, das Buch aus dem Handel zu nehmen. Kann er das? Welche Rechte stehen dem Verlag zu?

# Das Gesellschaftsrecht – ein Überblick

## Einführung

In vielen Fällen kann es von Vorteil sein, wenn man eine wirtschaftliche Tätigkeit als Einzelunternehmer ausübt. Entscheidungen können rasch gefasst werden, es gibt keine Auseinandersetzungen und Streitigkeiten mit einem Partner, der erzielte Gewinn braucht nicht geteilt zu werden, bis zu bestimmten Umsatzgrenzen sind steuerliche Vereinfachungen vorgesehen usw.

Oft ist es jedoch vernünftiger ein Unternehmen gemeinsam mit anderen als Gesellschaft zu gründen und zu führen. Dadurch ist es möglich, mehr Kapital aufzubringen und das wirtschaftliche Risiko zu verteilen. Die verschiedenen Gesellschafter können außerdem ihre unterschiedlichen Fähigkeiten in das Unternehmen einbringen. Für Großunternehmen, aber auch für junge Unternehmen, die sich stark entwickeln, bieten vor allem die Aktiengesellschaft und die Gesellschaft mit beschränkter Haftung beachtliche Vorteile, auf die wir noch später eingehen werden.

**Personen- und Kapitalgesellschaften**

Im italienischen Zivilgesetzbuch gibt es sechs verschiedene Gesellschaftsformen. Drei davon sind so genannte **Personengesellschaften** (*società di persone*): **einfache Gesellschaft, offene Handelsgesellschaft** und **Kommanditgesellschaft**. Die andern drei sind so genannte **Kapitalgesellschaften**.

Kennzeichnend für die Personengesellschaften ist hauptsächlich die persönliche und unbeschränkte Haftung der Gesellschafter (Ausnahme: die beschränkt haftenden Kommanditisten der Kommanditgesellschaft) sowie eine gewisse Verselbständigung des Gesellschaftsvermögens. Ein Gesellschafterwechsel kann nur mit der Zustimmung der übrigen Gesellschafter vollzogen werden, weil die Fähigkeiten und Eigenschaften eines Gesellschafters für die anderen Gesellschafter entscheidend für den Abschluss des Gesellschaftsvertrages sein können.

### Die Handelsgesellschaften

| Personengesellschaften | Kapitalgesellschaften |
|---|---|
| • einfache Gesellschaft (darf keine Handelstätigkeit ausüben) | • Aktiengesellschaft |
| • offene Handelsgesellschaft | • Gesellschaft mit beschränkter Haftung |
| • Kommanditgesellschaft | • Kommanditgesellschaft auf Aktien |
| • Europäische wirtschaftliche Interessengemeinschaft | |

Die **Kapitalgesellschaften** (*società di capitali*) – **Aktiengesellschaft, Gesellschaft mit beschränkter Haftung** und **Kommanditgesellschaft auf Aktien** – sind juristische Personen des Privatrechts und die Haftung der Gesellschafter beschränkt sich meistens auf ihre Einlage. Der einzelne Gesellschafter haftet also in der Regel nicht persönlich, sondern nur mit seinem Anteil am Gesellschaftskapital. Für die Verbindlichkeiten des Unternehmens haftet – abgesehen von Sonderfällen – ausschließlich die Gesellschaft mit ihrem Vermögen. Wie der Name schon sagt, steht bei diesen Unternehmen das Kapital der Gesellschaft im Vordergrund. Im Gegensatz zu den Personengesellschaften hat der Gesellschafterwechsel keine Auswirkung auf den Bestand der Gesellschaft. Besonders bei den börsennotierten Aktiengesellschaften kann ein Wechsel der Gesellschafter rasch und einfach durch den Verkauf der Aktien an der Börse erfolgen.

Mit Ausnahme der einfachen Gesellschaft können alle Gesellschaften eine Handelstätigkeit im weiteren Sinn ausüben, weshalb sie auch als **Handelsgesellschaften** bezeichnet werden. Neben den bereits erwähnten sechs Gesellschaftstypen gibt es die durch eine EG-Verordnung geregelte **Europäische wirtschaftliche Interessenvereinigung** (EWIV – *Gruppo europeo di interesse economico – GEIE*). Diese Vereinigung soll die wirtschaftliche Zusammenarbeit zwischen Wirtschaftssubjekten innerhalb der Europäischen Union erleichtern. Sie hat jedoch bis jetzt nur geringe praktische Bedeutung erlangt.

## DIE GESELLSCHAFTEN IM ALLGEMEINEN

Nach dem Zivilgesetzbuch liegt eine Gesellschaft dann vor, wenn mit dem Gesellschaftsvertrag zwei oder mehrere Personen Sachen oder Dienstleistungen zur gemeinsamen Ausübung einer wirtschaftlichen Tätigkeit mit dem Zweck einbringen, den erzielten Gewinn zu teilen (Art. 2247). So lautet die Begriffsbestimmung für den Gesellschaftsvertrag im Allgemeinen, und zwar unabhängig davon, ob es sich um eine Personen- oder um eine Kapitalgesellschaft handelt.

Nach den grundlegenden Bestimmungen des Art. 2247 müssen alle Gesellschaften folgende Merkmale aufweisen:

- es muss ein **Gesellschaftsvertrag** bestehen,
- die Gesellschafter müssen **Einlagen** in die Gesellschaft einbringen,
- es muss eine **gemeinsame wirtschaftliche Tätigkeit** ausgeübt werden,
- die Gesellschaft muss einen **Gewinn** anstreben.

Zu den verschiedenen Merkmalen der Handelsgesellschaften im Einzelnen:

Es muss ein Gesellschaftsvertrag bestehen.

Für die Gründung einer Gesellschaft ist in der Regel ein Vertrag zwischen zwei oder mehreren Personen (zwei- oder mehrseitiger Vertrag) erforderlich. Es gibt keine allgemeinen Formvorschriften für den Gesellschaftsvertrag, so dass zum Beispiel im Fall der einfachen Gesellschaft auch eine mündliche Vereinbarung für die Gründung ausreichen kann. Für die übrigen Gesellschaften muss ein schriftlicher Gründungsvertrag abgefasst werden, wobei für die Kapitalgesellschaften ein Vertrag in der Form einer **öffentlichen Urkunde** erforderlich ist.

Eine Ausnahme bildet die so genannte faktische Gesellschaft (*società di fatto*). In diesem Fall wird zwar kein mündlicher oder schriftlicher Vertrag abgeschlossen, die Beteiligten lassen aber durch ihr Handeln darauf schließen, dass eine Gesellschaft besteht. Zum Beispiel drei Freunde bilden gemeinsam ein Unterhaltungsorchester, wobei die Ausgaben abwechselnd von einem der drei bestritten werden und die Einnahmen stets aufgeteilt werden.

Mindestens zwei Gesellschafter

Sowohl für Personengesellschaften als auch für Kapitalgesellschaften sind mindestens zwei Personen als Gesellschafter erforderlich. Eine Ausnahme bildet die aus einem einzigen Gesellschafter bestehende **Einpersonen-GmbH** und die **Einpersonen-AG.**

Die Gesellschafter müssen Einlagen erbringen.

Als **Einlagen** (*conferimento*) in die Gesellschaft kommen Geldbeträge, Sachen aller Art, Patent- und Urheberrechte, Forderungen, Nutzungsrechte usw. in Frage.

Es besteht aber auch die Möglichkeit Dienstleistungen in die Gesellschaft einzubringen. In der Regel handelt es sich dabei um Arbeitsleistungen der Gesellschafter. Ganz allgemein besteht die Einlage in der Verpflichtung, eine Leistung zur Verfolgung des Gesellschaftszwecks zu erbringen.

Gemeinsam ausgeübte wirtschaftliche Tätigkeit

Eine gemeinsam ausgeübte Tätigkeit liegt vor, wenn mehrere Personen an der Führung der Gesellschaft beteiligt sind und wenn das mit der wirtschaftlichen Tätigkeit verbundene **Risiko** von den Gesellschaftern **gemeinsam getragen** wird. Die Gesellschaft muss auf die Erbringung einer wirtschaftlichen Leistung ausgerichtet sein, um damit einen **Gewinn** zu erzielen. Werden hingegen gemeinsame Tätigkeiten im kulturellen, sportlichen oder sozialen Bereich ohne Gewinnabsichten ausgeübt, so handelt es sich um einen Verein (*associazione*) oder um eine gemeinnützige Organisation (*organizzazione non lucrativa di utilità sociale – Onlus*).

Die Gesellschaft muss einen Gewinn anstreben.

Der Gewinn, der mit der gemeinsamen wirtschaftlichen Tätigkeit erzielt wird, muss an die Gesellschafter verteilt werden. Es besteht auch die Möglichkeit, den Gewinn in die Gesellschaft zu reinvestieren, wodurch die Gesellschafter einen Vorteil durch den Wertzuwachs ihres Anteils erzielen können. Die Beteiligung an den Gewinnen und an den Verlusten kann vertraglich in verschiedener Weise geregelt werden. Deshalb ist es z. B. nicht erforderlich, dass die Beteiligungen an den Gewinnen und an den Verlusten im Verhältnis zu den Einlagen bemessen werden.

**Einzelunternehmen, Personen- und Kapitalgesellschaften, Genossenschaften**
Entwicklung von 2003 bis 2007

| Gesellschaftsform | 2003 | 2007 Stichtag 30.9.2007 | Differenz in % |
|---|---|---|---|
| **Einzelunternehmen** | **3.459.010** | **3.477.814** | **+0,5%** |
| **Personengesellschaften** davon: | **1.225.899** | **1.235.070** | **+0,7%** |
| Einfache Gesellschaften | 67.203 | 69.177 | +2,9% |
| Offene Handelsgesellschaft | 648.260 | 625.528 | −3,5% |
| Kommanditgesellschaft | 491.539 | 525.402 | +6.9% |
| Andere Formen | 18.897 | 14.963 | 20,8% |
| **Kapitalgesellschaften** davon: | **1.019.407** | **1.222.857** | **+20%** |
| Gesellschaften mit beschränkter Haftung | 913.312 | 1.058.065 | +15,8% |
| Einpersonen-GmbH | 45.281 | 104.721 | +131,3% |
| Aktiengesellschaften | 60.613 | 53.304 | −12,1% |
| Einpersonen-Aktiengesellschaft | – | 6.582 | – |
| Kommanditgesellschaft auf Aktien | 201 | 185 | − 8,0 % |
| **Genossenschaften** | **148.117** | **148.309** | **+0,5%** |
| **Andere Formen** | **45.248** | **52.910** | **16,9%** |
| **Unternehmen in Handelsregister insges.** | **5.897.681** | **6.136.960** | **+4,1%** |

Quelle: Unioncamere-Infocamere, Handelsregister

## Die Unterschiede zwischen Gesellschaften und Vereinen

Die **Vereine** (*associazione* Art. 14 und ff., Art. 36 und ff.) sind Zusammenschlüsse von Personen. Sie unterscheiden sich von den Gesellschaften meistens durch den **Zweck**, den sie verfolgen (Kultur, Sport, Freizeitgestaltung, soziale Tätigkeiten, politische Betätigung). Nicht so leicht ist die Unterscheidung, wenn die Vereine auch eine **wirtschaftliche Tätigkeit** ausüben, wie z.B. regelmäßige Sammlungen von Altglas oder Altpapier, Sportveranstaltungen oder sonstige Veranstaltungen, für die Eintritt verlangt wird. Die Erlöse, die dadurch den Vereinen zufließen, dienen meistens zur Finanzierung der Vereinstätigkeit oder für Wohltätigkeitszwecke und dürfen nicht an die Vereinsmitglieder verteilt werden. Die Gewinne der Gesellschaften werden hingegen an die Gesellschafter ausbezahlt.

Wenn Vereine wirtschaftliche Tätigkeiten ausüben, müssen sie die hierfür geltenden steuerlichen Vorschriften sowie die Bestimmungen für die Handelsermächtigungen, die Lizenzen usw. befolgen. Es wäre sonst zu einfach, die Vorschriften und Einschränkungen, die für die Unternehmen gelten, unter dem Deckmantel eines Vereins zu umgehen. Wenn die Eröffnung einer Diskothek nicht erlaubt wird, könnte man z.B. einen Tanzverein gründen und die Kunden als Vereinsmitglieder aufnehmen.

# Die Personengesellschaften

## DIE EINFACHE GESELLSCHAFT

Wenn nur die praktische Bedeutung ausschlaggebend wäre, könnte man die **einfache Gesellschaft** ohne weiteres übergehen. Sie bildet aber die Grundform der Personengesellschaften und sie wird deshalb im Zivilgesetzbuch sehr ausführlich geregelt. Außerdem finden die Bestimmungen über die einfache Gesellschaft auch auf andere Gesellschaftsformen Anwendung, wenn die Publizitätsvorschriften nicht beachtet werden (so genannte unregelmäßige Gesellschaften – *società irregolare*, vgl. Art. 2297 und 2317). Aus diesen Gründen müssen wir uns eingehender mit diesem Gesellschaftstyp befassen.

### Begriff, Gründung und Merkmale

Wie bereits der Name sagt, stellt die einfache Gesellschaft die **einfachste Form** der Personengesellschaften dar. Eine **einfache Gesellschaft** (*società semplice*) besteht, wenn zwei oder mehrere Personen vereinbaren, gemeinsam eine wirtschaftliche Tätigkeit in den Bereichen Landwirtschaft, Berufsfischerei oder freie Berufe auszuüben und sie für diese Tätigkeit keine andere Gesellschaftsform wählen. **Handelstätigkeiten im weiteren Sinn** dürfen von einer einfachen Gesellschaft **nicht** ausgeübt werden.

Gerade weil die einfache Gesellschaft keine Handelstätigkeit ausüben darf, gelten für sie nicht so strenge gesetzliche Vorschriften wie für die übrigen Gesellschaften, die so genannten Handelsgesellschaften. Der **Gesellschaftsvertrag** für die Gründung einer einfachen Gesellschaft ist grundsätzlich **formfrei**. Eine einfache Gesellschaft kann auch durch schlüssiges Handeln der Gesellschafter, also ohne ausdrückliche Vereinbarung entstehen. Man spricht dann von einer faktischen Gesellschaft. Die einfachen Gesellschaften müssen in das Sonderverzeichnis des Handelsregisters eingetragen werden. Eine Buchführung ist vom Zivilgesetzbuch nicht vorgeschrieben. Bei Zahlungsunfähigkeit unterliegt die einfache Gesellschaft nicht dem Konkursverfahren.

### Pflichten, Rechte und Haftung der Gesellschafter

Wer an einer einfachen Gesellschaft beteiligt ist, hat sowohl Rechte wie Pflichten.

Pflichten der Gesellschafter

Aus dem Gesellschaftsvertrag ergeben sich für die Gesellschafter einer einfachen Gesellschaft hauptsächlich folgende **Pflichten**:

- es sind die **vereinbarten Einlagen** zu leisten (Geldbeträge, Forderungen, Dienstleistungen, Überlassung von beweglichen Gütern oder von Liegenschaften). Das stellt die wesentliche Pflicht der Gesellschafter dar,
- die zum Gesellschaftsvermögen gehörenden Sachen dürfen nicht ohne Zustimmung der anderen Gesellschafter für einen gesellschaftsfremden Zweck verwendet werden.

Rechte der Gesellschafter

Zu den wichtigsten **Rechten** der Gesellschafter zählen:

- die **Beteiligung am Gewinn**. Die Verteilung des Gewinns oder des Verlustes erfolgt in der Regel im Verhältnis zu den Einlagen der einzelnen Gesellschafter

(Art. 2263). Vereinbarungen, mit denen Gesellschafter von jeder Beteiligung am Gewinn oder am Verlust ausgeschlossen werden, sind nichtig (Art. 2265 Leoninische Abmachung – *patto leonino*). Damit soll verhindert werden, dass sich einige Gesellschafter den Löwenanteil am Gewinn auf Kosten anderer sichern,

- das Recht auf einen **Anteil am Gesellschaftsvermögen** bei der Auflösung der Gesellschaft oder beim Austritt des Gesellschafters,
- die **Beteiligung an der Geschäftsführung**, auf die gleich noch näher eingegangen wird,
- das Recht auf **Rechnungslegung** und das **Auskunftsrecht** der nicht geschäftsführenden Gesellschafter,
- das **Stimmrecht** bei Beschlüssen der Gesellschaft.

**Haftung der Gesellschafter**

Für die Verbindlichkeiten der Gesellschaft **haften die Gesellschafter persönlich**, d. h. mit ihrem gesamten gegenwärtigen und zukünftigen Vermögen, und als **Gesamtschuldner** (solidarisch). Diese Haftung kann durch eine Vereinbarung auf jene Gesellschafter beschränkt werden, die im Namen und auf Rechnung der Gesellschaft gehandelt haben. Dritte müssen davon durch die entsprechende Eintragung in das Handelsregister in Kenntnis gesetzt werden.

Verselbständigung des Gesellschaftsvermögens

Die einfache Gesellschaft ist keine juristische Person, aber es besteht eine gewisse **Verselbständigung des Gesellschaftsvermögens** (*autonomia patrimoniale*). Es gibt also eine wenn auch unvollkommene Trennung zwischen dem Vermögen der Gesellschaft und dem Vermögen der einzelnen Gesellschafter. Dies zeigt sich unter anderem wie folgt:

- die **Gläubiger der Gesellschaft** können sich bevorzugt, also vor den sonstigen Gläubigern der einzelnen Gesellschafter, aus dem Gesellschaftsvermögen befriedigen,
- ein zur Zahlung von Gesellschaftsschulden herangezogener Gesellschafter kann die **vorherige Betreibung** in das Gesellschaftsvermögen verlangen. Dabei muss er die Güter angeben, aus denen sich der Gläubiger leicht befriedigen kann (Art. 2268). »Vor meinem Rolls Royce pfänden Sie, bitte, zuerst den Schubkarren der Gesellschaft«,
- der **Gläubiger des Gesellschafters** kann seine Ansprüche nur auf das **Privatvermögen** und auf den **Gewinnanteil** des Gesellschafters geltend machen. Nur wenn das sonstige Vermögen des Gesellschafters nicht ausreicht, kann der Gläubiger die Auszahlung des Anteils am Gesellschaftsvermögen verlangen (Art. 2270).

Der aus der Gesellschaft **ausscheidende Gesellschafter** haftet den Gläubigern gegenüber weiterhin für die bis zu seinem Ausscheiden bereits bestehenden Schulden. Der **neue Gesellschafter** haftet hingegen auch für die vor seinem Eintritt entstanden Schulden der Gesellschaft.

## Die Geschäftsführung

Für die Führung einer einfachen Gesellschaft kann entweder die Einzelgeschäftsführung oder die Gesamtgeschäftsführung gewählt werden.

Wie bereits erwähnt, sind die Personengesellschaften keine juristischen Personen. Es bestehen also keine eigenen Organe, die mit der Willensbildung (Generalversammlung) und der Geschäftsführung (Verwaltungsrat) beauftragt sind.

In den Personengesellschaften kann man in der Regel davon ausgehen, dass unter den Gesellschaftern ein gewisses gegenseitiges Vertrauen herrscht. Wenn keine andere Abmachung vorliegt, steht deshalb in der einfachen Gesellschaft die

**Geschäftsführung** jedem einzelnen Gesellschafter **getrennt** zu. Jeder Gesellschafter kann also unabhängig von den anderen handeln (Art. 2257 **Einzelgeschäftsführung** – *amministrazione disgiuntiva*). Gegen die beabsichtigte Maßnahme eines geschäftsführenden Gesellschafters kann vor deren Ausführung jeder andere Gesellschafter Widerspruch erheben. Über den Widerspruch entscheiden die Gesellschafter mehrheitlich. Dabei werden die Stimmen der einzelnen Gesellschafter nach ihrem jeweiligen Anteil am Gewinn gewichtet.

Einzelgeschäftsführung

Bei der **Gesamtgeschäftsführung** (*amministrazione congiuntiva* Art. 2258) w erden die Entscheidungen von allen geschäftsführenden Gesellschaftern **gemeinsam** getroffen, wobei **alle** dem Vorhaben zustimmen müssen. Die einzelnen Gesellschafter können nur dann eigenmächtig handeln, wenn es gilt, einen Schaden für die Gesellschaft abzuhalten (z. B. die Einlösung eines Wechsel, um eine Protesterhebung durch den Gesellschaftsgläubiger zu verhindern).

Gesamtgeschäftsführung

Es kann aber auch vereinbart werden, dass die geschäftsführenden Gesellschafter **mehrheitlich** entscheiden, wobei die Stimmen nach den Gewinnanteilen gewichtet werden. Mit dem Gesellschaftsvertrag können aber auch andere Formen der Geschäftsführung vereinbart werden. So wäre es z. B. möglich, einen einzigen Gesellschafter mit der Geschäftsführung zu betrauen.

## Die Rechte und Pflichten der Geschäftsführer

»Die Rechte und Pflichten der Geschäftsführer werden durch die Vorschriften über den Auftrag (Art. 1710 ff.) geregelt.

Die Geschäftsführer haften als Gesamtschuldner gegenüber der Gesellschaft für die Erfüllung der ihnen durch das Gesetz und den Gesellschaftsvertrag auferlegten Pflichten … « (Art. 2260).

Die Geschäftsführer sind verpflichtet, die übrigen Gesellschafter, die nicht mit der Geschäftsführung betraut sind, über den Geschäftsgang zu unterrichten. Sie müssen ihnen auch die Einsicht in die Geschäftsunterlagen gewähren und ihnen die Rechnungslegung unterbreiten (Kontrollrecht – Art. 2261).

## Das Innenverhältnis und das Außenverhältnis der Gesellschaft

Die gesetzlichen Bestimmungen und die vertraglichen Vereinbarungen über Einlagen, Geschäftsführung, Kontrollrecht der Gesellschafter und Gewinnverteilung regeln die Beziehungen zwischen den Gesellschaftern. Man bezeichnet diese Beziehungen auch als das **Innenverhältnis der Gesellschaft** (*rapporto interno*) und man versteht darunter die rechtlichen Beziehungen zwischen den Gesellschaftern. Aus dem Gesellschaftsvertrag ergibt sich nämlich ein Geflecht von gegenseitigen Rechten und Pflichten.

Innenverhältnis

Die Bestimmungen über die **Vertretung** der Gesellschaft und die **Haftung** regeln hingegen die Rechtsbeziehungen zu Dritten, das so genannte **Außenverhältnis der Gesellschaft**. Wenn keine anderen vertraglichen Regelungen vorliegen, steht die Vertretung der Gesellschaft den Geschäftsführern zu. Wurde die Einzelgeschäftsführung vereinbart, so können die Geschäftsführer die Gesellschaft einzeln vertreten. Bei der Gesamtgeschäftsführung erfolgt die Vertretung gemeinsam. Die Vertretungsvollmacht erstreckt sich auf alle den Gesellschaftszweck betreffenden Rechtshandlungen und beinhaltet auch die Vertretung bei Gerichtsverfahren.

Außenverhältnis

Ausscheiden eines Gesellschafters

Ein **einzelner Gesellschafter** kann wegen Todes, durch Ausschluss oder durch Kündigung aus der Gesellschaft **ausscheiden**.

Nach dem Tod eines Gesellschafters können die übrigen Gesellschafter:

- die Gesellschaft weiterführen und den Erben des Verstorbenen dessen Anteil auszahlen,
- die Gesellschaft mit den Erben fortsetzen,
- die Gesellschaft auflösen.

Es besteht die Möglichkeit, dass ein Gesellschafter wahrscheinlich meistens gegen seinen Willen durch **Ausschluss** aus der Gesellschaft entfernt wird (Art. 2286). Der Ausschluss kann durch Beschluss der Gesellschafter oder in den vom Gesetz vorgesehenen Fällen erfolgen. Die Mehrheit der Gesellschafter kann einen Gesellschafter aus einem **wichtigen Grund** ausschließen. Dazu zählen:

- die Verletzung von gesetzlichen Pflichten, z. B. der Gesellschafter verletzt das Wettbewerbsverbot oder er verletzt die Pflicht zur Mitarbeit, indem er ohne Begründung und nur aus einer Laune den Jahresabschluss ablehnt und so die Verteilung des Gewinnes verhindert,
- die Nichterfüllung vertraglicher Pflichten, z. B. der Gesellschafter erbringt nicht seine Einlagen,
- die Entmündigung des Gesellschafters oder die Verurteilung zu Strafen, die auch die Enthebung von öffentlichen Ämtern bewirken.

Der Ausschluss des Gesellschafters erfolgt in diesen Fällen mehrheitlich, wobei sich der Betroffene nicht an der Abstimmung beteiligen darf.

Aufgrund der gesetzlichen Bestimmungen erfolgt der Ausschluss:

- wenn der Gläubiger des Gesellschafters die Liquidation seines Gesellschaftsanteils durchsetzt,
- wenn über den Gesellschafter der Konkurs eröffnet wird.

Jeder Gesellschafter kann **aus der Gesellschaft austreten**, wenn deren Dauer unbeschränkt ist oder wenn sich die Dauer auf die Lebenszeit eines Gesellschafters erstreckt. Der Gesellschafter kann auch aus einem **wichtigen Grund** oder in den vom Gesellschaftsvertrag vorgesehenen Fällen austreten. Mit dem Austritt hat der Gesellschafter Anrecht auf die **Auszahlung seines Anteils** am Gesellschaftsvermögens.

## Auflösung und Liquidation der Gesellschaft

Mit der **Auflösung** (*scioglimento*) und der darauf folgenden **Liquidation** endet die Gesellschaft.

Laut Art. 2272 kann die einfache Gesellschaft aus folgenden Gründen aufgelöst werden:

- nach Ablauf der Zeit, wenn für die Gesellschaft eine bestimmte Dauer vereinbart wurde,
- der Gesellschaftszweck wurde erreicht oder er kann nicht erreicht werden,
- durch einstimmigen Beschluss der Gesellschafter,
- wenn nur mehr ein Gesellschafter übrig bleibt und nicht innerhalb einer Frist von 6 Monaten andere Gesellschafter hinzukommen,
- aus den sonstigen im Gesellschaftsvertrag vorgesehenen Gründen.

Meistens aber sind es wirtschaftliche Gründe, die zur Auflösung der Gesellschaft führen (finanzielle Schwierigkeiten, anhaltende Verluste oder zu geringe Gewinne, mangelnde unternehmerische Fähigkeiten, Ausscheiden der fähigsten Gesellschafter usw.). Auch können andauernde Streitigkeiten unter den Gesellschaftern die Auflösung der Gesellschaft bewirken.

Nach der Auflösung folgt die **Liquidation** (*liquidazione*) der Gesellschaft. Das Vermögen der Gesellschaft wird veräußert, die Schulden werden beglichen und der Rest, der so genannte Liquidationserlös, wird an die Gesellschafter verteilt.

## Vorgangsweise bei der Liquidation einer Personengesellschaft

Liquidation von Personengesellschaften

Die mit der Liquidation der Gesellschaft beauftragten Liquidatoren (meistens handelt es sich um geschäftsführende Gesellschafter) müssen folgenderweise vorgehen:

- die Geschäftsbücher und die sonstigen Unterlagen der Gesellschaft werden in Empfang genommen,
- zusammen mit den ehemaligen geschäftsführenden Gesellschaftern wird ein Inventar, die so genannte Liquidations-Eröffnungsbilanz erstellt,
- die in Durchführung befindlichen Geschäfte werden abgeschlossen,
- die Schulden der Gesellschaft werden beglichen,
- die erforderlichen Mittel, um strittige oder noch nicht fällige Schulden zu begleichen (z. B. noch nicht bezahlte Steuern), werden zurückbehalten,
- die zur Nutzung von den Gesellschaftern eingebrachten Sachen werden diesen zurückgeben,
- mit dem Abschluss der Liquidation wird der eventuelle Liquidationserlös an die Gesellschafter verteilt,
- reichen hingegen die mit der Liquidation erzielten Beträge nicht aus, um die Schulden der Gesellschaft zu tilgen, so müssen die Gesellschafter für den Verlust im Verhältnis zu ihren Gewinnanteilen aufkommen,
- die Liquidatoren zahlen sich selbst eine Vergütung aus und erstellen die Liquidationsschlussbilanz. Erst mit dem Abschluss der Liquidation und mit der Löschung im Handelsregister endet die Gesellschaft.

### BEISPIELE UND FRAGEN

[1] Was kommt als Einlage in eine Gesellschaft in Betracht?

[2] Mehrere Ehepaare treffen sich einmal in der Woche, um kegeln zu gehen. Dabei werden sämtliche Ausgaben aus einer gemeinsamen Kasse bezahlt. Handelt es sich dabei um einen Verein oder um eine Gesellschaft?

[3] Der Unternehmer Fritz Kostner ist besorgt, weil eine einfache Gesellschaft eine größere Rechnung seit längerer Zeit nicht beglichen hat. Jetzt hat außerdem der wohlhabendste der Gesellschafter seinen Anteil an eine andere Person abgetreten. Sein Wirtschaftsberater, rag. Josef Ohnesorg, beruhigt ihn aber. Er weist Herrn Kostner darauf hin, dass seine Forderung jetzt sogar besser gesichert ist. Begründung? (Siehe Art. 2269, Abs. 2 ZGB)

[4] Zwei Geschwister wollen eine einfache Gesellschaft gründen und Wohnungen kaufen, um diese zu vermieten oder wieder zu verkaufen. Warum kann eine einfache Gesellschaft diese Tätigkeit nicht ausüben? (Siehe Art. 2286 ZGB)

[5] A, B und C haben eine einfache Gesellschaft gegründet. C weigert sich jedoch, die vereinbarten Einlagen zu bezahlen. Wie können die Gesellschafter A und B rechtlich reagieren?

## DIE OFFENE HANDELSGESELLSCHAFT

### Begriff

Wenn zwei oder mehrere Personen vereinbaren, gemeinsam eine Handelstätigkeit auszuüben, um den Gewinn zu teilen, so entsteht eine **offene Handelsgesellschaft** (OHG – *società in nome collettivo – snc*). Eine offene Handelsgesellschaft kann aber auch in anderen Bereichen, wie z. B. in der Landwirtschaft, tätig werden. Ihr wesentliches Merkmal besteht darin, dass alle Gesellschafter **unbeschränkt** und als **Gesamtschuldner** gegenüber Dritten für die Verbindlichkeiten der Gesellschaft haften (Art. 2291).

Die unbeschränkte Haftung setzt in der offenen Handelsgesellschaft ein gewisses Vertrauensverhältnis unter den Gesellschaftern voraus und erfordert deren Zusammenarbeit. Aus diesem Grund ist die Zahl der Gesellschafter meistens ziemlich klein.

Abgesehen von einigen Abweichungen gelten auch für die offene Handelsgesellschaft und die noch zu behandelnde Kommanditgesellschaft viele der Bestimmungen über die **einfache Gesellschaft**.

### Der Gründungsvertrag

Öffentliche Urkunde oder Privaturkunde mit beglaubigten Unterschriften

Die Gründung einer offenen Handelsgesellschaft erfolgt durch einen schriftlichen **Gründungsvertrag** (*atto costitutivo*). Der Vertrag muss entweder in der Form einer Privaturkunde mit notariell beglaubigten Unterschriften oder in der Form einer öffentlichen Urkunde abgefasst werden.

Nicht alle Punkte müssen ausdrücklich im Gesellschaftsvertrag geregelt werden. Wenn z. B. nichts über die Verwaltung und die Vertretung vereinbart oder wenn die Dauer der Gesellschaft nicht festgelegt wird, gelten die entsprechenden Bestimmungen des Zivilgesetzbuches.

Die Gründungsverträge der offenen Handelsgesellschaften müssen, wie jene der anderen Handelsgesellschaften, beim **Registeramt** registriert und telematisch im **Handelsregister** bei der Handelskammer eingetragen werden. Dort hat auch die Eintragung der eventuellen Änderungen des Gesellschaftsvertrages zu erfolgen. Diese Eintragungen haben nur rechtsbekundende Wirkung (deklaratorische Wirkung – *pubblicità dichiarativa*). Durch diese Publizität können die eingetragenen Tatsachen jedem Dritten entgegengehalten werden.

### Die Firma der offenen Handelsgesellschaft

Die **Firma** (*ragione sociale*) der offenen Handelsgesellschaft muss mindestens den Namen eines Gesellschafters sowie den Zusatz **»offene Handelsgesellschaft«** enthalten (Art. 2292). Mit dieser Firmenbezeichnung führt die Gesellschaft

**JOSEF MAYR**
offene Handelsgesellschaft
*società in nome collettivo*
**Kosmetika engros**
***cosmetici all'ingrosso***

## Gesellschaftsvertrag

zur Errichtung einer OHG
(vereinfacht)

| | |
|---|---|
| **Daten der Gesellschafter** | Herr Josef Mayr,<br>geboren in Bozen am 14. 5. 1974, wohnhaft in Pfatten,<br>Haus Nr. 79, italienischer Staatsbürger,<br>Steuernummer: MYRJSF 14E74 Z106Z<br><br>und<br><br>Frau Helene Hofer,<br>geboren in Bruneck am 17. 9. 1988, wohnhaft in Pfalzen,<br>Waldweg 12, italienische Staatsbürgerin,<br>Steuernummer: HFRHLN 47I88 F189G<br><br>vereinbaren |
| **Firma und Gesellschaftszweck** | die **Josef Mayr, offene Handelsgesellschaft**<br>mit Sitz in Bruneck, Graben 12, für den Großhandel mit Kosmetika zu gründen. |
| **Geschäftsführung und Vertretung** | Mit der Geschäftsführung und der Vertretung der Gesellschaft sind die beiden Gesellschafter gemeinsam betraut. |
| **Einlagen** der Gesellschafter | Die Einlage des Herrn Josef Mayr beträgt 200.000 Euro (zweihunderttausend) und der Betrag ist bis zum 10. 12. 2008 bei der Südtiroler Sparkasse, Filiale Bruneck auf das Konto … einzuzahlen.<br>Die Einlage von Frau Helene Hofer besteht aus einer Büroeinrichtung und zwei Fahrzeugen im Gesamtwert von 120.000 Euro (hundertzwanzigtausend) laut Schätzungsbericht des Sachverständigen Vasco Rossi, Bozen. |
| **Arbeitsleistungen der Gesellschafter** | Herr Josef Mayr verpflichtet sich die Buchführung der Gesellschaft zu übernehmen, wofür er ein monatliches Entgelt von 1.500 Euro erhält. |
| **Gewinnverteilung** | Gewinn wird im Verhältnis zu den Einlagen der Gesellschafter verteilt:<br>5/8 für Herrn Josef Mayr<br>3/8 für Frau Helene Hofer |
| **Kündigung** | Kündigung bzw. Ausschluss eines Gesellschafters … |
| **Abtretung des Anteils** | Abtretung des Gesellschaftsanteils, Tod eines Gesellschafters … |
| **Dauer** der Gesellschaft | Die Gesellschaft dauert bis zum 31. 12. 2030.<br><br>*Josef Mayr*<br>*Helene Hofer*<br><br>Bruneck, 15. 9. 2008<br><br>Beglaubigung der Unterschrift durch<br>Notar Roland Unterholzner … |

ihre Geschäfte durch und unter dieser Bezeichnung kann sie vor Gericht klagen oder verklagt werden. In den Ländern des deutschen Sprachraums ist für die offene Handelsgesellschaft auch die Abkürzung »& Co.« (für »und Kompanie«) üblich.

Die Gesellschaft kann aber auch in der Firma den Namen eines ausgetretenen oder verstorbenen Gesellschafters beibehalten, wenn der ausgetretene Gesellschafter oder die Erben des verstorbenen Gesellschafters zustimmen.

Die Gesellschaft hat das Recht auf den ausschließlichen Gebrauch der von ihr gewählten Firma. Eine später in das Handelsregister eingetragene Gesellschaft mit gleicher Firma (z. B. »Josef Mayr OHG, Kosmetika engros«) ist deshalb zur Abänderung gezwungen (z. B. in »Josef Mayr OHG, Eurokosmetik«).

## Das Gesellschaftskapital

Das **Gesellschaftskapital** (*capitale sociale*) wird im Gesellschaftsvertrag festgelegt und besteht aus den von den Gesellschaftern geleisteten Einlagen und aus jenen Einlagen, zu denen sich die Gesellschafter verpflichtet haben. Vom Gesellschaftskapital muss das **Vermögen der Gesellschaft** unterschieden werden. Es umfasst alle Güter und Rechte (hauptsächlich Forderungen) auf der Aktivseite der Bilanz und etwaige Verbindlichkeiten sowie sonstige Passivposten (darunter das Eigenkapital) auf der Passivseite der Bilanz. Im Zusammenhang mit der Geschäftstätigkeit ändert sich das Vermögen der Gesellschaft laufend und vergrößert sich, wenn die Gesellschaft Gewinne erzielt.

**Josef Mayr OHG**
**Eröffnungsbilanz**
(in Euro)

| Aktiva | | Passiva | |
|---|---|---|---|
| Bank<br>Einrichtung und Fahrzeuge | 200.000<br>120.000 | Gesellschaftskapital<br>Verbindlichkeiten | 320.000<br>– |
| | 320.000 | | 320.000 |

Um das Gesellschaftskapital zum Schutz der Gläubiger zu erhalten, gelten folgende Bestimmungen:

Es dürfen nur **tatsächlich erzielte** Gewinne verteilt werden (Art. 2303). Somit ist es untersagt, Scheingewinne auszuweisen und zu verteilen. Wenn das Gesellschaftskapital durch Verluste vermindert wird, dürfen so lange keine Gewinne verteilt werden, bis das Kapital wieder ergänzt wird oder bis es entsprechend vermindert wird.

## Rechte und Pflichten der Gesellschafter

Die Rechte und Pflichten der Gesellschafter einer OHG sind im Wesentlichen jene, die bereits im Rahmen der einfachen Gesellschaft behandelt wurden:

Rechte der Gesellschafter

- die Beteiligung an der Geschäftsführung (Einzel- oder Gesamtgeschäftsführung),
- die eventuelle Vertretung der Gesellschaft,

- Gesellschafter, die nicht mit der Geschäftsführung betraut sind, haben ein Kontrollrecht,
- Anspruch auf den Gewinnanteil und am Liquidationserlös.

Pflichten der Gesellschafter

- die Einlagen erbringen,
- für die Schulden der Gesellschaft haften,
- den Verlust anteilsmäßig tragen,
- das Wettbewerbsverbot beachten.

Es wird jetzt näher auf die Haftung der Gesellschafter einer OHG und auf das Wettbewerbsverbot eingegangen.

## Haftung der Gesellschafter

Wie bereits erwähnt, haften die Gesellschafter der offenen Handelsgesellschaft **unbeschränkt** (*illimitatamente*) und **als Gesamtschuldner** (solidarisch – *solidalmente*) gegenüber den Gläubigern der Gesellschaft. Das Vermögen der offenen Handelsgesellschaft ist aber **stärker verselbständigt** als jenes der einfachen Gesellschaft.

Wird eine Verbindlichkeit von der **Gesellschaft** nicht bezahlt, so muss der Gläubiger seine **Forderung gegenüber der Gesellschaft** zuerst aus dem Gesellschaftsvermögen befriedigen. Nur wenn das Vermögen nicht ausreicht, kann er die Zahlung von den einzelnen Gesellschaftern verlangen (Art. 2304).

Der **Gläubiger eines Gesellschafters** kann hingegen, solange die Gesellschaft besteht, nicht die Auszahlung des Gesellschaftsanteils seines Schuldners verlangen (Art. 2305). Wie bei der einfachen Gesellschaft haftet der neue Gesellschafter auch für die vor seinem Eintritt von der Gesellschaft eingegangenen Verbindlichkeiten. Der ausscheidende Gesellschafter haftet für die Verbindlichkeiten, die bis zum Tag seines Ausscheidens entstanden sind.

Wettbewerbsverbot

Wenn keine anderen Vereinbarungen getroffen werden, gilt für die Gesellschafter das **Wettbewerbsverbot**. Sie dürfen also keine Tätigkeiten im Wettbewerb mit der Gesellschaft ausüben, und zwar weder als Einzelunternehmer noch als unbeschränkt haftende Gesellschafter in einer anderen Gesellschaft (Art. 2301).

## Auflösung und Liquidation der Gesellschaft

Wenn die offene Handelsgesellschaft eine Handelstätigkeit ausübt, kann sie neben den für die einfache Gesellschaft geltenden Gründen (Art. 2272) auch wegen der **Eröffnung des Konkurses** aufgelöst werden. Die Konkurseröffnung über die Gesellschaft bewirkt gleichzeitig die Konkurseröffnung über die einzelnen Gesellschafter, auch wenn diese zahlungsfähig sind (Art. 147 Konkursgesetz). Die Gesellschafter werden deshalb nach Möglichkeit eine Konkurseröffnung vermeiden und meistens versuchen, die Schulden der Gesellschaft vorher zu begleichen.

Die Liquidation der offenen Handelsgesellschaft erfolgt in gleicher Weise wie bei der einfachen Gesellschaft. Nach der Genehmigung der Liquidationsschlussbilanz und des Verteilungsplans müssen Liquidatoren die **Löschung der Gesellschaft** im Handelsregister beantragen. Aber selbst nach der Löschung der Gesellschaft können Gläubiger, die noch nicht befriedigt worden sind, ihre Forderungen bei den einzelnen Gesellschaftern eintreiben (Art. 2312).

## BEISPIELE UND FRAGEN

[1] Eine Gesellschafterin beschließt ihren Anteil an einer offenen Handelsgesellschaft ihren Kindern zu übertragen. Da sich die anderen Gesellschafter diesem Vorhaben widersetzen, wendet sie sich an das Gericht. Sie macht in ihrer Klage geltend, dass keine Bestimmung im Gesellschaftsvertrag die Übertragung der Anteile regelt. Das Gericht gibt der Forderung der Gesellschafterin nicht statt. Auf welche Bestimmung bezieht sich das Gericht in seinem Urteil? (Siehe Art. 2284)

[2] Eine offene Handelsgesellschaft ist zahlungsunfähig. Ein Gläubiger der Gesellschafter wendet sich an den Gesellschafter, Josef Hofer, und fordert ihn auf, den ausständigen Betrag zu begleichen. Herr Hofer widersetzt sich und macht Folgendes geltend:

- er haftet nicht, weil er weder mit der Geschäftsführung noch mit der Vertretung der Gesellschaft betraut ist;
- sollte er aber trotzdem haften müssen, ist er nur bereit 5 % der Forderung entsprechend seinem Gesellschaftsanteil von 5 % zu begleichen. Beide Einwände sind nicht stichhaltig. Der Gläubiger kann die Bezahlung der gesamten Schuld auch von einem Gesellschafter verlangen, der nicht mit der Geschäftsführung und mit der Vertretung der Gesellschaft betraut ist und nur einen bescheidenen Anteil besitzt. Begründung?
  (Siehe Art. 2291, Abs. 3)

[3] Ein »guter Freund« hat Paul Kofler überredet, sich an einer offenen Handelsgesellschaft zu beteiligen. Nach wenigen Wochen erhält er einen eingeschriebenen Brief (mit Rückschein) von einem Lieferanten der Gesellschaft. Dieser fordert ihn auf, die ausständigen Rechnungen zu bezahlen, da bereits die gesamten Vermögenswerte der Gesellschaft verpfändet sind. Herr Kofler teilt dem Lieferanten mit, dass er nicht bereit ist zu bezahlen, weil die Schulden entstanden sind, bevor er in die Gesellschaft eingetreten ist. Gleichzeitig tritt er mit der Zustimmung aller anderen Gesellschafter aus der Gesellschaft aus. Warum muss Herr Kofler trotzdem die geforderten Beträge bezahlen? Wieso ist der ausgetretene Gesellschafter nur von der Haftung für jene Schulden der Gesellschaft befreit, die nach seinem Austritt entstanden sind? (Siehe Art. 2269 und 2290, Abs. 2)

## DIE KOMMANDITGESELLSCHAFT

### Begriff

Komplementäre (Vollhafter) haften unbeschränkt und als Gesamtschuldner (solidarisch).

Die **Kommanditgesellschaft** (KG – *società in accomandita semplice – sas*) ist eine Personengesellschaft, in der es zwei verschiedene Gruppen von Gesellschaftern, die Komplementäre oder Vollhafter und die Kommanditisten oder Teilhafter gibt. Die **Komplementäre** (*accomandatario*) haften unbeschränkt und als Gesamtschuldner für die Verbindlichkeiten der Gesellschaft. Die Haftung der **Kommanditisten** (*accomandante*) ist hingegen auf ihre Einlage beschränkt (Art. 2313). Darin liegt der entscheidende Unterschied zur offenen Handelsgesellschaft, die nur aus Vollhaftern besteht.

Wenn anwendbar, gelten für die Kommanditgesellschaft auch die Bestimmungen für die offene Handelsgesellschaft und für die einfache Gesellschaft.

Die Kommanditgesellschaft muss mit einem schriftlichen Vertrag mit beglaubigten Unterschriften gegründet und in das Handelsregister mit rechtsbekundender Wirkung eingetragen werden. Die **Firma** muss mindestens aus dem Namen eines Komplementärs (Vollhafter) und der Bezeichnung Kommanditgesellschaft bestehen.

**Gesellschaftsvertrag**

zur Gründung einer Kommanditgesellschaft
(vereinfacht)

Zwischen

1) Frau Helen Stampfer, geboren in Bozen, den 27. 3. 1984, wohnhaft in Eppan, Kalterer Straße 7, italienische Staatsbürgerin, Steuernummer: STFHEN 57B84 Z102Z
2) Herrn Karl Müller, …
3) Herrn Franco Rossi, …

wird heute folgender Vertrag zur Errichtung einer

**Kommanditgesellschaft**

abgeschlossen:

1. **Firma und Sitz**

Die Firma der Gesellschaft lautet
Helen Stampfer Kommanditgesellschaft »Südtiroler Speiseeis – gelato dell'Alto Adige«.
Sitz der Gesellschaft ist Eppan, Max-Sparer-Straße 13.

2. **Gegenstand**

Gegenstand der Gesellschaft ist die Erzeugung und der Vertrieb von Speiseeis jeglicher Art.

3. **Gesellschafter, Geschäftsführung und Vertretung**

Frau Helen Stampfer und Herr Franco Rossi sind Komplementäre. Sie sind gemeinsam mit der Geschäftsführung und mit der Vertretung der Gesellschaft betraut.
Herr Karl Müller ist Kommanditist.

4. **Einlagen und Leistungen der Gesellschafter**

Frau Helen Stampfer und Herr Franco Rossi verpflichten sich, eine Einlage von je 40.000 Euro (vierzigtausend) einzubringen. Die Zahlung erfolgt nach Bedarf.
Herr Karl Müller verpflichtet sich zu einer Einlage von 10.000 Euro (zehntausend) in bar bis zum 30. 4. 2009. Außerdem verpflichtet er sich, in der Sommerzeit das Lager zu betreuen.

5. **Gewinn und Verlust**

…

6. **Übertragung von Kapitalanteilen**

…

7. **Dauer der Gesellschaft**

…

Eppan, am 5. 12. 2008
Unterschriften:

Helen Stampfer Karl Müller Franco Rossi

Beglaubigung durch Notar …

## Rechte und Pflichten der Gesellschafter

**Komplementäre**

Wie bereits erwähnt, haften die **Komplementäre** (Vollhafter – *soci accomandatari*) unbeschränkt und als Gesamtschuldner. Ihnen allein steht die Geschäftsführung und die Vertretung der Gesellschaft zu. Was die Rechte und Pflichten der Komplementäre anbelangt (Einlagen, Konkurrenzverbot, Gewinnverteilung usw.), gelten die entsprechenden Bestimmungen der offenen Handelsgesellschaft.

**Pflichten der Kommanditisten**

Die **Kommanditisten** (Teilhafter – *soci accomandanti*) sind vorwiegend Geldgeber und haften **nur mit ihrer Einlage**. Sie müssen die im Gesellschaftsvertrag vereinbarten **Einlagen** erbringen. Von der Geschäftsführung und von der Vertretung der Gesellschaft sind die Kommanditisten **ausgeschlossen**. Nachteilige geschäftliche Entscheidungen haben nämlich für sie nur begrenzte Auswirkungen, während die Vollhafter auch mit ihrem Privatvermögen haften. Wenn ein Kommanditist trotz Verbot sich an der Geschäftsführung beteiligt, so haftet er gegenüber Dritten unbeschränkt und gesamtschuldnerisch. Auf Beschluss der anderen Gesellschafter kann er in diesem Fall auch aus der Gesellschaft ausgeschlossen werden (Art. 2320). Diese nachteiligen Folgen hat er nicht zu befürchten, wenn ihm für einzelne Geschäfte eine besondere Vollmacht erteilt wird. Der Kommanditist kann auch weisungsgebunden in der Gesellschaft mitarbeiten.

**Rechte der Kommanditisten**

Außer dem Anrecht auf einen Anteil am Gewinn und am Liquidationserlös haben die Kommanditisten noch folgende Rechte:

- wenn der Gründungsvertrag nichts anderes bestimmt, ist bei der Bestellung und der Abberufung der Geschäftsführer die **mehrheitliche Zustimmung** der Kommanditisten erforderlich (Art. 2319),
- die Kommanditisten sind berechtigt, den Jahresabschluss einzusehen. Sie können auch die **Geschäftsbücher** und die **Belege** kontrollieren. Die Genehmigung des Jahresabschlusses ist hingegen ausschließlich den Komplementären vorbehalten.

## Übertragung des Anteils, Auflösung der Gesellschaft

Der Komplementär braucht für die Übertragung seines Anteils die Zustimmung sämtlicher Gesellschafter. Der Anteil der Kommanditisten kann durch Erbgang ohne Zustimmung der anderen Gesellschafter übertragen werden.

Für die **Auflösung** einer Kommanditgesellschaft gelten im Wesentlichen die gleichen Gründe wie für die offene Handelsgesellschaft (Ablauf der Zeit, Erreichung des Gesellschaftszweckes, Konkurseröffnung ...). Ein weiterer Grund für die Auflösung ist gegeben, wenn sämtliche Komplementäre oder sämtliche Kommanditisten aus der Gesellschaft ausscheiden. In diesem Fall ist die Auflösung aber erst wirksam, wenn die ausgeschiedenen Gesellschafter nicht innerhalb von 6 Monaten ersetzt werden.

## Die stille Beteiligung

Von der Kommanditgesellschaft ist die **stille Beteiligung**, auch stille Gesellschaft genannt (*associazione in partecipazione*), zu unterscheiden. Mit dem **Beteiligungsvertrag** wird einem Unternehmer vom Beteiligten (stiller Gesellschafter) eine Einlage übertragen. Dafür wird dem Beteiligten ein Anteil am Gewinn des Unternehmens oder am Gewinn einzelner Geschäfte eingeräumt (Art. 2549). Die Einlage, die in der Regel in Geld besteht, muss bei Beendigung des Vertrages oder nach Durchführung der Geschäfte dem Beteiligten zurückbezahlt werden.

Der Beteiligte ist also ein **außenstehender Anleger**, der bei einem günstigen Ausgang der Geschäfte den vereinbarten Anteil am Gewinn erhält. Ergeben sich hingegen Verluste, so muss er diese, wenn nichts anderes vereinbart wurde, anteilsmäßig tragen. Dritten gegenüber tritt der Beteiligte nicht in Erscheinung.

## BEISPIELE UND FRAGEN

[1] Welche Arten von Gesellschafter gibt es in der Kommanditgesellschaft und wodurch unterscheiden sie sich?

[2] Der Kommanditist Franz Hofer erfährt im Mai, dass seine Gesellschaft, die Gertrud Mair KG, in einer schweren finanziellen Krise steckt. Besorgt wendet er sich an die Vollhafterin, Frau Mair. Er verlangt Folgendes: Sein Wirtschaftsberater soll die Geschäftsbücher überprüfen und dann Lösungen für die Überwindung der Krise erarbeiten. Die Vollhafterin lehnt diese Forderungen ab. Wie wird sie das begründen? (Siehe Art. 2320 Abs. 2)

[3] Der Kommanditist Max Bauer der Müller KG (Hotel Sonne) bestellt bei einer Druckerei Werbeprospekte für die Müller KG. Muss die Müller KG die bestellten Prospekte abnehmen und bezahlen? Welche Rechte hat die Kommanditgesellschaft gegenüber dem Kommanditisten Bauer?

# Die Aktiengesellschaft

## Einführung

Die Vorläufer der heutigen Aktiengesellschaften sind die zur Ausbeutung der Kolonien und für den Sklavenhandel gegründeten »Handelskompagnien«, die sogar mit staatlichen Hoheitsrechten ausgestattet waren, wie z. B. die Vereinigte Ostindische Compagnie (1602) in Holland und die East India Company (1600) in England. Bereits damals wurden die Anteilscheine solcher Gesellschaften an Börsen gehandelt. Im Zuge der Industrialisierung erhält die Aktiengesellschaft ihre im Wesentlichen heute noch gültige Form. Seit dieser Zeit ist die Aktiengesellschaft die weltweit bevorzugte Rechtsform für Großunternehmen, wie z. B. Industrieunternehmen, Banken, Versicherungsgesellschaften, Medienkonzerne usw.

Die Aktiengesellschaft eignet sich besonders, um große Kapitalbeträge aufzubringen. Für die Anleger ist die Haftung auf die Einlage beschränkt, und die in Aktien verbrieften Anteile können rasch und in transparenter Form veräußert werden. Dies gilt besonders für die an Börsen notierten Aktiengesellschaften. Im Unterschied zu anderen Ländern gibt es in Italien neben den großen Aktiengesellschaften mit oft weit verzweigten Beteiligungen auch zahlreiche kleinere und mittlere Unternehmen in der Form von Aktiengesellschaften. In diesen Gesellschaften üben meistens die Gründerfamilien einen entscheidenden Einfluss aus.

Gesellschaftsrechtliche EG-Richtlinien

Zur Harmonisierung des Gesellschaftsrechts in der Europäischen Union sind mehrere **gesellschaftsrechtliche Richtlinien** erlassen worden, die besonders für den Jahresabschluss tief greifende Änderungen gebracht haben (4. und 7. Gesellschaftsrechtliche Richtlinie). Damit wurde ein wichtiger Schritt unternommen, um die Niederlassungsfreiheit der Unternehmen innerhalb der EU zu verwirklichen sowie den Schutz der Gesellschafter und der Gläubiger der Gesellschafter zu verbessern. Nach langen Verhandlungen wurde auch die Verordnung über das **Statut der Europäischen Gesellschaft** (EG-VO Nr. 2157/2001) verabschiedet, und dieses Statut dient als Grundlage für eine eigenständige europäische Aktiengesellschaft. Dazu kommt noch die Richtlinie, die in solchen Gesellschaften die Mitbestimmung der Arbeitnehmer regelt. Die Rechtsform der Europäischen Gesellschaft (societas europea - SE) ist vorläufig nur auf europaweite Umstrukturierungen und grenzüberschreitende Zusammenarbeit beschränkt. Kaum Fortschritte wurden hingegen bisher bei der Angleichung der unterschiedlichen Unternehmensbesteuerungen in den verschiedenen EU-Staaten erreicht, obwohl ein Verhaltenskodex verhindern soll, dass ausländische Gesellschaften mit großen Steuererleichterungen ins Land gelockt werden.

Europäische Gesellschaft

## Reform der Kapitalgesellschaften und der Genossenschaften

Die wesentlichen Bestimmungen des italienischen Gesellschaftsrechts sind als Teil des Zivilgesetzbuches im V. Buch »Die Arbeit« im fernen Jahr 1942 in Kraft getreten. Nach mehreren vergeblichen Anläufen wurden im Jahr 2001 mit einem Ermächtigungsgesetz (Gesetz Nr. 366/2001) die Voraussetzungen für eine umfassende Reform der Kapitalgesellschaften und der Genossenschaften geschaffen. Im Rahmen dieses Ermächtigungsgesetzes hat die Regierung daraufhin drei Ermächtigungsverordnungen (*decreto legislativo*) verabschiedet, die tief greifende Änderungen für die Aktiengesellschaften, die Gesellschaften mit beschränkter Haftung und die Genossenschaften enthalten.

Mit der **Ermächtigungsverordnung Nr. 6/2003** sind viele der Bestimmungen betreffend die Aktiengesellschaft (AG), die Gesellschaft mit beschränkter Haftung (GmbH) und die Genossenschaften abgeändert oder durch völlig neue Regelungen ersetzt worden. Kurz zu den wesentlichen **Leitlinien,** die der Gesellschaftsrechtsreform zugrunde liegen: Gründung, Wachstum und Konkurrenzfähigkeit von Kapitalgesellschaften begünstigen; Vereinfachung von komplizierten Bestimmungen; weit gehend getrennte Regelungen für AG und GmbH; größere Gestaltungsfreiheit bei der Abfassung von Satzungen der Gesellschaften; Wahlmöglichkeit zwischen unterschiedlichen Systemen für die Führung und Kontrolle der Gesellschaften; erhöhte Transparenz der Konzerne.

Im Gegensatz zu den früheren Vorschriften besteht jetzt ein wesentlich größerer Handlungsspielraum bei der Gestaltung der Satzungen. Die Kapitalgesellschaften und Genossenschaften können also viel besser den jeweiligen Bedürfnissen der Gesellschafter bzw. der Genossenschafter angepasst werden. Auf diese Weise erfährt die Privatautonomie der Gesellschafter und der Genossenschafter eine deutliche Erweiterung.

## BEGRIFF

Die **Aktiengesellschaft** (*società per azioni – s.p.a.*) ist eine Gesellschaft mit eigener **Rechtspersönlichkeit**, die für ihre Verbindlichkeiten nur mit ihrem Vermögen haftet (Art. 2325). Im Gegensatz zu den Personengesellschaften ist die Beteiligung an der Aktiengesellschaft meistens auf die reine Kapitalbeteiligung beschränkt und nicht auf die persönliche Mitarbeit der Gesellschafter ausgerichtet. Bei der Gründung ist ein Mindestkapital von **120.000 Euro** erforderlich. Die Anteile der Gesellschafter am Gesellschaftskapital sind in Aktien verbrieft und die **Gesellschafter (Aktionäre) haften** nur mit ihrer Einlage für die Verbindlichkeiten der Gesellschaft, also nicht mit ihrem persönlichen Vermögen.

Für die Aktiengesellschaften gilt es nach Art. 2325bis zu unterscheiden, wie sie ihr Risikokapital (*capitale di rischio*) aufbringen: Es gibt Gesellschaften mit wenigen Aktionären, die ihr Risikokapital **nicht am Kapitalmarkt aufbringen** (*società che non fanno ricorso al mercato dei capitali di rischio*). Das ist sicher bei den meisten Aktiengesellschaften der Fall. Diese **nicht Kapitalmarkt-orientierten** Gesellschaften werden deshalb auch als **»geschlossene Gesellschaften«** (*società chiusa*) bezeichnet, obwohl ein Verkauf ihrer Aktien grundsätzlich möglich ist.

Es gibt aber auch Aktiengesellschaften, die das benötigte **Risikokapital am Kapitalmarkt aufbringen** (*società che fanno ricorso al mercato dei capitali di rischio*). Zu diesen **Kapitalmarkt-orientierten Gesellschaften** zählen in erster Linie die **börsennotierten Gesellschaften** (*società quotata in borsa*), die für den Zugang zur Börse viele formelle Auflagen erfüllen und beachtliche Aufwendungen tragen müssen. Als Kapitalmarkt-orientierte Gesellschaften gelten außerdem jene Aktiengesellschaften, deren Aktien sich in erheblichem Ausmaß im Streubesitz befinden. Weil das Gesellschaftskapital auf zahlreiche Aktionäre verteilt ist, bezeichnet man sie auch als **»offene« Aktiengesellschaften** (*società aperta*). Nach einer Verfügung der staatlichen Gesellschafts- und Börsenaufsichtsbehörde (kurz: Börsenaufsichtsbehörde – *Consob*) zählen zu den »offenen« Aktiengesellschaften jene mit mindestens 200 Aktionären (außer den Hauptaktionären) und die den Jahresabschluss nicht in abgekürzter Form erstellen dürfen.

Für die Kapitalmarkt-orientierten Aktiengesellschaften gelten in verschiedenen Fällen besondere Vorschriften: Veröffentlichung der Beherrschungs- und Stimmbindungsverträge – Art. 2341ter, Beschlussfähigkeit der Hauptversammlung und Gültigkeit der Beschlüsse – Art. 2368, Teilnahme an der Hauptversammlung und Ausübung des Stimmrechts – Art. 2370, Buchprüfung – Art. 2409bis usw.

Für Banken, Versicherungsgesellschaften, *SIM*-Wertpapier-Vermittlungsgesellschaften, Buchprüfungsgesellschaften und Profi-Fußballklubs der A-Liga ist die Aktiengesellschaft zwingend als Gesellschaftsform vorgeschrieben. Außerdem gelten für diese Gesellschaften verschiedene Sonderbestimmungen. Die börsennotierten Aktiengesellschaften unterliegen den Kontrollen durch die **Börsenaufsichtsbehörde** (*Consob*), auf die später noch näher eingegangen wird.

## Unterschiedliche Interessen und Konflikte

In den Aktiengesellschaften treffen oft unterschiedliche Interessen aufeinander, die auch zu Konflikten führen können. Dabei sollten die gesetzlichen Bestimmungen berechtigte Interessen schützen und bei Streitfällen einen Ausgleich ermöglichen. Wir werden gleich sehen, dass dies nicht immer der Fall ist.

Mehrheitsaktionäre, Minderheitsaktionäre, Geschäftsführung, Gläubiger der Gesellschafter, Arbeitnehmer, Anleger, Kunden des Unternehmens, die Steuerbehörde, aber auch die Allgemeinheit können gegenüber einer Aktiengesellschaft oft sehr unterschiedliche Interessen vertreten, die manchmal zu völlig entgegengesetzten Forderungen führen. So werden z. B. die Anteilseigner vor allem hohe Gewinne anstreben und das Management zu Rationalisierungen drängen, denen die Forderungen der Arbeitnehmer nach Arbeitsplatzsicherung und Lohnsteigerungen gegenüberstehen. Zwischen Anteilseignern und der Geschäftsführung kann es zu Konflikten über die Unternehmensstrategie oder über Fusionsangebote kommen usw.

**Große Aktiengesellschaften**

Aktionäre und Anspruchsgruppen (Stakeholder)

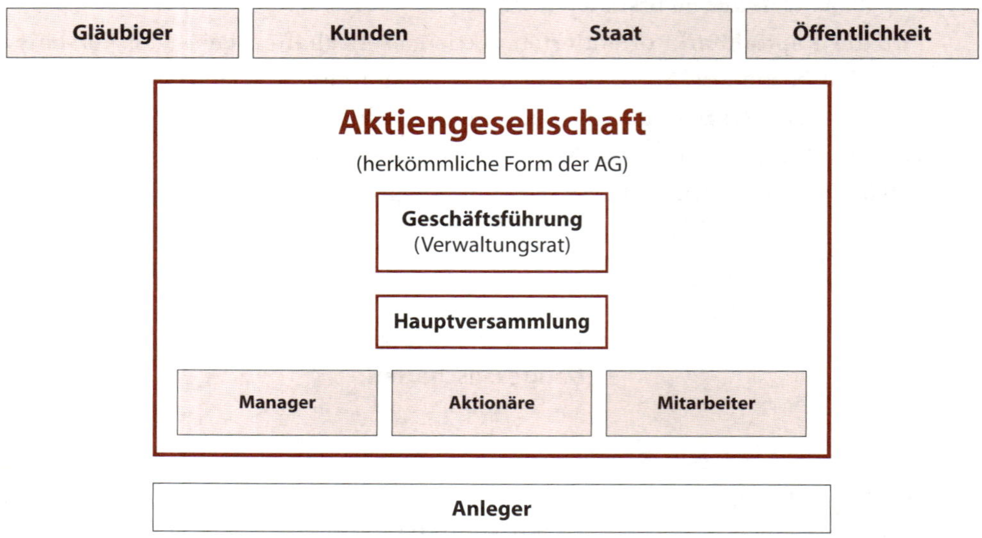


Wir wollen näher auf drei **Konfliktbereiche** eingehen:

- Konflikte zwischen Mehrheits- und Minderheitsaktionären,
- Konflikte zwischen Gesellschaftern und Geschäftsführung,
- Konflikte zwischen Gesellschaftern und Gläubigern der Gesellschafter.

## Beschränkte Rechte der Minderheitsaktionäre

»Wer hat, der schafft!« (Südtiroler Volksmund)

In den Aktiengesellschaften gilt das **Mehrheitsprinzip**. Verfügt ein Gesellschafter oder eine Gruppe von Gesellschaftern über die notwendigen Anteile, das heißt mehr als 50 % des Grundkapitals, so können viele wichtige Entscheidungen auch gegen den Willen der übrigen Aktionäre durchgesetzt werden. Neben den Beschlüssen über die Gewinnausschüttung handelt es sich dabei vor allem um die Bestellung der Geschäftsführung (Verwalter), wodurch ein entscheidender Einfluss auf wichtige Geschäftsentscheidungen ermöglicht wird. Außerdem können mit der Aktienmehrheit wichtige Änderungen des Gesellschaftsvertrages, wie z. B. die Aufstockung des Gesellschaftskapitals beschlossen werden. Man muss zudem berücksichtigen, dass in einigen Gesellschaften die Mehrheitsaktionäre schon mit wesentlich weniger als der Hälfte des Aktienkapitals ihren Willen durchsetzen können, wenn die restlichen Anteile unter zahlreichen kleinen Anlegern verstreut sind, die meistens nicht an den Hauptversammlungen teilnehmen. Das Mehrheitspaket, das die Kontrolle einer Aktiengesellschaft ermöglicht, wird deshalb in der Regel mit einem Aufpreis gehandelt.

Die geringen Rechte der Minderheitsaktionäre werden mit der Notwendigkeit gerechtfertigt, dass ein Unternehmen handlungsfähig sein muss. Die Entscheidungen sollen folglich nicht durch Einsprüche der Minderheit oder durch einen ausgeprägten Schutz der Minderheitsaktionäre behindert werden.

Konflikte zwischen Gesellschaftern und Geschäftsführung

Auch zwischen **Gesellschaftern und Geschäftsführung** (Verwaltungsrat) kann es zu Auseinandersetzungen vor allem über die Unternehmenspolitik kommen. So können z. B. einige Gesellschafter eine stärkere Expansion, eine rasche Erneuerung der Produkte oder eine schlankere Organisation des Unternehmens fordern, während hingegen das Management unterstützt von den Mehrheitsaktionären ein hohes Risiko scheut und die eingefahrene Organisation beibehalten will. Auch bei Entscheidungen über die Zusammenarbeit mit ausländischen Partnern, über die Auflassung eines Produktionszweiges, über Rationalisierungsmaßnahmen usw. kann es zu Konflikten zwischen Gesellschaftern und Geschäftsleitung kommen, besonders wenn die Geschäftsleitung aus Managern besteht, die keine Aktionäre sind.

Wenn es sich um eine an der Börse notierte **Publikumsgesellschaft** (public company) handelt, setzt sich ein unfähiges Management der Gefahr aus, dass viele kleine Aktionäre ihre Aktien abstoßen und große Anleger sowie Spekulanten die niedrigen Aktienkurse eventuell zu einem **öffentlichen Übernahmeangebot** (*offerta pubblica d'acquisto* – opa, takeover) nützen. Den Aktionären werden in diesem Fall von den neuen Anlegern oft gegen den Willen des Managements – günstige Angebote für ihre Aktion gemacht, um so die Aktienmehrheit zu erreichen. Wenn eine **feindliche Übernahme** (*offerta ostile*) gelingt, folgen in der Regel die Entlassung des bisherigen Managements und eine Umgestaltung der Gesellschaft.

Öffentliche Übernahmeangebote

Für die Kleinaktionäre können sich durch **öffentliche Übernahmeangebote** für börsennotierte Gesellschaften Vorteile ergeben. Investoren, die an der Übernahme einer solchen Aktiengesellschaft interessiert sind, können ein befristetes öffentliches Kaufangebot für die Aktien der betroffenen Gesellschaft machen. Das Angebot richtet sich an alle Aktionäre, wobei für alle die gleichen Bedingungen gelten. Wenn ein Aktientausch angeboten wird, spricht man von einem öffentlichen Tauschangebot (*offerta pubblica di scambio – ops*).

In einigen Fällen ist für börsennotierte Gesellschaften ein öffentliches Kaufangebot zwingend vorgeschrieben (*offerta pubblica d'acquisto obbligatoria* – Finanzmarktgesetz Art. 105). So ist ein öffentliches Angebot für den Kauf sämtlicher Aktien einer Gesellschaft erforderlich, wenn jemand einen Anteil von mehr als 30 % vom Grundkapital an einer börsennotierten Gesellschaft entgeltlich erworben hat.

Vertreter so genannter **institutioneller Anleger** (*investitore istituzionale*), das sind Investmentfonds, Pensionsfonds, Versicherungen, Stiftungen usw., verlangen von den Geschäftsführern von Aktiengesellschaften oft eine stärkere Berücksichtigung der **Aktionärsinteressen** (shareholder value). Das bedeutet kurz gesagt: Erzielen von höheren Gewinnen auch durch harte Rationalisierungsmaßnahmen und durch das Abstoßen unrentabler Geschäftszweige sowie möglichst starke Kurssteigerungen der Aktien der Gesellschaft. Schließlich muss noch erwähnt werden, dass es auch zu Konflikten zwischen den Gesellschaftern und der Geschäftsführung über deren Bezüge (Tantiemen) und über sonstige Vergünstigungen kommen kann.

Shareholder value

Zwischen den **Gesellschaftern** einer Aktiengesellschaft und deren **Gläubigern** ergeben sich Konfliktsituationen durch die begrenzte Haftung der Aktionäre, die bekanntlich nur mit ihrer Einlage haften. Um bei Zahlungsschwierigkeiten Schaden für die Gläubiger zu vermeiden, sind sogar Strafen für die Geschäftsführung und den Aufsichtsrat vorgesehen, wenn die Bestimmungen zum Schutz der Gläubiger verletzt werden.

Konflikte zwischen Gesellschaftern und Gläubigern der Gesellschaft

## DIE GRÜNDUNG DER AG

Bei der Gründung einer Aktiengesellschaft sind zahlreiche Vorschriften zum Schutz der Gläubiger und der Anleger zu befolgen:

- **Gründungsvertrag und Satzung** (oder der einseitige Gründungsakt bei der Einpersonen-AG) werden als öffentliche Urkunde abgefasst,
- das Gesellschaftskapital wird gezeichnet und 25 % der Bareinlagen sind bei einer Bank zu hinterlegen,
- die Bestimmungen für die etwaigen Sacheinlagen sind zu beachten,
- es erfolgt die Eintragung in das Handelsregister bei der Handelskammer. Dadurch erwirbt die Aktiengesellschaft die Rechtspersönlichkeit.

**Gründung einer Aktiengesellschaft**

[1] **Gesellschaftsvertrag oder einseitiger Gründungsakt**
Öffentliche Urkunde, Zeichnung des gesamten Gesellschaftskapitals, Einzahlung von 25 % der Bareinlagen

⇩

[2] **Hinterlegung des Gesellschaftsvertrags beim Handelsregister**
Elektronische Übertragung der Dokumente durch den Notar

⇩

[3] **Überprüfung der Vollständigkeit und formellen Richtigkeit** durch das Handelsregisteramt

⇩

[4] **Eintragung in das Handelsregister**

⇩

[5] **Aktiengesellschaft erwirbt Rechtspersönlichkeit**
(wird eine juristische Person des Privatrechts)

Simultangründung

Üblicherweise erfolgt die Gründung als so genannte **Simultangründung** (Einheitsgründung – *costituzione simultanea*). Dabei unterschreiben die Gesellschafter den von einem Notar abgefassten Gründungsvertrag. Die Gründung könnte auch nach dem erfolgreichen Abschluss einer öffentlichen Zeichnung durchgeführt werden. Da diese Form der Gründung in der Praxis keine Bedeutung hat, wird auf eine detaillierte Darstellung verzichtet.

### Gründungsvertrag und Satzung

Für die Gründung einer Aktiengesellschaft müssen vor allem der Gesellschaftsvertrag oder der einseitige Gründungsakt (*atto unilaterale*) als öffentliche Urkunde (*atto pubblico*) abgefasst und unterschrieben, die Satzung erstellt und das Gesellschaftskapital gezeichnet werden. Außerdem müssen die erforderlichen behördlichen Genehmigungen vorliegen, so z. B. für Banken und Versicherungsgesellschaften.

Für den **Gesellschaftsvertrag** oder **Gründungsvertrag** (*contratto sociale, atto costitutivo*) gelten so wie für andere Verträge (Kaufvertrag, Mietvertrag, Pachtvertrag usw.) die allgemeinen Bestimmungen des Vertragsrechts. Die wesentlichen Punkte, die der Gründungsvertrag einer Aktiengesellschaft enthalten muss, sind im Zivilgesetzbuch genau festgelegt (Art. 2328):

- **Personalien der Gesellschafter** (Aktionäre) und Zahl der von den einzelnen Gesellschaftern **gezeichneten Aktien**, (Personalien der Gesellschafter)
- **Firma** (*denominazione sociale*) der Aktiengesellschaft: Die Firma kann frei gewählt werden, sie muss aber stets den Zusatz AG (s.p.a.) enthalten. Auch Phantasienamen sind möglich (z. B. *»sauber und blank« AG, Hella AG, Micorsoft AG, Mediaset s.p.a. usw.*). Nicht zulässig ist eine Firmenbezeichnung, die öffentliches Ärgernis erregt oder gegen die öffentliche Ordnung verstößt. Auch eine irreführende Firma ist nicht erlaubt. So kann z. B. eine *Coop-Data AG* den Eindruck erwecken, dass es sich um eine Genossenschaft (*cooperativa*) handelt. Diese Firma darf deshalb von einer Aktiengesellschaft nicht verwendet werden. Schließlich dürfen die Firma sowie die verwendeten Firmenzeichen nicht zu Verwechslungen mit bereits bestehenden Unternehmen führen (z. B. würde die Firma »Brauerei Fort« AG – Algund zu einer Verwechslung mit der bereits in Algund bestehenden »Brauerei Forst« AG führen), (Firma)
- **Sitz der Gesellschaft** (*sede*), nur der Ort ohne genaue Anschrift und die eventuellen Zweigniederlassungen: Es handelt sich dabei um den Rechtssitz der Gesellschaft (*sede legale*) und dieser muss nicht mit dem Ort übereinstimmen, wo sich die Produktionsstätten oder der Verwaltungssitz befinden. Der Gesellschaftssitz kann an einen anderen Ort verlegt werden, doch ist hierfür die Änderung des Gesellschaftsvertrages erforderlich. (Gesellschaftssitz)
- **Tätigkeit** (*attività*), die den Gesellschaftszweck (*oggetto sociale*) darstellt: Es handelt sich um die wirtschaftliche Tätigkeit, der sich die Gesellschaft widmen möchte (z.B. Radio- und Fernsehwerbung; Herstellung und Verkauf von Möbeln und sonstigen Einrichtungsgegenständen; Land-, See- und Lufttransport usw.). Die Geschäftsführung darf nur jene Geschäfte abschließen, die in den Tätigkeitsbereich der betreffenden Aktiengesellschaft fallen. Aus diesem Grund wird das Tätigkeitsfeld der Gesellschaft bei der Gründung meist sehr weit gefasst. Man vermeidet so eine spätere Änderung des Gesellschaftsvertrages. Es gibt zahlreiche wirtschaftliche Tätigkeiten, für die besondere Ermächtigungen oder Voraussetzungen erforderlich sind: Banken, Versicherungen, Wertpapiervermittlungsgesellschaften, Zeitungsverleger, Waren- und Personentransport, Apotheken, Leiharbeits-Agenturen, Wettbüros usw. (Tätigkeit)
- das **gezeichnete und eingezahlte Kapital** (*capitale sociale*): Vor oder bei Abschluss des Gesellschaftsvertrages muss das gesamte Kapital der Gesellschaft gezeichnet werden. Dabei ist ein Mindestkapital von **120.000 Euro** vorgeschrieben. Für Banken, Versicherungsgesellschaften und *SIM*-Wertpapier-Vermittlungsgesellschaft ist ein wesentlich höheres Mindestkapital erforderlich, (Gezeichnetes und eingezahltes Kapital)
- **Aktien** (*azioni*): Für die Aktien müssen die Anzahl und der etwaige Nennwert, die Merkmale (normale Aktien, Vorzugsaktien, Sparaktien) sowie die Emissionsart und die Form der Weitergabe angeführt werden. Als Nennwert ist der Betrag von 1,00 Euro oder ein Mehrfaches dieses Betrages vorgeschrieben. Es besteht die Möglichkeit, **nennwertlose Aktien** (*azioni senza indicazione del valore nomi-* (Aktien)

*nale*) zu begeben. Auf die Ausgabe von Aktienurkunden kann verzichtet werden, was bei den kleineren Aktiengesellschaften meistens der Fall ist,

Sacheinlagen

- Wert der **eingebrachten Forderungen** und der **Sacheinlagen** (*conferimenti di crediti o di beni in natura*): Der Wert der eingebrachten Sacheinlagen muss in einigen Fällen durch ein Gutachten eines Gerichtssachverständigen bestätigt werden,

Gewinnverteilung

- Bestimmungen über die **Gewinnverteilung** (*ripartizione degli utili*),

Geschäftsführung

- **System der Geschäftsführung** (*sistema di amministrazione*), das gewählt wurde, mit den Befugnissen der Verwalter. Unter den Verwaltern sind jene zu bestimmen, die zur rechtlichen Vertretung der Gesellschaft befugt sind,

Überwachungsrat

- Zahl der Mitglieder des **Überwachungsrates** (*collegio sindacale*)
- Ernennung der **ersten Verwalter** (*amministratori*) und der **ersten Mitglieder des Überwachungsrates** (*sindaci*); wenn erforderlich, die mit der Buchprüfung (*controllo contabile*) beauftragte Gesellschaft oder der beauftragte Freiberufler,

Gründungsaufwand

- **Gründungsaufwand** (*spese per la costituzione*), wenigstens ungefähr beziffert.

Dauer

- **Dauer der Gesellschaft** (*durata della società*) wie z. B. bis zum Jahr 2099, die natürlich verlängert werden kann. Es besteht auch die Möglichkeit die Gesellschaft mit **unbestimmter Dauer** zu gründen. In diesem Fall muss eine Zeitspanne von höchstens einem Jahr nach der Gründung festgelegt werden, nach deren Ablauf der Gesellschafter aus der AG austreten kann.

Die **Satzung** (auch das Statut – *statuto*) enthält meistens ausführliche Vorschriften über die Arbeitsweise der Gesellschaftsorgane. In der Regel wird die Satzung als eigenständige Urkunde abgefasst. Sie bildet jedoch eine Einheit mit dem Gründungsvertrag und muss diesem beigefügt werden. Bei einem Widerspruch zwischen den Bestimmungen des Gründungsvertrages und jenen der Satzung überwiegen letztere.

## Eintragung in das Handelsregister

**Die AG erwirbt die Rechtspersönlichkeit** (wird eine juristische Person).

Der Notar, der den Gründungsvertrag beurkundet hat, muss ihn innerhalb von 20 Tagen beim Handelsregister (*registro delle imprese*) der Handelskammer hinterlegen, was unter Beachtung besonderer Sicherheitsstandards elektronisch über Internet erfolgt. Wenn das Amt die formelle Richtigkeit der Unterlagen festgestellt hat, erfolgt die **Eintragung in das Handelsregister**. Damit erwirbt die Aktiengesellschaft die **Rechtspersönlichkeit** (*personalità giuridica*). Die Eintragung hat somit **rechtsbegründende Wirkung**, und es entsteht so die Aktiengesellschaft als **juristische Person** (*persona giuridica*) des Privatrechts, die zur Trägerin von Rechten und Pflichten wird. Sie kann also Verträge abschließen, sich als Partei in einen Rechtsstreit einlassen, als Eigentümerin von erworbenen Immobilien in das Grundbuch eingetragen werden usw.

Personen, die vor der Eintragung in das Handelsregister Geschäfte im Namen der Gesellschaft tätigen, haften Dritten gegenüber unbeschränkt und als Gesamtschuldner (Art. 2331). Nach erfolgter Eintragung kann natürlich die Gesellschaft die vorher abgeschlossenen Geschäfte für sich als bindend erklären.

## Die Einlagen

In der Regel sind die Einlagen (*conferimento*) in Geld vorzunehmen. Neben den Bareinlagen (*conferimenti in denaro*) sind Sacheinlagen (*conferimento di beni in natu-*

*ra*) und Einlagen in Form von Forderungen nur zulässig, wenn sie im Gründungsvertrag vorgesehen sind. In diesem Fall muss ein Gerichtssachverständiger eine Bewertung (Art. 2343) durchführen und in einem beeideten Gutachten feststellen, ob der Wert den dafür ausgegebenen Aktien zuzüglich dem eventuellen Aufgeld entspricht. Einlagen in der Form von Arbeits- und Dienstleistungen sind nicht zulässig.

Innerhalb von 180 Tagen ab der Gründung müssen die Geschäftsführer die Bewertungen des Sachverständigen überprüfen. Bis zur erfolgten Überprüfung sind die für Sacheinlagen und eingebrachte Forderungen begebenen Aktien unveräußerlich und müssen bei der Gesellschaft hinterlegt bleiben.

Wenn begründete Bedenken bestehen, ist eine Nachschätzung vorzunehmen. Ergibt sich aus der Nachschätzung, dass der Wert der Sacheinlagen und der eingebrachten Forderungen wesentlich geringer ist (um mehr als ein Fünftel) als der für die Einlage festgelegte Wert, so muss das Gesellschaftskapital entsprechend vermindert und die nicht gedeckten Aktien müssen für nichtig erklärt werden. Der Gesellschafter hat jedoch die Möglichkeit, den fehlenden Betrag in Geld einzuzahlen oder aus der Gesellschaft auszuscheiden.

### Gründungsvertrag einer Aktiengesellschaft

(vereinfacht)

Urkunde Nr. 445889 Sammlung Nr. 241441

**Gründungsvertrag für eine Aktiengesellschaft**

Italienische Republik

Im Jahre zweitausendundacht am fünfzehnten des Monats November (15. 11. 2008). In Meran in meiner Notariatskanzlei, Lauben 24.
Vor mir, Dr. Mario Paganini, Notar in Meran und eingetragen in das Notariatskollegium der Provinz Bozen, sind folgende Personen persönlich anwesend:

**Personalien der Gesellschafter**

Herr Bernhard AICHNER, geboren in Bruneck (Bozen) am 8. Mai 1965, wohnhaft in Plaus, Hauptplatz Nr. 34, Verkaufsleiter, italienischer Staatsbürger, Steuernummer: CHNBNH65E08B220P
Frau Gertrud HOCHGRUBER, geboren in Meran am 21. Februar 1977, wohnhaft in St. Leonhard in Passeier, Hauptstr. 47, Chemikerin, italienische Staatsbürgerin, Steuernummer: …
Herr Bruno VISENTINI, geboren in Trient am 27. März 1957, wohnhaft in Meran, Sandplatz 4, Kaufmann, italienischer Staatsbürger, Steuernummer: VSNBRN57C27A260U, der an dieser Gründung für sich selbst und als Geschäftsführer der Gesellschaft »SPORTPARADIES MERAN – KG – B. VISENTINI & Co.« mit Sitz in Meran, Goethestr. 8, Steuernummer: 00125440214 eingetragen im Handelsregister unter der Nummer 2454/11 teilnimmt.
Die Anwesenden, deren Identität und Vertretungsbefugnis ich, Notar, sicher bin, erklären ausdrücklich und mit meinem Einverständnis, auf den Beistand von Zeugen zu verzichten und vereinbaren mit diesem Vertrag Folgendes:

**Firma und Sitz der Gesellschaft**

1) Die Gesellschaft »SPORTPARADIES MERAN – KG – B. VISENTINI & Co.« und Frau Gertrud Hochgruber sowie die Herren Bernhard Aichner und Bruno Visentini gründen mit diesem Vertrag die Aktiengesellschaft mit der Bezeichnung **»SPORTSWARE MERAN – AG«** auf italienisch **»SPORTSWARE MERANO – s.p.a.«** mit Sitz in Meran (Bozen).

**Gesellschaftszweck und Tätigkeit der Gesellschaft**

2) Tätigkeit der Gesellschaft ist die Herstellung sowie der Einkauf und der Verkauf von Sportartikeln und von Sportbekleidung jeglicher Art im Groß- und Einzelhandel. Die Tätigkeit wird noch ausführlicher in der Satzung bestimmt.

**Gesellschaftskapital Aktien**

3) Desellschaftskapital wird auf 600.000 (sechshunderttausend) Euro festgesetzt und ist in 100.000 (hunderttausend) Aktien zu je 6 (sechs) Euro aufgeteilt.

Das Gesellschaftskapital wird wie folgt gezeichnet:
- von der Gesellschaft »SPORTPARADIES MERAN – KG – B. VISENTINI & Co.« 240.000. (zweihundertvierzig Tausend) Euro,
- von Bernhard Aichner 120.000 (hundertzwanzig Tausend) Euro,
- von Gertrud Hochgruber 120.000 (hundertzwanzig Tausend) Euro,
- von Bruno Visentini 120.000 (hundertzwanzig Tausend) Euro.

**Hinterlegung der 25 %**

Nach Art. 2329 ZGB haben die anwesenden Personen 25 Prozent des gezeichneten Gesellschaftskapitals 180.000 (hundertachtzig Tausend) Euro bei der Südtiroler Sparkasse in Meran hinterlegt, wie dies aus der Bestätigung vom 14. 11. 2008 ersichtlich ist, die in beglaubigter Abschrift diesem Gründungsvertrag als Anlage A) beigelegt wird.
Die restlichen 75 Prozent des Gesellschaftskapitals werden nach Anweisungen der Geschäftsführer eingezahlt.

**Satzung**

4) Die anwesenden Personen vereinbaren und erklären, dass die Gesellschaft durch diesen Gründungsvertrag und die beigefügte Satzung geregelt wird. Die Satzung wird verlesen, genehmigt und von den Anwesenden und von mir unterschrieben und ist als Anlage B) Bestandteil dieses Gründungsvertrages.

**Geschäftsführer (Verwalter)**

5) Zu Geschäftsführern der Gesellschaft werden für die ersten drei Geschäftsjahre folgende Personen bestellt:
- Frau Gertrud HOCHGRUBER,
- Herr Bruno VISENTINI,
- Herr Josef MÜLLER, geboren in Bozen am 15. Dezember 1983 und dort wohnhaft, Gerbergasse 2, Computerfachmann, Steuernummer: MLRJSF83T15Z102Z.

Vorsitzende des Verwaltungsrates und rechtliche Vertreterin der Gesellschaft ist Frau Gertrud HOCHGRUBER.

**Mitglieder des Überwachungsrates**

6) Zu wirklichen Mitgliedern des Überwachungsrates für die ersten drei Geschäftsjahre werden bestellt:
- Herr Dr. Josef WEISS, ... Wirtschaftsberater,
- Herr Dr. Franz BLAU, ... Rechnungsprüfer,
- Frau Dr. Andrea THALER, ... Wirtschaftsberaterin, und zu Ersatzmitgliedern:
- Herr Dr. Guido ROSSI, ... Wirtschaftsberater,
- Frau Dr. Margarete SCHWARZ, ... Rechnungsprüferin.

Herr Josef WEISS wird zum Vorsitzenden des Überwachungsrates bestellt. Die jährlichen Bezüge der wirklichen Überwachungsratsmitglieder werden nach der Honorarordnung der Wirtschaftsberater festgesetzt, wobei dem Vorsitzenden eine Erhöhung um 50 % zusteht.

7) Das erste Geschäftsjahr endet am 31. Dezember 2008.

**Ermächtigung der Geschäftsführer**

8) Die Geschäftsführer werden ermächtigt, getrennt alle Formalitäten zu erledigen, die für die Gründung der Gesellschaft erforderlich sind.
Die Geschäftsführerin Frau Gertrud HOCHGRUBER wird außerdem ermächtigt, bei der Südtiroler Sparkasse, Filiale Meran, die hinterlegten 25 Prozent des Gesellschaftskapitals zu beheben, sobald alle Formalitäten für die Gründung der Gesellschaft abgeschlossen sind.

**Gründungsaufwand**

9) Alle mit diesem Gründungsvertrag zusammenhängenden Spesen, Honorare und Gebühren werden sich auf rund 18.000 (achtzehn Tausend) Euro belaufen und gehen zu Lasten der Gesellschaft.

**Dauer**

10) Die Gesellschaft dauert bis zum 31. Dezember 2060 und die Dauer kann verlängert werden.

11) Auf Verlangen habe ich, Notar, diese Urkunde aufgenommen, die von einer Person meines Vertrauens auf einem Bogen niedergeschrieben wurde, von dem drei Seiten ganz und die letzte Seite bis hierher beschrieben wurden. Diese Urkunde wurde samt den Beilagen von mir, Notar, den anwesenden Personen vorgelesen und von diesen, auf mein Befragen, als ihrem Willen entsprechend erklärt und darauf von den Personen zusammen mit mir, Notar, unterschrieben.

*Bernhard Aichner*
*Notar Dr. Mario Paganini*
*Gertrud Hochgruber*
*Bruno Visentini*

## Satzung der SPORTSWARE MERAN AG

### Art. 1
### Die Tätigkeit der Gesellschaft

Die Tätigkeit der Gesellschaft besteht in der Herstellung sowie dem Ein- und Verkauf im Groß- und im Einzelhandel von Sportartikeln und von Sportbekleidung jeglicher Art. Die Gesellschaft kann alle für ihre Tätigkeit notwendig oder förderlich erachteten Handels-, Finanz-, Wertpapier- und Immobiliengeschäfte tätigen. Sie kann auch Bürgschaften leisten sowie Pfandrechte, Garantien jeder Art und Hypotheken einräumen. Die Gesellschaft kann sich sowohl direkt als auch indirekt an anderen Gesellschaften, Unternehmen und Konsortien beteiligen, sofern ein Zusammenhang mit der Gesellschaftstätigkeit besteht. Außerdem kann die Gesellschaft im In- und Ausland Unternehmen gleicher oder ähnlicher Art gründen.
Die Gesellschaft kann Patente und Warenzeichen erwerben und übertragen sowie gewerbliche Eigentumsrechte ausüben.

### Art. 2
### Sitz der Gesellschaft

Die Gesellschaft hat ihren Sitz in Meran (Bozen). Sie kann anderswo in Italien oder im Ausland Zweigniederlassungen und Agenturen errichten und auflösen.

### Art. 3
### Zustellungsanschrift der Aktionäre

Für die Mitteilungen der Gesellschaft an die Aktionäre gilt die im Gesellschafterbuch eingetragene Anschrift. Die Eintragung im Gesellschafterbuch wird geändert, sobald der Aktionär den Geschäftsführern mit Einschreibebrief die neue Anschrift bekannt gibt.

### Art. 4
### Die Aktien

Die Aktien sind Namenspapiere. Sie können jedoch auf Wunsch des Aktionärs in Inhaberaktien umgewandelt werden, wenn dies aufgrund künftiger Gesetzesbestimmungen zulässig ist.

### Art. 5
### Übertragung der Aktien

Beabsichtigt ein Aktionär seine Aktien an andere Aktionäre oder an Außenstehende entgeltlich oder unentgeltlich, teilweise oder zur Gänze zu übertragen, so steht den anderen Aktionären in diesem Fall ein Vorkaufsrecht zu.
Der veräußerungswillige Aktionär muss seine Aktien zuerst mittels Einschreibebrief den im Gesellschafterbuch eingetragenen Aktionären anbieten, wobei er den am Erwerb Interessierten den eventuellen Kaufpreis und die sonstigen Bedingungen mitteilen muss.
Den anderen Aktionären steht das Vorkaufsrecht nach ihrem Aktienanteil zu. Sie können das Vorkaufsrecht innerhalb von drei Monaten nach Eingang der obigen Mitteilung ausüben, wobei sie dem veräußerungswilligen Aktionär mitteilen müssen, ob und in welchem Ausmaß sie das ihnen zustehende Vorkaufsrecht ausüben wollen und ob sie bereit sind, auch die eventuell den anderen vorkaufsberechtigten Aktionären zustehenden Aktien zu übernehmen.
Ohne ausdrückliche Einwilligung des veräußerungswilligen Aktionärs dürfen die angebotenen Aktien nur in der gesamten Zahl und nicht teilweise übernommen werden. Wenn der vorkaufsberechtigte Aktionär nicht rechtzeitig seine Absicht schriftlich äußert oder wenn die Mitteilung mit Verspätung erfolgt, verfällt das Vorkaufsrecht.
Der veräußerungswillige Aktionär kann frei über seine Aktien verfügen, sofern sein Angebot nicht innerhalb obiger Frist angenommen wird und wenn der Kaufpreis und/oder die übrigen Veräußerungsbedingungen, die von Dritten geboten werden, günstiger sind als jene, die von den vorkaufsberechtigten Aktionären geboten werden.
Die obige Vorgangsweise muss nicht eingehalten werden, wenn der veräußerungswillige Aktionär den Kaufpreis und die übrigen Veräußerungsbedingungen für die angebotenen Aktien direkt mit allen anderen Aktionären vereinbArt. Die betreffende Vereinbarung muss schriftlich festgehalten und von allen Aktionären unterschrieben werden.
Das Vorkaufsrecht findet bei Übertragung der Aktien zugunsten von Ehepartnern oder Verwandten in direkter Linie bis zum zweiten Grad keine Anwendung.
Wenn ein Gesellschafter bei Kapitalerhöhungen auf sein Bezugsrecht verzichtet oder dieses nicht ausübt, steht das Bezugsrecht den anderen Aktionären im Verhältnis zu den gehaltenen Aktien zu.

**Art. 6**
**Hauptversammlung**

Die Hauptversammlung kann auch außerhalb des Gesellschaftssitzes, jedoch nur an einem Ort in Südtirol (Italien) einberufen werden.
Die Hauptversammlung wird von einem der Geschäftsführer einberufen. Die Einberufung kann mit zertifizierter E-Mail erfolgen und muss Tag, Uhrzeit, Versammlungsort und Tagesordnung enthalten.
Eine Hauptversammlung, die nicht in der vorgenannten Weise einberufen wurde, ist beschlussfähig, sofern das gesamte Gesellschaftskapital vertreten ist, sowie alle Geschäftsführer und sämtliche Mitglieder des Überwachungsrates anwesend sind.

**Art. 9**
**Stimmrechte**

An der Hauptversammlung können jene Aktionäre teilnehmen, die mindestens fünf Tage vor der Hauptversammlung in das Gesellschafterbuch eingetragen wurden, und die innerhalb derselben Frist am Sitz der Gesellschaft oder bei den in der Einberufung festgelegten Banken ihre Aktien hinterlegt haben.

**Art. 10**
**Beschlussfassung**

Die Beschlüsse der ordentlichen Hauptversammlung sind gültig, wenn sie in erster Einberufung von Aktionären gefasst werden, die mindestens die Mehrheit des Gesellschaftskapitals halten.
In zweiter Einberufung beschließt die ordentliche Hauptversammlung mit der Zustimmung der Mehrheit des anwesenden Gesellschaftskapitals. Die Beschlüsse über die Bestellung der Gesellschaftsorgane müssen jedoch mit der Mehrheit der ersten Einberufung gefasst werden.

**Art. 11**
**Der Verwaltungsrat**

Die Geschäftsführung der Gesellschaft obliegt drei Geschäftsführern (Verwaltern). Die Geschäftsführer, die keine Aktionäre sein müssen, werden für einen Zeitraum von höchstens drei Jahren von der ordentlichen Hauptversammlung oder mit dem Gründungsvertrag bestellt.

**Art. 12**
**Befugnisse der Geschäftsführer (Verwalter)**

Die Geschäftsführer können die Befugnisse der ordentlichen und außerordentlichen Geschäftsführung getrennt ausüben und sie sind zu allen Geschäften ermächtigt, die sie für Tätigkeit der Gesellschaft für sinnvoll erachten. Ausgenommen sind nur jene Befugnisse, die laut Gesetz der ordentlichen und außerordentlichen Hauptversammlung vorbehalten sind.
Unter anderem haben die Geschäftsführer folgende Befugnisse:
- bewegliche und unbewegliche Güter zu erwerben, zu verkaufen, zu tauschen und sie in andere Gesellschaften einzubringen,
- im Rahmen von Art. 1 dieser Satzung Beteiligungen zu erwerben, zu verkaufen oder zu tauschen,
- Wechselverpflichtungen für die Gesellschaft einzugehen,
- Eintragung und Löschung von Hypotheken durchführen zu lassen,
- Vergleiche abzuschließen, auf Rechte zu verzichten und in Streitfällen Schiedsgerichte anzurufen,
- jede Art von Verträgen im Rahmen der ordentlichen und außerordentlichen Geschäftsführung abzuschließen, abzuändern oder aufzuheben,
- jegliche Art von Bankgeschäften abzuschließen, insbesondere Eröffnung von Kontokorrenten und Aufnahme von Krediten, Termingeschäfte und Leasinggeschäfte.

**Art. 13**
**Gesetzliche Vertretung**

Mit der gesetzlichen Vertretung der Gesellschaft ist der Vorsitzende des Verwaltungsrates betraut.

**Art. 14**
**Überwachungsrat**

Der Überwachungsrat besteht aus drei Mitgliedern, die in das Verzeichnis der Rechnungsprüfer eingetragen sein müssen. Außerdem werden zwei Ersatzmitglieder bestellt.

**Art. 15**
**Auszahlung des ausgeschütteten Gewinns**

Nachdem fünf Prozent in die gesetzliche Rücklage eingestellt worden sind, wird der Reingewinn ausgeschüttet oder aufgrund von Beschlüssen der Hauptversammlung in anderer Weise verwendet. Die Auszahlung des Gewinns erfolgt über die vom Verwaltungsrat bestimmten Banken ab jenem Tag, den die Geschäftsführer jährlich festsetzen.
Die ausgeschütteten Gewinne, die innerhalb von fünf Jahren nach Bereitstellung nicht behoben werden, verfallen zugunsten der Gesellschaft.

**Art. 16**
**Schiedsgericht**

Bei etwaigen Streitigkeiten zwischen den Aktionären und den Geschäftsführern, unter den Geschäftsführern oder zwischen Geschäftsführern und Mitgliedern des Überwachungsrates über die Geltung, die Auslegung und die Anwendung dieser Satzung entscheidet ein dreiköpfiges Schiedsgericht in endgültiger Weise. Ausgenommen sind jene Streitfälle, die nach Gesetz nicht durch einen Schiedsspruch beigelegt werden können.
Für das Schiedsgericht bestimmt jede der beiden Streitparteien einen Schiedsrichter, die ihrerseits den dritten Schiedsrichter ernennen.
Nachdem die Parteien angehört wurden, wird das Schiedsgericht nach Billigkeit und ohne Formalitäten entscheiden. Der unanfechtbare Schiedsspruch muss innerhalb von drei Monaten nach Einsetzung des Schiedsgerichts ergehen.

## DIE AKTIEN

Grundkapital

Der Anteil am Grundkapital der Aktiengesellschaft wird in Aktien (*azione*) verbrieft (Art. 2346–2362). Das **Grundkapital** (Gesellschaftskapital – *capitale sociale*) ist in Aktien mit gleichem Nennwert (*valore nominale*) aufgeteilt, die den Eigentümern gleiche Rechte verleihen. Der Nennwert einer Aktie muss 1 Euro oder ein Mehrfaches betragen und die Aktien dürfen nicht unter dem Nennwert begeben werden. Jedem Gesellschafter wird jene Anzahl von Aktien zugeteilt, die dem von ihm gezeichneten Grundkapital entspricht. Im Gesellschaftsvertrag kann auch eine andere Zuteilung der Aktien festgelegt werden. Außerdem kann die Satzung die Begebung von nennwertlosen Aktien (Stückaktien) vorsehen.

Die **Aktienurkunde**, die ebenfalls als Aktie bezeichnet wird, ist ein **Wertpapier** (*titolo di credito*), womit die Rechte des Gesellschafters an der Aktiengesellschaft verbrieft werden. Die Aktienurkunde (*titolo azionario*) kann auch auf ein Vielfaches des Nennwertes lauten. So kann z. B. eine einzige Aktienurkunde für 1.000 Aktien einer Gesellschaft ausgestellt werden. Da die Ausstellung von Aktienurkunden nicht zwingend vorgeschrieben ist und mit einem beachtlichen Aufwand verbunden sein kann, verzichten besonders kleinere Gesellschaften auf die Ausfertigung solcher Urkunden.

In der Regel muss die Aktienurkunde bei einer Bank hinterlegt werden, um die in der Aktie verbrieften Rechte ausüben zu können (vor allem: Teilnahme an und Stimmrecht bei der Hauptversammlung, Recht auf die eventuell ausgeschüttete Dividende, Bezugsrecht). Was die **Weitergabe der Aktien** als Wertpapier anbelangt, so unterscheidet man zwischen **Namensaktien** (*azione nominativa*) und **Inhaberaktien** (*azione al portatore*). Aus steuerlichen Gründen und um die Transparenz der Aktienbeteiligungen zu gewährleisten, dürfen Aktien nur als Namensaktien begeben werden. Eine Ausnahme bilden in Italien nur die Sparaktien, für die auch Inhaberaktien zulässig sind.

Aus steuerlichen Gründen gibt es in Italien nur Namensaktien.

**EINE NAMENSAKTIE**
**Flitz-AG**
Brixen, Großer Graben 8
Dauer der Gesellschaft bis zum 31. 12. 2050

Gründungsvertrag abgeschlossen in Brixen am 16. Jänner 2001 und eingetragen in das Handelsregister bei der Handelskammer Bozen am 27. April 2001 mit der Nummer 467/01

**Nennwert der Aktie: 500 Euro**

gezeichnetes und eingezahltes
Gesellschaftskapital 500.000 Euro

Aktionär:
Josef Mair
Reschenstr. 12
Mals (Bozen)
Steuernummer: MARJSF40E14Z102Z

Der Besitzer von Namensaktien kann nur dann die verbrieften Rechte ausüben, wenn er dazu durch die Anmerkung auf der Aktie und durch die Eintragung im Gesellschafterbuch berechtigt wird. Anstelle der Anmerkung auf der Aktie kann die Übertragung durch Ausstellung einer neuen Aktienurkunde oder durch ein Indossament erfolgen. Mit dem Indossament erklärt der Indossant schriftlich auf der Aktienurkunde, dass er die Rechte aus der Aktie an den Indossatar überträgt.

Um eine rasche, kostengünstige und sichere Abwicklung der Börsengeschäfte zu ermöglichen, sind **börsennotierte Gesellschaften** verpflichtet, ihre gesamten Aktien bei der **Wertpapieraufbewahrungsgesellschaft** (*Monte Titoli*) zu hinterlegen. Es handelt sich dabei um eine Sammelverwahrung, und die Übertragung der **stücklosen Aktien** (*titolo dematerializzato*) erfolgt durch eine einfache elektronische Buchung auf den Konten, die für Banken und SIM-Wertpapiervermittlungsgesellschaften bei der Wertpapieraufbewahrungsgesellschaft geführt werden. Bei einer Veräußerung erübrigen sich so die Anmerkung auf der Aktie und die Eintragung im Gesellschafterbuch. In diesen Fällen stellen die Banken und die Wertpapiervermittlungsgesellschaften die von den Aktieneigentümern benötigten Bestätigungen aus, damit sie an der Hauptversammlung teilnehmen und ihr Wahlrecht ausüben können.

**Wertpapieraufbewahrungsgesellschaft**
(clearing house)
Sie ermöglicht die stücklose Übertragung von Aktien und Obligationen im multilateralen Abrechnungsverfahren. Dadurch können Börsengeschäfte schnell, sicher und kostengünstig durchgeführt werden.

**In Aktien verbriefte Rechte**

Als Teilhaberpapier verbriefen alle Aktien (Stammaktien) einer Gesellschaft gleiche **Rechte**:

- Teilnahme an der Hauptversammlung,
- ein Stimmrecht je Aktie in der Hauptversammlung,
- Anspruch auf ausgeschüttete Dividende,
- Bezugsrecht bei der Ausgabe junger Aktien,
- Anteil am Liquidationserlös bei Auflösung der Gesellschaft
- Einblick in das Protokollbuch der Hauptversammlung und in das Gesellschafterbuch,
- Anfechtung von Beschlüssen der Hauptversammlung vor Gericht, wenn der Aktionär bei der Abstimmung abwesend war oder gegen den Beschluss gestimmt hat,
- Anzeige von beanstandeten Vorfällen an den Überwachungsrat.

Die **Vorzugsaktien** (*azione privilegiata*) sichern eine erhöhte Dividende, dafür ist ihr Stimmrecht in der Regel nur auf die außerordentliche Hauptversammlung beschränkt. Völlig ohne Stimmrecht sind die **Sparaktien** (*azione di risparmio*), die von börsennotierten Gesellschaften begeben werden können. Diese stimmrechtslosen Aktien sind mit einem nachzuzahlenden Dividendenvorrecht in der Höhe von 5 % des Nennwertes ausgestattet.

Vorzugsaktien und Sparaktien

Es besteht die Möglichkeit, durch entsprechende Klauseln im Gesellschaftsvertrag die **Veräußerung der Namensaktien** an besondere **Bedingungen** zu knüpfen. Mit entsprechenden Klauseln im Statut kann man die Übertragung der Aktien an andere Personen an besondere **Bedingungen** knüpfen (Art. 2355bis), die in der Aktienurkunde aufscheinen müssen. So kann z. B. die Veräußerung der Aktien für einen Zeitraum von höchstens fünf Jahren untersagt werden. Klauseln der Satzung, die eine Übertragung von Aktien vom freien Ermessen eines Gesellschaftsorgans oder anderer Gesellschafter abhängig machen, sind unwirksam, wenn sie nicht die Verpflichtung zum Erwerb der Aktien oder das Austrittsrecht für den Veräußernden vorsehen. In der Regel wird festgelegt, dass die Zustimmung des Verwaltungsrates oder der Hauptversammlung erforderlich ist, damit der neue Aktieneigentümer seine Aktionärsrechte ausüben kann. Diese **Zustimmungsklausel** (*clausola di gradimento*) soll es ermöglichen, unerwünschten Personen die Teilnahme an der Gesellschaft zu verwehren. Z. B. könnte eine Gesellschaft, die auf die Produktion von Messgewändern und anderen Devotionalien spezialisiert ist, die Aufnahme von Gesellschaftern islamischen Glaubens verweigern. Der Gesellschaftsvertrag könnte nämlich vorsehen, dass nur Personen katholischen Glaubens als Aktionäre zugelassen sind.

Vorkaufsrecht

Im Gesellschaftsvertrag kann auch ein **Vorkaufsrecht** (*clausola di prelazione*) meistens zugunsten der übrigen Aktionäre festgelegt werden. Bevor die Aktien an Außenstehende verkauft werden, müssen sie in diesem Fall den anderen Aktionären der Gesellschaft zum Kauf angeboten werden. Für die Festsetzung des Kaufpreises, für die Mitteilung der Verkaufsabsichten usw. gibt es meistens umfangreiche Regelungen in den Satzungen.

## Erwerb eigener Aktien

Für die Aktiengesellschaft besteht die Möglichkeit, innerhalb bestimmter Grenzen eigene Aktien zurückzukaufen (Art. 2357 *acquisto delle proprie azioni*). Da es sich dabei um eine Rückzahlung von Einlagen an die Gesellschafter handelt, ist vor allem zu vermeiden, dass dadurch die Gläubiger der Gesellschaft geschädigt werden. Außerdem muss verhindert werden, dass die Geschäftsleitung auf diese Weise Spekulationsgeschäfte mit den eigenen Aktien und mit Mitteln der Gesellschaft durchführt. Der Rückkauf eigener Aktien kann deshalb nur mit verteilbaren Gewinnen und verfügbaren Rücklagen erfolgen, die im letzten Jahresabschluss ausgewiesen wurden. Außerdem muss der Erwerb eigener Aktien von der Hauptversammlung genehmigt werden.

## Verbot gegenseitiger Zeichnung von Aktien

Es ist ausdrücklich verboten, dass sich Gesellschaften zusätzliches Kapital durch die gegenseitige Zeichnung von Aktien beschaffen (Art. 2360 *divieto di sottoscrizione reciproca*). Ohne dieses Verbot wäre es nämlich möglich, das Kapital von

Gesellschaften nur auf dem Papier zu erhöhen, ohne dass von den Gesellschaftern neue Einlagen erbracht werden müssten.

Ähnliche Auswirkungen könnte auch der gegenseitige Erwerb von Aktien haben. Für abhängige Gesellschaften (Art. 2359 *società controllata*) gilt deshalb die Einschränkung, dass sie Aktien der beherrschenden Gesellschaft (*società controllante*) nur im Ausmaß der verteilbaren Gewinne und der verfügbaren Rücklagen erwerben oder zeichnen dürfen (Art. 2359bis). Für **börsennotierte Gesellschaften** besteht außerdem die Mitteilungspflicht an die Börsenaufsichtsbehörde (*Consob*), wenn sie Beteiligungen an anderen Gesellschaften erwerben und die Beteiligung an einer börsennotierten Gesellschaft 2 % (bei nicht börsennotierten Gesellschaften 10 %) des eigenen Grundkapitals übersteigt.

## HERRSCHENDE UND ABHÄNGIGE GESELLSCHAFTEN

Die Kapitalgesellschaften und besonders die Aktiengesellschaften können Beteiligungen an anderen Unternehmen erwerben. Nach Art. 2359 gilt eine Gesellschaft als **abhängige Gesellschaft** (Tochtergesellschaft – *società controllata*), wenn eine andere Gesellschaft über die Stimmenmehrheit in der Hauptversammlung verfügt. Es genügt aber auch, wenn eine andere Gesellschaft über so viele Stimmrechte in der Hauptversammlung verfügt, dass sie einen beherrschenden Einfluss ausüben kann. Schließlich kann ein **beherrschender Einfluss** (*influenza dominante*) auch durch besondere vertragliche Abmachungen entstehen. So könnte zum Beispiel eine Gesellschaft durch einen Franchisingvertrag eng an die beherrschende Gesellschaft gebunden sein. Gleiches könnte ein langfristiger und ausschließlicher Liefervertrag bewirken. Als **verbundene Gesellschaften** (*società collegata*) gelten hingegen jene, über die eine andere Gesellschaft einen beträchtlichen Einfluss ausübt. Dieser Einfluss wird vermutet, wenn in der Hauptversammlung mindestens ein Fünftel der Stimmrechte (bei börsennotierten Gesellschaften mindestens ein Zehntel) ausgeübt werden kann.

Nach Art. 2359bis ist der Erwerb von Aktien der beherrschenden Gesellschaft (oder der Erwerb von Beteiligungen, wenn es sich um eine GmbH handelt) durch die abhängige Gesellschaft stark eingeschränkt. Unter anderem dürfen die Aktien nur mit dem ausgewiesenen Gewinn und den verfügbaren Rücklagen erworben werden. Zudem dürfen die erworbenen Aktien in keinem Fall 10 % des Grundkapitals der abhängigen Gesellschaft übersteigen. Auf diese Weise soll eine fiktive Kapitalerhöhung durch gegenseitige Zeichnung von Aktien zwischen der beherrschenden und der abhängigen Gesellschaft unterbunden werden. Eine weitere Bestimmung soll verhindern, dass die Verwalter über die Beteiligung an der beherrschenden Gesellschaft eine unzulässige Machtstellung erlangen. Die Stimmrechte für Aktien der beherrschenden Gesellschaft dürfen deshalb nicht von der abhängigen Gesellschaft ausgeübt werden.

Um fiktive Kapitalbeschaffungen zu unterbinden, ist es den Gesellschaften außerdem untersagt, sich das bei der Gründung oder bei Kapitalerhöhungen benötigte Kapital durch gegenseitige Zeichnung (*sottoscrizione reciproca*) zu besorgen (Art. 2360).

## BEISPIEL

**Gegenseitige Zeichnung von Aktien**

Die Frau Adele Schlau und Herr Kevin Listig gründen zwei Aktiengesellschaften. Nämlich die *Gold* AG und die *Diamant* AG mit einem Grundkapital von je 200.000 Euro. Darauf wollen sie in beiden Gesellschaften eine Kapitalerhöhung um je 300.000 Euro durchführen, wobei die zusätzlichen Aktien der Gold AG von der *Diamant* AG und umgekehrt jene der *Diamant* AG von der *Gold* AG gezeichnet werden. Ohne einen einzigen Euro an zusätzlichem Kapital einzusetzen, würde so das Grundkapital der beiden Gesellschaften auf je 500.000 Euro steigen. Die Wirtschaftsberaterin Brigitte Genau bereitet diesen Traum ein rasches Ende. Sie erklärt Frau Schlau und Herrn Listig, dass eine solche fiktive Kapitalerhöhung nach Art. 2360 ausdrücklich verboten ist.

## Konzerne

Formell selbständige Unternehmen können unter der Leitung und Kontrolle einer **herrschenden Gesellschaft** zu einem so genannten **Konzern** (*gruppo*) zusammengefasst werden. Manchmal entstehen so weitläufige Verflechtungen, die sich auf viele Gesellschaften in zahlreichen Ländern ausdehnen.

Transnationale Großkonzerne und Großanleger treiben die weltweite Verflechtung der Wirtschaft (Globalisierung) voran.

Das Gesellschaftsrecht muss den Großunternehmen die Bildung von Konzernen ermöglichen, weil diese für eine effiziente und flexible Führung erforderlich sind. Gleichzeitig muss jedoch der Schutz der Minderheitsaktionäre und der Gläubiger der Konzernunternehmen gewährleistet werden. In international weit verzweigten Konzernen (multinationale Unternehmen, global player) können auch der Schutz von Arbeitnehmerinteressen, der Umweltschutz und Besteuerung in den einzelnen Staaten zu Konflikten führen. Schließlich können weltweit tätige Konzerne eine marktbeherrschende Stellung erlangen (z. B. Microsoft) und dadurch den Wettbewerb beeinträchtigen oder sogar unterbinden.

Mit der Reform des Gesellschaftsrechts sind eigene Bestimmungen für die Konzerne unter dem Titel »Leitung und Koordinierung von Gesellschaften« eingeführt worden (Art. 2497–2497). Im Gesetz gibt es aber keine Begriffsbestimmung für die Holdinggesellschaft. Trotzdem kann man als **Holdinggesellschaft** oder **Dachgesellschaft** (Muttergesellschaft – *società capogruppo, società controllante*) jene Kapital- oder Personengesellschaften bezeichnen, die auf Grund ihrer Mehrheitsbeteiligung, durch Gesellschaftervereinbarungen oder vertragliche Abmachungen über eine oder mehrere Gesellschaften rechtlich oder faktisch die **Leitung und Kontrolle** (*attività di direzione e coordinamento*) ausüben. Neben den Handelsgesellschaften können sich auch andere Rechtsträger, wie Stiftungen, öffentliche Körperschaften oder anerkannte Vereine, als Holding betätigen (Art. 2497bis).

Holding

Die Holdinggesellschaft übt ihren Einfluss auf die abhängigen Gesellschaften in der Regel über die Beteiligungen aus, die sie an diesen Gesellschaften hält. Dadurch kann sie in den Hauptversammlungen der betreffenden Gesellschaften vor allem über die Bestellung und über die etwaige Abberufung der Verwalter entscheiden. Hingegen ist eine direkte Einmischung in die Geschäftsführung, wenigstens was die Aktiengesellschaft anbelangt, nach Art. 2380bis untersagt. Weil jedoch die Holdinggesellschaft ihre Vertrauensleute in die Verwaltungsräte der abhängigen Gesellschaften entsendet, sind »vertrauliche« Anweisungen von »oben« selbstverständlich und werden natürlich auch befolgt. Andererseits werden die Verwalter der abhängigen Gesellschaften meistens auch ihre Meinungen und Forderungen bei der Konzernspitze vorbringen können. Nach Art. 2497ter müssen die von der Holdinggesellschaft **beeinflussten Entscheidungen** der abhängigen Gesellschaft ausführlich begründet werden, wobei die beeinflussenden Interessen genau anzugeben sind.

Für die Holdinggesellschaft besteht die Pflicht, ihre Leitungs- und Kontrolltätigkeit im Schriftverkehr bekannt zu geben und sich in die **besondere Sektion** des Handelsregisters eintragen zu lassen. Und auch die abhängigen Gesellschaften müssen im Schriftverkehr bekannt geben, dass sie der Leitung und Kontrolle durch die Holdinggesellschaft unterliegen, und sie sind ebenfalls in die besondere Sektion des Handelsregisters einzutragen.

Um die erforderliche Transparenz der Jahresabschlüsse zu gewährleisten, sind die Konzerne in der Regel verpflichtet, einen **konsolidierten Jahresabschluss** (Konzernbilanz – *bilancio consolidato*) zu veröffentlichen. Die Abschlüsse der einzelnen Konzerngesellschaften werden deshalb nach den erforderlichen Berichtigungen zu einem einzigen Konzernabschluss zusammengefasst. Damit ist die Vermögens-, Finanz- und Ertragslage so auszuweisen, als ob die verschiedenen Gesellschaften des Konzerns zusammen ein einziges Unternehmen bilden würden.

**Telecom Italia – ein internationaler Konzern**

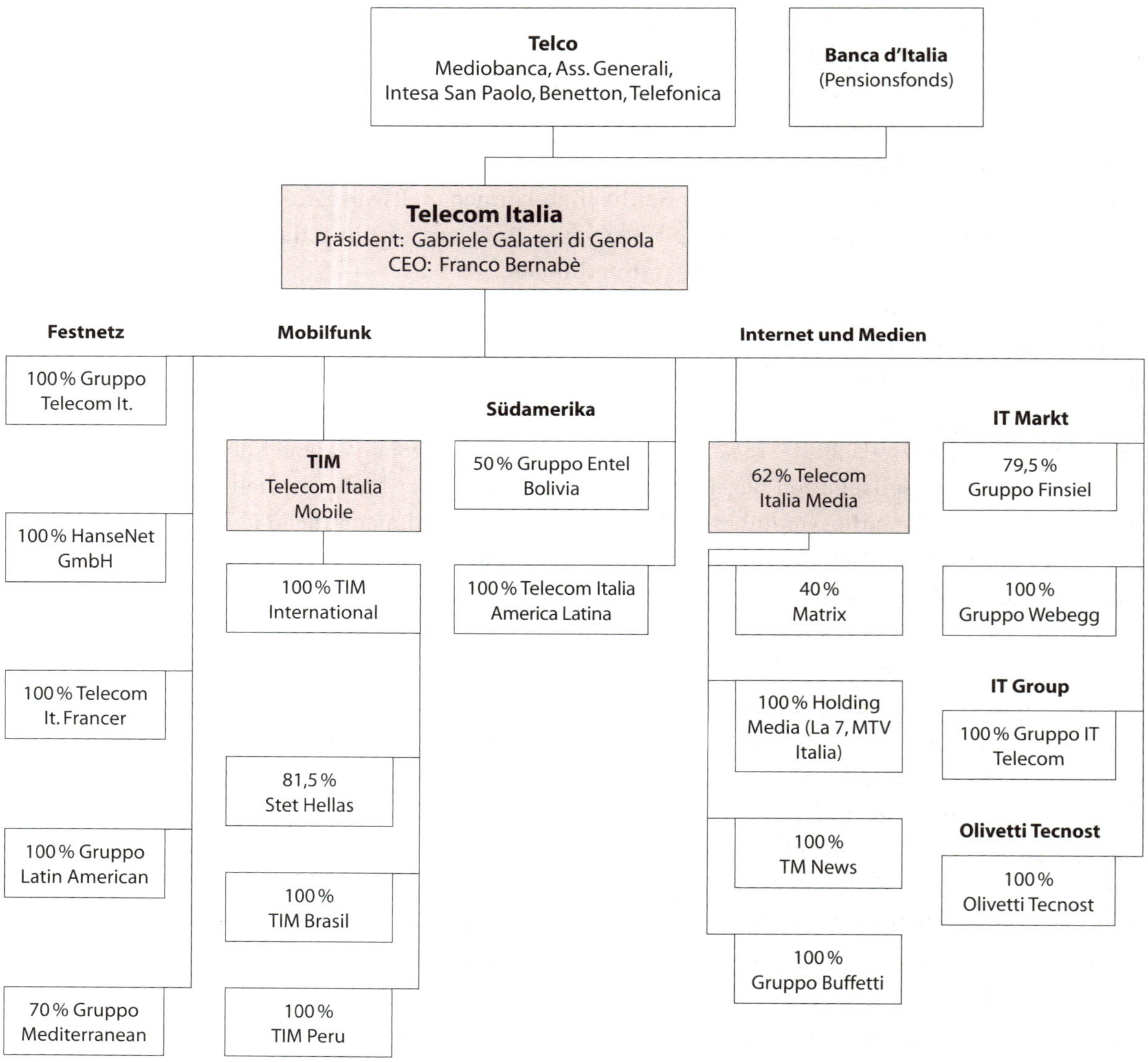

## DIE OBLIGATIONEN

Für die Fremdfinanzierung des Unternehmens haben Aktiengesellschaften die Möglichkeit, Obligationen (Schuldverschreibungen – *obbligazione*) zu begeben, die von Anlegern erworben werden. **Obligationen** (Art. 2410–2420ter) sind Wertpapiere, die Forderungsrechte verbriefen: Anspruch auf Rückzahlung des Darlehens am Ende der Laufzeit und Anspruch auf Zahlung der Zinsen. Die Rückzahlung kann auch durch schrittweise Tilgung während der Laufzeit erfolgen (Ratenanleihen), so z. B. durch Auslosungen von Gruppen nach einer tilgungsfreien Zeit. In der Regel lauten die Obligationen auf den **Inhaber** (Inhaberschuldverschreibungen) und seltener auf den Namen (Namensschuldverschreibungen).

Die von Aktiengesellschaften begebenen Obligationen können statt der Rückzahlung des Darlehens ein **Umtauschrecht in Aktien** der Gesellschaft (Art. 2420bis **Wandelobligationen** – *obbligazione convertibile*) verbriefen. Es besteht auch die Möglichkeit, zusätzlich zum Rückzahlungsanspruch ein Bezugsrecht auf Aktien der gleichen oder einer anderen Gesellschaft (Optionsanleihe – *obbligazione con diritto di opzione*) oder zusätzlich zum Zinsanspruch einen Gewinnanspruch zu verbriefen. Auch verschiedenen Formen der Indexbindung, variable Verzinsung, Null-Kupon-Obligationen (Anleihen ohne Zinszahlung während der gesamten Laufzeit des Papiers, bei denen sich die Rendite aus der Differenz zwischen dem niedrigeren Ausgabepreis und dem mit Ende Laufzeit eingelösten Nennwert ergibt), Verlosungen von Prämien usw. können vorkommen. Alle im Rahmen einer Emission begebenen Obligationen verbriefen die gleichen Rechte.

Wandelobligationen

Für die Begebung von Obligationen ist ein Beschluss der außerordentlichen Hauptversammlung mit den detaillierten Anleihebedingungen erforderlich. Wenn es im Gesellschaftsvertrag vorgesehen ist, können auch die Verwalter ermächtigt werden, die Emission von Schuldverschreibungen zu beschließen. In Italien sind die Banken die wichtigsten Emittenten von Obligationen und ein Teil dieser Schuldverschreibungen wird an der Börse gehandelt. Für börsennotierte Obligationen ist die Sammelverwahrung bei der Wertpapiersammelverwahrungsgesellschaft (*Monte titoli*) vorgeschrieben, um eine stücklose Verwahrung und Weitergabe zu ermöglichen. Wertpapierurkunden werden in diesem Fall nicht ausgestellt.

## GESELLSCHAFTSORGANE DER AG

### Einführung

Als juristische Person verfügt die Aktiengesellschaft über verschiedene Organe, wobei drei Organisationsformen zur Auswahl stehen: Die herkömmliche Form der Aktiengesellschaft mit Hauptversammlung, Verwaltungsrat und Aufsichtsrat, sowie zwei neue Organisationsformen, nämlich das dualistische System (*sistema dualistico*) und das monistische System (*sistema monistico*).

Wir wollen uns nun ausführlicher mit der herkömmlichen Form (*modello tradizionale*) der Aktiengesellschaft befassen, weil diese Bestimmungen nach Art. 2380 Abs. 3 in vielen Fällen auch für die beiden neuen Organisationsformen gelten.

**Drei Formen der AG**

| **Herkömmliche Aktiengesellschaft** *(modello tradizionale)* | **Dualistisches System** *(sistema dualistico)* | **Monistisches System** *(sistema monistico)* |
|---|---|---|
| **Überwachungsrat** | **Vorstand** | monistischer **Verwaltungsrat** aus dessen Mitte der **Kontrollausschuss** gebildet wird |
| **Verwaltungsrat** oder Alleinverwalter (Geschäftsführung) | **Aufsichtsrat** | |
| **Hauptversammlung** | **Hauptversammlung** | **Hauptversammlung** |

Die **herkömmliche Aktiengesellschaft** umfasst drei Organe:

- **Hauptversammlung** (*assemblea*)
- **Verwaltungsrat** (*consiglio di amministrazione*) oder **Alleinverwalter** (*amministratore unico*)
- **Überwachungsrat** (*collegio sindacale*)

Statt von Verwaltung und Verwaltern (*amministratori*) müsste man in diesem Zusammenhang besser von Geschäftsführung und Geschäftsführern sprechen. Ein Unternehmen erfordert in der Regel eine dynamische und gewinnorientierte Führung, während die Bezeichnungen »Verwaltung« und »Verwalter« eher im statischen öffentlichen Bereich angebracht ist.

## Die Hauptversammlung

Ordentliche Hauptversammlung

Die **Hauptversammlung** oder **Gesellschafterversammlung** ist das Organ der Aktiengesellschaft, durch das die Aktionäre ihre Rechte ausüben. Die **ordentliche Hauptversammlung** *(assemblea ordinaria)* findet mindestens einmal im Jahr statt. Ihre Zuständigkeiten sind für die herkömmliche Aktiengesellschaft und die Aktiengesellschaft in der monistischen Form durch Art. 2364 geregelt:

Die ordentliche Hauptversammlung bei Gesellschaften ohne (dualistischem) Aufsichtsrat:

1. genehmigt den Jahresabschluss,
2. bestellt die Verwalter und beruft sie ab; bestellt die Mitglieder und den Vorsitzenden des Überwachungsrates und, sofern das vorgesehen ist, den Rechnungsprüfer,
3. bestimmt die Vergütung (Tantiemen) der Verwalter und der Mitglieder des Überwachungsrates, wenn das nicht in der Satzung festgelegt ist,
4. beschließt über die etwaige Haftung der Verwalter und der Überwachungsratsmitglieder,
5. beschließt über andere Angelegenheiten, die laut Gesetz in die Zuständigkeit der Hauptversammlung fallen; ermächtigt die Verwalter bestimmte Rechtshandlungen vorzunehmen, wenn laut Satzung erforderlich,
6. genehmigt die eventuelle Geschäftsordnung für die Hauptversammlung.

Nach Art. 2433 beschließt die Hauptversammlung, die den Jahresabschluss genehmigt hat, auch über die Gewinnverteilung (*distribuzione degli utili*).

Außerordentliche Hauptversammlung

Neben der ordentlichen kann auch eine **außerordentliche Hauptversammlung** (*assemblea straordinaria*) einberufen werden. Sie beschließt nach Art. 2365 vor allem über die Änderungen der Satzung, über die Bestellung der Liquidatoren und über die sonstigen Angelegenheiten, die nach gesetzlichen Bestimmungen in die Zuständigkeit der außerordentlichen Hauptversammlung fallen.

Damit wichtige Entscheidungen schneller gefasst werden können, besteht nach Art. 2365 die Möglichkeit, einige Zuständigkeiten der Hauptversammlung dem Verwaltungsrat, dem dualistischen Aufsichtsrat oder dem Vorstand zu übertragen. Dies gilt für Verschmelzungen von Gesellschaften, Errichtung oder Auflassung von Zweigniederlassungen, die Bestimmung der mit der Vertretung der Gesellschaft beauftragten Verwalter, die Herabsetzung des Kapitals bei Austritt von Gesellschaftern, die Anpassung der Satzung an die gesetzlichen Bestimmungen und die Verlegung des Gesellschaftssitzes im Inland.

Die **ordentliche Hauptversammlung** muss vom Verwaltungsrat oder bei der dualistischen Form vom Vorstand mindestens einmal im Jahr und zwar innerhalb von 180 Tagen nach Ende des Geschäftsjahres einberufen werden. Die Einberufung (*convocazione*) der Hauptversammlung ist mit Zeit, Tag, Ort und Tagesordnung mindestens 15 Tage vorher zu veröffentlichen, nämlich im staatlichen Amtsblatt (*Gazzetta Ufficiale*) oder in der von der Satzung vorgesehen Tageszeitung. Erleichterungen gelten für nicht Kapitalmarkt-orientierte Aktiengesellschaften. Sie können die Einberufung mit eingeschriebenem Brief, Fax, e-Mail oder anderen Mitteln durchführen, die den Beweis ermöglichen, dass die Bekanntmachung mindestens acht Tage vor der Hauptversammlung empfangen worden ist.

Einberufung

Die Einberufung einer Hauptversammlung kann auch auf Antrag einer **Minderheit** von Gesellschaftern erfolgen, wenn sie wenigstens 10 % des Grundkapitals oder einen in der Satzung vorgesehene geringeren Anteil vertreten.

Eine Hauptversammlung kann auch **ohne Einberufung** ordnungsgemäß zusammentreten, wenn das gesamte Gesellschaftskapital vertreten ist sowie die Mehrheit der Verwalter und der Mitglieder des Aufsichtsrates teilnimmt (*assemblea totalitaria*). In diesem Fall kann jeder der Anwesenden die Behandlung jener Angelegenheiten ablehnen, über die er sich für unzureichend informiert hält.

An der Hauptversammlung können jene **Aktionäre teilnehmen**, denen ein **Stimmrecht** zusteht (Art. 2370). Dazu kann die Satzung vorschreiben, dass mit der Einberufung zur Hauptversammlung eine Frist für die vorhergehende Hinterlegung der Aktien festgelegt wird. Die Teilnahme an der Hauptversammlung durch Videokonferenz oder die briefliche Stimmabgabe kann von der Satzung zugelassen werden.

Die Hauptversammlung wird von einem **Vorsitzenden** geleitet, der die Beschlussfähigkeit überprüft, die Identität und Teilnahmeberechtigung der Anwesenden feststellt, den Ablauf der Versammlung bestimmt und die Ergebnisse der Abstimmungen feststellt. Darüber muss ein **Protokoll** abgefasst werden, das auch die Beschlüsse der Hauptversammlung enthält. Auf Antrag der Gesellschafter müssen deren Erklärungen, die sich auf die Tagesordnung beziehen, in zusammengefasster Form in das Protokoll aufgenommen werden. Das Protokoll der außerordentlichen Hauptversammlung muss von einem Notar abgefasst werden.

In der Hauptversammlung haben die Gesellschafter das Recht, ihre Meinung zu den verschiedenen Tagesordnungspunkten zu äußern sowie Auskünfte von den Verwaltern und den Mitgliedern des Aufsichtsrates zu verlangen. Es besteht jedoch keine Auskunftspflicht seitens der Verwalter und der Mitglieder des Aufsichtsrates. In den größeren Aktiengesellschaften gibt es meistens eine eigene Geschäftsordnung für die Hauptversammlung, die einen geregelten Ablauf der

Geschäftsordnung

Versammlung sichern soll, und es dem Vorsitzenden unter anderem ermöglicht, Berufsopponenten im Zaum zu halten und Störversuche zu unterbinden.

Für die Beschlussfähigkeit der Hauptversammlung muss das erforderliche Gesellschaftskapital vertreten sein.

Die **Beschlussfähigkeit** der ordentlichen Hauptversammlung ist in **erster Einberufung** (*prima convocazione*) gegeben, wenn wenigstens die Hälfte des Gesellschaftskapitals vertreten ist (Art. 2368). Die Beschlüsse (*delibera*) werden in der Regel mit einfacher Mehrheit, das heißt, mit der Mehrheit der abgegebenen Stimmen gefasst. Die Satzung kann jedoch auch eine qualifizierte Mehrheit vorschreiben. In diesem Fall besteht jedoch die Gefahr, dass die Hauptversammlung nicht handlungsfähig ist, weil Beschlüsse schon mit wenigen Gegenstimmen abgelehnt werden können.

Wenn an der ordentlichen Hauptversammlung in erster Einberufung ein zu geringer Anteil des Grundkapitals vertreten ist, so erfolgt eine zweite Einberufung mit der gleichen Tagesordnung. In **zweiter Einberufung** kann die Hauptversammlung wesentlich leichter Beschlüsse fassen, weil für das vertretene Grundkapital kein Mindestanteil mehr vorgeschrieben ist.

Für **börsennotierte Gesellschaften** ist mit dem Finanzmarktgesetz (EVO Nr. 58/1998 – *testo unico dell'intermediazione finanziaria*) die **Vertretung in der Hauptversammlung** wesentlich erweitert worden. So wurde die Werbung um Vertretungsvollmachten (*delega di voto*) zur Abstimmung in der Hauptversammlung geregelt. Vertretungsvollmachten können von Aktionärevereinigungen (*associazione di azionisti*) gesammelt werden, die kleinere Anleger vertreten. In der Satzung kann zudem die Briefwahl (*voto per corrispondenza*) oder die Abstimmung über Internet vorgesehen werden.

Stimmbindungs- oder Beherrschungsabkommen

Zwischen den bedeutenden Aktionären (Kernaktionären – *azionisti di controllo*) von großen Aktiengesellschaften können Vereinbarungen getroffen werden, die auf die Beherrschung dieser Gesellschaften abzielen. Die **Stimmbindungs-** oder **Beherrschungsabkommen** (*patto parasociale, convenzione di voto, sindacato di voto*) betreffen nach Art. 2341bis das gemeinsame Verhalten bei Abstimmungen in der Hauptversammlung, Beschränkungen für die Übertragung von Aktienpaketen und/oder die gemeinsame Ausübung eines beherrschenden Einflusses auf eine Gesellschaft. Diese Abkommen haben eine Höchstdauer von fünf Jahren und können bei Fälligkeit erneuert werden. In Kapitalmarkt-orientierten Gesellschaften müssen die Stimmbindungs- oder Beherrschungsabkommen der betroffenen Gesellschaft mitgeteilt und bei Beginn jeder Hauptversammlung offen gelegt werden. Für börsennotierte Gesellschaften müssen diese Abkommen der Börsenaufsichtsbehörde gemeldet, beim Handelsregister hinterlegt und auszugsweise in der Tagespresse veröffentlicht werden.

Die Hauptversammlung darf sich **nicht** in die Zuständigkeiten der **Geschäftsführung einmischen,** und die Verwalter dürfen die Hauptversammlung nicht mit Entscheidungen bezüglich der Geschäftsführung befassen.

Verwalter, deren Leistungen nicht befriedigen, können jederzeit von der Hauptversammlung abberufen und ersetzt werden. Die Hauptversammlung hat jedoch nicht die Möglichkeit, den Verwaltern eine bestimmte Unternehmensstrategie aufzuzwingen: In einem Unternehmen, das Motorräder produziert, kann z. B. die Hauptversammlung nicht bestimmen, dass nur rote Motorräder hergestellt werden, statt den Kunden eine breite Farbpalette zur Auswahl anzubieten. Auch kann z. B. ein Minderheitsaktionär in der Hauptversammlung nicht die Auflösung eines für die Gesellschaft als nachteilig erachteten Liefervertrages beantragen. Der

Beschlussantrag würde nicht zur Abstimmung zugelassen, weil er nicht in den Zuständigkeitsbereich der Hauptversammlung fällt. In der Satzung kann man jedoch festlegen, dass die Verwalter bestimmte Entscheidungen der Hauptversammlung zur Genehmigung vorlegen müssen (Art. 2364 Abs. 1). Die Genehmigung der Hauptversammlung entbindet die Verwalter jedoch nicht ihrer Verantwortung für die getroffenen Entscheidungen.

Die Beschlüsse der Hauptversammlung sind **für alle Gesellschafter bindend**, auch für jene, die bei der Versammlung nicht anwesend waren oder die bei der Abstimmung nicht für die Beschlussvorlage gestimmt haben. Eine Ausnahme bilden jedoch die ungültigen oder nichtigen Beschlüsse. Was die Ungültigkeit von Hauptversammlungsbeschlüssen anbelangt, unterscheidet man **anfechtbare Beschlüsse** (*delibera annullabile*) und **nichtige Beschlüsse** (*delibera nulla*).

Nach Art. 2377 Abs. 1 gelten Beschlüsse als **anfechtbar**, wenn sie Gesetze verletzen oder gegen die Satzung verstoßen. Um die Geschäftstätigkeit einer Gesellschaft nicht zu lähmen, dürfen als ungültig erachtete Hauptversammlungsbeschlüsse nur von jenen Gesellschaftern bei Gericht angefochten werden, die an der Versammlung nicht teilgenommen haben oder die gegen den Beschluss gestimmt bzw. sich der Stimme enthalten haben. Die betreffenden Gesellschafter müssen mindestens fünf Prozent des Grundkapitals vertreten oder bei Kapitalmarkt-orientierten Gesellschaften mindestens ein Tausendstel des Aktienkapitals halten. Die Anfechtung kann auch durch den Verwaltungsrat oder den Überwachungsrat erfolgen und sie muss innerhalb der kurzen Frist von 90 Tagen bei Gericht eingebracht werden. Außerdem besteht die Möglichkeit, einen angefochtenen Beschluss durch einen erneut von der Hauptversammlung gefassten gültigen Beschluss zu ersetzen.

Beschlüsse der Hauptversammlung können nur innerhalb von 90 Tagen bei Gericht angefochten werden.

Unter den zahlreichen Beschlüssen von Hauptversammlungen, die angefochten und von den Gerichten als ungültig erklärt wurden, können als Beispiele erwähnt werden:

- Ungültig ist die Abstimmung über einen Vorschlag, der nicht in der Tagesordnung aufscheint (Kassationsgerichtshof Nr. 989/1977).
- Die Gesellschafter, die ein Drittel des Gesellschaftskapitals vertreten, beantragen die Vertagung einer Abstimmung mit der Begründung, dass sie über den betreffenden Tagesordnungspunkt unzureichend informiert seien. Der Beschluss, der trotz dieses Einwandes gefasst wurde, ist vom Gericht als ungültig erklärt worden.
- Ein in geheimer Abstimmung gefasster Beschluss der Hauptversammlung ist ungültig.
- Als ungültig wurde ein Hauptversammlungsbeschluss erachtet, weil er nicht mit der in der Satzung festgelegten erweiterten Mehrheit, sondern nur mit der vom Zivilgesetzbuch vorgeschriebenen Mehrheit gefasst wurde.

Nichtige Beschlüsse

Die Beschlüsse der Hauptversammlung sind hingegen **nichtig**, wenn die Hauptversammlung nicht einberufen wurde, wenn das Protokoll fehlt und wenn der Gegenstand des Beschlusses unmöglich oder unerlaubt ist (Art. 2379). In diesen Fällen kann der betreffende Beschluss von jedem angefochten werden, der ein Interesse daran hat.

Interessenkonflikt

Abschließend sei noch der **Interessenkonflikt** (Interessenwiderstreit – *conflitto d'interesse*) erwähnt, der zwischen der Gesellschaft und bestimmten Gesellschaftern bestehen kann. So könnte z. B. ein Aktionär, der an einer Revisionsgesellschaft beteiligt ist, bestrebt sein, dass diese Gesellschaft trotz einer überhöhten Entgeltforderung den Auftrag erhält. Die Aktiengesellschaft wird hingegen bestrebt sein, nur den marktgängigen Preis zu bezahlen.

Kommt ein Beschluss mit der entscheidenden Stimme der Gesellschafter zustande, die sich in einem Interessenkonflikt mit der Aktiengesellschaft befinden, so kann der Beschluss angefochten werden (Art. 2373). Eine Anfechtung ist aber nur möglich, wenn der Aktiengesellschaft durch den Beschluss ein Schaden entstehen könnte.

## Die Verwalter

Die **Geschäftsführung** (Verwaltung – *amministrazione*) steht ausschließlich den Verwaltern (Geschäftsführer – *amministratore*) zu, und sie tätigen die erforderlichen Geschäfte, um den Gesellschaftszweck zu erreichen. Bei der herkömmlichen Form und bei der monistischen Form der Aktiengesellschaft werden die Verwalter von der Hauptversammlung bestellt. Bei der dualistischen Organisationsform bestellt hingegen der Aufsichtsrat die mit der Geschäftsführung betrauten Vorstandsmitglieder.

Alleinverwalter
Verwaltungsrat

In der herkömmlichen Aktiengesellschaft übt entweder eine einzige Person als **Alleinverwalter** (*amministratore unico*) die Geschäftsführung aus oder es werden mehrere Verwalter ernannt, die zusammen den **Verwaltungsrat** (*consiglio di amministrazione*) bilden. Die Anzahl der Verwalter ist in Statut festgelegt, und es ist typisch für die Aktiengesellschaft, dass auch Personen (Manager) als Verwalter bestellt werden können, die nicht Aktionäre der Gesellschaft sind. In der Satzung kann festgelegt werden, dass für die zu bestellenden Verwalter besondere Voraussetzungen gelten, was Zuverlässigkeit, fachliche Eignung und Unabhängigkeit anbelangt (Art. 2387).

Die Bestellung der Verwalter durch die Hauptversammlung erfolgt für einen Zeitraum von höchstens drei Geschäftsjahren. Eine Wiederwahl ist grundsätzlich möglich. In einigen Ausnahmefällen sehen die Satzungen für die Wahl des Verwaltungsrates besondere Wahlsysteme vor, die es auch der Minderheit der Aktionäre ermöglichen, eigene Vertreter in den Verwaltungsrat zu entsenden. Die Hauptversammlung kann bestellte Verwalter jederzeit wieder **abberufen**. Wenn jedoch kein wichtiger Grund für die Abberufung vorliegt, kann der abberufene Verwalter Schadenersatz verlangen.

Werden in einer Aktiengesellschaft mehrere Verwalter bestellt, so bilden sie den **Verwaltungsrat**, der von einem **Vorsitzenden** (*presidente del consiglio d'amministrazione*) geleitet wird (Art. 2381). Der Verwaltungsrat ist beschlussfähig, wenn die Mehrheit seiner Mitglieder anwesend ist. Er entscheidet mit absoluter Mehrheit der abgegebenen Stimmen, und der Vorsitzende hat bei der Abstimmung keine Sonderstellung. Zu den Aufgabenbereichen des Verwaltungsrates zählen die Beurteilung, ob Organisation, Verwaltung und Buchführung der Gesellschaft angemessen sind, und die Überprüfung der strategischen Planung sowie der Produktions- und Finanzplanung der Gesellschaft. Beschlüsse des Verwaltungsrates, die gegen das Gesetz oder die Satzung verstoßen, können innerhalb von 90 Tagen nur vom Überwachungsrat oder von jenen Verwaltern angefochten werden, die bei Abstimmung abwesend waren oder dagegen gestimmt haben. Auch die Aktionäre können Beschlüsse des Verwaltungsrates anfechten, wenn sie ihre Rechte verletzen.

In den größeren Gesellschaften wird meistens eine Aufgabenteilung zwischen den Mitgliedern des Verwaltungsrates vorgenommen. Mit der laufenden Geschäftsführung ist in der Regel nur ein Teil der Mitglieder des Verwaltungsrates beauftragt. Sie bilden meistens den aus wenigen Verwaltern bestehenden **Vollzugsausschuss** (*comitato esecutivo*). Für die laufende Geschäftsführung können auch ein oder mehrere **beauftragte Verwalter** (*amministratore delegato*) eingesetzt werden. Die beauftragten Verwalter sind in der Regel dauernd im Unternehmen tätig, während der Verwaltungsrat meistens nur einmal im Monat oder in noch längeren Zeitabständen zusammentritt.

Vollzugsausschuss

Beauftragter Verwalter

Für die beauftragten Verwalter besteht die Pflicht, in regelmäßigen Abständen (mindestens alle 180 Tage) dem Verwaltungsrat und dem Überwachungsrat über den Geschäftsgang und über die künftige Entwicklung zu berichten.

Es muss jedoch unterstrichen werden, dass die Verwaltungsräte eine Reihe von Befugnissen **gemeinsam** ausüben müssen, weil sie nicht an den Vollzugsausschuss oder an beauftragte Verwalter delegiert werden können. Dazu zählen die Erstellung des Jahresabschlusses, die Maßnahmen, wenn das Kapital unter den gesetzlichen Mindestbetrag gesunken ist, die Begebung von Obligationen sowie die Genehmigung von Projekten zur Verschmelzung oder Spaltung von Gesellschaften.

Generaldirektion

Die **Generaldirektoren** (*direttore generale*) sind Bedienstete der Gesellschaft, die mit Geschäftsführungsaufgaben betraut sind. Wenn sie von der Hauptversammlung bestellt werden, unterliegen sie für den ihnen anvertrauten Aufgabenbereich der gleichen Haftung wie die Verwalter (Art. 2396).

Rechte und Pflichten der Verwalter

Die **Rechte und Pflichten der Verwalter** werden hauptsächlich durch das Zivilgesetzbuch und durch die Satzung geregelt. Die Verwalter sind zur **Geschäftsführung** (*potere di gestione*) berechtigt und verpflichtet. Außerdem sind eigens dazu bestimmte Verwalter – es handelt sich in der Regel um den Vorsitzenden des Verwaltungsrates – beauftragt, die Gesellschaft **nach außen zu vertreten** (*potere di rappresentanza*). Diese Verwalter haben eine allgemeine Vertretungsvollmacht (Art. 2384) und können meistens alle jene Rechtshandlungen vornehmen, die dem Gesellschaftszweck entsprechen, wobei die Beschränkungen zu beachten sind, die sich aus dem Gesetz und der Satzung ergeben.

Die **Bezüge** (Tantiemen) und eventuelle **Gewinnbeteiligungen** der Verwalter (*compenso dell'amministratore*) sowie der Anspruch auf Zuteilung von Gratisaktien *(stock option)* werden im Zuge der Bestellung oder von der Hauptversammlung festgelegt.

Für die Verwalter gilt ein umfassendes **Wettbewerbsverbot** (Art. 2390 *divieto di concorrenza*). Bei einem **Interessenkonflikt** mit der Gesellschaft besteht die Pflicht, die anderen Verwalter und den Überwachungsrat davon zu verständigen (Art. 2391). Der in einer Interessenkollision befindliche Verwalter darf bei den betreffenden Beschlussfassungen nicht mitwirken, wenn seine Stimme Ausschlag gebend für die Genehmigung ist. Außerdem sind in solchen Fällen die Beschlüsse des Verwaltungsrates entsprechend zu begründen.

## Die Haftung der Verwalter

Die ihnen vom Gesetz und von der Satzung auferlegten Pflichten müssen die Verwalter mit jener **Sorgfalt** erfüllen, wie sie die Art des Auftrages und die ihnen zugewiesenen Aufgabenbereiche erfordern (Art. 2392). Deshalb müssen die Verwalter über die nötige Sachkenntnis verfügen und überlegt handeln, ohne dass sie deshalb unbedingt Fachleute für das Rechnungswesen oder Finanzspezialisten sein müssen. Die Verwalter haften gegenüber der Gesellschaft als **Gesamt-**

Haftung als Gesamtschuldner

**schuldner** (*solidalmente responsabili*) für die Schäden, die durch die Verletzung ihrer Sorgfaltspflicht entstehen. Wenn sich der Schaden nur auf den Aufgabenbereich bezieht, der dem Vollzugsausschuss oder den beauftragten Verwaltern zugewiesen wurde, sind die übrigen Verwalter von der Haftung befreit. Die Verwalter haften außerdem gegenüber den **Gesellschaftsgläubigern** (Art. 2394) für die Erhaltung des Gesellschaftsvermögens. Diese Bestimmungen dienen vor allem dem Schutz der Aktionäre, Anleger, Lieferanten, Kreditgeber und Kunden der Gesellschaft.

Die **Haftung** für nachteilige Handlungen und Unterlassungen der Verwalter erstreckt sich nicht auf jene Verwalter, die keine Schuld trifft. Sie müssen aber ihre Ablehnung umgehend im Protokollbuch anmerken lassen und sofort schriftlich den Vorsitzenden des Überwachungsrates verständigen. Das könnte z. B. der Fall sein, wenn der für die Produktion zuständige Verwalter hochwertige Maschinen zu Schleuderpreisen verkauft oder wenn bei Spekulationsgeschäften, die vorgegebenen Limits überschritten werden und hohe Verluste drohen.

Durch diese Haftungsbestimmungen darf jedoch nicht der Handlungsspielraum der Verwalter zu stark eingeengt werden. Die Führung eines Unternehmens erfordert nämlich oft riskante Entscheidungen und innovative Lösungen. Wenn jedoch ständig Haftungsklagen drohen, würden die Verwalter solche Entscheidungen wohl eher meiden. Es ist kaum vorstellbar, dass ein Gericht aufgrund einer Klage die laufenden Geschäfte einer Gesellschaft überprüft, weil z. B. die geplanten Verkaufszahlen wegen unzureichender Werbung nicht erreicht wurden. Schon eher wäre eine Haftungsklage gegen jene Verwalter möglich, die z. B. größere Summen zum Kauf von Losen des *»Enalotto«* verwendet haben oder weil äußerst riskante Devisen- und Wertpapiergeschäfte zu riesigen Verlusten geführt haben.

Keine Haftung für Schulden

Es muss unterstrichen werden, dass ein wesentlicher Unterschied zwischen der Haftung der Verwalter einer AG und der Haftung der unbeschränkt haftenden Gesellschafter einer Personengesellschaft (OHG, KG) besteht. Die **Verwalter einer Aktiengesellschaft** haften nämlich **nicht für die Schulden** der Gesellschaft, wie das hingegen bei den unbeschränkt haftenden Gesellschaftern einer Personengesellschaft der Fall ist. Auch bei einem Konkursverfahren wird nicht auf das Vermögen der Verwalter zurückgegriffen.

**Schadenersatz** kann von den Verwaltern nur verlangt werden, wenn sie ihre besonderen Pflichten **fahrlässig** oder **vorsätzlich verletzt** haben. Sie könnten z. B. für den Schaden haftbar gemacht werden, den die Gesellschaft wegen unzureichender Maßnahmen für die Arbeitssicherheit oder wegen der nicht ordnungsmäßig geführten Buchhaltung erlitten hat. Damit die Gesellschaft eine **Haftungsklage** (*azione di responsabilità*) gegen ihre Verwalter einbringen kann, muss ein entsprechender Beschluss der Hauptversammlung gefasst werden (Art 2393). Dazu ist die Zustimmung von mindestens einem Fünftel des Grundkapitals erforderlich. Wird eine Haftungsklage beschlossen, so muss der betroffene Verwalter sofort zurücktreten, und an seiner Stelle wird ein anderer Verwalter bestellt. Die Mehrheitsaktionäre werden einer Haftungsklage aber nur in Ausnahmefällen zustimmen, weil ja sie vor allem die Bestellung der Verwalter zu verantworten haben, gegen die gerichtlich vorgegangen werden soll.

Haftungsklage

Neben der Gesellschaft als juristische Person kann auch eine **Minderheit** von Aktionären eine Haftungsklage gegen die Verwalter einbringen. Dazu braucht es die Unterstützung von so vielen Aktionären, die mindestens ein Fünftel des Grundkapitals vertreten. Bei Kapitalmarkt-orientierten Gesellschaften genügt die Zustimmung von mindestens einem Zwanzigstel des Grundkapitals.

## Der Überwachungsrat

Die Aktiengesellschaften unterliegen zum Schutz der Gesellschafter, der Anleger und Kreditgeber sowie im Interesse der Allgemeinheit verschiedenen Kontrollen. In der herkömmlichen Aktiengesellschaft werden die Kontrollen von einem eigenen Organ, dem **Überwachungsrat** (*collegio sindacale*) ausgeübt. Auch die Aktionäre, die einen gewissen Mindestanteil am Gesellschaftskapital vertreten, können in beschränktem Maße Kontrollrechte wahrnehmen. Neben diesen **internen Kontrollen** unterliegen größere Aktiengesellschaften auch externen Kontrollen durch einen Rechnungsprüfer oder durch eine Revisionsgesellschaft (*società di revisione*). Dazu kommen die Kontrollen durch die Börsenaufsichtsbehörde (*Consob*), wenn es sich um börsennotierte Unternehmen handelt. Zusätzliche Kontrollen sind für Unternehmen vorgesehen, die in besonderen Wirtschaftsbereichen tätig sind, wie Banken, Wertpapiervermittlungsgesellschaften (*Sim*) und Versicherungsgesellschaften. So unterliegen zum Beispiel die Banken den umfassenden Prüfungen durch die Banca d'Italia und für die Kontrolle der Versicherungsgesellschaft ist die Versicherungsaufsichtsbehörde (*Isvap*) zuständig.

Der **Überwachungsrat** (Art. 2397–2409) muss die Einhaltung der Gesetze und der Satzung überwachen. Außerdem kontrolliert der Überwachungsrat, dass die Grundsätze der ordnungsgemäßen Verwaltung beachtet werden, und er bewertet, ob Organisation, Verwaltung und Rechnungswesen den Erfordernissen der Gesellschaft entsprechen und überwacht deren tatsächliches Funktionieren. In Ausnahmefällen und zeitlich begrenzt kann der Überwachungsrat an Stelle der Verwalter die Geschäfts-

### Kontrollen in der herkömmlichen Aktiengesellschaft

| **Aufgaben des Überwachungsrates** in der herkömmlichen AG | Austausch von Informationen | **Aufgaben der Revisionsgesellschaft oder des Rechnungsprüfers** |
|---|---|---|
| Einhaltung der **Gesetze** und der **Satzung** überprüfen | ⟵ ⟶ | **Buchführung** mindestens alle drei Monate überprüfen |
| **ordnungsgemäße Verwaltung** überwachen | | Überprüfen ob der **Jahresabschluss** den Ergebnissen der Buchführung entspricht und ob Vorschriften befolgt wurden |
| **Organisation, Verwaltung und Rechnungswesen** bewerten | | **Prüfungsbericht** mit Urteil über den Jahresabschluss abfassen |
| **Prüfung des Jahresabschlusses** in Gesellschaften, die nicht Kapitalmarktorientiert sind und wenn von der Satzung vorgesehen | | Rechnungsprüfer können von den Verwaltern Unterlagen und Informationen verlangen sowie Inspektionen durchführen |
| Aufsichtsratsitzungen müssen mindestens alle **90 Tage** stattfinden | | Bei mangelhafter Erfüllung ihrer Pflicht, haften die Rechnungsprüfer für entstandene Schäden |
| Aufsichtsratmitglieder müssen teilnehmen an: • **Hauptversammlung,** • **Verwaltungsratssitzungen** • Sitzungen des Vollzugsausschusses | | Der Prüfungsauftrag wird für drei Geschäftsjahre erteilt und kann nur aus einem wichtigen Grund widerrufen werden |
| **Kontrollen** auch mit eigenen Hilfskräften | | |
| Aufsichträte **ersetzen Verwalter** in Fällen von Unterlassungen oder wenn Pflichten nicht wahrgenommen werden | | |

führung übernehmen. Hingegen ist der Überwachungsrat in der Regel nicht für die Überprüfung der Buchführung und des Jahresabschlusses zuständig. Mit dieser Aufgabe ist ein externer **Rechnungsprüfer** (*revisore contabile*) oder eine **Revisionsgesellschaft** (Prüfungsgesellschaft – *società di revisione*) zu beauftragen. Nur für nicht Kapitalmarkt-orientierte Gesellschaften kann die Satzung vorsehen, dass der Überwachungsrat auch mit der Überprüfung der Buchführung und des Jahresabschlusses betraut wird. In diesem Fall müssen aber alle Mitglieder des Überwachungsrates in das Verzeichnis der Rechnungsprüfer eingetragen sein (Art. 2409bis).

Rechnungsprüfer
Revisionsgesellschaft

Der Überwachungsrat umfasst drei oder fünf **wirkliche Mitglieder** (*membro effettivo*), und zudem müssen **zwei Ersatzmitglieder** (*sindaco supplente*) ernannt werden. Mindestens ein wirkliches Mitglied und ein Ersatzmitglied müssen in das Register der Rechnungsprüfer eingetragen sein. Die übrigen Mitglieder sind unter bestimmten Freiberuflern wie Steuerberater, Arbeitsrechtsberater und Rechtsanwälte auszuwählen. Als nicht wählbar gelten unter anderem Personen, die mit den Verwaltern verwandt oder verschwägert sind. Außerdem ist nicht wählbar, wer zur Gesellschaft oder zu einer abhängigen Gesellschaft in einem Arbeitsverhältnis steht oder wer für diese Unternehmen als Berater oder als sonstiger Freiberufler dauerhaft tätig ist.

Die Mitglieder des Überwachungsrates werden mit dem Gründungsakt und in der Folge von der Hauptversammlung bestellt. Sie bleiben für drei Geschäftsjahre im Amt und sie können nur aus einem wichtigen Grund abberufen werden. Als **Kontrollorgan** müssen die Mitglieder des Überwachungsrates an der **Hauptversammlung** sowie an den Sitzungen des **Verwaltungsrates** und des Vollzugsausschusses teilnehmen. Nach Art. 2403bis können die Mitglieder des Überwachungsrates jederzeit, und zwar auch einzeln, Kontrollen durchführen. Außerdem können sie von den Verwaltern Auskünfte über den Geschäftsgang verlangen. Bei den Kontrollen können die Mitglieder des Überwachungsrates auf eigene Verantwortung und auf eigene Kosten auch ihre Mitarbeiter einsetzen.

Sorgfalts- und
Schweigepflicht

Die Mitglieder des Überwachungsrates müssen ihre Aufgaben mit beruflichem Einsatz und Sorgfalt erfüllen. Sie haften für die Richtigkeit ihrer Bestätigungen und für sie gilt Schweigepflicht. Außerdem haften sie gesamtschuldnerisch zusammen mit den Verwaltern, wenn deren Handlungen oder Unterlassungen einen Schaden bewirken, der bei pflichtgemäßer Ausübung der Aufsicht nicht eingetreten wäre.

Dazu einige Beispiele von schwer wiegenden Unregelmäßigkeiten (*grave irregolarità*) bei der Führung der Geschäfte:

- Der Alleinverwalter erhöht eigenmächtig seine Bezüge ohne den erforderlichen Beschluss der Hauptversammlung.
- Die Verwalter unterlassen mehrere Jahre hintereinander die Veröffentlichung der Jahresabschlüsse. In diesem Fall wurden die Verwalter durch das Gericht abberufen und es wurde ein Zwangsverwalter eingesetzt.
- Vertragsabschlüsse bei bestehenden Interessenkollisionen, Geschäftstätigkeiten, die nicht dem Gesellschaftszweck entsprechen, Aufnahme von Finanzierungen ohne die erforderlichen Beschlüsse des Verwaltungsrates usw.

Die Aufdeckung zahlreicher **Korruptionsverbrechen** (*»tangentopoli«*) in der ersten Hälfte der 90er Jahre hat deutlich gezeigt, dass die Kontrollen durch die Überwachungsräte vielfach unzureichend waren. Auch die Riesenbetrügereien bei *Cirio* und *Parmalat* sind kein Ruhmesblatt für die beteiligten Überwachungsräte. Der wesentliche Grund für die manchmal mangelhaften Kontrollen liegt vor allem in der Bestellungsweise der Mitglieder des Überwachungsrates. Wie bereits erläutert, ist hierfür die Hauptversammlung zuständig. Und dort üben in der Regel die Mehrheitsaktionäre einen entscheidenden Einfluss bei der Bestellung der Überwachungsmitglieder und der Verwalter aus. Die Kontrolleure (Überwachungsrat) und die zu Überwachenden (Verwalter) werden also von der gleichen Mehrheit gewählt. Der Überwachungsrat ist deshalb in der Regel mit Vertrauensleuten der maßgebenden Aktionäre besetzt. Aus diesem Grund erfolgt die Kontrolle nicht immer sehr gründlich.

Im Gegensatz zu den Personengesellschaften, wo die nicht an der Verwaltung beteiligten Gesellschafter in die Geschäftsbücher Einsicht nehmen und Auskünfte über den Geschäftsgang verlangen können, stehen in den Aktiengesellschaften den einzelnen Aktionären diese Kontrollmöglichkeiten und Auskunftsrechte nicht zu. Diese Regelung ist besonders zum Schutz der Betriebsgeheimnisse erforderlich. Sonst könnte zum Beispiel ein Konkurrent schon mit dem Erwerb einiger Aktien in den Besitz vertraulicher Informationen gelangen. Mit der Satzung kann jedoch gewährleistet werden, dass die Minderheit in der Hauptversammlung einen Teil der Mitglieder des Überwachungsrates bestellen kann, um so die Unabhängigkeit dieses Kontrollorgans zu stärken.

## Kontrollmöglichkeiten der Aktionäre

Die interne Kontrolle steht in einer Aktiengesellschaft nicht ausschließlich dem Überwachungsrat zu. Auch die **Aktionäre** (*l'azionista*) können einzeln oder als Gruppe einige, eher bescheidene Kontrollrechte wahrnehmen. Unabhängig von der Anzahl der Aktien, die sich in seinem Besitz befinden, hat jeder **einzelne Aktionär** unter anderem das Recht auf Einsicht in das Gesellschafterbuch (*libro dei soci*) und in das Protokollbuch der Hauptversammlung (*libro delle adunanze e delle deliberazioni delle assemblee*). Außerdem kann jeder Aktionär dem Überwachungsrat beanstandungswürdige Sachverhalte anzeigen, und diese Anzeige ist im Bericht des Überwachungsrates an die Hauptversammlung zu berücksichtigen.

Für die Ausübung einiger Kontrollrechte, die auch von einer Gruppe von Aktionären wahrgenommen werden kann, ist ein bestimmter **Mindestanteil** am Gesellschaftskapital erforderlich. Dies für folgende Maßnahmen:

Mindestanteile am Grundkapital für die Ausübung der Kontrollrechte durch die Aktionäre

- **Einberufung der Hauptversammlung** (mindestens 10 % vom Grundkapital),
- **Anzeige** von beanstandungswürdigen Sachverhalten **an den Überwachungsrat** (mindestens 5 % vom Grundkapital bzw. 2 % bei Kapitalmarkt-orientierten Gesellschaften). Die sich ergebenden Schlussfolgerungen und etwaige Vorschläge müssen vom Überwachungsrat bei der nächsten Hauptversammlung vorgebracht werden,
- **Anzeige** an das **Landesgericht,** wenn die **Verwalter** schwerwiegender **Unregelmäßigkeiten** verdächtigt werden (mindestens 10 % vom Grundkapital, 5 % bei Kapitalmarkt-orientierten Gesellschaften).

Die Anzeige an das Landesgericht nach Art. 2409 kommt vor allem bei kleinen und mittleren Gesellschaften in Frage. Denn bei großen Aktiengesellschaften können die Aktionäre, die mindestens 5 % vom Gesellschaftskapital vertreten, oft einen beachtlichen Einfluss auf die Geschäftsführung nehmen. Sie werden deshalb nur in Ausnahmefällen eine Anzeige wegen schwerwiegender Unregelmäßigkeiten gegen die Verwalter einbringen. Nach Art. 2409 kann das Gericht verschiedene Maßnahmen ergreifen, die sogar bis zur Abberufung der Verwalter und der Mitglieder des Überwachungsrates mit gleichzeitiger Einsetzung eines Zwangsverwalters (*amministratore giudiziario*) reichen.

### Die Rechnungsprüfung

Bei einer Aktiengesellschaft wird die **Rechnungsprüfung** (*controllo contabile*) von einem **Rechnungsprüfer** (Wirtschaftsprüfer – *revisore contabile*) oder von einer **Prüfungsgesellschaft** (Revisionsgesellschaft – *società di revisione*) durchgeführt (Art. 2409bis). Bei den Kapitalmarkt-orientierten Gesellschaften unterliegt die Prüfungsgesellschaft (Revisionsgesellschaft, Wirtschaftsprüfungsgesellschaft) der Regelung für die börsennotierten Gesellschaften und der Aufsicht durch die Börsenaufsichtsbehörde (*Consob*). In der Satzung nicht Kapitalmarkt-orientierten Aktiengesellschaften kann festgelegt werden, dass die Rechnungsprüfung durch den Überwachungsrat erfolgt.

Im Rahmen der Rechnungsprüfung sind folgende Aufgaben zu erfüllen:

- während des Geschäftsjahres muss mindestens alle drei Monate überprüft werden, ob die Führung der **Buchhaltung** ordnungsgemäß erfolgt und ob die Geschäftstätigkeit in den Büchern richtig erfasst wird,
- es muss überprüft werden, ob der **Jahresabschluss** den Ergebnissen der Buchführung entspricht und ob die für den Jahresabschluss geltenden Vorschriften befolgt wurden,
- es ist ein **Prüfungsbericht** abzufassen, wobei ein Urteil über die Richtigkeit des Jahresabschlusses abgegeben wird.

Die Rechnungsprüfer können von den Verwaltern Unterlagen anfordern und dienliche Informationen verlangen. Sie sind zudem ermächtigt, Inspektionen durchzuführen.

Der Auftrag zur Rechnungsprüfung wird von der Hauptversammlung nach Anhörung des Überwachungsrates für die Dauer von drei Geschäftsjahren erteilt und er kann nur aus einem wichtigen Grund widerrufen werden. Die mit der Rechnungsprüfung beauftragten Personen haften für die Schäden, die der Gesellschaft, den Gesellschaftern und Dritten aus der mangelnden Erfüllung ihrer Pflichten erwachsen (Art. 2409sexies). Überwachungsrat und Rechnungsprüfer (oder Prüfungsgesellschaft) tauschen die für die Erfüllung der jeweiligen Aufgaben wesentlichen Informationen aus.

Weltweit teilen sich die vier großen US-Revisionsgesellschaften (*the big four*) besonders das Revisionsgeschäft für wichtige Konzerne. Es handelt sich um Deloitte Touche Thomatsu, Ernst & Young, Kpmg und PricewaterhouseCoopers. Die Beschäftigtenzahl dieser Revisions-Riesen liegt zwischen 100.000 und 120.000, und sie sind auch sehr stark in der Unternehmensberatung tätig.

## DIE DUALISTISCHE FORM DER AKTIENGESELLSCHAFT

Neben der herkömmlichen Form der Aktiengesellschaft (*sistema tradizionale*) ermöglicht das neue Gesellschaftsrecht auch die dualistische Gesellschaftsform (dualistisches System – *sistema dualistico*). Als Vorbild dienten dazu unter anderem das deutsche und österreichische Aktienrecht sowie die Satzung für die Europäische Gesellschaft.

Bei der dualistischen Form der Aktiengesellschaft kommt dem von der Hauptversammlung bestellten **Aufsichtsrat** (*consiglio di sorveglianza*) eine große Bedeutung zu. Er hat nämlich wichtige Zuständigkeiten, die in der herkömmlichen Form der Aktiengesellschaft auf die Hauptversammlung oder den Überwachungsrat entfallen. Vor allem bei den großen Aktiengesellschaften, deren Aktien sich vorwiegend im Streubesitz befinden, könnte die dualistische Form einigen Anklang finden. Die Kleinaktionäre verfügen nämlich meistens nicht über die nötigen Fachkenntnisse und sie sind in der Regel auch nicht besonders an Entscheidungen der Geschäftsführung interessiert. Für sie sind vor allem eine gute Kursentwicklung und eine angemessene Dividende von Bedeutung. Ähnliches gilt auch für die Großanleger wie Investmentfonds und Pensionsfonds, die meistens nur einen geringen Einfluss auf die Geschäftsführung ausüben, besonders wenn die Ergebnisse befriedigend ausfallen. Gerade in der dualistischen Form der Aktiengesellschaft besteht eine starke Trennung zwischen den Befugnissen der Anteileigner und jenen der Geschäftsführung.

Starke Trennung zwischen Anteileignern und Geschäftsführung

Im Zivilgesetzbuch gibt es für die dualistische Form eine Reihe von eigenen Bestimmungen, die vor allem die Organe der AG – Hauptversammlung, Aufsichtsrat und Vorstand – betreffen. Sonst wird auf die Vorschriften für die herkömmliche Aktiengesellschaft verwiesen.

Was die Aufgaben der **ordentlichen Hauptversammlung** (*assemblea ordinaria*) anbelangt, so gelten für die dualistische Form der Aktiengesellschaft die Bestimmungen nach Art. 2364bis. Im Vergleich zur Hauptversammlung in der herkömmlichen Gesellschaft verfügt die Hauptversammlung in der dualistisch organisierten Gesellschaft über geringere Zuständigkeiten, weil einige Befugnisse dem Aufsichtsrat übertragen wurden. So bestellt der Aufsichtsrat den mit der Geschäftsführung betrauten Vorstand und genehmigt den Jahresabschluss.

Die ordentliche Hauptversammlung in der dualistischen Form der Aktiengesellschaft

- bestellt die **Mitglieder** des **Aufsichtsrates** und entscheidet über deren etwaige Abberufung,
- legt das Entgelt der Aufsichtsratsmitglieder fest,
- beschließt über etwaige Haftungsklagen gegen Aufsichtsratsmitglieder,
- beschließt über die **Gewinnverteilung,**
- bestellt den **Rechnungsprüfer** oder die Rechnungsprüfungsgesellschaft.

Der **Aufsichtsrat** (*consiglio di sorveglianza*) besteht aus mindestens drei Mitgliedern, und die Satzung kann auch eine bedeutend höhere Zahl festlegen (Art. 2409duodecies). Die Aufsichtsratsmitglieder werden von der Hauptversammlung bestellt, die auch den Vorsitzenden des Aufsichtsrates bestimmt. Die bestellten Aufsichtsratsmitglieder bleiben für drei Geschäftsjahre im Amt und sie können wieder gewählt werden. Mindestens ein Aufsichtsratsmitglied muss Rechnungsprüfer sein. Nach der Satzung können für die Aufsichtsratsmitglieder besondere Anforderungen bezüglich Zuverlässigkeit, berufliche Eignung und Unabhängigkeit gelten.

Befugnisse

Der **Aufsichtsrat** hat sehr **große Befugnisse**; er

- bestellt die Mitglieder des Vorstands und kann sie auch abberufen,
- genehmigt den Jahresabschluss,
- überwacht, dass die Gesetze und das Statut eingehalten werden,
- kann Haftungsklage gegen Mitglieder des Vorstands erheben,
- berichtet mindestens einmal im Jahr der Hauptversammlung in schriftlicher Form über seine Aufsichtstätigkeit,
- genehmigt, wenn von der Satzung vorgesehen, die vom Vorstand ausgearbeiteten strategischen Pläne sowie die Produktions- und Finanzpläne für die Gesellschaft.

Die Mitglieder des Aufsichtsrats müssen ihre Aufgabe mit besonderer Sorgfalt erfüllen, und bei Verletzung ihrer Aufsichtspflicht haften sie als Gesamtschuldner zusammen mit den Vorstandsmitgliedern, wenn diese der Gesellschaft einen Schaden zufügen. Die Abberufung von Mitgliedern des Aufsichtsrats durch die Hauptversammlung kann jederzeit erfolgen. Dazu ist die Zustimmung von mindestens einem Fünftel des Grundkapitals erforderlich. Liegt kein wichtiger Grund für die Abberufung vor, so steht dem betroffenen Aufsichtsratsmitglied Schadenersatz zu.

Die **Geschäftsführung** steht ausschließlich dem **Vorstand** (*consiglio di gestione*) zu, der seine Aufgaben auch zum Teil an einzelne Vorstandsmitglieder übertragen kann (Art. 2409octies u. ff.).

**Die dualistische Form der AG**

*(sistema dualistico)*

**Vorstand**
*(consiglio di gestione)*
ist allein für die Geschäftsführung zuständig

**Aufsichtsrat**
*(consiglio di sorveglianza)*
- überwacht die Geschäftsführung
- bestellt den Vorstand
- genehmigt den Jahresabschluss
- berichtet der Hauptversammlung über die Aufsichtstätigkeit

**Hauptversammlung**
*(assemblea)*
- Bestellt die Mitglieder des Aufsichtsrats
- bestimmt über Gewinnverwendung
- beauftragt den Rechnungsprüfer oder die Rechnungsprüfungsgesellschaft

**Rechnungsprüfer**
von Hauptversammlung bestellt

## DIE MONISTISCHE FORM DER AKTIENGESELLSCHAFT

Die monistische Form der Aktiengesellschaft (*sistema monistico*) gleicht weit gehend der herkömmlichen Aktiengesellschaft. Der wesentliche Unterschied besteht darin, dass an Stelle des Überwachungsrates innerhalb des Verwaltungsrates ein **Kontrollausschuss** gebildet wird, der die Aufgaben des Überwachungsrates übernimmt (Art. 2409octiesdecies). Außerdem ist es in der monistisch organisierten Gesellschaft nicht erlaubt, einen Alleinverwalter mit der Geschäftsführung zu betrauen.

Als Vorbild für die monistische Form der Aktiengesellschaft dienten das US-amerikanische und das britische Gesellschaftsrecht. Für Italien stellt die monistische Form eine Neuerung dar, die sich aber erst noch bewähren muss. Dabei werden sowohl die Führungs- als auch die Kontrollfunktionen von einem einheitlichen Verwaltungsrat ausgeübt. Die Vorteile könnten unter anderem darin bestehen, dass in Aktiengesellschaften dieser Art die Entscheidungen rascher und einfacher getroffen werden können, was eine effizientere Geschäftsführung ermöglicht.

Nach Art. 2409sexiesdecies muss die monistische Form der Aktiengesellschaft gleich wie die dualistische Form ausdrücklich in der Satzung festgelegt werden.

Die **Hauptversammlung** (*assemblea*) hat die gleichen Aufgaben wie in der herkömmlichen Aktiengesellschaft: Bestellung und etwaige Abberufung der Verwaltungsratsmitglieder, Genehmigung des Jahresabschlusses und Beschluss über die Gewinnverteilung, Ernennung des Rechnungsprüfers oder der Prüfungsgesellschaft. Die Geschäftsführung steht ausschließlich dem **Verwaltungsrat** (*consiglio di amministrazione*) zu, und wenigstens ein Drittel der Mitglieder des Verwaltungsrates muss die für die Mitglieder des Überwachungsrates geltenden Voraussetzungen der Unabhängigkeit erfüllen. Zusätzlich zu diesen Voraussetzungen kann noch ein entsprechender Verhaltenskodex festgelegt werden.

Kontrollausschuss

Der **Kontrollausschuss** (Ausschuss für die Kontrolle der Geschäftsführung – *comitato per il controllo sulla gestione*) wird mit Verwaltern besetzt, die neben der Zuverlässigkeit und den beruflichen Kenntnissen auch die erforderliche Unabhängigkeit aufweisen müssen. Wenn die Satzung keine andere Regelung vorsieht, werden die Mitglieder des Kontrollausschusses vom Verwaltungsrat bestellt, und wenigstens eines der Mitglieder muss ein eingetragener Rechnungsprüfer sein. Der Kontrollausschuss überprüft, ob die Organisation der Gesellschaft, das interne Kontrollsystem sowie die Verwaltung und die Buchführung angemessen sind und ob die Buchführung geeignet ist, die Geschäftstätigkeit ordnungsgemäß darzustellen (Art. 2409octiesdecies).

Die **Rechnungsprüfung** darf nur durch einen externen Rechnungsprüfer oder eine Prüfungsgesellschaft durchgeführt werden.

**Monistische Form der Aktiengesellschaft**

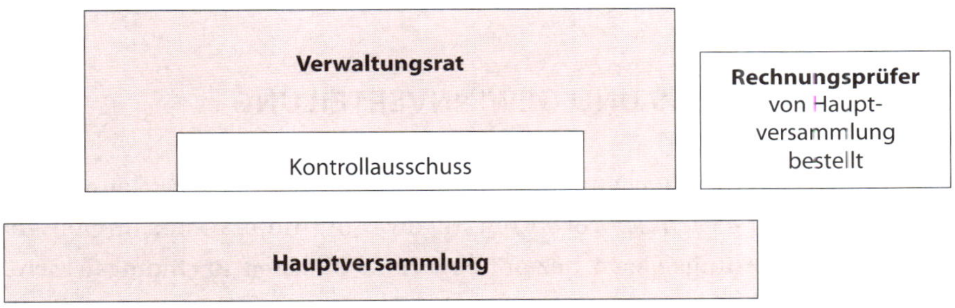


## DIE BÖRSE UND DIE BÖRSENAUFSICHTSBEHÖRDE

Eine leistungsfähige Börse ist von großer Bedeutung für die wirtschaftliche Entwicklung und für die Wettbewerbsfähigkeit eines Industrielandes. Viele wachstumsstarke Unternehmen können nämlich ihren Kapitalbedarf oft nicht durch Eigenfinanzierung decken. Zusammen mit den Emissionsmärkten und den anderen Kapitalmärkten ermöglicht die Börse, dass sich die Unternehmen in effizienter Weise mit Risikokapital versorgen können und dass sie einen besseren Zugang zu anderen Finanzierungsformen (Verbriefung, *securitization*) erhalten. Die Börse als ein Markt für Aktien und andere Wertpapiere, wo sich ständig ein großes Angebot und eine umfangreiche Nachfrage konzentriert, bietet durch die große Liquidität und die transparente Preisgestaltung auch den Anlegern wichtige Vorteile.

Die **Italienische Börse** (*Borsa italiana*) hat im vergangenen Jahrzehnt besonders durch die Privatisierung der Staatsbetriebe (Eni, Telecom, ENEL, Großbanken usw.) und durch den Beitritt Italiens zur Währungsunion wesentlich an Bedeutung gewonnen. Zudem sind wichtige Reformen und Neuerungen verwirklicht worden:

*SIM*-Wertpapiervermittlungsgesellschaften, Pensionsfonds, Verbot von Insidergeschäften, Übergang zum Computerhandelssystem (*borsa telematica*), Privatisierung der Börse, der Derivatenhandel (Optionen, Optionsscheine, Zertifikate, Futures). In diesem Zusammenhang ist das **Finanzmarktgesetz** von beachtlicher Bedeutung, das ausführlicher im Abschnitt über die Wertpapiergeschäfte behandelt wird.

Im Jahr 2007 erfolgte die Fusion der italienischen Börse mit der Londoner Börse (London Stock Exchange). Durch diesen Zusammenschluss erhofft man sich, dass kleine und mittlere italienische Gesellschaften künftig vermehrt den Börsengang wagen.

Die Börsenaufsichtsbehörde ist eine weitgehend selbständige öffentliche Einrichtung (authority).

Mit der Überwachung der Börsengeschäfte und der börsennotierten Gesellschaften ist die staatliche **Börsenaufsichtsbehörde** (*Commissione nazionale per le società e la borsa – Consob*) beauftragt. Vorbild ist die US-amerikanische Wertpapier- und Börsenaufsichtsbehörde (Securities and Exchange Commission – SEC), die mit umfangreichen Befugnissen zur Kontrolle des Börsenhandels ausgestattet ist.

Gesellschaften, deren Aktien zum Börsenhandel zugelassen sind, unterliegen der besonderen Kontrolle durch die Börsenaufsichtsbehörde und nur für diese Börsengesellschaften – es handelt sich um rund 300 Aktiengesellschaften – gelten eine ganze Reihe von besonderen gesetzlichen Bestimmungen. Zum Schutz der Gläubiger, der Aktionäre und Anleger sowie im Interesse der Öffentlichkeit sind die Börsengesellschaften zur sofortigen Bekanntgabe von kurssensiblen Informationen und Entscheidungen verpflichtet (Quartalberichte, Beherrschungsabkommen zwischen den Mehrheitsaktionären, öffentliche Kauf- und Verkaufsangebote usw.). Die Börsenaufsichtsbehörde kann noch zusätzliche Informationen von den Gesellschaften anfordern und eventuell auch Inspektionen durchführen.

## JAHRESABSCHLUSS UND GEWINNVERTEILUNG

Interne Rechnungswesen

Um die wirtschaftlichen Vorgänge in einem Unternehmen zahlenmäßig zu erfassen, werden verschiedene Verfahren angewandt, die man zusammen als das betriebliche Rechnungswesen bezeichnet. Zum **internen Rechnungswesen**, das vor allem der Führung und Steuerung des Unternehmens dient, zählen die Planungsrechnung (Budget – Vorschaurechnung), die Kosten- und Erlösrechnung (Kalkulation), die Statistik (Vergleichsrechnung) und das Controlling (Zusammenfassung von Planung und Kontrolle). In diesem Bereich des Rechnungswesens, der stark auf die Bedürfnisse der einzelnen Unternehmen abgestimmt ist, sind in der Regel keine steuerrechtlichen oder andere gesetzliche Bestimmungen zu beachten. Deshalb kann das interne Rechnungswesen weitgehend frei gestaltet werden.

Externes Rechnungswesen

Die Grundlage für das **externe Rechnungswesen** bildet die **kaufmännische Buchhaltung**, die bestimmten Formvorschriften entsprechen muss. Aus den gebündelten Buchhaltungszahlen wird der Jahresabschluss und der zu versteuernde Gewinn des Unternehmens abgeleitet. Dabei sind eine Reihe von bilanzrechtlichen und steuerrechtlichen Bestimmungen zu beachten. Das externe Rechnungswesen dient vor allem der **Rechnungslegung**. Zur Information und zum Schutz der Gläubiger und der Anteilseigner besteht für die Kapitalgesellschaften die Pflicht zur **Publizität des Jahresabschlusses**. Dadurch können sich auch Außenstehende ein Bild von der wirtschaftlichen Lage des Unternehmens machen. Interesse an diesen Informationen haben Finanzfachleute, Anleger, Banken und andere Kreditgeber,

Geschäftspartner, Arbeitnehmer, Behörden – allen voran die Steuerbehörde – und bei Großunternehmen auch die breitere Öffentlichkeit.

Für **börsennotierte Gesellschaft** besteht die Pflicht auch die **Quartalsberichte** zu veröffentlichen, die eine bessere Beurteilung der Geschäftsentwicklung durch den Kapitalmarkt ermöglichen sollen.

## Die Rechnungslegungsvorschriften

Hier wird nun ein Überblick über den Jahresabschluss der Aktiengesellschaften gegeben. Diese Bestimmungen gelten im Wesentlichen auch für die übrigen Kapitalgesellschaften: Kommanditgesellschaft auf Aktien und Gesellschaft mit beschränkter Haftung. Dabei ist zu berücksichtigen, dass der Jahresabschluss vor allem zur Information und zum Schutz der Gläubiger der Gesellschaft sowie der Gesellschafter dient und deshalb stets im Spannungsfeld unterschiedlicher Interessen steht. So werden z. B. die Mehrheitsaktionäre oft nicht an einer hohen Gewinnausweisung interessiert sein, während die Kleinaktionäre meistens eine hohe Dividende wünschen.

Eine unfähige Geschäftsführung kann unter Umständen versuchen, entstandene Verluste nach Möglichkeit zu verschleiern, während die Gläubiger meistens verlangen, dass reiner Wein eingeschenkt wird. Die institutionellen Anleger (Investmentfonds, Pensionsfonds, Versicherungen) und die sonstigen Anleger verlangen vor allem von den börsennotierten Gesellschaften detaillierte und zuverlässige Informationen insbesondere was die Quartalsberichte und den Jahresabschluss betrifft, während für die Geschäftsführung eine große Transparenz manchmal sehr unangenehm sein kann.

Internationale Rechnungslegungsstandards

In der EU ist man bestrebt, einen möglichst reibungslos und effizient funktionierenden Kapitalmarkt zu verwirklichen. Für die börsennotierten Gesellschaften soll deshalb bei den Jahresabschlüssen ein hohes Maß an Transparenz und Vergleichbarkeit gelten. Aus diesem Grund sind einheitliche **internationale Rechnungslegungsstandards** (*International Financial Reporting Standards – IFRS, früher: International Accouting Standards – IAS*) eingeführt worden, die für die Jahresabschlüsse seit 2005 gelten (Richtlinie 2003/51/EG). In diesem Zusammenhang ist der Grundsatz zu befolgen, dass der Jahresabschluss ein **den tatsächlichen Verhältnissen entsprechendes Bild** der Vermögens-, Finanz- und Ertragslage der Gesellschaft vermitteln muss (*true and fair value – quadro fedele, rappresentazione veritiera e corretta*). Eine wichtige Neuerung stellt die Bewertung von Rückstellungen, bestimmten Immobilien und immateriellen Anlagegütern zum **beizulegenden Zeitwert** (*fair value – valore equo*) dar. Gegenüber der Bewertung zum Anschaffungswert ist diese Bestimmung Anleger-freundlicher, weil dadurch die Bildung von stillen Reserven (*riserva occulta*) erschwert wird und es zur Ausweisung von höheren Gewinnen kommt.

Verkürzter Jahresabschluss

Für die **verkürzten Jahresabschlüsse** (*bilancio in forma abbreviata*) werden die internationalen Rechnungslegungsstandards hingegen nicht angewandt. Nach Art. 2434bis können Gesellschaften die verkürzten Jahresabschlüsse erstellen, so lange in zwei aufeinander folgenden Geschäftsjahren zwei von drei Schwellenwerten betreffend Bilanzsumme, Erträge und Beschäftigtenzahl nicht überschritten werden. Als Schwellenwerte gelten in zwei aufeinander folgenden Jahren: Erträge von höchstens 7,3 Mio. Euro aus Verkäufen und Leistungen und die Bilanzsumme der Aktiva von höchstens 3,65 Mio. Euro. Die Höchstzahl der Beschäftigten beträgt 50 Mitarbeiter.

Die Geschäftsführung der Aktiengesellschaft hat jährlich am Ende des Geschäftsjahres nach den bilanzrechtlichen Vorschriften (Art. 2423–2435bis) den **Jahresabschluss** (*bilancio di esercizio*) zu erstellen. Der Jahresabschluss besteht aus **Bilanz, Erfolgsrechnung** und **Anhang**, dem der **Lagebericht** der Geschäftsführung beigefügt wird. Der vom Verwaltungsrat erstellte und vom Rechnungsprüfer geprüfte Jahresabschluss wird von der Hauptversammlung genehmigt und elektronisch beim Handelsregister hinterlegt.

Um einen Jahresabschluss erstellen zu können, müssen die Geschäftsfälle während des jeweiligen Geschäftsjahres sowie die Bestände zu Beginn und am Ende des Geschäftsjahres in der Buchführung erfasst werden. Dabei sind die im Zivilgesetzbuch vorgeschriebenen Geschäftsbücher (Inventarbuch und Journal) und die steuerrechtlich vorgeschriebenen Bücher (Lagerbuch, Buch der abschreibbaren Güter) nach den Grundsätzen der ordnungsmäßigen Buchführung zu führen (Art. 2214–2421). Die Ergebnisse der so genannten doppelten Buchführung (*partita doppia*) bilden die Grundlage für den Jahresabschluss (Handelsbilanz).

Die Aktionäre haben **kein Recht auf Einsicht** in die Buchführung der Gesellschaft. Sie dürfen nur das Gesellschafterbuch und das Protokollbuch der Hauptversammlung einsehen.

Als Leitlinien für den Jahresabschluss der Kapitalgesellschaften dienen die **Bilanzrichtlinie** und die **Konzernrechnungsrichtlinie** (vierte und siebte gesellschaftsrechtliche EG-Richtlinie). Demnach muss der Jahresabschluss klar abgefasst werden und er muss die Vermögens-, Finanz- und Ertragslage der Gesellschaft wahrheitsgetreu und richtig darstellen (Art. 2423). Mit den bevorstehenden Änderungen nach Richtlinie 2003/51/EG werden sich besonders für die börsennotierten Gesellschaften wichtige Änderungen ergeben.

### Grundsätze für den Jahresabschluss

(Art.2423 und Art.2423bis)

**Wahrheitsgetreue und richtige Darstellung der Vermögens-, Finanz- und Ertragslage des Unternehmens**

| | |
|---|---|
| **Vorsichtige Bewertung** der Bilanzposten | **Nur bis Abschluss-Stichtag erzielte Gewinne:** es dürfen nur bis zum Abschluss-Stichtag erzielte Gewinne ausgewiesen werden. |
| **Fortsetzung der Unternehmenstätigkeit** wird unterstellt. | **Periodengerechter Ausweis der Aufwendungen und Erträge** unabhängig von den betreffenden Zahlungen. |
| **Substanz vor Form:** Bei der Ausweisung von Posten ist die wirtschaftliche Bedeutung des Geschäftsvorfalls oder der Vereinbarung zu berücksichtigen. | **Nach dem Abschluss-Stichtag** bekannt gewordene Risiken und Verluste, die das Geschäftsjahr betreffen, sind zu berücksichtigen. |
| **Bewertungsstetigkeit:** Bewertungsmethoden dürfen nicht von einem Geschäftsjahr auf das andere geändert werden. | Aus **ungleichen Teilen** zusammengesetzte Bilanzposten sind getrennt zu bewerten. |

Außerdem sind bei der Erstellung des Jahresabschlusses folgende Grundsätze zu beachten (Art. 2423bis):

- Die **Bewertung** der Bilanzposten hat **mit Vorsicht** zu erfolgen und es wird **Fortsetzung der Unternehmenstätigkeit unterstellt.**

- Die **Substanz** kommt **vor der Form:** Der wirtschaftliche Gehalt des zugrunde liegenden Geschäftsvorfalls oder der zugrunde liegenden Vereinbarung ist zu berücksichtigen.
- Es dürfen nur bis zum **Abschluss-Stichtag erzielte Gewinne** ausgewiesen werden.
- Erträge und Aufwendungen, die sich auf das Geschäftsjahr beziehen, sind unabhängig vom Zeitpunkt der Einnahme oder der Ausgabe zu berücksichtigen (**periodengerechter Ausweis** der Erträge und Aufwendungen).
- Alle das Geschäftsjahr betreffenden **Risiken und Verluste** müssen berücksichtigt werden, selbst wenn sie **nach Abschluss** desselben bekannt geworden sind. Werden z. B. aus den lagernden Waren oder aus abgeschlossenen Verträgen »Verluste« erwartet, so müssen sie bereits im Vorhinein berücksichtigt werden.
- Aus ungleichen Teilen zusammengesetzt Aktiv- und Passivposten sind getrennt zu bewerten.
- Die Bewertungsmethoden dürfen nicht von einem Geschäftsjahr zum nächsten geändert werden (**Bewertungsstetigkeit**). Abweichungen sind nur in Ausnahmefällen zugelassen und im Anhang zu begründen.

## Anhang und Lagebericht

Der **Anhang** (Art. 2427 *nota integrativa*) ist ein gesetzlicher Bestandteil des Jahresabschlusses der Kapitalgesellschaften. Er liefert jene Informationen, die nicht aus der Bilanz und aus der Gewinn- und Verlustrechnung entnommen werden können. Mit den Erläuterungen und Ergänzungen trägt der Anhang wesentlich zur Klarheit und Übersichtlichkeit des Jahresabschlusses bei. Art. 2427 schreibt für den Anhang insgesamt 22 Einzelangaben vor. Sie umfassen unter anderem die Richtlinien für die Bewertung verschiedener Bilanzposten, die Liste der abhängigen und verbundenen Unternehmen, die Zusammensetzung bestimmter Aktiv- und Passivposten der Bilanz wie, z. B. die gesonderte Angabe von Forderungen und Verbindlichkeiten mit einer Restlaufzeit von mehr als fünf Jahren, die Aufgliederung der Umsatzerlöse nach Tätigkeitsbereichen und nach Gebieten, den durchschnittlichen Personalstand, die Vergütungen für den Verwaltungs- und den Aufsichtsrat, Zahl und Gesamtnennwert jeder Art von Aktien der Gesellschaft. Dazu werden noch weitere Einzelangaben in anderen Bilanzvorschriften verlangt. Neben den gesetzlich vorgeschriebenen Pflichtangaben steht es der Gesellschaft frei, den Anhang durch zusätzliche Angaben zu erweitern.

Als Ergänzung zum Jahresabschluss muss der Verwaltungsrat einen **Lagebericht** (Art. 2428 *relazione sulla gestione*) erstellen. Dabei handelt es sich um eine Gesamtbeurteilung des Unternehmens aus der Sicht der Geschäftsführung, wobei die Lage der Gesellschaft und der Geschäftsverlauf darzustellen sind und besonders die Aufwendungen, Erträge und Investitionen während des Geschäftsjahres zu berücksichtigen sind. Außerdem muss der Lagebericht noch auf weitere Punkte eingehen, wie z. B. auf Forschung und Entwicklung, Beteiligungen (abhängige, verbundene, beherrschende Unternehmen), Vorgänge von Bedeutung nach dem Abschluss des Geschäftsjahres und auf die voraussichtliche Geschäftsentwicklung. Die an der Börse notierten Gesellschaften sind zudem verpflichtet, **Quartalsberichte** zu erstellen.

Der Jahresabschluss wird in der herkömmlichen Aktiengesellschaft von den Verwaltern zusammen mit dem Lagebericht an den **Überwachungsrat** weiter geleitet. In einem Bericht für die Hauptversammlung nimmt der Überwachungsrat zu den Ergebnissen des Geschäftsjahres Stellung, informiert über die Ausübung seiner Aufsichtstätigkeit und gibt eine Stellungnahme zum Jahresabschluss ab. Auch der mit **Abschlussprüfung** beauftragte Freiberufler (oder Revisionsgesellschaft) muss einen Bericht für die Hauptversammlung abfassen.

## Genehmigung durch die Hauptversammlung

In den fünfzehn Tagen vor der Hauptversammlung müssen der Jahresabschluss, der Lagebericht und der Bericht des Überwachungsrates in Kopie beim Sitz der Gesellschaft aufliegen, damit die Gesellschafter Einsicht nehmen können. Der Jahresabschluss muss innerhalb von 120 Tagen nach Ende des Geschäftsjahres (nach Satzung bis 180 Tagen) von der **Hauptversammlung** genehmigt werden. Wenigstens theoretisch könnte der Jahresabschluss auch abgelehnt werden. Der genehmigte Jahresabschluss ist zusammen mit dem Protokoll über die Genehmigung durch die Hauptversammlung innerhalb von 30 Tagen elektronisch beim Handelsregister zu hinterlegen. Innerhalb der gleichen Frist müssen die nicht an der Börse notierten Gesellschaften eine Liste der Aktionäre mit der Zahl der von ihnen gehaltenen Aktien beim Handelsregister hinterlegen.

Der Jahresabschluss muss von der Hauptversammlung genehmigt werden.

Wurde im abgelaufenen Geschäftsjahr ein Gewinn erzielt, so entscheidet die Hauptversammlung nach der Genehmigung des Jahresabschlusses auch über die **Gewinnverwendung** (*destinazione degli utili*) Art. 2433. Wenn im Jahresabschluss zwar ein Gewinn ausgewiesen wird, die Hauptversammlung aber keine Dividendenausschüttung beschließt, haben die einzelnen Aktionäre kein Anrecht auf einen Anteil am Bilanzgewinn. Über die Verwendung des nicht ausgeschütteten Gewinns entscheidet allein der Verwaltungsrat.

In der dualistischen Form der Aktiengesellschaft wird der Jahresabschluss vom Aufsichtsrat genehmigt und die Hauptversammlung beschließt nur über die Gewinnverwendung.

Nur tatsächlich erzielte Gewinne dürfen als Dividenden ausgeschüttet werden.

An die Gesellschafter dürfen nur **tatsächlich erzielte Gewinne** ausgeschüttet werden, und vor der Gewinnausschüttung (*distribuzione degli utili*) sind die Einstellungen in die **gesetzliche Rücklage** (*riserva legale*) und in die eventuell in der Satzung vorgesehene **satzungsmäßige Rücklage** (*riserva statutatria*) vorzunehmen. Die Aktionäre haben nur einen Anspruch auf die von der Hauptversammlung auf Vorschlag des Verwaltungsrates festgelegte **Dividende** (*dividendo*) – so wird der Gewinn bezeichnet, der auf eine einzelne Aktien entfällt.

Anfechtung des Jahresabschlusses

Wie andere Beschlüsse der Hauptversammlung kann auch der Beschluss zur Genehmigung des Jahresabschlusses mit einer Klage nach (Art. 2377 und 2379) beim Landesgericht angefochten werden, wenn nicht bereits die Genehmigung des Jahresabschlusses für das folgende Geschäftsjahr erfolgt ist. Eine **Anfechtung** kann z. B. erfolgen, weil bei der Erstellung des Jahresabschlusses die geltenden Vorschriften nicht eingehalten wurden. Haben die Rechnungsprüfer keine Einwände gegen den Jahresabschluss erhoben, so müssen die Gesellschafter für eine etwaige Klage mindestens fünf Prozent des Grundkapitals vertreten. Um schwerwiegende Unsicherheiten für die Gesellschaft zu vermeiden, kann eine den Jahresabschluss betreffende Klage nicht mehr eingereicht werden, wenn die Hauptversammlung bereits den Jahresabschluss für das folgende Geschäftsjahr genehmigt hat.

## SATZUNGSÄNDERUNGEN

Das Vertragsverhältnis zwischen den Gesellschaftern kann auch nach der Gründung einer Aktiengesellschaft durch eine Satzungsänderung verändert werden. **Satzungsänderungen** (*modifiche dello statuto*) führen zu einer Änderungen des Gesellschaftsvertrages. Sie dienen dazu, ursprüngliche vertragliche Vereinbarungen, die in den Satzungsbestimmungen ihren Niederschlag gefunden haben, durch neue zu ersetzen oder bestimmte Satzungsbestimmungen zu den bereits bestehenden Bestimmungen hinzuzufügen.

Änderungen der Satzung können unter Umständen einen Einschnitt in den Gesellschaftsvertrag darstellen, und müssen in der Regel mit Beschluss der **außerordentlichen Hauptversammlung** vorgenommen werden. Dabei ist die Zustimmung eines entsprechend hohen Anteils des Grundkapitals erforderlich. Die Satzungsänderung ist innerhalb von 30 Tagen beim Handelsregister zu hinterlegen und wird mit der Eintragung Dritten gegenüber rechtswirksam. Gleichzeitig ist der vollständige Text der Satzung in der nach der Änderung gültigen Fassung zu hinterlegen.

Im Statut kann festgelegt werden (Art 2443), dass der **Verwaltungsrat** an Stelle Hauptversammlung bestimmte Satzungsänderungen vornehmen darf. Das gilt unter anderem für einmalige oder mehrmalige Kapitalerhöhung bis zu einem bestimmten Betrag und in einem Zeitraum von höchstens fünf Jahren. Nach Art. 2365 können mit dem Statut folgende Zuständigkeiten der außerordentlichen Hauptversammlung dem Verwaltungsrat (bzw. dem Aufsichtsrat oder dem Vorstand) übertragen werden: Verschmelzung mit Tochtergesellschaften, wenn sich das gesamte Kapital oder mindestens 90 % in der Hand der betreffenden Gesellschaft befinden, Errichtung oder Auflassung von Zweigniederlassungen, Bestimmung der Verwalter mit Vertretungsvollmacht, Herabsetzung des Gesellschaftskapitals beim Austritt von Gesellschaftern, Anpassung des Statuts an gesetzliche Vorschriften und Verlegung des Gesellschaftssitzes innerhalb des Staatsgebiets.

Bei einschneidenden Änderungen der Satzung steht den Gesellschafter, die nicht an den Beschlüssen mitgewirkt haben, ein **Austrittsrecht** zu (Art. 2437). Das gilt unter anderem bei einer wesentlichen Änderung der Gesellschaftstätigkeit, Umwandlung in eine andere Gesellschaftsform, Verlegung des Gesellschaftssitzes ins Ausland, Widerruf der Liquidation, geänderte Ermittlung des Aktienwertes beim Austritt, Satzungsänderungen bezüglich Stimmrechte und Beteiligungsrechte. Wird der Beschluss, der zum Austritt geführt hat, von der Gesellschaft widerrufen, so darf das Austrittsrecht nicht ausgeübt werden. Bei seinem Austritt hat der Gesellschafter Anspruch auf die Ablösung seiner Aktien. Zur Bestimmung des tatsächlichen Aktienwertes und für das Auszahlungsverfahren gibt es ausführliche Vorschriften (Art. 2437quater und Art. 2437quinquies), die darauf abzielen, das Gesellschaftskapital zu erhalten. Nur im Extremfall kann die Ablösung der Aktien durch eine Kapitalherabsetzung oder sogar durch die Auflösung der Gesellschaft erfolgen.

### Ausgabe von neuen Aktien

Die **Kapitalerhöhung** (*aumento di capitale*) kann in einer Aktiengesellschaft durch die Ausgabe neuer (junger) Aktien gegen Einlagen oder durch die Ausgabe von Gratisaktien (*aumento gratuito*) erfolgen. Die **Ausgabe junger Aktien** muss von der außerordentlichen Hauptversammlung oder, nach entsprechender Ermächtigung, vom Verwaltungsrat beschlossen werden und ist nur erlaubt, wenn die Einlagen auf die bereits begebenen Aktien vollständig durchgeführt worden sind. Kapitalerhöhungen können erforderlich sein, weil z. B. die Gesellschaft ihre Tätigkeit erweitern will oder weil Wandelobligationen begeben werden, die einen Umtausch in Aktien der Gesellschaft vorsehen. Bei der Ausgabe junger Aktien steht den Aktionären der Gesellschaft ein **Bezugsrecht** (*diritto di opzione*) zu. Jedem Aktionär müssen die neuen Aktien nach seinem Anteil am Gesellschaftskapital zugeteilt werden. Dadurch können die Aktionäre ihren bisherigen Anteil am Gesellschaftskapital und ihr Stimmengewicht in der Hauptversammlung bewahren.

Bezugsrecht

Wenn z. B. das bisherige Gesellschaftskapital in 3000 Aktien aufgeteilt war und 1000 neue Aktien begeben werden, so steht jedem Aktionär für je drei alte Aktien eine neue Aktie zu. Wenn es sich um eine an der Börse notierte Aktiengesellschaft handelt, kann das Bezugsrecht an der Börse veräußert werden.

Gratisaktien

Bei der Ausgabe von **Gratisaktien** erhält der Aktionär neue Aktien, ohne eine Zahlung leisten zu müssen. In diesem Fall fließen der Gesellschaft keine neuen Mittel zu, sondern es werden Kapital- oder Gewinnrücklagen aufgelöst und in Gesellschaftskapital (Grundkapital) umgewandelt. Durch eine solche Umschichtung in der Bilanz soll das Gesellschaftskapital wieder in ein angemessenes Verhältnis zu den Rücklagen und zum gesamten Bilanzvolumen gebracht werden. Jedem Aktionär werden so viele Gratisaktien zugeteilt, wie es seinem Anteil am Gesellschaftskapital entspricht.

## Kapitalherabsetzung

Die **Kapitalherabsetzung** (*riduzione del capitale*) wird meistens durchgeführt, wenn Gesellschaften beachtliche Verluste erlitten haben. Zudem ist eine Herabsetzung des Kapitals möglich, wenn der nicht benötigte Teil des Kapitals an die Gesellschafter zurückbezahlt wird, wenn Gesellschafter aus der Gesellschaft ausscheiden oder wenn Gesellschafter ihre Einlagen nicht einbringen. Die Kapitalherabsetzung macht eine Änderung des Gesellschaftsvertrages erforderlich.

Wenn eine Gesellschaft **hohe Verluste** erleidet, die sämtliche Rücklagen übersteigen und sogar einen Teil des Grundkapitals aufzehren, ist eine Kapitalherabsetzung zwingend vorgeschrieben. Nach Art. 2446 ist entweder eine Kapitalherabsetzung oder ein Verlustvortrag auf das folgende Geschäftsjahr erforderlich, wenn sich das Kapital in Folge von Verlusten um **mehr als ein Drittel** vermindert hat. Tritt im nächsten Geschäftsjahr keine Besserung ein, so muss die Kapitalherabsetzung durchgeführt werden.

Bei der Kapitalherabsetzung handelt es sich um eine formelle Maßnahme, die das Grundkapital dem verminderten Reinvermögen der Gesellschaft anpasst. Wenn das Kapital wegen Verluste um mehr als ein Drittel vermindert wird und so unter den Mindestbetrag von 120.000 Euro sinkt, müssen die Verwalter sofort die Hauptversammlung einberufen. In diesem Fall kann eine Kapitalherabsetzung und eine anschließende Kapitalerhöhung beschlossen werden, damit das Gesellschaftskapital das vorgeschriebene Mindestkapital wieder erreicht. Einen anderen Ausweg bietet die Umwandlung in eine andere Gesellschaftsform, so z. B. die Umwandlung der AG in eine GmbH, oder die Auflösung der Gesellschaft.

## BEISPIELE UND FRAGEN

[1] Eine Aktiengesellschaft wird nicht in das Handelsregister eingetragen.
Was sind die Folgen und wer haftet für die im Namen der Gesellschaft eingegangenen Verpflichtungen?
(Siehe Art. 2331 ZGB)

[2] Anton Hofer beschäftigt sich als Einzelunternehmer mit der Herstellung von Druckmaschinen. Am 10. 1. 2008 hat er dem Verlag Meier s.p.a. eine Druckmaschine zum Preis von 400.000 Euro verkauft. Nach dem Kaufvertrag sollte die Meier s.p.a. den Kaufpreis bis zum 31. 3. 2008 bezahlen.
Herr Hofer mahnt wiederholt die Meier s.p.a. erfolglos auf Zahlung des Kaufpreises. Er entschließt sich deshalb, sämtliche Aktionäre der Meier s.p.a., Paul Meier, Christine Meier und Giuseppe Garibaldo, auf Zahlung des Kaufpreises zu verklagen. Wird er mit seinem Vorhaben Aussicht auf Erfolg haben? Begründen Sie Ihre Antwort.

[3] Das Hotel »Grauer Bär« gehört der Hotelkette »Schön Reisen« AG. Wer scheint im Grundbuch als Eigentümer des Hotelgebäudes auf: die Aktiengesellschaft »Schön Reisen« oder der jeweilige Präsident des Verwaltungsrates als rechtlicher Vertreter der Gesellschaft?

[4] Die Aktien der gleichen Art verbriefen gleiche Rechte, aber trotzdem können die Mehrheitsaktionäre einen entscheidenden Einfluss auf die Aktiengesellschaft ausüben. Worin bestehen diese Einflussmöglichkeiten und wie können sich die Minderheitsaktionäre vor Benachteiligungen schützen?

[5] Sonja Glücklich arbeitet als Werbegraphikerin in der FIZZ AG. Da Sie im Lotto 2 Mio. Euro gewonnen hat, möchte sie ein Aktienpaket der Gesellschaft erwerben. Welche Möglichkeiten hat Frau Glücklich, einen Einfluss auf die Geschäftsführung der FIZZ AG auszuüben, wenn 75 % der Aktien von zwei Hauptaktionären gehalten werden und Sie nur einen Anteil von 15 % am Gesellschaftskapital erwerben kann?
Klären Sie Frau Glücklich über Ihre Rechtsstellung als Aktionärin auf. Insbesondere möchte Frau Glücklich wissen, welche Risiken der Erwerb eines Aktienpakets mit sich bringt.

[6] Die Aktiengesellschaft »Südfrucht« AG war bisher sehr erfolgreich im Obstgeschäft tätig. Auf Betreiben des Mehrheitsaktionärs Herrn Sturzflug, der auch Vorsitzender des Verwaltungsrates ist, wird der Kauf einer Flugzeugfabrik zum Bau von Sportflugzeugen geplant. Dazu muss eine außerordentliche Hauptversammlung den Gründungsvertrag, und zwar vor allem die Gesellschaftstätigkeit ändern.
Kann die Minderheitsaktionärin, Frau Sicher, das riskante Vorhaben verhindern? Welche Möglichkeiten hat sie, wenn die Änderung der Gesellschaftstätigkeit trotz ihrer Gegenstimme beschlossen wird?
(Siehe Art. 2437)

[7] Worin besteht das Optionsrecht bei der Ausgabe neuer Aktien?

[8] Welches sind die wichtigsten Merkmale der Sparaktien? Warum ist diese Art von Aktien nicht sehr verbreitet?

[9] Die Firma Microchip AG befindet sich zu 98 % im Besitz der Geschwister Max, Rita und Fritz Reich. Um den Familienbesitz auch in Zukunft zu bewahren, wollen die Geschwister eine Veräußerung der Aktien an Dritte verhindern. Welche Lösungen sind möglich?
(Siehe Art. 2355 Abs. 3 ZGB)

[10] Erwirbt eine Aktiengesellschaft eigene Aktien, so kann das Stimmrecht für diese Aktien nicht ausgeübt werden. Warum?

[11] Die Sun-Fun s.p.a., die Inlineskates, Skateboards und Snowboards herstellt, möchte eigene Aktien im Werte von 8 Mio. Euro erwerben. Finanziert werden soll der Kauf je zur Hälfte durch den im letzten Geschäftsjahr erzielten Gewinn und durch Aufnahme eines Kredits. Ist der Erwerb des Aktienpakets auf diese Weise zulässig?
(Siehe Art. 2357 ZGB)

[12] Vergleichen Sie Aktien und Obligationen. Was sind die wesentlichen Unterschiede zwischen diesen Wertpapieren?

[13] Die Hauptversammlung der »Info-Netz« AG, ein Hersteller von Computerprogrammen, fasst den Beschluss, dass in Zukunft keine englischen Ausdrücke in den Programmen der Gesellschaft verwendet werden dürfen. Müssen sich die Verwalter an diesen Beschluss halten?

[14] Die »Südtirol-Film« AG produziert mehrere Spielfilme, die keinen Erfolg beim Publikum haben. Kann die Hauptversammlung wegen dieser katastrophalen Ergebnisse die Verwalter vorzeitig abberufen?
(Siehe Art. 2383)
Ist eine vorzeitige Abberufung eines Verwalters auch dann möglich, wenn er die Geschäfte sehr erfolgreich führt?

[15] Wenn die Verwalter einer AG der Gesellschaft vorsätzlich oder fahrlässig einen Schaden zufügen, so haften sie als Gesamtschuldner. Wie kann sich ein Verwalter dieser Haftung entziehen?
(Siehe Art. 2392)

[16] Erklären Sie die wesentlichen Unterschiede zwischen den drei verschiedenen Organisationsformen (herkömmliche, dualistische, monistische), die für eine Aktiengesellschaft zur Auswahl stehen.

[17] Welche Kontrollen hat der Überwachungsrat einer Aktiengesellschaft wahrzunehmen?

[18] Der Überwachungsrat der »Computec« AG beabsichtigt einstimmig eine Haftungsklage gegen die Verwalter der Aktiengesellschaft einzubringen. Es besteht nämlich der begründete Verdacht, dass die Verwalter unter Verletzung der Wettbewerbsvorschriften die Geschäftsinteressen der Firma schwer geschädigt haben. Hat eine solche Klage Aussicht auf Erfolg?
(Siehe Art. 2392 ff. ZGB)

[19] Was umfasst der Jahresabschluss?

[20] Der Jahresabschluss muss »klar abgefasst werden und er muss wahrheitsgetreu und richtig die Vermögens-, Finanz- und Ertragslage der Gesellschaft darstellen« (Art. 2423 Abs. 2). Wie lässt sich dieser Grundsatz mit den verschiedenen Gestaltungsmöglichkeiten bei der Erstellung des Jahresabschlusses vereinbaren?

[21] Welche Ziele sollen mit den internationalen Rechnungslegungsstandards erreicht werden?

[22] Welche Kontrollen müssen die Rechnungsprüfer oder die Rechnungsprüfungsgesellschaft durchführen?

[23] Die Hauptversammlung der »Geizig« s.p.a. genehmigt den Jahresabschluss und beschließt, den gesamten Gewinn von 2,5 Mio. Euro in Rücklagen einzustellen. Herr Gierig, der 3 % der Geizig-Aktien hält, ist der Auffassung, dass ihm sein Gewinnanteil ausgeschüttet werden muss. Zu Recht?

[24] Die Firma »Computec« s.p.a. beschließt auf einer außerordentlichen Hauptversammlung, den Firmensitz aus steuerlichen Gründen nach Liechtenstein zu verlegen. Der Aktionär Franz Stur, der gegen die Verlegung des Gesellschaftssitzes gestimmt hat, will den Beschluss nicht hinnehmen. Welche Möglichkeiten hat er?
(Siehe Art. 2437 ZGB)

# Die Gesellschaft mit beschränkter Haftung

## Einführung

Vor der Reform des italienischen Gesellschaftsrechts war die Gesellschaft mit beschränkter Haftung (GmbH) praktisch nur ein Anhängsel der Aktiengesellschaft. Im Zivilgesetzbuch gab es für diese Kapitalgesellschaft nur wenige eigenständige Bestimmungen, denn meistens wurde auf die entsprechenden Regelungen für die Aktiengesellschaft verwiesen. Man bezeichnete deshalb die GmbH auch als »kleine Aktiengesellschaft ohne Aktien«.

Mit der **Reform des Gesellschaftsrechts** (2003) wurde für die GmbH ein eigenständiges Regelwerk geschaffen, das sich deutlich von den Vorschriften für die Aktiengesellschaft unterscheidet. Normalerweise umfasst die GmbH nur wenige Gesellschafter, die oft im Unternehmen zusammenarbeiten und zwischen denen ein besonderes Vertrauensverhältnis besteht. Die neuen Regelungen messen deshalb den Gesellschaftern eine besondere Bedeutung bei, ohne auf einen angemessenen Schutz der Gläubiger zu verzichten. Die wesentlich erweiterte Vertragsfreiheit ermöglicht es, den Gesellschaftsvertrag weitgehend nach Vorstellungen der Gesellschafter und der sie beratenden Freiberufler zu gestalten. Die GmbH entspricht so besser den Erfordernissen der kleinen und mittleren Unternehmen, bei denen diese Gesellschaftsform schon früher starken Anklang gefunden hat.

Im Gegensatz zur Aktiengesellschaft und abweichend von vielen Bestimmungen des Zivilgesetzbuches kann also die GmbH auf die jeweiligen Bedürfnisse der Gesellschafter zugeschnitten werden. Um diese Vorteile zu nutzen, kann die Umwandlung in eine GmbH sowohl für Personengesellschaften als auch für kleinere Aktiengesellschaften empfehlenswert sein.

**GmbH und Aktiengesellschaft im Vergleich**

| | GmbH | Aktiengesellschaften |
|---|---|---|
| **Haftung** | beschränkte Haftung, Gesellschafter haften nur mit der Einlage | beschränkte Haftung, Gesellschafter haften nur mit der Einlage |
| **Gründung** | notarielle Urkunde bestehend nur aus Gesellschaftsvertrag (ohne formal getrennter Satzung) | notarielle Urkunde bestehend aus Gesellschaftsvertrag und Satzung, bei Widerspruch überwiegt Satzung |
| **Grundkapital** | mindestens 10.000 Euro | mindestens 120.000 Euro |
| **Einlagen** | • sämtliche bewertbaren Bestandteile der-Aktiva einschließlich Arbeits- und Dienstleistungen<br>• Bewertung der Sacheinlagen und Forderungen durch Buchprüfer im Auftrag des betreffenden Gesellschafters | • Schätzung der Sacheinlagen und Forderungen durch Gerichtssachverständigen<br>• Verwalter müssen Wert der Sacheinlagen innerhalb von 180 Tagen überprüfen |

Fortsetzung auf Seite 118

| | GmbH | Aktiengesellschaften |
|---|---|---|
| **Beteiligungen und Aktien** | • es dürfen keine Aktien begeben werden<br>• die Rechte der Gesellschafter stehen im Verhältnis zu ihren Einlagen (Sonderrechte für Verwaltung und bei Gewinnverteilung sind möglich)<br>• Übertragung der Beteiligungen kann eingeschränkt oder untersagt werden (Gesellschafter hat Austrittsrecht) | • Aktien werden den Gesellschaftern im Verhältnis zum gezeichneten Grundkapital zugeteilt (Gesellschaftsvertrag kann nicht-anteilsmäßige Zuteilung vorsehen)<br>• es können verschiedene Kategorien von Aktien begeben werden (Stammaktien, Vorzugsaktien, Sparaktien). Aktien der gleichen Art verbriefen gleiche Rechte |
| **Obligationen und Schuldverschreibungen** | • Begebung von Schuldverschreibungen möglich<br>• Zeichnung nur durch institutionelle Anleger<br>• werden Schuldverschreibungen weitergegeben, haften die institutionellen Anleger | • Begebung von Obligationen bis zum Doppelten von Grundkapital und Rücklagen<br>• Verwalter können über Begebung von Obligationen entscheiden (über Wandelobligationen beschließt ao. Hauptversammlung) |
| **Verwaltung (Geschäftsführung) und Kontrolle** | • Verwalter müssen Gesellschafter sein (wenn im Gesellschaftsvertrag nicht anders bestimmt)<br>• werden mehrere Verwalter bestellt, bilden sie den Verwaltungsrat (Einzel- oder Gesamtgeschäftsführung ist möglich)<br>• Überwachungsrat ab 120.000 Euro Gesellschaftskapital, ist auch für Prüfung des Jahresabschlusses zuständig | • drei verschiedene Formen: herkömmliche, dualistische, monistische<br>• Kontrolle durch Überwachungsrat, Aufsichtsrat oder Kontrollausschuss<br>• Prüfung des Jahresabschlusses durch Rechnungsprüfer oder Revisionsgesellschaft |
| **Gesellschafterversammlung Hauptversammlung** | • Entscheidungen werden von der Gesellschafterversammlung getroffen (Jahresabschluss, Gewinnverteilung, Verwalter, Überwachungsrat, Satzungsänderungen)<br>• Entscheidungen der Gesellschafter auch ohne Zusammentreffen möglich<br>• stark vereinfachte Formen der Einberufung möglich<br>• Einberufung können fordern: mindestens ein Verwalter oder Gesellschafter, die mindestens 1/3 des Grundkapitals vertreten<br>• keine Unterscheidung zwischen ordentlicher und außerordentlicher Gesellschafterversammlung | • Gesellschafter entscheiden in der ordentlichen Hauptversammlung (Jahresabschluss, bestellen Verwalter und Überwachungsrat) und außerordentlichen Hauptversammlung (Satzungsänderungen)<br>• Satzung kann einfachere Formen der Einberufung vorsehen<br>• geringere Zuständigkeiten in der dualistischen Gesellschaft (Gewinnverteilung, Bestellung des Aufsichtsrats) |
| **Austritt und Ausschluss von Gesellschaftern** | • Austrittsgründe vom Gesetz festlegt<br>• Gesellschaftsvertrag kann weitere Austrittsgründe vorsehen<br>• Auszahlung der Beteiligung zum Marktwert und nicht zum Buchwert<br>• Austritt ist hinfällig, wenn die betreffende Entscheidung widerrufen wird<br>• Ausschluss möglich, wenn Gründe im Gründungsakt vorgesehen, Beteiligung muss ausgezahlt werden | • Austrittsgründe vom Gesetz festgelegt<br>• Satzung kann in nicht Kapitalmarktorientierten Gesellschaften weitere Austrittsgründe vorsehen<br>• Austritt ist hinfällig, wenn die Gesellschaft die betreffenden Entscheidungen widerruft<br>• Austritt auch nur für einen Teil der Aktien des Gesellschafters möglich<br>• Auszahlung zum Marktwert<br>• Aktien des Austretenden können von Gesellschaft erworben werden<br>• Ausschluss von Gesellschaftern nicht möglich |
| **Einpersonen-Gesellschaft** | • Einpersonen-GmbH mit wenigen Einschränkungen möglich | • Einpersonen-AG möglich |

Standardmodell

Es ist hervorzuheben, dass im Zivilgesetzbuch weiterhin ein **Standardmodell der GmbH** vorgegeben wird, das sich kaum von jenen Bestimmungen unterscheidet, die vor der Gesellschaftsrechtsreform des Jahres 2003 gegolten haben. Das Standardmodell der GmbH entspricht dem klassischen Aufbau einer Kapitalgesellschaft mit Gesellschafterversammlung und Verwaltungsrat oder Alleinverwalter sowie mit dem Überwachungsrat, wenn erforderlich. Die vor der Reform gegründeten Gesellschaften – die Anzahl ist sehr groß – können deshalb ihre alten Satzungen abgesehen von geringfügigen Änderungen beibehalten. Von diesem Standardmodell der GmbH kann man auch stark abweichen, um die Gesellschaft so zu regeln, wie es die Gesellschafter für vorteilhaft erachten.

**Beispiele für Änderungsmöglichkeiten**

(im Vergleich zum Standardmodell der GmbH)

| | Bestimmungen für das Standardmodell | Mögliche Änderungen des Gesellschaftsvertrags |
|---|---|---|
| **Einlagen** | In bar | Sacheinlagen, Forderungen, Dienst- und Arbeitsleistungen (Versicherung oder Bankbürgschaft erforderlich) |
| **Beteiligung** | Im Verhältnis zum Wert der Einlagen | Höhere Anteile als im Verhältnis zur Einlage und besondere Rechte für bestimmte Mitglieder |
| **Grundkapital** | Voll von Gesellschaftern gezeichnet | Versicherungspolizze kann Grundkapital ersetzen |
| **Verwaltung** | Alleinverwalter oder Verwaltungsrat | Verwalter mit gemeinsamer oder getrennter Geschäftsführung oder Verwaltungsbefugnisse werden der Gesellschafterversammlung übertragen |
| **Entscheidungen der Gesellschafterversammlung** | Entscheidungen sind nur in der Gesellschafterversammlung möglich | Entscheidungen durch schriftliche Befragung oder schriftliche Einwilligung |
| **Veräußerung der Beteiligung** | Freie Veräußerung | Einschränkung oder Verbot der Veräußerung (Gesellschafter hat Austrittsrecht) |

## DIE GRÜNDUNG

Die **Gesellschaft mit beschränkter Haftung** (GmbH – *società a responsabilità limitata, s.r.l.*) ist eine Kapitalgesellschaft mit eigener Rechtspersönlichkeit (juristische Person), und die Gesellschafter haften nur mit ihrer Einlage. Oder anders ausgedrückt: »Bei der Gesellschaft mit beschränkter Haftung haftet für die Verbindlichkeiten der Gesellschaft nur die Gesellschaft mit ihrem Vermögen (Art. 2472).«

Die GmbH wird mit einem Vertrag oder, im Fall der Ein-Personen-Gesellschaft, mit einem einseitigen Gründungsakt gegründet. Deshalb bezeichnet man

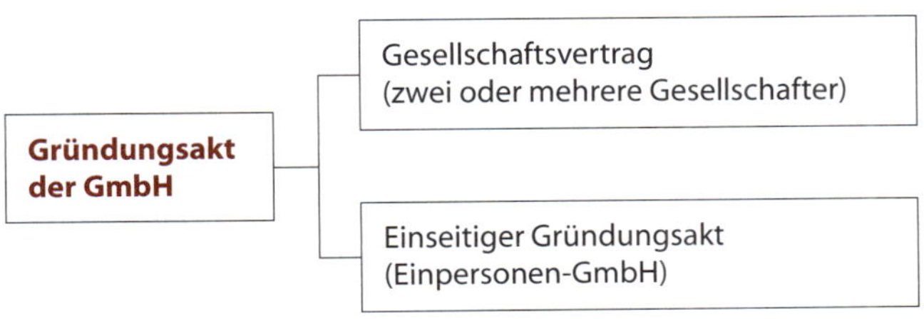

den Gesellschaftsvertrag und den einseitigen Gründungsakt zusammenfassend als **Gründungsakt** (*atto costitutivo*), der als notarielle Urkunde abgefasst werden muss. Auf die Einpersonen-GmbH wird noch später eingegangen.

Nach Art. 2463 muss der Gesellschaftsvertrag einer GmbH zwingend folgende Angaben enthalten:

- **Personalien der Gesellschafter;** wenn es sich bei den Gesellschaftern um juristische Personen handelt, ist die Firma, der Staat, wo die Gründung erfolgte, und der Sitz anzugeben,
- **Firma** und **Sitz** der Gesellschaft, wobei als Firma (*denominazione*) auch Fantasienamen, Ortsnamen, Namen von Personen sowie Zahlen oder Buchstaben zulässig sind. Die Firma muss stets die Bezeichnung Gesellschaft mit beschränkter Haftung (GmbH) enthalten. Als Sitz der Gesellschaft und der etwaigen Zweigniederlassungen ist nur die betreffende Gemeinde anzugeben,
- die **Tätigkeit**, die den Gesellschaftszweck bildet,
- das **gezeichnete Kapital** (Grundkapital), das mindestens 10.000 Euro betragen muss, und das **einbezahlte Kapital**,
- die **Einlagen** der einzelnen Gesellschafter und wie der Wert den etwaigen Sacheinlagen beigemessen wird,
- den **Geschäftsanteil** (Anteil – *quota di partecipazione*) der einzelnen Gesellschafter, der nicht unbedingt dem Verhältnis ihrer Einlage zum Grundkapital der Gesellschaft entsprechen muss,
- die Vorschriften, um die Arbeitsweise der Gesellschaft und deren gesetzliche Vertretung zu regeln. Von einer eigenen Satzung (Statut) ist in den Bestimmungen für die GmbH nie die Rede. Die Satzung kann jedoch auch weiterhin als Teil des Gesellschaftsvertrages abgefasst werden,
- die **Verwalter** der Gesellschaft und allenfalls die mit der **Rechnungsprüfung** betrauten Personen,
- den Gründungsaufwand, wenigstens annähernd beziffert.

Für die Gründung der GmbH wird zudem auf Bestimmungen für die Aktiengesellschaft verwiesen: So gilt auch für die GmbH die Vorschrift, dass bei der Gründung **25 % der Bareinlagen** bei einer Bank hinterlegt werden müssen. Zudem sind die Bestimmungen für die Sacheinlagen zu beachten und für bestimmte Tätigkeiten müssen die erforderlichen Ermächtigungen vorliegen. Das gilt zum Beispiel für das Betreiben von Wettbüros oder von Privatkliniken, den Handel mit Medikamenten usw. Bei einer GmbH, die eine Handwerkstätigkeit ausüben will, müssen die Gesellschafter mehrheitlich als Handwerker befähigt sein und mehrheitlich selbst im Betrieb mitarbeiten.

Hingegen ist es (noch) nicht zulässig, dass geschützte Freiberufe (Notar, Wirtschaftsberater, Architekten usw.) in der Form einer GmbH ausgeübt werden können. Eine Reihe von Tätigkeiten im Finanzbereich, wie Versicherungen, Banken und Wertpapiervermittlungsgeschäfte, sind hingegen den Aktiengesellschaften und bestimmten Genossenschaften vorbehalten.

Der **Notar**, der den Gesellschaftsvertrag abfasst, hat zu überprüfen, ob der Gesellschaftsvertrag den gesetzlichen Bestimmungen entspricht und er muss ihn innerhalb von 20 Tagen elektronisch an das Handelsregisteramt zur Eintragung übermitteln. Dort wird überprüft, ob die eingereichten Dokumente formell in Ordnung sind, und bei einem positiven Ausgang der Prüfung erfolgt die Eintragung in das

Handelsregister (*registro delle imprese*). Mit der Eintragung in das Handelsregister erwirbt die GmbH die **Rechtspersönlichkeit** und wird so zur juristischen Person.

GmbH erwirbt Rechtspersönlichkeit (juristische Person)

Für die vor der Eintragung in das Handelsregister im Namen der Gesellschaft durchgeführten Geschäfte werden die Bestimmungen für die Aktiengesellschaft angewandt (Art. 2331). In diesen Fällen haften die Gesellschafter, die diese Geschäfte getätigt haben, Dritten gegenüber unbeschränkt und gesamtschuldnerisch. Das kann zum Beispiel für den Kauf von Büroeinrichtungen oder den Abschluss von Arbeits-, Beratungs- oder Werbeverträgen gelten, wenn diese Verträge von den Gesellschaftern der GmbH bereits vor der Eintragung in das Handelsregister geschlossen wurden. In gleicher Weise haften auch jene Gesellschafter, die im Gesellschaftsvertrag oder mit einer getrennten Urkunde die Durchführung dieser Geschäfte beschlossen, genehmigt oder gebilligt haben. Wenn nach erfolgter Eintragung die betreffenden Geschäfte von der Gesellschaft genehmigt werden, haftet auch die Gesellschaft und sie ist verpflichtet, jene zu entlasten, die das Geschäft durchgeführt haben.

## EINLAGEN

Das im Gesellschaftsvertrag festgelegte Grundkapital muss, wie bereits erwähnt, mindestens 10.000 Euro betragen. Dabei ist zu beachten, dass der Gesamtwert der von den Gesellschaftern erbrachten Einlagen mindestens so hoch wie das Grundkapital sein muss (Art. 2463). Als Einlagen (*conferimento*) können alle Bestandteile der Aktiva eingebracht werden, für die eine Bewertung möglich ist. Neben den Bareinlagen (*conferimento in denaro*) und den üblichen Sacheinlagen wie Betriebe, Forderungen, bewegliche und unbewegliche Sachen, Patent-, Marken- und Urheberrechten, können die Gesellschafter auch die Verpflichtungen zu **Arbeitsleistungen und Dienstleistungen** als Einlage einbringen. Für diese besondere Art von Einlagen muss als Sicherstellung ein entsprechender Versicherungsvertrag oder eine Bankbürgschaft beigebracht werden, und zwar in der vollen Höhe des Wertes, der den Arbeitsleistungen oder Dienstleistungen durch einen Sachverständigen zugeschrieben wird. Einlagen in der Form von Arbeits- und Dienstleistungen können besonders für eine kleine GmbH von Bedeutung sein, wo einzelne Gesellschafter durch hervorragende berufliche Leistungen oft wesentlich zum Erfolg des Unternehmens beitragen. Durch einen Versicherungsvertrag oder eine Bankbürgschaft wird sichergestellt, dass das Gesellschaftskapital der GmbH erhalten bleibt, auch wenn der betreffende Gesellschafter seine Leistung nicht erbringt.

### BEISPIEL

**Einlage in Form von Dienstleistung**

Drei Gesellschafter gründen die auf Werbegrafik spezialisierte *super grafik* GmbH mit einem Grundkapital von 300.000 Euro. Die Gesellschafter Andreas Radierer und Angelika Werberin erbringen eine Einlage von je 100.000 Euro und der Gesellschafter Josef Zeichner, ein begabter Grafiker, verpflichtet sich für die Dauer von zwei Jahren seine Leistungen für die neue Gesellschaft kostenlos zu erbringen. Diese als Einlage geltenden Leistungen werden durch einen Sachverständigen, den der Gesellschafter Zeichner beauftragt hat, in einem beeideten Schätzungsbericht mit 100.000 Euro bewertet. Zur Sicherstellung seiner Einlage legt der Gesellschafter Zeichner eine Bankbürgschaft in der Höhe von 100.000 Euro vor.

Die **Bewertung** der Sacheinlagen und Forderungen sowie der als Einlagen geltenden Arbeits- und Dienstleistungen erfolgt durch einen in das Register der Rechnungsprüfer eingetragenen Sachverständigen oder durch eine Prüfungsgesellschaft, die darüber einen beeideten Bericht abfassen (Art. 2465). Eine Kontrolle dieser Bewertung ist in der GmbH nicht vorgesehen, weil man davon ausgeht, dass jeder Gesellschafter an einer möglichst zuverlässigen Schätzung der Einlagen der übrigen Gesellschafter interessiert ist. Sollte sich jedoch später herausstellen, dass Sacheinlagen überbewertet wurden, so müssen die Verwalter umgehend geeignete Maßnahmen ergreifen. So könnte zum Beispiel vom betreffenden Gesellschafter eine Ausgleichszahlung verlangt werden, um den Wert seiner Einlage wieder herzustellen.

## Beteiligungen und Anteile

Die GmbH ist grundsätzlich nicht auf den Kapitalmarkt ausgerichtet, und darum wird die Übertragung der Beteiligungen nicht besonders erleichtert. Im Gegensatz zur Aktiengesellschaft dürfen deshalb die **Beteiligungen** an der Gesellschaft **nicht in Aktien** verbrieft werden. Zudem dürfen für Beteiligungen an einer GmbH **keine öffentlichen Anlageempfehlungen** (*sollecitazione all'investimento*) verbreitet werden (Art. 2468).

Die **Rechte des Gesellschafters** ergeben sich aus seiner **Beteiligung** (*partecipazione, quota di partecipazione*) und sein Einfluss in der Gesellschaft hängt von seinem **Anteil** (*quota*) am Grundkapital der GmbH ab. In der Regel steht die **Beteiligung** eines Gesellschafters im Verhältnis zu seiner **Einlage** (*conferimento*). Die Beteiligungen können als Anteile mit Nennwerten in Eurobeträgen oder als nennwertlose Anteile in Bruchteilen oder Prozentsätzen des Grundkapitals (z. B. ¼ oder 25 %) festgelegt werden.

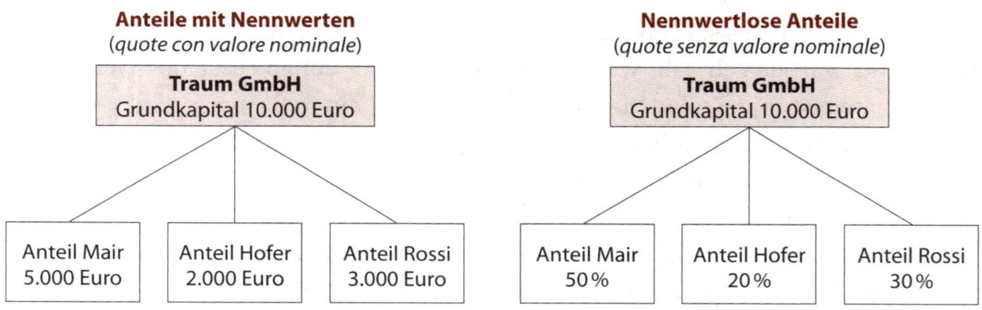


Beteiligungen sind bewegliche und immaterielle Sachen, eingetragen in das Handelsregister

Die Beteiligungen oder Anteile (Geschäftsanteile) an einer GmbH gelten als **bewegliche und immaterielle Sachen,** die in ein öffentliches Register (Handelsregister) sowie in das Gesellschafterbuch eingetragen sind. Die einzelnen Gesellschafter verfügen jeweils nur über **einen Anteil,** wenn auch oft von unterschiedlicher Größe. Der Anteil stellt sowohl die **Rechte** wie die **Pflichten des Gesellschafters** gegenüber der Gesellschaft dar. Der jeweilige Geschäftsanteil berechtigt zur Teilnahme an den Entscheidungen und zum Anteil am Gewinn. Dem gegenüber ist der Gesellschafter hauptsächlich verpflichtet, die vereinbarte Einlage zu erbringen.

Grundsätzlich werden die Beteiligungen (Anteile) der Gesellschafter im Verhältnis zu ihren Einlagen festgelegt und die Rechte der Gesellschafter werden im Verhältnis zu ihrer Beteiligung, also entsprechend ihrem Anteil (Geschäftsanteil), ausgeübt. Im Gesellschaftsvertrag kann jedoch nach Art. 2468 bestimmt werden, dass

- die Beteiligungen **nicht im Verhältnis** zu den Einlagen der Gesellschafter festgelegt werden und dass
- einzelnen Gesellschaftern **besondere Rechte** eingeräumt werden.

BEISPIEL

**Beteiligungen nicht im Verhältnis zu den Einlagen**

Die im Modegeschäft sehr erfahrene Frau Eva Schick und die junge Modeschöpferin Rita Schöpfer wollen gemeinsam Sportbekleidungen herstellen. Dazu gründen sie die Alpen-Sport GmbH mit einer Einlage von je 5.000 Euro. Um die Erfahrung von Frau Schick zu berücksichtigen wird ihr Geschäftsanteil mit 60 % festgelegt, während der Geschäftsanteil von Frau Schöpfer nur 40 % beträgt.

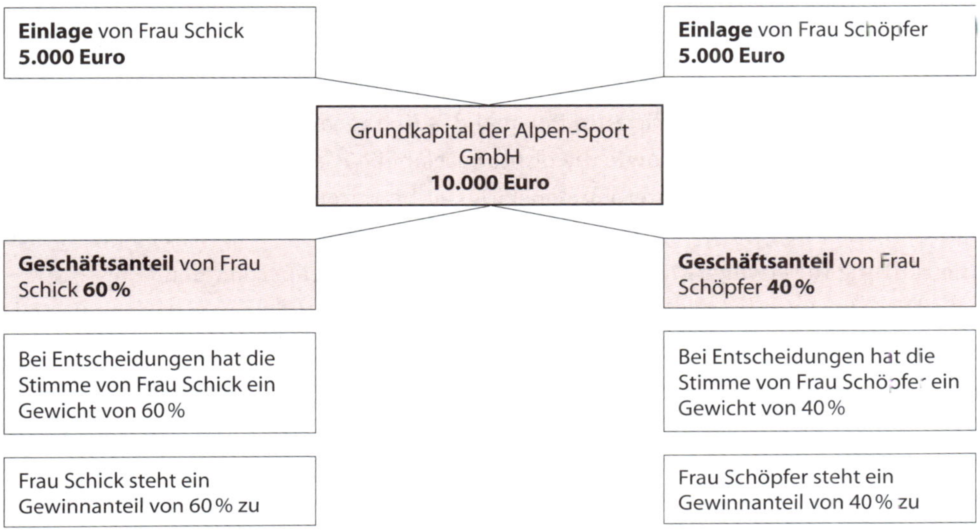


Besondere Rechte für einzelne Gesellschafter

Auch was die Rechte der Gesellschafter anbelangt, kann im Gesellschaftsvertrag festgelegt werden, dass einzelnen Gesellschaftern **besondere Rechte** eingeräumt werden (*attribuzione a singoli soci di particolari diritti*). So könnte zum Beispiel einem Gesellschafter, das Recht eingeräumt werden, eines oder mehrere Mitglieder des Verwaltungsrates zu bestellen. Auch könnte einem Gesellschafter ein Vetorecht bei der Bestellung des Verwaltungsrates oder bei bestimmten Entscheidungen zugestanden werden. Weiters könnte für einen Gesellschafter ein Recht auf einen höherer Gewinnanteil festgelegt werden, als ihm auf Grund seines Geschäftsanteils zusteht.

Zur Abänderung der besonderen Rechte einzelner Gesellschafter ist das Einverständnis aller Gesellschafter erforderlich. Der Gesellschaftsvertrag kann aber für diesen Fall eine Mehrheitsentscheidung vorsehen. Wenn es dadurch zu einer wesentlichen Änderung der besonderen Rechte kommt, steht dem betroffenen Gesellschafter das Austrittsrecht zu.

## Übertragung von Beteiligungen

Grundsätzlich sind die Beteiligungen an der GmbH **frei übertragbar**, sowohl durch Rechtsgeschäfte zwischen Lebenden als auch durch Erbfolge (Art. 2469). Es besteht aber auch die Möglichkeit, die Übertragung der Beteiligungen (*trasferimento della* *partecipazione*) mit dem Gesellschaftsvertrag völlig zu untersagen oder bestimmten Beschränkungen zu unterwerfen.

Zwischen Lebenden kann die Beteiligung mit einem **Vertrag** (Kauf, Schenkung, Tausch) übertragen werden. Damit die Übertragung Dritten gegenüber, also auch gegenüber der Gesellschaft, wirksam wird, ist der betreffende Vertrag beim **Handelsregister** elektronisch zu hinterlegen. Gegenüber der Gesellschaft wird die Übertragung der Beteiligung erst mit der Eintragung in das **Gesellschafterverzeichnis** beim Handelsregister wirksam.

Gesellschafter-verzeichnis

Bei der Veräußerung seiner Beteiligung muss der Gesellschafter nur gewährleisten, dass die Beteiligung tatsächlich existiert und er der rechtmäßige Eigentümer ist und dass keine Belastungen zu Gunsten Dritter bestehen. Hingegen hat der veräußernde Gesellschafter nicht für Höhe des Eigenkapitals der GmbH zu haften. Bei der Veräußerung der Mehrheitsbeteiligung oder der gesamten Beteiligungen an einer GmbH ist es jedoch üblich, dass mit dem veräußernden Gesellschafter eine Haftung für etwaige Nachzahlungen von Steuern und Sozialbeiträgen mit entsprechenden Sicherstellungen (z. B. Bankbürgschaft) vereinbart wird. Dazu können noch weitere Vereinbarungen kommen, die zum Beispiel das Risiko von anhängigen Gerichtsverfahren oder die Gültigkeit sowie die ordnungsgemäße Ausführung von Verträgen im Zusammenhang mit der Unternehmenstätigkeit betreffen. Beim Verkauf der Beteiligung an einer Baugesellschaft könnte der veräußernde Gesellschafter beispielsweise die Haftung für etwaige Mängel der ausgeführten Bauten übernehmen.

Die Übertragung der Beteiligungen an der GmbH kann mit dem Gesellschaftsvertrag untersagt werden. In diesem Fall steht dem Gesellschafter das **Austrittsrecht** (*diritto di recesso*) zu und er ist somit kein »Gefangener« der GmbH (Art. 2469). Das Austrittsrecht ist auch vorgesehen, wenn die Übertragung der Beteiligung von der Billigung der Gesellschaftsorgane (Verwaltungsrat oder Gesellschafterversammlung), der Gesellschafter oder von der Billigung Dritter abhängt, ohne dass hierfür Bedingungen oder Grenzen vorgesehen sind. Es besteht aber die Möglichkeit, im Gründungsvertrag eine Frist von höchstens zwei Jahren ab Gründung der Gesellschaft oder ab Zeichnung der Beteiligung festzulegen, bis zu deren Ablauf vom Austrittsrecht nicht Gebrauch gemacht werden kann.

Austrittsrecht, wenn Beteiligung nicht übertragen werden darf

In vielen Gesellschaftsverträgen wird die Übertragung der Beteiligungen eingeschränkt, indem den anderen Gesellschaftern ein **Vorkaufsrecht** (*diritto di prelazione*) eingeräumt wird. Eine Vertragsbestimmung kann zum Beispiel vorsehen, dass die anderen Gesellschafter die zu veräußernde Beteiligung zu einem Preis erwerben können, der von einem Schiedsgericht bestimmt wird.

## GESELLSCHAFTERFREMDFINANZIERUNG

Die Einlagen der Gesellschafter bilden das Grundkapital der GmbH. Darüber hinaus können die Gesellschafter ihrer Gesellschaft auch Fremdkapital vor allem in der Form von Darlehen zur Verfügung stellen. Ein Vorteil der **Gesellschafterfremdfinanzierung** (*finanziamenti dei soci*) besteht darin, dass die Gesellschafter in der Regel für die Zinseinkünfte aus ihrem Darlehen weniger Steuern bezahlen müssen als für den Unternehmensgewinn. Steuerliche Bestimmungen sollen deshalb verhindern, dass die Gesellschafter übermäßigen Gebrauch von der Fremdfinanzierung machen. Trotzdem sind viele GmbHs durch einen **chronischen Mangel an Eigenkapital** gekennzeichnet. Die Fremdfinanzierung durch Gesellschafter bietet außerdem den Vorteil, dass die Mittel bei Fälligkeit dem Gesellschafter als Darlehensgeber zurückerstattet werden. Die Beteiligung ist hingegen als Teil des Grundkapitals dauerhaft im Unternehmen gebunden und nur beim Austritt verfügbar.

Besondere Bestimmungen gelten nach Art. 2467 für Finanzierungen in jeglicher Form durch die Gesellschafter, wenn ein grobes Missverhältnis zwischen Fremdkapital und Eigenkapital bestand oder wenn aufgrund der finanziellen Lage der GmbH eine Einlage angebracht gewesen wäre.

Um bei der Rückzahlung der Finanzierungen an die Gesellschafter zu verhindern, dass die übrigen Gläubiger der GmbH benachteiligt werden, sind die Forderungen der Gesellschafter nach Art. 2467 **nachrangig** zu befriedigen. Rückzahlungen an die Gesellschafter, die im letzten Jahr vor der Konkurseröffnung erfolgt sind, müssen rückgängig gemacht werden.

### Schuldverschreibungen

Die GmbH kann nach Art. 2483 **Schuldverschreibungen** (*titolo di debito*) begeben, wenn dies im Gesellschaftsvertrag vorgesehen ist. Neben den Bank- und Lieferantenkrediten bietet sich so eine weitere Möglichkeit, um das von der Gesellschaft benötigte Fremdkapital aufzubringen. Für die Begebung der Schuldverschreibungen gibt es keine gesetzlichen Beschränkungen wie bei der Aktiengesellschaft, weil diese Schuldtitel nur von Großanlegern gezeichnet werden dürfen. Es handelt sich dabei um Banken, Versicherungsgesellschaften sowie um Finanzierungs- und Fondsgesellschaften, die einer besonderen Aufsicht durch die Banca d'Italia, die Börsenaufsichtsbehörde (*Consob*) oder die Versicherungsaufsichtsbehörde (*Isvap*) unterliegen. Von diesen Großanlegern wird nämlich angenommen, dass sie die Kreditwürdigkeit der Emittenten gut einschätzen können.

Wenn die Großanleger die von ihnen gezeichneten Schuldverschreibungen bei Sparern unterbringen, so **haften** sie gegenüber den Erwerbern **bei Zahlungsunfähigkeit** der emittierenden Gesellschaft. Die Haftung entfällt nur gegenüber anderen Großanlegern und gegenüber den Gesellschaftern der betreffenden GmbH. Wird von der GmbH die Emission einer Schuldverschreibung beschlossen, so muss die Entscheidung der Gesellschaft mit den Anleihebedingungen und der Tilgungsform in das Handelsregister eingetragen werden.

## AUSTRITT UND AUSSCHLUSS VON GESELLSCHAFTERN

Der **Austritt** (*recesso*) der Gesellschafter einer GmbH kann aus den im Gesetz oder im Gesellschaftsvertrag vorgesehenen Gründen erfolgen. Gerade für die GmbH ist es wichtig, dass für die Gesellschafter Austrittsmöglichkeiten bestehen, weil es im Unterschied zu vielen Aktiengesellschaften kaum Chancen gibt, die Beteiligungen am Kapitalmarkt zu einem angemessenen Preis zu verkaufen. Neben den Interessen der ausscheidenden Gesellschafter gilt es auch die Belange der übrigen Gesellschafter und der Gläubiger der GmbH zu schützen.

Nach dem Gesetz (Art. 2473) steht das Austrittsrecht jenen Gesellschaftern zu, die bestimmten Entscheidungen **nicht zugestimmt** haben. Es handelt sich dabei um folgende Entscheidungen der GmbH: Änderung der Gesellschaftstätigkeit oder der Gesellschaftsform, Verschmelzung mit anderen Gesellschaften oder Spaltung der Gesellschaft, Widerruf der Liquidation, Verlegung des Gesellschaftssitzes ins Ausland, Streichung von Austrittsgründen im Gesellschaftsvertrag sowie die Durchführung von Geschäften, die eine wesentliche Änderung des Gesellschaftszwecks oder der Rechte der Gesellschafter bewirken. Außerdem steht das Austrittsrecht nach Art. 2481bis jenen Gesellschaftern zu, die bei einer Kapitalerhöhung nicht zugestimmt haben, dass die neuen Anteile auch an Dritte ausgegeben werden können.

In einigen Fällen können **alle Gesellschafter** das Austrittsrecht geltend machen. Wenn nämlich im Gesellschaftsvertrag festgelegt wurde, dass die Beteiligungen nicht übertragen werden können oder wenn die Übertragung der Beteiligung von der Billigung der Gesellschaftsorgane (Verwaltungsrat oder Gesellschafterversammlung), der Gesellschafter oder von der Billigung Dritter abhängt, ohne dass hierfür Bedingungen oder Grenzen vorgesehen sind. Auch wenn für die GmbH eine unbefristete Dauer vorgesehen ist, steht das Austrittsrecht allen Gesellschaftern zu.

Neben den im Gesetz vorgesehenen Austrittsgründen können im **Gesellschaftsvertrag** bzw. in der Satzung (als Teil des Gesellschaftsvertrages) zusätzliche Gründe für einen Austritt festgelegt werden. So könnte zum Beispiel das Austrittsrecht von Gesellschaftern vorgesehen sein, wenn die GmbH ihre Tätigkeiten von Südtirol nach Süditalien verlegt oder wenn andere Gesellschafter ihre Beteiligungen an Dritte veräußern.

Bewertung der Beteiligung beim Austritt des Gesellschafters

Beim Austritt eines Gesellschafters ist die **Bewertung der Beteiligung** von großer praktischer Bedeutung. Nach Art. 2473 hat der ausscheidende Gesellschafter Anspruch auf die Auszahlung seiner Beteiligung entsprechend dem **Anteil am Eigenkapital** der GmbH (*patrimonio sociale*). Dabei muss die Bewertung des Eigenkapitals zum Zeitpunkt der Austrittserklärung und unter Berücksichtigung des Marktwertes vorgenommen werden. Herrscht Uneinigkeit über den Wert der Beteiligung, so wird ein Gerichtssachverständiger mit einer Schätzung beauftragt. Es besteht auch die Möglichkeit, im Gesellschaftsvertrag festzulegen, wie die Beteiligung im Falle eines Austritts zu bewerten ist. So könnte man zum Beispiel vom Buchwert des Eigenkapitals ausgehen, um den Wert der Beteiligung zu ermitteln. Um Austrittswillige abzuschrecken, wäre es sogar möglich, die Auszahlung auf den Nennwert der Beteiligung zu beschränken.

Die Auszahlung der Beteiligung hat innerhalb von 180 Tagen ab Mitteilung des Austritts an die Gesellschaft zu erfolgen. Erworben werden kann die Beteiligung des ausscheidenden Gesellschafters: von den übrigen Gesellschaftern oder durch einen Außenstehenden, der von den übrigen Gesellschaftern einvernehmlich namhaft gemacht wird. Sind diese Lösungen nicht möglich, so können die verfügbaren Rücklagen der Gesellschaft für die Auszahlung verwendet werden. Sonst muss man das Grundkapital der Gesellschaft entsprechend herabsetzen oder die Gesellschaft auflösen.

Die Gesellschaft hat jedoch die Möglichkeit, den Austritt zu verhindern, indem sie den Beschluss rückgängig macht, der den Austritt gerechtfertigt hat.

In der GmbH stellen die Gesellschafter sehr oft nicht nur das Grundkapital zur Verfügung sondern sie arbeiten auch im Unternehmen mit, und es besteht vielfach ein **enges Vertrauensverhältnis** zwischen den Gesellschaftern. Ähnlich wie bei den Personengesellschaften sind die persönlichen Beziehungen zwischen den Gesellschaftern auch in der GmbH oft von großer Bedeutung. Deshalb ist es nach Art. 2473bis möglich, Gesellschafter aus einem **wichtigen Grund** (*giusta causa*) aus der Gesellschaft auszuschließen. Der Ausschluss eines Gesellschafters (*esclusione del socio*) ist jedoch nur zulässig, wenn im Gesellschaftsvertrag die besonderen Ausschlussgründe festgelegt werden. Solche Ausschlussgründe können von Gesellschaft zu Gesellschaft sehr unterschiedlich sein. In einer Wach- und Schließgesellschaft wird man zum Beispiel den Ausschluss vorsehen, wenn ein Gesellschafter wegen Eigentumsdelikten und sonstiger Straftaten verurteilt wird. Für eine Beratungsgesellschaft könnte hingegen die Streichung des Gesellschafters aus einem Berufverzeichnis (*albo*) einen Ausschlussgrund darstellen. Ein weiteres Beispiel für einen Ausschlussgrund könnte ein Insolvenzverfahren sein, das über einen Gesellschafter eröffnet wird.

Im Gesellschaftsvertrag sollte auch festgelegt werden, wer über den Ausschluss eines Gesellschafters entscheidet. Das dürfte entweder ein Organ der Gesellschaft (Gesellschafterversammlung oder Verwaltungsrat) oder ein zu bestellendes Schiedsgericht sein. Für die Auszahlung der Beteiligung des ausgeschlossenen Gesellschafters finden die gleichen Bestimmungen wie beim Austritt eines Gesellschafters der AG Anwendung. Nur die Auszahlung durch entsprechende Herabsetzung des Grundkapitals ist nicht zulässig.

## VERWALTUNG UND KONTROLLEN

### Alleinverwalter oder Verwaltungsrat

Alleinverwalter oder Verwaltungsrat

In der GmbH ist als **Organ der Geschäftsführung** (*organo amministrativo*) entweder der Alleinverwalter oder der Verwaltungsrat vorgesehen (Art. 2475). Und es gilt die Einschränkung, dass nur Gesellschafter als Verwalter bestellt werden dürfen. Es ist jedoch möglich auch Außenstehende in den Verwaltungsrat zu berufen, wenn eine entsprechende Bestimmung im Gesellschaftsvertrag das vorsieht. Das ist zum Beispiel erforderlich, wenn Personen in Vertretung einer AG oder einer anderen juristischen Person dem Verwaltungsrat angehören. Werden mehrere Personen als Verwalter mit der Geschäftsführung betraut, so bilden sie den **Verwaltungsrat** (*consiglio d'amministrazione*), der seine Entscheidungen nach dem Kollegialprinzip mit Zustimmung der Mehrheit der Mitglieder trifft.

Vor allem in kleineren Gesellschaften sind die von Formalitäten belasteten Verwaltungsratssitzungen ziemlich wirklichkeitsfremd und schwerfällig. Während bei größeren Gesellschaften die Beratungen im Verwaltungsrat sinnvoll sein können, besonders wenn daran auch Mitglieder teilnehmen, die sich nicht laufend an der Geschäftsführung beteiligen. In kleineren Gesellschaften hingegen arbeiten die Verwalter ständig Seite an Seite in ihrem Unternehmen, und Beratungen sind laufend möglich. Deshalb kann der Gesellschaftsvertrag Bestimmungen enthalten, um die Arbeit der Verwalter einfacher und effizienter zu gestalten. So brauchen kollegiale Entscheidungen nicht in Sitzungen des Verwaltungsrates getroffen werden. Es besteht nämlich die Möglichkeit, dass die Verwalter ihre Entscheidungen durch **schriftliche Befragung** (*consultazione scritta*) oder mit **schriftlicher Einwilligung** (*consenso espresso per iscritto*) treffen.

Entscheidungen durch schriftliche Befragung oder schriftliche Einwilligung

An Stelle der kollegialen Entscheidungen des Verwaltungsrates kann die Geschäftsführung auch in ähnlicher Form wie bei den Personengesellschaften erfolgen. Im Gesellschaftsvertrag kann nämlich die Einzelgeschäftsführung oder die Gesamtgeschäftsführung in den Fällen vorgesehen werden, in denen nicht zwingend die kollegiale Entscheidung des Verwaltungsrates vorgeschrieben ist (Jahresabschluss, Verschmelzung, Spaltung, Kapitalerhöhung). Bei der **Einzelgeschäftsführung** (*amministrazione disgiunta*) stehen die Entscheidungen jedem Verwalter getrennt zu, wobei die Zustimmung der anderen Verwalter nicht erforderlich ist (Art. 2257). Ein etwaiger Widerspruch der anderen Verwalter ist nur vor der Ausführung der Entscheidung möglich. Bei der **Gesamtgeschäftsführung** (*amministrazione congiunta*) werden die Entscheidungen von allen Verwaltern oder von einer bestimmten Anzahl von Verwaltern gefasst und im Gegensatz zu kollegialen Entscheidungen ist die Zustimmung aller erforderlich.

Bestimmte Entscheidungen müssen vom Verwaltungsrat aber **stets in kollegialer Form** gefasst werden. Das gilt für die Abfassung des Jahresabschlusses sowie für Entscheidungen über Verschmelzungs- oder Spaltungspläne und über Kapitalerhöhungen.

Die **Bestellung der Verwalter** (*nomina degli amministratori*) erfolgt bei Gründung der GmbH mit dem Gesellschaftsvertrag. Danach werden die Verwalter von den Gesellschaftern bestellt. Für die GmbH gibt es keine eigenen Bestimmungen über Nichtwählbarkeit, Abberufung und Amtsverlust. Weshalb entsprechende Regelungen im Gesellschaftsvertrag angebracht sind. Die Regelungen können außerdem vorsehen, ob die Verwalter ihr Amt für eine **bestimmte Zeit** oder bis **auf Widerruf** oder bis zum **Rücktritt** ausüben.

»Den Verwaltern steht die **allgemeine Vertretung** der Gesellschaft zu« (Art. 2475bis). Deshalb sind die Verwalter innerhalb von 30 Tagen nach ihrer Bestellung in das Handelsregister einzutragen. Und es ist anzuführen, welchen Verwaltern die Vertretungsvollmacht zusteht und ob sie getrennt oder gemeinsam ausgeübt wird. Dabei ist zu beachten, dass Beschränkungen der Vertretungsvollmacht im Gesellschaftsvertrag oder im Bestellungsbeschluss gegenüber Dritten nicht wirksam sind, selbst wenn diese öffentlich bekannt gemacht wurden. Wer einen Vertrag mit einer GmbH abschließt, muss sich also nicht erkundigen, ob der Verwalter als Vertreter der Gesellschaft tatsächlich dazu ermächtigt ist. Die Einschränkungen der Vertretungsvollmacht sind nur dann wirksam, wenn bewiesen werden kann, dass der Dritte vorsätzlich zum Schaden der betreffenden GmbH gehandelt hat.

Im Standardmodell der GmbH sind der Verwaltungsrat oder der Alleinverwalter mit der **Geschäftsführung** betraut, und sie müssen in Anlehnung an die Bestimmungen für die Aktiengesellschaft »die zur Erreichung des Gesellschaftszwecks erforderlichen Geschäfte tätigen« (Art. 2380bis). Die Verwalter müssen ihre Pflichten mit der besonderen Sorgfalt erfüllen. Sie **haften als Gesamtschuldner** der Gesellschaft gegenüber für entstandene Schäden, wenn sie bei der Geschäftsführung die ihnen vom Gesetz oder vom Gesellschaftsvertrag auferlegten Pflichten verletzten (Art. 2476). Und es ist nicht einfach dieser Haftung auszuweichen. Dazu muss ein Verwalter beweisen, dass ihn keine Schuld trifft. Zudem ist erforderlich,

Haftung der Verwalter

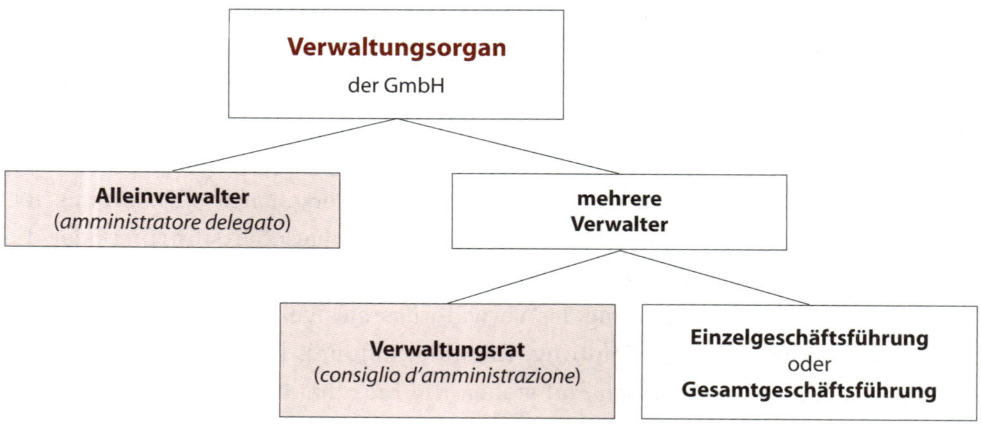

dass er seine Ablehnung vermerken hat lassen, als er von der bevorstehenden Ausführung der Handlung erfuhr. Die Haftung kann sich auch auf die Gesellschafter ausdehnen. Sie haften zusammen mit den Verwaltern, wenn sie absichtlich die Ausführung von Handlungen beschlossen oder genehmigt haben, die der Gesellschaft, den Gesellschaftern oder Dritten Schäden verursachen.

Die **Haftungsklage** (*azione di responsabilità*) gegen die Verwalter wird in der GmbH erleichtert (Art. 2476), denn: »Jeder Gesellschafter kann eine Haftungsklage gegen die Verwalter einbringen und zudem beantragen, dass im Fall schwerwiegender Unregelmäßigkeiten bei der Führung der Gesellschaft die **Abberufung der Verwalter** als Sicherungsmaßnahme verfügt wird.«

Interessenkonflikt

In der Gesellschaft kann es vorkommen, dass bei einem Vertragsabschluss zwischen dem eigenen Vorteil des Verwalters (oder den Vorteilen von Dritten) und dem Interesse der Gesellschaft ein **Interessenkonflikt** (Interessenkollision – *conflitto di interessi*) besteht. So könnte zum Beispiel ein Verwalter daran interessiert sein, dass ein guter Freund ein Grundstück zu einem überhöhten Preis an die Gesellschaft verkaufen kann. Solche Verträge können auf Antrag der Gesellschaft für nichtig erklärt werden, wenn der Interessenkonflikt dem Dritten bekannt gewesen ist oder vom Dritten hätte erkannt werden können.

Der Interessenkonflikt eines Verwalters kann auch von Bedeutung sein, wenn dadurch die Entscheidungen des Verwaltungsrates in ausschlaggebender Weise beeinflusst werden und der Gesellschaft so ein Schaden erwächst. Das wäre zum Beispiel der Fall, wenn mit der entscheidenden Stimme des betreffenden Verwalters beschlossen wird, von dessen Bruder ein überteuertes Fertighaus zu kaufen. Diese Entscheidung kann von den übrigen Verwaltern, vom Überwachungsrat oder vom Rechnungsprüfer innerhalb von 90 Tagen angefochten werden.

## Kontrollrechte der Gesellschafter

In der GmbH haben die Gesellschafter nach Art. 2476 ein im Gegensatz zur Aktiengesellschaft weiter gefasstes Kontrollrecht: Die nicht an der Verwaltung beteiligten Gesellschafter sind nämlich berechtigt, von den Verwaltern **Auskünfte** über den Geschäftsgang zu verlangen. Sie können auch Einsicht in die **Geschäftsbücher** sowie in die Geschäftsunterlagen nehmen und sich dabei von Fachpersonen ihres Vertrauens unterstützen lassen. Streithähne und Starrköpfe unter den Gesellschaftern könnten dieses umfangreiche Kontrollrecht leider missbrauchen, ohne dass dagegen das Betriebsgeheimnis, die Vertraulichkeit bestimmter Informationen sowie übermäßige Kosten und Belastungen einzuwenden wären. Denn es besteht nämlich keine Möglichkeit, das Kontrollrecht der Gesellschafter durch Bestimmungen im Gesellschaftsvertrag einzuengen. Jeder einzelne Gesellschafter kann zudem Haftungsklagen gegen die Verwalter einreichen, was Querulanten ein weites Betätigungsfeld eröffnet.

## Überwachungsrat

Ab 120.000 Euro Grundkapital

In den kleinen GmbHs wird davon ausgegangen, dass die von den Gesellschaftern über die Geschäftsführung ausgeübte Kontrolle genügt. Deshalb ist der **Überwachungsrat** (*collegio sindacale*), dem auch die Rechnungsprüfung obliegt, erst ab einem Grundkapital von 120.000 Euro vorgeschrieben. Es ist zudem erforderlich, den Überwachungsrat zu bestellen, wenn zwei der drei Schwellenwerte für den

Jahresabschluss in verkürzter Form (Art. 2435bis) in zwei aufeinander folgenden Geschäftsjahren überschritten werden. Die drei Schwellenwerte sind: Gesamtaktiva 3.650.000 Euro, Erlöse aus Verkäufen und Dienstleistungen 7.300.000 Euro, durchschnittlich 50 Beschäftigte im Geschäftsjahr.

Für die Bestellung der Mitglieder des Überwachungsrates (drei oder fünf ordentliche Mitglieder und zwei Ersatzmitglieder), die Arbeitsweise des Überwachungsrates sowie deren Rechte und Pflichten gelten die einschlägigen Bestimmungen wie für die Aktiengesellschaft (Art. 2397–2409). Demnach wacht der Überwachungsrat über die Einhaltung der Gesetze und des Gesellschaftsvertrags und bewertet, ob Organisation, Verwaltung und Rechnungswesen den Erfordernissen der Gesellschaft entsprechen und überwacht deren tatsächliches Funktionieren. Die Mitglieder des Überwachungsrates nehmen an den Sitzungen des Verwaltungsrats und an den Gesellschafterversammlungen teil. Der Überwachungsrat überprüft die Buchführung und den Jahresabschluss und verfasst darüber einen Prüfungsbericht.

## DIE ENTSCHEIDUNGEN DER GESELLSCHAFTER

Nach dem Gesetz sind den Gesellschaftern in der GmbH nur einige wichtige Entscheidungen vorbehalten (Jahresabschluss, Gewinnverteilung, Bestellung der Verwalter, Satzungsänderungen). Die Gesellschafter entscheiden auch in jenen Angelegenheiten, die nach dem Gesellschaftsvertrag in ihre Zuständigkeit fallen. Außerdem können den Gesellschaftern bestimmte Angelegenheiten zur Genehmigung vorgelegt werden, und zwar von den Verwaltern oder von den Gesellschaftern, die mindestens ein Drittel des Grundkapitals vertreten (Art. 2479).

Das vom Gesetz vorgegebene Standardmodell sieht in der GmbH die herkömmliche Aufgabenteilung vor: Das **Verwaltungsorgan** (Verwaltungsrat oder Alleinverwalter) ist mit der Geschäftsführung betraut, und die **Gesellschafterversammlung** entscheidet nur in einigen wesentlichen Belangen. Es ist aber kennzeichnend für die GmbH, dass die Gesellschafter viel Spielraum haben, um den Gesellschaftsvertrag nach ihren Bedürfnissen und Vorstellungen zu gestalten. Deshalb können die Entscheidungsbefugnisse der Gesellschafter bedeutend erweitert und jene der Geschäftsführung entsprechend eingeengt werden. Ja es wäre sogar möglich, das Verwaltungsorgan völlig abzuschaffen und sämtliche Zuständigkeiten den Gesellschaftern zu übertragen. Im Gegensatz dazu steht die Geschäftsführung in der Aktiengesellschaft ausschließlich den Verwaltern zu, und die Hauptversammlung ist nur in den von der Satzung vorgesehenen Fällen berechtigt, die von den Verwaltern beschlossenen Maßnahmen zu genehmigen.

Ausschließliche Zuständigkeiten der Gesellschafterversammlung

Nach Art. 2479 können die Gesellschafter der GmbH ihre Entscheidungen auch ohne Einberufung einer Gesellschafterversammlung treffen. Folgende **Entscheidungen** stehen jedoch ausschließlich der **Gesellschafterversammlung** (*assemblea dei soci*) zu:

- Genehmigung des Jahresabschlusses und Verteilung des Reingewinns,
- Bestellung der Verwalter, wenn vom Gesellschaftsvertrag vorgesehen,
- Bestellung der Mitglieder und des Vorsitzenden des Überwachungsrates oder Bestellung der Rechnungsprüfer,
- Änderungen des Gesellschaftsvertrags,
- Geschäfte, die eine wesentliche Änderung des Gesellschaftszweckes bewirken.

Eine Gesellschafterversammlung ist außerdem erforderlich, wenn sie von den Verwaltern oder von den Gesellschaftern, die mindestens ein Drittel des Grundkapitals vertreten, gefordert wird. Die Einberufung der Gesellschafterversammlung erfolgt nach Art. 2497bis mit eingeschriebenem Brief, der die Tagesordnung enthalten muss. Falls im Gesellschaftsvertrag festgelegt, sind auch andere Formen der Einberufung möglich, wie zum Beispiel mit E-Mail, Fax oder Zeitungsanzeige. Wenn der Gesellschaftsvertrag nichts anderes bestimmt, können sich die Gesellschafter in der Gesellschafterversammlung vertreten lassen.

Beschlussfähigkeit

Die Gesellschafterversammlung ist nach Art. 2479bis **beschlussfähig** (*regolarmente costituita*), wenn die anwesenden Gesellschafter mindestens die **Hälfte des Grundkapitals** vertreten. Die Beschlüsse werden mit **absoluter Mehrheit** (*a maggioranza assoluta*) verabschiedet, und die Stimme der einzelnen Gesellschafter zählt entsprechend dem Anteil am Grundkapital. Mit dem Gesellschaftsvertrag kann auch eine andere Gewichtung der Stimmen festgelegt werden. Für Änderungen des Gesellschaftsvertrags, für Geschäfte, die eine wesentliche Änderung des Gesellschaftszwecks bewirken, oder für die Änderung von Rechten der Gesellschafter ist eine **qualifizierte Mehrheit** erforderlich. Bei solchen Entscheidungen müssen die zustimmenden Gesellschafter mindestens die Hälfte des Grundkapitals vertreten.

Für die Entscheidungen der Gesellschafter können mit dem Gesellschaftsvertrag auch sehr hohe Mehrheiten festgelegt werden (z. B. $3/4$ des Grundkapitals). Die Zustimmung von $2/3$ des Grundkapitals ist erforderlich, wenn auf die Haftungsklage gegen die Verwalter verzichtet oder einem Vergleich zugestimmt wird. Und ein einstimmiger (*all'unanimità*) Beschluss ist notwendig, wenn die besonderen Rechte einzelner Gesellschafter geändert werden oder wenn die Weitergabe der Beteiligungen beschränkt wird.

Den Vorsitz der Gesellschafterversammlung führt die im Gesellschaftsvertrag bezeichnete Person oder andernfalls die von den Anwesenden bestimmte Person. Für den geregelten Ablauf der Gesellschafterversammlung kann der Gesellschaftsvertrag eine Geschäftsordnung vorsehen. Nach Art. 2479bis muss der **Vorsitzende** (*presidente dell'assemblea*) die Beschlussfähigkeit feststellen und die Identität der Teilnehmer überprüfen. Er bestimmt den Ablauf der Versammlung und stellt die Abstimmungsergebnisse fest. Über die Versammlung muss ein Protokoll verfasst werden, das ohne Verzögerungen in das **Buch der Gesellschafterentscheidungen** (*libro delle decisioni dei soci*) einzutragen ist (Art. 2478).

Buch der Gesellschafterentscheidungen

An Stelle von Beschlüssen in aufwändigen und zeitraubenden Gesellschafterversammlungen kann der Gesellschaftsvertrag eine einfachere Vorgangsweise für die Entscheidungen ermöglichen. Nach Art. 2479 können die Entscheidungen der Gesellschafter auch durch **schriftliche Befragung** (*consultazione scritta*) oder **schriftliche Einwilligung** (*consenso scritto*) erfolgen. Dazu ist ein Dokument mit einem klar formulierten Vorschlag erforderlich, aus dem eindeutig die Einwilligung des Gesellschafters hervorgeht. Für die Entscheidungen, die durch schriftliche Befragung oder Einwilligung, also in nicht-kollegialer Form erfolgen, ist die Zustimmung der Gesellschafter erforderlich, die mindestens die Hälfte des Grundkapitals vertreten.

Schriftliche Befragung oder schriftliche Einwilligung

Die schriftlichen Entscheidungen eignen sich besonders für kleine GmbHs mit wenigen Gesellschaftern, die ständig miteinander im gemeinsamen Unternehmen arbeiten und laufend die erforderlichen Maßnahmen besprechen können. In solchen Fällen wird eine Gesellschafterversammlung meist als eine überflüssige und belastende Prozedur empfunden. Besonders wenn es keine Streitigkeiten unter den

Gesellschaftern gibt, finden die Versammlungen oft nur auf dem Papier statt, und im Protokoll werden die Gesellschafterversammlungen einfach vorgetäuscht.

In größeren GmbHs, in denen die Gesellschafter oft wenig Kontakt untereinander und zur Gesellschaft haben, bietet die Gesellschafterversammlung hingegen eine Gelegenheit zur Information der Gesellschafter und zu einer vertieften Diskussion über die anstehenden Beschlüsse.

BEISPIEL

**Entscheidung durch Befragung der Gesellschafter**

*System-Bau GmbH*
*Bruneck, Lorenzner Straße 21*
*Eingetragen im Handelsregister der Handelskammer Bozen Nr. 274576*
*Gesellschaftskapital 100.000 Euro*

An die Gesellschafterin der System-Bau GmbH
Elisabeth Mair

Bruneck, 12. 12. 2008

Leasingvertrag für eine Lagerhalle

Geehrte Gesellschafterin,

um die Expansion unserer Gesellschaft in Osteuropa zu ermöglichen, benötigen wir eine neue Lagerhalle. Weil keine übermäßigen Mittel gebunden werden sollen, schlagen wir vor, einen Leasingvertrag für eine geeignete Halle mit der Südtirol-Leasing AG für die Dauer von zehn Jahren abzuschließen. Die betreffende Halle mit einer Fläche von 2.500 m$^2$ befindet sich in Bruneck in der Lorenzner Straße Nr. 28 und die Leasingmiete beträgt jährlich 65.000 Euro. Die Details können Sie dem beiliegenden Leasingvertrag entnehmen.

Wir ersuchen Sie, Ihre Entscheidung über den Abschluss des geplanten Leasingvertrages bekannt zu geben.

Für die System-Bau GmbH
der Verwalter Georg Steiner

Georg Steiner

Zustimmung oder Ablehnung

Dem Abschluss des Leasingvertrages mit der Südtirol-Leasing AG

**stimme ich zu:** *Elisabeth Mair, Olang am 16. 12. 2008*

Dem Abschluss des Leasingvertrages mit der Südtirol-Leasing AG

**stimme ich nicht zu:**

## Ungültige Entscheidungen

Entscheidungen der Gesellschafter, die im Widerspruch zum Gesetz oder zum Gesellschaftsvertrag stehen, sind ungültig und können bei Gericht angefochten werden (Art. 2479ter). Auch jene Entscheidungen, aus denen der Gesellschaft ein Schaden erwachsen kann, sind anfechtbar, wenn sie mit der ausschlaggebenden Zustimmung der Gesellschafter erfolgt, die sich in einem Interessenkonflikt mit der Gesellschaft befinden. Die Anfechtung kann durch die Gesellschafter erfolgen, die der Entscheidung nicht zugestimmt haben, und zudem von jedem der Verwalter sowie vom Überwachungsrat der GmbH. Für die Anfechtung gilt eine äußerst kurze Frist von 90 Tagen ab Eintragung der Entscheidung in das Buch der Gesellschafterentscheidungen. Dadurch sollen länger dauernde Unsicherheiten vermieden werden.

BEISPIEL

**Anfechtung von Entscheidungen**

[1] Der äußerst reizbare und aufbrausende Franz Streiter ist Gesellschafter der *Eintracht und Frieden* GmbH. Weil er sich bei der Gesellschafterversammlung sehr aggressiv verhält und immer wieder tobt, wird er von der Versammlung ausgeschlossen. Er reicht gegen die ohne seine Zustimmung getroffenen Entscheidungen eine Anfechtungsklage bei Gericht ein. Die Klage des Herrn Streiter ist erfolgreich und die Entscheidungen werden für ungültig erklärt, weil es keine Geschäftsordnung für die Gesellschafterversammlung gibt, die den Ausschluss eines Gesellschafters ermöglichen würde. (Siehe Art. 2479ter, Abs. 1)

[2] Der Alleinverwalter und Gesellschafter Alois Immermehr nimmt an der Abstimmung über die Entschädigung für seine Verwaltungstätigkeit teil. Mit der ausschlaggebenden Stimme des Gesellschafters Immermehr beschließt die Gesellschafterversammlung eine riesige Entschädigung von jährlich 2 Mio. Euro, die in keinem Verhältnis zum bescheidenen Geschäftsvolumen der GmbH steht. Die Gesellschafter, die gegen die Entschädigung gestimmt haben, reichen eine Anfechtungsklage ein. Der Klage wird stattgegeben und der Beschluss über die Entschädigung wird mit folgender Begründung für ungültig erklärt: »Die GmbH erleidet durch die übermäßige Entschädigung einen Schaden und der Gesellschafter Immermehr befand sich in einem Interessenkonflikt, weshalb er nicht an der Abstimmung hätte teilnehmen dürfen.« (Siehe Art. 2479ter, Abs. 2)

Eine längere Frist für die Anfechtung (3 Jahre) gilt für Entscheidungen mit unerlaubtem oder unmöglichem Gegenstand sowie für jene Entscheidungen, die ohne vorherige Benachrichtigung der Gesellschafter getroffen werden. In diesen Fällen sind die Entscheidungen **nichtig**, und jeder ist zur Anfechtung berechtigt, der ein Interesse daran hat (Art. 2479ter, Abs. 3).

BEISPIEL

**Anfechtung von nichtigen Entscheidungen**

Die beiden Verwalter der Solar GmbH, Sigrid Ungut und Sebastian Frech, die gleichzeitig Gesellschafter sind, wollen ein Grundstück der Gesellschaft verkaufen. Weil die dritte Gesellschafterin, Franziska Vorsichtig, mit dem Verkauf nicht einverstanden ist, wird sie von den beiden Verwaltern nicht zur Gesellschafterversammlung eingeladen, bei der man den geplanten Grundstückverkauf beschließen will. Nach einer Kontrolle des Buchs der Gesellschafterentscheidungen erfährt Franziska Vorsichtig vom Verkaufsbeschluss. Sie reicht Anfechtungsklage ein und der Beschluss wird vom Gericht für nichtig erklärt. (Siehe Art. 2479ter, Abs. 3)

## Erhöhung oder Herabsetzung des Grundkapitals

Die Änderungen des Gründungsaktes (Gesellschaftsvertrages) werden nach Art. 2479bis von der Gesellschafterversammlung beschlossen. Für die Änderungen ist die Zustimmung von mindestens der Hälfte des Grundkapitals erforderlich, und das Protokoll muss in diesen Fällen von einem Notar abgefasst werden. Es gibt zahlreiche Gründe, die Abänderungen des Gesellschaftsvertrages erforderlich machen. Sie können zum Beispiel das Tätigkeitsfeld der Gesellschaft, die Befugnisse der Verwalter oder die Rechte der Gesellschafter betreffen.

Ausführliche Regelungen (Art. 2481 ff.) sind aber nur für die Erhöhung oder Herabsetzung des Grundkapitals vorgesehen, die ebenfalls mit einer Änderung des Gründungsvertrages verbunden sind. Bei **Kapitalerhöhung durch neue Einlagen** (Art. 2481bis *aumento di capitale mediante nuovi conferimenti*) kann eventuell auch ein Aufgeld (*sovrapprezzo*) festgelegt werden. Den Gesellschaftern steht das Recht zu, die Kapitalerhöhung im Verhältnis zu ihrer Beteiligung zu zeichnen. Der Gesellschaftsvertrag kann aber vorsehen, dass bei einer Kapitalerhöhung die neuen Anteile auch Dritten angeboten werden können. In diesem Fall steht den Gesellschaftern, die dieser Entscheidung nicht zugestimmt haben, das Austrittsrecht zu. Sie müssen also nicht hinnehmen, dass ihre ursprünglichen Anteile am Grundkapital verwässert und so ihre Rechte als Gesellschafter geschmälert werden. Kapitalerhöhungen können auch durch die Auflösung von Rücklagen erfolgen. In diesem Fall bleiben die Anteile der Gesellschafter unverändert (Art. 2481ter).

Unabdingbare Gesetzesbestimmungen sollen sicherstellen, dass das Grundkapital als Absicherung für die Gläubiger der Gesellschaft erhalten bleibt. Sollte eine Gesellschaft über ein überschüssiges Grundkapital verfügen, so ist nach Art. 2482 eine freiwillige **Kapitalherabsetzung** (*riduzione del capitale sociale*) und eine Auszahlung an die Gesellschafter zulässig. Der Beschluss für die Kapitalherabsetzung wird erst 90 Tage nach der Eintragung in das Handelsregister wirksam, wenn die Gesellschaftsgläubiger in dieser Frist keinen Widerspruch einlegen.

Kapitalherabsetzung

Wichtiger als die freiwillige Kapitalherabsetzung ist die **Kapitalherabsetzung infolge von Verlusten** (*riduzione del capitale per perdite*) nach Art. 2482bis, die weitgehend den Bestimmungen für die Aktiengesellschaft entsprechen. Wenn sich das Grundkapital infolge von Verlusten um mehr als ein Drittel vermindert hat, muss unverzüglich die Gesellschafterversammlung einberufen werden, um die erforderlichen Maßnahmen zu treffen. Grundsätzlich gilt bei der Kapitalherabsetzung infolge von Verlusten, dass die Geschäftsanteile der Gesellschafter und die ihnen zustehenden Rechte unverändert bleiben.

Sinkt das Grundkapital infolge von Verlusten unter die Mindestgrenze (10.000 Euro), dann ist unverzüglich die Gesellschafterversammlung einzuberufen, um die Kapitalherabsetzung und die gleichzeitige Kapitalerhöhung wenigstens auf den Mindestbetrag zu beschließen ode die Gesellschaft aufzulösen.

# BÜCHER DER GESELLSCHAFT UND JAHRESABSCHLUSS

Wie jedes Unternehmen einer bestimmten Größe muss auch die GmbH die Geschäftsbücher (Journal, Hauptbuch, Inventarbuch) sowie die von den Steuervorschriften und arbeitsrechtlichen Bestimmungen vorgeschriebenen Bücher führen. Dazu kommen noch die für diese Gesellschaftsform nach Art. 2478 vorgeschriebenen Bücher (*libri sociali*), nämlich das Buch für die **Entscheidungen der Gesellschafter** (*libro delle decisioni dei soci*), für die Protokolle der Gesellschafterversammlungen und für die Entscheidungen durch schriftliche Befragung oder durch schriftliche Einwilligung, das Buch für die **Entscheidungen der Verwalter** und das Buch für die **Entscheidungen des Überwachungsrates** oder des **Rechnungsprüfers.**

Was den **Jahresabschluss** (*bilancio*) anbelangt, so sind die Bestimmungen für die GmbH in einem einzigen Artikel zusammengefasst (Art. 2478bis), der hauptsächlich auf die betreffenden Vorschriften für die Aktiengesellschaft verweist. Nach den Bestimmungen für die Kapitalgesellschaften besteht der Jahresabschluss aus Bilanz (*stato patrimoniale*), Gewinn-und-Verlust-Rechnung (*conto economico*), Anhang (*nota integrativa*) und Lagebericht (*relazione sulla gestione*). Ausgehend von der Buchführung soll der Jahresabschluss ein den tatsächlichen Verhältnissen entsprechendes Bild der Vermögens-, Finanz- und Ertragslage der Gesellschaft vermitteln. Der Anhang enthält Erläuterungen zu den einzelnen Positionen der Bilanz und der Gewinn-und-Verlust-Rechnung, insbesondere zu den angewendeten Bewertungswahlrechten. Im Lagebericht wird der Geschäftsverlauf dargestellt und auf Vorgänge von besonderer Bedeutung eingegangen, die sich nach Ende des Geschäftsjahres zugetragen haben. Der Jahresabschluss wird von den Verwaltern ausgearbeitet und als Entwurf genehmigt. Innerhalb von 120 Tagen (in besonderen Fällen innerhalb von 180 Tagen) nach Schluss des Geschäftsjahrs muss der Jahresabschluss den Gesellschaftern zur Genehmigung vorgelegt werden. Der Jahresabschluss und die Gewinnverteilung muss nicht unbedingt von der Gesellschafterversammlung genehmigt werden, sondern die Genehmigung kann auch durch schriftliche Befragung oder schriftliche Zustimmung der Gesellschafter erfolgen, wenn dies vom Gesellschaftsvertrag vorgesehen ist.

## EINPERSONEN-GMBH

Die GmbH kann als **Einpersonen-GmbH** (*società a responsabilità limitata unipersonale*) durch einen einseitigen Gründungsakt (*atto unilaterale*) von einem einzigen Gesellschafter gegründet werden (Art. 2484). Dabei kommt als Alleingesellschafter sowohl eine natürliche Person als auch eine juristische Person oder eine Vereinigung in Frage. Eine Einpersonen-GmbH kann auch aus einer bereits existierenden GmbH entstehen, wenn ein einziger Gesellschafter sämtliche Beteiligungen an der Gesellschaft erwirbt. Das kann durch Kauf oder Erbgang erfolgen. Zu den weiteren Möglichkeiten zählt die Einbringung von neuem Kapital durch einen Alleingesellschafter, nachdem das gesamte Grundkapital der GmbH durch Verluste verloren gegangen ist.

Für die Einpersonen-GmbH gelten im Wesentlichen die gleichen Bestimmungen wie für die GmbHs mit zwei oder mehreren Gesellschaftern. Außerdem enthalten verschiedene Artikel eigene Regelungen für diese besondere Form der GmbH. So ist nach Art. 2250 in den Schriftstücken und im Schriftverkehr der GmbH neben den üblichen Angaben über Sitz und Eintragung in das Handelsregister auch anzugeben, dass es sich um eine Einpersonen-GmbH handelt. Mit der Einpersonen-GmbH wird den Einzelunternehmern die Möglichkeit geboten, die Vorteile der beschränkten Haftung zu nutzen. Auch für Tochtergesellschaften, die zu einer Holdinggesellschaft gehören, können die Einpersonen-GmbHs eine kostengünstige und einfache Lösung darstellen.

Gründung der Einpersonen-GmbH

Bei der Gründung einer Einpersonen-GmbH muss der **gesamte Betrag** der Bareinlage bei einer Bank hinterlegt werden, während bei der Gründung von sonstigen GmbHs nur 25 % der Bareinlagen zu hinterlegen sind (Art. 2464). Für Geschäfte, die im Namen der Einpersonen-GmbH vor deren Eintragung in das Handelsregister durchgeführt wurden, gelten die betreffenden Bestimmungen für die Aktiengesellschaften. Demnach haften die Personen, die diese Geschäfte ausgeführt haben, zusammen mit dem Alleingesellschafter als Gesamtschuldner. Es ist nämlich kaum glaubhaft, dass der Alleingesellschafter von den Geschäften nichts gewusst hat, auch wenn er nicht selber tätig war.

Als juristische Person entsteht die Einpersonen-GmbH mit der **Eintragung in das Handelsregister.** Sie erlangt so ihre rechtliche Selbständigkeit und sie ist damit von ihrem Alleingesellschafter und dessen Privatvermögen völlig losgelöst. Der Alleingesellschafter genießt dadurch den Vorteil, dass er für die Verbindlichkeiten der Gesellschaft nur **beschränkt haftet**, denn die Haftung erstreckt sich nur auf seine Einlage.

Verträge zwischen Alleingesellschafter und Einpersonen-GmbH

Es ist möglich, dass zwischen dem Alleingesellschafter und der getrennt handelnden Einpersonen-GmbH **Verträge** wie Darlehens-, Miet- oder Kaufverträge geschlossen werden. So könnte zum Beispiel der Alleingesellschafter mit seiner Einpersonen-GmbH einen Mietvertrag für ein Geschäftslokal abschließen, dessen Eigentümer er ist. Oder er kann der Gesellschaft mit einem Vertrag seine Patent- oder Urheberrechte zur Nutzung überlassen. Hingegen ist es nicht möglich, dass der Alleingesellschafter mit der Einpersonen-GmbH einen Arbeitsvertrag schließt.

Damit Verträge zwischen dem Alleingesellschafter und der Einpersonen-GmbH gegenüber den Gläubigern der Gesellschaft geltend gemacht werden können, ist deren Eintragung in das Buch der Entscheidungen der Verwalter erforderlich. Verträge, die als Schriftstück mit sicherem Datum (durch Registrierung beim Registeramt) vor dem Zeitpunkt der Pfändung abgefasst wurden, können ebenfalls gegenüber den Gläubigern geltend gemacht werden (Art. 2478).

Organe der Einpersonen-GmbH

Was die **Organe** der Einpersonen-GmbH anbelangt, so besteht **kein Unterschied** zu den sonstigen GmbHs. Es sind dies die Gesellschafterversammlung, der Alleinverwalter oder der Verwaltungsrat und, wenn erforderlich, der Überwachungsrat. Der Alleingesellschafter kann sich selbst zum Alleinverwalter der Einpersonen-GmbH bestellen. Als Verwalter wird er unter anderem den Entwurf für den Jahresabschluss genehmigen. Darauf muss er sich selbst zur Gesellschafterversammlung einladen, wo er den Jahresabschluss feststellen und über die Gewinnverteilung beschließen wird. Es ist ohneweiters möglich, dass der Alleingesellschafter andere Personen als Verwalter bestellt.

### Vor- und Nachteile der Einpersonen-GmbH

Für eine umfassende Bewertung sind vor allem die praktischen Erfahrungen der Unternehmer sowie die steuerlichen Bestimmungen und die Rechtssprechung in diesem Bereich zu beachten. Zurzeit können folgende Vor- und Nachteile aufgezeigt werden:

- Die Einpersonen-GmbH ermöglicht es auch Einzelunternehmern die Haftung zu begrenzen. Denn für die Verbindlichkeiten haftet er nicht mit seinem persönlichen Vermögen, sondern es haftet die Gesellschaft. Seine Haftung ist nur auf die Einlage beschränkt.
- In Konzernen können sich Einpersonen-GmbHs als Gesellschaftsform für die Tochtergesellschaften eignen.
- In einem Unternehmen (Einzelunternehmen oder Personengesellschaft) kann eine wirtschaftlich riskante Tätigkeit in eine Einpersonen-GmbH ausgegliedert werden.
- Im Vergleich mit Einzelunternehmen verursachen die bürokratischen Auflagen für eine Einpersonen-GmbH (Jahresabschluss, Gesellschafterversammlung, eventuell Überwachungsrat) größere Aufwendungen.
- Für Bankkredite und für sonstige Finanzierungen von Einpersonen-GmbHs wird öfters die zusätzliche persönliche Haftung des Alleingesellschafters verlangt.

## Gründungsvertrag einer GmbH
(vereinfacht)

| | |
|---|---|
| | Im Jahr zweitausendundacht am vierzehnten des Monats November (14. 11. 2008).<br>In Bozen, in meiner Kanzlei, Obstmarkt 6, sind vor mir Dr. Josef Wurzer, Notar in Bozen, eingetragen beim Notariatskollegium von Bozen, persönlich erschienen: |
| **Personalien der Gesellschafter** | – Herr Fritz Mair, geboren am 17. Februar. 1974 in Toblach (Südtirol) und wohnhaft in Bruneck, Lampistr. 21, Marketingfachmann, italienischer Staatsbürger, Steuernummer: MARFRZ74B17B220J<br>– Frau Maria Theiner, geboren am 16. April 1979 in Meran (Südtirol) und dort wohnhaft, Rennweg 14, Wirtschaftsberaterin, italienische Staatsbürgerin, Steuernummer: THNMRA79D56F132M,<br>– Herr Othmar Oberhammer, geboren am 12. November 1982 in Sterzing (Südtirol) und wohnhaft in Bruneck, Graben 23, Dipl. Ingenieur, Steuernummer: BRHTMR82S12B220W.<br>Die Anwesenden, deren Identität mir, Notar, bekannt ist, vereinbaren mit diesem Vertrag Folgendes: |
| **Firma und Sitz** der Gesellschaft | 1) Die Personen gründen eine Gesellschaft mit beschränkter Haftung mit der Firma<br>**EuroSport GmbH – s.r.l.**<br>mit Sitz in Bozen. |
| **Gesellschaftszweck und Tätigkeiten** | 2) Der **Gesellschaftszweck** besteht in folgenden Tätigkeiten: Erzeugung, Einkauf, Einfuhr, Lagerung, Verkauf und Ausfuhr von Sportartikeln und Sportbekleidung. |
| **Grundkapital** | 3) Das gezeichnete **Grundkapital** der Gesellschaft beträgt 100.000 Euro (hunderttausend).<br>Am Grundkapital haben die Gesellschafter folgende Beteiligungen gezeichnet:<br>– Fritz Mair 50.000 Euro,<br>– Maria Theiner 25.000 Euro,<br>– Othmar Oberhammer 25.000 Euro.<br>Die Einlagen sind in Geld zu leisten.<br>Die Anwesenden haben nach Art. 2329 ZGB **fünfundzwanzig Prozent (25 %)** vom gezeichneten Grundkapital im Betrag von 25.000 Euro bei der Südtiroler Volksbank, Bozen, hinterlegt. Die restlichen 75.000 Euro des Gesellschaftskapitals werden nach Anweisungen der Verwalter eingezahlt. |
| **Dauer** der Gesellschaft | 4) Die Gesellschaft dauert bis zum 31. Dezember 2050. Das erste Geschäftsjahr endet am 31. Dezember 2008. |
| Bestimmungen für **Gewinnverteilung** | 5) Die Gewinne werden unter Einhaltung der gesetzlichen Bestimmungen im Verhältnis zu den von den Gesellschaftern gehaltenen Anteilen am Grundkapital verteilt. |
| **Satzung** *(statuto)* | 6) Die beigefügte Satzung enthält die Vorschriften über die Arbeitsweise der Gesellschaft. |
| **Verwaltungsrat** *(consiglio di amministrazione)* | 7) Die Gesellschafter ernennen den Verwaltungsrat auf unbestimmte Zeit und bis auf Widerruf, bestehend aus folgenden Mitgliedern:<br>– Fritz Mair, geboren am 17. Februar. 1974 in Toblach (Südtirol),<br>– Maria Theiner, geboren am 16. April 1979 in Meran (Südtirol),<br>– Giuseppe Fiori, geboren am 14. Mai 1952 in Rom.<br>Der Vorsitzende des Verwaltungsrates ist der gesetzliche Vertreter der Gesellschaft. |
| **Überwachungsrat** *(collegio sindacale)* | 8) Der Überwachungsrat wird für drei Jahre bestellt und er besteht aus:<br>– Rag. Josef Müller, geboen in Bozen …, Vorsitzender des Überwachungsrates,<br>– Rag. Giorgio Basso …, wirkliches Mitglied,<br>– Dr. Sonja Thaler …, wirkliches Mitglied,<br>– Dr. Giudo Rossi …, Ersatzmitglied,<br>– Rag. Franz Bauer …, Ersatzmitglied. |
| **Gründungsaufwand** *(spese di costituzione)* | 9) Alle mit diesem Gesellschaftsvertrag zusammenhängenden Spesen, Honorare und Gebühren werden mit rund 9.000 Euro beziffert und gehen zu Lasten der Gesellschaft. |

Die Gesellschafter erklären, vom Inhalt der Anlagen bereits Kenntnis genommen zu haben und verzichten deshalb auf deren Verlesung. Auf Verlangen der Anwesenden habe ich, Notar, diese Urkunde aufgenommen und vorgelesen. Auf mein Befragen hin haben die Anwesenden den Inhalt als ihrem Willen vollkommen entsprechend erklärt und sie unterschreiben zusammen mit mir, Notar.

Fritz Mair
Maria Theiner
Othmar Oberhammer

Josef Wurzer
Notar

## Satzung der »EuroSport« GmbH

(gekürzt und vereinfacht)

(Anmerkung: Nach den Bestimmungen im Zivilgesetzbuch ist für die GmbH ein einziger Gründungsakt vorgesehen, der auch die Satzung als schriftlich festgelegte Grundordnung der Gesellschaft enthält. Etwaige Alternativen und Kommentare werden *kursiv* angeführt.)

**1. Firma** *(denominazione)*

1.1 Die Firma der Gesellschaft lautet »EuroSport GmbH« (in italienischer Sprache »EuroSport s.r.l.«)
**oder**
*1.1 Die Firma der Gesellschaft lautet »Mair und Müller GmbH«.*
*1.2 Die in der Firma enthaltenen Namen von Gesellschaftern dürfen auch nach deren Ausscheiden aus der Gesellschaft auch ohne ihre ausdrückliche Zustimmung beibehalten werden.*

**2. Sitz** *(sede)*

2.1 Der Sitz der Gesellschaft befindet sich in Bozen. *(Die genaue Anschrift ist nicht erforderlich.)*
*2.2 Die Zweigstelle der EuroSport GmbH befindet sich in Bologna.*

**3. Gesellschaftszweck** *(oggetto)*

3.1 Der Gesellschaftszweck besteht in folgenden Tätigkeiten: Erzeugung, Einkauf, Einfuhr, Lagerung, Verkauf und Ausfuhr von Sportartikeln und Sportbekleidung.
3.2 Die Gesellschaft kann ferner alle sonstigen Tätigkeiten ausüben, die der Ausübung ihrer Haupttätigkeiten förderlich sind.

**4. Dauer** *(durata)*

4.1 Die Gesellschaft dauert bis zum 31. Dezember 2050. Die Dauer kann mit Beschluss der Gesellschafterversammlung verlängert werden.
**oder**
*4.1. Die Gesellschaft hat unbestimmte Dauer. Jeder Gesellschafter ist berechtigt, unter Einhaltung einer Kündigungsfrist von 180 Tagen aus der Gesellschaft auszutreten.*

**5. Kapital** *(capitale)*

5.1 Das Grundkapital der Gesellschaft beträgt 100.000 Euro (hunderttausend).
5.2 Das Kapital kann mittels Bareinlagen oder Sacheinlagen sowie durch Zuführung von verfügbaren Rücklagen erhöht werden.
5.3 Bei Kapitalerhöhungen durch neue Einlagen steht den Gesellschaftern das Recht zu, sich im Verhältnis zu ihren Anteilen zu beteiligen. Im Rahmen von Kapitalerhöhungen können die Gesellschafter auch beschließen, die Beteiligungen Dritten anzubieten. Wenn sie davon Gebrauch machen, steht den Gesellschaftern, die sich nicht an Kapitalerhöhung beteiligen, das Austrittsrecht zu.
5.4 Die Gesellschafter entscheiden über die Begebung von Schuldverschreibungen nach Art. 2483 ZGB.

**6. Gesellschafterfinanzierungen**

6.1 Die Gesellschafter können der Gesellschaft auf Anforderung der Verwalter verzinsliche und unverzinsliche Finanzierungen gewähren, wobei es sich nicht um öffentliche Anlageempfehlungen handeln darf.

**7. Beteiligungen und deren Übertragung**

7.1 Die Beteiligungen sind frei übertragbar.
**oder**
*7.1 Die Beteiligungen sind mit Ausnahme des Erbgangs nur mit Zustimmung der anderen Gesellschafter übertragbar. Für die Zustimmung zur Übertragung ist die Veräußerungsabsicht mit den Personalien des Käufers den anderen Gesellschaftern mit Einschreibebrief bekannt zu geben, die darüber innerhalb von 30 Tagen einen Beschluss fassen, der keine Begründung erfor-*

*dert. Wird der Übertragung nicht zugestimmt, steht dem Gesellschafter das Austrittsrecht zu.*
*Wird die Zustimmung zur Übertragung der Beteiligung erteilt, so steht den anderen Gesellschaftern das Vorkaufsrecht zu.*

**8. Austritt des Gesellschafters** *(recesso)*

8.1 Den Gesellschaftern steht das Austrittsrecht in folgenden Fällen zu:
a) Änderung des Gesellschaftszwecks,
b) Umwandlung oder Spaltung der Gesellschaft,
c) Streichung von Austrittsgründen unter 8.2
...
Das Austrittsrecht steht den Gesellschaftern in allen anderen vom Gesetz vorgesehenen Fällen zu.
8.2 Das Austrittsrecht steht den Gesellschaftern außerdem in folgenden Fällen zu:
a) Wenn der Gesellschaftssitz an einem Ort außerhalb von Südtirol verlegt wird.
b) Wenn der Beschluss gefasst wird, die Erzeugung von Sportartikeln einzustellen.
...
8.3 Der Gesellschafter, der von seinem Austrittsrecht Gebrauch machen will, muss davon den Verwaltungsrat mit Einschreibebrief mit Rückschein verständigen. Die Mitteilung hat innerhalb von 30 Tagen zu erfolgen, nachdem der Beschluss, der den Austritt rechtfertigt, in das Buch der Gesellschafterentscheidungen eingetragen wurde.
8.4 Der Austritt gilt als vollzogen, wenn die betreffende Mitteilung am Gesellschaftssitz eintrifft.
8.5 Der Austritt ist nicht zulässig und, falls er bereits vollzogen wurde, ist er wirkungslos, wenn die Gesellschaft den Beschluss, der den Austritt rechtfertigt, rückgängig macht.

**9. Ausschluss des Gesellschafters** *(esclusione)*

9.1 Der Gesellschafter wird von der Gesellschaft ausgeschlossen, wenn er ein gleiches oder ähnliches Unternehmen unmittelbar oder mittelbar betreibt oder sich daran beteiligt.

**10. Auszahlung der Beteiligung bei Austritt oder Ausschluss** *(liquidazione delle partecipazioni)*

10.1 Der austretende oder ausgeschlossene Gesellschafter hat Recht auf Auszahlung seiner Beteiligung, die dem Anteil am Eigenkapital der Gesellschaft entspricht.
10.2 Die Auszahlung der Beteiligung hat innerhalb von 180 Tagen nach Austritt oder Ausschluss zu erfolgen. Für deren Abwicklung ist der Verwaltungsrat zuständig.

**11. Entscheidungen der Gesellschafter** *(decisioni dei soci)*

11.1 Die Gesellschafter entscheiden in jenen Angelegenheiten, die laut Gesetz oder vorliegendem Gründungsvertrag in ihre Zuständigkeit fallen. Sie entscheiden außerdem in jenen Angelegenheiten, die ihnen von einem oder mehreren Verwaltern bzw. von Gesellschaftern, die mindestens ein Drittel des Gesellschaftskapitals vertreten, vorgelegt werden.
11.2 Außer in den vom Gesetz vorgesehenen Fällen entscheiden die Gesellschafter über die etwaige Auslagerung der Produktion ins Ausland.
11.3 Vorbehaltlich der Bestimmungen nach Art. 12 werden die Entscheidungen durch schriftliche Befragung oder durch schriftliche Einwilligung getroffen.
11.4 Die Entscheidungen werden mit Zustimmung der Mehrheit der abstimmenden Gesellschafter getroffen, die mindestens die Hälfte des Grundkapitals vertreten müssen.
**oder**
*11.4 Die Entscheidungen werden mit Zustimmung von so vielen Gesellschaftern getroffen, die mindestens 60 % des Grundkapitals vertreten.*

**12. Gesellschafterversammlung** *(assemblea dei soci)*

12.1 Folgende Entscheidungen müssen von der Gesellschafterversammlung getroffen werden:
- Genehmigung des Jahresabschlusses und Gewinnverteilung,
- Bestellung der Verwalter,
- Bestellung der Mitglieder und des Vorsitzenden des Überwachungsrates oder Bestellung des Rechnungsprüfers,
- Änderungen des Gesellschaftsvertrags,
- Geschäfte, die eine wesentliche Änderung des Gesellschaftszweckes bewirken.

Die Gesellschafterversammlung kann auch von den Verwaltern oder von Gesellschaftern, die mindestens ein Drittel des Grundkapitals vertreten, verlangt werden.
12.2 Die Gesellschafterversammlung wird von den Verwaltern mit Einschreibebrief oder e-Mail einberufen. Dabei sind Tag, Ort, Zeit und Tagesordnung anzugeben.

12.3 Die nicht formell einberufene Gesellschafterversammlung ist unter folgenden Voraussetzungen trotzdem beschlussfähig:
- Es muss das gesamte Grundkapital vertreten sein.
- Es müssen alle Verwalter und alle Mitglieder des Überwachungsrates anwesend sein, oder, falls sie abwesend sind, müssen sie mit einer schriftlichen Erklärung bestätigen, dass sie über die Tagesordnungspunkte informiert sind und dass sie sich deren Behandlung nicht widersetzen.
- Es darf sich niemand der Behandlung der Tagesordnungspunkte widersetzen.

12.4 Den Vorsitz der Gesellschafterversammlung führt der Alleinverwalter oder der Präsident des Verwaltungsrates.
(...)

**13. Verwaltung**
*(amministratori)*

13.1 Je nach Beschluss der Gesellschafter kann die Gesellschaft wahlweise verwaltet werden durch:
- einen Alleinverwalter,
- einen Verwaltungsrat, der aus mindestens zwei und höchstens fünf Mitgliedern besteht,
- zwei oder mehrere Verwalter mit getrennten und/oder gemeinsamen Befugnissen.

13.2 Die Verwalter unterliegen nicht dem Konkurrenzverbot nach Art.2390 ZGB.

**14. Besondere Rechte einzelner Gesellschafter**
*(particolari diritti di singoli soci)*

14.1 Bei der Bestellung des Verwaltungsrates hat der Gesellschafter Fritz Mair das Recht zwei Verwalter zu ernennen.
14.2 Die Gesellschafterin Maria Theiner steht bei folgenden Angelegenheiten das Vetorecht zu:
- Kauf und Verkauf von Immobilien,
- Veräußerung oder Verpachtung von Teilen des Betriebes.

**15. Befugnisse der Verwalter**
*(poteri del organo amministrativo)*

15.1 Den Verwalter stehen alle Befugnisse der ordentlichen und außerordentlichen Verwaltung zu. Ausgenommen sind jene Befugnisse, die vom Gesetz oder von diesem Gesellschaftsvertrag ausdrücklich den Gesellschaftern vorbehalten sind.
15.2 Für folgende Geschäfte ist jedoch die vorhergehende Genehmigung der Gesellschafter notwendig:
- Geschäfte betreffend Liegenschaften,
- Aufnahme von Darlehen,
- Erwerb oder Veräußerung von Betrieben oder Betriebszweigen,
- Gründung von Gesellschaften und Konsortien jeglicher Art.

**16. Vertretung der Gesellschaft**
*(rappresentanza)*

16.1 Die Verwalter sind die gesetzlichen Vertreter der Gesellschaft.
16.2 Im Rahmen ihrer Befugnisse steht die gesetzliche Vertretung auch den Geschäftsführern, Handelsvertretern und sonstigen Bevollmächtigten zu.

**17. Kontrollorgane**
*(organi di controllo)*

17.1 Als Kontrollorgane können die Gesellschafter wahlweise einen Überwachungsrat oder einen Rechnungsprüfer bestellen.
(...)

**18. Jahresabschluss und Gewinnanteile**
*(bilancio e utili)*

18.1 Das Geschäftsjahr endet jeweils am 31. Dezember.
18.2 Der Jahresabschluss wird von den Verwaltern erstellt und den Gesellschaftern innerhalb von 120 Tagen nach Ende des Geschäftsjahrs zur Genehmigung vorgelegt.
18.3 Vom Reingewinn sind 5 % der gesetzlichen Rücklage zuzuweisen, bis diese ein Fünftel des Grundkapitals erreicht. Darauf folgen die weiteren, von den Gesellschaftern etwaig zu beschließenden Rücklagen.
18.4 Der restliche Reingewinn ist, soweit nichts anderes beschlossen wird, in abgerundeter Summe an die Gesellschafter im Verhältnis zu ihren Anteilen am Grundkapital zu verteilen.

**19. Auflösung und Liquidation**
*(scioglimento e liquidazione)*

19.1 Die freiwillige Auflösung wird mit der im Gesellschaftsvertrag vorgeschriebenen Mehrheit beschlossen.
(...)

**20. Schiedsgericht**

20.1 Streitfälle zwischen den Gesellschaftern oder zwischen Gesellschaftern und der EuroSport GmbH werden vom Schiedsgericht bei der Handelskammer Bozen entschieden

## BEISPIELE UND FRAGEN

[1] Vergleichen Sie die GmbH und die Aktiengesellschaft und zeigen Sie die wichtigsten Unterschiede auf. Vergleichen Sie die GmbH mit den Personengesellschaften und heben Sie die wesentlichen Unterschiede hervor.

[2] Nennen Sie einige mögliche Abweichungen vom Standardmodell der GmbH und suchen Sie Begründungen dafür.

[3] Frau Astrid Schnell, Verwalterin der Echo GmbH, hat bereits vor der Eintragung der Gesellschaft in das Handelsregister eine teuere Büroeinrichtung und eine überdimensionierte Computeranlage bestellt. Muss die Schnell GmbH für die erfolgten Einkäufe aufkommen? (Siehe Art. 2331)

[4] Eine fähige Technikerin, Frau Anna Planerin, möchte sich als Gesellschafterin an einer in der Metallverarbeitung tätigen GmbH beteiligen. Welche Möglichkeiten bieten sich, wenn sie über kein Kapital verfügt? (Siehe Art. 2464)

[5] Welche Rechte und Pflichten sind für den Gesellschafter mit der Beteiligung an einer GmbH verbunden? Nennen Sie Beispiele für besondere Rechte, die einzelnen Gesellschaftern einer GmbH eingeräumt werden können.

[6] Frau Christine Rot und Herr Franz Weiß haben die rot und weiß GmbH mit einem bescheidenen Kapital von 12.000 Euro gegründet. Um einige Investitionen durchführen zu können, wäre eine Kapitalerhöhung erforderlich. Die beiden Gesellschafter ziehen es jedoch vor, die rot und weiß GmbH mit einem Darlehen zu finanzieren. Welche Vorteile und Nachteile bietet eine solche Art der Finanzierung? (Siehe Art. 2467)

[7] In welchen Fällen kann der Gesellschafter aus der GmbH austreten? Wie wird in diesem Fall seine Beteiligung bewertet? (Siehe Art. 2473)

[8] Was könnte ein wichtiger Grund sein, um einen Gesellschafter aus einer GmbH auszuschließen? (Siehe Art. 2473bis)

[9] Welche Art der Verwaltung eignet sich am besten für eine kleine GmbH?

[10] Franz Gemütlich ist Gesellschafter einer GmbH und er interessiert sich kaum für die Geschäftsführung. Als er jedoch erfährt, dass die Gesellschaft ziemlich schlechte Ergebnisse erzielt, möchte er von seiner im Handelsrecht bewanderten Tochter Susi wissen, welche Kontrollrechte ihm zustehen. Was wird die Tochter antworten? (Siehe Art. 2476)

[11] Welche Entscheidungen stehen in der GmbH ausschließlich der Gesellschafterversammlung zu? Wie erfolgen die Entscheidungen mit schriftlicher Befragung oder mit schriftlicher Einwilligung und welche Vorteile bieten diese Arten von Entscheidungen? (Siehe Art. 2479)

[12] Welche besonderen Bestimmungen gelten für die Einpersonen-GmbH und welches sind die Vor- und Nachteile dieser Gesellschaftsform gegenüber einem Einzelunternehmen?

# Umwandlung und Auflösung von Gesellschaften Konsortien

## Einführung

Im Gesellschaftsrecht gibt es Regelungen, die auf alle Gesellschaftsformen angewandt werden können. Dies ist besonders bei den Bestimmungen für Umwandlungen, Verschmelzungen und Spaltungen der Fall. Und weil diese Regelungen auch für andere Rechtsträger wie Konsortien, Stiftungen und anerkannte Vereine gelten, ist ihnen ein getrennter Abschnitt im Zivilgesetzbuch gewidmet. Man vermeidet so Verweise und Wiederholungen, die sonst unumgänglich wären.

## Umwandlung von Gesellschaften

Die Gesellschaften haben die Möglichkeit, ihre Rechtsform zu ändern, um sie den neuen Verhältnissen im Unternehmen oder den geänderten Marktbedingungen anzupassen. So kann zum Beispiel einen offene Handelsgesellschaft in eine GmbH oder eine Genossenschaft in eine Aktiengesellschaft umgewandelt werden, weil sich die neue Gesellschaftsform besser für das Unternehmen eignet. Eine **Umwandlung** *(trasformazione)* ist auch zum Beispiel von einer Stiftung, einem Konsortium oder einem anerkannten Verein in eine Kapitalgesellschaft oder umgekehrt möglich (artüberschreitende Umwandlung – *trasformazione eterogenea).* Dabei gilt der Grundsatz, dass die Gesellschaft oder ein sonstiger Rechtsträger auch in der umgewandelten Rechtsform **alle früheren Rechte und Pflichten** beibehält und dass alle Rechtsverhältnisse einschließlich der Prozessrechtsverhältnisse weiter bestehen bleiben (Art. 2498).

Artübergreifende Umwandlung

Bei den Handelsgesellschaften erfolgt die Umwandlung durch eine **Änderung des Gesellschaftsvertrages** (Gründungsaktes), wozu die vom Gesetz oder von der Satzung vorgeschriebene Mehrheit erforderlich ist. Die Umwandlung in eine Aktiengesellschaft oder in eine GmbH muss notariell beurkundet werden (Art. 2500ter), und die Urkunde hat sämtliche Angaben zu enthalten, die für den Gründungsakt der betreffenden Gesellschaft erforderlich sind. Der Umwandlungsbeschluss ist beim **Handelsregister** elektronisch zu hinterlegen. Zudem hat die Löschung des Rechtsträgers (Gesellschaft, Konsortium, Stiftung oder andere), der die Umwandlung durchgeführt hat, meist mit öffentlicher Bekanntmachung zu erfolgen. Erst mit Abschluss dieses Verfahrens ist die Umwandlung wirksam (Art. 2500).

In der Praxis kommt es sehr häufig zur Umwandlung von Personengesellschaften (offene Handelsgesellschaft, Kommanditgesellschaft) in Kapitalgesellschaften. Denn für Unternehmen, die eine gewisse Größe erreichen, stellen Kapitalgesellschaften die geeignete Gesellschaftsform dar. Neue Gesellschafter werden nämlich kaum bereit sein, sich an einer Personengesellschaft zu beteiligen und zusammen mit den bisherigen Gesellschaftern unbeschränkt und als Gesamtschuldner zu haften. Neben der beschränkten Haftung bieten die Kapitalgesellschaften noch weitere Vorteile: So können die Beteiligungen oder Aktien meistens leicht übertragen werden und außerdem bieten sich zusätzlich Finanzierungsmöglichkeiten wie die Ausgabe von Obligationen und Schuldverschreibungen.

Für die Umwandlung von **Personengesellschaften in Kapitalgesellschaften** gelten einige besondere Bestimmungen. Falls der Gesellschaftsvertrag der Personengesellschaft keine andere Regelung vorsieht, muss einer solchen Umwandlung die nach den Gewinnanteilen bemessene Mehrheit der Gesellschafter zustimmen (Art. 2500ter). Die unbeschränkt und als Gesamtschuldner haftenden Gesellschafter der Personengesellschaft sind durch die Umwandlung in eine Kapitalgesellschaft nicht von ihrer Haftung für Verbindlichkeiten der Gesellschaft aus der Zeit vor der Umwandlung befreit. Es sei denn, die Gläubiger der Personengesellschaft geben ihre (auch stillschweigende) Zustimmung zur Umwandlung innerhalb von 60 Tagen ab der betreffenden Mitteilung. Um sicherzustellen, dass die aus der Umwandlung entstehende Aktiengesellschaft oder GmbH tatsächlich über das ausgewiesene Grundkapital verfügt, müssen die Aktiva und Passiva in einem beeideten Schätzbericht nach den für Sacheinlagen geltenden Bestimmungen zu aktuellen Preisen bewertet werden.

**Umwandlungen**

Folgende Umwandlungen sind möglich:
- von Personengesellschaften in Kapitalgesellschaften,
- von Kapitalgesellschaften in Personengesellschaften,
- **artübergreifend** von Konsortien, Konsortialgesellschaften, Betrieben in Gemeinschaftseigentum, Stiftungen und anerkannten Vereinen in Kapitalgesellschaften und umgekehrt.

Trotz Umwandlung bleiben alle Rechte und Pflichten der vorhergehenden Gesellschaft (oder des sonstigen Rechtsträgers) bestehen und die Rechtsverhältnisse dauern fort.

Bei Umwandlung von Personengesellschaften in Kapitalgesellschaften bleibt die unbegrenzte Haftung der Gesellschafter für Verbindlichkeiten aus der Zeit vor der Umwandlung aufrecht, wenn die Gläubiger Widerspruch einlegen.

## Verschmelzung von Gesellschaften

Die Verschmelzung (Fusion – *fusione)* von Gesellschaften kann durch die **Neugründung** einer Gesellschaft erfolgen, in der mindestens zwei Gesellschaften vereinigt werden. Weiters ist die Verschmelzung auch durch die **Aufnahme** einer oder mehrerer Gesellschaften in eine andere Gesellschaft möglich.

Für eine Verschmelzung von Gesellschaften können unter anderem folgende Gründe ausschlaggebend sein: Kostensenkungen in den Bereichen Einkauf, Produktion, Vertrieb und Verwaltung, Stärkung der Marktposition, günstigere Finanzierungsmöglichkeiten, Bündelung der Kräfte in den Bereichen Forschung und Entwicklung, Ausschaltung von Konkurrenten usw. Besonders bei größeren Gesellschaften dürfen jedoch die Schwierigkeiten nicht unterschätzt werden, die sich aus einer Verschmelzung ergeben können. Oft ist es sehr schwer, unterschiedliche Organisationen und unterschiedliche Sichtweisen zu vereinen. Aus diesen Gründen führen Verschmelzungen nicht immer zu den gewünschten Erfolgen.

Im Wesentlichen erfolgt eine Verschmelzung in **drei Schritten:**

1. Zuerst muss ein **Verschmelzungsplan** von den Verwaltern der beteiligten Gesellschaften erstellt werden. Außerdem sind noch die Verschmelzungsbilanz, ein Bericht der Verwalter und ein Gutachten über die Angemessenheit des Umtauschverhältnisses erforderlich.
2. Die **Gesellschafter** der beteiligten Gesellschaften müssen dem Verschmelzungsplan **zustimmen**.
3. Es wird der notarielle beurkundete **Verschmelzungsakt** abgefasst.

Die Grundlage für die Verschmelzung bildet der **Verschmelzungsplan** *(progetto di fusione)*. Er wird von den Verwaltern der an der Verschmelzung beteiligten Gesellschaften erstellt. Der Plan dient der Information der Gesellschafter und soll vor allem den Schutz der Interessen Dritter, insbesondere jene der Gläubiger der Gesellschaft, gewährleisten. Aus diesem Grund ist der Verschmelzungsplan am Sitz der Gesellschaft zu hinterlegen und beim Handelsregister einzutragen. Verschmelzungsplan

Nach Art. 2501ter ist für den Verschmelzungsplan ein Mindestinhalt zwingend vorgegeben. Er muss unter anderem folgende Angaben enthalten:

- Angaben zu den beteiligten Gesellschaften,
- den **Gründungsakt** der aus der Verschmelzung hervorgehenden neuen Gesellschaft oder die Änderung am Gründungsakt der aufnehmenden Gesellschaft,
- das **Umtauschverhältnis** *(rapporto di cambio)* für die Aktien oder für die Geschäftsanteile und der etwaige Barausgleich (höchstens 10 % des Nennwerts der zugeteilten Aktien oder Geschäftsanteile).

Für die an der Verschmelzung beteiligten Gesellschaften muss eine eigene **Bilanz** *(situazione patrimoniale)* nach den Bestimmungen für den Jahresabschluss erstellt werden. Es genügt auch die Bilanz für das letzte Geschäftsjahr, wenn die Zeitspanne zwischen Bilanzstichtag und der Hinterlegung des Verschmelzungsplans am Gesellschaftssitz höchstens sechs Monate beträgt (2501quater). Zudem müssen die Verwalter der beteiligten Gesellschaften in einem Bericht die geplante Verschmelzung erläutern und besonders auf das Umtauschverhältnis für die Aktien oder die Geschäftsanteile eingehen. Und schließlich müssen Sachverständige (Rechnungsprüfer oder Prüfungsgesellschaft) in einem **Gutachten** feststellen, ob das vorgeschlagene Umtauschverhältnis angemessen ist. Die Sachverständigen haften, wenn durch ihr mangelhaftes Gutachten den an der Verschmelzung beteiligten Gesellschaften, deren Gesellschaftern oder Dritten ein Schaden entsteht. Gesellschafter könnten zum Beispiel einen Schaden erleiden, weil sich nach der Verschmelzung herausstellt, dass das Umtauschverhältnis für ihre Aktien viel zu ungünstig war.

Am Sitz der Gesellschaften müssen alle Unterlagen der beteiligten Gesellschaften 30 Tage vor der Entscheidung zur Einsicht für die Gesellschafter aufliegen (Verschmelzungsplan, Bilanz, Bericht der Verwalter und Gutachten der Rechnungsprüfer). In jeder der beteiligten Gesellschaften müssen die **Gesellschafter** dem Verschmelzungsplan mit der erforderlichen Mehrheit zustimmen. In Kapitalgesellschaften muss die für Satzungsänderungen notwendige Mehrheit erreicht werden. Den Gesellschaftern von Personengesellschaften, die der Verschmelzung nicht zugestimmt haben, steht das Austrittsrecht zu. Nach der Zustimmung der Gesellschafter müssen die Verschmelzungsbeschlüsse der beteiligten Gesellschaften beim Handelsregister eingetragen werden. Zustimmung

Die Verschmelzung darf erst 60 Tage nach Eintragung des letzten Verschmelzungsbeschlusses durchgeführt werden. Zuvor können die Gläubiger der teilnehmenden Gesellschaften Widerspruch gegen die Verschmelzung erheben. Das Verschmelzungsverfahren endet mit dem notariell beurkundeten **Verschmelzungsakt** *(atto di fusione)*, wofür die **Verwalter** der aus der Verschmelzung hervorgegangenen Gesellschaft oder der aufnehmenden Gesellschaft zuständig sind. Darauf muss der Verschmelzungsakt in das **Handelsregister** eingetragen werden. Verschmelzungsakt

Die **Wirkungen der Verschmelzung** lassen sich wie folgt zusammenfassen: Die aus der Verschmelzung hervorgehende Gesellschaft oder die aufnehmende Gesellschaft übernimmt die **Rechte und Pflichten** der an der Verschmelzung beteiligten

Gesellschaften und alle Rechtsverhältnisse einschließlich der Prozessrechtsverhältnisse bleiben weiter bestehen. Im ersten Jahresabschluss nach der Verschmelzung sind die Aktiva und Passiva mit den Werten anzusetzen, wie sie in der Buchführung zum Verschmelzungsstichtag aufscheinen.

Sonderbestimmungen gelten für die Verschmelzung durch Aufnahme *(fusione per incorporazione)*, wenn die Aktien oder die Geschäftsanteile der aufzunehmenden Gesellschaft **völlig im Eigentum** der aufnehmenden Gesellschaft sind. Der Verschmelzungsbeschluss kann in diesem Fall von den betreffenden Verwaltern gefasst werden (Art. 2505). Wenn vom Statut vorgesehen, gilt das auch für Verschmelzungen, wenn die Aktien oder die Geschäftsanteile der aufzunehmenden Gesellschaft sich mindestens zu 90 % im Eigentum der aufnehmenden Gesellschaft befinden. Für Verschmelzung von **börsennotierten Gesellschaften** sind besondere Vorschriften zu beachten.

Fremdfinanzierte Übernahme

Eine eigene Bestimmung (Art. 2501bis) regelt die Verschmelzung von Gesellschaften, durch die eine **fremdfinanzierte Übernahme** (leveraged buy-out – LBO) ermöglicht werden soll. Die Regelung gilt für den Fall, dass das Vermögen der beherrschten Gesellschaften nach der Verschmelzung als Sicherstellung für die zur Übernahme aufgenommen Schulden oder für deren Tilgung dient.

BEISPIEL

**Fremdfinanzierte Übernahme** (leveraged buy-out)

Die Manager der eigens zu diesem Zweck gegründeten Alpha AG wollen die heruntergewirtschaftete Beta AG übernehmen. Weil sie nicht über das nötige Kapital verfügen, soll die Übernahme der Beta AG (Zielgesellschaft – target company) überwiegend durch den Kredit einer privaten Investorengruppe finanziert werden. Als Sicherstellung für den Kredit und zu dessen Tilgung soll nach der Verschmelzung der beiden Gesellschaften vor allem die schlecht genutzten Immobilien der Beta AG dienen.

Der Verschmelzungsplan für die Aufnahme der Beta AG in die Alpha AG enthält neben den allgemein für solche Pläne vorgeschriebenen Punkten (insbesondere das Umtauschverhältnis für Aktien der Beta AG in Aktien der Alpha AG) auch Angaben über die Finanzmittel, die nach der Verschmelzung für die Tilgung der Verbindlichkeiten vorgesehen sind. Im Bericht der Verwalter ist die fremdfinanzierte Übernahme zu erläutern und ein Expertengutachten muss bestätigen, dass die Angaben im Verschmelzungsplan überzeugend sind. Außerdem muss dem Verschmelzungsplan der von einer Prüfungsgesellschaft (für die Alpha AG als übernehmende Gesellschaft und für die Beta AG als Zielgesellschaft) erstellte Prüfungsbericht beigefügt werden.

Die Gesellschafter beider Gesellschaften stimmen dem Verschmelzungsplan zu, und nach der Abfassung des Verschmelzungsaktes kann die Alpha AG über die Vermögensteile der inzwischen gelöschten Beta AG verfügen. Mit der Veräußerung und der besseren Nutzung der Immobilien kann der für die Übernahme benötigte Kredit getilgt werden.

## Spaltung von Gesellschaften

Bei der **Spaltung** *(scissione)* weist eine Gesellschaft ihr gesamtes Vermögen mehreren bestehenden oder neu zu gründenden Gesellschaften zu. Dabei erhalten die Gesellschafter die ihnen zustehenden Beteiligungen an den aus der Spaltung hervorgehenden Gesellschaften. Gleichzeitig erlischt die gespaltene Gesellschaft.

Eine Gesellschaft kann durch Spaltung auch nur einen Teil ihres Vermögens an andere Gesellschaften übertragen (Art. 2506). In diesem Fall setzt die gespaltene Gesellschaft ihre Tätigkeit fort.

Zu einer Spaltung kann es unter anderem kommen, weil ein Unternehmen eine unüberschaubare Größe erreicht hat und eine Teilung in selbständige Gesellschaften größere Effizienz verspricht. Man kann auch eine Einschränkung des Verlustrisikos anstreben, indem ein unsicherer Geschäftszweig durch Spaltung von der Gesellschaft abgetrennt wird. Oder die Spaltung ermöglicht es, einen Betriebsteil in eine selbständige Gesellschaft zu überführen und dann zu veräußern.

Die Vorgangsweise bei der Spaltung einer Gesellschaft folgt weitgehend den Bestimmungen für die Verschmelzung von Gesellschaften. Die Verwalter der beteiligten Gesellschaften müssen hierfür einen **Spaltungsplan** *(progetto di scissione)* sowie einen erläuternden Bericht und eine Bilanz erstellen. Zudem ist ein von Rechnungsprüfern abgefasstes Gutachten über das vorgeschlagene Umtauschverhältnis erforderlich, das auf einer zu diesem Zweck erstellten Bilanz fußt. Dem **Spaltungsbeschluss** muss die Gesellschafterversammlung mit der für Satzungsänderungen erforderlichen Mehrheit zustimmen. Dann wird der notariell beurkundete **Spaltungsakt** in das Handelsregister eingetragen, und die Spaltung ist damit abgeschlossen. Das durch den ursprünglichen Gesellschaftsvertrag geregelte Vertragsverhältnis zwischen den Gesellschaftern, wird durch die Spaltung in zwei oder mehrere Vertragsverhältnisse aufgefächert.

Spaltungsplan

## Auflösung und Liquidation von Gesellschaften

Die Bestimmungen für die Auflösung und Liquidation gelten für alle Kapitalgesellschaften, sowohl Aktiengesellschaften als auch GmbHs. Dabei ist vor allem zwischen der **Auflösung** *(scioglimento)* und der später folgenden Löschung der Gesellschaft zu unterscheiden. Wenn sich nämlich ein Auflösungsgrund ergibt, so tritt die Gesellschaft in die Phase der Liquidation (Abwicklung – *liquidazione*) ein. Im Rahmen der Liquidation werden die Forderungen der Gesellschaft eingezogen, die laufenden Geschäfte beendet, das Gesellschaftsvermögen veräußert und in Geld umgesetzt, die Schulden getilgt und der etwaige Rest als Liquidationserlös an die Gesellschafter verteilt. Erst nach Abschluss der Liquidation erfolgt die **Löschung** *(cancellazione)* der Gesellschaft, was auch das Ende der Gesellschaft als juristische Person bewirkt.

Auflösung

Löschung

Für Kapitalgesellschaften gibt es nach Art. 2484 folgende **Auflösungsgründe:** Zeitablauf bei befristeter Dauer der Gesellschaft, Erreichung oder Unmöglichkeit des Gesellschaftszwecks, Arbeitsunfähigkeit oder fortgesetzte Untätigkeit der Gesellschafterversammlung, Grundkapital unter dem gesetzlichen Mindestbetrag (10.000 Euro für GmbH, 120.000 Euro für AG), unzureichende Mittel für die Ablöse eines ausgetretenen Gesellschafters, Beschluss der Gesellschafterversammlung, sonstige von der Satzung vorgesehene Gründe. Dazu kommen noch weitere, vom Gesetz vorgesehene Gründe.

Sobald ein Auflösungsgrund eintritt, müssen ihn die **Verwalter** unverzüglich feststellen und die hierfür erforderliche Erklärung in das Handelsregister eintragen lassen (Art. 2485). Der Auflösungsgrund ist erst ab dieser Eintragung wirksam, und die Verwalter bleiben weiterhin für die Geschäftsführung verantwortlich, jedoch nur mit der Befugnis, den Bestand und den Wert des Gesellschaftsvermögens zu erhalten. Gleichzeitig mit der Feststellung des Auflösungsgrundes müssen die Verwalter auch die Gesellschafterversammlung einberufen.

Liquidatoren

Die **Gesellschafterversammlung** beschließt mit der für eine Satzungsänderung erforderlichen Mehrheit über die Anzahl und die Bestellung der **Liquidatoren** *(liquidatori)* sowie über die Richtlinien für die Durchführung der Liquidation und über die Befugnisse der Liquidatoren einschließlich der einstweiligen Weiterführung der Geschäfte, wobei der bestmögliche Erlös anzustreben ist (Art. 2487). In der Praxis werden häufig die bisherigen Verwalter zu Liquidatoren bestellt. Die Gesellschafterversammlung kann jederzeit den Beschluss über Bestellung und Befugnisse der Liquidatoren abändern und die Liquidatoren auch abberufen.

Die Ernennung der Liquidatoren und deren Befugnisse müssen durch Eintragung in das Handelsregister bekannt gemacht werden, und der Firma der Gesellschaft ist der Zusatz »in Liquidation« *(in liquidazione)* hinzuzufügen, wie zum Beispiel »Horn AG in Liquidation«. Nach der erfolgten Eintragung scheiden die Verwalter aus dem Amt aus und müssen den Liquidatoren die Geschäftsbücher übergeben.

Die Liquidatoren können, im Rahmen der von der Gesellschafterversammlung vorgegeben Richtlinien, alle Maßnahmen ergreifen, die der Liquidation der Gesellschaft dienen. So könnten zum Beispiel die Waren und die Maschinen im Bausch und Bogen verkauft werden. Hingegen wäre für den Verkauf von wertvollen Immobilien eher eine Versteigerung angebracht. Unter Umständen könnte auch die Veräußerung des gesamten Unternehmens ins Auge gefasst werden. Dabei müssen die Liquidatoren ihre Pflichten mit dem erforderlichen beruflichen Einsatz und der nötigen Sorgfalt erfüllen. Und sie haften nach den für die Verwalter geltenden Bestimmungen gegenüber der Gesellschaft, den Gesellschaftsgläubigern und gegenüber einzelnen Gesellschaftern, wenn sie diesen fahrlässig oder vorsätzlich Schaden zufügen.

Anzahlungen

Die Erlöse aus den verkauften Vermögenswerten und die eingezogenen Forderungen dienen dazu, die Gläubiger der Gesellschaft zu befriedigen. Auch wenn sich die Liquidation länger hinzieht, dürfen an die Gesellschafter keine **Anzahlungen auf den Liquidationserlös** *(acconto sul risultato di liquidazione)* geleistet werden. Solche Anzahlungen sind nur zulässig, wenn aus den von den Liquidatoren vorgelegten Jahresabschlüssen hervorgeht, dass die Gesellschaftsgläubiger vollständig und rechtzeitig befriedigt werden können. In solchen Fällen dürften die Liquidatoren aber sehr vorsichtig vorgehen, denn sie haften gegenüber den Gesellschaftsgläubigern persönlich und als Gesamtschuldner für Schäden, die sie ihnen mit unzulässigen Anzahlungen zufügen.

Reichen die Erlöse aus dem Verkauf der Aktiva und die eingezogenen Forderungen nicht aus, um die Gläubiger der Gesellschaft zu befriedigen, müssen Liquidatoren den Konkurs beantragen.

Liquidations-schlussbilanz

Mit Beendigung der Liquidation ist die **Liquidationsabschlussbilanz** *(bilancio finale di liquidazione)* zu erstellen (Art. 2492), wobei der Anteil aus dem Liquidationserlös auszuweisen ist, der den einzelnen Gesellschafter zusteht oder der je Aktie entfällt. Die Liquidationsabschlussbilanz ist beim Handelsregisteramt zu hinterlegen, und in den folgenden 90 Tagen kann jeder Gesellschafter beim Landesgericht Beschwerde erheben. Ist die Frist von 90 Tagen abgelaufen, ohne dass Beschwerde erhoben wurde, gilt die Liquidationsabschlussbilanz als genehmigt, und die Liquidatoren können den Liquidationserlös verteilen.

Löschung

Nach Genehmigung der Liquidationsabschlussbilanz müssen die Liquidatoren die **Löschung der Gesellschaft** im Handelsregister beantragen. Gleichzeitig sind Gesellschaftsbücher beim Handelsregisteramt zu hinterlegen. Die Löschung der in

Liquidation befindlichen Gesellschaft erfolgt von Amtes wegen, wenn während der Liquidation in drei aufeinander folgenden Jahren kein Jahresabschluss hinterlegt wird.

## Konsortien

Die Unternehmen können mit einem Vertrag eine **gemeinsame Organisation** errichten, um bestimmte Tätigkeiten der beteiligten Unternehmen im Bereich der Produktion oder des Absatzes zu regeln oder auszuführen. Man bezeichnet diese Zusammenschlüsse von Unternehmen allgemein als **Konsortien** (*consorzio* Art. 2602–2620), doch könnte man auch von Gelegenheitsgesellschaften oder, besonders im Bereich der Bauwirtschaft, von Bietergemeinschaften oder Arbeitsgemeinschaften sprechen. Öffentliche Körperschaften wie die Gemeinden können sich in vielfältiger Form zu Verbänden oder Gemeinschaften zusammenschließen, die ebenfalls als »Konsortien« bezeichnet werden.

Wenn der Zusammenschluss der Unternehmen auf die Einschränkung des Wettbewerbs ausgerichtet ist, wäre die Bezeichnung »Kartell« angebracht. Doch die Antitrust-Bestimmungen verbieten Preisabsprachen und den Missbrauch von marktbeherrschenden Stellungen, weshalb die offene Bildung eines Kartells, wie zum Beispiel eines Preiskartells, wohl kaum in Frage kommt.

Von Bedeutung sind hingegen die Konsortien vor allem für **kleinere und mittlere Unternehmen**, die so bestimmte Tätigkeiten gemeinsam besser ausführen können, wie zum Beispiel Einkauf von Rohstoffen, Forschung, Entwicklung und Produktkontrolle, Werbung, Beteiligung an Messen, Abfallbeseitigung, Abwasserreinigung usw. Als Bietergemeinschaften oder Arbeitsgemeinschaften können sich Unternehmen zusammenschließen, um sich um größere Bauaufträge oder sonstige Großaufträge zu bewerben.

Konsortiumsvertrag

Nach Art. 2603 muss der **Konsortiumsvertrag** schriftlich abgefasst werden. Dabei sind anzugeben: Gegenstand, Dauer und Sitz der allenfalls eingerichteten Geschäftsstelle, die von den Konsortiumsmitgliedern übernommenen Verpflichtungen und die zu leistenden Beiträge, Aufgaben und Befugnisse der Konsortiumsorgane (Mitgliederversammlung, Leitungsausschuss, Kontrollorgan), Bedingungen für die Aufnahme von Mitgliedern sowie die Regelung des Austritts oder Ausschlusses von Mitgliedern und die Rechtsfolgen bei Nichterfüllung der von den Konsortiumsmitgliedern übernommenen Verpflichtungen.

Die Konsortien werden eingeteilt in

- Konsortien mit interner Tätigkeit *(consorzi con attività interna)* und
- Konsortien mit externer Tätigtkeit *(consorzi con attività esterna)*.

Konsortien mit externer Tätigkeit

Für die **Konsortien mit externer Tätigkeit** (Art. 2612) sind die Errichtung einer Geschäftsstelle und die Eintragung in das Handelsregister erforderlich. Dritte können ihre Forderungen, die sich aus Verpflichtungen des Konsortiums ergeben, nur gegenüber dem Konsortiumsfonds durchsetzen. Der Leitungsausschuss muss innerhalb von zwei Monaten nach Abschluss des Geschäftsjahrs die Vermögenslage des Konsortiums erstellen und beim Handelsregister hinterlegen.

# Die Genossenschaften

## Einführung

Die **Genossenschaften** *(società cooperativa)* sind Gesellschaften mit juristischer Persönlichkeit, beschränkter Haftung, variablem Kapital und unverteilbaren Rücklagen, deren Zweck in der wirtschaftlichen Förderung ihrer Mitglieder besteht (Art. 2511). Im Gegensatz zur **Mitgliederförderung** *(scopo mutualistico)* der Genossenschaften sind die Handelsgesellschaften auf die Gewinnerzielung *(scopo di lucro)* ausgerichtet. Aus diesem Grund überzeugt nicht, dass die Genossenschaften im Zivilgesetzbuch zu den Gesellschaften gezählt werden.

Für ihre Verbindlichkeiten haften nur die Genossenschaften mit ihrem Vermögen, während sich die Haftung der Mitglieder auf die Einlagen beschränkt. Durch die wirtschaftliche Tätigkeit der Genossenschaft können die Mitglieder (Genossen – *socio*) wichtige Vorteile erlangen:

- die Verarbeitung und der Absatz von Erzeugnissen der Genossenschafter werden zu günstigen Bedingungen ermöglicht (z. B. landwirtschaftliche Genossenschaften),
- verschiedene Leistungen und Güter können zu vorteilhaften Preisen bezogen werden (z. B. Einkaufsgenossenschaften, Konsumgenossenschaften, Wohnbaugenossenschaften, Kreditgenossenschaften, Stromversorgung, Trinkwasserversorgung, Versorgung mit Fernwärme),
- den Mitgliedern werden Beschäftigungsmöglichkeiten in der Genossenschaft geboten (Arbeitsgenossenschaften besonders im Bausektor),
- die Genossenschaft bietet Dienstleistungen im sozialen Bereich, was der Mitgliederförderung gleichgestellt ist (Sozialgenossenschaften – *cooperativa sociale).*

Die Mitgliederförderung hat im Rahmen eines Unternehmens zu erfolgen, das sich am Markt und im Wettbewerb mit anderen Unternehmen betätigt. Folglich besteht keine Genossenschaft sondern ein Verein, wenn mehrere Personen eine gemeinsame Tätigkeit ohne Gewinnabsicht betreiben und dies nicht in Form eines Unternehmens erfolgt (z. B. ein Tennisclub).

## Die Genossenschaften in Südtirol

Die Genossenschaften sind als Einrichtungen der Selbsthilfe durch den Zusammenschluss von Arbeitern, Bauern oder Gewerbetreibenden entstanden. In Südtirol haben sich besonders die landwirtschaftlichen Genossenschaften und die Raiffeisenkassen seit mehr als hundert Jahren sehr erfolgreich entwickelt. Nur während der Zwischenkriegszeit hat das Genossenschaftswesen in unserem Land unter den Schikanen und den Übergriffen der faschistischen Machthaber arg gelitten.

Förderung und Aufsicht

Die Förderung des Genossenschaftswesens und die Aufsicht über die Genossenschaften zählen zu den wenigen primären Zuständigkeiten der Region Trentino-Südtirol (Autonomiestatut Art. 4). Im Rahmen dieser Zuständigkeiten wurden die Verwaltungsaufgaben auf die beiden Länder übertragen sowie die Landeskommission für das Genossenschaftswesen (nicht mehr eingesetzt) und das Genossenschaftsregister errichtet (Regionalgesetz Nr. 7/1954 in geltender Fassung).

In Südtirol sind zurzeit rund 900 Genossenschaften in verschiedenen wirtschaftlichen und sozialen Bereichen tätig. Dazu zählen der Einzelhandel (Konsumgenossenschaften) und der Wohnungsbau (Wohnbaugenossenschaften), die Landwirtschaft (Einkaufsgenossenschaften, Sennerei-, Obst-, Wein- und Kleinviehgenossenschaften), das produzierende Gewerbe und die Dienstleistungen einschließlich des Bankensektors (Raiffeisenkassen und Volksbanken).

Daneben gibt es in Südtirol auch Genossenschaften für die Trinkwasserversorgung oder zur Führung von Kindergärten und Kulturhäusern usw. **Gemeinnützige Aufgaben** erfüllen auch die Genossenschaften mit sozialem Zweck, so z. B. bei der Alten-, Kranken- und Behindertenbetreuung, bei der Betreuung von Drogenabhängigen oder um benachteiligten Personen den Wiedereinstieg in die Arbeitswelt zu ermöglichen.

**Genossenschaften in Südtirol**

| | 2005 | 2006 | **2007** |
|---|---|---|---|
| Landwirtschaftliche Genossenschaften | 132 | 129 | **123** |
| Konsumgenossenschaften | 11 | 11 | **11** |
| Arbeitsgenossenschaften | 107 | 120 | **132** |
| Dienstleistungsgenossenschaften | 313 | 305 | **294** |
| Sozialgenossenschaften | 87 | 100 | **116** |
| Wohnbaugenossenschaften | 221 | 222 | **208** |
| Garantiegenossenschaften | 4 | 4 | **5** |
| Genossenschaftskonsortien | 3 | 3 | **2** |
| Raiffeisenkassen | 52 | 52 | **51** |
| **Insgesamt** | **928** | **946** | **942** |

Quelle: Das Land Südtirol 1-2/2008

## DIE MITGLIEDERFÖRDERUNG

Mit der Reform des Gesellschaftsrechts sind auch die Bestimmungen für die Genossenschaften unter Titel VI im V. Buch ZGB weitgehend überarbeitet worden. Neben den besonderen Regelungen für die Genossenschaften werden, soweit vereinbar, die Vorschriften für die Kapitalgesellschaften angewandt, und zwar in der Regel jene für die Aktiengesellschaften. Für einige Arten von Genossenschaften wie die Sozialgenossenschaften, die Arbeitsgenossenschaften oder die Konsumgenossenschaften kommen dazu noch die Bestimmungen in verschiedenen Einzelgesetzen. Von der Reform des Gesellschaftsrechts sind die Raiffeisenkassen *(banca di credito cooperativo)*, die Volksbanken *(banca popolare)* und Landwirtschaftlichen Hauptgenossenschaften *(consorzio agrario)* nicht betroffen.

Die Genossenschaften sind oft nicht ausschließlich zu Gunsten ihrer Mitglieder tätig. Um die erforderlichen Betriebsgrößen zu erreichen, werden Leistungen auch für Nichtmitglieder erbracht. Aus diesem Grund sieht das Gesetz eine grundlegende Unterscheidung vor, nämlich

- Genossenschaften mit **vorwiegender Mitgliederförderung** *(cooperativa a mutualità prevalente)* und
- sonstige Genossenschaften *(altre cooperative)* mit **nicht vorwiegender Mitgliederförderung.**

## Genossenschaften mit vorwiegender Mitgliederförderung

Nur die Genossenschaften mit vorwiegender Mitgliederförderung kommen in den Genuss der besonderen steuerlichen Begünstigungen auf der Grundlage von Art. 45 der Verfassung: »Die Republik anerkennt die soziale Funktion des Genossenschaftswesens, sofern es nach dem Grundsatz der Mitgliederförderung und ohne Zwecke der Privatspekulation aufgebaut ist. Das Gesetz fördert und begünstigt mit den geeigneten Mitteln seine Entfaltung und sichert durch eine zweckdienliche Aufsicht seine Eigenart und Zielsetzung.«

Um als **Genossenschaft mit vorwiegender Mitgliederförderung** zu gelten, sind die gesetzlichen Auflagen nach Art. 2512–2514 zu erfüllen. Vor allem muss das **Mitgliedergeschäft** *(scambio mutualistico)* gegenüber den Geschäften mit Nichtmitgliedern überwiegen. So muss zum Beispiel eine Konsumgenossenschaft ihre Umsätze überwiegend mit den Mitgliedern erzielen, während die Verkäufe an andere Kunden nicht die Hälfte des Gesamtumsatzes erreichen dürfen. Eine Arbeitsgenossenschaft muss ihre Leistungen vorwiegend mit der Arbeit der Mitglieder erbringen und darf nicht zum Großteil Personen beschäftigen, die nicht Mitglieder der Genossenschaft sind. Und für eine Kellereigenossenschaft bedeutet das, dass nicht im großen Stil Most und Wein am Markt zugekauft werden dürfen, sondern dass die Genossenschaft vorwiegend die von den Mitgliedern angelieferten Trauben verarbeiten und als Wein verkaufen sollte.

Mitgliedergeschäft

Die Genossenschaften mit vorwiegender Mitgliederförderung müssen in **Genossenschaftsregister** *(albo delle cooperative)* eingetragen werden, und dort ist auch der Jahresabschluss zu hinterlegen. Die bei der Eintragung in das Genossenschaftsregister erteilte **Eintragungsnummer** muss in den Schriftstücken und in der Korrespondenz der Genossenschaften aufscheinen.

Im **Anhang** zum Jahresabschluss der Genossenschaften haben der Verwaltungsrat und der Überwachungsrat aufzuzeigen, dass die **vorwiegende Mitgliederförderung** erfüllt wird, wozu nach Art. 2513 auch die zutreffenden Kennzahlen auszuweisen sind:

- Die **Erlöse** aus Verkäufen und Dienstleistungen an Mitglieder müssen 50 % der Gesamterlöse übersteigen.
- Die **Lohnkosten** der Mitglieder in den Arbeitsgenossenschaften müssen 50 % der gesamten Lohnkosten übersteigen.
- Die von den Mitgliedern erbrachten **Dienstleistungen** oder die von den Mitgliedern **angelieferten Produkte** müssen 50 % der Gesamtaufwendungen für Dienstleistungen oder der Gesamtaufwendungen für erworbene Waren oder Rohstoffe übersteigen.

Bei landwirtschaftlichen Genossenschaften ist die vorwiegende Mitgliederförderung gegeben, wenn Menge oder Wert der von Mitgliedern angelieferten Erzeugnisse mehr als 50 % der Gesamtmenge oder des Gesamtwertes der erworbenen Erzeugnisse ausmachen.

Außerdem müssen die Statuten (Satzungen) der Genossenschaften mit vorwiegender Mitgliederförderung nach Artikel 2514 Bestimmungen enthalten, die übermäßige Gewinne, und Spekulationen verhindern sollen. So ist in den Statuten die **höchstzulässige Dividende** (Höchstzinssatz der Postsparbriefe plus 2,5 %) festzulegen. Außerdem ist für Finanzinstrumente, die den Mitgliedern zur Zeichnung angeboten werden, die zulässige Höchstrendite anzuführen (Dividende + 2 %). Die

Unverteilbare Rücklage

Statuten müssen das **Verbot der Verteilung von Rücklagen** unter den Mitgliedern vorsehen, und bei Auflösung der Genossenschaft muss das Gesellschaftsvermögen (abzüglich Genossenschaftskapital und angefallener Dividende) an den Fonds zur Förderung und Entwicklung des Genossenschaftswesens abgeführt werden. Auf diese Weise will man auch den Missbrauch von öffentlichen Fördermitteln unterbinden.

Wenn eine Genossenschaft in zwei aufeinander folgenden Geschäftsjahren nicht die Auflage des überwiegenden Mitgliedergeschäftes erfüllt oder wenn

**Genossenschaften und Kapitalgesellschaften im Vergleich**

| Merkmale | Genossenschaften | Kapitalgesellschaften |
|---|---|---|
| | Gesellschaft (juristische Person), die eine unternehmerische Tätigkeit mit beschränkter Haftung zur Mitgliederförderung ausübt | Gesellschaft (juristische Person), die eine unternehmerische Tätigkeit mit beschränkter Haftung ausübt, um einen Gewinn zu erzielen |
| **Unternehmenszweck** | Mitgliederförderung durch Ausübung eines Unternehmens | Gewinne durch Ausübung eines Unternehmens erzielen und an die Gesellschafter verteilen |
| **Anzahl der Mitglieder/ Gesellschafter** | Mindestens 9 Mitglieder (3–8 Mitglieder mit GmbH-Regelung) | Auch Einpersonen-Gesellschaft möglich |
| **Neue Mitglieder/ Gesellschafter** | Neue Mitglieder müssen statutarische Voraussetzungen erfüllen (Grundsatz der »offenen Tür«). Ablehnung muss begründet werden, Widerspruch bei Gericht möglich | Beteiligungen (GmbH) oder Aktien können frei erworben werden. Satzungen können Vorkaufsrecht der Gesellschafter und sonstige Einschränkungen vorsehen. |
| **Genossenschafts- oder Grundkapital** | Variables Genossenschaftskapital, Änderungen mit Beitritt neuer Mitglieder oder bei Austritt (Ausschluss).<br>Nennwert der Geschäftsanteile zwischen 25 und 500 Euro, ein Mitglied darf höchstens Geschäftsanteile im Gesamtnennwert von 100.000 Euro besitzen | Grundkapital wird mit Gesellschaftsvertrag festgelegt und Kapitalerhöhungen erfordern Beschluss der Gesellschafterversammlung. Keine Begrenzung für Beteiligung eines Gesellschafters |
| **Beteiligung an Entscheidungen** | Jedes Mitglied verfügt (in der Regel) über eine Stimme in der Vollversammlung | Einflussmöglichkeit der Gesellschafter richtet sich nach vertretenem Kapital |
| **Gewinne** | Vorwiegend zur Bildung von nicht verteilbaren Rücklagen, Grenzen für verteilbare Gewinne | Gewinne und Rücklagen stehen den Gesellschaftern im Verhältnis zur Einlage zu |
| **Eigenfinanzierung** | Geschäftsanteil in begrenzter Höhe zuzüglich Aufpreis (neue Mitglieder), Rücklagen | Einlagen (Risikokapital) und Rücklagen |
| **Fremdfinanzierung** | Unter anderem durch finanzierende Mitglieder und durch Begebung von Schuldverschreibungen auf dem Kapitalmarkt | Unter anderem durch Gesellschafterfremdfinanzierung und durch Begebung von Obligationen |
| **Verwaltungsformen** | Genossenschaften mit GmbH-Regelungen bis 19 Mitgliedern oder Aktiva von höchstens 1 Mio. Euro; sonst Genossenschaften mit AG-Regelungen | GmbH: weitgehende Gestaltungsfreiheit für Gesellschaftsvertrag<br>AG: Wahlmöglichkeit zwischen herkömmlicher Verwaltungsform, monistischem und dualistischem System |

die erforderlichen Klauseln aus dem Statut gestrichen werden, verliert sie nach Art. 2545octies das Merkmal der vorwiegenden Mitgliederförderung. Der Verwaltungsrat muss in diesem Fall den Jahresabschluss erstellen und dabei den tatsächlichen Wert der Aktiva erfassen, die den unverteilbaren Rücklagen entsprechen. Um eine zuverlässige Bewertung zu gewährleisten, muss dieser Abschluss von einer Revisionsgesellschaft geprüft werden.

Andere Genossenschaften

Genossenschaften, die **nicht vorwiegend der Mitgliederförderung** dienen, kommen nicht in den Genuss der steuerlichen Begünstigungen. Sie gelten aber trotzdem als Genossenschaften und werden in einer eigenen Sektion des Genossenschaftsregisters geführt, immer unter der Voraussetzung, dass sie wenigstens in eingeschränktem Maße die Mitgliederförderung betreiben und nicht ausschließlich auf Gewinnerzielung ausgerichtet sind. Abgesehen von den steuerlichen Begünstigungen können die sonstigen Förderungen für Genossenschaften in Anspruch genommen werden. Deshalb müssen auch die Genossenschaften mit nicht vorwiegender Mitgliederförderung verschiedene Einschränkungen beachten: Der Anteil des einzelnen Mitglieds darf höchstens 100.000 Euro betragen und 20 % des Gewinns sind der gesetzlichen Rücklage zuzuweisen und 3 % müssen an den Fonds zur Förderung und Entwicklung des Genossenschaftswesens abgeführt werden.

## GRÜNDUNG VON GENOSSENSCHAFTEN

Notarielle Urkunde

Zur Gründung einer Genossenschaft sind mindestens **neun Mitglieder** erforderlich (Art. 2522). Werden die Bestimmungen für die GmbH angewandt, so braucht es mindestens drei Mitglieder. Der Gründungsvertrag für eine Genossenschaft muss notariell beurkundet werden und er muss nach Art. 2521 unter anderem folgende Angaben enthalten:

- die Personalien der Gründungsmitglieder,
- die Firma (es kann sich auch um einen Phantasienamen z. B. »Fructus Genossenschaft« handeln) mit dem Zusatz **»Genossenschaft«** und den Sitz (nur die Gemeinde),
- **Zweck** und **Gegenstand** der Genossenschaft in Verbindung mit den **Voraussetzungen und Interessen** der Mitglieder (z. B. Zweck: für das Obst der Mitglieder einen möglichst hohen Preis zu erzielen; Gegenstand: Lagerung, Verarbeitung und Verkauf von Obst; Mitglieder dürfen nur Obstbauern aus dem Etschtal sein),
- den von jedem Mitglied gezeichneten und eingezahlten **Geschäftsanteil** (höchstens 100.000 Euro) oder die gezeichneten und eingezahlten Aktien mit Angabe des Nennwertes (mindestens 25 Euro, höchstens 500 Euro),
- Voraussetzungen und Bedingungen für die **Aufnahme von neuen Mitgliedern,**
- Bedingungen für den etwaigen Austritt oder Ausschluss von Mitgliedern,
- Bestimmungen für die **Gewinnverteilung** und Richtlinien für die **Rückvergütungen,**
- die gewählte **Verwaltungsform** (herkömmliche, monistische oder dualistische Form), Zahl der Verwalter und deren Befugnisse sowie jene Verwalter, die mit der Vertretung der Genossenschaft betraut sind,
- Bestellung der ersten Verwalter und der Mitglieder des Übewachungsrates.

Der Notar muss den Gründungsvertrag und das Statut elektronisch zur Eintragung an das Handelsregister übertragen. Mit der Eintragung erwirbt die Genossenschaft die Rechtspersönlichkeit als juristische Person.

Juristische Person

Das **Genossenschaftskapital** ist im Gründungsvertrag nicht als fester Betrag festgelegt, weil sich das Kapital mit dem Beitritt neuer Mitglieder oder dem Austritt von Mitgliedern immer wieder verändern kann.

Im Gründungsvertrag sind unter anderem die Richtlinien für die **Rückvergütungen** *(ristorni)* festzulegen (Art. 2545sexies). Mitglieder, die Waren von der Genossenschaft (Einkaufsgenossenschaft, Konsumgenossenschaft) gekauft haben, erhalten so einen Teil des Kaufbetrages zurückerstattet. In anderen Fällen erhalten die Mitlieder ein höheres Entgelt für die an die Genossenschaft gelieferten Erzeugnisse oder für die erbrachten Arbeitsleistungen. Diese Rückervergütungen gelten nicht als Gewinnverteilung sondern stellen für die Genossenschaften auch steuerlich einen Aufwand dar. Die Rückvergütungen, die früher vor allem für die Konsumgenossenschaften von Bedeutung waren, betreffen jetzt sämtliche Arten von Genossenschaften. Zum Jahresende werden getrennt die Überschüsse ermittelt, die sich aus dem Mitgliedergeschäft und aus den sonstigen Geschäften der Genossenschaft ergeben. Die auf das Mitgliedergeschäft bezogenen Rückvergütungen zugunsten der Mitglieder werden von der Vollversammlung auf Vorschlag des Verwaltungsrates beschlossen. Es ist auch möglich, die Rückvergütung für eine entsprechende Erhöhung der Geschäftsanteile oder für die Begebung von Finanzinstrumenten zu verwenden, wodurch der Genossenschaft neues Kapital zugeführt wird.

Die Genossenschaften wenden weitgehend die Bestimmungen für die Aktiengesellschaft oder jene für die GmbH an. Dabei gelten folgende Regeln: Genossenschaften mit drei bis acht Mitgliedern (nur natürliche Personen) müssen die **Bestimmungen für die GmbH** anwenden. Für Genossenschaften von neun bis 19 Mitgliedern oder mit einer Aktiva von höchstens 1 Mio. Euro und in diesem Fall auch mit mehr als 19 Mitgliedern gelten **wahlweise** entweder die Bestimmungen für die GmbH oder jene für die Aktiengesellschaft. Genossenschaften **ab 20 Mitglieder** oder einer Aktiva von mehr als 1 Mio. Euro haben, soweit sie vereinbar sind, ausschließlich die Bestimmungen für die **Aktiengesellschaft** anzuwenden.

GmbH-Regelung

AG-Regelung

Betriebsordnung

Der Verwaltungsrat kann eine **Betriebsordnung** *(regolamento interno)* für das Mitgliedergeschäft und für sonstige Bereiche erarbeiten, die von der Vollversammlung zu genehmigen ist.

## DIE GENOSSENSCHAFTSORGANE

Neben der **Vollversammlung** besteht in der herkömmlichen Form der Genossenschaft auch der **Verwaltungsrat** und der **Überwachungsrat.**

In der **Vollversammlung** *(assemblea)* hat jedes Mitglied (Genosse, *socio cooperatore)* grundsätzlich nur **eine Stimme**, unabhängig von der Höhe seines Geschäftsanteils (Art. 2538). Juristischen Personen, die Mitglieder einer Genossenschaft sind, können mit dem Statut bis zu fünf Stimmen zuerkannt werden. Abweichungen vom Grundsatz, dass jedem Mitglied nur eine Stimme *(voto capitario)* zusteht, sind in den Genossenschaften wie z. B. den Obst-, Kellerei- oder Sennereigenossenschaften möglich, die in Ergänzung zu den Betrieben ihrer Mitglieder tätig sind. In diesen Fällen kann das Statut vorsehen, dass die Stimmen im Verhältnis zum Mitgliedergeschäft der einzelnen Mitglieder verteilt werden. Um Machtkonzentra-

Mehrstimmrecht

tionen zu vermeiden, die mit dem Genossenschaftsgedanken unvereinbar wären, darf kein Mitglied mehr als ein Zehntel der Stimmen auf sich vereinigen und in der Vollversammlung stehen den Mitgliedern mit Mehrstimmrechten höchstens ein Drittel der gesamten Stimmen zu.

Die Bestimmungen über die Beschlussfähigkeit der Vollversammlung und über die erforderlichen Mehrheiten bei den Beschlussfassungen sind im Statut festzulegen. Es besteht auch die Möglichkeit, die Briefwahl oder elektronische Formen der Abstimmung vorzusehen.

### Herkömmliche Organisationsform der Genossenschaften

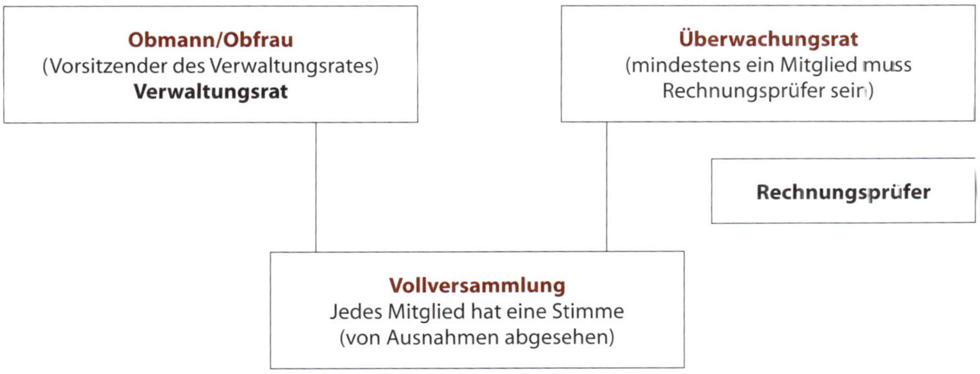


Die **Zuständigkeiten der Vollversammlung** werden durch die Bestimmungen für die Aktiengesellschaft und durch das Statut geregelt. Dazu zählen die Genehmigung des Jahresabschlusses, die Bestellung und die etwaige Abberufung der Verwalter, die Bestellung der Mitglieder des Überwachungsrates und der Beschluss über die Verwendung des Gewinns sowie die Bestellung der Mitglieder des Verwaltungs- und des Überwachungsrates. Die Vollversammlung darf sich nicht in die Geschäftsführung einmischen.

Für Statutenänderungen ist ein Beschluss der außerordentlichen Vollversammlung *(assemblea straordinaria)* erforderlich, die auch über etwaige Verschmelzungen, über die Verlegung des Geschäftssitzes und über Veränderungen des Genossenschaftskapitals entscheidet (zum Beispiel kostenlose Erhöhung der Geschäftsanteile).

Wenn die Genossenschaft die Bestimmungen für die Aktiengesellschaft anwendet, kann ein Mitglied mit den erforderlichen Vollmachten bis zu zehn andere Mitglieder vertreten. Das Statut kann eine geringere Zahl von Vertretungsvollmachten vorsehen.

Verwaltungsrat

Der **Verwaltungsrat** *(consiglio di amministrazione)*, bisher meist als Vorstand bezeichnet, ist mehrheitlich mit Mitgliedern der Genossenschaft bzw. mit Personen zu besetzen, die von juristischen Personen als Genossenschaftsmitglieder namhaft gemacht werden (Art. 2542). Dadurch sollen die Interessen der Mitglieder gewahrt werden. Es ist jedoch auch die Bestellung von außen stehenden Personen zu Verwaltern möglich. Der **Vorsitzende** des Verwaltungsrats (Obmann, Obfrau) ist in der Regel auch der gesetzliche Vertreter der Genossenschaft. Es besteht zudem die Möglichkeit, einen Vollzugsausschuss zu bilden, der aus Mitgliedern des Verwaltungsrates besteht und den ebenfalls der Vorsitzende leitet.

Genossenschaften, die sich an die Bestimmungen der Aktiengesellschaften halten, müssen im Statut **Grenzen für die Ämterhäufung** und für die Wiederwahl der Verwalter festlegen. Eine Person darf höchstens für drei Verwaltungsperioden hintereinander zum Mitglied des Verwaltungsrates bestellt werden.

Kontrollorgan:
- Überwachungsrat
- Kontrollausschuss
- (dualistischer) Aufsichtsrat

Als **Kontrollorgan** ist je nach der gewählten Verwaltungsform der Überwachungsrat, der Kontrollausschuss im monistischen System oder der Aufsichtsrat *(consiglio di sorveglianza)* im dualistischen System vorgesehen. In Genossenschaften mit herkömmlicher Verwaltungsform ist ein **Überwachungsrat** *(collegio sindacale)* erforderlich, wenn das Genossenschaftskapital mindestens 120.000 Euro beträgt oder wenn in zwei aufeinander folgenden Jahren zwei der folgenden drei Grenzwerte überschritten werden: Gesamtaktiva 3.650.000 Euro, Erlöse aus Verkäufen und Dienstleistungen 7.300.000 Euro, durchschnittlich 50 Beschäftigte im Geschäftsjahr.

Rechnungsprüfer
Revisionsgesellschaft

Der Überwachungsrat muss überprüfen, dass bei der Geschäftsführung rechtmäßig und effizient vorgegangen wird. Weiters muss er darüber wachen, dass der genossenschaftliche Grundsatz der Mitgliederförderung beachtet wird. Mit der Rechnungsprüfung und der **Prüfung des Jahresabschlusses** ist hingegen ein eingetragener Rechnungsprüfer oder eine Revisionsgesellschaft zu beauftragen. Für Genossenschaften, die den AG-Bestimmungen unterliegen, ist die Prüfung des Jahresabschlusses stets Pflicht. Wenn nach dem Statut der Überwachungsrat auch mit der Jahresabschlussprüfung betraut wird, müssen sämtliche Mitglieder eingetragene Rechnungsprüfer sein.

Für Genossenschaften, die sich nach den GmbH-Bestimmungen richten, ist die Buchprüfung nur vorgeschrieben, wenn ein Überwachungsrat bestellt werden muss.

Monistisch

Auch die Genossenschaften haben die Möglichkeit, mit dem Gründungsvertrag oder einer späteren Statutenänderung die neu für die Aktiengesellschaft eingeführte monistische Verwaltungsform oder die dualistische Verwaltungsform zu wählen. Die **monistische Verwaltungsform** *(sistema monistico)* sieht den von der Vollversammlung bestellten **Verwaltungsrat** vor, der weit gehend dem Verwaltungsrat in der herkömmlichen Genossenschaft entspricht. Der wesentliche Unterschied besteht darin, dass innerhalb des Verwaltungsrates ein **Kontrollausschuss** gebildet wird, der die Aufgaben des Überwachungsrates übernimmt (Art. 2409octiesdecies). Weil dem Kontrollausschuss nur ein eingetragener Rechnungsprüfer angehören muss, ist die monistische Verwaltungsform weniger aufwändig.

Dualistisch

Die **dualistische Verwaltungsform** *(sistema dualistico)* stellt auch für die Genossenschaften eine bedeutende Neuerung dar. Der **(dualistische) Aufsichtsrat** *(consiglio di sorveglianza)* wird von der Vollversammlung bestellt, die auch den Aufsichtsratsvorsitzenden bestimmt. Die bestellten Aufsichtsratsmitglieder bleiben für drei Geschäftsjahre im Amt und sie können wieder gewählt werden. Mindestens ein Aufsichtsratsmitglied muss Rechnungsprüfer sein. Der Aufsichtsrat besitzt **große Befugnisse**, die in der herkömmlichen Genossenschaft zum Teil der Vollversammlung zustehen. Unter anderem bestellt er die Mitglieder des Vorstands und kann sie auch abberufen, und er genehmigt den Jahresabschluss. Die Geschäftsführung steht ausschließlich dem **Vorstand** *(consiglio di gestione)* zu, der seine Aufgaben auch zum Teil an einzelne Vorstandsmitglieder übertragen kann (Art. 2409octies u. ff.).

## Mitglieder der Genossenschaft

Zum Genossenschaftsmitglied wird man bei der Gründung oder durch spätere Aufnahme in die Genossenschaft. Die Regeln für die **Aufnahme neuer Mitglieder** und die Voraussetzungen, die diese zu erfüllen haben, werden im Statut festgelegt. Die Aufnahmebedingungen dürfen nicht diskriminierend sein und sie müssen mit dem Förderungsauftrag der Genossenschaft und deren Tätigkeit übereinstimmen (Art. 2527). Für die Aufnahme von neuen Mitgliedern gilt in abgeschwächter Form der Grundsatz der »offenen Tür«, aber es besteht kein Recht auf eine automatische Aufnahme als Mitglied. Eine Bestimmung im Statut, die eine Aufnahme weiterer Mitglieder verbietet, wäre jedoch gesetzeswidrig. Ebenso unzulässig wäre eine Bestimmung, die jeder Person völlig unabhängig von den erforderlichen Voraussetzungen die Aufnahme als Mitglied ermöglichen würde. Ein Aufnahmeverbot besteht für jene Personen, die ein gleiches oder ähnliches Unternehmen wie die Genossenschaft betreiben.

Grundsatz der »offenen Tür«

Der **Mitgliedsantrag** für die Aufnahme in die Genossenschaft ist an den Verwaltungsrat zu richten (Art. 2528). Es handelt sich um einen Antrag auf Abschluss eines Vertrages zwischen dem Antragsteller und der Genossenschaft, wobei die Annahme des Antrages durch den Verwaltungsrat (oder durch die Vollversammlung) im Rahmen Vertragsfreiheit erfolgt und nicht erzwingbar ist. Wird der Antrag abgewiesen, so ist die Begründung für die Ablehnung innerhalb von 60 Tagen dem Betroffenen mitzuteilen. Er kann sich innerhalb von 60 Tagen nach der erfolgten Ablehnung an die Vollversammlung wenden, die dann über den Antrag beschließt.

Für die Ablehnung eines Mitgliedsantrages kann ausschlaggebend sein, dass der Antragsteller nicht die notwendigen Voraussetzungen erfüllt (zum Beispiel: der Antragsteller ist nur Hobbygärtner und kein Bauer). Es können aber auch betriebliche Gründe, Absatzprobleme oder sonstige Gründe für die Ablehnung geltend gemacht werden. Bei einer Obstgenossenschaft könnte die Ablehnung zum Beispiel damit begründet werden, dass die Lagerkapazitäten bereits voll ausgelastet sind und keine Möglichkeiten für den Bau neuer Lagerräume bestehen. Kommt es hingegen zur missbräuchlichen Ablehnung von Mitgliedsanträgen, so droht nach Art. 2545sexiesdecies die Einsetzung einer kommissarischen Verwaltung durch die Aufsichtsbehörde.

Werden neue Mitglieder in die Genossenschaft aufgenommen, so müssen die Verwalter den Aufnahmebeschluss in das Mitgliederbuch (*libro dei soci*) eintragen. Zusätzlich zum Betrag für den **Geschäftsanteil** *(quota)* oder für die Aktien müssen die neuen Mitglieder meistens auch einen **Aufpreis** *(sovrapprezzo)* für die im Laufe der Zeit von der Genossenschaft gebildeten Rücklagen entrichten. Der etwaige Aufpreis wird von der Vollversammlung auf Antrag der Verwalter beschlossen. Mitglieder (natürliche Personen) können einen Geschäftsanteil im Höchstbetrag von 100.000 Euro zeichnen.

Aufpreis

Die **Übertragung von Geschäftsanteilen** *(cessione della quota)* oder von Aktien ist gegenüber der Genossenschaft erst dann wirksam, wenn sie von den Verwaltern genehmigt wurde. Wenn ein Mitglied seinen Geschäftsanteil veräußern will, muss es seine Veräußerungsabsicht den Verwaltern mitteilen. Sie können so innerhalb von 60 Tagen prüfen, ob der Erwerber des Anteils die Voraussetzungen für die Mitgliedschaft besitzt und daraufhin die Genehmigung erteilen oder verweigern. Die Ablehnung der Übertragung muss wie die Verweigerung der Aufnahme entsprechend begründet werden. Wenn die Verwalter nicht innerhalb der Frist von

60 Tagen zur beabsichtigten Übertragung des Geschäftsanteils Stellung beziehen, kann das Mitglied seinen Geschäftsanteil frei veräußern und der Erwerber des Geschäftsanteils muss als neues Mitglied in das Mitgliederbuch eingetragen werden, wenn er die festgelegten Voraussetzungen erfüllt. Das Statut kann jedoch die Übertragung der Geschäftsanteile verbieten, und in diesem Fall steht dem Mitglied das Austrittsrecht zu.

Austritt

Der **Austritt** *(recesso)* von Mitgliedern aus der Genossenschaft ist in den vom Gesetz und vom Statut vorgesehenen Fällen möglich. Die erforderliche Austrittserklärung muss von den Verwaltern innerhalb von 60 Tagen geprüft werden. Wenn die Voraussetzungen für den Austritt nicht gegeben sind, ist dies umgehend dem Mitglied mitzuteilen. Gegen die Ablehnung des Austritts kann dann das Mitglied innerhalb von 60 Tagen Widerspruch beim Landesgericht erheben.

Mit der Annahme des Austritts erlöschen die genossenschaftlichen Rechte des Mitglieds, während die Rechte aus dem Mitgliedsgeschäft mit dem Ablauf des Geschäftsjahrs enden, wenn die Austrittserklärung mindestens drei Monate vorher erfolgte. Sonst enden diese Rechte mit Ende des folgenden Geschäftsjahrs.

Ausschluss

Der **Ausschluss des Mitglieds** *(esclusione del socio)* kann aus den im Gesetz und im Statut vorgesehenen Fällen erfolgen. Zu den gesetzlichen Ausschlussgründen nach Art. 2533 zählt die Nichterfüllung von Pflichten, die sich aus dem Gesetz, dem Gründungsvertrag, der Betriebsordnung oder dem Mitgliedergeschäft ergeben. Auch die fehlenden Voraussetzungen für die Mitgliedschaft sowie Entmündigung, Konkurs oder die fehlende Zahlung für den Geschäftsanteil sind Gründe für einen Ausschluss.

Der Ausschluss wird von den Verwaltern oder, wenn vom Statut vorgesehen, von der Vollversammlung beschlossen. Gegen den Ausschluss kann das Mitglied innerhalb von 60 Tagen Widerspruch bei Gericht erheben.

Mit dem Ausschluss enden sowohl die Mitgliedschaft als auch die bestehenden Beziehungen aus dem Mitgliedergeschäft.

## Rechte der Mitglieder

Was das Mitgliedergeschäft anbelangt, gilt der **Grundsatz der Gleichbehandlung** aller Mitglieder (Art. 2516). Neben der Nutzung der genossenschaftlichen Leistungen haben die Mitglieder das Recht sich an der **Vollversammlung** der Genossenschaft zu beteiligen und an den Abstimmungen teilzunehmen. Dabei können sie auch in Vertretung anderer Mitglieder (bis zu 10) abstimmen.

Was die **Kontrollrechte** der Mitglieder anbelangt, so können sie in Genossenschaften, die den AG-Bestimmungen unterliegen, in das Mitgliederbuch und das Protokollbuch der Vollversammlung Einsicht nehmen. Wenn es mindestens ein Zehntel der Mitglieder beantragt (1/20 in Genossenschaften mit mehr als 3000 Mitgliedern), kann ein Vertreter dieser Mitglieder das Protokollbuch der Vorstands- und Vollzugsausschussbeschlüsse prüfen und er kann sich dabei von einem Freiberufler seines Vertrauens unterstützen lassen. Die gleiche Mindestanzahl von Mitgliedern ist erforderlich, um beim Landesgericht eine **Haftungsklage** gegen die Verwalter der Genossenschaft wegen Verletzung ihrer Pflichten nach Art. 2409 einzubringen.

In den Genossenschaften, die den GmbH-Bestimmungen unterliegen, hat jedes einzelne Mitglied weit gefasste Kontrollrechte, die auch sämtliche Geschäftsunterlagen betreffen.

## JAHRESABSCHLUSS UND RÜCKLAGEN

Für den Jahresabschluss der Genossenschaften gelten neben den allgemeinen Bestimmungen für Kapitalgesellschaften besondere Vorschriften für die Rücklagen und die Gewinne. Vom jährlichen Gewinn müssen die Genossenschaften mindestens **30%** den nichtverteilbaren **gesetzlichen Rücklagen** *(riserva legale indivisibile)* zuweisen, und zwar unabhängig von der Höhe dieser Rücklagen (Art. 2545quater). Weitere nichtverteilbare Rücklagen können vom Statut vorgesehen werden. Und außerdem sind 3% vom Gewinn an den Fonds zur Förderung und Entwicklung des Genossenschaftswesens abzuführen. Darüber hinaus ist auch noch die Bildung von freiwilligen Rücklagen möglich. Besonders die nichtverteilbaren Rücklagen dienen zur Erhöhung des Eigenkapitals der Genossenschaften. Zudem wird eine übermäßige Verteilung von Gewinnen verhindert, die nicht dem Genossenschaftsgedanken entsprechen würde.

Die nichtverteilbaren Rücklagen können nur dann zur Abdeckung von Verlusten verwendet werden, wenn die für eine Kapitalaufstockung oder die Auszahlung an die Mitglieder im Falle der Auflösung bestimmten Rücklagen bereits aufgebraucht sind (Art. 2545ter).

Was die **Gewinnverteilung** anbelangt, so ist sie von der Finanzlage der Genossenschaft abhängig. Eine Ausschüttung des Gewinns an die Mitglieder, der Erwerb von Geschäftsanteilen unter Verwendung des Gewinns oder die Auszahlung von verteilbaren Rücklagen ist nur zulässig, wenn das Eigenkapital der Genossenschaft ein Viertel der Gesamtverschuldung übersteigt.

### Revision der Genossenschaften

Mit der **internen Kontrolle** ist bei den Genossenschaften der Überwachungsrat oder ein anderes Kontrollorgan (Kontrollausschuss oder Aufsichtsrat) betraut. Mit der Kontrolle der Buchführung und des Jahresabschlusses kann ein Rechnungsprüfer beauftragt werden. Zudem ist für die Genossenschaften eine als **Revision** bezeichnete **externe Kontrolle** vorgeschrieben (Regionalgesetz Nr. 7/1954). Die ordentliche Revision erfolgt mindestens alle zwei Jahre. Dabei soll durch eine Prüfung der Buchführung und der übrigen Verwaltung vor allem festgestellt werden, ob die betreffende Genossenschaft tatsächlich die Ziele der Mitgliederförderung erfüllt, ob die gesetzlichen sowie sonstigen Vorschriften beachtet werden und ob somit die Voraussetzungen für die steuerlichen sowie für die sonstigen Begünstigungen bestehen.

Revisionsverbände

Die Revision wird entweder von einem anerkannten **Revisionsverband** (Raiffeisenverband, Lega delle cooperative, Unione delle cooperative) oder von einem durch die Landesverwaltung beauftragten Freiberufler durchgeführt. Die Revision wird mit einem Bericht über die durchgeführten Kontrollen abgeschlossen, der auch die etwaigen Beanstandungen und Verbesserungsvorschläge des Revisors enthält.

Bei schwerwiegenden Unregelmäßigkeiten kann die Landesbehörde, wenn die Genossenschaftsorgane nicht die erforderlichen Maßnahmen ergreifen, den Verwaltungsrat absetzen und dafür einen Kommissar einsetzen. In einigen Fällen, wie zum Beispiel die Untätigkeit der Vollversammlung, kann die Behörde sogar die Auflösung der Genossenschaft anordnen.

Für Genossenschaften mit einem Jahresumsatz von über 60 Mio. Euro oder nichtverteilbaren Rücklagen von mehr als 4 Mio. Euro ist außerdem die **Zertifizierung des Jahresabschlusses** vorgeschrieben.

## UMWANDLUNG UND AUFLÖSUNG

Für Genossenschaften mit nicht vorwiegender Mitgliederförderung ist die **Umwandlung** *(trasformazione)* in Handelsgesellschaften oder in Konsortien zulässig (Art. 2545decies). In diesem Fall ist nach Abzug des aufgewerteten Genossenschaftskapitals das tatsächlich verbleibende Eigenkapital an den Fonds zur Förderung und Entwicklung des Genossenschaftswesens abzuführen. Um eine korrekte Bewertung zu gewährleisten, ist bei der Umwandlung ein beeidetes Gutachten über den tatsächlichen Wert des Eigenkapitals erforderlich.

Zur **Auflösung** *(scioglimento)* der Genossenschaften kommt es unter anderem, bei andauernder Untätigkeit der Vollversammlung oder deren Handlungsunfähigkeit oder bei Verlust des Genossenschaftskapitals. Auch wenn eine Genossenschaft keine Mitgliederförderung mehr betreibt oder wenn sie nicht mehr in der Lage ist, ihren Zweck zu erreichen, kann sie aufgelöst werden. Weiters kommt es zur Auflösung, wenn in zwei aufeinander folgenden Jahren kein Jahresabschluss hinterlegt wurde oder wenn in diesem Zeitraum überhaupt keine Geschäftstätigkeit ausgeübt wurde.

Bei einem unregelmäßigen Funktionieren der Gesellschaft können der Verwaltungsrat und der Überwachungsrat abberufen und ein Kommissär mit der Verwaltung betraut werden, der von der Genossenschaftsaufsicht ernannt wird.

### Genossenschaften zweiten Grades

Die Genossenschaften können nach dem EVO Nr. 1577/1947 *(»legge Bassevi«)* auch **Genossenschaften zweiten Grades** gründen, um bestimmte Aufgaben besser wahrnehmen zu können. An solchen Genossenschaften sind als Mitglieder meistens nur Genossenschaften beteiligt. Zu den Genossenschaften zweiten Grades zählen in Südtirol unter anderem der Sennereiverband, der Raiffeisenverband, der Verband der Obstgenossenschaften (VOG).

## BEISPIELE UND FRAGEN

[1] Welches sind die wesentlichen Unterschiede zwischen den Genossenschaften und den Kapitalgesellschaften?

[2] Der Verwaltungsrat einer Sennereigenossenschaft beschließt, einen Teil der Auszahlungen für die Milchlieferungen der Mitglieder zurückzubehalten, um damit Spekulationsgeschäfte an der Börse zu tätigen.
Ist diese Vorgangsweise mit dem Zweck einer Genossenschaft vereinbar?
(Siehe Art. 2512)

[3] Warum müssen die Genossenschaften stets einen Teil des Gewinns den nichtverteilbaren Rücklagen zuweisen, und zwar unabhängig von der Höhe der bereits gebildeten Rücklagen? Wozu dürfen die nichtverteilbaren Rücklagen verwendet werden?
(Siehe Art. 2545ter)

[4] Was sind die wesentlichen Punkte im Gründungsvertrag einer Genossenschaft?
(Siehe Art. 2521)

[5] Ein Mitglied einer Obstgenossenschaft liefert trotz Anlieferungspflicht einen Großteil seiner Ernte nicht an die Genossenschaft, sondern verkauft sie über eine Obstversteigerung.
Welche Pflicht verletzt das Genossenschaftsmitglied in diesem Fall? Welche Maßnahmen kann in diesem Fall das Statut vorsehen?

[6] Ein kleiner Teil der Mitglieder (15 % der gesamten Mitglieder) der Kellereigenossenschaft »Edler Tropfen« ist mit den aufwändigen Erweiterungsplänen der Verwalter nicht einverstanden. Was können diese Mitglieder gegen den Beschluss des Verwaltungsrates unternehmen? Können sie Einblick in das Protokollbuch des Verwaltungsrates verlangen?
(Siehe Art. 2545bis)

[7] Ein Handwerker, der selbst ein kleines Elektrizitätswerk betreibt, möchte in die Stromversorgungsgenossenschaft in seiner Gemeinde aufgenommen werden, weil er sich davon Vorteile für seinen Betrieb erhofft. Der Verwaltungsrat lehnt den Antrag ab. Welches ist die Begründung?
(Siehe Art. 2527)

[8] Der Mitgliedsantrag von Frau Johanna Schön wird von den Verwaltern der Einkaufsgenossenschaft »Spar viel« abgelehnt, weil nur Gastwirte als Mitglieder aufgenommen werden können. Frau Schön, die seit kurzem eine Gästepension betreibt, will die Ablehnung nicht hinnehmen. Was kann sie unternehmen?
(Siehe Art. 2528)

[9] Ein neues Mitglied wird in die Raiffeisenkasse von Hinterberg aufgenommen. Warum muss es neben dem Geschäftsanteil von 100 Euro auch einen Aufpreis von 120 Euro bezahlen?

[10] Die Genossenschaft »Duft der Berge« für die Gewinnung und zum Verkauf von Latschenöl ist hoch verschuldet. Insgesamt betragen die Schulden mehr als das Vierfache des Eigenkapitals. Im abgeschlossenen Geschäftsjahr wurde von der Genossenschaft durch zusätzliche Geschäfte ein Gewinn erzielt. Nachdem der vorgeschriebene Teil den Rücklagen zugewiesen wurde, verlangen viele Mitglieder die Ausschüttung des restlichen Gewinns. Ist das zulässig?
(Siehe Art. 2545quinquies)

[11] Der von der Vollversammlung der Kunstschmiede-Genossenschaft »Schmiedekunst« gewählte Obmann Josef Amboss verliert das Vertrauen zahlreicher Mitglieder, die ihn zum Rücktritt auffordern. Muss der Obmann zurücktreten? Welche Möglichkeit haben die Mitglieder, damit die vorgezogene Wahl eines neuen Obmanns stattfinden kann?
(Siehe Art. 2383)

**Gründungsvertrag**
**der Genossenschaft »Bergmilch«**
(vereinfacht)

Bozen, am 24.8.2008

Vor mir, Dr. Franziska Reichegger Notarin in Bozen
sind folgende Damen und Herren erschienen:
Josef Mair, geboren am 17.8.1984 in Bozen …
Waltraud Munter, geboren am 2.2.1976 in Brixen …
Franz Leitner, geboren am 23.9.1977 in Bozen …
(und noch weitere Personen …)

Ich, Notarin, bin mir der Identität der erschienen Personen sicher, und sie erklären mit meinem Einverständnis, dass sie auf den Beistand von Zeugen verzichten.
Die Erschienen erklären, dass sie die Genossenschaft und Landwirtschaftliche Gesellschaft »Bergmilch« mit Sitz in Kastelruth und mit Dauer bis zum 31.12.2068 gründen wollen. Der Zweck dieser Genossenschaft ist die Unterstützung der Mitglieder bei der Anlieferung sowie durch die Verarbeitung und den Verkauf en gros und im Detail der von den Mitgliedern erzeugten Milch.
Die Genossenschaft wird durch das Statut geregelt, das von den Erschienen und von mir, Notar, unterschrieben wird und als Beilage A diesem Gründungsvertrag beigefügt wird.
Das Genossenschaftskapital besteht aus Anteilen zu je 500 Euro. Die Erschienen erklären, dass sie bereits ihren Anteil eingezahlt haben und dass das Genossenschaftskapital 50.000-Euro (fünfzigtausend) ausmacht.
Als erste Mitglieder des Verwaltungsrates werden für die Dauer und mit den Befugnissen laut Statut folgende Damen und Herren ernannt:
Georg Müller Obmann
Elfriede Jellinek Mitglied des Verwaltungsrates
Alexander Brenner Mitglied des Verwaltungsrates

Die Geschäftsjahre enden jeweils mit dem 31. Dezember eines jeden Jahres und das erste Geschäftsjahr endet am 31. Dezember 2008
Die erschienenen Personen verzichten auf die Verlesung des beigefügten Statuts.
Dieser Gründungsvertrag wurde von einer Person meines Vertrauens und teilweise von mir abgefasst und von mir den Erschienen vorgelesen, die ihr Einverständnis erklären.

Unterschriften der Gründungsmitglieder:

*Georg Müller*
*Josef Mair*
*Elfriede Jellinek*

## Statut der Genossenschaft »Bergmilch«
## Monistisches Verwaltungssystem

(vereinfacht und gekürzt)

| | |
|---|---|
| **Gründung und Bezeichnung** | Am 24.8.2008 ist die Genossenschaft und Landwirtschaftliche Gesellschaft (società agricola cooperativa) »Bergmilch« mit Sitz in Kastelruth gegründet worden. |
| **Dauer** | Die Genossenschaft dauert bis zum 31.12.2086. |
| **Genossenschaftszweck** *(scopo mutualistico)* | Die Genossenschaft richtet sich nach den Grundsätzen der genossenschaftlichen Förderung und verfolgt keine Privatspekulation. Der Zweck dieser Genossenschaft ist die Unterstützung der Mitglieder bei der Anlieferung sowie durch die Verarbeitung und den Verkauf en gros und im Detail der von den Mitgliedern erzeugten Milch.<br>Die Genossenschaft kann auch Geschäfte mit Nichtmitgliedern durchführen. |
| **Gegenstand** *(oggetto sociale)* | Unter Berücksichtigung des Förderauftrages sowie der Voraussetzungen und Zielsetzungen der Mitglieder hat die Genossenschaft folgende Tätigkeiten zum Gegenstand:<br>– Sammlung und Verarbeitung von Milch und anderen landwirtschaftlichen Produkten, die vorwiegend aus der Erzeugung der Mitglieder stammen. Dabei gelten die Bestimmungen der Betriebsordnung, die von der Vollversammlung beschlossen wird,<br>– Verkauf en gros und im Detail von Erzeugnissen, die vorwiegend von den Mitgliedern angeliefert werden oder die aus diesen Erzeugnissen hergestellt werden;<br>– den gemeinschaftlichen Einkauf und die Vermittlung des Einkaufs von Betriebsmitteln für die landwirtschaftlichen Betriebe der Mitglieder,<br>– Verbesserung der Milchwirtschaft durch Aus- und Weiterbildung der Mitglieder,<br>– Beteiligung an genossenschaftlichen Verbänden zur Betreuung der Genossenschaften,<br>– ... |
| **Ordentliche Mitglieder** *(soci ordinari)* | Die Zahl der Mitglieder ist unbeschränkt, darf aber die vorgeschriebene Mindestanzahl nicht unterschreiten.<br>Die Mitglieder müssen landwirtschaftliche Unternehmer und Milcherzeuger mit Sitz im Land Südtirol sein.<br>Sie müssen einen guten Leumund haben, im Besitz der bürgerlichen Rechte sein und Gewähr bieten, dass durch sie nicht Zwietracht in die Genossenschaft hineingebracht wird. |
| **Antrag auf Mitgliedschaft** *(domanda di ammissione)* | Wer als Mitglied aufgenommen werden will, muss, wenn es sich um eine natürliche Person handelt, einen Antrag an den Verwaltungsrat stellen, der folgende Angaben enthält:<br>– Vor- und Zuname, Wohnsitz, Geburtsort und Geburtsdatum;<br>– ... |
| **Pflichten des Mitgliedes** *(obblighi del socio)* | Neben den übrigen Pflichten, die sich aus dem Gesetz und dem Statut ergeben, sind die Mitglieder verpflichtet:<br>– zur Einzahlung der gezeichneten Anteile, der Aufnahmegebühr als Spesenersatz für die Bearbeitung des Aufnahmeantrags und des Aufpreises, der von der Vollversammlung auf Vorschlag des Verwaltungsrates festgesetzt wird,<br>– zur Einhaltung des Statutes, der Betriebsordnung sowie der von den Genossenschaftsorganen gefassten Beschlüsse,<br>– die im Betrieb erzeugte Milch und etwaige Milchprodukte, mit Ausnahme der für den Familienbedarf erforderlichen Menge, der Genossenschaft zu liefern und dabei die Vorschriften der Betriebsordnung zu beachten, |

| | |
|---|---|
| | – den Schadenersatz und die Strafen zu bezahlen, die der Verwaltungsrat nach den Bestimmungen der Betriebsordnung verhängt. Diese Beträge können vom Entgelt für die Milchanlieferungen abgezogen werden.<br>... |
| **Verlust der Mitgliedschaft, Austritt, Ausschluss** | Außer den im Gesetz vorgesehnen Fällen kann der Verwaltungsrat den Ausschluss des Mitglieds beschließen:<br>– das nicht mehr in der Lage ist, an der Verwirklichung des Genossenschaftszweckes mitzuwirken;<br>– das den Verpflichtungen aus dem Gesetz, dem Statut, der Betriebsordnung und den Beschlüssen der Genossenschaftsorgane in grober Weise nicht nachkommt;<br>– das die Einzahlung der Anteile trotz Aufforderung der Verwalter nicht nachkommt;<br>– das ohne ausdrückliche Ermächtigung durch den Verwaltungsrat eine Tätigkeit in Konkurrenz zur Genossenschaft ausübt. |
| **Unterstützende Mitglieder** *(soci sovventori)* | In die Genossenschaft können unterstützende Mitglieder aufgenommen werden. Die Einlagen der unterstützenden Mitglieder können Geld, Sachen und Forderungen zum Gegenstand haben und sind in Namensaktien zu je 500 Euro verbrieft. Jedes unterstützende Mitglied muss eine Mindestanzahl von 10 Aktien zeichnen.<br>... |
| **Eigenkapital** *(patrimonio sociale)* | Das Eigenkapital der Genossenschaft besteht aus dem Genossenschaftskapital (Einlagen der ordentlichen Mitglieder und Einlagen der unterstützenden Mitglieder), den gesetzlichen nichtverteilbaren Rücklagen, den freiwilligen Rücklagen und den sonstigen Rücklagen.<br>... |
| **Jahresabschluss** *(bilancio di esercizio)* | Das Geschäftsjahr beginnt am 1. Jänner und endet am 31. Dezember jeden Jahres.<br>Nach Ende des Geschäftsjahres erstellt der Verwaltungsrat den Entwurf des Jahresabschlusses.<br>...<br>Die Vollversammlung, die den Jahresabschluss genehmigt, beschließt über die Verwendung des Gewinns mit folgender Aufteilung:<br>– mindestens 30 % als nichtverteilbare Rücklage,<br>– den vorgeschriebenen Beitrag zum Fonds für die Förderung und Entwicklung des Genossenschaftswesens,<br>– etwaige Aufwertung des Genossenschaftskapitals,<br>– etwaige Dividenden bis zur gesetzlich zulässigen Höchstgrenze. |
| **Genossenschaftsorgane** *(organi sociali)* | Die Organe der Genossenschaft sind:<br>– die Vollversammlung,<br>– der Verwaltungsrat,<br>– der Kontrollausschuss. |
| **Vollversammlung** *(assemblea)* | Die Vollversammlung kann als ordentliche oder außerordentliche Vollversammlung einberufen werden.<br>Die Einberufung erfolgt durch Einschreiben mit Rückantwort, durch Rundschreiben mit Empfangsbestätigung oder auf elektronischem Weg durch e-Mail. .... |
| **Beschlussfähigkeit und Mehrheiten** *(costituzione e quorum deliberativi)* | Die Beschlussfähigkeit der ordentlichen Vollversammlung ist in erster Einberufung gegeben, wenn wenigstens ein Viertel der Mitglieder mit Stimmrechten anwesend oder vertreten ist. In zweiter Einberufung ist sie bei jeder Anzahl der anwesenden stimmberechtigten Mitglieder gegeben. |
| **Verwaltungsrat** *(consiglio di amministrazione)* | Die Genossenschaft wird von einem Verwaltungsrat nach dem monistischen System verwaltet, der sich aus sieben Mitgliedern zusammensetzt. Der Verwaltungsrat wählt den Obmann/ die Obfrau sowie den stellvertretenden Obmann/ die stellvertretende Obfrau. |

| | |
|---|---|
| | Die Verwalter bleiben drei Jahre im Amt und sie verfallen von ihrem Amt am Tag der Vollversammlung, die zur Genehmigung des Jahresabschlusses über das letzte Geschäftsjahr ihrer Tätigkeit einberufen worden ist.<br>.... |
| **Vertretung**<br>*(rappresentanza)* | Der Obmann/ die Obfrau vertritt die Genossenschaft gegenüber Dritten und vor Gericht.<br>... |
| **Kontrollausschuss**<br>*(comitato di controllo sulla gestione)* | Der Kontrollausschuss besteht aus drei Personen und wird vom Verwaltungsrat aus seinen Mitgliedern bestellt.<br>**oder**<br>Der Verwaltungsrat bestimmt die Anzahl der Mitglieder des Kontrollausschusses und bestellt ihn aus seinen Mitgliedern.<br>Die Mitglieder des Kontrollausschusses müssen die Voraussetzungen der Unabhängigkeit nach Art.2399 Abs. 1 erfüllen. |
| **Auflösung und Liquidation**<br>*(scioglimento e liquidazione)* | Die Vollversammlung, die die Auflösung der Genossenschaft beschließt, bestellt einen oder mehrere Liquidatoren und legt deren Befugnisse fest.<br>... |

# Die Handelsverträge

## DIE HANDELSVERTRÄGE IM ALLGEMEINEN

Der **Vertrag** (*contratto*) ist eine bedeutende Rechtseinrichtung (Rechtsinstitut), die zusammen mit anderen Rechtsinstituten wie dem Eigentum, dem Unternehmen und den Wertpapieren zum Kern des Zivil- und des Handelsrechts zählt. Freier Kapital-, Waren- und Dienstleistungsverkehr, starke Spezialisierung und weltweite Verflechtungen kennzeichnen die heutigen Wirtschaftsbeziehungen. Die Unternehmen gehen deshalb vielfältige Geschäftsverbindungen miteinander ein, die durch Verträge geregelt werden. Auch die Bürger als Konsumenten und Sparer schließen täglich eine große Zahl von Verträgen ab und nutzen Leistungen im Rahmen von Verträgen: Kaufverträge, Dienstleistungsverträge, Beförderungsverträge, Bankverträge, um nur einige zu nennen.

Im Gegensatz zur hervorragenden Bedeutung des Vertrages im heutigen Wirtschaftsleben stand in der vorindustriellen Gesellschaft das Grundeigentum im Vordergrund. Die Landwirtschaft und somit das Grundeigentum waren die wichtigste Einkommensquelle, und die Verträge spielten damals auch wegen der bescheidenen Wirtschaftsleistung und der geringen Arbeitsteilung nur eine untergeordnete Rolle. Mit der Entwicklung der Industrie und der Ausweitung des Handels schwand die wirtschaftliche Bedeutung des Grundvermögens. Gleichzeitig hat der gesamte Dienstleistungsbereich eine starke Ausweitung erfahren. Dieser Wandel hat dazu geführt, dass Leistungsfähigkeit und Wert der Unternehmen verstärkt von immateriellen Gütern wie Marken, Patenten und Know-how sowie von innovativen Organisationsmethoden und Geschäftsideen abhängen. Dabei spielen vertragliche Vereinbarungen oft eine entscheidende Rolle.

Eine Vielzahl von Verträgen regeln die Beziehungen der Unternehmen mit Kunden, Kapitalgebern, Lieferanten, Arbeitnehmern, Banken und Freiberuflern. Dazu zählen: Kaufverträge, Gesellschaftsverträge, Arbeitsverträge, Lizenzverträge, Abmachungen mit Vertragshändlern oder Franchise-Nehmern, Agenturverträge, Joint-Venture-Verträge, Pacht- und Mietverträge, Werkverträge mit Unternehmen, Beförderungsverträge, Dauerlieferungsverträge mit Telefon-, Elektrizitäts- und Gasgesellschaften, Kreditverträge und andere Bankverträge, Börsen- und Finanzierungsverträge, Leasing- und Factoringverträge, Verträge mit Beratungsfirmen, Werkverträge mit Freiberuflern, um nur einige Beispiele zu nennen.

Schon diese kurze Aufzählung zeigt, dass in den Wirtschaftsbeziehungen die Verträge eine zentrale Stellung einnehmen.

Handelsverträge

Viele Verträge werden als **Handelsverträge** (*contratto commerciale, contratto d'impresa*) bezeichnet, weil sie von den Vertragspartnern im Rahmen ihrer gewerblichen oder beruflichen Tätigkeit geschlossen werden oder weil wenigstens eine der Vertragsparteien ein Unternehmer ist. Für bestimmte Verträge müssen die Unternehmen sogar besondere Voraussetzungen erfüllen. So können zum Beispiel Bank- und Versicherungsverträge nur mit zugelassenen Banken oder zugelassenen Versicherungsgesellschaften abgeschlossen werden.

**Vertragsbeziehungen der Unternehmen**
(einige Beispiele)

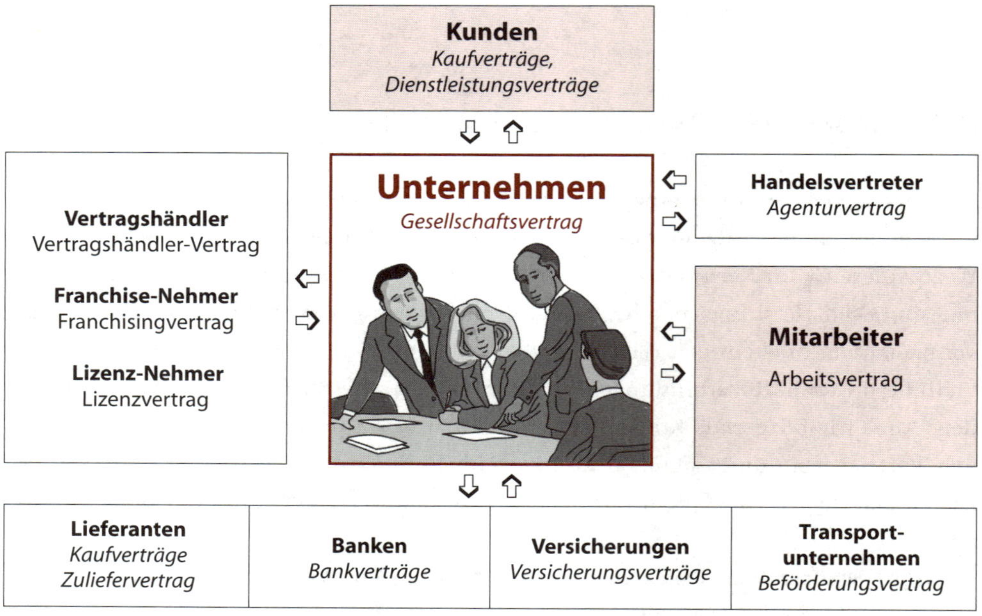


## Die Vertragsfreiheit

Ohne sofort auf Einzelheiten des Vertragsrechts einzugehen, sei kurz geklärt, was man unter einem **Vertrag** (*contratto*) versteht. Der rechtliche Begriff wird im Art. 1321 erläutert:

»Der Vertrag ist die Einigung von zwei oder mehreren Parteien, um untereinander ein vermögensrechtliches Rechtsverhältnis zu begründen, zu regeln oder aufzuheben.«

Ein Vertrag liegt somit vor, wenn sich die Einigung zwischen den Parteien auf Güter im weitesten Sinne bezieht: Waren, Immobilien, Geld, Rechte und Dienstleistungen, die einer wirtschaftlichen Wertbestimmung zugänglich sind.

Ein wesentliches Merkmal prägt das Vertragsrecht: die **Vertragsfreiheit** (Art. 1322, *autonomia contrattuale*). Die Parteien sind demnach frei, einen Vertrag zu schließen und den Inhalt weitgehend frei zu bestimmen. Neben den allgemeinen Bestimmungen über das Vertragsrecht enthält das Zivilgesetzbuch auch Regeln für eine Reihe von unterschiedlichen Vertragstypen. Dadurch werden etwaige Lücken in den vertraglichen Vereinbarungen ausgefüllt.

Atypische Verträge weichen von den gesetzlich geregelten Vertragstypen ab.

Die Parteien können jedoch ihre Beziehungen zum Großteil frei gestalten und sie können auch von den gesetzlich geregelten Vertragstypen abweichen, indem sie sogenannte **atypische Verträge** (*contratto atipico*) wie z. B. den Vertragshändler-Vertrag, Verträge über Forschungsprojekte, Swap-Verträge (Zinstausch-Verträge) oder den Sponsor-Vertrag schließen (Unternehmen unterstützen Sportveranstaltungen oder kulturelle Veranstaltungen zu Werbezwecken oder zur Image-Pflege).

Die Möglichkeit, Verträge zu schließen, die gesetzlich nicht im Einzelnen geregelt sind, ist im Wesentlichen auf das Schuldrecht beschränkt. Im Sachenrecht können nur solche dinglichen Rechte vertraglich begründet werden, die **ausdrücklich vom Gesetz**

**vorgesehen** sind (Eigentum, Fruchtgenuss, Grunddienstbarkeiten usw.). Auch was das Gesellschaftsrecht anbelangt, sind die Parteien an die gesetzlich festgelegten Verträge (OHG, AG, GmbH, Genossenschaften usw.) gebunden.

Zur Verdeutlichung ein Beispiel: A und B wollen eine Kommanditgesellschaft (*società in accomandita semplice*) gründen. Die gesetzliche Regelung sieht vor, dass Kommanditisten (*socio accomandante*) zwar nur bis zur Höhe ihrer Einlage haften, dafür aber von der Geschäftsführung ausgeschlossen sind (Art. 2313 ff.). A und B wollen, dass A nur 25.000 Euro in die Firma einbringt und nur bis zu dieser Summa haftet. Gleichzeitig sollte A trotzdem Geschäftsführer werden. Ist das möglich? Die Antwort lautet: Nein. In diesem Fall müssen die Gesellschafter eine andere gesetzlich geregelte Gesellschaftsform wie z. B. die GmbH wählen. Dies ist die Folge des Typenzwangs bei dieser Art von Verträgen.

Den Vertragsparteien ist es freigestellt, sich eventuell für die Anwendung eines ausländischen Vertragsrechtes an Stelle der Bestimmungen des italienischen Zivilgesetzbuches zu entscheiden. Eine Möglichkeit, die mit der Reform des internationalen Privatrechts (Gesetz Nr. 218/1995 – *Riforma del sistema di diritto internazionale privato*) erweitert wurde und die auf der Konvention von Rom (1980) über das für Verträge anwendbare Recht fußt (ausführlich dazu auf Seite 18).

## BEISPIEL

**Antonio Rossi kauft von Maria Bianchi einen VW Golf, Baujahr 2002, um 10.000 Euro. Beide Parteien sind italienische Staatsbürger und wohnen in Rom. Sie wollen ihren Vertrag deutschem Recht unterwerfen. Das ist erlaubt (Vertragsautonomie), obwohl sonst kein Bezug mit der deutschen Rechtsordnung besteht.**

**Vertragsfreiheit, Privateigentum** und **freier Wettbewerb** sind die Grundpfeiler einer liberalen Wirtschaftsordnung.

Zusammen mit dem Privateigentum ist die **Vertragsfreiheit** der wesentliche Bestandteil eines liberalen Privatrechts. Nach den liberalen Überzeugungen und der heute vorwiegenden Lehrmeinung sichert die Vertragsfreiheit die individuelle Freiheit (Privatautonomie) in bestmöglicher Weise. Die Vertragsfreiheit fördert aber gleichzeitig das Gesamtwohl in der Gesellschaft. Über den freien Markt und den dort herrschenden Wettbewerb werden die vom Eigennutzen geleiteten Entscheidungen der Konsumenten, Arbeitnehmer, Kapitaleigner und Unternehmen aufeinander abgestimmt. Dadurch kann die Gesamtwirtschaft – so die Ansichten der Liberalen – das bestmögliche Ergebnis erzielen. Der bestmögliche Einsatz der knappen Ressourcen erlaubt eine optimale Befriedigung der Bedürfnisse und führt zu steigendem Wohlstand.

Damit die Vertragsfreiheit voll wirksam wird, müssen die Rechtsordnung und die Gerichte gewährleisten, dass die Vertragsparteien ihre Verpflichtungen einhalten und dass bei eventueller Nichterfüllung die vereinbarten Leistungen erzwungen sowie Schadenersatzansprüche durchgesetzt werden können. Die **Rechtssicherheit** bildet somit eine wichtige Bedingung, damit die Vertragsfreiheit voll wirksam werden kann. In der Praxis ist die gerichtliche Durchsetzung vertraglicher Vereinbarungen oft sehr aufwendig, zeitraubend und unsicher. Wegen der groben Mängel der italienischen Zivilgerichtsbarkeit bewahrheitet sich leider immer wieder der Spruch:

***Recht haben, bedeutet nicht Recht bekommen.***

## SCHUTZ DES WETTBEWERBS

Der Grundsatz der Vertragsfreiheit bedeutet nicht, dass sich der Staat nur darauf beschränken soll, die Durchsetzung vertraglicher Vereinbarung zu gewährleisten. Es sind auch regelnde Eingriffe des Staates und zwingende Vorschriften erforderlich, um einen wirksamen Wettbewerb zu gewährleisten. Absprachen zwischen Unternehmen und Monopolstellungen können nämlich den Wettbewerb beeinträchtigen oder sogar völlig ausschalten und so die Vertragsfreiheit schwer beeinträchtigen. Monopole sind für die Kunden oft sehr nachteilig, denn sie führen meist zu hohen Preisen und schlechten Leistungen. Außerdem sind Monopolstellungen oder Absprachen zwischen Unternehmen vielfach ein großes Hindernis für Innovationen und fördern die Korruption.

Beeinträchtigungen des Wettbewerbs durch Preisabsprachen, Marktaufteilung, Missbrauch marktbeherrschender Stellungen, Unternehmenszusammenschlüsse und Staatsbeihilfen

Um einen wirksamen Wettbewerb zu gewährleisten, unterbinden **Antitrustgesetze** (Kartellrecht – *legge antitrust*) und **Antitrustbehörden** wettbewerbshindernde Vereinbarungen (*intesa per la restrizione della concorrenza*) wie Preisabsprachen, Selbstbeschränkungen oder Marktaufteilungen. Die Antitrustgesetze untersagen auch den Missbrauch marktbeherrschender Stellungen (*abuso di posizione dominante*) sowie die Zusammenschlüsse von Unternehmen, die zu marktbeherrschenden Stellungen führen können. Solche Wettbewerbsregeln (Vertrag von Lissabon: Vertrag über die Arbeitsweise der EU, Art. 101–106, und verschiedene EU-Verordnungen) gelten für die gesamte EU und sollen unerlaubte Beeinträchtigungen des Wettbewerbs im Binnenmarkt verhindern. Nach dem Vertrag von Lissabon (Vertrag über die Union Art. 3) errichtet die Union einen Binnenmarkt und in einem Zusatzprotokoll zum Art. 3 wird präzisiert, dass der Binnenmarkt »ein System umfasst, das den Wettbewerb vor Verfälschungen schützt«. Zu den ausschließlichen Zuständigkeiten der Union zählt deshalb die »Festlegung der für das Funktionieren des Binnenmarkts erforderlichen Wettbewerbsregeln«.

Zum Schutz des Wettbewerbs sind staatliche Beihilfen (Subventionen), die EU-Mitgliedsstaaten den Unternehmen gewähren, nur in beschränktem Ausmaß zulässig (Vertrag über die Arbeitsweise der EU, Art. 107–109). Außerhalb der Landwirtschaft sind staatliche Beihilfen in der EU im Wesentlichen nur zur Unterstützung von Forschung und Entwicklung, zur Umstrukturierung von Betrieben in Krisenbereichen sowie zur Förderung von Unternehmen in strukturschwachen Gebieten erlaubt. Die Aufsicht über die Einhaltung des Europäischen Kartell- und Subventionsrechts übt die Europäische Kommission aus, die bei Verstößen auch harte Strafen verhängen kann.

### BEISPIEL

**Millionenstrafe für Microsoft**

Gegen den US-Konzern Microsoft ist vom Konkurrenten Sun (USA) bei der Europäischen Kommission Beschwerde wegen Missbrauchs der marktbeherrschenden Stellung in Europa eingebracht worden. Der Hauptvorwurf richtete sich gegen die Verbindung des Windows Betriebssystems für PCs mit dem Computerprogramm »Windows Media Player«. Durch die außerordentliche Verbreitung des Windows Betriebssystems seien die Anbieter von ähnlichen »Player« Programmen praktisch vom Markt in den EU-Staaten verdrängt worden.

Der Beschwerde wurde 2004 stattgegeben und die Europäische Kommission hat als Wettbewerbsbehörde gegen Microsoft eine Geldstrafe von 497 Mio. Euro verhängt.

Eine Bedrohung für den Wettbewerb stellen die Fusionswellen dar, die in vielen Wirtschaftsbereichen zur Bildung von übermächtigen Konzernen führen: Flugzeugbau, Erdölindustrie, Kraftwerksbau, Reiseveranstalter, Banken, Versicherungen usw. Solche

Großfusionen sind in letzter Zeit von der Europäischen Kommission mehrmals untersagt worden.

Zusammenfassend erstreckt sich die Wettbewerbspolitik der EU auf folgende vier Tätigkeitsbereiche:

- Wettbewerbsbeschränkende Vereinbarungen (z. B. Preisabsprachen zwischen Wettbewerbern) und missbräuchliche Ausnutzung einer marktbeherrschenden Stellung;
- Kontrolle von Unternehmenszusammenschlüssen (Fusionen von Gesellschaften, die zu einer Ausschaltung des Wettbewerbs führen können);
- Liberalisierung der durch ein Monopol beherrschten Wirtschaftszweige (z. B. Telefon, Strom, Gas, Post, Eisenbahn usw.);
- Kontrolle von staatlichen Beihilfen (Verbot von Finanzspritzen für nicht sanierungsfähige Betriebe).

Auch einzelne EU-Staaten verfügen über eigene Antitrustbestimmungen, wie z. B. das italienische Antitrustgesetz (Gesetz Nr. 287/1990) oder das Kartellgesetz in Deutschland. Eine eigene **Wettbewerbsbehörde** (Kartellbehörde – *Autorità garante della concorrenza e del mercato*) sorgt für die Einhaltung der Antitrustbestimmungen im italienischen Staatsgebiet, wenn es sich nicht um Verstöße handelt, die in den Zuständigkeitsbereich der Europäischen Kommission fallen. Die italienische Wettbewerbsbehörde greift ein, wenn im Staatsgebiet verbotene Preisabsprachen und sonstige wettbewerbsbeschränkende Vereinbarungen (Produktionsbeschränkungen, Marktaufteilung) vorliegen oder wenn es zum Missbrauch einer marktbeherrschenden Stellung kommt. So hat zum Beispiel die Wettbewerbsbehörde wegen Preisabsprachen für Diabetes-Tests bei Lieferungen an den Öffentlichen Gesundheitsdienst gegen die Pharmafirmen Abbott, Bayer, Menarini, Roche und andere eine Geldstrafe von insgesamt 30,5 Mio. Euro verhängt.

Wettbewerbsbehörde

## BEISPIEL

**Missbrauch einer marktbeherrschenden Stellung**

Der am Markt führende Getränkehersteller »Zoka Zola« gewährt seinen Großabnehmern bedeutende Rabatte, wenn sie sich verpflichten, keine Produkte vom Konkurrenten »Zepfi Zola« zu kaufen. Liegt in diesem Fall der Missbrauch einer marktbeherrschenden Stellung vor? Wenn ja, wie würden Sie die Strafe für »Zoka Zola« bemessen? Die italienische Antitrustbehörde kann Strafen bis zu 20 Prozent vom Umsatz verhängen.

In einem ähnlich gelagerten Fall hat die italienische Wettbewerbsbehörde den Coca-Cola-Konzern mit einer Strafe in der Höhe von 30 Mrd. Lire belegt.

Maßnahmen zur Sicherung und Förderung des Wettbewerbs erweitern oft auch indirekt die Vertragsfreiheit. Beispiele dafür sind die Liberalisierung für kleine Geschäfte im Einzelhandel, der erleichterte Zugang zu den freien Berufen und die Abschaffung zwingender Honorarvorschriften oder niedrigere Eintrittsbarrieren für neue Anbieter. Von besonderer Bedeutung sind schließlich die Privatisierungen und Marktöffnungen in Bereichen wie z. B. die Post- und Telefondienste, dem Flugverkehr sowie die Gas- und Elektrizitätsversorgung, wenn auch die Vorteile öfters nur Großabnehmern zugute kommen.

## Irreführende und vergleichende Werbung

Die Wettbewerbsbehörde ist auch für Einsprüche gegen irreführende und unzulässig vergleichende Werbung zuständig. Dabei ist die Ermächtigungsverordnung Nr. 145/2007 zu beachten, mit der die EU-Richtlinie über irreführende und vergleichende Werbung (Richtlinie 2006/114/EG) umgesetzt wurde. Es handelt sich hauptsächlich um den Schutz der Mitbewerber (Unternehmen und Freiberufler) vor irreführender Werbung *(pubblicità ingannevole)*. Gleichzeitig werden die Bedingungen festgelegt, unter denen die vergleichende Werbung erlaubt ist. Dem Schutz der Verbraucher vor irreführender Werbung sind hingegen die Bestimmungen über unlautere Geschäftspraktiken im Verbraucherschutz-Gesetzbuch gewidmet (dazu ausführlicher auf Seite 200).

Als Werbung gilt jede Art von Botschaft der Unternehmen oder Freiberufler, um den Absatz von Waren (einschließlich unbeweglicher Sachen, Rechte und Verpflichtungen) oder die Erbringung von Dienstleistungen zu fördern. Eine Werbebotschaft muss drei Anforderungen genügen: Sie muss als Werbebotschaft **erkennbar, wahrheitsgetreu und redlich** sein. Eine unterschwellige Werbung *(pubblicità subliminale)* ist also nicht zulässig. Für bestimmte Produkte, wie Tabakwaren, besteht ein Werbeverbot. Bei der Werbung für Waren, die Gesundheit und Sicherheit gefährden, muss auf diese Gefährdung aufmerksam gemacht werden. Außerdem gibt es Einschränkungen für Werbebotschaften, die sich an Kinder und Jugendliche wenden. Die im Werbebereich üblichen Übertreibungen sind jedoch nicht untersagt.

Als »**irreführende Werbung**« *(pubblicità ingannevole)* gilt jede Werbung, die geeignet ist, die natürlichen oder juristischen Personen, an die sie sich richtet oder die von ihr erreicht werden, zu täuschen und so ihr wirtschaftliches Verhalten zu beeinträchtigen. Wenn eine Werbung aus diesen Gründen geeignet ist, einen Mitbewerber zu schädigen, gilt sie ebenfalls als irreführend. Bei der Beurteilung, ob es sich um eine irreführende Werbung handelt, ist besonders Folgendes zu berücksichtigen:

- die **Merkmale** der Waren oder Dienstleistungen (z. B. ein billiger »Leps« wird als DOC-Wein bezeichnet);
- der **Preis** (z. B. bei der Preisangabe werden hohe Zustellungskosten unterschlagen);
- die **Bedingungen**, unter denen die Ware geliefert oder die Dienstleistung erbracht wird;
- **Art, Eigenschaften und Rechte des Werbenden** (z. B. der Werbende bezeichnet sich als »hervorragenden Techniker«, obwohl er keinerlei Ausbildung besitzt).

Als **vergleichende Werbung** *(pubblicità comparativa)* gilt »jede Werbung, die sich ausdrücklich auf einen Mitbewerber oder auf Erzeugnisse oder Dienstleistungen, die von einem Mitbewerber angeboten werden, bezieht.«

BEISPIEL

**Vergleichende Werbung: Vier Cent pro Minute in alle Netze**

Der neue Mobilfunkbetreiber »telespar« will mit einem besonders günstigen Angebot den Konkurrenten Marktanteile abjagen. Er wirbt deshalb mit einem Gebührenvergleich für Handygespräche:

**telespar ist am günstigsten**
(Achtung, Gebühren entsprechen nicht den tatsächlichen Angeboten!)

| **telespar** | TIM | Vodafone | Wind |
|---|---|---|---|
| 4 Cent pro Minute in alle Netze | 10 Cent pro Minute nur unter TIM-Kunden | 9 Cent pro Minute in alle Netze | 8 Cent pro Minute nur unter Wind-Kunden |

Eine vergleichende Werbung ist zulässig, sofern folgende Bedingungen erfüllt sind:

- sie ist nicht irreführend;
- es werden nur Waren oder Dienstleistungen für den gleichen Bedarf oder dieselbe Zweckbestimmung verglichen;
- eine oder mehrere wesentliche, überprüfbare und typische Merkmale dieser Waren und Dienstleistungen, zu denen auch der Preis gehören kann, werden objektiv verglichen;
- auf dem Markt wird keine Verwechslung zwischen dem Werbenden und einem Mitbewerber verursacht, auch nicht zwischen Marken, Handelsbezeichnungen, sonstigen Unterscheidungszeichen, Waren oder Dienstleistungen des Werbenden und solchen eines Mitbewerbers;
- die Marken, die Handelsnamen oder andere Unterscheidungszeichen, Waren, Dienstleistungen, Tätigkeiten oder Verhältnisse eines Mitbewerbers werden nicht herabgesetzt oder verunglimpft;
- bei Waren mit Ursprungsbezeichnung bezieht sich die Werbung stets auf Waren mit der gleichen Bezeichnung;
- der Ruf einer Marke, einer Handelsbezeichnung oder eines anderen Unterscheidungszeichens eines Mitbewerbers oder der Ursprungsbezeichnung von Konkurrenzprodukten wird nicht in unlauterer Weise ausgenutzt;
- eine Ware oder Dienstleistung wird nicht als Nachahmung oder Fälschung von Waren oder Dienstleistungen mit geschützter Marke oder geschützter Handelsbezeichnung dargestellt.

Wird eine Werbebotschaft als irreführend oder eine vergleichende Werbung als unerlaubt erachtet, so kann die **Wettbewerbsbehörde** von Amts wegen oder auf Antrag eines Betroffenen oder einer Organisation die weitere Verbreitung der Werbebotschaft untersagen oder eine Berichtigung verlangen. Im Rahmen des Verfahrens kann der Werbende von der Wettbewerbsbehörde aufgefordert werden, die Richtigkeit seiner Werbeaussagen zu beweisen. Bei Haarwuchsmitteln, Kuren gegen Falten und Fettleibigkeit, aber auch in vielen anderen Fällen dürfte das nicht leicht fallen. Zusammen mit dem Verbot einer irreführenden Werbung oder einer unerlaubten vergleichenden Werbung kann die Wettbewerbsbehörde Strafen zwischen 5000 und 500.000 Euro verhängen.

Zur Unterbindung einer irreführenden oder unerlaubten vergleichenden Werbung kann auch ein Organ für die **freiwillige Selbstkontrolle** *(Giurì della pubblicità, Comitato di Controllo)* angerufen werden. Dieses Kontrollorgan entscheidet rasch, jedoch steht dieser Weg nur jenen Werbefirmen und deren Kunden offen, die sie sich freiwillig zur Einhaltung des Verhaltenskodex für die Werbung *(Codice di Autodisciplina della Comunicazione Commerciale* – www.iap.it/codice) verpflichtet haben. Zudem gibt es keine Möglichkeit, die Entscheidungen des Kontrollorgans für die Werbung mit Zwang durchzusetzen.

## Unlauterer Wettbewerb

Das Antitrustgesetz und die Bestimmungen über die irreführende Werbung sind in Italien ziemlich neu. Bereits im Zivilgesetzbuch (1942) sind hingegen Bestimmungen enthalten, die sich gegen den **unlauteren Wettbewerb** (*concorrenza sleale*) richten. Damit soll sichergestellt werden, dass sich die Unternehmen im Konkurrenzkampf fair verhalten und nicht gegen die allgemein anerkannten Spielregeln des Wettbewerbs verstoßen. Nach Art. 2598 liegt unlauterer Wettbewerb vor:

- wenn die Gefahr der **Verwechslung** mit einem Konkurrenten oder dessen Erzeugnissen gegeben ist, so z. B. durch die sklavische Nachahmung sämtlicher Verpackungen, der Etiketten und des Werbematerials;
- wenn über einen Konkurrenten Nachrichten verbreitet werden, die ihn **in Verruf bringen können** (»Die Fa. XY steht vor dem Konkurs.«), oder wenn die Vorzüge eines Konkurrenzunternehmens als die eigenen ausgegeben werden;
- wenn Mittel eingesetzt werden, die der **beruflichen Redlichkeit widersprechen** und geeignet sind, ein anderes Unternehmen zu schädigen. Dazu zählt im Einzelhandel auch der Verkauf von Waren unter dem Einstandspreis *(vendita sottocosto)*, die gegen die Bestimmungen für den Handel verstoßen (EVO Nr. 114/1998 – Reform des Einzelhandels).

Als Verstöße gegen die berufliche Redlichkeit gelten die unterschiedlichsten Formen des unlauteren Wettbewerbs. Nach der Rechtsprechung zählen dazu unter anderem: die systematische Abwerbung von qualifizierten Mitarbeitern, um den Konkurrenten gezielt zu schädigen; Absatzbehinderungen; Kampfpreise unter dem Einkaufspreis, um einen Konkurrenten zu verdrängen; unzulässig übertreibende Werbung (*réclame iperbolica*), wie: »Mein ›Farmer-Speck‹ ist ein weltweit anerkanntes Spitzenprodukt, das in allen erstklassigen Restaurants serviert wird.«

Klage auf Unterlassung und auf Schadenersatz

Liegt unlauterer Wettbewerb vor, so kann auf **Unterlassung**, und bei vorsätzlicher oder fahrlässiger Schädigung kann auf **Schadenersatz** geklagt werden.

## Einschränkungen der Vertragsfreiheit

In verschiedenen Bereichen engen zwingende Rechtsvorschriften die Vertragsfreiheit sowohl im Interesse der Allgemeinheit als auch im Interesse der wirtschaftlichen schwächeren Vertragspartei ein. So sind zum Beispiel der Drogenhandel, der Handel mit menschlichen Organen oder die Kinderarbeit im Allgemeinen Interesse verboten.

Bei den gegenseitigen Verträgen (Verträge mit gegenseitiger Leistung) – der Kaufvertrag und alle Handelsverträge zählen zu dieser Art von Verträgen – gibt es nur geringe Einschränkungen der Vertragsfreiheit. Die Interessen der Vertragsparteien sind nämlich meistens entgegengesetzt, und durch Aushandeln und durch die abschließende Einigung im Vertrag wird im Allgemeinen ein für beide Parteien annehmbares Ergebnis erzielt. Sonst würde der Vertrag wohl kaum zustande kommen. So will zum Beispiel der Käufer einen möglichst niedrigen Preis für eine bestimmte Ware bezahlen, während der Verkäufer in der Regel einen möglichst hohen Preis erzielen will. Die Einigung bedeutet meistens, dass beide Vertragspartner mit dem festgelegten Preis zufrieden sind.

Einschränkung der Vertragsfreiheit zum Schutz des wirtschaftlich schwächeren Vertragspartners

Es gibt aber Bereiche, wo die Vertragsfreiheit zum Schutz des als schwächer angesehenen Vertragspartners durch zwingende Gesetzesbestimmungen eingeschränkt wird. Das gilt zum Beispiel beim **Arbeitsvertrag**. Zum Schutz des Arbeitnehmers grenzen Gesetze und Kollektivverträge die Vertragsfreiheit sehr stark ein. Diese Bestimmungen betreffen unter anderem die Arbeitszeit, den Mindestlohn, den jährlichen Urlaub sowie den Kündigungsschutz. Dadurch soll verhindert werden, dass der Arbeitgeber seine stärkere Position ausnützen kann, um dem Arbeitnehmer ungünstige Vertragsbedingungen aufzuzwingen.

Umfassende Schutzbestimmungen können jedoch auch nachteilige Auswirkungen haben: Auf die Einstellung neuer Arbeitnehmer wird verzichtet, und die Schwarzarbeit, wo jeglicher Schutz des Arbeitnehmers fehlt, nimmt zu.

Auch das **Mietrecht** enthält zwingende Bestimmungen zugunsten des Mieters als den schwächeren Vertragspartner.

Durch eine Reihe von Schutzvorschriften, die so genannte **Verbraucherverträge** (*contratti del consumatore*) betreffen, sollen die Verbraucher vor Benachteiligungen bewahrt werden. Dazu zählen die Bestimmungen über missbräuchliche Klauseln in Konsumentenverträgen, Preisangaben, Haustürgeschäften, Verbraucherkrediten, Pauschalreisen, Teilzeitwohnrechten (*multiproprietà*), Schutz bei Fernabsatzverträgen und Produkthaftung, die alle auf entsprechende EG-Richtlinien zurückgehen und noch ausführlicher im Abschnitt über den Verbraucherschutz behandelt werden.

Zum **Schutz der Kreditnehmer** – es kann sich um Privatkunden oder Unternehmer handeln – sieht das Gesetz zur Bekämpfung der **Wucherei** (*usura*) einen Höchstzinssatz vor, der bei Kreditverträgen mit Banken oder anderen Kreditgebern nicht überschritten werden darf.

Auch für **Wohnungskäufer** gibt es verschiedene Schutzbestimmungen über den Inhalt des Kaufvorvertrages *(contratto preliminare)*, die Absicherung der Anzahlungen und den Versicherungsschutz für Baumängel.

Auch beim **Zuliefervertrag** (Gesetz Nr. 192/98 – *contratto di subfornitura)* steht der Schutz des schwächeren Vertragspartners im Vordergrund. Zulieferer (*subfornitore*) sind Handwerks- oder Industriebetrieb, die Bestandteile oder andere Erzeugnisse nach detaillierten Vorgaben an industrielle Abnehmer liefern.

## SCHULDVERHÄLTNISSE UND VERTRÄGE IM ALLGEMEINEN

Als **Schuldverhältnis** (*obbligazione*) bezeichnet man die rechtliche Beziehung zwischen Gläubiger und Schuldner. Der **Gläubiger** (Berechtigter – *creditore*) ist aufgrund des Schuldverhältnisses berechtigt, die festgelegte Leistung vom Schuldner zu fordern, und der **Schuldner** (Verpflichteter – *debitore*) ist verpflichtet, die vereinbarte Leistung zu erbringen und somit die Verbindlichkeit zu erfüllen. Schuldverhältnisse entstehen vor allem aus **Verträgen**. Sie regeln z. B. die Beziehungen zwischen Käufer und Verkäufer (Kaufvertrag), zwischen Mieter und Vermieter (Mietvertrag), zwischen Auftraggeber und Bauunternehmen (Werkvertrag mit Unternehmen). Auch durch unerlaubte Handlungen, die zu Schadenersatzforderungen führen, mit Wertpapieren (Scheck, Wechsel) oder durch Gerichtsurteile können Schuldverhältnisse begründet werden.

Gläubiger

Schuldner

Ohne auf die allgemeinen Bestimmungen über die Schuldverhältnisse im Detail einzugehen, werden hier nur einige wichtige Grundsätze erwähnt. Dabei soll die Bezeichnung Schuldner und Gläubiger nicht irreführen. In einem gegenseitigen Vertrag wie dem **Kaufvertrag** sind Käufer und Verkäufer gleichzeitig Schuldner und Gläubiger. Der **Käufer** schuldet den Kaufpreis und ist Gläubiger der Lieferung. Der **Verkäufer** schuldet die Lieferung und ist Gläubiger des Kaufpreises.

Es ist auch nicht gesagt, dass im Rahmen eines Schuldverhältnisses der Schuldner arm und bemitleidenswert, der Gläubiger dagegen reich und mächtig sein muss. Wer z. B. im Rahmen eines Spargeschäftes sein Geld auf ein Sparkonto legt, ist Gläubiger der Bank, und die Bank ist in diesem Fall der Schuldner. Falsch ist auch die Annahme, dass der Gläubiger nur Rechte und der Schuldner nur Pflichten hat. So sind beide nach Art. 1175 ZGB zu einem **redlichen Verhalten** (*comportamento secondo correttezza*) verpflichtet.

Das **Schuldverhältnis erlischt** in der Regel durch die **Erfüllung** (*adempimento*) der festgelegten Leistung. Beim Kaufvertrag wird also der Verkäufer die Ware übergeben und der Käufer wird den Kaufpreis bezahlen. Ein Wechselschuldner wird bei Vorlage der Wechselurkunde den verbrieften Betrag bezahlen. Der Mieter wird den vereinbarten Mietzins bezahlen und die Wohnung bestimmungsgemäß nutzen. Der Vermieter muss die ungestörte Nutzung der Wohnung ermöglichen und die erforderlichen Instandhaltungsarbeiten durchführen.

Bei der Erfüllung der Leistung hat der Schuldner mit der allgemein üblichen **Sorgfalt** vorzugehen (Sorgfalt eines guten Familienvaters – *diligenza del buon padre di famiglia* Art. 1176). Wenn der Schuldner die festgelegte Leistung nicht genau erbringt oder die Verbindlichkeit überhaupt nicht erfüllt, muss er in der Regel **Schadenersatz** leisten. Das trifft z. B. zu, wenn der Schuldner die geschuldete Summe mit Verspätung oder überhaupt nicht zahlt, wenn der Verkäufer die Ware nicht innerhalb der festgelegten Frist liefert oder wenn der Rechtsanwalt die vereinbarte Leistung nicht oder zu spät erbringt. Für die Erfüllung der Verbindlichkeit **haftet der Schuldner** mit seinem gesamten gegenwärtigen und künftigen Vermögen (Art. 2740).

Der Gläubiger kann sich einen Rechtstitel beschaffen (z. B. ein rechtskräftiges oder ein vorläufig vollstreckbares Urteil) und die Erfüllung der Leistung durch **Zwangsvollstreckung** erreichen. Zur Vergütung des etwaigen Schadens kann der Gläubiger ebenfalls die Zwangsveräußerung von Vermögensgegenständen des Schuldners bewirken. Der Schadenersatz lässt sich nur vermeiden, wenn der Schuldner beweist, dass er die Nichterfüllung oder die Verspätung nicht zu vertreten hat. Das wäre z. B. der Fall, wenn ein Bauer die vereinbarte Menge Äpfel aus seinen Obstwiesen nicht liefert, weil ein Hagelschlag (höhere Gewalt) die Ernte zerstört hat.

Schadenersatz bei Nichterfüllung durch den Schuldner

Im Abschnitt über die **Nichterfüllung** oder die verspätete Erfüllung von Verbindlichkeiten (Art. 1218 ff.) werden die **Grundsätze für Schadensbemessung** behandelt. Die Nichterfüllung hat fast immer negative Auswirkungen für den Gläubiger, die jedoch sehr unterschiedlich sein können. Wenn der Anstreicher, der meine Wohnung ausmalen sollte, sich trotz mehrmaliger Aufforderung nicht blicken lässt, werde ich wahrscheinlich einen anderen Anstreicher suchen. Wenn hingegen das bestellte Taxi mit großer Verspätung eintrifft, ein Unternehmer so den gebuchten Flug verpasst und er deshalb ein wichtiges Geschäft nicht abschließen kann, sind die Folgen wesentlich schwerwiegender.

Entstandener Schaden, entfallener Gewinn

Wie weit muss der Schuldner für die **negativen Folgen der Nichterfüllung** oder der **verspäteten Erfüllung** aufkommen? Grundsätzlich ist sowohl der **entstandene Schaden** als auch der **entfallene Gewinn** zu ersetzen (Art. 1223). Für die Festlegung des Schadenersatzes ist Folgendes zu beachten:

- Der Schaden muss **unmittelbare Folge** der Nichterfüllung sein.
- Es ist nur der Schaden zu ersetzen, der zum Zeitpunkt der Entstehung der Verbindlichkeiten **vorauszusehen** war. Nur wenn die Nichterfüllung vorsätzlich vom Schuldner herbeigeführt wird, muss auch der nicht voraussehbare Schaden ersetzt werden (z. B. der Taxifahrer kommt absichtlich zu spät, damit der Kunde das Flugzeug nicht erreichen kann).
- Besteht **Mitverschulden des Gläubigers**, so wird der Schadenersatz entsprechend vermindert.

Schadenersatz nur bei angemessenem Kausalzusammenhang

Die drei Grundsätze sind aufeinander abgestimmt zu beachten, und sie sind auf eine ausgewogene (billige) Festlegung des Schadenersatzes ausgerichtet. Zu Meinungsverschiedenheiten führt vor allem der erste Grundsatz. Demnach ist für den Schadenersatz ein angemessener **Kausalzusammenhang** (ursächlicher Zusammenhang – *causalità*) zwischen Nichterfüllung und dem entstandenen Schaden erforderlich. Die

Ursachenkette könnte z. B. folgende sein: Das Taxi kommt mit Verspätung und der Unternehmer versäumt den Flug, er fährt deshalb mit seinem Auto und er hat auf der Autobahn einen schweren Unfall. Ein vorteilhafter Vertrag kann deshalb nicht abgeschlossen werden. Weil er sich während des langen Spitalaufenthaltes nicht um seine Geschäfte kümmern kann, geht seine Firma in Konkurs …

Nach dem Grundsatz des angemessenen Kausalzusammenhangs scheiden jene Schadensfolgen aus, die dem Schuldner nicht billigerweise zugerechnet werden können. Es muss also nicht der riesige Schaden ersetzt werden, wie er sich im Nachhinein als Folge der Nichterfüllung durch den Taxiunternehmer ergeben könnte. Ersetzt werden muss nur der Schaden, der zum Zeitpunkt der Nichterfüllung vorhersehbar war. Im obigen Beispiel würde sich der Schadenersatz wahrscheinlich auf den Preis des Flugtickets und auf eine Entschädigung für die verlorenen Arbeitsstunden beschränken.

Um Schadenersatz fordern zu können, ist in der Regel die schriftliche **Mahnung** des Schuldners erforderlich, wodurch der Schuldner in Verzug gesetzt wird (*costituzione in mora*). Das heißt, der Schuldner muss schriftlich aufgefordert werden, die vereinbarte Leistung innerhalb einer bestimmten Frist zu erbringen. In einigen Fällen tritt der Verzug des Schuldners auch ohne Mahnung ein: so für Schulden, die durch unerlaubte Handlungen entstanden sind, oder wenn der Schuldner schriftlich erklärt, dass er nicht erfüllen will.

Die Mahnung ist die schriftliche Aufforderung an den Schuldner, die vereinbarte Leistung in der gesetzten Frist zu erbringen.

BEISPIEL

**Mahnung wegen Verzug des Schuldners**

… Für die bestellten Maschinen wurde als Liefertermin der 15. 5. 2008 festgelegt. Da die Lieferung bis heute, 20. 5. 2008, nicht eingetroffen ist, fordern wir Sie auf, die Maschinen bis zum 30. 5. 2008 zu liefern. Sollten Sie diese Frist nicht einhalten, werden wir vom Vertrag zurücktreten und Sie für den entstandenen Schaden haftbar machen.

Auch der **Gläubiger** kann in Verzug geraten, wenn er die angebotene Zahlung ohne rechtmäßigen Grund nicht annimmt oder wenn er nicht die erforderlichen Handlungen vornimmt, damit der Schuldner die Verbindlichkeit erfüllen kann. Das wäre z. B. der Fall, wenn die Lagerhallen geschlossen sind und die gelieferten Waren deshalb nicht abgeladen werden können. Für den **Gläubigerverzug** (Art. 1206 ff. – *mora del creditore*) gilt als Voraussetzung, dass der Schuldner über einen Zustellungsbeamten dem Gläubiger ein förmliches Angebot unterbreitet. Der Gläubiger ist unter anderem verpflichtet, die durch seinen Verzug entstandenen Schäden zu ersetzen (Art. 1207).

Im allgemeinen Teil über die Schuldverhältnisse werden einige Arten von Verbindlichkeiten gesondert geregelt. Es handelt sich unter anderem um die Geldverbindlichkeiten (Art. 1277 ff. – *obbligazioni pecuniarie*) und die Gesamtschulden (Art. 1292 ff. – *obbligazioni in solido*).

## Geldverbindlichkeiten

»Geldschulden werden mit dem Geld, das zur Zeit der Zahlung im Staat gesetzliches Zahlungsmittel ist, und zu dessen Nennwert *(valore nominale)* getilgt« (Art. 1277). Die **Geldentwertung** hat somit für die Geldschuld grundsätzlich **keine Bedeutung**. Von diesem so genannten Nominalitätsgrundsatz (*principio nominalistico*), der besonders bei hoher Inflation den Schuldner begünstigt, wird in manchen Fällen abgegangen. Das gilt z. B. bei der Festsetzung des Schadenersatzes. Für die Berechnung werden nicht die Preise zum Zeitpunkt des Schadensfalles, sondern die gegenwärtig geltenden Preise verwendet. Bargeldzahlungen sind zur Verhinderung der Geldwäsche nur unter 12.500 Euro zulässig.

Was die **Verzinsung von Geldschulden** anbelangt, so muss diese nicht ausdrücklich zwischen den Vertragspartnern vereinbart werden. Für den Geldbetrag, der für eine bestimmte Zeit dem Schuldner überlassen wird, wendet man in solchen Fällen

**Gesetzlicher Zinssatz**

den so genannten **gesetzlichen Zinssatz** (*saggio degli interessi legali*) an. Nach Art. 1284 kann der gesetzliche Zinssatz mit Dekret des Finanzministers entsprechend der jeweiligen Verzinsung der Geldmarktpapiere abgeändert werden. Ein höherer Zinssatz als der gesetzliche muss von den Vertragspartnern schriftlich vereinbart werden. Fällige Zinsen dürfen in der Regel nicht wieder Zinsen tragen. Nach dem Gewohnheitsrecht sind jedoch Zinseszinsen (Art. 1283 – *anatocismo*) im Bankenbereich zulässig. Sonst können Zinseszinsen nur vom Tag der Klageerhebung oder aufgrund einer Vereinbarung nach Fälligkeit der Zinsen angewandt werden.

**Gesetzlicher Zinssatz**

*(interessi legali)*

| von | bis | Zinssatz |
|---|---|---|
| 21. April 1942 | 15. Dezember 1990 | **5%** |
| 16. Dezember 1990 | 31. Dezember 1996 | **10%** |
| 1. Jänner 1997 | 31. Dezember 1998 | **5%** |
| 1. Jänner 1999 | 31. Dezember 2000 | **2,5%** |
| 1. Jänner 2001 | 31. Dezember 2001 | **3,5%** |
| 1. Jänner 2002 | 31. Dezember 2003 | **3%** |
| 1. Jänner 2004 | 31. Dezember 2007 | **2,5%** |
| 1. Jänner 2008 | | **3%** |

Zahlungsfristen, Zahlungsverzug und Verzugszinsen im Geschäftsverkehr

Die so genannten **Verzugszinsen** (*interessi moratori*) werden vom Tag des Verzuges unter Anwendung des gesetzlichen Zinssatzes berechnet. Damit soll der Schaden vergütet werden, der dem Gläubiger durch die verspätete Zahlung des geschuldeten Geldbetrages entsteht. Waren die Zinsen vor dem Verzug des Schuldners bereits höher als der gesetzliche Zinssatz, dann werden Verzugszinsen in derselben Höhe geschuldet.

Seit 1999 ist der **Euro** *(l'euro)* die gemeinsame Währung der Staaten der Europäischen Währungsunion, und seit der Einführung des Euro-Bargeldes (1. 1. 2002) gilt der Euro als **gesetzliches Zahlungsmittel** in den inzwischen 16 Staaten der Währungsunion. Für den Übergang von den nationalen Währungen (Lira, D-Mark, österreichischer Schilling, französischer Franc usw.) zum Euro gilt der Grundsatz der Vertragskontinuität. Demnach bewirkt die Verwendung des Euro keine Änderung der Vertragsklauseln, Wertpapiere, Verwaltungsakten usw. Für die Umrechnung von Lira-Beträgen in Euro-Beträge gilt seit 1999 ein festes Umrechnungsverhältnis von 1936,27 Lire = 1 Euro.

## DER VERTRAG ALS RECHTSGESCHÄFT

Die Rechtswissenschaft ordnet die Verträge unter die so genannten Rechtsgeschäfte ein. Als **Rechtsgeschäft** (*negozio giuridico*) bezeichnet man eine oder mehrere Willenserklärungen, die auf die Erreichung eines Rechtserfolges ausgerichtet sind. Neben den Verträgen zählen auch einseitige Willenserklärungen, wie die Kündigung oder das Testament zu den Rechtsgeschäften. Gleiches gilt zum Beispiel für die Ehe. Sie gilt zwar als Rechtsgeschäft, juristisch gesehen ist die Ehe aber kein Vertrag, weil sie keine vermögensrechtlichen Beziehungen regelt.

Viele Bestimmungen des Vertragsrechtes gehen auf das **römische Recht** zurück, das unter Kaiser Justinian im *Corpus iuris Civilis* (533 n. Chr.) zusammengefasst wurde und im Hochmittelalter besonders an den Universitäten in Italien eine Weiterentwicklung erfahren hat. Im vorigen Jahrhundert wurde mit der Erarbeitung des Rechtsgeschäftes durch die deutsche Rechtsschule eine bedeutende theoretische Leistung erbracht, die ihren Niederschlag in verschiedenen bürgerlichen Gesetzbüchern gefunden hat.

Die allgemeinen Bestimmungen für die Verträge sind Teil des Schuldrechts.

Im italienischen Zivilgesetzbuch erfolgt die allgemeine Regelung des Vertrages im Buch über das **Schuldrecht** (IV. Buch ZGB), ohne dass auf das Rechtsgeschäft Bezug genommen wird. Das Rechtsgeschäft als Oberbegriff von zentraler Bedeutung findet hingegen in der Rechtswissenschaft und in der Rechtsprechung Anwendung.

Der Vertrag im rechtlichen Sinn umfasst ganz unterschiedliche Vereinbarungen, die vom Kauf einer Zeitung bis zu den Abmachungen über einen Großkredit von vielen Millionen Euro oder über den Kauf von Millionen Tonnen Erdöl reichen können. Durch eine **weitgehende Abstraktion** wurden die gemeinsamen Merkmale für eine Vielfalt von Verträgen erarbeitet, die sonst sehr stark voneinander abweichen. So ist es auch möglich, eine Reihe von allgemeinen Bestimmungen festzulegen, die für alle Verträge anwendbar sind. Dazu gehören im Wesentlichen die Bestimmungen über die **Schuldverhältnisse im Allgemeinen**, auf die bereits hingewiesen wurde, sowie die Bestimmungen über **die Verträge im Allgemeinen** (2. Titel im Schuldrecht). Für zahlreiche Vertragstypen gibt es im Zivilgesetzbuch und in Einzelgesetzen noch zusätzliche Detailregelungen.

### Redliches Verhalten der Vertragspartner

Neben der Vertragsfreiheit prägt das Vertragsrecht der aus dem römischen Recht übernommene Grundsatz der **Vertragstreue**. Demnach müssen Verträge genau eingehalten (erfüllt) werden (lateinisch: *pacta servanda sunt*), und eine Vertragspartei kann deshalb nur in eng begrenzten Fällen einseitig aus einem Vertrag aussteigen. Nur so können Geschäfte im Wirtschaftsleben schnell, einfach und sicher abgeschlossen werden.

Der Gesetzgeber verfolgt grundsätzlich einen **ausgewogenen Schutz** der Vertragspartner. Das bedeutet, dass im Vertrag sowohl die Interessen der einen Partei als auch jene der anderen Partei einen angemessenen Schutz erfahren müssen. Viele der gesetzlichen Regelungen werden deshalb leichter verständlich, wenn man die Frage stellt: Welches Interesse wird durch diese Bestimmung geschützt? Wie weit geht der Schutz? Wie werden die Interessen der Gegenseite geschützt?

**Treu und Glauben**
Bei den Vertragsverhandlungen sowie bei Errichtung, Ausführung und Auslegung des Vertrages gilt der Grundsatz von Treu und Glauben *(buona fede)*.

Um ausgewogene und redliche Beziehungen zwischen den Vertragspartnern zu erreichen, gilt für das gesamte Vertragsrecht der beherrschende Grundsatz von **Treu und Glauben** (*buona fede*). Dieser Grundsatz ist sowohl bei den Vertragsverhandlungen und bei der Errichtung des Vertrages (Art. 1337) als auch bei der Ausführung (Art. 1375) und der Auslegung (Art. 1366) des Vertrages zu beachten.

In diesem Zusammenhhang hat die Aufdeckung von zahlreichen Korruptionsverbrechen (*»tangentopoli«*) gezeigt, wie wichtig wirkungsvolle Maßnahmen gegen Bestechung, Bestechlichkeit und Erpressung im Amt sind. Für einige größere Unternehmen gelten inzwischen strenge interne Verhaltensregeln, um Korruption bei Geschäftskontakten und Vertragsabschlüssen zu verhindern.

Nach der Ermächtigungsverordnung Nr. 231/2001 besteht eine **strafrechtliche Haftung der Gesellschaften** (Personen- und Kapitalgesellschaften), der Vereinigungen sowie sonstiger Körperschaften für Straftaten, die in ihrem Interesse begangen wurden. Die Straftaten sind z. B. Bestechung, Bestechlichkeit, Geld- und Wertpapierfälschung, Straftaten betreffend Kapitalgesellschaften *(reati societari)*, Marktmissbrauch, schwerwiegende Verletzungen der Persönlichkeitsrechte, Missbrauch im Informatikbereich, Geldwäsche, fahrlässige Körperverletzung oder Tötung. Bei den Straftätern muss es sich um Personen handeln, die mit der Vertretung oder der Führung der Gesellschaft oder sonstigen Körperschaften betraut sind. Die Haftung erstreckt sich auch auf Straftaten, die von Personen begangen werden, die unter Führung und Kontrolle der Geschäftsführung stehen.

Die strafrechtlichen Sanktionen für die Gesellschaften und die sonstigen Körperschaften sind folgende: Geldstrafen, vorübergehende oder endgültige Enthebung von Personen aus Führungspositionen, vorübergehende oder endgültige Betriebsschließung und Veröffentlichung des Urteils in den Medien. Um strafrechtliche Sanktionen zu vermeiden, müssen die Gesellschaften und sonstige Körperschaften beweisen, dass sie wirksame Maßnahmen (Verhaltenskodex, Organisation, Kontrollen) ergriffen haben, um etwaige Straftaten zu vermeiden.

## DIE BESTANDTEILE DES VERTRAGES

Der Vertrag ist ein Rechtsgeschäft, bei dem durch **zwei oder mehrere übereinstimmende Willenserklärungen** der Vertragsparteien eine vermögensrechtliche Wirkung erzielt wird. Nach der bereits erwähnten gesetzlichen Begriffsbestimmung (Art. 1321) ist für jeden Vertrag vor allem die **Einigung** (*accordo*) der Vertragsparteien durch übereinstimmende Willenserklärungen erforderlich.

### BEISPIEL

**Eine mündliche Einigung**

Käufer: »Ich kaufe das Fahrrad zum Preis von 150 Euro« (**Angebot, Antrag**). Verkäufer: »Ich bin einverstanden« oder »Ja, Sie können das Fahrrad haben« (**Annahme**).

Ohne Einigung der Vertragsparteien gibt es keinen Vertrag. Grundsätzlich kommt der Vertrag durch **Angebot** (Antrag – *proposta, offerta*) der einen Partei und **Annahme** (*accettazione*) dieses Antrags durch die andere Partei zustande.

Nach dem Zivilgesetzbuch ist der Vertrag durch folgende **wesentliche Bestandteile** gekennzeichnet (Art. 1325):

- **Vertragsparteien**,
- **Einigung der Parteien** (übereinstimmende Willenserklärung),
- **Rechtsgrund** (causa),
- **Gegenstand**,
- **Form**.

**Vertragsabschluss**
(am Beispiel des Kaufvertrages)

| | | | |
|---|---|---|---|
| | **Angebot (Antrag)** *proposta, offerta* | **Annahme** *accettazione* | **juristische Begriffe** |
| Initiative geht vom **Verkäufer** aus | **Angebot** (Verkäufer) *offerta* | **Bestellung oder Auftrag** (Käufer) *ordine d'acquisto* | **Ausdrücke im Handelsverkehr** |
| Initiative geht vom **Käufer** aus | **Bestellung oder Auftrag** (Käufer) *ordine d'acquisto* | **Auftragsbestätigung** (Verkäufer) *conferma dell'ordine* | |

## Die Vertragsparteien

**Vertragsparteien** können sein: natürliche Personen, privatrechtliche juristische Personen, öffentlich-rechtliche Personen.

Bei den **Vertragsparteien** (*parte, soggetto*) – sie werden nicht ausdrücklich in Art. 1325 erwähnt – kann es sich sowohl um **natürliche Personen** als auch um **privatrechtliche juristische Personen** (z. B. Aktiengesellschaften) oder um **öffentlich-rechtliche juristische Personen** (z. B. Gemeinde, Land) handeln. Im Vertrag spricht man stets von Parteien oder Vertragspartnern, und es können eventuell auch mehrere Personen eine Partei bilden. So können z. B. mehrere Personen gemeinsam Eigentümer eines Hauses sein. Wenn die Miteigentümer gemeinsam das Haus verkaufen, bilden sie als Verkäufer zusammen eine Vertragspartei, die dem Käufer als der anderen Vertragspartei gegenübersteht.

Handlungsfähigkeit

Die Vertragspartner müssen **handlungsfähig** sein, und die natürlichen Personen erreichen die volle Handlungsfähigkeit (*capacità di agire*) mit der Volljährigkeit. Im Geschäftsverkehr werden Verträge in der Regel im Namen von Unternehmen abgeschlossen. Neben dem Unternehmer können auch Angestellte – meistens handelt es sich um Führungskräfte – mit einer allgemeinen oder besonderen Vollmacht zum Abschluss von Verträgen ermächtigt werden (Art 2203 ff.). Für Aktiengesellschaften werden mit dem Abschluss von wichtigen Verträgen meistens der beauftragte Verwalter (*amministratore delegato*) oder Mitglieder des Verwaltungsrates betraut.

Wer einen wichtigen Vertrag abschließt, sollte stets überprüfen, ob die andere Partei tatsächlich dazu befähigt ist. Für Eheleute ist festzustellen, ob für sie die **Gütergemeinschaft** (Art. 177 ff. – *comunione dei beni*) gilt. Der Ehepartner muss nämlich in diesem Fall bei Verträgen, die sich auf die Gütergemeinschaft auswirken und über die normale Verwaltung hinausgehen, seine Zustimmung geben.

Vollmacht

Soll der Vertrag mit einer Gesellschaft, Genossenschaft, Vereinigung oder einer öffentlichen Körperschaft geschlossen werden, so ist festzustellen, ob der Vertragspartner mit der notwendigen **Handlungsvollmacht** (Prokura) ausgestattet ist. Für Handelsunternehmen kann das im Handelsregister bei der Handelskammer überprüft werden.

## Die Einigung der Parteien

Die **Einigung** (*accordo*) oder genauer die **übereinstimmende Willenserklärung** der Vertragsparteien im Vertrag zielt darauf ab, ein vermögensrechtliches Verhältnis (*rapporto giuridico patrimoniale*) zu begründen, abzuändern oder aufzuheben. Die übereinstimmende Willenserklärung ist Grundlage und wesentlicher Bestandteil eines jeden Vertrages: Ohne Einigung gibt es keinen Vertrag. In der Regel erfolgen die Willenserklärungen der Parteien entweder mündlich, auch über Telefon oder in Videokonferenz, oder schriftlich: mit Briefen, mit Fax, unter besonderen Sicherheitsvorkehrungen über Internet (digitale Signatur – *firma elettronica*), durch Unterschrift unter dem Vertrag oder mit der Beurkundung durch einen Notar.

Manchmal kann das Gewollte auch durch Gesten deutlich zum Ausdruck gebracht werden, wie z. B. das Handaufheben bei einer Versteigerung. Auch **konkludentes (schlüssiges) Handeln** (*comportamento concludente*) kann als Willenserklärung gelten. Ein Betreiber stellt einen Getränkeautomaten auf und drückt damit den rechtlich bindenden Willen aus, dass er gegen Eingabe eines bestimmten Geldbetrages ein Getränk abgibt. Stillschweigen kann hingegen nur in gesetzlich vorgesehenen Ausnahmefällen als eine gültige Willenserklärung angesehen werden. So wird z. B. eine Haftpflichtversicherung stillschweigend verlängert, wenn nicht rechtzeitig die Kündigung erfolgt.

Willenserklärung durch konkludentes Handeln

Die Bestimmungen über den Vertragsabschluss (Art. 1326 ff.) folgen einem bereits dargelegten Grundmuster: Eine Partei unterbreitet ein bindendes Angebot, die andere Partei nimmt das Angebot an. Der Vertrag gilt an dem Zeitpunkt als geschlossen, wenn der Anbietende **Kenntnis von der Annahme des Angebots** durch die andere Partei hat. Dadurch kann man in der Regel genau feststellen, **ob und wann ein Vertrag geschlossen wurde**. Dies gilt jedoch nur für so genannte **Konsensualverträge** (Versprechensgeschäfte) – zu ihnen zählen die meisten Verträge –, die durch Willenseinigung zustande kommen.

Bei Verträgen, bei denen die Willenserklärung praktisch gleichzeitig erfolgt – z. B. durch die gemeinsame Unterschrift auf der Vertragsurkunde –, kann nicht unterschieden werden, wer das Angebot macht und von wem die Annahme kommt. In diesem Fall ergibt sich die Einigung aus dem gemeinsam unterschriebenen Vertrag.

Bei den so genannten **Realverträgen** ist die Willenseinigung nicht ausreichend, um einen Vertrag zu begründen. Zum Vertragsabschluss ist noch eine Handlung erforderlich. Für den Darlehensvertrag mit einer Bank, ein Realvertrag, ist z. B. die Kreditzusage durch die Bank nicht ausreichend. Dabei handelt es sich nur um einen Vorvertrag. Der Vertrag kommt erst zustande, wenn die Bank den vereinbarten Betrag tatsächlich für den Kreditnehmer bereitstellt.

Angebot

Das **Angebot** muss das Wesentliche des künftigen Vertrages enthalten und den rechtlichen Bindungswillen zum Ausdruck bringen:

> »An Firma XY:
> Übernehme den Transport von fünf Containern von ihrem Lager in Bozen bis zum Containerhafen in-La-Spezia zum Preis von insgesamt 2.500 Euro.«

Vertragsangebote müssen selbstverständlich nicht immer schriftlich erfolgen, sondern können auch mündlich abgegeben werden. Von einem bindenden Angebot unterscheidet sich die bloße **Aufforderung, ein Vertragsangebot abzugeben** (*invito a proporre*). Das sind z. B. Kataloge, Preisverzeichnisse, Zeitungsannoncen wie »3-Zimmer-Wohnung zu vermieten« usw. Hier fehlt sehr oft der rechtliche Bindungswille (*volontà attuale di contrarre*). Die mit Preisangaben versehenen Waren in einem Selbstbedienungsgeschäft stellen hingegen eindeutig ein an die Allgemeinheit gerichtetes Angebot des Verkäufers dar.

Die **Annahme** durch die andere Vertragspartei muss den Anbietenden innerhalb der von ihm bestimmten Frist erreichen. Eine dem Angebot nicht entsprechende Annahme kommt einem **neuen Angebot** gleich.

Annahme

In der Praxis können dem Vertragsabschluss ausführliche Verhandlungen vorausgehen: Es werden Informationen eingeholt, Vertragsentwürfe ausgearbeitet, Sachverständige beigezogen, bis eine umfassende Einigung erzielt wird. Die Annahme, eventuell durch eine schriftliche Auftragsbestätigung oder durch die gemeinsame Unterzeichnung des Vertrages, führt dann zum Abschluss. In der Verhandlungsphase können sich die Parteien jederzeit von den Verhandlungen zurückziehen. Die Parteien sind jedoch während der Verhandlungen zu **redlichem Verhalten** (Treu und Glauben) verpflichtet. Wer gegen diesen Grundsatz verstößt und zum Beispiel die Verhandlungen fortsetzt, obwohl er sich bereits mit einem anderen Geschäftspartner geeinigt hat, muss dem Verhandlungspartner den entstandenen Schaden zusammen mit dem entfallenen Gewinn vergüten.

## Rechtsgrund (causa) und Gegenstand

Als **Rechtsgrund** (causa – *causa*) bezeichnet man den wirtschaftlich-sozialen Zweck, der nach dem Gesetz den Vertrag kennzeichnet. So besteht der Rechtsgrund des Kaufvertrages in der Übertragung des Eigentums oder eines anderen Rechtes gegen Bezahlung eines Preises. Der Rechtsgrund der verschiedenen im Zivilgesetzbuch geregelten Verträge kann von der jeweiligen Begriffsbestimmung abgeleitet werden. Die »causa« im Mietvertrag umfasst z.B. die Überlassung eines Gutes zur Nutzung für eine bestimmte Zeit gegen die Bezahlung eines Entgeltes. Wenn der Rechtsgrund fehlt, ist der Vertrag nichtig. So ist z.B. ein Versicherungsvertrag nichtig, wenn das Risiko nicht mehr besteht (Art. 1895): Ich versichere ein Haus, das bereits durch ein Erdbeben zerstört wurde.

Ein unerlaubter Rechtsgrund liegt vor, wenn der Vertrag gegen zwingende Vorschriften verstößt (ich besteche einen Beamten, damit ein Antrag schneller behandelt wird) oder wenn er gegen die guten Sitten verstößt (Art. 1343): Das wäre bei einem Vertrag der Fall, der z. B. ähnliche Rechte und Pflichten wie die Ehe festlegt. Gleiches gilt für so genannte Leihmutterverträge, mit denen sich Frauen vertraglich verpflichten, gegen Entgelt das befruchtete Ei einer anderen Frau auszutragen.

Unter **Gegenstand** (Leistungsgegenstand – *oggetto*) versteht man die Leistung oder die Leistungen, die im Vertrag festgelegt wurden. So umfasst z. B. der Kaufvertrag folgende Leistungen als Gegenstand des Vertrages:

- Übertragung des Eigentums und
- Bezahlung des Preises.

Nach Art. 1346 muss der Gegenstand des Vertrages möglich, erlaubt und bestimmt oder bestimmbar sein. Zwischen Gegenstand und Rechtsgrund eines Vertrages kann nicht immer klar unterschieden werden.

## Die Form des Vertrages

Grundsätzlich gibt es für die Verträge keine Formvorschriften. Nur in den ausdrücklich vom Gesetz vorgesehenen Fällen (Art. 1350 und nach verschiedenen Gesetzen, wie z. B. das Finanzmarktgesetz) müssen die Verträge schriftlich, und zwar in der Form einer **Privaturkunde** (*scrittura privata*) oder einer **öffentlichen Urkunde** (*atto pubblico*) abgefasst werden, weil sie sonst nichtig sind. Die öffentliche Urkunde (notarielle Beurkundung) ist vor allem für Verträge vorgeschrieben, die Liegenschaften betreffen sowie für die Gründung von Kapitalgesellschaften und Genossenschaften. Für einige Verträge, wie den Versicherungsvertrag oder den Vergleich, ist die Schriftform gesetzlich nur vorgeschrieben, wenn der schriftliche Vertrag – es genügt eine Privaturkunde – in einem Rechtsstreit als Beweismittel dienen soll.

Die digitale Signatur erhöht die Rechtssicherheit im Bereich der elektronischen Kommunikation.

Stark an Bedeutung dürfte schon bald die so genannte **digitale Signatur** (elektronische Unterschrift – *firma digitale*) gewinnen, die besonders im elektronischen Handel (E-Commerce) eingesetzt werden kann (DPR 513/97). Dabei teilt der Anbieter von Zertifizierungsdiensten seinem Kunden einen geheimen individuellen Code zu. Gleichzeitig wird ihm ein öffentlicher Code zugeteilt. Der **individuelle Code** (*chiave privata*) ermöglicht die Verschlüsselung eines Dokumentes, das dann als E-Mail dem Empfänger übermittelt wird. Der Empfänger des elektronischen Dokuments kann mit dem entsprechenden **öffentlichen Code** (*chiave pubblica*), der allgemein zugänglich von der Zertifizierungsbehörde aufbewahrt wird, das Dokument entschlüsseln und eindeutig dem Absender zuordnen. Ein Vertrag kann folglich als elektronisches Dokument geschlossen und aufbewahrt werden. Durch die digitale Signatur hat der elektronische Vertrag volle Gültigkeit und Beweiskraft als **Privaturkunde**. Eine EU-Richtlinie sieht eine einheitliche Regelung für Verträge, Verwaltungsakte und andere Dokumente vor, die auf elektronischem Weg erstellt und übermittelt werden.

## Verschiedene Arten von Verträgen

Der **Vertrag als rechtlicher Begriff** ist wesentlich weiter gefasst als das, was weithin unter einem Vertrag verstanden wird. Man spricht zwar im täglichen Leben von einem Mietvertrag, von einem Kaufvertrag (wenn es um größere Anschaffungen geht) oder von Verträgen mit einer Telefon-, Gas- oder Elektrizitätsgesellschaft. Kaum jemand würde hingegen sagen, dass eine Person einen Vertrag schließt, wenn sie im Selbstbedienungsgeschäft einige Toilettenartikel auswählt und an der Kasse bezahlt, wenn sie sich die Haare vom Friseur schneiden lässt oder wenn sie ein Kino besucht. Alle diese Handlungen gelten nach dem Zivilgesetzbuch als Vertrag, weil eine Einigung zwischen den Parteien vorliegt und die Leistungen mit Geld bewertet werden oder bewertbar sind.

Oft hören Anwälte von ihren Klienten die Antwort: »Ich habe keinen Vertrag geschlossen.« Bei genauerer Befragung stellt sich dann häufig heraus, dass tatsächlich eine Einigung stattgefunden hat, wenn auch »nur« mündlich. In vielen Fällen ist jedoch eine mündliche Vereinbarung völlig ausreichend, damit ein gültiger Vertrag zustande kommt. Es ist eine weit verbreitete, aber irrige Meinung, dass nur schriftliche Abmachungen wirksam sind. Wenn das Gesetz nicht etwas anderes vorschreibt (Schriftform, notarielle Beurkundung) und die Parteien nicht trotzdem die Schriftform wählen, sind mündliche Verträge genauso wirksam wie schriftliche. Nur sind mündliche Verträge im Streitfall schwerer zu beweisen.

## Formularverträge – Allgemeine Geschäftsbedingungen

In vielen Wirtschaftsbereichen werden meistens **Formularverträge** (Musterverträge, Vordrucke – *contratti di serie, contratti standard*) mit vorformulierten Allgemeinen Geschäftsbedingungen verwendet. Banken, Versicherungsgesellschaften, Kreditkartenunternehmen, Telefon-, Gas- und Elektrizitätsgesellschaften, Transportunternehmen,

Reiseveranstalter, große Immobiliengesellschaften, multinationale Unternehmen, bestimmte Freiberufler usw. legen praktisch allein den Vertragsinhalt fest, und die andere Vertragspartei kann nur den vorformulierten Bedingungen zustimmen. Die Vereinheitlichung der Verträge ist bei Massengeschäften unbedingt erforderlich. Dadurch wird eine reibungslose Auftragsabwicklung ermöglicht, die Leistungen werden einheitlich gestaltet und das Risiko von Rechtsstreitigkeiten wird vermindert, da für alle Kunden praktisch die gleichen Bedingungen gelten.

Allgemeine Geschäftsbedingungen oder das »Kleingedruckte«

Eine Vertragspartei kann also vorformulierte Vertragsbedingungen, die so genannten **Allgemeinen Geschäftsbedingungen** (*condizioni generali di contratto*) für eine Vielzahl von Verträgen auch für mündliche Verträge (Schwimmbad, Seilbahn) verwenden. Die Allgemeinen Geschäftsbedingungen, die man umgangssprachlich oft als das »Kleingedruckte« bezeichnet, sind jedoch in der Regel nur dann wirksam, wenn die andere Vertragspartei sie zum Zeitpunkt des Vertragsabschlusses gekannt hat oder bei Anwendung der gewöhnlichen Sorgfalt hätte kennen müssen (Art. 1341). In der Regel werden die Allgemeinen Geschäftsbedingungen der Vertragsurkunde beigefügt. Bei Massengeschäften des täglichen Lebens kann es aber auch genügen, dass die Allgemeinen Geschäftsbedingungen am Ort des Vertragsabschlusses ausgehängt werden, wie z. B. an der Kasse eines Schwimmbades oder im Warteraum einer Seilbahn.

**Getrennte Unterschrift** unter den stark benachteiligenden Klauseln

Das »Kleingedruckte« kann oft zu einer beachtlichen Belastung der anderen Vertragsparteien führen, wie z. B.: Haftungsbeschränkungen, Berechtigung zum einseitigen Rücktritt vom Vertrag, Verwirkungen zu Lasten der anderen Vertragspartei, stillschweigende Verlängerung oder Erneuerung des Vertrages usw. Diese **stark benachteiligenden Klauseln** (missbräuchliche Klauseln – *clausole vessatorie*) sind nur wirksam, wenn sie von der anderen Vertragspartei ausdrücklich schriftlich angenommen werden. Auf dem Vertragsvordruck müssen deshalb diese Klauseln getrennt unterschrieben werden, mit der üblichen Aufforderung: »Zwei Unterschriften bitte.« Für Unternehmer und Freiberufler können im Geschäftsverkehr stark benachteiligende Klauseln zulässig sein, weil sie aufgrund ihrer beruflichen Erfahrung deren Tragweite erkennen sollten. Für die Verbraucher gelten hingegen besondere Bestimmungen zum Schutz vor missbräuchlichen Klauseln, auf die noch gleich eingegangen wird.

Werden vorgefertigte Verträge (Art. 1342), wie z. B. Einheits- oder Mustermietverträge, verwendet, so können eventuell Klauseln handschriftlich oder mit der Schreibmaschine hinzugefügt oder abgeändert werden. Besteht Unvereinbarkeit mit den Klauseln des Mustervertrags oder des Vertragsvordrucks, so gehen die hinzugefügten Klauseln vor, auch wenn die betroffenen Klauseln im Vordruck nicht ausgestrichen wurden.

## WIRKUNG, AUSLEGUNG UND ERGÄNZUNG DES VERTRAGES

### Die Wirkung von Verträgen

Durch die vertragliche Einigung entsteht ein Regelwerk, das für die Vertragsparteien bindend ist. »Der Vertrag hat Gesetzeskraft zwischen den Parteien«, lautet es lapidar im Zivilgesetzbuch (Art. 1372). Für die gesamte Rechts- und Wirtschaftsordnung ist es von grundlegender Bedeutung, dass Verträge eingehalten werden. Deshalb kann der Vertrag durch die Parteien nur im gemeinsamen Einverständnis, also nur durch einen neuen Vertrag, aufgehoben werden, oder wenn es das Gesetz vorsieht.

Abgesehen vom gesetzlich verankerten Rücktrittsrecht des Verbrauchers bei Haustürgeschäften oder Fernabsatzverträgen kann z. B. der Auftraggeber stets vom Werkvertrag mit einem Freiberufler zurücktreten (Art. 2237). Der Klient eines Rechtsanwaltes kann jederzeit diesem Freiberufler den Auftrag entziehen und sich an einen anderen Rechtsanwalt wenden. Hingegen kann der Freiberufler als Werkhersteller nur aus einem wichtigen Grund vom Werkvertrag zurücktreten. Auch von einem Werkvertrag mit einem Unternehmen, wie z. B. vom Bauvertrag für die Errichtung eines Gebäudes, kann der Auftraggeber einseitig zurücktreten (Art. 1671). Klarerweise müssen die angefallenen Kosten ersetzt und die durchgeführten Arbeiten vergütet werden.

Im Arbeitsvertrag besteht ein beachtlicher Unterschied zwischen dem Kündigungsrecht des Arbeitnehmers und den stark eingeschränkten Kündigungsmöglichkeiten des Arbeitgebers. Er kann den Arbeitsvertrag mit dem Arbeitnehmer, dem meistens wirtschaftlich schwächeren Teil im Vertragsverhältnis, nur aus einem wichtigen Grund oder einem rechtfertigenden Anlass kündigen und so den Vertrag auflösen.

## Die Auslegung von Verträgen

Solange sich die Vertragsparteien über ihre jeweiligen Rechte und Pflichten aus dem Vertrag einig sind, wird es kaum zu Streitigkeiten und Auseinandersetzungen kommen. In diesem Fall spielen mehrdeutige oder unklare Formulierungen im Vertrag keine Rolle, wenn ihnen die Parteien übereinstimmend eine einzige Bedeutung beimessen. Wenn es hingegen Missverständnisse und Auseinandersetzung zwischen den Parteien gibt, kann es leicht zu Unstimmigkeiten bei der Auslegung des Vertrages kommen. Bei mehrdeutigen Klauseln wird jede Partei wohl den für sie vorteilhafteren Sinn bevorzugen.

Allgemeine Regeln sollen es ermöglichen, in erster Linie den von den Parteien geäußerten **gemeinsamen Willen** zu erforschen, wobei man sich nicht allein auf den Wortlaut der Vertragsklauseln beschränken darf (Art. 1362). Um die gemeinsame Absicht der Parteien festzustellen, ist ihr gesamtes Verhalten auch nach Vertragsabschluss zu berücksichtigen. Als Grundregel gilt, dass der Vertrag nach **Treu und Glauben** auszulegen ist. Dem Vertragstext oder den Erklärungen der Parteien ist demnach jener Sinn beizumessen, den eine redliche und korrekte Person wählen würde.

Auslegung nach Treu und Glauben

Die einzelnen Vertragsklauseln sind nicht getrennt, sondern **im Zusammenhang** mit den übrigen Klauseln auszulegen. Zur Auslegung von zweideutigen Klauseln sind auch das Gewohnheitsrecht sowie die Art des Geschäftes zu berücksichtigen. Wenn sich auch so keine Klarheit ergibt, wird der Richter nach **Billigkeit** entscheiden, das heißt, in ausgewogener Weise die Interessen der Parteien berücksichtigen.

Ein Vertrag kann aus einem umfangreichen Vertragswerk bestehen, an dessen Ausarbeitung Rechtsanwälte, Wirtschaftsberater und Notare beteiligt sind. Es kann sich auch bloß um eine Übereinkunft handeln, die nur den Kern eines Geschäftes betrifft (z. B. »Bringen Sie heute 50« – gemeint sind 50 Kisten Bier). Für die einfache und rasche Abwicklung von Geschäften muss die Einigung über das Wesentliche genügen.

Die Parteien sind jedoch nicht nur verpflichtet, das einzuhalten, was sie ausdrücklich im Vertrag festgelegt haben und was durch die Auslegung bestimmt wird. Sie müssen zudem auch das einhalten, was sich im Zusammenhang mit dem Vertrag aus dem Gesetz ergibt. Fehlen gesetzliche Bestimmungen, ist der Vertrag nach dem Gewohnheitsrecht oder nach Billigkeit zu ergänzen (Art. 1374).

## UNWIRKSAMKEIT UND AUFLÖSUNG VON VERTRÄGEN

Ein Vertrag kann mit Mängeln behaftet sein, oder es kann sogar ein wesentlicher Bestandteil des Vertrages fehlen. Der mit dem Vertrag angestrebte rechtliche Erfolg wird so teilweise oder ganz, vorübergehend oder dauernd unwirksam gemacht. Dabei wird zwischen **Nichtigkeit** des Vertrages (*nullità*) und **Vernichtbarkeit** (Annullierbarkeit – *annullabilità*) unterschieden.

Nichtige Verträge *(contratto nullo)*

Als Grundregel gilt nach Art. 1418, dass ein Vertrag **nichtig** (*nullo*) ist, wenn ein wesentlicher Bestandteil fehlt oder »wenn er gegen zwingende Gesetzesbestimmungen verstößt, außer das Gesetz bestimmt etwas anderes«. Ein wesentlicher Bestandteil fehlt, wenn z. B. keine Willensäußerung stattgefunden hat: Bei einer Versteigerung wird einem Teilnehmer von einer anderen Person der Arm hochgehalten. Oder es fehlt die vorgeschriebene Form: Der Kauf einer Wohnung wird statt durch notarielle Beurkundung nur mündlich vereinbart.

Wichtiger sind die Fälle, in denen der Rechtsgrund, der Leistungsgegenstand, der Beweggrund oder die Bedingung gegen zwingende gesetzliche Vorschriften, gegen die öffentliche Ordnung oder gegen die guten Sitten verstoßen, wie z. B. bei Drogenhandel, Waffenschmuggel, Menschenschmuggel oder dem Handel mit menschlichen Organen. Auch in Verträgen, die zur Umgehung von Gesetzen (*contratto in frode alla legge*) geschlossen werden, ist der Rechtsgrund **gesetzwidrig** und der Vertrag somit nichtig. Eine Umgehung von Gesetzen liegt vor, wenn z. B. an einer Zwangsversteigerung ein Strohmann des Schuldners teilnimmt, um die zur Versteigerung ausgeschriebenen Immobilien des Schuldners zu erwerben, was vom Gesetz verboten ist. Bei Verträgen zur Umgehung von Steuerbestimmungen liegt hingegen keine Nichtigkeit vor.

Annullierbare Verträge *(contratto annullabile)*

Ein Vertrag ist **vernichtbar** (annullierbar – *annullabile*) und kann für unwirksam erklärt werden, wenn eine der Parteien nicht handlungsfähig war (Art. 1425). Dies kann bei einem Minderjährigen oder Entmündigten zutreffen. Ist eine Person bei Vertragsabschluss **unzurechnungsfähig** (*incapace di intendere e volere*), weil betrunken, unter Hypnose oder unter dem Einfluss von Medikamenten stehend, so kann der Vertrag von der vorübergehend handlungsunfähigen Person angefochten werden, wenn ihr daraus ein schwer wiegender Nachteil erwächst. Zum Beispiel im alkoholisierten Zustand verkauft jemand sein hochwertiges Bergrad für 5 Euro.

Willensmängel: Irrtum, Drohung oder Arglist

Auch so genannte **Willensmängel** (Art. 1427 – *vizi del consenso*) ermöglichen die Annullierbarkeit (Vernichtbarkeit) des Vertrages durch die Partei, deren Willenserklärung durch Irrtum, Drohung (*violenza*) oder Arglist (*dolo*) beeinträchtigt wurde. Die hierfür geltenden Regelungen des Zivilgesetzbuches streben ein Gleichgewicht zwischen den unterschiedlichen Interessen der Vertragsparteien an. Eine Partei will den Vertrag wegen Willensmängel außer Kraft setzen. Die Gegenseite ist hingegen interessiert, den Vertrag zu erhalten. Grundsätzlich gilt, was eine Person erkennbar **nach außen erklärt** hat und nicht das, was sie in ihrem Inneren gedacht oder gemeint hat. Im Wesentlichen gilt also, was »erklärt« und nicht was »gedacht« wird. Darauf muss sich die andere Vertragspartei verlassen können, weil es sonst zu erheblichen Unsicherheiten im Geschäftsleben kommen würde, wenn der Vertragspartner stets den Einwand vorbringen könnte, er habe sich geirrt oder er sei getäuscht worden.

Das Zivilgesetzbuch begrenzt deshalb die Möglichkeit, einen Vertrag wegen Irrtum, Drohung oder arglistiger Täuschung zu annullieren. Es würde sonst große Ungewissheit bestehen und es käme oft zu langen Verzögerungen, bis endlich ein Vertrag abgeschlossen werden kann. Es wäre nämlich notwendig, dass man sich immer wieder vergewissert, ob das von der anderen Vertragspartei Erklärte auch seinem tatsächlichen Willen entspricht.

Ein **Irrtum** (*errore*) kann die Willensbildung beeinträchtigen oder dazu führen, dass unbewusst das Gewollte und die Willenserklärung voneinander abweichen: Ich denke zum Beispiel 48 Euro und schreibe hingegen 84 Euro. Für die eventuelle Anfechtung des Vertrages ist erforderlich, dass es sich um einen **wesentlichen Irrtum** (Art. 1429) handelt und dass er für die andere Vertragspartei **erkennbar** ist. Der Irrtum ist wesentlich, wenn er die Art des Vertrages oder den Leistungsgegenstand betrifft: Ich war der Überzeugung einen Ratenkauf abzuschließen, hingegen erhalte ich das Fahrzeug nur in Miete. Oder: Ich glaube, als Schauspieler angestellt zu werden, hingegen handelt es sich nur um eine Schauspielausbildung, für die ich noch dazu bezahlen muss.

Anfechtung des Vertrages

Der Irrtum kann außerdem als wesentlich erachtet werden, wenn er ein wesentliches Merkmal des Leistungsgegenstands betrifft: Ich glaube einen Spitzenwein zu kaufen, während es sich um einen billigen »Leps« handelt. Auch der Irrtum über die Person (oder über wesentliche Merkmale) der anderen Vertragspartei kann eine Anfechtung ermöglichen. Ich glaube einen Startenor zu verpflichten, hingegen handelt es sich um einen unbegabten Anfänger mit gleichem Namen. Schließlich gilt auch der Rechtsirrtum als Anfechtungsgrund, wenn er der einzige oder hauptsächliche Beweggrund für den Vertrag war.

Rechenfehler

Ein Irrtum über den Preis (ich kaufe ein Bild weit über dem Marktwert) oder über den wirtschaftlichen Erfolg des Geschäfts fällt hingegen fast immer unter das übliche Risiko, das mit einem Vertrag verbunden ist. Auch ein **rechnerischer Fehler**, der im Geschäftsalltag oft vorkommt, kann in der Regel nur zu einer Berichtigung führen: Eine Kiste kostet 15 Euro, aber 20 Kisten werden für 30 Euro in Rechnung gestellt. In diesem Fall liegt ein offensichtlicher Rechenfehler vor, der berichtigt werden kann. Die Anfechtung des Vertrages ist bei Rechenfehlern nur möglich, wenn er die Menge betrifft und für die Willenserklärung bestimmend gewesen ist. Ich will ein Zimmer ausmalen und kaufe wegen einer völlig falschen Berechnung 10 Kübel Malerfarbe, während ein Kübel bei weitem genügen würde. Ein Malerbetrieb könnte natürlich diesen Einwand nicht zur Anfechtung des Vertrages geltend machen.

**Annullierbar** und nicht von vornherein nichtig ist ein Vertrag, wenn die Willenserklärung durch eine Drohung oder durch arglistige Täuschung bestimmt wurde. Im Geschäftsleben können solche Fälle öfters eintreten. Für eine Annullierung gelten jedoch einschränkende Bestimmungen. Um als Annullierungsgrund zu gelten, muss die **Drohung** einen Eindruck auf eine besonnene Person machen und die bedrohte Person muss für sich oder ihr Vermögen ein erhebliches und widerrechtliches Übel erwarten. Das wäre z. B. die Androhung, Vorfälle aus dem Privatleben zu veröffentlichen. Wird der Abschluss eines Vertrages mit der Drohung erzwungen, ein Recht geltend zu machen, so kann die Annullierung nur erreicht werden, wenn mit der Drohung ein widerrechtlicher Vorteil erreicht wird. Ich drohe mit einem berechtigten Konkursantrag und zwinge so meinen Vertragspartner, ein sehr nachteiliges Geschäft abzuschließen. Ein des Diebstahls überführter Angestellter wird unter Androhung einer Strafanzeige gezwungen, sofort zu kündigen und zusätzlich einen äußerst nachteiligen Kaufvertrag mit dem Arbeitgeber zu schließen.

Drohung *(violenza)*

Arglist *(dolo)*

Eine **arglistige Täuschung** ist nur unter Einschränkungen ein Grund zur Annullierung des Vertrages. Die Täuschungshandlungen (*raggiri*), die eine Vertragspartei angewendet hat, müssen derart sein, dass ohne Anwendung der Arglist die andere Partei den Vertrag nicht geschlossen hätte. Zum Beispiel werden kranken Tieren Aufputschmittel verabreicht, um so den Krankheitszustand zu verbergen und den Käufer zum Kaufabschluss zu verleiten. Gewisse Vortäuschungen und Übertreibungen sind jedoch zulässig. In der Geschäftspraxis muss man nämlich davon ausgehen, dass mit der Wahrheit etwas elastisch umgegangen wird.

## Rückgängigmachung des Vertrages

Was passiert, wenn ein Vertrag offensichtlich »ungerecht« oder genauer »unbillig« (*iniquo*) ist? Was kann man unternehmen, wenn z. B. jemand ein wertloses Bild zu einem Höchstpreis kauft oder wenn jemand ein hochwertiges Möbelstück um wenige Euro verscherbelt. Hier gilt der Grundsatz der Vertragsfreiheit und des freien Marktes. Jeder trägt das Risiko, dass sich ein Geschäft nachträglich als sehr nachteilig erweist. Abgesehen vom Irrtum über die Qualität oder die Menge sowie abgesehen vom Fall einer arglistigen Täuschung, die eine Anfechtung des Vertrages zulassen, ist es nur unter starken Einschränkungen möglich, einen als nachteilig erachteten Vertrag rückgängig zu machen (Rückgängigmachung – *rescissione*). Es muss ein **grobes Missverhältnis** zwischen Leistung und Gegenleistung bestehen. Zudem muss die Gefahr oder die wirtschaftliche Notlage, in der sich eine Vertragspartei befindet, von der anderen Vertragspartei **ausgenützt** werden (Art. 1447), was meistens nicht sehr leicht zu beweisen ist.

Grobes Missverhältnis und Gefahr oder wirtschaftliche Notlage

## Auflösung und Aufhebung des Vertrages

Bis jetzt haben wir uns mit den verschiedenen Fällen befasst, in denen die Ungültigkeit eines Vertrages festgestellt wird, weil die Nichtigkeit oder Vernichtbarkeit (Annullierbarkeit) gegeben ist. In diesen Fällen war die Willenseinigung bereits vom Beginn an mit einem entscheidenden Mangel behaftet oder es hat überhaupt keine Willenseinigung stattgefunden.
Die **Auflösung** (*scioglimento, risoluzione*) des Vertrages betrifft hingegen einen gültig geschlossenen Vertrag. Nach Art. 1372 kann ein gültig geschlossener Vertrag durch eine entsprechende Vereinbarung zwischen den Parteien (**Auflösungsvertrag**) aufgelöst werden. Eine weitere Möglichkeit bietet eine **Auflösungsklausel** im Vertrag, wie z. B. die Kündigungsklausel für ein Zeitschriftenabonnement oder für einen Versicherungsvertrag.

Auflösungsvertrag oder Auflösungsklausel

Nach dem Gesetz ist eine **Aufhebung** möglich:
- wegen Nichterfüllung durch die andere Vertragspartei,
- wegen nachfolgender Unmöglichkeit der Leistung,
- oder wegen übermäßiger Belastung.

Im gegenseitigen Vertrag (Austauschvertrag) wird eine Leistung mit Hinblick auf eine Gegenleistung erbracht. Eine Immobilie wird z. B. gegen Zahlung einer Leasing-Miete zur Verfügung gestellt. Wenn in diesem Fall eine Partei ihre Leistung nicht erfüllt – z. B. die Leasing-Miete nicht bezahlt –, kann die andere Partei entweder auf Erfüllung oder auf **Aufhebung** des Vertrages wegen **Nichterfüllung** klagen (Art. 1453 – *risoluzione per inadempimento*). In beiden Fälle besteht außerdem Anspruch auf Schadenersatz.

Aufhebung wegen Nichterfüllung

Der Klage geht in der Regel die **Aufforderung zur Erfüllung** (Art. 1454 – *diffida ad adempiere*) voraus. Die Vertragspartei wird die nicht erfüllende Partei schriftlich auffordern, innerhalb einer Frist von mindestens 15 Tagen die vereinbarte Leistung zu erbringen, weil sonst der Vertrag aufgehoben wird oder, wenn möglich, die Erfüllung erzwungen wird.

Vertragsstrafe

Im Zusammenhang mit der Nichterfüllung des Vertrages sei noch kurz auf die Vertragsstrafe eingegangen. Mit der **Vertragsstrafe** (Art. 1362 Konventionalstrafe – *clausola penale*) soll die fristgerechte und vollständige Erfüllung der vertraglichen Leistung sichergestellt werden. Dies ist z. B. bei Werkverträgen mit Unternehmen, Franchising-Verträgen und bestimmten Kaufverträgen der Fall. Dabei handelt es sich um eine besondere vertragliche Vereinbarung, die vorsieht, dass ein bestimmter Betrag bezahlt werden muss, wenn eine Vertragspartei die festgelegte Leistung (oder allgemein die Verbindlichkeit) nicht oder nicht zeitgerecht erfüllt. Zum Beispiel 500 Euro für jeden Tag Verspätung bei der Lieferung einer großen Maschine. Mit der Zahlung der Vertragsstrafe wird der eventuelle Schaden abgegolten, und der Gläubiger muss nicht den tatsächlich entstandenen Schaden nachweisen. Ein über die Vertragsstrafe hinausgehender Schadenersatz kann nur verlangt werden, wenn dies ausdrücklich vereinbart wurde. Eine übermäßig hohe Vertragsstrafe kann auf Antrag des Schuldners vom Richter angemessen herabgesetzt werden. Dies gilt auch, wenn die Hauptverpflichtung zum Teil erfüllt wurde.

Eine vom Gesetz nicht ausdrücklich vorgesehene Möglichkeit für die Vertragsauflösung ist der **Wegfall der Geschäftsgrundlage** (*presupposizione*). Nach dem Kassationsgerichtshof versteht man als Geschäftsgrundlage von beiden Parteien nicht beeinflussbare objektive Umstände, die bei der Erstellung des Vertrages berücksichtigt wurden, die darin aber keine Erwähnung fanden.

### BEISPIEL

**Wegfall der Geschäftsgrundlage**

Eine Familie mietet ein Hotelzimmer in Viareggio, um dem berühmten Karnevalsumzug am Faschingsdienstag beizuwohnen. Aus den Hotelzimmern hat man einen hervorragenden Blick auf den Umzug und das Hotel wirbt hierfür in Zeitungsannoncen. Wegen eines Rohrbruchs wird der Karnevalszug kurzfristig umgeleitet und kann nicht mehr vom Hotel aus verfolgt werden. Wegen des Wegfalls der Geschäftsgrundlage ist die Familie nicht verpflichtet, den Preis zu bezahlen.

## ZAHLUNGSVERZUG

Säumige Kunden können besonders für kleinere und mittlere Unternehmen eine schwere finanzielle aber auch nervliche Belastung darstellen und beachtliche Aufwendungen verursachen. Wer Waren pünktlich geliefert oder Dienstleistungen sorgfältig erbracht hat, möchte auch innerhalb einer vernünftigen Frist bezahlt werden. Jedoch schrecken Unternehmen und Freiberufler oft davor zurück, einen säumigen Kunden etwas schärfer an seine Zahlungsverpflichtungen zu erinnern oder sogar mit gerichtlichen Schritten zu drohen, weil man so künftige Geschäftsbeziehungen gefährden könnte.

Die Nichteinhaltung der vertraglich oder gesetzlich festgelegten Zahlungsfrist bezeichnet man als **Zahlungsverzug** *(ritardo di pagamento)*. Da durch säumige Zahlungen auch das reibungslose Funktionieren des Binnenmarktes beeinträchtigt wird, hat die EU eine Richtlinie zur Verbesserung der Zahlungsdisziplin im Geschäftsverkehr erlassen (Richtlinie zur Bekämpfung des Zahlungsverzugs 2000/35/EG), die mit der Ermächtigungsverordnung Nr. 231/2002 umgesetzt wurde.

Zahlungsverzug im Geschäftsverkehr

Die Bestimmungen über den Zahlungsverzug werden auf alle Zahlungen angewandt, die als Entgelt im Geschäftsverkehr zwischen Unternehmen, zwischen Unternehmen und Freiberuflern oder zwischen Unternehmen und öffentlichen Verwaltungen zu leisten sind. Dabei kann es sich um Zahlungen sowohl bei Kaufverträgen als auch bei Dienstleistungsverträgen handeln. Auf die Geschäfte mit Verbrauchern werden die Bestimmungen über den Zahlungsverzug hingegen nicht angewandt.

Grundsätzlich gilt, dass die Vertragspartner die Zahlungsbedingungen und somit auch die **Zahlungsfrist** und die **Verzugszinsen** *(interessi di mora)* **frei festlegen** können. Wurde die Zahlungsfrist nicht vertraglich festgelegt, so gelten für die Zahlung folgende **gesetzliche Fristen:**

Gesetzliche Zahlungsfristen (wenn keine Vereinbarung besteht)

- 30 Tage nach **Eingang der Rechnung** beim Schuldner (Käufer, Auftraggeber) oder nach Eingang einer gleichwertigen Zahlungsaufforderung,
- 30 Tage nach Empfang der **Warenlieferung** oder nach Beanspruchung der **Dienstleistung,** wenn der Zeitpunkt des Rechnungseingangs unsicher ist,
- 30 Tage nach Empfang der Warenlieferung oder nach Beanspruchung der Dienstleistung, wenn der Schuldner die betreffende **Rechnung bereits vorher erhalten** hat,
- 30 Tage **nach Abnahme oder Überprüfung,** womit festgestellt wird, ob die Waren oder die Dienstleistungen den gesetzlichen oder den vertraglichen Bestimmungen entsprechen; immer unter der Voraussetzung, dass die Rechnung nicht später beim Schuldner eingeht.

Eine **längere Zahlungsfrist** von mehr als 30 Tagen (60 Tage bei verderblichen Lebensmitteln) muss schriftlich vereinbart werden, doch darf diese längere Zahlungsfrist den Gläubiger (Lieferanten oder Dienstleister) nicht übermäßig belasten. Bei Zahlungsverzug des Geschäftspartners ist **keine Mahnung** (Inverzugsetzung – *messa in mora)* erforderlich. Ohne entsprechende vertragliche Vereinbarung können bei einer Zahlungsverzögerung von mehr als 30 Tagen **automatisch Verzugszinsen** angelastet werden. Dabei gilt ein Zinssatz in der Höhe des Leitzinssatzes der Europäischen Zentralbank zuzüglich sieben Prozentpunkte. Zurzeit beträgt der **gesetzliche Zinssatz** für Verzugszinsen 11 % (Leitzinssatz 4 % + 7 %).

Keine Mahnung erforderlich

Zinssatz für Verzugszinsen

Um eine rasche Eintreibung von fälligen und unbestrittenen Forderungen zu ermöglichen, beträgt die Frist für die Erlangung eines **richterlichen Zahlungsbefehls** *(decreto ingiuntivo)* nur 30 Tage. Der Gläubiger kann sich zur Eintreibung seiner ausständigen Forderungen auch an eine Inkassogesellschaft wenden. In diesem Fall muss der säumige Schuldner auch für diese zusätzlichen Kosten aufkommen.

Die Bestimmungen über den Zahlungsverzug gelten nicht für die Zahlungen bei Bauarbeiten für öffentliche Verwaltungen. In diesem Bereich wird auch weiterhin nach Baufortschritten abgerechnet und es gelten eigene Bestimmungen für die etwaigen Verzugszinsen.

## BESTIMMUNGEN FÜR DEN ELEKTRONISCHEN GESCHÄFTSVERKEHR

Die kommerzielle Nutzung des **Internet**, besonders der **elektronische Handel** (E-Commerce) hat eine stürmische Entwicklung erfahren. Verbraucher können über die weltweit vernetzten Computer Waren kaufen (Bücher, CDs, Kleider, Sportartikel), Flüge, Hotels und andere Dienstleistungen über Internet buchen, mit Kreditkarten zahlen, Bankgeschäfte (Home-Banking) und Börsengeschäfte (Online-Trading) online tätigen, Versicherungsverträge abschließen, Computerprogramme, Musik, Fotos oder Filme herunterladen oder kostengünstig über Internet telefonieren. Für diesen Bereich des elektronischen Geschäftsverkehrs, der die Beziehungen zwischen Unternehmen und Verbrauchern betrifft (Business-to-Consumer – »B2C«), rechnet man in den kommenden

E-Commerce

Elektronischer Geschäftsverkehr zwischen Unternehmen und Verbrauchern

Jahren weiter mit einem beachtlichen Wachstum. Dazu werden auch Neuerungen wie Internet-taugliche Mobiltelefone oder der kostenlose und leistungsfähige Zugang zum Internet beitragen.

Elektronischer Geschäftsverkehr zwischen Unternehmen

Noch stärker dürfte sich jedoch der elektronische Geschäftsverkehr zwischen den Unternehmen entwickeln (Business-to-Business – »B2B«). Das wird zu tief greifenden Umgestaltungen der Geschäftsbeziehungen führen. Zulieferer, Produktion, Abnehmer und Logistik sind bereits oft elektronisch miteinander verknüpft. Großunternehmen richten weltweit zugängliche Branchen-Marktplätze ein, wo wichtige Rohstoffe, Energie, Grundprodukte und Industrieprodukte gehandelt werden. Das Internet erleichtert nicht nur den Zugang zu einer rasant wachsenden Zahl von Kunden, sondern ermöglicht auch beachtliche Kosteneinsparungen und Produktivitätssteigerungen.

Was die rechtliche Regelung des elektronischen Geschäftsverkehrs anbelangt, so ergeben sich zahlreiche Probleme, die vom Verbraucherschutz, dem Schutz persönlicher Daten und der Besteuerung über Maßnahmen zur Bekämpfung von verbrecherischen Aktivitäten im Internet, bis zum Schutz des Zahlungsverkehrs, der Urheberrechte und der Markenrechte reichen. Dabei scheiden sich die Geister: Die einen versprechen sich die besten Lösungen durch freiwillige Vereinbarungen und möglichst geringe staatliche Eingriffe. Die andern setzen hingegen auf international möglichst einheitliche Regelungen, die den Besonderheiten des elektronischen Handels und den sonstigen kommerziellen Aktivitäten im Internet gerecht werden. Es ist jedoch zu vermeiden, dass zu strikte Regelungen die Entwicklung des elektronischen Handels behindern. Es wird auch die Meinung vertreten, dass sich für das Internet völlig neue rechtliche Regelungen (cyber law) durchsetzen werden.

Freiwillige Vereinbarungen oder gesetzliche Regelungen?

Damit die europäischen Bürger und Unternehmen die Möglichkeiten des elektronischen Geschäftsverkehrs nutzen können, hat die EU die **E-Commerce-Richtlinie** (Richtlinie 2000/31/EG) erlassen. Damit sollen auch Benachteiligungen der Kunden vermieden und der Missbrauch des Internets unterbunden werden. Zudem ist der ungehinderte Verkehr von Internetdiensten zwischen den Mitgliedstaaten zu gewährleisten. Die Umsetzung der E-Commerce-Richtlinie erfolgte mit der Ermächtigungsverordnung Nr. 70/2003. Diese Bestimmungen betreffen die **Dienste der Informationsgesellschaft** *(servizi della società dell'informazione)* wie das Angebot von Internetzugängen (Provider), Online-Informationsdienste und Dienste für die Datensuche und Datenabfrage (Suchmaschinen). Dazu kommen noch Bestimmungen für den Online-Verkauf von Waren und Dienstleistungen sowie für kommerzielle Informationen und Werbung im Internet. Der **Verbraucherschutz** beim elektronischen Geschäftsverkehr wird im Rahmen der Fernabsatzverträge (*contratti a distanza*) im Verbraucherschutz-Gesetzbuch (Art. 50 ff.) geregelt. Zudem gelten auch im Internet die Bestimmungen zum **Schutz der personenbezogenen Daten** *(privacy)* und der Privatsphäre. Zur Ergänzung des Verbraucherschutzes ist vorgesehen, dass für Streitfälle betreffend die Internet-Dienste außergerichtliche Schlichtungsstellen eingerichtet werden.

Der Beginn und die Tätigkeit eines Anbieters von **Diensten der Informationsgesellschaft** (*servizi della società dell'informazione*) sind nicht zulassungspflichtig und unterliegen auch keinen sonstigen Anforderungen mit gleicher Wirkung. Für den **Diensteanbieter** *(prestatore)* besteht gegenüber den **Nutzern des Dienstes** *(destinatario del servizio)* die Pflicht, neben den Angaben über die angebotenen Güter und Dienstleistungen auch klare Angaben über sein Unternehmen leicht, unmittelbar und ständig verfügbar zu machen: Dazu gehören auch die Anschrift für eine schnelle Kontaktaufnahme (E-Mail-Adresse), die Mehrwertsteuernummer, die Eintragung in das Handelsregister, Angabe zum Nutzungsbereich des angebotenen Dienstes usw.

Zusätzliche Informationspflichten bestehen für so genannte **kommerzielle Kommunikationen** *(comunicazione commerciale)* wie Werbung oder sonstige Verkaufsangebote im Internet. Sie müssen schon beim ersten Kontakt als kommerzielle Mitteilungen eindeutig erkennbar sein. Zudem muss die natürliche oder juristische Person, in deren Auftrag die kommerziellen Kommunikationen erfolgen, klar identifizierbar sein. Angebote zur Absatzförderung wie Preisnachlässe, Zugaben und Geschenke sind klar erkennbar zu gestalten. Dies gilt, falls sie erlaubt sind, auch für Preisausschreiben und Gewinnspiele, wobei die Teilnahmebedingungen klar angegeben werden müssen.

Was die **Anbieter von Internetzugängen** (Provider) anbelangt, wird mit der E-Commerce-Richtlinie ihre Verantwortung für die Durchleitung von Daten und für die vorübergehende oder dauerhafte Speicherung von Daten und Informationen geklärt. Dabei soll vor allem der Missbrauch des Internet verhindert werden, besonders was die Verbreitung von Kinderpornographie, Nazipropaganda und Rassismushetze sowie sonstige kriminelle Auswüchse anbelangt. Für die Anbieter von Internetzugängen gilt grundsätzlich keine allgemeine Verpflichtung zur Überwachung des Datenverkehrs, um etwaigen Missbrauch aufzudecken. Es müssen auch keine gezielten Nachforschungen angestellt werden, um eventuelle Straftaten aufzuspüren. Wenn jedoch der Anbieter von Internetzugängen Kenntnis von gesetzeswidrigen Handlungen erhält, muss er davon umgehend die Gerichtsbehörde oder die Aufsichtsbehörde in Kenntnis setzen und er muss auf Anfragen dieser Behörden sofort die verlangten Auskünfte erteilen.

## FRAGEN UND BEISPIELE

### Die Handelsverträge im Allgemeinen, Schutz des Wettbewerbs

[1] Durch welche Abreden können Unternehmen den freien Wettbewerb beeinträchtigen?

[2] Die Firma *Klein-Soft* ist weltweit die führende Herstellerin der Word-Anwendungen für Computer. Mit dem Kauf des Computerprogramms erhält man gratis das Programm *»Klein-Soft-Discovery«*, ein Internet-Programm. Andere Hersteller von solchen Internet-Programmen erleiden durch diese Geschäftspraxis erhebliche Umsatzeinbußen. Was können sie unternehmen?

[3] In einer Stadt im EU-Staat A an der Grenze zum EU-Staat B findet regelmäßig ein Lebensmittelwochenmarkt statt. Die Anbieter aus dem Staat B können ihre Produkte aufgrund staatlicher Subventionen viel billiger verkaufen. Wie können sich die Unternehmen aus dem Staat A dagegen wehren?

[4] Was versteht man unter »irreführender Werbung« (*pubblicità ingannevole*)?

[5] Ein Hersteller wirbt für eine Haarkoloration ohne chemische Zusätze. Tatsächlich enthält das Produkt ein Oxidationsmittel. Ist die Werbung zulässig?

[6] Wann liegt unlauterer Wettbewerb vor?

### Schuldverhältnisse und die Verträge im Allgemeinen

[7] Definieren Sie den Begriff »Schuldverhältnis«.

[8] Der Maler Max Genau bestellt 100 Eimer Farbe beim Lieferanten Ludwig Immerspät. Liefertermin ist der 10. Oktober, weil Maler Genau einen Auftrag für eine Fassadenrenovierung ab 15. Oktober übernommen hat. Am 10. wird die benötigte Farbe jedoch nicht geliefert. Lieferant Immerspät behauptet, dass er die bestellte Farbe noch nicht vom Hersteller erhalten hat. Erst am 20. Oktober, nachdem die Lieferung eingetroffen ist, bringt Immerspät die Farbe in die Werkstätte von Maler Genau. Dessen Auftraggeber hat inzwischen eine andere Firma gesucht und will die entstandenen Mehrkosten von Maler Genau ersetzt bekommen.
Kann der Maler Max Genau Schadenersatz vom Lieferanten Immerspät bekommen und, wenn ja, in welcher Höhe?

[9] Erklären Sie den Begriff »Vertragsfreiheit« (*autonomia contrattuale*)?

[10] Warum wird in bestimmten Fällen die Vertragsfreiheit eingeschränkt und wie kann dies erfolgen?

[11] Muss die Verzinsung von Geldschulden zwischen den Parteien ausdrücklich vereinbart werden?

[12] Was versteht man unter dem Begriff »Rechtsgeschäft« (*negozio giuridico*)?

[13] Wie weit erstreckt sich der Grundsatz von Treu und Glauben (*buona fede*) im italienischen Recht?

[14] Die juristische Fakultät Padua organisiert ein internationales Seminar und benötig dafür die Räumlichkeiten des G. Rossi. Man wird sich schnell über den Mietpreis und über die Dauer einig. Nur über die Kosten für das Reinigungspersonal wird rege diskutiert. Rossi hat jedoch nichts dagegen, dass für die kurz bevorstehende Veranstaltung bereits die Dolmetscherkabinen aufgestellt werden. Kurz darauf und ohne ersichtlichen Grund erklärt G. Rossi, er wolle nun doch nicht vermieten. Kann sich die Universität auf den Grundsatz von Treu und Glauben in Art. 1337 ZGB berufen und Schadenersatz verlangen?

### Die Bestandteile des Vertrages

[15] Frau Stigler, Beamtin der Gemeinde Auer, schließt mit der Firma Logos AG, vertreten durch Herrn Bauer, einen Vertrag über die Lieferung von 100 Karton Kopierpapier. Wer sind die Parteien des Vertrages?

[16] Auf der Speisekarte des Lokals »Der Feinschmecker« wird ein Menü zu einem besonders günstigen Preis angeboten. Franz bestellt das Menü, aber der Kellner lehnt die Bestellung mit der Begründung ab, das Menü sei ausgegangen. Kann Franz trotzdem auf dem Menü bestehen?

[17] Ist ein Vertrag, mit dem gegen Bezahlung Sexgespräche über das Telefon vereinbart werden, wirksam?

[18] Die Unternehmerin Frau Sorglos schließt einen Vertrag über den Kauf einer Lagerhalle mit der Eigentümerin der Halle, Frau Fuchs. Die beiden legen den Vertrag schriftlich fest und unterschreiben ihn. Ist der Vertrag wirksam?

[19] Was versteht man unter »Allgemeine Geschäftsbedingungen« (*condizioni generali di contratto*)?

[20] Das Autohaus Berger bestellt mit Vertrag vom 11. Oktober von der Autofirma Baux 10 Kleinwagen. Die Firma Baux hat in ihren Allgemeinen Geschäftsbedingungen jegliche Gewährleistung bezüglich der verkauften Autos ausgeschlossen. Herr Berger unterschreibt den Kaufvertrag auf der Vorderseite. Die Allgemeinen Geschäftsbedingungen befinden sich auf der Rückseite des Vertragsformulars.

a) Ist der Gewährleistungsausschluss Vertragsbestandteil?

b) Wie wirkt es sich aus, wenn Herr Berger vom Inhalt der Allgemeinen Geschäftsbedingungen Kenntnis hat, jedoch der Gewährleistungsausschluss nicht mit gesonderter Unterschrift angenommen wurde?

### Auslegung, Wirkung und Ergänzung des Vertrages

[21] Nach welchen Grundsätzen ist ein Vertrag auszulegen?

[22] Erklären Sie die Begriffe »Nichtigkeit« (*nullità*) und »Annullierbarkeit« (*annullamento*) von Verträgen und stellen Sie den Unterschied zwischen beiden Begriffen dar.

[23] Die Unternehmerin G. Ohnesorg stellt einen Facharbeiter an, ohne ihn bei der Sozialversicherung anzumelden. Sie will so die Zahlung der hohen Sozialabgaben vermeiden. Ist diese Vereinbarung zwischen Frau Ohnesorg und dem Facharbeiter wirksam? Welche Auswirkungen, wenn überhaupt, hat der Umstand, dass der Facharbeiter von der fehlenden Anmeldung weiß?

[24] Bert Skrupellos kauft bei einem Drogendealer 1 Kilo Heroin. Bert will das Rauschgift gewinnbringend weiterverkaufen. Ist der Vertrag wirksam?

[25] Der 13-jährige Alfred tauscht mit dem 18-jährigen Lex sein neues Fahrrad gegen fünf-CDs der Gruppe »Hartmetall«. Erst nach einigen Stunden versteht er, dass er ein schlechtes Geschäft gemacht hat. Was kann er tun?

[26] Nach längeren Verhandlungen einigen sich der Galerist Schönmann und die Sammlerin Frau Hart über den Kauf eines Bildes von einem jungen Talent. Frau Hart soll hierfür 8.000 Euro zahlen und zuzüglich 400 Euro für den Rahmen. Der Angestellte des Galeristen tippt in den endgültigen Vertrag versehentlich nur 80 Euro für das Bild ein. Der Computer errechnet dann automatisch den Gesamtbetrag von 480 Euro. Mehr möchte Frau Hart auch nicht bezahlen. Kann sich Herr Schönmann wehren?

[27] Der Gebrauchtwagenhändler Herr Prima verkauft dem unwissenden Karl Wolke einen Unfallwagen. Herr Prima versichert jedoch, das Auto habe nie einen Unfall gehabt. Kann Karl den Vertrag anfechten?

[28] Frau Alma, allein erziehende Mutter von vier Kindern und arbeitslos, verkauft Herrn Fuchs den alten Mercedes 300, den sie von ihrem Vater geerbt hat, weil sie sich in argen Geldnöten befindet. Obwohl das Auto 5.000 Euro wert ist, erzielt sie nur einen Preis von 1.000 Euro. Unter welchen Umständen kann Frau Alma den Vertrag rückgängig machen?

[29] Welche Formen von Vertragsaufhebung kennen Sie?

[30] Die Unternehmerin Sieglinde Pünktlich hat dem Transportunternehmer Fritz Säumig einen Lastwagen zum Preis von 120.000 Euro mit einem Zahlungsziel von 120 Tagen verkauft. Die Frist verstreicht, ohne dass Herr Säumig bezahlt. Nach zahlreichen erfolglosen Telefongesprächen und nachdem weitere 100 Tage verstrichen sind, entscheidet Frau Pünktlich einen scharfen Mahnbrief an Herrn Säumig zu schreiben und dabei auch Verzugszinsen zu fordern. Nachdem es keine vertragliche Abmachung gibt, will sie wissen, ab welchem Zeitpunkt die Verzugszinsen gefordert werden können und welcher Zinssatz angewandt wird.
Welche Antwort werden Sie geben?

# Verbraucherschutz und Verbraucherverträge

In den wirtschaftlich entwickelten Ländern gibt es ein vielfältiges Angebot, und die Unternehmen versuchen oft mit hohen Werbeausgaben und sonstigen Marketinganstrengungen das Kaufverhalten der Verbraucher zu beeinflussen. Dabei befinden sich die Menschen in ihrer Rolle als Verbraucher (*consumatore*) gegenüber den Anbietern von Waren und Dienstleistungen häufig im Nachteil. Denn sie verfügen vielfach nicht über die erforderlichen Sachkenntnisse und Erfahrungen, um wohl überlegte Kaufentscheidungen treffen zu können. Zudem sind oft irrationale Beweggründe für einen Kauf ausschlaggebend, was die Werbung und geschulte Verkäufer geschickt nutzen. Dieses Ungleichgewicht zwischen Anbietern und Verbrauchern soll durch einen wirksamen **Verbraucherschutz** (Konsumentenschutz – *tutela dei consumatori*) möglichst ausgeglichen werden.

Im Bereich des Verbraucherschutzes teilt sich die EU ihre Zuständigkeiten mit jenen der Mitgliedsstaaten, und es ist bereits gelungen, breit gefächerte Schutzbestimmungen für die Verbraucher zu schaffen. Der Vertrag von Lissabon legt dazu Folgendes fest:

Art. 169 (Vertrag über die Wirkungsweise der EU): »Zur Förderung der Interessen der Verbraucher und zur Gewährleistung eines hohen Verbraucherschutzniveaus leistet die Union einen Beitrag zum Schutz der Gesundheit, der Sicherheit und der wirtschaftlichen Interessen der Verbraucher sowie zur Förderung ihres Rechtes auf Information, Erziehung und Bildung von Vereinigungen zur Wahrung ihrer Interessen.«

Hohes Verbraucherschutzniveau

In Italien ist ein wesentlicher Teil der Bestimmungen über den Verbraucherschutz in einem eigenen Verbraucherschutz-Gesetzbuch zusammengefasst worden. Daneben gibt es noch eine Reihe von Bestimmungen in verschiedenen Einzelgesetzen, die auch dem Verbraucherschutz dienen, wie zum Beispiel die Sicherheitsvorschriften für elektrische und elektronische Geräte sowie für Kraftfahrzeuge, Medikamente und Spielzeug. Es ist zu beachten, dass die Bestimmungen im Verbraucherschutz-Gesetzbuch oft wesentlich von jenen über das Vertragsrecht im Zivilgesetzbuch abweichen, weil sie hauptsächlich auf den schutzbedürftigen Verbraucher abgestimmt sind. Das Zivilgesetzbuch sieht jedoch vor (Art. 1469bis Verbraucherverträge), dass die Bestimmungen über die Verträge im Allgemeinen auch auf die Verbraucherverträge anzuwenden sind, wenn sie nicht durch das Verbraucherschutz-Gesetzbuch oder durch andere, für den Verbraucher günstigere Bestimmungen aufgehoben werden.

Das **Verbraucherschutz-Gesetzbuch** (Gesetzbuch über den Verbrauch – *Codice del consumo* EVO Nr. 206/2005) enthält im ersten Teil die allgemeinen Bestimmungen und Zielsetzungen. Es folgt dann der Teil über die Erziehung und die Information der Verbraucher sowie die unlauteren Geschäftspraktiken und die Werbung. Im Teil »Rechtsverhältnisse im Zusammenhang mit dem Verbrauch« (*il rapporto di consumo*) werden die Verbraucherverträge im Allgemeinen geregelt. Dazu kommen noch eigene Regelungen für besondere Vertriebswege, den elektronischen Geschäftsverkehr, den Erwerb von Teilzeiteigentum und für touristische Dienstleistungen. Es folgen die Bestimmungen über die Produktsicherheit und die Gewährleistung beim Konsumgüterkauf. Den Abschluss bildet der Teil über die Verbrauchervereinigungen und den

Rechtsschutz einschließlich der Sammelklage (*azione collettiva*, class action), die eine wichtige (vorläufig aufgeschobene) Neuheit im Rahmen des Verbraucherschutzes darstellt.

**Verbraucherschutzgesetzbuch – eine Übersicht**

*(Codice del consumo)*
EVO Nr. 206/2005 und EVO Nr. 221/2007

Teil 1
**Allgemeine Bestimmungen**
Zielsetzungen

Teil 2
**Erziehung, Information, Geschäftspraktiken, Werbung**
Verbrauchererziehung, Information der Verbraucher, Produktangaben, unlautere, irreführende und aggressive Geschäftspraktiken, verstärkter Schutz beim Verkaufsfernsehen

Teil 3
**Rechtsverhältnisse im Zusammenhang mit dem Verbrauch** (*rapporto di consumo*)
Verbraucherverträge im Allgemeinen, Haustürgeschäfte, Fernverträge, Fernabsatz von Finanzdienstleistungen an Verbraucher, Teilzeiteigentum (Time-Sharing-Verträge, *multiproprietà*), touristische Dienstleistungen (Pauschalreisen)

Teil 4
**Produktsicherheit und Gewährleistung**
Produktsicherheit, Herstellerhaftung, Gewährleistung (*garanzia legale di conformità*) und Garantieleistung (*garanzie commerciali*) beim Verbrauchsgüterkauf

Teil 5
**Verbrauchervereinigungen und Rechtsschutz**
Verbrauchervereinigungen (*associazione dei consumatori e degli utenti*), Rechtsschutz einschließlich der Sammelklage (*azione collettiva, class action*)

Hier wird nun auf wichtige Abschnitte näher eingegangen, insbesondere auf die Bestimmungen über die unlauteren Geschäftspraktiken und die stark benachteiligenden Klauseln in Verbraucherverträgen sowie den elektronischen Geschäftsverkehr. Andere Regelungen, wie jene über die touristischen Dienstleistungen und die Gewährleistung beim Verbrauchsgüterkauf, werden in den betreffenden Abschnitten behandelt.

## UNLAUTERE GESCHÄFTSPRAKTIKEN

### Wer ist Verbraucher?

Nach dem Verbraucherschutz-Gesetzbuch (Art. 3) gilt als **Verbraucher** (*consumatore*) oder Benutzer (Fahrgast, Kunde, Abnehmer – *utente*) »eine natürliche Person, die (im Geschäftsverkehr) für Zwecke handelt, die nicht ihrer etwaig ausgeübten unternehmerischen oder freiberuflichen Tätigkeit zugerechnet werden können.« Die besonderen Schutzbestimmungen des Verbraucherschutz-Gesetzbuches und der Einzelgesetze über den Verbraucherschutz gelten nur für die Verbraucherinnen und Verbraucher. Zu den Verbrauchern zählen selbstverständlich auch Unternehmer und Freiberufler, wenn sie im Geschäftsverkehr nicht ihre unternehmerische oder freiberufliche Tätigkeit ausüben.

Grundlegende Rechte der Verbraucher

Den Verbrauchern stehen **grundlegende Rechte** zu: Schutz der Gesundheit, Sicherheit und Qualität der Produkte und Dienstleistungen, eine angemessene Information, eine redliche Werbung usw.

## Wer gilt als »Gewerbetreibender«, und was sind »Geschäftspraktiken«?

Als **»Gewerbetreibender«** (*professionista*) gilt jede natürliche oder juristische Person, die in Ausübung ihrer unternehmerischen oder freiberuflichen Tätigkeit handelt, und zudem jede Person, die im Namen oder Auftrag eines Gewerbetreibenden handelt. Als **»Geschäftspraktiken«** (*pratiche commerciali*) gelten im Geschäftsverkehr zwischen Gewerbetreibenden (Unternehmen und Freiberufler) und Verbrauchern die Handlungen, Unterlassungen, Verhaltensweisen oder Erklärungen und kommerziellen Mitteilungen (einschließlich Werbung und Marketing eines Gewerbetreibenden), die unmittelbar mit der Absatzförderung, dem Verkauf oder der Lieferung eines Produkts an die Verbraucher zusammenhängt. Als **»Produkt«** gilt in diesem Zusammenhang jede Ware oder Dienstleistung, einschließlich Immobilien, Rechte und Verpflichtungen.

Eine **Geschäftspraxis ist »unlauter«** (*scorretta*), wenn sie der beruflichen Sorgfaltspflicht (*diligenza professionale*) widerspricht und wenn sie das wirtschaftliche Verhalten des Durchschnittsverbrauchers wesentlich beeinflusst oder dazu geeignet ist, es wesentlich zu beeinflussen. Diese Bestimmungen gelten aber nicht für Geschäfte, an denen nur Unternehmen oder Freiberufler beteiligt sind.

Unlautere Geschäftspraktiken

**Unlautere Geschäftspraktiken** (*pratiche commerciali scorrette*), die Unternehmen oder Freiberufler gegenüber Verbrauchern anwenden, sind vor, während und nach Abschluss eines auf ein Produkt bezogenen Handelsgeschäfts **verboten** (Verbraucherschutz-Gesetzbuch, Art. 19 und 20). Solche unlauteren Geschäftspraktiken können nicht nur die Verbraucher, sondern auch die rechtmäßig handelnden Mitbewerber schädigen. Ein besonderer Schutz gilt für benachteiligte Verbraucher wie Kinder oder behinderte Personen.

Für unlautere Geschäftspraktiken, die lediglich die wirtschaftlichen Interessen von Mitbewerbern schädigen oder die sich auf ein Rechtsgeschäft zwischen Gewerbetreibenden beziehen, gelten die Bestimmungen über den **unlauteren Wettbewerb** (*concorrenza sleale,* Zivilgesetzbuch Art. 2598) und sonstige Wettbewerbsregeln (z. B. Verkauf unter dem Einstandspreis, Regelung der Verkaufszeiten) sowie die Vorschriften über die irreführende und die vergleichende Werbung.

Bei den unlauteren Geschäftspraktiken unterscheidet man irreführende Geschäftspraktiken und aggressive Geschäftspraktiken. Die **irreführenden Geschäftspraktiken** (*pratiche commerciali ingannevoli*) können in einem aktiven Handeln oder in einer Unterlassung bestehen. Eine **aktive Irreführung** (*azione ingannevole*) liegt vor, wenn der Verbraucher falsche Angaben erhält oder wenn ein Durchschnittsverbraucher durch sie getäuscht wird oder getäuscht werden könnte, selbst wenn die Angaben richtig sind. Das Verbraucherschutz-Gesetzbuch (Art. 21) enthält auch eine **Liste wesentlicher Informationen**, auf die ein Verbraucher bei der Kaufentscheidung angewiesen ist, z. B. wesentliche Merkmale des Produkts, Preis (einschließlich Steuern), Lieferkosten (falls erforderlich) und Bestehen eines Rücktrittsrechts.

Eine irreführende Geschäftspraxis **durch Unterlassen** (*omissione ingannevole*) liegt dann vor, wenn der Verbraucher nicht jene Auskünfte oder wesentlichen Informationen erhält, die ein Durchschnittsverbraucher vor einem Kauf mindestens benötigt. Das wäre zum Beispiel der Fall, wenn ein Kunde einen Gleitschirm kauft und nicht aufgeklärt wird, dass dieses Modell für Anfänger ungeeignet ist.

»Schwarze Liste« der stets als irreführend geltenden Geschäftspraktiken

Zahlreiche Geschäftspraktiken gelten **stets als irreführend** und sind deshalb verboten. Die nicht erschöpfende **»Schwarze Liste«** der »schmutzigen Tricks« (Art. 23 Verbraucherschutz-Gesetzbuch) umfasst:

- **Lockangebote**: Werbung mit einem sehr preisgünstigen Produkt, das den Verbraucher ködern soll, obwohl der Anbieter nur eine geringe Stückzahl vorrätig hat;
- **angeblich »kostenlose« Angebote:** Ein Produkt wird als »gratis«, »unentgeltlich«, »kostenfrei« oder ähnlich beschrieben, obwohl der Verbraucher zusätzliche Kosten zu tragen hat, die für die Abholung oder Lieferung der Ware oder die Dienstleistung unvermeidbar sind;
- **falsche Behauptungen zur heilenden Wirkung** eines Produkts bei Allergien, Haarausfall, Übergewicht usw.;
- **als Information getarnte Werbung:** Der Anbieter des Produkts bezahlt, damit die Medien, verkaufsfördernde Beiträge bringen, die für den Verbraucher nicht klar als Werbung erkennbar sind;
- **Pyramidensysteme oder Schneeballsysteme** (*promozione a carattere piramidale*): So werden jene Geschäftsmodelle bezeichnet, die zum Funktionieren eine ständig wachsende Zahl von Teilnehmern benötigen. Gewinne für Teilnehmer entstehen beinahe ausschließlich dadurch, dass neue Teilnehmer einsteigen und Geld investieren;
- **Vorgaukelung besonderer Verbraucherrechte**: Den Verbrauchern werden gesetzlich verankerte Rechte als Besonderheit des Angebots präsentiert;
- **fälschlich als »befristet« bezeichnete Angebote:** Es wird die falsche Behauptung aufgestellt, dass ein Produkt nur für eine sehr kurze Zeit verfügbar sei. Das verhindert, dass sich der Verbraucher vor der Kaufentscheidung gründlich informieren kann;
- **Kundendienst in anderer Sprache:** Den Verbrauchern wird eine nach Geschäftsabschluss zu erbringende Leistung zugesichert, die dann aber nur in einer anderen Sprache erbracht wird, ohne dass er darüber vor Geschäftsabschluss eindeutig informiert wurde.

## BEISPIEL

**»Kostenlos« ist nicht kostenlos**

Frau Johanna Sparsam eröffnet ein neues E-Mail-Account. Dabei werden auf der Internetseite des betreffenden Anbieters zehn kostenlose E-Mails pro Tag versprochen. Sie klickt das Angebot an und befolgt die weiteren Anweisungen. Darauf wird ihr mitgeteilt, dass sie registriert ist und dass dieser Dienst 3,00 Euro pro Woche kostet. Daraufhin ruft sie nochmals die Eingangsseite auf, wo sie einen winzigen Hinweis entdeckt, dass es sich um einen gebührenpflichtigen Dienst handelt.

Aggressive Geschäftspraktiken

Als **aggressive Geschäftspraktiken** (*pratiche commerciali aggressive*) gelten jene, wodurch der Verbraucher belästigt, genötigt oder unzulässig beeinflusst wird.

»Eine Geschäftspraxis gilt als aggressiv, wenn sie im konkreten Fall unter Berücksichtigung aller tatsächlichen Umstände die Entscheidungs- oder Verhaltensfreiheit des Durchschnittsverbrauchers in Bezug auf das Produkt durch Belästigung, Nötigung, einschließlich der Anwendung körperlicher Gewalt, oder durch unzulässige Beeinflussung tatsächlich oder voraussichtlich erheblich beeinträchtigt und dieser dadurch tatsächlich oder voraussichtlich dazu veranlasst wird, eine geschäftliche Entscheidung zu treffen, die er andernfalls nicht getroffen hätte.« So lautet die etwas umständliche Begriffsbestimmung im Verbraucherschutz-Gesetzbuch (Art. 24), wobei die Geschäftspraktiken in der nicht erschöpfenden »Schwarzen Liste« (Art. 26) stets als aggressiv gelten:

Stets als aggressiv geltende Geschäftspraktiken

- Erwecken des Eindrucks, der Verbraucher könne die Räumlichkeiten ohne Vertragsabschluss nicht verlassen: »Sie kommen ohne Unterschrift nicht hinaus!«;
- Nichtbeachtung der Aufforderung des Verbrauchers bei persönlichen Besuchen in dessen Wohnung, diese zu verlassen bzw. nicht zurückzukehren;
- Kunden werden durch hartnäckiges und unerwünschtes Ansprechen über Telefon, Fax, E-Mail oder sonstige für den Fernabsatz geeignete Medien beworben;
- Zermürbung und Verzögerung: beispielsweise die Aufforderung eines Verbrauchers, der eine Entschädigung aus einem Versicherungsvertrag in Anspruch nehmen möchte, Dokumente vorzulegen, die vernünftigerweise nicht als relevant für die Gültigkeit des Anspruchs anzusehen sind, oder systematische Nichtbeantwortung der Beschwerdeschreiben, um so den Verbraucher von der Ausübung seiner vertraglichen Rechte abzuhalten;
- eine direkte Aufforderung an Kinder in einer Werbung, die beworbenen Produkte zu kaufen oder ihre Eltern oder andere Erwachsene zu überreden, die beworbenen Produkte für sie zu kaufen;
- unbestellte Waren oder Dienstleistungen: Der Verbraucher wird zur sofortigen oder späteren Bezahlung oder Verwahrung von gelieferten, aber nicht bestellten Produkten aufgefordert;
- ausdrücklicher Hinweis gegenüber dem Verbraucher, dass Arbeitsplatz oder Lebensunterhalt des Gewerbetreibenden gefährdet sind, falls der Verbraucher das Produkt oder die Dienstleistung nicht erwirbt;
- »Sie haben gewonnen!« – Dem Verbraucher wird vorgetäuscht, er habe einen Preis gewonnen, obwohl es überhaupt keinen Preis gibt oder dessen Inanspruchnahme von der Zahlung eines Betrags oder der Übernahme von Kosten abhängig gemacht wird.

BEISPIEL

**Aggressive Geschäftspraktik gegenüber Kindern**

Stets verboten ist die direkte Aufforderung an Kinder, ein in der Werbung gezeigtes Produkt zu kaufen (»Kauf dir das Spiel jetzt!«) oder ihre Eltern oder andere Erwachsene zu überreden, damit sie dieses Produkt kaufen. »Die neue Spielkonsole von ›Ynos‹ ist gerade herausgekommen. Sag deiner Mama, sie soll sie dir kaufen.« Das Verbot gilt für alle Medien, insbesondere auch im Internet.

Für die Bekämpfung der unlauteren Geschäftspraktiken einschließlich der irreführenden Werbung (*pubblicità ingannevole*) ist die **Wettbewerbsaufsichtsbehörde** (*Autorità garante della concorrenza e del mercato*) zuständig, deren Eingriffsmöglichkeiten deutlich verbessert worden sind. So kann die Wettbewerbsbehörde auch aus eigener Initiative tätig werden. Außerdem sind die bei Verstößen vorgesehenen Verwaltungsstrafen deutlich erhöht worden. Sie betragen nun je nach Schwere und Dauer der unlauteren Geschäftspraxis zwischen 5.000 und 500.000 Euro. Gegen diese Maßnahmen kann jedoch stets Rekurs beim Verwaltungsgericht eingelegt werden.

## Stark benachteiligende Klauseln in Verbraucherverträgen

Um eine unzulässige Belastung von Verbrauchern zu vermeiden, sind stark **benachteiligende Klauseln** (missbräuchliche Klauseln, *clausole vessatorie*) in einem **Verbrauchervertrag** nach Art. 36 Verbraucherschutz-Gesetzbuch nichtig, während der Vertrag im Übrigen wirksam bleibt. Als stark benachteiligend (missbräuchlich) gelten jene nicht im Einzelnen ausgehandelten Klauseln, wenn sie *entgegen dem Gebot von Treu und Glauben ein* ***erhebliches Missverhältnis der vertraglichen Rechte und Pflichten*** *zum Nachteil des Verbrauchers verursachen.* Dabei handelt es sich meistens um Vertragsklauseln eines vorformulierten Standardvertrages (Formularvertrages). Der Art. 33 Verbraucherschutz-Gesetzbuch enthält eine lange Liste von Vertragsklauseln, die bis zum Gegenbeweis als stark benachteiligend (missbräuchlich) anzusehen sind. Daraus einige Beispiele:

Bis zum Gegenbeweis stark benachteiligende Klauseln

- Der Gewerbetreibende haftet für den Tod oder für körperliche Schäden des Verbrauchers, wenn sie auf seine Handlung oder Unterlassung zurückzuführen sind. Er darf diese Haftung weder ausschließen noch einschränken. Wenn z.B. die Gäste eines Hotels wegen verdorbener Speisen erkranken, so kann der Eigentümer nicht eine Klausel im Beherbergungsvertrag geltend machen, die seine Haftung beschränkt oder sogar ausschließt.
- Der Verbraucher geht mit dem Vertrag eine verbindliche Verpflichtung ein, während der Gewerbetreibende die Erbringung der Leistung an eine Bedingung knüpft, deren Eintritt nur von ihm abhängt. Touristen buchen zum Beispiel eine Busfahrt nach Venedig. Der Busunternehmer behält sich vor, die Fahrt nur durchzuführen, wenn er bis zum Vortag der Reise kein interessanteres Angebot von einer anderen Gruppe erhält.
- Die stark belastende Vertragsklausel gestattet es, einen vom Verbraucher geleisteten Geldbetrag (Reuegeld) einzubehalten, wenn dieser den Vertrag nicht abschließt oder von diesem zurücktritt. Hingegen ist nicht das Recht des Verbrauchers vorgesehen, das Doppelte des gezahlten Betrages vom Gewerbetreibenden zu verlangen, wenn dieser den Vertrag nicht abschließt oder von ihm zurücktritt.
- Dem Verbraucher, der seinen Verpflichtungen nicht nachkommt, wird eine unverhältnismäßig hohe Entschädigungszahlung auferlegt. Zum Beispiel enthält der Reparaturvertrag einer Autowerkstätte die Klausel, dass die Kunden, die ihr repariertes Auto nicht abholen, pro Tag 100 Euro Parkgebühr bezahlen müssen.
- Nach einer stark belastenden und somit nichtigen Klausel ist es nur dem Gewerbetreibenden gestattet, nach freiem Ermessen vom Vertrag zurückzutreten, während der Verbraucher nicht zurücktreten darf.
- Der Gewerbetreibende kann einseitig Vertragsklauseln bzw. Merkmale der Ware oder der Dienstleistung ohne triftigen und im Vertrag angeführten Grund ändern.
- Der Preis der Waren oder der Dienstleistungen wird erst zum Zeitpunkt der Übergabe der Ware oder bei Erbringung der Dienstleistung bestimmt.
- Dem Gewerbetreibenden wird das ausschließliche Recht eingeräumt, zu bestimmen, ob die gelieferte Ware oder die erbrachte Dienstleistung den Vertragsbestimmungen entspricht.
- Der Gewerbetreibende ist nur unter Einschränkungen an die von seinen Vertretern (z.B. die Mitarbeiter des Unternehmers) eingegangenen Verpflichtungen gebunden.
- Es wird ein anderes Gericht als zuständig erklärt. Bei einem Verfahren ist nämlich jenes Gericht zuständig, in dessen Bezirk der Verbraucher seinen Wohnsitz hat.

Enthält ein Verbrauchervertrag besonders belastende Klauseln, so kann der Richter im Rahmen einer Zivilklage die Missbräuchlichkeit feststellen und die Klauseln als nichtig erklären, während der restliche Vertrag in der Regel wirksam bleibt. Es gelten jedoch zwei wichtige Einschränkungen: Nicht als besonders belastend gelten in der Regel die im Einzelnen mit dem Verbraucher **ausgehandelten Vertragsklauseln** (*tratta-*

*tiva individuale*). Nicht als besonders belastend gelten auch jene Klauseln, die den Gegenstand des Vertrages beschreiben oder das **Preis-Leistungs-Verhältnis** beim Kauf von Waren oder für Dienstleistungen bestimmen. Wer also z. B. mit einem vom Computerhändler vorformulierten Kaufvertrag einen veralteten Computer zu einem überhöhten Preis kauft, kann sich nicht auf die Missbräuchlichkeit jener Vertragsklausel berufen, die den Preis festlegt.

Bestimmte Vertragsklauseln gelten hingegen nach Art. 36 Verbraucherschutz-Gesetzbuch **stets als »besonders belastend«**, und zwar auch dann, wenn sie einzeln mit dem Verbraucher ausgehandelt wurden. Es handelt sich um Klauseln, die folgendes bewirken:

Einige Klauseln gelten in Verbraucherverträgen stets als »besonders belastend«.

- Die Haftung des Gewerbetreibenden wird ausgeschlossen oder eingeschränkt, wenn der Verbraucher wegen einer Handlung oder Unterlassung des Gewerbetreibenden zu **Tode** kommt oder einen **Körperschaden** erleidet.
- **Ansprüche des Verbrauchers** gegenüber dem Gewerbetreibenden oder einer anderen Partei werden **ausgeschlossen oder eingeschränkt**, wenn der Gewerbetreibende seine vertraglichen Verpflichtungen ganz oder teilweise **nicht erfüllt** oder **mangelhaft erfüllt**.
- Es wird die Zustimmung des Verbrauchers zu Vertragsklauseln festgelegt, von denen er vor Vertragsabschluss **nicht tatsächlich Kenntnis** nehmen konnte.
- Auch Klauseln, mit denen der Vertrag dem Recht eines Nicht-EU-Staates unterstellt wird, sind ungültig, wenn damit der geltende **Verbraucherschutz unterlaufen** wird.

Wenn Unternehmen oder andere Gewerbetreibende in den Verbraucherverträgen Allgemeine Geschäftsbedingungen mit besonders belastenden Klauseln verwenden, können Konsumentenvereinigungen, Verbände von Gewerbetreibenden oder die Handelskammern auf Unterlassung dieser Klauseln klagen.

## Haustürgeschäfte

Weitere wichtige Bestimmungen zum Schutz der Verbraucher betreffen die **Haustürgeschäfte** und die sonstigen außerhalb von Geschäftsräumen geschlossenen Verträge (*contratti negoziati fuori dei locali commerciali*). In der Regel geht die Initiative für solche Geschäfte, die Waren oder Dienstleistungen betreffen können, vom Gewerbetreibenden aus, und der Verbraucher ist darauf nicht vorbereitet. Diesen Überraschungseffekt gibt es nicht nur bei den Haustürgeschäften, sondern auch bei anderen Verträgen, die auf Initiative des Gewerbetreibenden außerhalb seiner Geschäftsräume abgeschlossen werden. So z. B. am Arbeitsplatz des Verbrauchers; an Orten, wo sich der Verbraucher zur Ausbildung oder Heilung aufhält; während Einkaufsfahrten, die vom Gewerbetreibenden organisiert werden, und wenn an öffentlichen oder an öffentlich zugänglichen Orten Aufträge mit der Unterschrift des Verbrauchers gesammelt werden. Zu den außerhalb der Geschäftsräume geschlossenen Verträgen zählen auch solche, die auf brieflichem Weg oder aufgrund eines Kataloges geschlossen wurden, den der Verbraucher in Abwesenheit des Gewerbetreibenden einsehen konnte. Häufig hat der Verbraucher keine Möglichkeit, Qualität und Preis des Angebots mit anderen Angeboten zu vergleichen, und oft kann der Verbraucher nicht einmal die bestellte Ware begutachten, wie z. B. bei Bestellungen nach Versandkatalogen.

Um dem Verbraucher die Möglichkeit zu geben, die Verpflichtungen aus dem Vertrag zu überdenken, steht ihm bei Haustürgeschäften und ähnlichen Geschäften das **Rücktrittsrecht** (*diritto di recesso*) innerhalb von **zehn Arbeitstagen** nach Unterschrift

Rücktrittsrecht innerhalb von zehn Tagen

des Bestellscheins oder nach Abschluss des Vertrages zu (Art. 64 Verbraucherschutz-Gesetzbuch). Darüber muss der Verbraucher schriftlich und in klarer Weise unterrichtet werden. In der Regel ist der Hinweis auf das Rücktrittsrecht im Bestellschein oder im Vertrag enthalten, den der Verbraucher unterschreibt. Will der Verbraucher von seinem Rücktrittsrecht Gebrauch machen, so muss er den Gewerbetreibenden innerhalb der Zehn-Tage-Frist durch Einschreiben mit Empfangsbestätigung benachrichtigen. Die Spesen für die Rücksendung der Waren trägt der Verbraucher.

BEISPIEL

**Rücktrittsrecht bei Haustürgeschäften**

Die Studentin Julia wird auf dem Weg zur Uni vom charmanten Stefan angesprochen. Dieser verwickelt sie in ein Gespräch über Fremdsprachen. Schließlich unterschreibt Julia ein Bestellformular für einen CD-Sprachkurs »Spanisch in zwei Wochen«. Vier Tage später erfolgt die Lieferung. Muss Julia den ziemlich teuren Sprachkurs bezahlen? Nein, sie kann mit einem Einschreibebrief mit Rückantwort innerhalb von zehn Arbeitstagen vom Vertrag zurücktreten. Der Sprachkurs muss in einem normalen Erhaltungszustand zurückgegeben werden.

Mit dem Empfang des Rücktrittschreibens gilt der betreffende Vertrag als aufgelöst. Der Verbraucher muss die erhaltene Ware zurückgeben, und der Gewerbetreibende muss die eventuell vom Verbraucher geleisteten Zahlungen innerhalb von 30 Tagen zurückerstatten. Die Rücktrittsfrist verlängert sich, wenn der Gewerbetreibende es unterlässt, den Verbraucher über sein Rücktrittsrecht zu informieren, oder wenn er unzureichende oder falsche Informationen über das Rücktrittsrecht erteilt hat. In diesen Fällen gilt eine Rücktrittsfrist von 60 Tagen ab Vertragsabschluss, wenn es sich um Dienstleistungen handelt, und von 60 Tagen ab Lieferung der Ware, wenn der Vertrag eine Warenlieferung betrifft. Will der Verbraucher die Waren zurückgeben, so müssen sie sich in einem unversehrten Zustand befinden.

Verlängerte Rücktrittsfrist von 60 Tagen

## Fernabsatzverträge

Besonders über das Internet, aber auch mit anderen Kommunikationsmitteln wie Katalogen, Telefon, Fernsehen und Fax können Unternehmen Kontakte zu den Verbrauchern aufnehmen und sie zu einem Geschäftsabschluss bewegen. Dabei kann es sich um Kaufverträge für Waren und Verträge über Dienstleistungen handeln. Da die Verbraucher in den meisten Fällen die bestellten Waren oder Dienstleistungen vor Vertragsabschluss nicht begutachten können, muss eine ausreichende Information und ein Rücktrittsrecht gewährleistet werden. Das gilt sowohl für den klassischen Versandhandel als auch für den **elektronischen Handel** (E-Commerce). Außerdem müssen die Verbraucher vor Belästigungen durch besonders aufdringliche Verkaufsangebote über Telefon, Fax und andere Kommunikationswege geschützt werden. In einem reibungslos funktionierenden Binnenmarkt müssen sich die Verbraucher problemlos auch an Unternehmen in anderen Staaten der EU wenden können. Auf der Grundlage der EU-Richtlinie über den Verbraucherschutz bei Vertragsabschlüssen im Fernabsatz werden die Fernabsatzverträge im Verbraucherschutz-Gesetzbuch (Art. 50 ff.) geregelt. Bei einem **Fernabsatzvertrag** (*contratto a distanza*) handelt es sich um einen Vertrag zwischen einem Gewerbetreibenden und einem Verbraucher über Waren oder Dienstleistungen, der im Rahmen eines vom Gewerbetreibenden für den Fernabsatz organisierten Vertriebs- oder Dienstleistungssystems abgeschlossen wird. Dabei werden vom

Versandhandel, Verkauf über Fernsehen und elektronischer Handel

Gewerbetreibenden bis zum Vertragsabschluss ausschließlich **Fernkommunikationstechniken** verwendet. Dazu zählen Werbedrucksachen, Kataloge, Standardbriefe, Pressewerbung mit Bestellschein, Telefonanruf, automatisierter Telefonanruf (Voice-Mail-System), Radio, Verkaufsangebote im Fernsehen (*televendita*) und über Teletext, E-Mail (*posta elettronica*) oder Fax.

Vertragsabschluss erfolgt über Fernkommunikation

Verwendet der Lieferer für den Vertragsabschluss Mitteilungen über Telefon, Fax oder E-Mail (Internet), so ist die vorherige Zustimmung des Verbrauchers erforderlich. Bei Telefongesprächen mit Verbrauchern ist zu Beginn des Gesprächs die Identität des Lieferers und der geschäftliche Zweck des Gesprächs ausdrücklich offen zu legen.

Beim Abschluss von Verträgen über das Internet kann die so genannte **digitale Signatur** eingesetzt werden. Eine solche Unterschrift verleiht nach DPR 513/97 dem elektronischen Dokument die Gültigkeit einer privaten Urkunde. Das heißt, sie hat Beweiskraft, bis Klage auf Fälschung erhoben wird.

Vor dem Abschluss eines Vertrages im Fernabsatz ist der Verbraucher in klarer und verständlicher Weise über die Dienstleistung an sich, den Lieferer derselben, die Kosten sowie über sein Rücktrittsrecht (zehn Werktage) zu informieren. Der Vertrag muss schriftlich oder auf einem anderen dauerhaften Datenträger abgeschlossen werden und Folgendes enthalten:

- Identität des Lieferers und, wenn Vorauszahlung erforderlich ist, auch die Anschrift;
- wesentliche Merkmale der Ware oder Dienstleistung;
- Preis der Ware oder Dienstleistung einschließlich sämtlicher Steuern;
- Lieferkosten;
- Zahlungs- und Lieferbedingungen, Vorgangsweise bei der Erbringung der Dienstleistung;
- Hinweis auf das Rücktrittsrecht und die etwaigen Ausnahmen (z. B. kein Rücktrittsrecht, wenn es sich um Sonderanfertigungen handelt), Art und Weise wie die Rückgabe der Ware zu erfolgen hat;
- Kosten für Telefonanrufe oder für andere Kommunikationstechniken, wenn mehr als der Grundtarif berechnet wird (z. B. beim Telefonanruf des Kunden werden 1,50 Euro je Minute in Rechnung gestellt);
- Gültigkeitsdauer des Angebots oder des Preises;
- Mindestdauer des Vertrages, wenn es sich um dauernde oder wiederkehrende Leistungen handelt.

Über die wichtigsten Informationen muss der Verbraucher spätestens bei der Lieferung der Waren eine **schriftliche Bestätigung** erhalten. Die schriftliche Bestätigung betrifft insbesondere das Rücktrittsrecht, die Anschrift des Lieferers um etwaige Beschwerden vorzubringen, Informationen über Kundendienst und geltende Garantiebestimmungen, Kündigungsbedingungen bei unbestimmter Vertragsdauer oder bei mehr als einjähriger Vertragsdauer.

Rücktrittsrecht (10 Werktage)

Dem Verbraucher steht nach Abschluss eines Fernabsatzvertrages das **Rücktrittsrecht** (Widerrufsrecht – *diritto di recesso*) zu. Er kann innerhalb von **10 Werktagen** vom Vertrag ohne Angabe von Gründen und ohne Zahlung einer Entschädigung zurücktreten, wobei nur die unmittelbaren Kosten für die Rücksendung der Ware zu Lasten des Verbrauchers gehen. Wenn es sich um **Waren** handelt, beginnt die Frist zur Wahrnehmung des Rücktrittsrechts am Tag, an dem die Waren beim Verbraucher eintreffen. Bei Dienstleistungen beginnt die Frist am Tag des Vertragsabschlusses. Wird die schriftliche Bestätigung der Informationen (Rücktrittsrecht, Anschrift für Beschwerden, Kundendienst und Garantiebedingungen, Kündigung) nicht erteilt, beträgt die Frist für die Wahrnehmung des Rücktrittsrechts 90 Tage.

Sofern die Parteien nichts anderes vereinbart haben, kann in verschiedenen Fällen das Rücktrittsrecht nicht ausgeübt werden. **Kein Rücktrittsrecht** zu Gunsten des Verbrauchers besteht unter anderem

- für Dienstleistungen, deren Ausführung mit Zustimmung des Verbrauchers bereits vor Ende der Frist von 10 Werktagen begonnen hat,
- für Waren, die nach den Kundenwünschen eigens angefertigt werden oder die sich nicht zur Rücksendung eignen,
- für Tonträger, Videoaufzeichnungen und Computerprogramme, wenn die versiegelten Träger vom Verbraucher geöffnet worden sind,
- für Zeitungen und Zeitschriften.

Wenn die Parteien nichts anderes vereinbart haben, muss der Lieferer die **Bestellung** innerhalb von **30 Tagen ausführen**. Wird der Vertrag vom Lieferer nicht innerhalb dieser Frist erfüllt, weil die bestellte Ware oder Dienstleistung nicht verfügbar ist, so ist der Verbraucher davon zu unterrichten und die eventuell geleistete Zahlung ist zu erstatten. Nur wenn der Verbraucher vor oder beim Vertragsabschluss zugestimmt hat, kann eine preislich und qualitätsmäßig gleichwertige Ware oder Dienstleistung geliefert werden.

Unbestellte Waren

Die Regelungen für den Fernabsatz enthalten auch eine Bestimmung, die es untersagt, einem Verbraucher **ohne vorherige Bestellung** Waren zu liefern oder Dienstleistungen zu erbringen, wenn hierfür eine Zahlung verlangt wird. Der Verbraucher ist also von jeder Gegenleistung befreit, wenn unbestellte Waren geliefert oder unbestellte Dienstleistungen erbracht werden. Das Unterbleiben einer Antwort gilt nicht als Zustimmung (Art. 57 Verbraucherschutz-Gesetzbuch).

Gerichtssitz bei Streitfällen im Zusammenhang mit Fernabsatzverträgen ist das Gericht am Wohnsitz des Verbrauchers. Keine Anwendung finden die Bestimmungen über den Vertragsabschluss beim Fernabsatz auf Verträge, die unter anderem Folgendes betreffen:

- Finanzdienstleistungen: Bankgeschäfte, Wertpapierdienstleistungen, Versicherungsgeschäfte, Transaktionen im Zusammenhang mit Pensionsfonds,
- Bau und Verkauf von Immobilien,
- Versteigerungen.

## FRAGEN UND BEISPIELE

**Verbraucherverträge**

[1] Aus welchen Hauptteilen besteht das Verbraucherschutz-Gesetzbuch (*Codice del consumo*)?

[2] Warum ist für die Verbraucherinnen und Verbraucher ein besonderer Schutz erforderlich und warum bemüht sich die EU um ein hohes Verbraucherschutzniveau?

[3] Was sind »unlautere Geschäftspraktiken«? Nennen Sie Beispiele aus der für irreführende Geschäftspraktiken und für aggressive Geschäftspraktiken.

[4] Zahlreiche Geschäftspraktiken gelten stets als irreführend und sind deshalb verboten. Zählen Sie einige Beispiele auf.

[5] Was versteht man unter Pyramidensysteme oder Schneeballsysteme?

[6] Ein völlig wirkungsloses Produkt (*tubo Tucker*) wird als Wundermittel zum Energiesparen und gegen Umweltverschmutzung angepriesen. Der »Erfinder« motiviert die Teilnehmer an teueren Schulungskursen neue Verkäufer anzuwerben, die sich mit den wundersamen Geräten eindecken müssen. Warum sind diese Verkaufsorganisationen verboten? Warum gelingt es skrupellosen Geschäftemachern immer wieder, mit solchen Schneeballsystemen viele Menschen zu überzeugen?

[7] Nennen Sie Beispiele für aggressive Geschäftspraktiken.

[8] Was versteht man unter stark belastenden (missbräuchlichen) Vertragsklauseln in Verbraucherverträgen?

[9] Der Besitzer eines Ferienclubs weist mit einer Tafel darauf hin, dass er keine Verantwortung für etwaige Verletzungen bei der Benutzung des Spielsaals übernimmt. Ein Tischtennistisch bricht wegen unsachgemäßer Montage zusammen und verletzt die Spielerin Dorothea Winkler am Bein. Stellt der Haftungsausschluss eine stark belastende Vertragsklausel dar? Begründen Sie Ihre Entscheidung.

[10] Karl Seher kauft bei der Firma Elektromania einen Fernseher im Wert vom 800 Euro. Die Allgemeinen Geschäftsbedingungen der Firma Elektromania enthalten eine Klausel, nach der eine Entschädigungszahlung von 400 Euro fällig wird, wenn die Ware nicht sofort nach der ersten Aufforderung abgeholt wird. Ist diese Klausel für Karl Seher als Verbraucher wirksam? Begründen Sie Ihre Entscheidung.

[11] Der Pensionist Hans Wiege kauft bei einer Einkaufsfahrt eine teuere Nähmaschine. Er erhält bald darauf die Lieferung, aber eine ausdrückliche Information über das Rücktrittsrecht fehlt. Da er mit der Nähmaschine gar nichts anfangen kann, will Herr Wiege vom Vertrag zurücktreten.

a) Ist er dazu berechtigt?

b) Wie muss das Rücktrittsrecht ausgeübt werden?

c) Wer trägt die anfallenden Kosten?

# Die Verträge im Warenverkehr

## DER KAUFVERTRAG

Im Wirtschaftsleben hat der Kaufvertrag eine zentrale Bedeutung. Sowohl Unternehmen wie Verbraucher schließen laufend eine große Zahl von Kaufverträgen ab, und jeder weiß im Wesentlichen, wie ein Kauf abläuft.

Mit dem **Kaufvertrag** (*compravendita, vendita*) erfolgt die Übertragung des Eigentums an einer Sache oder die Übertragung eines anderen Rechtes gegen die Bezahlung eines Geldbetrages (Art. 1470). Es handelt sich also um einen gegenseitigen Vertrag, der auch als Muster für andere Austauschverträge dient (Tausch, Dauerlieferungsvertrag usw.).

Mit dem Kaufvertrag wird also das Eigentum an Sachen wie Waren, Maschinen, Tieren oder Immobilien gegen die Bezahlung des Preises übertragen. Der Rechtsgrund (causa) ist in diesem Fall die **Übertragung des Eigentums gegen Bezahlung des Kaufpreises**. Auch **Rechte** verschiedener Art können verkauft werden. So gibt es den Verkauf von Forderungen, von Patent- und Urheberrechten, von Beteiligungen an Gesellschaften, insbesondere von Aktien, von sonstigen Wertpapieren, von Grunddienstbarkeiten, von Teilzeiteigentum (Teilwohnrechten *multiproprietà*) usw.

**Rechtsgrund (causa) im Kaufvertrag:** Übertragung des Eigentums an einer Sache oder eines anderen Rechts gegen Zahlung des Kaufpreises

Die allgemeinen Bestimmungen über den Kaufvertrag gelten sowohl für Kaufverträge, die zwischen Privaten abgeschlossen werden, als auch für Kaufverträge, die mit oder zwischen Unternehmen abgeschlossen werden.

Es gibt aber eine Reihe von besonderen Kaufverträgen, die nur von Unternehmen im Rahmen einer Handelstätigkeit geschlossen werden können und für die zusätzliche Bestimmungen gelten. So z. B.: Abzahlungsgeschäfte für langlebige Konsumgüter, Ausverkauf (*svendita*) oder Sonderverkauf (*liquidazione*), der Verkauf gegen Dokumente im internationalen Handel. Besondere Klauseln wie »Kauf auf Probe«, »Kauf auf Muster«, »franko« (frachtfrei) werden ausschließlich von Unternehmen verwendet. Besondere Regeln gelten für eine Reihe von Absatzformen wie Selbstbedienung (*self service*), Cash-and-carry, Versandhandel (*vendita per corrispondenza*), Verkauf über Telefon, Fernsehen oder Internet. Neben den grundlegenden Bestimmungen des Zivilgesetzbuches sind in diesen Fällen auch verschiedene Einzelgesetze zu beachten, wie z. B. die Bestimmungen über das Nettogewicht oder die Bestimmungen für Haustürgeschäfte. Auch die verschiedenen Handelsbräuche sind zu berücksichtigen. Eigene gesetzliche Regelungen gelten schließlich beim Verkauf von ganzen Unternehmen.

Für den Welthandel ist das international einheitliche Recht zu berücksichtigen. Grundlegende Bedeutung hat das »UN-Übereinkommen über Verträge über den internationalen Warenkauf« (**UN-Kaufrecht** – *Convenzione di Vienna del 1980* – convention on contracts for the international sale of goods – CISG) erlangt. Das so genannte UN-Kaufrecht regelt international in einheitlicher Weise den Abschluss und besonders die Abwicklung von Kaufverträgen und Werkverträgen (mit Unternehmen) über Waren, wenn die Parteien ihren Sitz in den Vertragsstaaten haben. Das UN-Kaufrecht geht dem internationalen Privatrecht und den staatlichen Bestimmungen über den Kauf und die Gewährleistung vor.

**UN-Kaufrecht (»Wiener Kaufrecht«)**

Es enthält allgemeine Vorschriften zur Auslegung von Willenserklärungen, zur Geltung von Handelsbräuchen und zur Form von Kaufverträgen. Außerdem enthält es die für den Abschluss von Kaufverträgen maßgeblichen Vorschriften und die Regelung der Rechte und Pflichten der Vertragsparteien sowie Bestimmungen über die Rechtsbehelfe bei Leistungsstörungen. Auf Verbraucherverträge ist das UN-Kaufrecht nicht anwendbar.

Diese Vorschriften sind in der Praxis sehr wichtig, weil das italienische Recht nur dann gilt, wenn das UN-Kaufrecht **nicht** anwendbar ist, weil es für den betreffenden Bereich keine Regelungen enthält (z. B. die Eigentumsübertragung oder Willensmängel werden durch das UN-Kaufrecht nicht geregelt) oder weil die Parteien die Anwendbarkeit ausdrücklich oder implizit, aber eindeutig, ausgeschlossen haben.

BEISPIEL

**Anwendung des UN-Kaufrechts**

Der Schuhhändler H. Stiefel in München bestellt bei der Schuhfabrik L. Scarpe in Vigevano 100 Paar Herrenslipper. Als die Schuhe geliefert werden, muss der Händler feststellen, dass sie fehlerhaft sind. Er kann seine Kunden nicht beliefern und erhebt deshalb eine Klage in Italien gegen die Schuhfabrik Scarpe, um Schadenersatz zu bekommen.

Der italienische Richter muss in diesem Fall das UN-Kaufrecht anwenden, weil die Parteien ihren Sitz in verschiedenen Vertragsstaaten (Italien und Deutschland haben das UN-Kaufrecht ratifiziert) haben und weil die Gewährleistung bezüglich der fehlerhaften Schuhe im UN-Kaufrecht geregelt ist. Die Anwendung nationalen Rechts kommt erst in Betracht, wenn die Parteien das UN-Kaufrecht ausdrücklich ausgeschlossen haben. Entscheiden sich die Parteien lediglich für das deutsche oder italienische Recht (»dieser Vertrag unterliegt deutschem/italienischem Recht«), wird trotzdem das UN-Kaufrecht angewandt, denn es ist durch die Umsetzung Bestandteil der Rechtsordnungen der jeweiligen Vertragsstaaten geworden.

Im internationalen Handel finden zudem die **Incoterms** Anwendung. Es handelt sich dabei um eine von der Internationalen Handelskammer in Paris erstellten Liste von Handelsklauseln. Sie betreffen Lieferungsmodalitäten, Gefahrübergang sowie Versicherungs- und Transportkosten.

BEISPIEL

**Incoterm C.I.F.**

Der italienische Importeur und der brasilianische Exporteur vereinbaren für die Lieferung von 10.000 Sack Kaffee die Lieferung »C.I.F. Triest«. C.I.F. ist ein **Incoterm** und steht für »cost, insurance, freight«. Damit vereinbaren die Parteien, dass Verladungskosten, Versicherung und Fracht bis zum Bestimmungshafen Triest vom brasilianischen Exporteur zu tragen sind. Die Gefahr für Verlust oder Beschädigung der Ware wird erst auf den Käufer (Importeur) übergehen, sobald die Ware über die Schiffsreling gelangt ist.

Auf den Kauf von Immobilien, der für Bauunternehmen, Leasing- oder Immobiliengesellschaften besonders wichtig ist, kann hier nicht eingegangen werden.

In einigen Fällen wird fälschlicherweise von Kauf oder Verkauf gesprochen. Kein Kaufvertrag liegt z. B. vor beim »Verkauf« von Fußballspielern und anderen Sportlern, beim »Verkauf« von Versicherungsverträgen oder Anlageprodukten wie den Investmentzertifikaten sowie beim »Verkauf« von Pauschalreisen. Hier handelt es sich um Verträge anderer Art, auf die zum Teil noch eingegangen wird.

Eigentum und das Risiko gehen in der Regel mit Abschluss des Kaufvertrages auf den Käufer über.

Beim Kaufvertrag handelt es sich wie bei den meisten Verträgen um einen so genannten **Konsensualvertrag** (Versprechensgeschäft – *contratto consensuale*), der durch Willenseinigung der Parteien zustande kommt. Der **Übergang des Eigentums** auf den Käufer erfolgt also grundsätzlich bereits mit Abschluss des Kaufvertrages, und zwar auch dann, wenn die Sache erst später übergeben wird. Mit dem Übergang des Eigentums geht auch das **Risiko** für den Untergang oder die Beschädigung der Sache auf den Käufer über.

BEISPIEL

**Gefahrenübergang beim Kaufvertrag**

Peter Hofer kauft ein Leichtmotorrad von einer Bekannten, das sich bei ihr zu Hause im Keller befindet. Er will das gekaufte Leichtmotorrad erst in einer Woche abholen. In der Zwischenzeit wird der Keller bei einem Unwetter überflutet und dadurch wird das Leichtmotorrad beschädigt. Peter Hofer kann den Kauf nicht rückgängig machen und er muss den vereinbarten Preis ohne Abzug bezahlen. Das Eigentum am Leichtmotorrad und somit das Risiko sind nämlich bereits mit dem Abschluss des Kaufvertrages auf den Käufer übergegangen.

In einer Reihe von Fällen geht das Eigentum nicht schon mit dem Abschluss des Vertrages, sondern erst zu einem späteren Zeitpunkt auf den Käufer über. Wenn es sich z. B. um eine Sache handelt, die nur der **Gattung** nach bestimmt ist, geht das Eigentum erst mit der vorgenommenen Individualisierung auf den Käufer über: Ein Kunde kauft 20 Liter Blauburgunder. Aus einem großen Fass wird der Wein in eine Korbflasche abgefüllt. Erst nach der Abfüllung geht der gekaufte Wein in das Eigentum des Käufers über. Wenn eine **künftige Sache** gekauft wird (Art. 1472 – *vendita di cosa futura*), erwirbt der Käufer erst das Eigentum, sobald die Sache entsteht. Das gilt z. B. beim Kauf einer Maschine, die noch angefertigt werden muss.

Zusammen mit dem Abschluss des Kaufvertrages oder innerhalb einer bestimmten Frist müssen die Unternehmen (Verkäufer) in vielen Fällen eine **Rechnung** (*fattura*) ausstellen und sie dem Kunden übergeben oder ihm zusenden. Die Rechnung muss vor allem aus steuerlichen Gründen ausgestellt werden. Sie gibt detaillierten Aufschluss, wie sich der Gesamtpreis aufgrund von Qualität und Menge der Waren bildet und welches Zahlungsziel gilt. Die Rechnung kann vom Käufer als Beweis für den erfolgten Kauf verwendet werden.

BEISPIEL

**Kaufvertrag für den Kauf von beweglichen Sachen** (vereinfacht)

Abgesehen von Flugzeugen, Schiffen, Yachten und anderen beweglichen Gütern, die in öffentliche Register eingetragen sind, gilt für Kaufverträge, die bewegliche Sachen betreffen, die völlige Formfreiheit. Im Geschäftsverkehr werden häufig Bestellungsvordrucke verwendet. Verträge, die von beiden Parteien unterschrieben werden, bilden eine **Ausnahme**.

## Kaufvertrag

Zwischen
der Firma Alois Steinreich
Schlanders, Hauptstr. 10
in der Folge als Verkäufer bezeichnet

**Vertragsparteien** (beide sind Unternehmer)

und
Franz Kaufgern
Glurns, Stadtplatz 32
in der Folge als Käufer bezeichnet

wird Folgendes vereinbart

1. Der Verkäufer verkauft dem Käufer folgende bewegliche Güter:
   - einen gebrauchten Kompressor Marke Jenbach, Baujahr 2006,
   - eine gebrauchte Mischmaschine, Baujahr 2008,
   - einen elektrischen Bohrhammer Marke Hilti, Baujahr 2008.

**Beschreibung der Güter**

2. Der Gesamtpreis beträgt 16.000 (sechzehntausend) Euro, der vom Käufer bei Übergabe der Sachen mit Banküberweisung beglichen wird.

   *(Wenn Zweifel an der Zahlungsfähigkeit des Käufers bestehen, kann vereinbart werden, dass die Zahlung im Voraus zu erfolgen hat.)*

**Preis und Zahlungstermin**

3. Die obigen Güter werden »frei Haus« in Glurns innerhalb 30. Juli 2009 geliefert.

   *(Wenn diese Klausel im Vertrag fehlt, wird die Bestimmung des ZGB wirksam: Der Erfüllungsort ist der Wohn- oder Geschäftssitz des Verkäufers.)*

Lieferung »frei Haus«

4. Der Verkäufer wird bei Übergabe der Güter dem Frächter eine Erklärung aushändigen. Damit wird bestätigt, dass die Güter keine ersichtlichen Mängel aufweisen und dass sie für den vorgesehenen Gebrauch geeignet sind. Die Gewährleistungspflicht für versteckte Mängel nach Art. 1490 ZGB bleibt aufrecht.

   *(Sollte der Käufer bei Übergabe feststellen, dass die gelieferten Güter mit Mängeln behaftet sind, wird er die obige Erklärung nicht abgeben. Außerdem wird er innerhalb von 8 Tagen nach Empfang der Güter die Mängelrüge absenden.)*

**Gewährleistungspflicht** für versteckte Mängel

5. Die Kosten für diesen Vertrag gehen zu Lasten des Käufers (Art. 1472 ZGB).

   *(Die Vertragsparteien können auch eine andere Regelung treffen.)*

Kosten des Vertrages

Schlanders, am 1. Juli 2009

*Alois Steinreich*

*Franz Kaufgern*

**Ort** (wichtig für Gerichtssitz bei Streitfällen)
**Datum** (Eigentum geht an diesem Zeitpunkt an den Käufer über)
**Unterschrift** als Bestätigung der Willenserklärung

### Rechte und Pflichten von Käufer und Verkäufer

| Pflichten des Verkäufers | Pflichten des Käufers |
|---|---|
| • Übergabe der Sache<br>• Gewährleistung für Rechts- und Sachmängel<br>• Hersteller: Produkthaftung gegenüber Verbraucher | • Preis bezahlen<br>• Abnahme der gekauften Sache |

## Pflichten und Rechte des Verkäufers

Die wesentlichen **Pflichten des Verkäufers** (*venditore*) sind nach Art. 1476:

- **die Sache übergeben**
  Der Verkäufer muss dem Käufer (*compratore*) die **Sache übergeben**. Das Eigentum hat der Käufer in der Regel bereits mit Abschluss des Kaufvertrages erworben;
- **das Eigentum an der Sache oder das Recht verschaffen**
  Der Verkäufer muss dem Käufer das Eigentum an der Sache oder das Recht verschaffen, wenn der Erwerb nicht unmittelbar Wirkung des Vertrages ist (z. B. durch Individualisierung, beim Kauf einer nur der Gattung nach bestimmten Sache). Auch der Verkauf einer Sache, die sich nicht im Eigentum des Verkäufers befindet, ist zulässig. In diesem Fall wird der Käufer erst Eigentümer, wenn der Verkäufer das Eigentum vom Rechtsinhaber erwirbt;
- **die Gewährleistung**
  Die Gewährleistungspflicht des Verkäufers erstreckt sich auf Rechtsmängel und Sachmängel.

Sache übergeben oder Eigentum beschaffen, Gewährleistung bei Rechts- oder Sachmängeln

Die Sache muss dem Käufer in dem Zustand übergeben werden, in dem sie sich bei Abschluss des Kaufvertrages befand. Die Übergabe hat an dem Ort zu erfolgen, wo sich die Sache beim Vertragsabschluss befand. Außerdem sind dem Käufer die Urkunden betreffend das Eigentum (z. B. Kraftfahrzeugschein) und die Anleitungen für den Gebrauch der Sache auszuhändigen.

Versendungskauf

Beim **Versendungskauf** (Art. 1510 – *vendita con trasporto*) werden die verkauften Waren von einem Ort nach einem anderen befördert. Der Verkäufer erfüllt in diesem Fall, indem er die Sache einem Beförderer oder Spediteur übergibt. Selbstverständlich können auch andere Vereinbarungen getroffen werden. Die Beförderungskosten gehen zu Lasten des Käufers, der auch die mit dem Transport verbundenen Risiken tragen muss. Es gibt jedoch verschiedene Klauseln, mit denen der Verkäufer die Transportkosten teilweise oder ganz übernimmt (z. B. »franko Lager in Bozen,« »frei Haus«). Es kann auch ein anderer Erfüllungsort vereinbart werden (z. B. »Übergabe bei Ankunft – *consegna all'arrivo*,« »Übergabe am Geschäftssitz des Käufers«), wodurch der Verkäufer das Risiko bis zu diesem Ort trägt.

Ein wesentlicher Teil der Bestimmungen über den Kaufvertrag ist dem Schutz gegen eventuelle Vertragsverletzungen gewidmet, die über die allgemeinen Vorschriften für die gegenseitigen Verträge hinausgehen. Der Verkäufer ist verpflichtet, dem Käufer die Sache frei von Rechtsansprüchen zu verschaffen, die Dritte dem Käufer gegenüber geltend machen. Wenn z. B. eine dritte Person das Eigentumsrecht an der verkauften Sache beansprucht und durchsetzen kann, bewirkt die **Gewährleistung für Rechtsmängel** (*garanzia per evizione*), dass der Verkäufer den entstandenen Schaden dem Käufer ersetzen muss.

**Gewährleistung für Rechtsmängel und Sachmängel**

Die **Gewährleistung für Sachmängel** (Art. 1490 – *garanzia per vizi della cosa*) bedeutet: Der Verkäufer haftet dafür, dass die verkaufte Sache frei von Mängeln ist, die sie zum bestimmungsgemäßen Gebrauch ungeeignet machen oder ihren Wert in beachtlicher Weise vermindern. In der Praxis kommen sehr häufig Beanstandungen wegen fehlerhafter Waren vor. Nach den Bestimmungen des Zivilgesetzbuches muss der Käufer die Sache beim Kauf prüfen, und die Haftung des Verkäufers erstreckt sich nur auf die **verborgenen Mängel** (*vizio occulto*). So kann sich zum Beispiel beim Kauf eines Autobusses herausstellen, dass die Fensterdichtungen schadhaft sind. Wenn es regnet, dringt Wasser ein. Die Füllung der gelieferten Mehlspeisen ist verdorben, und sie sind deshalb völlig ungenießbar. Der Prozessor in einem Computer ist fehlerhaft, weshalb bestimmte Programme nicht verwendet werden können ... Solche Mängel fallen unter die Gewährleistungspflicht, weil es sich um versteckte Mängel handelt Im Geschäftsverkehr zwischen Unternehmen muss der Käufer nach Entdeckung der Mängel **innerhalb von 8 Tagen** den Verkäufer verständigen **(Mängelrüge** – *denunzia dei vizi).* Eine Mängelrüge ist nicht erforderlich, wenn der Verkäufer den Fehler anerkannt oder verheimlicht hat. Der Verkäufer haftet hingegen nicht für leicht erkennbare Mängel, es sei denn er erklärt, dass die Sache fehlerfrei sei.

Mängelrüge

Es kommt jedoch häufig vor, dass der Käufer die Sache bei Vertragsabschluss nicht begutachten kann, weil sie erst zu einem späteren Zeitpunkt geliefert wird. In diesem Fall haftet der Verkäufer auch für **leicht erkennbare Fehler**. Zum Beispiel: Statt der bestellten Notizbücher mit rotem Umschlag werden Notizbücher mit schwarzem Umschlag geliefert. Dabei ist zu beachten, dass die Mängelrüge ebenfalls innerhalb von 8 Tagen nach Eintreffen der Lieferung zu erfolgen hat.

Auflösung oder Preisminderung

Liegt ein **schwer wiegender Mangel** vor, so kann der Käufer nach Wahl

- die **Auflösung** des Kaufvertrages und somit die Rückzahlung des Kaufpreises fordern
- oder die **Herabsetzung des Kaufpreises** verlangen (Art. 1492).

Der Käufer kann zudem **Schadenersatz** vom Verkäufer fordern. Der Verkäufer kann sich der Schadenersatzpflicht nur entziehen, wenn er beweist, dass er (ohne Verletzung der normalen Sorgfaltspflicht) den Fehler nicht gekannt hat.

## DIE PFLICHTEN DES KÄUFERS

Nach Art. 1498 ist der **Käufer** vor allem zur Zahlung des vereinbarten **Kaufpreises** verpflichtet. Die Zahlung hat innerhalb der Frist und am Ort zu erfolgen, wie es im Kaufvertrag festgelegt wurde (z. B. Zahlung bei Eingang der Rechnung, Zahlung innerhalb von 30 Tagen nach Lieferung usw.). Wenn die Parteien keine Zahlungsfrist vertraglich festgelegt haben, gilt als Zahlungsfrist 30 Tage nach Eingang der Rechnung (siehe Seite 212). Außerdem hat der Käufer, wenn nicht anders vereinbart, sämtliche Vertragskosten und die Transportkosten zu tragen. Das gilt jedoch nicht für den Maklerlohn, für den beide Parteien aufkommen müssen.

Wegen der Vorschriften zur **Verhinderung der Geldwäsche** (Gesetz Nr. 197/1991 – *antiriciclaggio*) sind Barzahlungen nur bis zu einem Betrag von 12.499,99 Euro erlaubt. Größere Beträge müssen durch Bank oder Post überwiesen werden. Bei Zahlung mit Schecks ist ab 12.500 Euro die Klausel »nicht übertragbar« vorgeschrieben.

## QUALITÄTSKLAUSELN, KAUF NACH MUSTER

Im **Handelskauf** (*vendita commerciale*) gibt es sehr oft besondere Klauseln, die sich auf die Qualität und die Merkmale der Waren beziehen. Damit wird sichergestellt, dass die Waren die vom Kunden gewünschten Eigenschaften aufweisen. Sehr wichtig sind solche Klauseln, wenn die Waren vom Käufer nicht besichtigt werden können, weil sie sich z. B. noch auf dem Transport befinden. In solchen Fällen kann der Kauf nach Muster oder nach einem standardisierten Muster erfolgen (Art. 1522 *vendita su campione, vendita su tipo di campione*). Das Zivilgesetzbuch regelt auch den Kauf mit Vorbehalt der Billigung durch den Käufer und den Kauf auf Probe.

## KAUF MIT EIGENTUMSVORBEHALT

Der **Ratenkauf mit Eigentumsvorbehalt** (*vendita a rate con patto di riservato dominio*) erleichtert einerseits die sofortige Nutzung von langlebigen Konsumgütern sowie von Maschinen und Arbeitsgeräten durch Personen, die bei der Übergabe nicht den gesamten Kaufpreis bezahlen können oder wollen. Andererseits wird dadurch der Verkäufer gegen eine eventuelle Zahlungsunfähigkeit der Kunden geschützt, wobei dieser Schutz vor allem gegenüber anderen Gläubigern der Kunden wirksam ist.

Um zu verhindern, dass der Käufer als der schwächere Teil sehr stark benachteiligt wird, gibt es verschiedene zwingende Schutzbestimmungen sowohl im Zivilgesetzbuch als auch in Einzelgesetzen (Verkauf von Werkzeugmaschinen Gesetz Nr. 1329/1965). Für die Unternehmen hat der Ratenkauf an Bedeutung verloren, weil heute dem Leasing (Vermietung von Anlagegütern durch Finanzinstitute) der Vorzug gegeben wird.

Beim Ratenkauf mit **Eigentumsvorbehalt** geht das Eigentum an der Sache erst mit Zahlung der letzten Rate des Kaufpreises auf den Käufer über. Er kann jedoch die Sache ab der Übergabe nutzen und er übernimmt gleichzeitig das Risiko für den Untergang der Sache (Art. 1523).

Der Eigentumsvorbehalt kann gegenüber den Gläubigern des Käufers geltend gemacht werden. Für bewegliche Sachen muss der Eigentumsvorbehalt durch ein Schriftstück mit einem sicheren Datum, das dem Zeitpunkt der Pfändung oder der Konkurserklärung vorausgeht, bewiesen werden. Für Maschinen ist die Eintragung in ein eigenes Verzeichnis erforderlich.

Um Missbrauch durch den Verkäufer zu verhindern, schützt eine zwingende Bestimmung den Käufer, der eine Rate in der Höhe von höchstens einem Achtel des Kaufpreises nicht bezahlt. Der Verkäufer darf in diesem Fall den Vertrag nicht auflösen. Werden mehrere Raten nicht bezahlt oder betrifft der Zahlungsverzug eine Rate, die ein Achtel des Kaufpreises übersteigt, so entscheidet der Richter im Streitfall nach Billigkeit.

Erlangt der Verkäufer die Vertragsauflösung wegen Zahlungsverzug des Käufers, so müssen die bereits bezahlten Raten zurückgegeben werden. Dem Verkäufer steht jedoch eine angemessene (billige) Vergütung für den normalen Gebrauch der Sache zu. Bei übermäßiger Nutzung oder bei Beschädigung muss der Käufer Schadenersatz leisten.

Für den Fall der Vertragsauflösung wird häufig vereinbart, dass der Verkäufer die bereits bezahlten Raten als Entschädigung einstreichen kann. Im Rahmen eines Verfahrens kann der Richter diese Entschädigung den Umständen entsprechend herabsetzen.

Wenn es sich um **Ratengeschäfte mit Verbrauchern** handelt, sind auch die Bestimmungen über den Verbraucherkredit zu berücksichtigen (Art. 121 ff. Bankgesetz und Artikel 40 ff. Verbraucherschutzgesetz). Neben Banken und Finanzinstituten können auch Unternehmen, die Waren verkaufen und Dienstleistungen anbieten, den Verbraucherkredit betreiben, jedoch nur in der Form des Abzahlungsgeschäfts. Unter anderem ist der **effektive Jahreszinssatz** (*tasso annuo effettivo globale – Taeg*) anzugeben und für den Vertrag ist ein Mindestinhalt vorgeschrieben.

Effektiver Jahreszinssatz

## GEWÄHRLEISTUNG BEIM VERBRAUCHSGÜTERKAUF

Für den **Verbrauchsgüterkauf** (*vendita dei beni di consumo*) sieht das Verbraucherschutz-Gesetzbuch (Art. 128 ff.) eigene Bestimmungen für die gesetzliche Gewährleistungspflicht der Verkäufer und für deren vertragliche Garantieverpflichtungen vor. Nach Art. 129 Verbraucherschutz-Gesetzbuch gilt grundsätzlich: »Der Verkäufer ist verpflichtet, dem Verbraucher Sachen zu übergeben, die dem Kaufvertrag gemäß sind.« Das heißt, dass die Konsumgüter (Verbrauchs- und Gebrauchsgüter) frei von Mängeln oder **vertragsgemäß** sein müssen. Als **Verkäufer** (*venditore*) gelten in diesen Fällen **alle Unternehmen** sowie die öffentlichen Körperschaften und die Freiberufler, die im Rahmen ihrer gewerblichen oder beruflichen Tätigkeit Verbrauchsgüter verkaufen. Diese Bestimmungen gelten auch für Dauerlieferungsverträge, Werkverträge mit Unternehmen, einfache Werkverträge und alle übrigen Verträge, die auf die Lieferung von herzustellenden Verbrauchsgütern gerichtet sind. Handwerker und sonstige Gewerbetreibende, die zum Beispiel Verbrauchsgüter im Auftrag eines Verbrauchers herstellen (Werkvertrag mit Unternehmen), müssen ebenfalls vertragsgemäße Güter liefern. Wenn also ein von einem Tischler hergestellter Schrank sich verzieht, haftet der Handwerker für diese Vertragswidrigkeit für die Dauer von zwei Jahren nach Übergabe.

Für Geschäfte zwischen Privatpersonen und im Geschäftsverkehr zwischen Unternehmen sind diese Bestimmungen hingegen nicht anwendbar. In diesen Fällen werden die Bestimmungen des Zivilgesetzbuches über die Gewährleistung für Sachmängel (Art. 1490) angewandt.

Beim Verbrauchsgüterkauf kann man als Verbraucher jene Qualität und jene Leistungen vermuten, die bei einem Gut gleicher Art üblich sind und die nach Aussagen in der Werbung und auf den Etiketten zu erwarten sind. Das trifft zum Beispiel für Werbeaussagen wie »in der Waschmaschine waschbar bis 70 °C« oder »absoluter Schutz vor UV-Strahlen« zu.

Mindestens ein Jahr Haftung für gebrauchte Sachen

Auch bei **gebrauchten Sachen** *(beni usati)* muss die Vertragsmäßigkeit gewährleistet werden. Wer also zum Beispiel gebrauchte Möbel bei einem Händler kauft, kann bei auftretenden Mängeln den Händler haftbar machen. Die Haftung beschränkt sich in diesem Fall nur auf die Mängel, die nicht auf den normalen Gebrauch des Gutes zurückzuführen sind. Bei gebrauchten Verbrauchsgütern kann durch Vereinbarung mit dem Verbraucher eine kürzere Haftungsdauer festgelegt werden. Nach Artikel 134

Verbraucherschutz-Gesetzbuch muss die Haftungsdauer bei gebrauchten Gütern jedoch **mindestens ein Jahr** betragen.

Den Kern der neuen Bestimmungen über den Verbrauchsgüterkauf bildet der Begriff **Vertragswidrigkeit** *(difetto di conformità)*. Nach Artikel 130 Verbraucherschutz-Gesetzbuch gilt nämlich: »Der Verkäufer haftet gegenüber dem Verbraucher für jede Vertragswidrigkeit, die zum Zeitpunkt der Übergabe der Sache besteht.« Die Haftung des Verkäufers besteht, wenn die Vertragswidrigkeit (Mangel, Fehler) in einem Zeitraum von **zwei Jahren** nach der Lieferung offenbar wird. Besonders wichtig ist dabei, dass bis zum gegenteiligen Beweis durch den Verkäufer **vermutet wird,** dass Mängel, die innerhalb von **sechs Monaten** nach der Übergabe offenbar werden, **bereits zum Zeitpunkt der Übergabe** bestanden haben. Wenn es wegen Mängel eines Verbrauchsgutes zu einem Streit mit dem Verkäufer kommt, dürfte eine etwaige Haftungsklage für den Verbraucher wesentlich leichter zu führen sein, wenn der Mangel innerhalb von sechs Monaten nach Übergabe entdeckt wird. In diesem Fall muss nämlich der **Verkäufer beweisen,** dass der **Mangel erst nach der Übergabe** aufgetreten und deshalb vom Käufer zu vertreten ist. Er muss also zum Beispiel den Beweis erbringen, dass der Schaden später wegen unsachgemäßer Benutzung durch den Kunden entstanden ist.

Vertragswidrigkeiten: Mängel, Fehler, Abweichungen von den vertraglich vereinbarten Merkmalen

BEISPIEL

**Umkehrung der Beweislast**

Der junge Hund »Fifi«, der in einem Tiergeschäft gekauft wurde, ist nach drei Monaten verendet, und der Käufer verlangt deshalb den Kaufpreis zurück. Der Verkäufer muss womöglich mit dem Gutachten eines Tierarztes beweisen, dass der Hund wegen der völlig falschen Behandlung durch den Käufer gestorben ist. Es gilt nämlich die Vermutung, dass das Tier bereits zum Zeitpunkt der Übergabe krank war.

Man spricht in diesem Fall von der **Umkehrung der Beweislast,** weil normalerweise der Geschädigte beweisen muss, dass der Beklagte den Schaden zu verantworten hat. Beim Verbrauchsgüterkauf wird hingegen davon ausgegangen, dass der Mangel (in diesem Fall die Erkrankung des Hundes), der innerhalb von sechs Monaten nach Übergabe auftritt, bereits bei der Übergabe vorhanden war.

Treten die Schäden später als sechs Monate nach Übergabe aber innerhalb der Frist von zwei Jahren auf, so muss der Verbraucher den Beweis erbringen, dass der Mangel bereits **zum Zeitpunkt der Übergabe** bestand, wenn er den Verkäufer dafür haftbar machen will. Und dieser Beweis ist oft nur schwer zu erbringen.

Ein Schaden, der durch **unsachgemäße Montage** des Verbrauchsgutes entsteht, wird der Vertragswidrigkeit gleichgestellt, wenn die Montage Bestandteil des Kaufvertrages war und vom Verkäufer oder unter dessen Verantwortung vorgenommen wurde. Gleiches gilt, wenn es sich um Erzeugnisse zur Selbstmontage durch den Verbraucher handelt, und die unsachgemäße Montage auf Unzulänglichkeiten der Montageanleitungen zurückzuführen ist. Viele Hersteller von Selbstbaumöbeln, von Modellbausätzen und ähnlichen Erzeugnissen werden deshalb für verständliche Bauanleitungen sorgen müssen, um die Haftung zu vermeiden.

Nach Entdeckung des Fehlers muss der Verbraucher innerhalb von **zwei Monaten** die Vertragswidrigkeit dem Verkäufer anzeigen (Einschreiben mit Rückschein). Als Beweis für den Kaufvertrag oder für andere Verträge dient in der Regel der Kassazettel oder die Rechnung. Die Anzeige ist nicht erforderlich, wenn der Verkäufer den Fehler anerkennt oder wenn er ihn verheimlicht hat.

Bei aufgetretenen Mängeln (Vertragswidrigkeiten) hat der **Verbraucher Anspruch** auf:
- unentgeltliche Nachbesserung (Reparatur) oder
- auf Ersatzlieferung oder
- auf angemessene Herabsetzung des Kaufpreises oder
- auf Vertragsauflösung.

Reparatur oder Ersatzlieferung

Zunächst kann der Verbraucher nach seiner Wahl die **unentgeltliche Reparatur** (Nachbesserung) des Verbrauchsgutes oder die **unentgeltliche Ersatzlieferung** verlangen, sofern das nicht unmöglich oder unverhältnismäßig ist. Das wäre zum Beispiel der Fall, wenn die Reparatur dem Verkäufer unzumutbare Kosten verursacht oder wenn das betreffende Gerät nicht mehr hergestellt wird oder wenn es sich um ein Einzelstück handelt.

Was die Reparatur oder die Ersatzlieferung anbelangt, so müssen diese in einer angemessenen Frist und ohne erhebliche Unannehmlichkeiten für den Verbraucher und zudem unentgeltlich erfolgen. »Unentgeltlich« bedeutet in diesem Fall, dass der Verkäufer für die notwendigen Kosten, insbesondere für Versand-, Arbeits- und Materialkosten aufkommen muss. So etwas kann zum Beispiel bei einem Kachelofen sehr teuer werden, wenn der Rauch wegen eines Konstruktionsfehlers nicht richtig abzieht und deshalb aufwendige Reparaturen am Ofen notwendig werden.

Herabsetzung des Kaufpreises oder Vertagsauflösung und Rückzahlung des Kaufpreises

Der Verbraucher kann nach Art. 130 Verbraucherschutz-Gesetzbuch eine **angemessene Herabsetzung des Kaufpreises** oder die **Vertragsauflösung und die Rückzahlung des Kaufpreises** unter folgenden Voraussetzungen verlangen:
- wenn die Reparatur oder die Ersatzlieferung unmöglich oder unverhältnismäßig aufwändig sind,
- wenn der Verkäufer nicht innerhalb einer angemessenen Frist für die Reparatur oder die Ersatzlieferung gesorgt hat,
- wenn die vorher durchgeführte Reparatur oder Ersatzlieferung dem Verbraucher erhebliche Unannehmlichkeiten verursacht hat.

Bei der Herabsetzung oder Rückzahlung des Kaufpreises wird der inzwischen erfolgten Nutzung des Verbrauchsgutes Rechnung getragen. War die Reparatur oder die Ersatzlieferung bei einer geringfügigen Vertragswidrigkeit nicht möglich oder unverhältnismäßig aufwendig, hat der Verbraucher keinen Anspruch auf Vertragsauflösung, sondern er kann nur die Herabsetzung des Kaufpreises fordern.

*Caveat emptor! (lateinisch)* Käufer, sei achtsam!

Es liegt **keine Vertragswidrigkeit** nach Art. 129 Verbraucherschutz-Gesetzbuch vor und es besteht folglich **keine Gewährleistungspflicht** des Verkäufers, wenn der Verbraucher zum Zeitpunkt des Vertragsabschlusses **Kenntnis von den Mängeln** des Verbrauchsgutes hatte. Es besteht gleichfalls keine Vertragswidrigkeit, wenn der Verbraucher bei normaler Sorgfalt den Mangel hätte erkennen können (*caveat emptor!*, lateinisch: Käufer, sei achtsam!). Beim Kauf gilt also auch weiterhin die Vorsichtsregel: »Augen auf«. So kann der Verbraucher zum Beispiel keine Vertragswidrigkeit geltend machen, wenn das von einem Bauer gekaufte Reitpferd bereits beim Vertragsabschluss durch seinen unsicheren Gang auffiel. Weiters besteht keine Gewährleistungspflicht, wenn die Vertragswidrigkeit auf die vom Verbraucher erteilten Anleitungen oder auf die zur Verfügung gestellten Materialien zurückzuführen ist.

Nach Artikel 134 Verbraucherschutz-Gesetzbuch sind Vereinbarungen, die vor der Mitteilung über die Vertragswidrigkeit getroffen werden, nichtig und somit nicht anwendbar, wenn sie die Rechte des Verbrauchers über den Verbrauchsgüterkauf einschränken oder direkt oder indirekt ausschließen. Die Rechte des Verbrauchers können zum Beispiel nicht mit den Allgemeinen Geschäftsbedingungen eingeschränkt werden.

Von der gesetzlich geregelten Gewährleistung beim Konsumgüterkauf ist die Garantie zu unterscheiden (Art. 133 Verbraucherschutz-Gesetzbuch: vertragliche Garantieverpflichtung – *garanzia convenzionale)*. Die **Garantie** wird vom Hersteller oder Verkäufer eingeräumt und sie bindet nach den Angaben in der **Garantieerklärung** *(dichiarazione di garanzia)* oder in der betreffenden Werbung, die klar und verständlich sein müssen. Der Hersteller oder der Verkäufer kann also die Garantie übernehmen, dass die Sache für eine gewisse Dauer (Garantiefrist) eine bestimmte Beschaffenheit behält (Haltbarkeitsgarantie). Mit dem Verbraucher wird in diesem Fall ein besonderer Garantievertrag geschlossen, der Inhalt und Umfang der Haftung festlegt. Tritt der Garantiefall ein, so steht dem Verbraucher neben dem etwaigen Gewährleistungsanspruch auch das Recht aus dem Garantievertrag zu.

Garantie

Ein Autohersteller kann zum Beispiel für seine Autos eine Garantie für fünf Jahre oder für 100.000 km bieten. Kommt es zu einer Panne, so verpflichtet er sich außerdem, während der Reparaturzeit ein Ersatzauto bereitzustellen. Oder ein Hersteller von Kunststoff-Fenstern gewährt für seine Produkte eine Garantie von zehn Jahren.

Die **Garantie** muss mindestens Folgendes enthalten:

- die Klarstellung, dass dem Verbraucher die Rechte über den Verbrauchsgüterkauf zustehen und dass diese Rechte von der Garantie nicht berührt werden,
- eine einfache und verständliche Darstellung der Garantieverpflichtung und die wesentlichen Angaben, die für die Inanspruchnahme der Garantie erforderlich sind (Dauer, räumlicher Geltungsbereich des Garantieschutzes, Name und Anschrift des Garantiegebers).

Die Garantie muss in italienischer Sprache abgefasst werden und die gleiche Schriftgröße wie der etwaige Text in anderen Sprachen aufweisen. Eine Garantie, die die obigen Anforderungen nicht erfüllt, kann vom Verbraucher trotzdem geltend gemacht werden und er kann ihre Einhaltung verlangen.

## Verbraucherschutz: Haftung für fehlerhafte Produkte

Die Gewährleistung beim Kauf von Verbrauchsgütern bietet einen Schutz für die Verbraucher, wenn die erworbenen Sachen Mängel oder Abweichungen von den vertraglich vereinbarten Merkmalen aufweisen. Es kann aber auch vorkommen, dass die Verbraucher einen gesundheitlichen Schaden oder Sachschäden durch fehlerhafte Produkte erleiden. In diesen Fällen besteht für industriell hergestellte Sachen sowie für unverarbeitete landwirtschaftliche Erzeugnisse die **verschuldensunabhängige Produkthaftung** der Hersteller (Richtlinie 85/374/EWG), die in das Verbraucherschutz-Gesetzbuch aufgenommen wurde (Art. 114 ff.).

Besonders schwerwiegende Folgen für die menschliche Gesundheit gab es im Bereich der Pharmaprodukte wie zum Beispiel die HIV-Infektionen durch Blutpräparate (Anfang der 80er Jahre), Silikon-Brustimplantate (Anfang der 90er Jahre) oder Lipobay (Cholesterin senkendes Medikament 2001). Bei den landwirtschaftlichen Erzeugnissen war es vor allem die BSE-Krise (Rinderwahnsinn), die zur Ausdehnung der Produkthaftung auch auf diesen Bereich geführt hat.

Der Grundsatz der **verschuldensunabhängigen Haftung** bedeutet, dass der Hersteller auch dann Schadenersatz leisten muss, wenn er keine »Schuld« (Fahrlässigkeit oder Vorsatz, *colpa o dolo*) am entstandenen Schaden trägt. Der geschädigte Verbraucher muss also nur den Beweis erbringen, dass zwischen dem entstandenen Schaden (Personen- oder Sachschaden) und dem Fehler des Produkts ein ursächlicher Zusammenhang besteht. Die Fahrlässigkeit oder der Vorsatz des Herstellers oder des Importeurs muss nicht nachgewiesen werden.

Eine Befreiung von der Haftung ist unter anderem vorgesehen, wenn der Hersteller beweist, dass der Fehler des Produkts nach dem Stand der Wissenschaft und der Technik zu dem Zeitpunkt an dem das Produkt in den Verkehr gebracht wurde, nicht erkennbar war.

Sachschäden werden nur ersetzt, wenn sie höher als 387 Euro sind. Dadurch sollen Streitigkeiten wegen Bagatellefälle vermieden werden.

## BEISPIELE UND FRAGEN

[1] Eine italienische Firma schließt mit einem französischen Modehersteller einen Kaufvertrag für die Lieferung von Hemden. Die Parteien haben sich dem italienischen Recht unterworfen. Bei der Lieferung stellt sich heraus, dass der Stoff Webfehler hat. Der Käufer will hierfür höchstens die Hälfte des vereinbarten Kaufpreises zahlen. Nach welchen Rechtsbestimmungen ist zu entscheiden?

[2] Der italienische Unternehmer Fabrosi liefert an den deutschen Händler Baumann eine Schiffsladung Zement. Dabei ist C.I.F. (cost, insurance, freight – Kosten, Versicherung, Fracht) vereinbArt. Das Schiff sinkt und die Ladung geht verloren. Baumann verlangt von Fabrosi Schadenersatz aufgrund C.I.F. Zu Recht?

[3] Welche Rechte und Pflichten ergeben sich für Käufer und Verkäufer aus dem Kaufvertrag?

[4] Am 1. April schließt Peter Schlau mit Karl Treu einen Kaufvertrag über einen teuren Fernseher und einen Videorecorder. Die Waren bleiben vorläufig im Laden des Händlers Schlau, der am nächsten Tag die beiden Geräte an Frau Spät verkauft. Wer hat das Eigentum an der Ware erlangt?

[5] Franz Volgger verkauft unter Eigentumsvorbehalt eine Hobelmaschine zum Preis von 20.000 Euro an Sabine Keller. Es wird eine monatliche Ratenzahlung von 1.000 Euro vereinbart.

a) Wann geht das Eigentum auf Keller über?

b) Keller bezahlt die im September fällige Rate nicht. Ist Volgger berechtigt, den Vertrag aufzulösen?

[6] Frau Ilse Schwarz liebt schnelle Autos und sie kauft sich einen rasanten Sportwagen auf Raten und mit Eigentumsvorbehalt. Weil sie viele ausgedehnte Reisen unternimmt, reicht das Geld nicht für die fälligen Ratenzahlungen. Nachdem sie zwei Raten nicht bezahlt hat, fordert der Autohändler das Auto zurück, obwohl Frau Schwarz bereits zwölf der 18 Raten entrichtet hat. Ist das zulässig? Hat Frau Schwarz wenigstens Anspruch auf eine Vergütung, da sie bereits zwei Drittel der Raten bezahlt hat?
(Siehe Art. 1525)

[7] Was versteht man unter Gewährleistung für Sachmängel (garanzia per i vizi della cosa venduta) und Gewährleistung für Rechtsmängel (garanzia per evizione)?

[8] Frau Rossi kauft eine Waschmaschine im bekannten Fachgeschäft Electronics und sie bemerkt nach einigen Tagen, dass der Schleudergang nicht richtig funktioniert. Sie verständigt sofort die Firma Electronics von diesem Fehler. Was kann Frau Rossi nach den Bestimmungen über die Gewährleistung beim Verbrauchsgüterkauf von der Firma Electronics verlangen?
(Siehe Art. 130 Verbraucherschutz-Gesetzbuch)

[9] Herr Schlau kauft einen stark verbilligten Eisschrank, dessen Tür zerkratzt ist aber der sonst keine Mängel aufweist. Nach der Lieferung möchte Schlau den Mangel beim Verkäufer Franz Klar geltend machen und er verlangt eine kostenlose Reparatur. Der Verkäufer Klar weist den Käufer ab, weil die Kratzer leicht erkennbar waren und der Preis aus diesem Grund besonders günstig war. Wer hat Recht?
(Siehe Art. 129 Verbraucherschutz-Gesetzbuch)

## DER DAUERLIEFERUNGSVERTRAG

Mit dem **Dauerlieferungsvertrag** (Bezugsvertrag – *la somministrazione, contratto di fornitura*) verpflichtet sich eine Partei zugunsten einer anderen Partei gegen Entgelt regelmäßig wiederkehrend oder andauernd Sachen zu liefern (Art. 1559).

Wie beim Kaufvertrag erfolgt auch in diesem Fall ein Austausch zwischen Übertragung des Eigentums und Preis. Im Gegensatz zum Kaufvertrag handelt es sich jedoch beim Dauerlieferungsvertrag um eine andauernde Leistung (z. B. Wasser-, Strom- oder Gasversorgung) oder um eine periodisch wiederkehrende Lieferung von Sachen (z. B. regelmäßige Lieferungen von Heizöl oder tägliche Brotlieferungen). Zwischen Lieferanten und Bezugsberechtigten besteht also ein **dauerhaftes Vertragsverhältnis**, und zwar auf unbestimmte Zeit oder für eine bestimmte Dauer.

Was den **Umfang der Leistungen** anbelangt: Wurde nur das Höchst- oder Mindestausmaß der Gesamtleistung oder der einzelnen Leistungen festgelegt (z. B. tägliche Lieferung von 100–500 Semmeln), so kann der Bezugsberechtigte das gewünschte Ausmaß jeweils festlegen. Für die Zahlung gilt: Werden periodisch wiederkehrende Lieferungen erbracht, so ist bei Erbringung der jeweiligen Leistung der entsprechende Preis zu bezahlen. Handelt es sich um eine andauernde Lieferung, so ist der Preis an den gebräuchlichen Fälligkeitsterminen zu bezahlen (Art. 1562). Soweit die gesetzliche Regelung, die nur greift, wenn die Parteien dazu keine Vereinbarung getroffen haben. Dies gilt auch für die Bestimmung des Preises.

Alleinlieferungs- und Alleinbezugsrecht

Zusätzliche Vereinbarungen im Dauerlieferungsvertrag können den Vorrang (*preferenza*) für den Lieferanten betreffen, wenn der Bezugsberechtigte innerhalb von fünf Jahren einen neuen Dauerliefervertrag mit gleichem Gegenstand zu schließen beabsichtigt. Außerdem können mit dem Vertrag ein **Alleinlieferungsrecht** (*esclusiva*) zugunsten des Lieferanten sowie ein **Alleinbezugsrecht** zugunsten des Bezugsberechtigten vereinbart werden (Art. 1566–1568). Solche Vereinbarungen können jedoch, besonders wenn es sich um größere Firmen handelt, gegen das EG-Wettbewerbsrecht und das italienische Wettbewerbsrecht verstoßen.

Zusammen mit dem Alleinbezugsrecht kann auch vereinbart werden, dass sich der Bezugsberechtigte zu Werbemaßnahmen und andere Absatzbemühungen für jene Waren verpflichtet, für die das Alleinbezugsrecht gilt. Dabei wird auch Gebietsschutz gewährt. In diesem Fall besteht eine starke Ähnlichkeit mit dem Vertragshändler-Vertrag.

## DER VERTRAGSHÄNDLER-VERTRAG

Der Vertragshändler (*concessionario*) ist ein selbständiger Handelsunternehmer, der im eigenen Namen und auf eigene Rechnung tätig ist und folglich auch das unternehmerische Risiko trägt. Mit dem **Vertragshändler-Vertrag** (*concessione di vendita*) werden die Beziehungen zwischen dem Vertragshändler und einem Hersteller bzw. einen Hauptvertragshändler (*concedente*) für einen befristeten Zeitraum oder auf unbefristete Dauer umfassend geregelt. Der **Vertragshändler** verpflichtet sich, bestimmte Erzeugnisse (Vertragswaren) vom Hersteller zu erwerben und für deren Vertrieb im eigenen Namen und auf eigene Rechnung in einem bestimmten Absatzgebiet zu sorgen. Der **Hersteller** verpflichtet sich, die für den Vertrieb bestimmten Erzeugnisse zu liefern.

In der Regel muss der Vertragshändler folgende Pflichten erfüllen:

- eine **Absatzorganisation** aufbauen und **Absatzförderung** betreiben,

- **Mindestmengen** des gesamten Warensortiments des Herstellers zu festgelegten Bedingungen abnehmen,
- **keine Konkurrenzprodukte** führen,
- den Wiederverkauf **auf eigene Rechnung und im eigenen Namen** durchführen,
- eventuell ein **Ersatzteillager** halten,
- **Kundendienst** und **Garantieleistungen** gewähren,
- fachlich **geschultes Personal** einsetzen.

Die Vertragsklauseln können auch die Geschäftsbeziehungen zwischen dem Vertragshändler und dessen Kunden betreffen, empfohlene Wiederverkaufspreise festlegen und die Beilegung von Streitfällen regeln.

Der **Hersteller** verpflichtet sich, dem Vertragshändler die Vertragswaren für den Wiederverkauf zu liefern. Er sichert dem Vertragshändler in der Regel den Gebietsschutz und das Alleinvertriebsrecht und meistens erlaubt er auch die Verwendung seiner Markennamen und Markenzeichen in der Werbung. Von Bedeutung sind schließlich die Vereinbarungen über die Dauer und die Auflösung des Vertrages.

Der Vertragshändler-Vertrag ist nicht im Einzelnen gesetzlich geregelt und er ist somit ein **atypischer Vertrag**, der aber in manchen Wirtschaftsbereichen stark verbreitet ist. Das gilt z. B. für den Autohandel, für den Vertrieb von Büromaschinen, von bestimmten Werkzeugmaschinen, von Baumaschinen usw. Es bestehen beachtliche Ähnlichkeiten mit dem Franchisevertrag, bei dem jedoch das Know-how, das dem Franchisenehmer vom Franchisegeber zur Verfügung gestellt wird, eine wichtige Rolle spielt. Durch den Einsatz von Vertragshändlern, die persönlich an einer gewinnbringenden Führung ihres Unternehmens interessiert sind, können die Hersteller ein Vertriebsnetz ohne schwerfällige Organisation und ohne große Investitionen aufbauen.

Bei Streitfällen ist es nicht immer einfach, gesetzliche Regelungen zu finden, die auf den Vertragshändler-Vertrag anwendbar sind. Viele Ähnlichkeiten bestehen vor allem zum Dauerlieferungsvertrag. Besondere Probleme können sich ergeben, wenn der Hersteller vorzeitig vom Vertrag zurücktritt oder wenn er den Vertrag nach Ablauf nicht erneuert. Bei Rücktritt ohne wichtigen Grund ist der Grundsatz von Treu und Glauben zu beachten. Demnach müsste der Hersteller dem Vertragshändler eine angemessene Frist einräumen, damit die lagernden Waren verkauft werden können. Auch eine angemessene Entschädigung für die ungenützten Investitionen wäre vertretbar. Es kann außerdem vorkommen, dass ein **Konkurrenzverbot** für die Zeit nach Beendigung des Vertragsverhältnisses vereinbart wird. Der Vertragshändler verpflichtet sich in diesem Fall für einen bestimmten Zeitraum weder auf eigene noch auch fremde Rechnung eine Tätigkeit auszuüben, die mit jener des Herstellers im Wettbewerb steht.

Vereinbarung über Alleinbezug oder Alleinvertrieb

Die Vereinbarungen über den **Alleinbezug** und den **Alleinvertrieb** können sehr oft gegen das Wettbewerbsrecht verstoßen, weil dadurch der Wettbewerb in unzulässiger Weise behindert wird. Nach dem Vertrag von Lissabon Art. 101 sind mit dem Binnenmarkt unvereinbar und verboten: Vereinbarungen zwischen Unternehmen und aufeinander abgestimmte Verhaltensweisen, die den Handel zwischen den Mitgliedsstaaten beeinträchtigen und den Wettbewerb innerhalb des Binnenmarktes verhindern, einschränken oder verfälschen. Zu den wettbewerbshindernden Vereinbarungen zählen unter anderem

- die unmittelbare oder mittelbare Festsetzung der An- und Verkaufspreise oder sonstiger Geschäftsbedingungen,
- die Aufteilung der Märkte und Versorgungsquellen.

## Alleinvertriebsvertrag

(vereinfacht)

*contratto di concessione (distribuzione esclusiva)*

Zwischen der Firma Pito spa
Mailand, Viale Forlanini 88
als Hersteller

– im Folgenden Pito genannt –

und der Firma Prinz International GmbH
Meran, Sandplatz 7
als Vertragshändler

– im Folgenden Prinz genannt -

wird folgender Vertrag geschlossen

1. **Produkt**
   (1) Die Firma Pito als Hersteller der Sonnenliegen mit den geschützten Marken »Hawai – Delux« und »Nirwana« beauftragt die Firma Prinz, die Vertragswaren exklusiv in Südtirol zu vertreiben.
   (2) Für die Lieferungen gelten die beigefügten Allgemeinen Geschäftsbedingungen der Firma Pinto (Anlage 1).
   (3) Die Vertragswaren, deren Produktbeschreibungen beigefügt sind (Anlage 2), und die Allgemeinen Geschäftsbedingungen können während der Laufzeit von der Firma Pinto abgeändert werden.
2. **Gebiet**
   Die Firma Prinz ist für die Vertriebsorganisation, die Absatzförderung und die Kundenbetreuung in Südtirol verantwortlich. Außerhalb Südtirols ist der Firma Prinz jegliche Vertriebstätigkeit untersagt. Die Firma Pinto wird die Vertragswaren in Südtirol nicht bewerben und dort keine Filialen oder Auslieferungslager errichten.
3. **Gebietsschutz**
   Die Firma Pinto verpflichtet sich, weder direkt noch indirekt in Südtirol neue Produkte zu vertreiben. Die Firma Pinto behält sich jedoch vor, die Firma Knoll & Partner direkt zu beliefern, weil sie von strategischer Bedeutung ist.
4. **Vertriebsorganisation**
   Die Firma Prinz verpflichtet, sich die Absatzorganisation entsprechend den Vorgaben nach Anlage 3 auszubauen, um so die Bedürfnisse der Kunden voll befriedigen zu können.
5. **Mindestmenge**
   Die Firma Prinz ist verpflichtet, die Mindestmengen abzunehmen, die von der Firma Pinto periodisch aufgrund von Absatzprognosen für Südtirol festgelegt werden.
6. **Kundendienst**
   Die Firma Prinz verpflichtet sich, den Kundendienst für die Vertragswaren zu gewährleisten, auch für jene Waren, die von anderen Vertragshändlern oder direkt von der Firma Pinto erworben wurden.
7. **Werbung und Vertriebsmaßnahmen**
   …
8. **Verwendung der Markennamen**
   Die geschützten Markennamen »Hawai – Delux« und »Nirwana« werden von der Firma Prinz nur für die Werbung und für den Verkauf der Vertragswaren verwendet.
9. **Bankbürgschaft**
   Die Firma Prinz wird für die Vertragslaufzeit eine Bankbürgschaft in der Höhe von 200.000 Euro bieten.
10. **Kontrollen durch den Hersteller**
    Die Firma Pinto kann während der normalen Geschäftszeiten Kontrollen durchführen, um zu überprüfen, ob die vertraglichen Vereinbarungen eingehalten werden.
11. **Laufzeit und Kündigung**
    (1) Dieser Vertrag wird für die Dauer von sechs Jahren geschlossen. Er endet somit am 22. 4. 2016. Er wird jeweils um zwei Jahre verlängert, wenn er nicht von einem der Vertragspartner spätestens ein Jahr vor Ablauf mit eingeschriebenem Brief gekündigt wird.
    (2) Während der Laufzeit kann die Firma Pinto den Vertrag kündigen, wenn die Firma Prinz in schwer wiegender Weise gegen ihre Pflichten nach Art. 5, 6 und 7 dieses Vertrages verstößt.
    (3) Das Recht auf Kündigung aus einem wichtigen Grund bleibt hiervon unberührt.
    Als wichtiger Grund gelten insbesondere Verstöße gegen die Ausschließlichkeitsrechte, der Konkurs oder die Konkursgefahr einer der Parteien.

12. **Ausdrückliche Aufhebungsklausel (clausola risolutiva espressa)**
Die Firma Pinto steht ausdrücklich und jederzeit das Rücktrittsrecht zu, wenn es zu folgenden Vertragsverletzungen durch die Firma Prinz kommen sollte:
a) Verstoß gegen das Vertriebsverbot von Vertragswaren außerhalb Südtirols (Art.2),
b) Verletzungen des Markenschutzes (Art.8),
c) Fehlen oder Ausfallen der Bankbürgschaft (Art.9).

13. **Pflichten bei Vertragsauflösung**
(1) Bei Beendigung des Vertragsverhältnisses ist die Firma Prinz verpflichtet:
a) sämtliche Verbindlichkeiten gegenüber der Firma Pinto unabhängig von deren Fälligkeit sofort zu begleichen,
b) ab sofort gegenüber Dritten nicht mehr als Vertragshändler der Firma Pinto aufzutreten und kein Werbematerial mit Markenzeichen der Firma Pinto mehr zu verwenden,
c) keinen Kundendienst mehr durchzuführen,
d) innerhalb von fünf Tagen nach Beendigung des Vertragsverhältnisses der Firma Pinto eine Aufstellung der noch im Lager der Firma Prinz befindlichen Vertragswaren schriftlich zukommen zu lassen.
(2) Die Firma Pinto ist berechtigt, die bei der Firma Prinz lagernden Vertragswaren, die neu und unversehrt sind, zu dem Preis zurückzunehmen, wie sie der Firma Prinz in Rechnung gestellt wurden.
(3) Bei Beendigung des Vertrages stehen der Fa. Prinz keine Abfindung oder sonstige Entschädigungen zu.

14. **Allgemeine Bestimmungen, Schiedsvereinbarung**
(1) Die Übertragung diese Vertrages an Dritte seitens der Firma Prinz ist nicht zulässig.
(2) Alle Änderungen und Ergänzungen zu diesem Vertrag bedürfen der Schriftform.
(3) Rechtsstreitigkeiten aus diesem Vertrag werden unter Ausschluss des ordentlichen Rechtsweges durch ein Schiedsgericht bei der Handelskammer Mailand entschieden.

Mailand, 22. 4. 2009

| | |
|---|---|
| Der Hersteller<br>Firma Pinto spa | Der Vertragshändler<br>Firma Prinz International GmbH |
| Giuseppe Pinto ........................ | Franz Prinz ........................ |

Nach Art. 1341 und 1342 ZGB werden ausdrücklich folgende Klauseln angenommen:
Art.4 Mindestmenge, Art. 12 Rücktrittsklausel, Art. 13 Pflichten bei Vertragsauflösung.

Der Vertragshändler ........Franz Prinz........................

Gruppenfreistellung

Die EU-Kommission kann jedoch bestimmte Tatbestände **vom Kartellverbot freistellen.** Diese so genannten **Gruppenfreistellungen** müssen den einschlägigen EG-Verordnungen entsprechen, wie zum Beispiel jene für Patent-, Know-how- und Softwarelizenzvereinbarungen. Für die Autohändler und die Kfz-Werkstätten ist die enge Bindung an die Autohersteller und -Importeure mit der Verordnung (EG) Nr. 1400/2002 für Kfz-Vertriebs- und Kundendienstvereinbarungen deutlich gelockert worden. Damit wird es den Händlern unter anderem ermöglicht, Autos von konkurrierenden Herstellern zu verkaufen. Und die freien Werkstätten können Serviceleistungen für bestimmte Automarken erbringen, wenn sie die Standards der Autohersteller erfüllen. Durch diese Maßnahmen sollen im Autohandel und bei den Reparaturleistungen mehr Wettbewerb und niedrigere Verbraucherpreise erreicht werden.

## DER FRANCHISEVERTRAG

Der **Franchisevertrag** (Franchisingvertrag – *contratto di affiliazione commerciale, contratto di franchising)* regelt ein besonderes Vertriebssystem, das so genannte **Franchising.** Mit dem Franchisevertrag ermächtigt ein Unternehmer, der **Franchisegeber** *(affiliante, franchisor),* meist eine größere Zahl von anderen Unternehmern, die Franchisenehmer, seine Waren oder eine von ihm entwickelte Dienstleistung im Rahmen eines einheitlichen Vertriebskonzepts zu vertreiben. Mit dem Franchisingvertrag ermöglicht der Franchisegeber gegen Entgelt die Nutzung von Patent-, Urheber- und Markenrechten, Know-how, Firmennamen und Firmenzeichen durch den **Franchisenehmer** *(affiliato, franchisee).* Dazu kommen auch noch die vom Franchisegeber durchgeführten Schulungen und Beratungen im technischen und im betriebswirtschaftlichen Bereich.

Franchisegeber

Franchisenehmer

Das Franchising ist in zahlreichen Handels- und Dienstleistungsbereichen verbreitet wie Schnellimbiss (MacDonalds), Hotels (Holiday Inn, Hilton), Einzelhandel (Benetton), Gebäudereinigung, Getränkeabfüllung (Coca Cola), Friseursalons, Verleih von Sportgeräten usw. Der Franchisenehmer profitiert besonders von der Werbung und vom Image einer bekannten Marke sowie von einer meist schon erfolgreich umgesetzten Geschäftsidee.

Zwar gründet das Franchising auf der Zusammenarbeit rechtlich und finanziell unabhängiger Unternehmen, jedoch ist der Franchisenehmer meistens sehr stark an die Vorgaben des Franchisegebers gebunden, besonders was Werbung, Geschäftseinrichtung, Warensortiment, Mindestabsatz usw. anbelangt. Die neuen gesetzlichen Regelungen (Gesetz Nr. 129/2004) sollen besonders dem Franchisenehmer, meist der schwächere Teil in dieser Geschäftsbeziehung, einen besseren Schutz bieten. Deshalb muss der Franchisevertrag schriftlich abgefasst werden und der Franchisegeber muss die betreffende Geschäftsidee bereits am Markt erprobt haben. Wenn es sich um einen befristeten Franchisevertrag handelt, muss dem Franchisenehmer eine **Mindestdauer** (wenigstens drei Jahre) zugesichert werden, um die Abschreibung der getätigten Investitionen zu ermöglichen. Eine vorzeitige Vertragsauflösung aus einem wichtigen Grund ist jedoch möglich.

Der **Franchisevertrag** muss folgende Angaben enthalten:

Franchisevertrag

- die vom Franchisenehmer vor Beginn der Tätigkeit vorzunehmenden **Investitionen** und die eventuell zu entrichtende **Eintrittsgebühr** *(diritto di ingresso),*
- die Berechnung und die Zahlungsfristen für die laufende **Umsatzbeteiligung** oder die periodisch zu entrichtende Fixgebühr (royalties), wobei dem Franchisenehmer eventuell auch ein zu erreichender Mindestumsatz vorgegeben werden kann,
- etwaige **Ausschließlichkeitsvereinbarungen,** die gegenüber anderen Franchisenehmern oder für den Direktabsatz durch den Franchisegeber gelten,
- das vom Franchisegeber zugängig gemachte **Know-how.** Es muss sich um nicht allgemein zugängliches Erfahrungswissen handeln, das wesentlich für die Geschäftstätigkeit des Franchisenehmers ist,
- die etwaige Vorgangsweise für die Anerkennung des vom Franchisenehmer entwickelten Know-hows,
- die vom Franchisegeber zu erbringenden **Leistungen** betreffend technische und geschäftliche Betreuung, Planung und Einrichtung sowie Schulungen,
- die Bedingungen für die Vertragserneuerung, die Vertragsauflösung oder die etwaige Vertragsabtretung.

Im Gesetz sind die besonderen **Pflichten** für den **Franchisegeber** bei den Vertragsverhandlungen festgelegt: Der Franchisegeber muss dem Bewerber als Franchisenehmer

Pflichten des Franchisegebers

mindestens 30 Tage vor Unterzeichnung eine **vollständige Kopie** des zu unterschreibenden Vertrages aushändigen, zu dem auch die genau festgelegten Beilagen gehören:

- die wichtigsten Angaben zum Franchisegeber wie Gesellschaftsform und Gesellschaftskapital und, auf Anforderung des Franchisenehmers, die Jahresabschlüsse der letzten drei Geschäftsjahre,
- die im Vertriebssystem genutzten Marken mit Angabe der Eintragung oder des betreffenden Lizenzvertrages,
- eine zusammenfassende Erläuterung der Franchising-Tätigkeit,
- eine Liste der zurzeit tätigen Franchisenehmer und der direkt vom Franchisegeber betriebenen Verkaufsstellen,
- jährliche Veränderung der Zahl der Franchisenehmer mit Ortsangaben für die letzten drei Jahre,
- knappe Beschreibung der in den letzten drei Jahren abgeschlossenen Gerichts- oder Schiedsgerichtsverfahren, die gegen den Franchisegeber bezüglich seiner Franchisingtätigkeit von Franchisenehmern, Privatpersonen oder öffentlichen Behörden eingeleitet wurden.

Unterlagen, die der Geheimhaltung unterliegen, müssen nicht ausgehändigt werden, sie sind aber im Vertrag anzuführen.

Pflichten des Franchisenehmers

Was die **Pflichten des Franchisenehmers** anbelangt, so beschränkt sich das Gesetz auf wenige Punkte: Der Franchisenehmer darf den Geschäftssitz, wenn er im Vertrag aufscheint, nicht ohne Zustimmung des Franchisegebers verlegen. Außerdem ist der Franchisenehmer zur strengen **Geheimhaltung** über die Franchisingtätigkeit auch nach Ende des Vertragsverhältnisses verpflichtet und er muss auch dafür sorgen, dass seine Mitarbeiter dieser Geheimhaltungspflicht nachkommen.

Wenn einer der Vertragspartner falsche Informationen liefert, kann der andere Vertragspartner auf Nichtigkeit des Vertrages nach Art. 1439 klagen und etwaigen Schadenersatz verlangen.

Rechtlich ergibt sich aus dem Franchisevertrag ein **vielschichtiges Vertragsverhältnis.** Es umfasst die Gewährung von Lizenzen für Marken-, Urheber- und Patentrechte sowie von Know-how-Lizenzen. Dazu kommen Dauerlieferungs- und Kaufvereinbarungen sowie Miet-, Pacht- und Leihevereinbarungen.

Das Franchising bietet interessante Möglichkeiten gerade für junge Unternehmer als Franchisenehmer, doch können auch bestimmte Tücken damit verbunden sein. Deshalb sind einige **Vorsichtsregeln** zu beachten, wie die genaue Überprüfung des Franchisevertrags vor der Unterschrift möglichst auch durch eine Fachperson. Es ist empfehlenswert Verbindungen zu Franchisenehmern aufzunehmen, die Auskünfte über die Beziehungen zum Franchisegeber erteilen können. Hohen Eintrittsgebühren oder der Verpflichtung, bereits zu Beginn große Warenmengen abzunehmen, sollten mit größter Vorsicht begegnet werden. Eine genaue Marktanalyse, auch was die Standortwahl anbelangt, ist unerlässlich. Der Vertrag sollte einen angemessenen Gebietsschutz sichern und keine großen Hindernisse vorsehen, wenn der Franchisenehmer das Vertragsverhältnis beenden will. Und schließlich ist es auch wichtig, dass der Franchisenehmer die strategische Ausrichtung des Franchisegebers kennt und teilt, weil sein künftiger Erfolg weitgehend von dessen Entscheidungen abhängt.

### Franchisevertrag für den Warenvertrieb

Rechte und Pflichten

| Pflichten des Franchisegebers | Pflichten des Franchisenehmers |
|---|---|
| Dem Franchisenehmer die Lizenzen zur Nutzung von Marken, Patenten, Know-how usw. erteilen. | Die Lizenzgebühren bezahlen, Geschäftsgeheimnisse keinen Außenstehenden zugänglich machen. |
| Die vereinbarten Waren liefern oder die festgelegten Dienstleistungen erbringen. | Vereinbarte Mengen von Waren abnehmen oder die vereinbarten Dienstleistungen in Anspruch nehmen. |
| Betreuung bei Errichtung des Betriebes und während der Geschäftstätigkeit. | |
| Schulung der Bediensteten des Franchisenehmers. | Schulungsangebot des Franchisegebers nutzen. |
| Gebietsschutz: In einem bestimmten Gebiet keinen neuen Franchisenehmer zulassen. | Gebietsschutz: Keine Waren in einem bestimmten Gebiet in Konkurrenz zum Franchisegeber anbieten. |

### BEISPIELE UND FRAGEN

[1] Die Firma Alfonso e figli, Hersteller von Baumaschinen, schließt mit der Firma Anna Mair einen Vertragshändlervertrag auf unbestimmte Dauer ab. Nach zwei Jahren will die Firma Alfonso e figli vom Vertrag zurücktreten, da Frau Mair, Geschäftsführerin der gleichnamigen Firma, die Verlobung mit dem Sohn von Alfonso aufgelöst hat.

a) Ist der Rücktritt in diesem Fall ohne weiteres möglich?

b) Was kann Frau Mair von der Firma Alfonso e figli im Falle eines Rücktritts verlangen?

[2] Wozu dient ein Franchisevertrag und welche Arten dieses Vertrages findet man in der Praxis?

[3] Versuchen Sie, sinnvolle Klauseln für einen Vertriebsfranchisingvertrag abzufassen. Berücksichtigen Sie dabei die üblichen Rechte und Pflichten des Franchisenehmers.

## DER WERKVERTRAG MIT UNTERNEHMEN

Mit dem **Werkvertrag** (*appalto*) verpflichtet sich ein **Unternehmer** (Werkunternehmer – *appaltatore*) gegen ein vereinbartes Entgelt für den **Besteller** (Auftraggeber – *committente*) ein **Werk** herzustellen oder eine **Dienstleistung** auszuführen. Der Unternehmer – bei größeren Aufträgen handelt es sich meistens um Kapitalgesellschaften – erbringt die Leistung durch den organisierten Einsatz der erforderlichen Mittel und trägt das geschäftliche Risiko (Art. 1655). Der Besteller kann ein anderer Unternehmer, eine öffentliche Körperschaft oder ein Verbraucher sein.

Zur Herstellung eines **Werkes** (z. B. Anfertigung einer Hoteleinrichtung oder einer Wohnungseinrichtung, Errichtung eines Gebäudes, Fertigung von Maschinenteilen) werden Werkverträge mit Werkunternehmern wie Handwerker (Tischler, Elektriker, Fliesenleger usw.), Bauunternehmen, Industrieunternehmen oder Zulieferern geschlossen. Werkverträge haben sehr oft **Dienstleistungen** zum Gegenstand. Dazu zählen der Beförderungsvertrag, der Aufbewahrungsvertrag sowie der Vertrag über Pauschalreisen, für die eigene Regelungen gelten (ZGB, touristische Dienstleistungen im Verbraucherschutz-Gesetzbuch). Andere Dienstleistungsverträge, für die es keine besonderen gesetzlichen Regelungen gibt, entsprechen in den Grundzügen dem Werkvertrag und betreffen unter anderem Instandhaltungs- und Reparaturarbeiten, Wach- und Sicherheitsdienste, Reinigungsarbeiten, Betriebsberatungen usw. Auch der Catering-Vertrag (zur Versorgung von Flugzeugen mit Speisen und Getränken), der Engineering-Vertrag für Planung und Bau von schlüsselfertigen Industrieanlagen, der Sponsorvertrag, der Werbevertrag und die Verträge für Informationsdienstleistungen entsprechen im Wesentlichen dem Werkvertrag.

Merkmale eines Werkvertrages weist teilweise auch der **Beherbergungsvertrag** (*contratto d'albergo*) auf. Es handelt sich dabei um einen so genannten gemischten Vertrag, weil er neben den Grundzügen des Werkvertrages auch Merkmale des Aufbewahrungsvertrages aufweist.

Werkvertrag mit Unternehmen und einfacher Werkvertrag

Wichtig ist die Unterscheidung zwischen dem Werkvertrag (genauer: **Werkvertrag mit Unternehmen**) und dem **einfachen Werkvertrag** (Art. 2222 ff., auch Dienstvertrag – *contratto d'opera*). Im Rahmen eines Werkvertrages wird das vereinbarte Werk oder die Dienstleistung von einem Unternehmer mit seinen Mitarbeitern und unter Einsatz seiner betrieblichen Mittel ausgeführt. Mit dem einfachen Werkvertrag verpflichtet sich hingegen ein Freiberufler, Künstler oder Kleinunternehmer (hauptsächlich Handwerker) das Werk oder die Dienstleistung vorwiegend persönlich auszuführen, ohne jedoch der Weisungsbefugnis des Bestellers unterworfen zu sein. In diesem Fall gelten die eigenen Bestimmungen für den einfachen Werkvertrag, die durch jene des Werkvertrages mit Unternehmen ergänzt werden.

Besondere **Formvorschriften** sind bei der Vergabe öffentlicher Bauaufträge und sonstiger öffentlicher Aufträge (*appalto pubblico*) zu beachten. Die vorgesehenen Verfahren sind: die öffentliche Ausschreibung, die beschränkte Ausschreibung, die private Vergabe. Für große Aufträge sind EU-weite Ausschreibungen erforderlich.

## Die Vertragspflichten

Aus dem Werkvertrag ergeben sich im Wesentlichen folgende **Vertragspflichten**: Der Unternehmer muss das Werk oder die Dienstleistung **termingerecht** sowie **vertragsgemäß und fachgerecht** ausführen und der Besteller ist verpflichtet, das vertragsgemäß erstellte **Werk zu übernehmen** und das **vereinbarte Entgelt** zu bezahlen. Wenn keine andere Vereinbarung getroffen wurde, muss der Werkunternehmer auch die für die Ausführung des Werkes erforderlichen Bau- und Werkstoffe besorgen. Wird hingegen das Material vom Besteller zur Verfügung gestellt, so muss der Werkunternehmer während der Herstellung des Werkes entdeckte Materialmängel unverzüglich anzeigen, wenn sie die ordnungsgemäße Ausführung des Werkes beeinträchtigen können (z. B. die vom Auftraggeber bereitgestellten Fliesen sind von schlechtester Qualität).

Die Ausführung des Werks hat vertrags- und fachgemäß (*a regola d'arte*) zu erfolgen, und der Besteller ist berechtigt, während der Herstellung des Werks **Kontrollen durchzuführen** (Art. 1662). Dabei kann sich herausstellen, dass es z. B. Abweichungen vom Projekt gibt oder falsches Material verwendet wird. Wenn die Ausführung nicht den vertraglichen Bestimmungen entspricht oder wenn die Ausführung nicht fachgerecht erfolgt, kann der Besteller dem Werkunternehmer eine angemessene Frist setzen, innerhalb der die Mängel zu beheben sind. Kommt der Werkunternehmer dieser Aufforderung nicht nach und verstreicht die gesetzte Frist erfolglos, so gilt der Vertrag als aufgelöst, und der Besteller hat Recht auf Schadenersatz.
Im Vertrag wird oft ein Termin für die Fertigstellung des Werks oder für die Erbringung der Dienstleistung festgelegt. Für Verspätungen, die der Werkunternehmer zu verantworten hat, sind in den Verträgen meistens **Vertragsstrafen** vorgesehen (z. B. 500 Euro je Tag Verspätung).

## Änderungen

Das Werk herstellen oder die Dienstleistung erbringen

Der Unternehmer muss das Werk in der vereinbarten Weise ausführen. Pläne, Anleitungen und festgelegte Vorgangsweisen sind deshalb genau einzuhalten. Bei vielen Werkverträgen, wie z.B. Bauausführungen, Herstellung von Möbeln, Anfertigung von Kleidern, Errichtung von Computernetzwerken usw. kommt es während der Ausführung jedoch oft zu Änderungen gegenüber den vertraglichen Vorgaben. Grundsätzlich sind **Änderungen** bei der Ausführung eines Werkes nur zulässig, wenn sie der Besteller anordnet oder wenn der Werkunternehmer dazu die Ermächtigung des Bestellers einholt. Das Zivilgesetzbuch sieht für Änderungen während der Ausführung des Werkes eine detaillierte Regelung vor (Art. 1659–1661). Dabei ist auch die Erhöhung des Entgelts sowie die Möglichkeit des Rücktritts für den Werkunternehmer und für den Besteller geregelt. Änderungswünsche des Bestellers sind vom Werkunternehmer nur auszuführen, wenn ihr Betrag höchstens ein Sechstel des Gesamtentgeltes ausmacht. Wirken sich die vom Besteller verlangten Abänderungen erheblich auf die Art des vereinbarten Werkes oder auf den Umfang der einzelnen Arbeiten aus, so kann der Werkunternehmer die Ausführung verweigern (z.B. an Stelle einer Betonmauer soll eine Trockensteinmauer errichtet werden). In solchen Fällen muss ein neuer Werkvertrag geschlossen werden.

## Prüfung und Annahme

Der Besteller hat die Pflicht, das vom Unternehmer erstellte Werk anzunehmen und das vereinbarte Entgelt zu bezahlen. Vor der **Annahme** hat er das Recht, das ausgeführte Werk einer **Prüfung** (**Abnahme** – *verifica, collaudo*) zu unterziehen (Art. 1665). Nach den Kontrollen wird der Besteller dem Werkunternehmer mitteilen, dass er das Werk annimmt, wobei er auch Vorbehalte anmelden kann. Es kann auch vorkommen, dass der Besteller die Annahme wegen grober Mängel verweigert. Besonders in Bauverträgen wird die Abnahme sehr detailliert geregelt. Wenn der Besteller die Prüfung nicht durchführt oder die Ergebnisse der Prüfung nicht umgehend dem Werkunternehmer mitteilt, so gilt das Werk als **stillschweigend angenommen**.

Mit der **Annahme des Werks** durch den Besteller sind wichtige Auswirkungen verbunden:

- auf den Besteller geht das **Eigentum** an der Sache über und er hat das Recht auf Übergabe der Sache,
- auf den Besteller geht das **Risiko** für Untergang oder Verschlechterung der Sache über,
- der Werkunternehmer hat Anrecht auf Bezahlung des Entgelts,
- der Werkunternehmer **haftet nicht mehr** für erkennbare Abweichungen und offene Mängel des Werks (das bestellte Kleid ist zwei Nummern zu klein).

Der **Besteller** muss vor allem das vereinbarte **Entgelt bezahlen**. Der Werkvertrag ist auch gültig, wenn von den Parteien kein Entgelt festgelegt wurde. In diesem Fall nimmt man auf bestehende Preislisten oder auf das Gewohnheitsrecht Bezug. Wenn dies nicht möglich ist, entscheidet der Richter nach Billigkeit. Das Entgelt kann pauschal für das gesamte Werk (*prezzo a corpo, a forfait*) oder je Maßeinheit festgelegt werden (z.B. 50 Euro je $m^3$). Besteht keine andere Vereinbarung, so hat die Zahlung des Entgelts, wie bereits erwähnt, bei Annahme des Werks zu erfolgen. Im Baugewerbe ist die Zahlung nach **Baufortschritten** (*stato di avanzamento dei lavori*) üblich, die jeweils

Zahlung nach Baufortschritten

nachAbnahme der einzelnen Bauabschnitte (Aushub, Rohbau, fertiges Gebäude) zu erfolgen hat. Betrifft der Werkvertrag andauernde oder periodische Dienstleistungen, so erfolgt die Bezahlung des Entgelts nach den Bestimmungen des Dauerlieferungsvertrages.

Der Werkunternehmer trägt das geschäftliche Risiko. So kann es vorkommen, dass bei der Ausführung wegen zu hoher Kosten ein Verlust entsteht. Das Verlustrisiko wird jedoch teilweise begrenzt (Art. 1664). Dies ist bei Erhöhung (mehr als 10 %) der Materialkosten oder der Lohnkosten aus unvorhersehbaren Gründen der Fall. Für den Teil der Kostensteigerungen, der die 10-Prozent-Grenze überschreitet, steht dem Werkunternehmer eine entsprechende Erhöhung des Gesamtentgelts zu (*revisione prezzi*). Werden die Arbeiten wegen unvorhergesehener Schwierigkeiten, aus geologischen Gründen, wegen Wassereinbrüchen und ähnlichen Gründen erheblich erschwert, so hat der Unternehmer Anspruch auf eine angemessene (billige) Vergütung.

Übermäßige Kostensteigerung

Bevor das Werk vom Besteller angenommen wird, trägt der Werkunternehmer auch das Risiko für den zufälligen **Untergang** oder die zufällige **Verschlechterung** (*perimento o deterioramento*) des Werks.

Wenn z. B. das Dach eines im Bau befindlichen Hauses durch einen Sturm beschädigt wird oder eine in Arbeit befindliche Inneneinrichtung durch einen Brand zerstört wird, trägt der Werkunternehmer das Risiko für den entstandenen Schaden. Sind jedoch Materialien für die Herstellung des Werks vom Besteller geliefert worden, so trägt er anteilig das Risiko für den Untergang oder die Verschlechterung des Werks (Art. 1673). Das ist der Fall, wenn z. B. der Besteller ungeeignetes Baumaterial zur Verfügung stellt und dadurch sich ein Schaden am Bauwerk ergibt.

**Der Werkvertrag mit Unternehmen**

(contratto d'appalto)

| **Pflichten des Unternehmers** *(appaltatore)* | **Pflichten des Auftraggebers** *(committente)* |
|---|---|
| Mit seinem Unternehmen das Werk oder die Dienstleistung vertragsgemäß und fachgerecht ausführen. | Zahlung des Entgelts (nach Prüfung und Annahme des Werks oder nach Baufortschritten), Preisanpassung bei unvorhersehbaren Kostensteigerungen oder Erschwernissen. |
| Trägt das Risiko für Untergang oder Verschlechterung bis zur Annahme. | Prüfung (collaudo) und Annahme des Werks. Wenn Prüfung nicht durchgeführt oder das Ergebnis nicht umgehend dem Unternehmer mitgeteilt wird, gilt das Werk als angenommen. |
| Muss das Werk in der vereinbarten Weise ausführen. Änderungen nur auf Anweisung des Bestellers oder wenn zur fachgemäßen Ausführung erforderlich. In diesen Fällen steht ein zusätzliches Entgelt zu. | Bei Rücktritt vom Vertrag während der Ausführung des Werks sind dem Unternehmer die Aufwendungen und der entgangene Gewinn zu ersetzen. |
| Während der Ausführung des Werks jederzeit Kontrollen durch den Auftraggeber gestatten. | |
| Gewährleistung für Abweichungen und Mängel, Besteller kann Nachbesserung oder Minderung des Entgelts verlangen. Auflösung des Vertrages, wenn das Werk für bestimmungsgemäßen Gebrauch ungeeignet ist. | |
| Bei verspäteter Fertigstellung ist Schadenersatz oder Vertragsstrafe zu zahlen. | |

## Bauvertrag

(vereinfacht)

*contratto d'appalto d'opera*

Es handelt sich um einen Vertrag, der für ein Bauvorhaben (Gebäude, Fabrikhalle, Garage) abgeschlossen wird.

Zwischen der Firma Brenner AG
Eppan, Paulser Str. 44

– im Folgenden Auftraggeber genannt

und der Firma Knoll GmbH
Mals, Marktgasse 5

– im Folgenden Unternehmer genannt

wird folgender Werkvertrag für die Ausführung eines Bauwerks geschlossen

1. **Gegenstand des Vertrages**
   1.1 Der Unternehmer verpflichtet sich, mit eigenen Mitteln gemäß den beiliegenden Ausführungsplänen, Baubeschreibungen (*capitolato tecnico*) und der Baugenehmigung auf der Bauparzelle 722 in Burgeis (Mals) ein Bauwerk zu errichten.
   1.2 Das Bauwerk ist schlüsselfertig und einschließlich aller Nebenbauten zu erstellen.

2. **Preis**
   2.1 Für das Bauwerk bezahlt der Auftraggeber dem Unternehmer einen Preis von 2.400.000 Euro zuzüglich Mehrwertsteuer.
   2.2 Die Vergütung ist als Pauschalzahlung für das schlüsselfertige Bauwerk nach Art. 1 anzusehen.

3. **Zahlung**
   3.1 Für die Vergütung nach Art. 2 werden folgende Teilzahlungen festgelegt:
   20 % als Angeld zur Bestätigung *(caparra confirmatoria)*
   20 % bei Baubeginn,
   20 % bei Vollendung des Rohbaus,
   40 % nach Übergabe des schlüsselfertigen Baus laut Übergabeprotokoll nach Art. 8.
   3.2 Für die ersten drei Zahlungen erhält der Auftraggeber jeweils eine Bankgarantie ohne Einwandsmöglichkeit *(prima chiamata)* vom Unternehmer, die der Absicherung für die Durchführung der Bauarbeiten dient.

4. **Fristen**
   4.1 Der Unternehmer muss folgende Fristen einhalten: Baubeginn bis zum 1. 5. 2009 und die Fertigstellung bis zum 31. 10. 2010.
   4.2 Bauabnahme und Annahme durch den Auftraggeber innerhalb 30. 11. 2010.

5. **Vertragsstrafe**
   5.1 Wenn der Unternehmer die obigen Fristen (Art. 4.1) nicht einhält, muss er dem Auftraggeber für jede Woche Verspätung eine Vertragsstrafe von 3.000 Euro bezahlen.

6. **Änderungen und Ergänzungen**
   6.1 Für die zwischen Auftraggeber und Unternehmer vereinbarten Änderungen muss der Auftraggeber einen schriftlichen Auftrag erteilen.
   6.2 Wenn für eine fachgemäße Bauausführung Änderungen oder Ergänzungen am Bauplan erforderlich werden, hat der Unternehmer den Auftraggeber zu verständigen.
   6.3 Für die notwendigen Änderungen oder Ergänzungen wird der Unternehmer ein Zusatzangebot vorlegen.

7. **Kontrollen während der Bauausführung**
   7.1 Der Auftraggeber kann jederzeit während der Bauausführung Kontrollen durchführen oder durch beauftragte Personen durchführen lassen.
   7.2 Sollte festgestellt werden, dass die Arbeiten nicht fachgemäß ausgeführt werden oder dass es zu Abweichungen von den Bauplänen und von der Baubeschreibung kommt, kann der Auftraggeber den Unternehmer schriftlich auffordern, innerhalb von 30 Tagen die Unregelmäßigkeiten zu beheben.
   7.3 Wenn der Unternehmer der obigen Aufforderung nicht nachkommt, kann der Auftraggeber vom Vertrag zurücktreten und Schadenersatz fordern.

8. **Abnahme und Übergabeprotokoll**
8.1 Der Unternehmer wird den Auftraggeber schriftlich von der Fertigstellung verständigen.
8.2 Die Abnahme hat im Beisein des Bauleiters und eines Vertreters des Unternehmers zu erfolgen. Darüber ist ein Übergabeprotokoll abzufassen und gemeinsam zu unterzeichnen.

9. **Arbeitssicherheit**
9.1 Der Unternehmer versichert die Beschäftigten vorschriftsgemäß gegen Arbeitsunfälle.
9.2 Die Parteien verpflichten sich, sämtliche Maßnahmen zu ergreifen, die für die Gesundheit und die Sicherheit am Arbeitsplatz nach EVO Nr. 81/2008 erforderlich sind.
9.3 Werden die Arbeitssicherheitsbestimmungen nicht eingehalten, kann der Auftraggeber sofort den Vertrag schriftlich kündigen.

10. **Subunternehmen**
Der Auftrag kann nur mit schriftlichem Einverständnis des Auftraggeber an einen Subunternehmer weitergegeben werden.

11. **Gerichtsstand**
11.1 Gerichtsstand ist das Landesgericht Bozen.

12. **Anlagen**
12.1 Folgende Anlagen sind wesentlicher Bestandteil des vorliegenden Vertrages:
- Ausführungspläne,
- Baubeschreibung,
- genehmigtes Projekt,
- Baugenehmigung.

Eppan, 15.12.2008

| | |
|---|---|
| Der Auftraggeber<br>Firma Brenner AG | Der Werkunternehmer<br>Firma Knoll GmbH |
| ............................................... | ............................................... |

## Gewährleistung

Die allgemeinen Bestimmungen des Vertragsrechts finden Anwendung, wenn das Werk oder die Dienstleistung mit Verspätung oder überhaupt nicht ausgeführt wird. In solchen Fällen kann der Besteller die Erfüllung oder die Auflösung des Vertrages verlangen und ihm steht außerdem Schadenersatz zu. Zusätzlich regelt das Zivilgesetzbuch die besondere **Gewährleistung des Werkunternehmers** wegen Mängel und Fehler des Werks (Art. 1667–1668 – *garanzia per le difformità e vizi dell'opera*). Es ist verständlich, dass es in diesem Zusammenhang sehr häufig Streitfälle gibt. Die Gewährleistungspflicht wird wirksam, wenn das Werk oder die Dienstleistung bereits ausgeführt wurde. Sie erstreckt sich auf **Abweichungen** (*difformità*) von der vertragsmäßigen Ausführung und auf **Mängel** (*vizi*) des Werks. Ausgenommen sind allerdings jene Abweichungen und Mängel, die dem Besteller bei der Annahme des Werks bekannt waren oder die erkennbar waren, wenn sie vom Unternehmer nicht arglistig verschwiegen wurden. Um Gewährleistungsansprüche geltend machen zu können, muss der Besteller die Abweichungen und Mängel innerhalb von 60 Tagen nach deren Entdeckung dem Unternehmer anzeigen. Der Besteller kann die **Behebung** der Abweichungen und Mängel auf Kosten des Werkunternehmers oder eine **Herabsetzung** des Entgelts verlangen. Liegt ein Verschulden des Werkunternehmers vor, so besteht zusätzlich Anspruch auf Schadenersatz. Ist das Werk wegen der Abweichungen und Fehler für den bestimmungsmäßigen Gebrauch völlig ungeeignet, so kann der Besteller die

Abweichungen und Mängel

Auflösung des Vertrages verlangen, und zwar auch dann, wenn den Unternehmer kein Verschulden trifft. Der Klageanspruch verjährt innerhalb von **zwei Jahren** nach Annahme des Werks. Für Gebäude und andere Bauwerke gilt eine wesentlich längere Gewährleistungspflicht. Wenn es zu Schäden kommt oder schwere **Baumängel** auftreten, haftet der Werkhersteller bis zu 10 Jahre nach Vollendung des Bauwerks (Art. 1669).

Baumängel

Der Bauunternehmer muss deshalb zugunsten des Eigentümers des errichteten Gebäudes eine **Haftpflichtversicherung** für schwere Baumängel für die Dauer von zehn Jahren ab Annahme abschließen (EVO 122/2005).

## Einseitiger Rücktritt

Der Besteller kann jederzeit vom Werkvertrag zurücktreten (Art. 1671), auch wenn der Unternehmer bereits mit der Ausführung des Werks oder mit der Erbringung der Dienstleistung begonnen hat. In diesem Fall sind die Aufwendungen, die ausgeführten Arbeiten und der entgangene Gewinn vom Besteller zu entschädigen.

### BEISPIELE UND FRAGEN

[1] Augustin Lange bestellt bei der Tischlermeisterin Barbara Holz ein Bett in den Maßen 140x220 cm. Geliefert wird ein Bett mit nur 180 cm Länge. Da Herr Lange sehr groß ist, kann er das Bett nicht verwenden. Was kann er unternehmen?

[2] Welcher Unterschied besteht zwischen dem Werkvertrag (1655 ff. ZGB) und dem einfachen Werkvertrag (Art. 2222 ff. ZGB)?

[3] Neun Jahre nach der Fertigstellung stürzt im Hotel »Enzian« die Decke des Hallenbades ein. Kann der Bauunternehmer J. Lässig noch wegen mangelhafter Bauausführung auf Schadenersatz geklagt werden? Gibt es einen Versicherungsschutz?

[4] Während der Bauarbeiten kommt es zu einem Schadenfeuer, wodurch ein Großteil des Isolierungsmaterials zerstört wird. Der Bauunternehmer H. will für den entstandenen Schaden nicht aufkommen und fordert vom Bauherren F. ein entsprechend höheres Entgelt. Ist diese Forderung gerechtfertigt?

[5] Die Geschäftsfrau Maria Tüchtig will ihr Modegeschäft umbauen. Mit den Bauarbeiten wird der Bauunternehmer Franz Hofer beauftragt, der sich verpflichtet, die Arbeiten innerhalb von vier Monaten durchzuführen. Weil Frau Tüchtig ihr Geschäft termingerecht wieder eröffnen will, wird für eine etwaige Verspätung eine Vertragsstrafe von 500 Euro pro Tag festgelegt.

a) Was kann der Bauunternehmer Hofer bei verspäteter Beendigung der Bauarbeiten einwenden, um die Vertragsstrafe zu verhindern?

b) Kann Frau Tüchtig zusätzlich zur Vertragsstrafe auch den entgangenen Gewinn einklagen?

# Verträge zur Vermittlung und zum Abschluss von Geschäften

## Einführung

Eine Reihe von Verträgen dient im Wesentlichen der Vermittlung von Geschäften zwischen Unternehmen oder zwischen Unternehmen und Verbrauchern. Dazu zählen der Auftrag, der Agenturvertrag oder Handelsvertretervertrag, die Kommission, der Speditionsvertrag und der Maklervertrag. In diesen Fällen schließen selbständige Unternehmer (Handelsvertreter, Kommissionäre, Spediteure oder Makler) die Geschäfte nicht für sich ab, sondern sie übernehmen den Auftrag, den Absatz zu fördern und/ oder den Vertragsabschluss zu vermitteln oder Verträge im Namen des Auftraggebers abzuschließen.

Die Handelsvertreter, Handelsagenten und die Kommissionäre sind nämlich wie die Vertragshändler und die Franchisenehmer vorwiegend im Absatzbereich tätig, und vom wirtschaftlichen Standpunkt verwischen sich vielfach die Unterschiede zwischen diesen verschiedenen Arten von Unternehmern. Meistens besteht eine wirtschaftliche Abhängigkeit vom Auftraggeber, einem Industrie- oder Handelsunternehmen, für das sie tätig sind. Die Abhängigkeit kann sogar so weit gehen, dass man von einem arbeitnehmerähnlichen Verhältnis (*rapporto parasubordinato*) oder von Scheinselbständigen sprechen kann. Bei Streitfällen, die den Handelsvertreter- oder den Agenturvertrag betreffen, wird deshalb auch das Arbeitsprozessrecht angewandt (Zivilprozessordnung Art. 409), wenn die Leistungen vom Handelsvertreter vorwiegend persönlich erbracht werden.

Scheinselbständige

Die Handelsvertreter, Handelsagenten und Kommissionäre schließen mit ihren Auftraggebern (Handels- oder Industrieunternehmen) **keine Kaufverträge** für Waren ab, sondern sie haben die Aufgabe, den **Absatz zu fördern**. Hierin besteht der wesentliche rechtliche Unterschied gegenüber den Vertragshändlern und Franchisenehmern, die hingegen die Waren und sonstige Güter vom Hersteller oder vom Franchisegeber mit einem Kaufvertrag erwerben.

## DER AUFTRAG

Bevor auf die Handelsvertreter, Kommissionäre und Spediteure eingegangen wird, muss zuerst kurz der Auftrag behandelt werden. Die gesetzlichen Vorschriften für den **Auftrag** (Mandat – *mandato*) enthalten nämlich grundsätzliche Bestimmungen, die besonders für den Kommissions- und Speditionsvertrag gelten, denn diese beiden Verträge sind eine Sonderform des Auftrags. Außerdem sind Merkmale des Auftrags in zahlreichen Bankgeschäften (z. B. Kontokorrent, Wertpapierverwaltung oder Vermögensverwaltung), aber auch in vielen Wertpapiergeschäften, im Geschäftsführervertrag, im Reisevertrag, im Werbevertrag usw. anzutreffen. Auch im Gesellschaftsrecht wird öfters auf den Auftrag verwiesen.

Begriffsbestimmung

Nach Art. 1703 ist der **Auftrag (Mandat)** jener Vertrag, mit dem sich der **Beauftragte** (Mandatar, *mandatario*) verpflichtet, eine oder mehrere Rechtshandlungen auf Rechnung des **Auftraggebers** (Mandant, *mandante*) vorzunehmen. Zu diesen Rechtshandlungen (*atti giuridici*) zählen z.B. Zahlungen oder Einkassierungen sowie der Abschluss von Kaufverträgen, Mietverträgen und anderen Verträgen. Im Rahmen des Auftrags werden diese Verträge vom Beauftragten auf Rechnung einer anderen Person geschlossen. Sämtliche Vor- und Nachteile aus den abgeschlossenen Geschäften treffen in der Regel nur den Auftraggeber und er trägt auch das Risiko. Unter Privatpersonen ist die Erteilung eines Auftrags mit einem Vertrag ebenfalls möglich.

Im Zusammenhang mit dem Auftrag kann dem Beauftragten zusätzlich auch die **Vertretungsvollmacht** (Auftrag mit Vertretungsvollmacht – *mandato con rappresentanza*) erteilt werden. In diesem Fall handelt der Beauftragte nicht nur auf Rechnung, sondern auch im **Namen** des Auftraggebers und es werden die Bestimmungen über die Vertretung (Art. 1387 ff.) angewandt. Deshalb wirken die innerhalb der erteilten Befugnisse vom Beauftragten abgeschlossenen Verträge unmittelbar gegenüber dem Auftraggeber. So wird z.B. der Auftraggeber Eigentümer der in seinem Namen vom Beauftragten gekauften Waren. Dabei ist zu beachten, dass für die Erteilung der **Vertretungsvollmacht** (Prokura, *procura*) die gleichen Formvorschriften zu beachten sind, wie sie für die Verträge vorgeschrieben sind, die der Beauftragte abschließen soll.

Der Auftrag ist also nicht automatisch mit der Vertretungsvollmacht verbunden, die vielmehr getrennt erteilt werden muss. **Ohne Vertretungsvollmacht** (*senza rappresentanza*) bewirkt der Auftrag, dass der Beauftragte zwar auf Rechnung des Auftraggebers, aber **im eigenen Namen** handelt. In diesem Fall erwirbt er alle Rechte und übernimmt alle Pflichten, die sich aus dem abgeschlossenen Vertrag ergeben. Schließt der Beauftragte (ohne Vertretungsvollmacht) z.B. einen Kaufvertrag ab, so wird er Eigentümer der gekauften Waren und er ist verpflichtet, den Kaufpreis zu bezahlen. Außerdem ist der Beauftragte verpflichtet, das Eigentum an den Auftraggeber zu übertragen, der dafür den Preis und das Auftragsentgelt bezahlen muss. Das Gesetz regelt auch die Beziehungen zwischen Auftraggeber und Beauftragten. So ist unter anderem der Schutz des Auftraggebers bei Unzuverlässigkeit oder bei Treuebruch des Beauftragten vorgesehen.

Pflichten des Beauftragten

Der **Beauftragte** muss den Auftrag im Interesse des Auftraggebers mit der notwendigen **Sorgfalt** ausführen. Zudem ist er verpflichtet, die für das Geschäft festgelegten Rahmenbedingungen einzuhalten und die **Weisungen** des Auftraggebers zu beachten. Ist eine Benachrichtigung des Auftraggebers nicht möglich, so kann von den Weisungen abgewichen werden, wenn anzunehmen ist, dass sie der Auftraggeber in Kenntnis der Sachlage billigen würde. Der Beauftragte ist verpflichtet, die **Ausführung des Auftrages** unverzüglich dem Auftraggeber mitzuteilen und er ist auch verpflichtet, jene nachträglich eingetretenen Umstände mitzuteilen, die zum Widerruf oder zur Änderung des Auftrags führen könnten. Zudem muss er nach Ausführung des Auftrages **Rechenschaft** (*rendiconto*) über seine Tätigkeit ablegen und alles zurückgeben, was er infolge des Auftrages erhalten hat.

Pflichten des Auftraggebers

Der Auftraggeber muss nach Ausführung des Auftrags das vereinbarte **Entgelt bezahlen**, und die Zahlung erfolgt meistens nach der Abrechnung durch den Beauftragten. Außerdem muss der Auftraggeber die zur Ausführung des Auftrages erforderlichen Mittel bereitstellen, die vom Beauftragten vorgestreckten Beträge samt den gesetzlichen Zinsen rückerstatten und etwaige unverschuldete Verluste ersetzen, die der Beauftragte infolge des Auftrags erlitten hat.

Für Forderungen, die sich aus der Durchführung des Auftrags gegenüber dem Auftraggeber ergeben, kann sich der Beauftragte vorrangig aus den Geldforderungen der von ihm abgeschlossenen Geschäften befriedigen. Außerdem steht dem Beauftragten ein Vorzugsrecht an den Sachen des Auftraggebers zu, die er zur Ausführung des Auftrags innehat.

Der **Auftrag ist erfüllt**, wenn das vereinbarte Geschäft vom Beauftragten ausgeführt (z. B. die durchzuführende Zahlung wurde weisungsgemäß ausgeführt) und darüber Rechenschaft abgelegt wurde. Eine Reihe von Gründen (z. B. Unmöglichkeit der Leistung), wie sie das allgemeine Vertragsrecht vorsieht, können dazu führen, dass der Auftrag nicht ausgeführt werden kann und folglich erlischt. Außerdem kann der Auftrag jederzeit durch Widerruf seitens des Auftraggebers aufgehoben werden. Bei Widerruf des Auftrages hat der Beauftragte in der Regel Anspruch auf Ersatz der Aufwendungen. Für den Beauftragten besteht die Möglichkeit, sich durch **Kündigung** vom Auftrag zu lösen. Er muss aber Schadenersatz leisten, wenn kein wichtiger Grund vorliegt.

## DER KOMMISSIONS- UND SPEDITIONSVERTRAG

Die Kommission (*commissione*) und die Spedition (*spedizione* ) sind zwei Sonderformen des Auftrags, die durch besondere Merkmale gekennzeichnet sind.

### Die Kommission

Mit dem **Kommissionsvertrag** (Kommissionsauftrag) wird der **Kommissionär** (*commissionario*) vom **Kommittenten** (*committente*) beauftragt, Waren oder andere Sachen zu kaufen oder zu verkaufen. Die Geschäfte werden vom Kommissionär im eigenen Namen und auf Rechnung des Kommittenten abgeschlossen (Art. 1731).

In der Regel ist der Kommissionär selbständiger Unternehmer, der die Geschäfte für einen anderen Unternehmer ausführt, wie das z. B. im Autohandel oft der Fall ist. Vielfach verpflichtet sich der Kommissionär, nur für einen Auftraggeber tätig zu werden. Der wesentliche **Unterschied zum Vertragshändler** (*concessionario*) liegt darin, dass der Vertragshändler die Waren vom Hersteller kauft, um sie dann weiterzuverkaufen, während der Kommissionär Waren verkauft, die bis zum Verkauf im Eigentum des Auftraggebers bleiben. Der Kommissionär vermeidet so die Risiken, die mit dem Erwerb des Eigentums verbunden sind. Für den Vertragshändler ergibt sich der Ertrag des Geschäftes aus der Differenz zwischen Verkaufs- und Einkaufspreis, das ist die so genannte Handelsspanne. Der Kommissionär hingegen erhält hingegen als Entgelt eine **Provision** (*provvigione*), die in der Regel in Prozent vom Einkaufs- oder Verkaufspreis bemessen wird.

Bis zum Verkauf bleiben die Waren Eigentum des Auftraggebers.

Abgesehen von einigen Sonderbestimmungen gelten für den Kommissionsvertrag die allgemeinen Regelungen für den Auftrag, die bereits behandelt wurden. Zu den wichtigsten Sonderbestimmungen zählen jene über den Selbsteintritt und über das Delkredere, eine Garantie für die Zahlungsfähigkeit der Kunden.

Selbsteintritt

**Selbsteintritt** (Art. 1735 – *entrata del commissionario nel contratto*) liegt vor, wenn der Kommissionär das Geschäft, das er für den Kommittenten ausführen soll, selbst als Vertragspartner übernimmt. Der Kommissionär kann also Waren, die er kaufen soll, selbst liefern. Dabei muss es sich um standardisierte Produkte (z. B. Metalle oder andere Rohstoffe), Wertpapiere oder Devisen handeln, für die am Markt ein amtlicher Preis festgestellt wird. Ebenso kann er selbst die Waren, Wertpapiere und Devisen kaufen, für die er den Auftrag zum Verkauf erhalten hat. In beiden Fällen steht ihm die vereinbarte Provision zu.

Mit dem **Delkredere** (Delkrederehaftung – *star del credere*) verpflichtet sich der Kommissionär, für die Durchführung des Geschäfts und besonders dafür zu haften, dass der Dritte (Kunde des Kommittenten) die Verbindlichkeiten aus dem abgeschlossenen Geschäft erfüllt. Übernimmt der Kommissionär das Delkredere, so steht ihm eine zusätzliche Delkredereprovision zu (Art. 1736).

### Die Spedition

Mit dem **Speditionsvertrag** verpflichtet sich der **Spediteur** (*spedizioniere*) im eigenen Namen und auf Rechnung des Auftraggebers (Versender – *mandante*) einen **Frachtvertrag** abzuschließen und eine Reihe von **Zusatzleistungen** zu erbringen, die im Zusammenhang mit dem Abschluss des Frachtvertrages stehen. Als Zusatzleistung übernimmt der Spediteur das Frachtgut, er lagert es ein, sorgt für die Verpackung, schließt Transportversicherungen ab, übergibt das Frachtgut dem Frachtführer, schießt Zahlungen vor, regelt Zoll- und Verwaltungsformalitäten usw.

Spediteur
Frächter

Rechtlich ist die Unterscheidung zwischen Spediteur und Frachtführer sehr klar: Der **Spediteur** verpflichtet sich einen Frachtvertrag abzuschließen, während sich der **Frächter** verpflichtet, den Transport durchzuführen und hierfür die Haftung zu übernehmen. In der Praxis ist es hingegen nicht immer leicht zwischen Spediteur und Frachtführer zu unterscheiden, weil oft beide Tätigkeiten – Spedition und Transport – gemeinsam ausgeübt werden.

Wie bei der Kommission handelt es sich auch bei der Spedition um einen **Auftrag ohne Vertretungsvollmacht**. Das Gesetz ermöglicht es dem Spediteur, den Transport ganz oder teilweise selbst durchzuführen. In diesem Fall hat er die Rechte und Pflichten des Frachtführers. Eine gesetzliche Sonderregelung gibt es für den Zollspediteur (*spedizioniere*), der für die Abwicklung der Zollformalitäten ermächtigt ist (Gesetz Nr. 1612/1960). Durch die Abschaffung jeglicher Grenzkontrollen beim Warenverkehr innerhalb der EU haben die Zollspediteure stark an Bedeutung verloren.

## DER HANDELSVERTRETER- UND AGENTURVERTRAG

Mit dem **Agenturvertrag** (*contratto di agenzia*) wird der Handelsagent gegen Entgelt ständig damit betraut, den Abschluss von Geschäften für einen Unternehmer (*preponente*) in einem bestimmten Gebiet zu fördern (Art. 1742). Während der **Handelsagent** (*agente di commercio*) nur den Abschluss von Geschäften vermittelt, ist der **Handelsvertreter** (*rappresentante di commercio*) ermächtigt, Geschäfte im Namen und auf Rechnung des Unternehmers abzuschließen. In der Regel erfolgt der Abschluss mit der einschränkenden Klausel »vorbehaltlich der Billigung durch das Unternehmen« (*»salvo approvazione della casa«*).

Der Agenturvertrag und der Handelsvertretervertrag müssen für Beweiszwecke **schriftlich** geschlossen werden, und jede Partei hat das Recht, eine von der anderen Partei unterschriebenes Schriftstück mit dem Vertragstext einschließlich der Änderungen zu erhalten (Art. 1742). Dabei sind die besonderen Bestimmungen im Zivilgesetzbuch zu beachten, die aufgrund der Handelsvertreter-Richtlinie (Richtlinie 86/653/EWG) mit Gesetz Nr. 204/1985 und Ermächtigungsverordnung Nr.-65/1999 abgeändert wurden. Neben diesen gesetzlichen Bestimmungen sind vor allem die verschiedenen

Kollektivabkommen

**Kollektivabkommen** für Handelsagenten und Handelsvertreter (*accordo economico collettivo – AEC*) von Bedeutung. Diese gesamtstaatlichen Abkommen werden getrennt für die verschiedenen Wirtschaftsbereiche Industrie, Handwerk, Handel, Genossenschaften, zwischen den jeweiligen Unternehmerverbänden und den Beauftragten der Handelsvertreter abgeschlossen.

Sowohl die Handelsagenten als auch die Handelsvertreter sind **selbständige Unternehmer** – Einzelunternehmer, Personengesellschaften oder Kapitalgesellschaften –, die in ein eigenes Verzeichnis bei der Handelskammer eingetragen sein müssen (*ruolo degli agenti e dei rappresentanti di commercio*). Nach dem EU-Vertrag sind Wettbewerbshindernisse grundsätzlich abzubauen, und im Binnenmarkt müssen Handelsvertreter ungehindert über Landesgrenzen hinweg ihre Tätigkeit ausüben können.

Die Handelsagenten sind verpflichtet, sich durch Kontakte, Verkaufsgespräche und Verhandlungen mit Kunden für die Vermittlung von Kaufverträgen oder von Verträgen für Dienstleistungen einzusetzen, und die Handelsvertreter müssen ähnliche Anstrengungen für den Abschluss von Geschäften unternehmen. Für beide gelten außerdem als wesentliche Merkmale, dass sie ihren Auftrag **dauerhaft** für den Unternehmer ausüben und dass sie die **Alleinvertretung** (Ausschließlichkeitsrecht – *esclusiva*) in einem bestimmten Gebiet oder für einen bestimmten Kundenkreis haben. Sie dürfen also nicht im gleichen Gebiet oder im gleichen Kundenkreis Geschäfte für ein Konkurrenzunternehmen tätigen.

Abgesehen von anders lautenden vertraglichen Vereinbarungen muss auch der Unternehmer die Alleinvertretung beachten. Im gleichen Gebiet oder im gleichen Kundenkreis darf der Unternehmer deshalb keinen anderen Handelsvertreter für das gleiche Produkt, die gleiche Produktreihe oder für die gleichen Dienstleistungen einsetzen und er darf auch nicht selbst solche Geschäfte abschließen. Oft sichern sich jedoch die Unternehmer vertraglich das Recht, bestimmte Kunden, wie z.B. Supermarktketten, direkt zu beliefern. Will sich der Unternehmer vorbehalten, mehrere Handelsvertreter im gleichen Gebiet mit der Absatztätigkeit zu betrauen, so muss im Vertrag ausdrücklich die Alleinvertretung ausgeschlossen werden.

Mehr-Firmenvertreter

Nach dem Kollektivabkommen sind Handelsagenten und Handelsvertreter grundsätzlich **Mehr-Firmenvertreter** (*agente plurimandatrio, rappresentante plurimandatario*), die zugleich für mehrere Unternehmer tätig sein können, wobei es sich aber nicht um Konkurrenzprodukte handeln darf. Vertraglich kann der Handelsagent oder der Handelsvertreter jedoch die Verpflichtung eingehen, sich nur als **Ein-Firmenvertreter** (*monomandatario*) zu betätigen.

Ein-Firmenvertreter

Pflichten des Handelsvertreters

Bei der Ausübung seiner Tätigkeit hat der Handelsvertreter die Interessen des Unternehmers wahrzunehmen und nach Treu und Glauben zu handeln. Wie bereits erwähnt, besteht die **wesentliche Pflicht** (Art. 1746) des Handelsvertreters darin, im zugewiesenen Gebiet dauerhaft und sorgfältig den Absatz zu fördern und Geschäfte im Namen und auf Rechnung des Unternehmers abzuschließen. Auch der Handelsagent muss im festgelegten Gebiet dauerhaft und sorgfältig den Absatz fördern und Geschäfte für den Unternehmer vermitteln. Die Aufträge werden vom Handelsagenten an den Unternehmer weitergeleitet, der über den Abschluss entscheidet. Auch wenn im Vertrag kein Mindestumsatz festgelegt ist, müssen sich die Handelsagenten und die Handelsvertreter um die Vermittlung bzw. um den Abschluss von Geschäften bemühen, weil sonst der Unternehmer die Auflösung des Vertrages wegen Nichterfüllung verlangen kann.

Der Handelsvertreter muss die ihm übertragenen Aufgaben – die folgenden Pflichten gelten auch für den Handelsagenten – nach den Weisungen des Unternehmers ausführen. Wenn er dazu nicht imstande ist, muss er unverzüglich den Unternehmer verständigen. Außerdem ist er verpflichtet, den Unternehmer über die **Marktlage** in seinem Tätigkeitsgebiet zu informieren und ihm alle sonstigen **Auskünfte** zu erteilen, damit dieser beurteilen kann, wieweit sich die einzelnen Geschäfte lohnen (Mitteilungspflicht – *dovere di informazione*).

Für die vom Handelsvertreter abgeschlossenen Geschäfte können die Kunden ihm gegenüber etwaige Beanstandungen vorbringen. Das ist Teil seiner beschränkten Vertretungsvollmacht (Art. 1745). Der Handelsvertreter und der Handelsagent haben keinerlei Anspruch auf die Vergütung ihrer Aufwendungen durch den Unternehmer.

**Rechte des Handelsvertreters**

Als Entgelt für seine Tätigkeit hat der Handelsvertreter Anspruch auf die **Provision** (*provvigione*) für alle während der Dauer des Vertragsverhältnisses mit seinem Zutun abgeschlossenen Geschäfte. Von gegenteiligen Abmachungen abgesehen, steht ihm die Provision auch für alle vom Unternehmer direkt mit Dritten abgeschlossenen Geschäfte zu, wenn es sich um bereits früher vom Handelsvertreter angeworbene Kunden handelt oder wenn sie zu seinem Kundenkreis zählen. Der Anspruch auf Provision besteht spätestens, wenn die Geschäfte ausgeführt werden oder wenn die Zahlung durch den Kunden erfolgt oder hätte erfolgen sollen (Art. 1748).

Die Handelsagenten und die Handelsvertreter tragen ein beträchtliches unternehmerisches **Risiko**: Sie können unter Umständen nur wenige Kunden finden. Außerdem kann das vermittelte oder »vorbehaltlich Billigung« abgeschlossene Geschäft vom Unternehmer abgelehnt werden. Für die Geschäfte, die ohne zu vertretenden Grund nicht zur Ausführung gelangt sind, muss jedoch Provision bezahlt werden.

Die Höhe der Provision kann zwischen Handelsvertreter und Unternehmer frei vereinbart werden. In der Regel wird als Provision ein gewisser Prozentsatz vom Verkaufspreis festgelegt (Verkaufspreis ohne Abzug etwaiger Skonti, aber abzüglich Steuern und Inkassospesen). Besonders für Ein-Firmenvertreter kann zusammen mit der Provision ein **monatliches Fixum** vereinbart werden. Die vom Geschäftsgang abhängige Provision muss jedoch einen wesentlichen Teil des Gesamtentgeltes ausmachen, weil sonst das Risiko, ein wesentliches Merkmal des Handelsvertretervertrages, entfällt. Die Provision muss nach Art. 1749 jeweils für ein Quartal abgerechnet werden, und der Vertreter erhält die **Provisionsabrechnung** im Monat, das auf das jeweilige Quartal folgt. Innerhalb der gleichen Frist hat auch die **Zahlung der Provision** zu erfolgen. Der Handelsvertreter kann vom Unternehmer den **Buchungsauszug** mit allen provisionspflichtigen Geschäften und sonstige Informationen verlangen, um die Provisionsabrechnung prüfen zu können.

Provision wird je Quartal abgerechnet

Grundsätzlich haftet der Handelsvertreter nicht gegenüber dem Unternehmer, wenn der Kunde seine Zahlungsverpflichtungen nicht erfüllt. Er verliert jedoch in diesem Fall die Provision. Übernimmt er hingegen für einzelne Geschäfte eine beschränkte **Delkrederehaftung**, so muss er bei Zahlungsausfall innerhalb der von den Kollektivabkommen festgelegten Grenzen für den Schaden einstehen (15–20 % des nicht bezahlten Betrages).

**Pflichten des Unternehmers**

Für den Unternehmer besteht vor allem die Pflicht, dem Handelsvertreter die vereinbarte **Provision** für die durchgeführten Geschäfte zu bezahlen. Außerdem muss der Unternehmer nach Art. 1749 dem Handelsvertreter die für seine Tätigkeit erforderlichen Preislisten, Kataloge, sonstigen Unterlagen und Muster zur Verfügung stellen. Der Unternehmer ist auch verpflichtet, den Handelsvertreter innerhalb einer angemessenen Frist zu unterrichten, wenn die **Geschäftsentwicklung wesentlich ungünstiger** verläuft, als normalerweise anzunehmen war. Schließlich muss der Unternehmer den Handelsvertreter **benachrichtigen**, ob die von ihm vermittelten Geschäfte angenommen oder abgelehnt wurden und ob von den angenommenen Geschäften bestimmte nicht ausgeführt wurden.

## Beendigung des Vertragsverhältnisses

Der Handelsvertretervertrag kann als befristeter (*tempo determinato*) oder als unbefristeter Vertrag (*tempo indeterminato*) abgeschlossen werden. Wird der befristete Vertrag nach Ende der Laufzeit fortgesetzt, so bewirkt das die Umwandlung in einen Vertrag mit unbefristeter Dauer.

Bei einem Handelsvertretervertrag mit unbefristeter Dauer kann jede Partei unter Einhaltung der Kündigungsfrist, die zwischen 3 und 8 Monaten beträgt, vom Vertrag zurücktreten. Dem Handelsvertreter steht auch die Provision für jene Geschäfte zu, die in einer angemessenen Frist **nach Beendigung** des Vertragsverhältnisses zustande kommen und vorwiegend auf seinen Einsatz zurückzuführen sind (Art. 1748). Bei Beendigung des Vertragsverhältnisses muss der Unternehmer dem Handelsvertreter eine **Abfertigung** (Art. 1751 – *indennità di fine rapporto*) zahlen. Kein Anspruch auf Abfertigung besteht, wenn der Handelsvertreter vom Vertrag zurücktritt. Es sei denn, der Rücktritt erfolgt wegen Alter, Gebrechen oder Krankheit des Handelsvertreters oder aus einem Grund, der dem Unternehmer zuzuschreiben ist. Außerdem besteht kein Abfertigungsanspruch, wenn es wegen einer schwer wiegenden Nichterfüllung durch den Handelsvertreter zur Auflösung des Vertragsverhältnisses kommt.

Gesamtstaatliche Kollektivabkommen

Die gesamtstaatlichen **Kollektivabkommen** sehen Bestimmungen für die **Abfertigung** vor, die für den Handelsvertreter viel günstiger sind. Demnach hat der Handelsvertreter stets Anrecht auf Abfertigung, unabhängig aus welchem Grund das Vertragsverhältnis aufgelöst wurde. Die Abfertigung wird nach abgestuften Prozentsätzen von den gesamten Provisionen des Vertragszeitraums berechnet. Die Zahlung der Abfertigung erfolgt durch eine eigene Sozialversicherungsanstalt (Enasarco), aufgrund der periodisch vom Unternehmer überwiesenen Beiträge. Bei Kündigung durch den Unternehmer steht dem Handelsvertreter nach den Kollektivabkommen noch eine zusätzliche Entschädigung für den Kundenstock zu (*indennità supplettiva di clientela*), wenn ihm kein schwer wiegender Grund angelastet wird.

Für alle Streitigkeiten, die sich aus dem Agentur- oder Handelsvertretervertrag ergeben, muss zuerst ein Schlichtungsversuch bei den zuständigen Verbänden unternommen werden, bevor ein Gerichtsverfahren eingeleitet wird.

## Verschiedene Arten von Handelsvertretern, Absatzförderern und Geschäftsanbahner

Im allgemeinen Sprachgebrauch wird der Ausdruck »Vertreter« oder »Agent« für eine Vielzahl von verschiedenen Berufen und unterschiedlichen Unternehmen verwendet, die meistens mit der Förderung des Absatzes beauftragt sind.

Anlagenvermittler

Dazu zählen unter anderem die **Anlagenvermittler** (Anlagenberater oder Absatzförderer für Finanzprodukte – *promotori di servizi finanziari*), die noch genauer im Zusammenhang mit den Finanzprodukten behandelt werden. Sie sind in ein eigenes Berufsverzeichnis eingetragen und sie können ihre Tätigkeit als Agenten und somit als selbständige Unternehmer für eine Wertpapierfirma oder ein Finanzinstitut ausüben. Anlagenvermittler können auch als Arbeitnehmer z. B. für eine Bank tätig sein.

Versicherungsagenten

Ebenfalls zu den Agenten und Handelsvertretern zählen die freien **Versicherungsagenten** (*agente di assicurazione a gestione libera*), die von den als Arbeitnehmer beschäftigten Versicherungsagenten (*agente in economia*) zu unterscheiden sind. Für alle Versicherungsagenten ist die Eintragung in das Einheitsregister der Versicherungs- und

Rückversicherungsvermittler (*Registro Unico degli Intermediari assicurativi e riassicurativi – RUI*) vorgeschrieben.

Bei den Immobilienmaklern und den Handelsmaklern für die Vermittlung von Waren, die auf italienisch oft als »Agenten« bezeichnet werden (*agente immobiliare, agente merciologico*), handelt es sich eindeutig um Makler. Wie wir gleich noch genauer sehen werden, sind sie ebenfalls als Vermittler von Geschäften tätig. Die Makler stehen aber mit keiner der Vertragsparteien in einem Mitarbeits-, Abhängigkeits- oder Vertretungsverhältnis und für sie besteht keine Pflicht zur aktiven Kundenwerbung.

Geschäftsanbahner

Vom Agenten und Handelsvertreter ist der so genannte **Geschäftsanbahner** (*procacciatore d'affari*) zu unterscheiden. Der Geschäftsanbahner handelt ebenfalls im ausschließlichen Interesse des Unternehmers, es besteht aber **kein dauerhaftes Vertragsverhältnis**. Der Geschäftsanbahner verpflichtet sich nur **gelegentlich Geschäfte zu vermitteln**, ohne an ein bestimmtes Gebiet gebunden zu sein und ohne Ausschließlichkeitsrecht. Teilweise können die Bestimmungen für die Handelsvertreter auch für die Geschäftsanbahner angewandt werden.

Nicht als Handelsvertreter zu erachten sind hingegen die Werbeagenturen (*agenzia pubblicitaria*), die von Unternehmen mit der Ausarbeitung und Durchführung von Werbeaktionen beauftragt werden. Der mit den Werbeagenturen abgeschlossene Vertrag ist dem einfachen Werkvertrag oder dem Mandat (Auftrag) zuzurechnen. Auch die Reisebüros (*agenzia di viaggi*) zählen nicht zu den Handelsvertretern. Beim Vertrag, den sie mit den Reiseveranstaltern zur Vermittlung von Pauschalreisen abschließen, handelt es sich ebenfalls um einen Auftrag.

Es gibt schließlich eine Reihe von Unternehmen, die Dienstleistungen erbringen, jedoch keine Vermittlertätigkeit ausüben. Sie verwenden aber trotzdem vielfach die Bezeichnung »Agentur« (*agenzia*). Dazu zählen die Nachrichtenagenturen (Presseagenturen – *agenzia di stampa*: Ansa, DPA, Reuters usw., die gegen Bezahlung die Medien mit Nachrichten beliefern), die Zeitungsverteiler (*agenzia giornalistica*), die privaten Postverteiler (*agenzie di recapito corrispondenza*, es handelt sich um Beförderungsunternehmen), die Agenturen für Autoangelegenheiten (*agenzie automobilistiche*).

Handelsreisende

Die Unterschiede zwischen Handelsvertreter und Vertragshändler wurden bereits früher behandelt. Abschließend seien noch die **Handelsreisenden** (*piazzista, commesso viaggiatore*) erwähnt. Es sind Beschäftigte eines Unternehmens, die wie die Handelsvertreter Geschäfte vermitteln. Sie sind entweder in einem bestimmten Gebiet (*piazzista*) oder ohne Gebietsbeschränkung (*commesso viaggiatore*) tätig.

## Handelsvertretervertrag

*Contratto di agenzia*

(vereinfacht)

Die Firma Robert Platzgummer GmbH
mit Sitz in Bozen, Lauben 19,
im Folgenden »Unternehmer« genannt

und die Firma Rossi Concetta snc
mit Sitz in Salerno, Piazza Garibaldi 5,
im Folgenden »Handelsvertreter« genannt
vereinbaren

**1. Gegenstand des Vertrages**

1.1 Mit diesem Vertrag erteilt der Unternehmer dem Handelsvertreter die ausschließliche Handelsvertretung, um Verkaufsverträge für die in Beilage A festgelegten Waren (in Folge als »Vertragswaren« bezeichnet) in den Provinzen Salerno und Avellino (in Folge als »Gebiet« bezeichnet) abzuschließen.

1.2 Der Handelsvertreter bestätigt, dass er in das Verzeichnis der Handelsagenten und Handelsvertreter bei der Handelskammer in Salerno eingetragen ist.

1.3 Der Unternehmer kann nach seinem Ermessen das Verzeichnis der Vertragswaren (Beilage A) abändern, indem er Waren streicht, ersetzt oder hinzufügt.

**2. Gebiet und Ausschließlichkeitsrechte**

2.1 Der Handelsvertreter darf außerhalb des Gebietes weder direkt noch indirekt Geschäfte fördern oder abschließen.

2.2 Der Handelsvertreter hat im Gebiet das Ausschließlichkeitsrecht und der Unternehmer verpflichtet sich, die Vertretung der Vertragswaren im Gebiet keinem anderem Unternehmen und keiner anderen Person zu übertragen.

2.3 Die Verkäufe von Vertragswaren an öffentliche Körperschaften werden vom Unternehmer direkt durchgeführt. Für diese Geschäfte steht dem Handelsvertreter die Hälfte der Provision nach Art. 8.1 zu.

2.4 Der Handelsvertreter ist verpflichtet, sich vom Wettbewerb mit dem Unternehmer zu enthalten.

2.5 Der Unternehmer hat das Recht, das Gebiet mit einer Vorankündigung von zwei Monaten abzuändern.

2.6 Der Handelsvertreter ist verpflichtet, bei Abschluss des vorliegenden Vertrages dem Unternehmer sämtliche Verträge mitzuteilen, die ihn als Handelsvertreter an andere Unternehmen binden. Er ist außerdem verpflichtet, den Unternehmer im Voraus zu unterrichten, wenn er in Zukunft Verträge gleicher Art abzuschließen beabsichtigt.

**3. Wettbewerbsverbot**

3.1 Für die Dauer von zwei Jahren nach Beendigung des Vertragsverhältnisses verpflichtet sich der Handelsvertreter, keine Geschäfte im Gebiet für Waren von der Art der Vertragswaren – mittelbar oder unmittelbar – zu fördern und abzuschließen.

**4. Ausschluss der Vertretungsmacht**

4.1 Der Auftrag wird dem Handelsvertreter ohne Vertretungsmacht erteilt. Er kann deshalb die Geschäfte nur »vorbehaltlich der Billigung durch das Unternehmen« (»salvo approvazione della Casa«) abschließen.

4.2 Ohne vorherige Ermächtigung, die schriftlich und für den jeweiligen Fall vom Unternehmer erteilt werden muss, ist der Handelsvertreter nicht ermächtigt, Geldbeträge entgegenzunehmen und Quittungen dafür auszustellen, Skonti oder Zahlungsaufschub zu gewähren, einen Vergleich abzuschließen oder ähnliche Handlungen vorzunehmen.

**5. Mindestumsätze**

5.1 Der Handelsvertreter ist verpflichtet, einen jährlichen Mindestumsatz zu erreichen, der vom Unternehmer jeweils im Voraus aufgrund von Marktanalysen festgelegt wird.

**6. Pflichten des Handelsvertreters**

6.1 Der Handelsvertreter ist verpflichtet, die vom Unternehmer festgelegten Verkaufs-, Liefer- und Zahlungsbedingungen sowie die Allgemeinen Geschäftsbedingungen des Unternehmers (Beilage B) einzuhalten.

6.2 Der Handelsvertreter muss die gesammelten Bestellungen umgehend an den Unternehmer weiterleiten. Der Unternehmer behält sich vor, die eingetroffenen Bestellungen abzulehnen, ohne hierfür eine Begründung geben zu müssen.

6.3 Der Handelsvertreter muss dem Unternehmer unverzüglich die erforderlichen Informationen zukommen lassen, um Vor- und Nachteile der Geschäfte einschätzen zu können. Er ist verpflichtet, sich der Zahlungsfähigkeit der Kunden zu vergewissern, deren Bestellungen er an den Unternehmer weiterleitet.

6.4 Der Handelsvertreter ist verpflichtet, dem Unternehmer beim Einzug von Forderungen beizustehen.

6.5 Der Handelsvertreter ist berechtigt, Rügen von Seiten der Kunden betreffend Mängel der Vertragswaren entgegenzunehmen und er muss den Unternehmer unverzüglich davon verständigen. Zusagen an Kunden über Preisnachlässe oder über die Rücknahme von mit Mängeln behafteten Waren dürfen nur mit ausdrücklicher Ermächtigung des Unternehmers gemacht werden.

6.6 Der Handelsvertreter ist verpflichtet, dem Unternehmer je Quartal eine genaue Beschreibung der Markt- und Wettbewerbssituation in seinem Gebiet zukommen zu lassen.

**7. Pflichten des Unternehmers**

7.1 Der Unternehmer stellt dem Handelsvertreter eine angemessene Musterkollektion der Vertragswaren zur Verfügung und verpflichtet sich, die Musterkollektion wenn erforderlich zu erneuern. Die Musterkollektion bleibt Eigentum des Unternehmers und der Handelsvertreter muss sie bei Beendigung des Vertragsverhältnisses zurückgeben.

7.2 Der Unternehmer stellt dem Handelsvertreter alle zur Ausübung seiner Tätigkeit erforderlichen Unterlagen wie Preislisten, Kataloge, Werbematerial und Bestellvordrucke zur Verfügung.

7.3 Der Unternehmer wird dem Handelsvertreter unverzüglich jede Änderung der Preise, Verkaufs- und Zahlungsbedingungen mitteilen.

7.4 Der Unternehmer wird dem Handelsvertreter unverzüglich mitteilen, ob eine Bestellung angenommen oder abgelehnt worden ist. Außerdem wird er den Handelsvertreter unverzüglich von der Ausführung der Geschäfte, die durch seine Vermittlung zustande gekommen sind, informieren und ihm auch die nach Art. 2.3 direkt vom Unternehmer durchgeführten Verkäufe mitteilen.

**8. Provisionen des Handelsvertreters**

8.1 Auf alle Verkäufe von Vertragswaren, die während der Vertragslaufzeit mit Kunden im Gebiet abgeschlossen worden sind, erhält der Handelsvertreter eine Provision in Höhe von 20 % (zwanzig Prozent) vom Rechnungsbetrag ohne Skonti abzüglich der Steuern. Alle Nebenkosten wie Verpackungs-, Transport- und Versicherungskosten sind ausgeschlossen.

8.2 Das Recht auf Zahlung der Provision entsteht nach Zahlung der Rechnung.

8.3 Alle Kosten, die dem Handelsvertreter bei Erfüllung der Pflichten aus dem vorliegenden Vertrag erwachsen, gelten durch die Provisionszahlung als abgegolten.

8.4 Die Provisionen stehen dem Handelsvertreter auch für jene Geschäfte zu, die innerhalb von 6 (sechs) Monaten nach Ende der Vertragslaufzeit abgeschlossen werden, wenn der Abschluss hauptsächlich auf die Tätigkeit des Handelsvertreters zurückzuführen ist.

8.5 Der Unternehmer ist verpflichtet, für jedes Quartal dem Handelsvertreter jeweils innerhalb des folgenden Monats eine Provisionsabrechnung zukommen zu lassen und innerhalb dieser Frist muss auch die Zahlung der Provisionen erfolgen.

8.6 Zur Kontrolle der Provisionsabrechnung kann der Handelsvertreter einen Buchungsauszug anfordern.

**9. Abfertigung**

9.1 Bei Beendigung des Vertragsverhältnisses steht dem Handelsvertreter eine Abfertigung zu, die nach den geltenden Bestimmungen der Kollektivabkommen berechnet wird.

**10. Vertragsdauer**

10.1 Der vorliegende Vertrag wird auf bestimmte Zeit abgeschlossen, und zwar für die Dauer von fünf Jahren ab Vertragsabschluss.

**11. Ausdrückliche Auflösungsklausel**

11.1 Der Unternehmer kann den vorliegenden Vertrag auflösen, wenn der Handelsvertreter gegen eine der folgenden Pflichten verstößt:
a) wenn er entgegen dem Verbot außerhalb des Gebietes die Tätigkeit als Handelsvertreter für Vertragswaren ausübt (Art. 3.1);
b) wenn er die Vertretungsmacht ohne Zustimmung ausübt (Art. 4);
c) wenn er den festgelegten Mindestumsatz nicht erreicht (Art. 5);
d) wenn er die Pflichten nach Art. 6 in grober Weise verletzt.
Der Unternehmer hat dem Handelsvertreter die Auflösung des Vertrages mit Einschreiben und Rückschein mitzuteilen.

**12. Pflichten bei Vertragsbeendigung**

12.1 Bei Vertragsbeendigung ist der Handelsvertreter verpflichtet, dem Unternehmer die Musterkollektion und sämtliche Unterlagen zurückzugeben.

**13. Schlussbestimmungen**

13.1 Der vorliegende Vertrag ist vom Handelsvertreter nicht abtretbar und er darf nicht die gegenüber dem Unternehmer bestehenden Forderungen abtreten.

13.2 Änderungen oder Zusätze zum vorliegenden Vertrag bedürfen ausnahmslos der Schriftform.

13.3 Folgende Beilagen sind Bestandteil dieses Vertrages:
a) Beilage A: Vertragswaren;
b) Beilage B: Allgemeine Geschäftsbedingungen des Unternehmers.

**14. Gerichtsort**

14.1 Für alle Streitigkeiten aus diesem Vertrag, die nicht im Schlichtungsverfahren nach den Kollektivabkommen beigelegt werden können, ist das Landesgericht Bozen zuständig.

| Der Unternehmer | Der Handelsvertreter |
| --- | --- |
| *Robert Platzgummer* | *Concetta Rossi* |
| (Robert Platzgummer GmbH) | (Rossi Concetta snc) |

Der Handelsvertreter erklärt ausdrücklich, dass er nach Art. 1341 und 1342 ZGB getrennt folgende Klauseln des vorliegenden Vertrages annimmt: Art. 2 Gebiet, Art. 3 Wettbewerbsverbot, Art. 11 Ausdrückliche Aufhebungsklausel, Art. 14 Gerichtsort

*Concetta Rossi*
(Rossi Concetta snc)

## DER MAKLERVERTRAG

Im Zivilgesetzbuch wurde auf die Definition des Maklervertrages (*mediazione*) verzichtet. Dafür ist festgelegt, wer als Makler (*mediatore*) zu gelten hat: »**Makler** ist, wer zwei oder mehrere Parteien zwecks Geschäftsabschluss miteinander in Verbindung bringt, ohne mit einer von ihnen durch ein Verhältnis der Mitarbeit, Abhängigkeit oder Vertretung verbunden zu sein« (Art. 1754).

Maklerverzeichnis

Die Ausübung der Maklertätigkeit wird durch ein eigenes Gesetz geregelt (Gesetz Nr. 39/1989), das die Eintragung in das **Maklerverzeichnis** (*ruolo degli agenti di affari in mediazione*) bei der Handelskammer vorschreibt. Damit soll der Schwarzmaklerei ein Riegel vorgeschoben werden. Denn wer eine Maklertätigkeit ohne Eintragung in das Maklerverzeichnis ausübt, hat keinen Anspruch auf den Maklerlohn (Provision – *provvigione*), und das Gesetz sieht ausdrücklich vor, dass der Schwarzmakler eine eventuell bezogene Provision zurückzahlen muss.

Für die Eintragung in das Maklerverzeichnis sind berufliche Qualifikationen erforderlich, die mit einer Prüfung festgestellt werden. Außerdem ist ein Zuverlässigkeitsnachweis zu erbringen. Das Maklerverzeichnis ist in drei Sektionen unterteilt: Immobilienmakler (*agente immobiliare*), Handelsmakler (*agente merceologico*) sowie jene Makler, die nur gelegentlich die Maklertätigkeit ausüben. Makler sind selbständige Unternehmer.

Das Maklergesetz (Gesetz Nr. 39/1989) regelt ferner die Festlegung der Maklertarife und schreibt vor, dass gewerblich tätige Makler, die Vertragsvordrucke oder vorgefertigte Auftragsschreiben (*lettera di incarico*) verwenden, vorher eine Kopie davon bei der Handelskammer hinterlegen müssen. Für die als Kreditvermittler tätigen Makler (*mediatore creditizio*) ist ein gesondertes Verzeichnis vorgesehen, das bei der Banca d'Italia geführt wird. Zu den Maklern zählen auch die Versicherungsbroker (*broker in assicurazioni*), deren Broker-Verträge gesetzlich geregelt sind und sich vom Maklervertrag unterscheiden (Gesetz Nr. 792/1984).

Merkmale des Maklervertrages

Aus den Bestimmungen des Zivilgesetzbuches lassen sich folgende **Merkmale des Maklervertrages** ableiten: Wesentlich ist, dass der Makler zwei oder mehrere Parteien zum Abschluss eines Geschäftes (meistens Kaufverträge oder Mietverträge betreffend Immobilien, Kaufverträge betreffend Waren oder Dahrlehensverträge) miteinander **in Verbindung bringt**. Das bedeutet, dass er den Geschäftsabschluss durch Beratung und Information der Parteien fördert und dazu beiträgt, etwaige Schwierigkeiten zu überwinden. Dabei ist erforderlich, dass der Makler mit den Parteien des vermittelten Geschäftes **in keinem Abhängigkeitsverhältnis**, z. B. als Handelsvertreter oder als Arbeitnehmer steht. Es ist jedoch nicht notwendig, dass der Makler von allen Parteien einen Auftrag zur Herbeiführung des Geschäftsabschlusses erhält. Es genügt, wie das in der Praxis meistens der Fall ist, der Auftrag einer einzigen Partei. Außerdem handelt es sich um ein **genau abgegrenztes Geschäft** (z. B. Kauf einer Wohnung, Verkauf von 10 Waggon Äpfel), das der Makler vermittelt, und nicht um die Vermittlung einer unbestimmten Anzahl von Geschäften, wie z. B. durch Handelsvertreter und Agenten.

Kennzeichnend für den Maklervertrag ist außerdem, dass der Makler nicht zum Tätig-Werden verpflichtet ist und jederzeit den Auftrag zurücklegen kann. Auch die Partei, für die der Makler die Vermittlung eines Geschäftsabschlusses übernommen hat, ist ebenfalls **nicht zum Abschluss** des in Aussicht genommenen **Vertrages verpflichtet**. Die Provision (Maklerlohn – *provvigione*), die jede der Parteien zahlen muss, steht dem Makler nur zu, wenn das Geschäft durch seine Vermittlung zustande kommt.

Pflichten des Maklers

Bei der Ausübung seiner Tätigkeit muss sich der Makler entsprechend dem allgemeinen Schuld- und Vertragsrecht redlich verhalten und den Grundsatz von Treu und Glauben beachten. Nach Art. 1759 ist der Makler verpflichtet, den Parteien alle ihm bekannten Informationen mitzuteilen, die für die Beurteilung und die Sicherheit des Geschäftes wichtig sind und den Abschluss des Geschäftes beeinflussen können (**Informationspflicht**). Dem Makler ist es untersagt, seine Vermittlertätigkeit für offenkundig zahlungsunfähige Personen auszuüben.

Pflichten der Partei

Wurde das Geschäft durch die Vermittlung des Maklers abgeschlossen, so sind die Parteien verpflichtet, ihm den vereinbarten **Maklerlohn** zu bezahlen. Um zu verhindern, dass der Makler um sein Entgelt gebracht wird, steht ihm der Maklerlohn auch dann zu, wenn das abgeschlossene Geschäft nicht genau dem vom Makler vermittelten Geschäft entspricht. Zum Beispiel durch die Vermittlung des Maklers hätte ein Vorvertrag für den Kauf einer Immobilie geschlossen werden sollen, aber die Parteien schließen sofort den Kaufvertrag. Der Makler hat in diesem Fall trotzdem Anspruch auf den Maklerlohn.

Hat der Makler mit Hinblick auf den Geschäftsabschluss Auslagen getätigt, so muss sie jene Partei erstatten, die dazu den Makler beauftragt hat. Nach Art. 1756 hat der Makler auch dann Anspruch auf **Erstattung der Auslagen**, wenn das beabsichtigte Geschäft nicht abgeschlossen wird. Durch eine Vereinbarung oder durch das Gewohnheitsrecht kann jedoch die Pflicht zur Erstattung der Auslagen ausgeschlossen werden.

Es besteht auch die Möglichkeit, dass der Makler den Abschluss des Geschäftes mit einer **nicht genannten** Vertragspartei vermittelt (Art. 1762). Er haftet in diesem Fall für die Ausführung des Vertrages. In der Praxis sind in den Maklerverträgen verschiedene Klauseln vorgesehen, wie z. B. »Alleinauftrag« (*patto di esclusiva*), »provisionsfrei« (*franco provvigione*), »Provision bei Zahlung des Kaufpreises« (*salvo buon fine*), eine Partei gibt dem Makler ein »zeitlich begrenztes Verkaufsangebot oder Kaufangebot« (*proposta contrattuale scritta*) usw. Einige dieser Vertragsklauseln können aufgrund der Bestimmungen über missbräuchliche Klauseln in Verbraucherverträgen (Verbraucherschutz-Gesetzbuch Art. 33 ff.) in den Allgemeinen Geschäftsbedingungen für Verträge mit Verbrauchern nicht mehr verwendet werden.

## BEISPIELE UND FRAGEN

[1] Welche sind beim Auftrag (*contratto di mandato*) die Pflichten des Beauftragten (*mandatario*) und des Auftraggebers (*mandante*)?

[2] Wann ist der Auftrag erfüllt?

[3] Wann kann sich der Beauftragte vom Vertrag lösen?

[4] Der Gläubiger Keingeld hat zahlreiche Forderungen gegen verschiedene Schuldner. Mit der Eintreibung beauftragt er Frau Bianchi. Hierfür soll Bianchi 5 % des jeweiligen Betrages bekommen. Nachdem Frau Bianchi die Forderungen eingetrieben hat, muss sie feststellen, dass Keingeld selber hoch verschuldet ist und er deshalb das vereinbarte Entgelt nicht bezahlen will. Kann sich Frau Bianchi aus den eingetriebenen Geldbeträgen befriedigen?

[5] Der wohlhabende Manager Franco Amici beauftragt in Rom Herrn Claudio Bini mit dem Kauf einer Yacht, die im Hafen von Nizza vor Anker liegt. Bini soll nach Nizza fahren, um die Yacht vor dem Kauf in Augenschein zu nehmen. Dort erhält Bini einen Anruf von Amici. Er teilt ihm mit, dass der Auftrag »null und nichtig« sei. Ist der Auftrag tatsächlich erloschen?

[6] Die Buchhändlerin G. Kofler verkauft Bücher für den Verlag »Epikur«. Dafür erhält sie 20 % vom Verkaufspreis. Um was für einen Vertrag handelt es sich?

[7] Was ist der Unterschied zwischen einem Spediteur (*spedizioniere*) und einem Frachtführer (vettore)?

[8] Der Handelsvertreter Pasquale Esposito ist für die Bohrmaschinenfabrik »Deck & Becker« in Salerno tätig. Er möchte nun gleichzeitig die Vertretung der Bohrmaschinenfabrik »Stark« für Salerno und Umgebung übernehmen. Ist das zulässig? Was muss er in den Verträgen mit den jeweiligen Unternehmen beachten?

[9] Hat der Makler Anspruch auf Provision, wenn das beabsichtigte Geschäft nicht zustande kommt? Was sind die Auswirkungen, wenn das abgeschlossene Geschäft nicht genau dem vom Makler vermittelten Geschäft entspricht?

# Beförderungs-, Reise- und Lagervertrag

## DER BEFÖRDERUNGSVERTRAG

Die Begriffsbestimmung im Zivilgesetzbuch ist klar: »Mit dem Beförderungsvertrag verpflichtet sich der **Beförderer** (*vettore*), Personen oder Sachen gegen Entgelt von einem Ort nach einem anderen zu befördern« (Art. 1678). Es handelt sich um einen **Werkvertrag**, der eine Dienstleistung, die Beförderung von Personen oder Sachen zum Gegenstand hat.

Neben den Regelungen im Zivilgesetzbuch und Schifffahrtsgesetzbuch gelten verschiedene Einzelgesetze für die jeweiligen Transportarten. Innerhalb der EU bestehen eigene Wettbewerbsregeln für den Verkehrssektor, die von den allgemeinen Wettbewerbsregeln abweichen. In diesem Zusammenhang sind – gesondert nach den verschiedenen Verkehrsarten – zahlreiche Verordnungen erlassen worden. Für den internationalen Personen- und Warenverkehr sind vor allem die verschiedenen internationalen Abkommen von Bedeutung, so z. B. das Genfer CMR-Übereinkommen für den grenzüberschreitenden Straßengüterverkehr (1956, CMR = Convention relative au Contrat de Transport International des Marchandise par Route), das Berner Übereinkommen (1961) für den grenzüberschreitenden Eisenbahnfrachtverkehr, das Genfer Übereinkommen für den kombinierten Verkehr (1980) und das Warschauer Übereinkommen mit Zusatzprotokollen für den Personenluftverkehr (1929).

Personenbeförderung
Güterbeförderung

Im Zivilgesetzbuch, mit dem wir uns hier fast ausschließlich befassen, wird zwischen der **Personenbeförderung** (*trasporto di persone*) und der **Güterbeförderung** (*trasporto di cose*) unterschieden, für die weitgehend getrennte Bestimmungen gelten. Der Beförderungsvertrag ist praktisch auf alle Beförderungsarten anzuwenden, wie z. B. die Stromverteilung über Leitungen, den Transport von Gas und Erdöl über Rohrleitungen, die Beförderung von Schifahrern und Ausflüglern mit Aufstiegsanlagen usw.

### Die Personenbeförderung

Bei der Personenbeförderung besteht das Vertragsverhältnis zwischen dem **Beförderer** und dem **Reisenden**. Dabei ist zu beachten, dass der Beförderer nicht unbedingt ein Unternehmer sein muss. Die Bestimmungen des Zivilgesetzbuchs gelten auch für die gelegentliche und nicht gewerbsmäßige Beförderung von Personen und Sachen. In der Regel handelt es sich beim Beförderer um einen Unternehmer. Neben den Bestimmungen für den Personenbeförderungsvertrag werden, soweit vereinbar, auch die Bestimmungen für die Güterbeförderung und die allgemeinen Regelungen für den Werkvertrag angewandt.

Der Beförderer ist verpflichtet, die Reisenden wohlbehalten an den Bestimmungsort zu befördern. Dabei haftet er für **Unfälle** (*sinistro*), die den Reisenden während der Reise zustoßen (Art. 1681). Gleichzeitig haftet er für den Verlust oder die Beschädigung des vom Reisenden mitgeführten Gepäcks. Wenn ein Schadensfall eintritt, muss der Reisende nicht beweisen, dass der Beförderer fahrlässig gehandelt hat, wie das im Allgemeinen für einen Schadenersatzanspruch erforderlich ist. Als Geschädigter muss der Reisende in diesem Fall nur den Beweis erbringen, dass ein Vertrag mit dem Beförderer bestanden hat, dass er einen Schaden oder einen Verlust erlitten hat und dass ein ursächlicher Zusammenhang (Kausalität) zwischen dem Unfall und dem erlittenen Schaden besteht. Die Haftung für entstandene Schäden entfällt nur, wenn der Beförderer beweist, »dass er alle geeigneten Maßnahmen ergriffen hat, um den Schaden zu vermeiden«. Es gilt also die **Umkehr der Beweislast**. In den meisten Fällen wird der Beförderer somit beweisen müssen, dass der Schaden ausschließlich vom Reisenden oder einer dritten Person, durch Zufall oder höhere Gewalt verursacht wurde. Der Beförderer haftet außerdem für **Verspätungen** und **nicht erfolgte Beförderung**.

Was die Haftung für Schadensfälle anbelangt, so gilt das **nicht für alle Schäden**, die dem Reisenden bei der Beförderung einschließlich der Vorbereitungen zur Abfahrt, während eventueller Zwischenstopps und bei der Ankunft zustoßen können. Nach der überwiegenden Rechtsprechung muss der Schaden »auf die mangelhafte Organisation und Durchführung der Beförderung zurückzuführen sein«. Es ist zu beachten, dass die Haftung bei Schadensfällen, die der Reisende erleidet, auch für **unentgeltliche Beförderungsverträge** gilt. Das könnte vorkommen, wenn z. B. ein Gastwirt seine Gäste unentgeltlich mit seinem Auto zu einer Seilbahnstation befördert und es dabei zu einem Unfall kommt, bei dem die Gäste verletzt werden.

Besondere Bestimmungen und internationale Abkommen regeln den Schutz von Passagieren bei **Flugreisen.** Dazu zählt auch die EU-Verordnung, die im Falle der Nichtbeförderung (overbooking) sowie bei großen Verspätungen oder bei der Annullierung von Flügen Ausgleichs- und Unterstützungsleistungen von Luftfahrtunternehmen bei Flugreisen vorsieht (Verordnung Nr. 261/2004/EG). Die Ausgleichszahlungen beim Ausfall von Linienflügen betragen:

- 250 Euro für Flüge über Entfernungen bis 1500 km,
- 400 Euro für Flüge über Entfernungen zwischen 1500 und 4000 km
- 600 Euro für Flüge über Entfernungen von mehr als 4000 km.

Diese Entschädigung vermindert sich, wenn innerhalb einer kürzeren Zeitspanne ein Ersatzflug geboten wird. Bei größeren Verspätungen von Flügen haben die Fluggäste Anspruch auf Betreuungsleistungen (Mahlzeiten, Erfrischungen, Unterbringung im Hotel). Weiter gehende Schadenersatzansprüche können trotz dieser Entschädigungen geltend gemacht werden.

## Die Güterbeförderung (Frachtvertrag)

Der Güterbeförderungs- oder Frachtvertrag ist der auf die entgeltliche Beförderung von Sachen gerichtete Werkvertrag zwischen dem **Frachtführer** (Beförderer – *vettore*) und dem **Absender** (*mittente*). Wenn das Frachtgut für einen Dritten, dem **Empfänger** (*destinatario*) bestimmt ist, so erwirbt dieser daraus Rechte gegenüber dem Frachtführer. Es handelt sich in diesem Fall um einen Vertrag zugunsten eines Dritten.

**Pflichten des Absenders und des Frachtführers**

Aus dem Frachtvertrag ergeben sich Rechte und Pflichten für den Absender, für den Frachtführer und für den Empfänger. Der **Absender** muss vor allem das **Frachtgeld** (*porto, nolo*) bezahlen, und zwar bei Abschluss des Vertrages. Es kann aber auch festgelegt werden, dass das Frachtgeld vom Empfänger bezahlt wird, wenn er das Frachtgut in Empfang nimmt. Außerdem ist der Absender verpflichtet, durch seine Mithilfe die Beförderung zu ermöglichen, indem er das Frachtgut dem Frachtführer übergibt und die erforderlichen Angaben macht, wie den Namen des Empfängers, den Bestimmungsort sowie Art, Gewicht und Menge der zu befördernden Sachen (Art. 1683).

Bis zur Auslieferung steht dem Absender ein **nachträgliches Dispositionsrecht** (Art. 1685 – *diritto di contrordine*) zu: Er kann den Transport unterbrechen lassen, das Frachtgut zurückführen lassen oder die Auslieferung an einen anderen Empfänger an-

## Der Frachtvertrag

| **Absender** | **Frachtführer**<br>Fuhrunternehmen | **Empfänger** |
|---|---|---|
|  |  |  |
| **Pflichten**<br>• Frachtgeld bezahlen<br>• Übergabe des Frachtgutes<br>• Angaben: Bestimmungsort und Empfänger<br>**nachträgliches Dispositionsrecht**<br>z.B. während der Beförderung einen anderen Bestimmungsort festlegen | **Pflichten**<br>• Frachtgut an den Bestimmungsort befördern und dem Empfänger übergeben<br>• bei Verzögerungen Anweisungen vom Absender einholen<br>• **haftet** für Verspätung, Verlust oder Beschädigung<br>**Vorzugsrecht am Frachtgut**<br>für Forderungen aus dem Frachtvertrag | **Pflichten**<br>• Frachtgut in Empfang nehmen<br>• wenn vereinbart, Frachtgeld bezahlen<br>• Verlust oder Beschädigungen anzeigen |

ordnen. Der **Frachtführer** ist verpflichtet, das Frachtgut zu übernehmen, aufzubewahren, an den Bestimmungsort in der vereinbarten Weise zu befördern und dem Empfänger zu übergeben. Für Ort, Zeitpunkt sowie Art der Übergabe gelten die vertraglichen Abmachungen. Treten beim Transport Hindernisse oder Verspätungen auf, so hat der Frachtführer unverzüglich Anweisungen vom Absender einzuholen. Der Empfänger muss das Frachtgut in Empfang nehmen, bei entsprechender Vereinbarung das Frachtgeld bezahlen und die sofort erkennbaren Beschädigungen des Frachtgutes oder einen teilweisen Verlust desselben dem Frachtführer sofort mitteilen.

**Haftung des Frachtführers**

Der Frachtführer haftet für den Schaden, der wegen nicht durchgeführter oder **verspäteter Lieferung** entsteht. Hierfür gibt es keine besonderen Regelungen, deshalb gelten die allgemeinen Bestimmungen des Vertragsrechts. Zudem haftet der Frachtführer für den Schaden, der sich aus **Verlust oder Beschädigung** des Gutes ergibt. Dazu enthält das Zivilgesetzbuch eigene Bestimmungen: Der Frachtführer haftet für Verlust (*perdita*) oder Beschädigung (*avaria*) der zur Beförderung übergebenen Sachen vom Zeitpunkt der Übernahme bis zur Ablieferung beim Empfänger. Um die Haftung abzuwenden, muss der Frachtführer beweisen, dass Verlust oder Beschädigung auf Zufall (*caso fortuito*), auf die Beschaffenheit oder auf die Mängel des Frachtgutes oder dessen Verpackung zurückzuführen ist oder dass der Absender oder der Empfänger hierfür verantwortlich ist (Art. 1693). Nach der Rechtsprechung genügt es nicht, wenn der Frächter beweist, dass der Schaden nicht durch seine Fahrlässigkeit verursacht wurde. Vielmehr muss die Schadensursache außerhalb des Organisationsbereichs des Frachtführers liegen und sie darf nicht zum typischen Unternehmensrisiko zählen. Demnach muss der Frachtführer z. B. für Schäden durch Diebstahl von Frachtgütern, durch Unfall oder Brand des Fahrzeugs aufkommen. Schäden durch einen Murenabgang oder durch einen Raubüberfall hätte er hingegen nicht zu vergüten. Im Straßengüterverkehr ist eine

Haftungsgrenzen sind sehr niedrig

**Höchstgrenze für die Haftung** des Frachtführers vorgesehen (Gesetz Nr. 162/1993), die besonders bei hochwertigen Gütern viel zu niedrig ist. Wie beim Werkvertrag erlischt der Klageanspruch, wenn das Frachtgut ohne Vorbehalte und mit Zahlung der Forderungen des Frachtführers vom Empfänger übernommen wird. Ausgenommen sind jene Schäden, die vorsätzlich oder grob fahrlässig verursacht wurden. Wenn der teilweise Verlust oder die Schäden bei der Übernahme nicht erkennbar waren, müssen sie gleich nach Entdeckung und spätestens acht Tage nach Übernahme dem Frachtführer angezeigt werden.

Viele Unternehmen versuchen möglichst geringe Lager zu halten, um so Kosten zu sparen. Das erfordert jedoch eine pünktliche Belieferung mit den benötigten Rohstoffen und Bestandteilen, um eine reibungslose Produktion zu ermöglichen. Auch die großen Handelsunternehmen verlangen eine genaue Zustellung an die einzelnen Betriebe. Aus diesen Gründen werden die Fuhrunternehmen verstärkt mit umfassenden Aufgaben betraut, die sowohl die Beschaffung, die Lagerung und den Transport von Rohmaterial und Zwischenprodukten als auch die Auslieferung der Fertigprodukte umfassen. Um den Fluss von Materialien und Produkten richtig steuern zu können, ist ein ständiger elektronischer Datenaustausch zwischen Fuhrunternehmer und Auftraggeber erforderlich. Diese umfangreichen Dienstleistungen werden unter dem Begriff **Logistik** zusammengefasst, und die diesbezüglichen Verträge übersteigen vom Leistungsumfang her bei weitem die herkömmlichen Beförderungsverträge.

## DER REISEVERTRAG

Mit der Entwicklung des **Massentourismus** haben besonders die Pauschalreisen ein ungeahntes Wachstum erfahren. Pauschalreisen ins Ausland werden durch das Brüsseler Übereinkommen über den Reisevertrag (CCV, 1977) geregelt. Innerhalb der Europäischen Union sind die für Pauschalreisen geltenden Bestimmungen harmonisiert worden (Pauschalreisen-Richtlinie 90/314/EWG). Die Verbraucher können so diese Dienstleistungen mit der größtmöglichen Sicherheit auch in anderen Mitgliedsstaaten erwerben. Die entsprechenden Bestimmungen findet man im Verbraucherschutz-Gesetzbuch im Abschnitt »Touristische Dienstleistungen« (Art. 82 ff.), und sie treten in wesentlichen Bereichen an die Stelle des Brüsseler Übereinkommens.

### Pauschalreisen

Pauschalreisen haben Reisen, Ferienaufenthalte und Rundreisen unter Einschluss aller Leistungen zum Gegenstand (*viaggio organizzato, pacchetto turistico, viaggio »tutto compreso«*, package tour). Das Gegenteil der Pauschalreisen sind die **Individualreisen**, bei denen Kunden die einzelnen Leistungen wie Beförderung, Unterkunft oder Verpflegung selbständig bei den jeweiligen Leistungsträgern (Busunternehmen, Fluglinie, Hotel, Restaurant, Fremdenführer, Skilehrer usw.) buchen.

Bei den Pauschalreisen muss es sich um die im Voraus festgelegte Verbindung von mindestens zwei der folgenden Dienstleistungen handeln, die zu einem **Gesamtpreis** (Pauschalpreis, *prezzo forfettario*) angeboten werden:

- Beförderung,
- Unterbringung (*alloggio*),
- andere touristische Dienstleistungen wie Besichtigungen, Ausflüge oder Betreuung durch einen Führer, die einen wichtigen Teil der Gesamtleistung ausmachen.

Die Dauer der Leistung muss mehr als 24 Stunden betragen oder eine Übernachtung einschließen. Keine Anwendung findet demnach die Pauschalreisen-Regelung für touristische Leistungen, die zwar zu einem Gesamtpreis angeboten werden, aber von kürzerer Dauer sind oder nur eine der wesentlichen Leistungen umfassen (z. B. nur die Beförderung oder nur die Unterbringung). Für solche Reiseverträge gelten die Bestimmungen des Zivilgesetzbuches, insbesondere jene über den Werkvertrag für Dienstleistungen, sowie weiterhin das Brüsseler Übereinkommen (CCV).

## Reiseveranstalter und Reisebüro

Als Anbieter von Pauschalreisen treten die Reiseveranstalter und die Reisebüros als Reisevermittler auf. Der **Reiseveranstalter** (*organizzatore di viaggio*, tour operator), dazu zählen auch die Riesen der Tourismusbranche wie TUI oder Thomas Cook Group, stellt Leistungspakete, bestehend aus Beförderung, Unterbringung und anderen Leistungen zusammen, schließt hierfür Verträge mit selbständigen Dienstleistungsträgern wie Hotels, Charterfluggesellschaften und Busunternehmen ab und bietet die Pauschalreisen den Kunden oft über eigene Absatzorganisationen an. Für mangelhafte Leistungen der Hotels, der Fluggesellschaften usw. haftet vor allem der Reiseveranstalter.

Vielfach setzen die Reiseveranstalter selbständige Reisebüros zur Vermittlung von Reisekunden ein. Im Verbraucherschutz-Gesetzbuch werden die Reisebüros als Verkäufer (*venditore*) von Pauschalreisen bezeichnet. Das ist nicht genau, weil die Reisebüros in diesem Fall als Vermittler auftreten. Dazu kann der Reiseveranstalter dem **Reisebüro** (*agenzia di viaggio*, travel agent) als selbständigem Unternehmen einen Auftrag mit Vertretungsvollmacht (*mandato con rappresentanza*) erteilen. Die Reiseverträge werden dann mit den Kunden direkt vom Reisebüro, aber im Auftrag und im Namen des Veranstalters abgeschlossen. Die Zusammenarbeit mit dem Veranstalter kann auch aufgrund eines Agenturvertrages (*contratto di agenzia*) erfolgen. In diesem Fall wird der Reisevertrag zwischen dem Veranstalter und dem Kunden geschlossen, und das Reisebüro tritt nur als Vermittler auf.

Reisebüros treten nicht nur als Vermittler von Pauschalreisen auf, sondern sie vermitteln auch einzelne touristische Leistungen wie Hotelunterbringung, Bus-, Flug- oder Schiffsreisen, Fremdenführer usw. Zwischen Kunde und Reisebüro wird in diesem Fall ein **Reisevermittlungsvertrag** geschlossen. Es handelt sich um einen Auftrag mit Vertretungsvollmacht (*mandato con rappresentanza*) und im Rahmen diese Vertrages haftet das Reisebüro für die mangelhafte Ausführung des Auftrags (z. B. für die Wahl eines unzuverlässigen Reiseveranstalters).

Reisevermittlungs-
vertrag

## Landesgesetz für Reisebüros

Im Rahmen der primären Zuständigkeiten des Landes Südtirol werden die Reisebüros durch das Landesgesetz Nr. 3/2002 geregelt.

»Reisebüros sind Unternehmen, die, gegebenenfalls auch gemeinsam, einzelne oder koordinierte Teile von Reisen und Aufenthalten gegen ein pauschales Entgelt oder gegen eine Provision veranstalten, organisieren, anbieten und verkaufen oder solche Dienstleistungen nur vermitteln oder beide Tätigkeiten ausüben.« Nach dieser etwas holperigen Definition können Reisebüros die Pauschalreisen selbst zusammenstellen und sie im eigenen Namen als **Reiseveranstalter** anbieten. Oder sie treten als **Verkäufer** (Reisevermittler) **von Pauschalreisen** auf, die von Reiseveranstaltern angeboten werden. Das Landesgesetz ermöglicht es den Reisebüros, eine umfangreiche Palette von Leistungen im Zusammenhang mit dem Fremdenverkehr zu erbringen. Dazu gehören zum Beispiel die Organisation von Ausflügen für Einzelpersonen und Gruppen, die Reservierung und der Verkauf von Karten für Eisenbahn-, Bus- und Flugreisen und vieles mehr.

Für die Führung eines Reisebüros ist die **Bewilligung** der Landesverwaltung erforderlich, und als Voraussetzung wird unter anderem die Befähigung zum **Reisebüroinhaber** oder **Reisebüroleiter** verlangt. Dazu sind berufliche Kenntnisse und die Beherrschung der beiden Landessprachen sowie einer weiteren Sprache nachzuweisen. Wer keine einschlägige Ausbildung und Berufspraxis nachweisen kann, muss eine Eignungsprüfung ablegen. Außerdem ist eine Haftpflichtversicherung für Schäden abzuschließen, die Kunden bei der Teilnahme an Reisen erleiden können.

Von der Bewilligungspflicht für Reisebüros ausgenommen sind unter anderem die verschiedenen Tourismusorganisationen (Tourismusvereine und -verbände, Kurverwaltung, Verkehrsamt) sowie die Alpinschulen, Berg- und Skiführer, die mit Einschränkungen verschiedene touristische Leistungen organisieren können. Auch gemeinnützige Organisationen können Gruppenreisen für ihre Mitglieder und deren Familienangehörige durchführen, ohne dass sie eine Bewilligung benötigen.

## Der Reisevertrag

Reisevertrag zwischen Reiseveranstalter und Verbraucher

Der Reiseveranstalter bietet die Pauschalreise als **Reisevertrag** mit dem **Kunden** (Reisender, Verbraucher, *consumatore*) an, wobei es sich im Wesentlichen um einen Werkvertrag mit Unternehmen handelt, für den die detaillierten Regelungen des Verbraucherschutz-Gesetzbuches gelten. Zur Information der Kunden werden die verschiedenen Pauschalreisen-Angebote in Prospekten oder Katalogen dargestellt, die genaue, klare und nicht irreführende Angaben enthalten müssen. Diese Angaben sind für den Veranstalter und den Verkäufer im jeweiligen Haftungsbereich bindend, und etwaige Abänderungen müssen den Kunden rechtzeitig und schriftlich bekannt gegeben werden.

Nach der Pauschalreisen-Regelung muss der **Pauschalreisevertrag** (*contratto di vendita di pacchetti turistici*) schriftlich abgefasst werden und er muss klare und genaue Angaben enthalten. Eine unterschriebene oder abgestempelte Abschrift des Vertrages ist dem Kunden auszuhändigen.

Damit sich der Verbraucher ein genaues Bild von den Leistungen und von seinen Pflichten machen kann, ist im Detail vorgeschrieben, welche Angaben der **Vertrag für Pauschalreisen** zu enthalten hat:

- Bestimmungsort, Dauer, Beginn und Ende der Reise;
- Name und Anschrift des Reiseveranstalters und des Vermittlers;
- Preis der Pauschalreise; Hinweis auf Landegebühren, Aufenthaltsgebühren usw., sofern sie nicht im Pauschalpreis enthalten sind; Preiserhöhungen nach Vertragsschluss (z. B. wegen gestiegener Transportkosten oder wegen Änderung des Wechselkurses) sind nur zulässig, wenn im Vertrag ausdrücklich vereinbart. 20 Tage vor der Abreise sind keine Preiserhöhungen mehr erlaubt;
- Höhe der Anzahlung bei Vormerkung der Reise: Die Anzahlung darf 25 % des Gesamtpreises nicht übersteigen (dieser Betrag gilt als Angeld zur Bestätigung nach Art. 1385 und ermöglicht dem Kunden den Rücktritt vom Vertrag);
- Frist für die Zahlung des Restbetrages;
- Versicherungsschutz;
- Transportmittel, ihre Merkmale und Klasse, Tag, Uhrzeit und Ort der Abreise und der Rückkehr, vorgemerkter Platz;

- wenn vorgesehen, Art, Lage, Kategorie oder Komfort und Hauptmerkmale der Unterbringung im Hotel, eventuelle Unterbringungsmöglichkeiten für Behinderte, die Mahlzeiten;
- Reiseroute, Besichtigungen und Ausflüge, die im Gesamtpreis inbegriffen sind;
- Sonderwünsche des Kunden, die angenommen wurden;
- der Termin für die Benachrichtigung des Kunden, wenn die Reise storniert wird, weil die erforderliche Mindestteilnehmerzahl nicht erreicht wurde;
- Frist, innerhalb der vom Kunden Gewährleistungsansprüche wegen Nichterfüllung oder ungenauer Erfüllung des Reisevertrages geltend gemacht werden müssen.

Vor Vertragsabschluss muss der Kunde schriftlich über Pass- und Visumformalitäten informiert werden. Vor Antritt der Reise sind dem Kunden unter anderem Abfahrtzeit, Reiseroute, Anschlussverbindungen, örtliche Vertreter des Veranstalters sowie eine etwaige Reiserücktrittsversicherung schriftlich mitzuteilen.

Eine Absage der Reise durch den Veranstalter ist ohne Schadenersatz nur wegen höherer Gewalt möglich oder wenn die Mindestteilnehmerzahl nicht erreicht wurde. Eine Absage wegen Überbuchung ist nicht zulässig.

Gewährleistung des Veranstalters und/oder des Reisebüros

Der Veranstalter und/oder das Reisebüro haften gegenüber dem Kunden für die ordnungsgemäße Erfüllung der vertraglichen Verpflichtungen, auch wenn andere Dienstleistungsunternehmen (Hotel, Fluggesellschaft) die vereinbarten Leistungen erbracht haben. Sind die Leistungen im Rahmen des Pauschalreisevertrages mangelhaft oder liegt eine Nichterfüllung vor, so haften der Reiseveranstalter und das Reisebüro für die jeweils eingegangenen Verpflichtungen. Sie sind von der Gewährleistung nur entbunden, wenn sie beweisen können, dass die Nichterfüllung oder die mangelhafte Erfüllung dem Kunden zuzurechnen ist (z. B. der Kunde versäumt das Flugzeug) oder auf Zufall oder höhere Gewalt zurückzuführen ist (z. B. Erdbeben). Die Gewährleistung entfällt auch bei unvorhersehbaren oder unabwendbaren Versäumnissen, die einem Dritten zuzurechnen sind. Damit die Gewährleistung gegenüber den Kunden sichergestellt wird, müssen die Reiseveranstalter und die Reisebüros eine Haftpflichtversicherung abschließen.

Beanstandung

Der Kunde muss mangelhafte Leistungen ohne Verspätung beanstanden (noch während der Reise oder während des Aufenthalts), damit der Veranstalter, sein örtlicher Vertreter oder der Reisebegleiter für Abhilfe sorgen können. Um Schadenersatzansprüche geltend zu machen, muss der Kunde die Mängel schriftlich (Einschreiben mit Rückschein) innerhalb von zehn Arbeitstagen nach Rückkehr von der Reise beanstanden.

Das Internet gewinnt auch im Zusammenhang mit Reisen und Pauschalreisen zunehmend an Bedeutung. Die Kunden können so eine Vielzahl von Angeboten vergleichen, Flugtickets und Eisenbahnkarten kaufen oder Pauschalreisen und Mietautos buchen. Damit sind oft beachtliche Preisvorteile verbunden, weil durch das Internet die Kosten für teuere Verkaufsstrukturen entfallen. Zum Schutz der Verbraucher gelten auch in diesem Bereich die Bestimmungen über Fernabsatzverträge im Verbraucherschutz-Gesetzbuch, die den Abschluss von Verträgen zwischen Verbrauchern und Lieferern unter ausschließlicher Verwendung von Telekommunikation (Telefon, Fax, Internet) regelt. Weitere Schutzbestimmungen enthält Richtlinie über den **elektronischen Geschäftsverkehr** (Richtlinie 2000/31/EG), umgesetzt mit EVO Nr. 70/2003 *(commercio elettronico).*

Insbesondere werden durch diese Bestimmungen die Informationspflichten bei kommerziellen Mitteilungen, der Abschluss von Verträgen auf elektronischem Weg sowie das Rücktrittsrecht des Verbrauchers geregelt. Außerdem gilt ein Verbot von unaufgeforderten kommerziellen Mitteilungen.

## DER BEHERBERGUNGSVERTRAG

Mit dem **Beherbergungsvertrag** (*contratto d'albergo*) verpflichtet sich der **Gastwirt** (*l'albergatore*) gegen Entgelt dem **Gast** (*cliente*) für die Unterkunft (*alloggio*) möblierte Räumlichkeiten zur Verfügung zu stellen sowie eine Reihe von notwendigen Nebenleistungen (Reinigung der Räumlichkeiten, Wechsel der Wäsche, Heizung) oder nützlichen Nebenleistungen (Mahlzeiten, Telefon, Reinigung der Kleider, Benutzung von Sportanlagen) zu erbringen.

Gemischter Vertrag

Für den Beherbergungsvertrag besteht keine eigene gesetzliche Regelung. Nach der ständigen Rechtsprechung handelt es sich um einen so genannten **gemischten Vertrag** (*contratto misto*), und die einzelnen Leistungen werden durch die entsprechenden gesetzlichen Vertragstypen geregelt (Miete, Dauerlieferungsvertrag, Werkvertrag für Dienstleistungen). Nur für die Verwahrung in Beherbergungsbetrieben gibt es eine detaillierte Regelung im Zivilgesetzbuch.

Anlass für Konflikte zwischen Gast und Gastwirt sind unter anderem die Stornierung von Reservierungen durch den Gast oder die vorzeitige Abreise von Gästen und die damit verbundenen **Schadenersatzforderungen** des Gastwirts. Auch die Nichterfüllung durch den Gastwirt – der Gast bekommt z. B. an Stelle des vorgemerkten Zimmers mit Balkon nur ein kleines Dachzimmer – kann zu Schadenersatzforderungen führen.

Für den Beherbergungsvertrag gibt es keine Formvorschrift, und er kann deshalb auch mündlich (auch telefonisch) geschlossen werden. In Streitfällen ist es natürlich von Vorteil, wenn die Partei, die einen Anspruch geltend machen will, z. B. eine Buchungsbestätigung als Beweis vorlegen kann. Nach den allgemeinen Grundsätzen des Vertragsrechts gilt der Vertrag als abgeschlossen, wenn der Antrag (Bestellung des Gastes oder des Reisebüros) vom Gastwirt angenommen wird und die Annahme zur Kenntnis des Gastes oder des Reisebüros gelangt (z. B. Bestätigungsschreiben des Gastwirts gelangt an die Adresse des Kunden).

Nichterfüllung oder mangelhafte Erfüllung durch den Gastwirt

Wenn die **Nichterfüllung** oder die **mangelhafte Erfüllung** dem **Gastwirt** zurechenbar ist, so muss er Schadenersatz leisten. Der Schaden ergibt sich z. B. aus der Unterbringung in einer Ersatzunterkunft mit geringerem Komfort, oder wenn der Gast den Urlaub überhaupt nicht antreten kann, weil trotz der Bestellung sämtliche Zimmer belegt sind. In diesem Fall ist eine Entschädigung für die entgangenen Urlaubsfreuden zu leisten und es sind die eventuellen Anreisekosten zu ersetzen. Eine Schadenersatzleistung kann der Gastwirt nur vermeiden, wenn er eine Unterkunft mit gleichem oder besserem Komfort am selben Ort zur Verfügung stellen kann. Eine etwaige Preisdifferenz geht zu Lasten des Gastwirts.

Nichterfüllung durch den Gast

Liegt eine **Nichterfüllung** oder **teilweise Nichterfüllung durch den Gast** vor, die er zu vertreten hat (z. B. der Gast trifft nicht im Hotel ein, der Gast kommt einige Tage später an oder er reist früher ab), so muss er Schadenersatz leisten. Schneemangel oder andauerndes Regenwetter sind nicht als höhere Gewalt anzusehen und stellen deshalb keine Rechtfertigung für eine Nichterfüllung durch den Gast dar.

Angeld zur Bestätigung und Reuegeld

Die Bemessung des Schadens kann bereits im Vertrag durch die Festsetzung einer **Vertragsstrafe** erfolgen. Hat der Gast im Voraus ein **Angeld zur Bestätigung** nach Art. 1385 (*caparra confirmatoria*) bezahlt, so kann der Gastwirt bei Nichterfüllung durch den Gast vom Vertrag zurücktreten und das Angeld behalten. Umgekehrt kann der Gast bei Nichterfüllung durch den Gastwirt vom Vertrag zurücktreten und die Zahlung des doppelten Angeldes verlangen. Die zur Erfüllung bereite Partei kann aber auch die Auflösung des Vertrages und die Bemessung des Schadens nach den allgemeinen Bestimmungen verlangen. Wird hingegen vom Gast ein **Reuegeld** (*caparra penitenziale,* Art. 1386) geleistet, so sichert er sich dadurch das Rücktrittsrecht und der Gastwirt hat keine Möglichkeit, einen höheren Schadenersatz zu fordern.

Wurde keine Vertragsstrafe vereinbart bzw. kein Angeld oder Reuegeld bezahlt, so wird der Schaden, den der Gastwirt bei Nichterfüllung erleidet, nach folgendem allgemeinen Grundsatz bemessen: Vereinbarter Preis abzüglich der vermiedenen Aufwendungen. Nach dem Brüsseler Übereinkommen ist für die vermiedenen Aufwendungen (Lebensmitteleinsatz, Heizung, Warmwasser) ein Drittel des vereinbarten Preises anzusetzen. Bei einem Pensionspreis von 900 Euro für 10 Tage sind also 300 Euro für vermiedene Kosten abzuziehen. Als Schadenersatz müsste der Gast demnach 600 Euro bezahlen. Das Gewohnheitsrecht sieht in einigen Fremdenverkehrsorten als Schadenersatz bei Nichterfüllung durch den Gast die Bezahlung von drei Nächtigungen vor. In Südtirol fehlt ein entsprechendes Gewohnheitsrecht.

**Verwahrung in Beherbergungsbetrieben**

Noch kurz zu den Bestimmungen über die **Verwahrung in Beherbergungsbetrieben** (Art. 1783 ff.). Diese Bestimmungen finden auch für Heilanstalten, öffentliche Schauspieleinrichtungen (Theater, Kino, Oper), Badeanstalten, Schlafwagen und dergleichen Anwendung. Der Gastwirt haftet grundsätzlich für jegliche Beschädigung, Zerstörung oder Entwendung von Sachen, die der Gast in den Beherbergungsbetrieb mitgebracht hat. Dabei gilt eine Haftungsbegrenzung: Der Schadenersatz kann höchstens das **Hundertfache des Unterkunftspreises** für einen Tag betragen.

Unbeschränkt, also bis zum Gesamtwert der Sache, haftet der Gastwirt hingegen für die Sachen, die ihm zur Verwahrung übergeben wurden oder deren Verwahrung er verweigert hat. Der Gastwirt ist verpflichtet, Wertpapiere, Bargeld und Wertsachen in Empfang zu nehmen. Er kann aber verlangen, dass ihm die Sachen in einem geschlossenen Umschlag übergeben werden. Handelt es sich um gefährliche oder um sperrige Sachen oder wenn die Sachen gemessen an der Bedeutung des Betriebes einen übermäßigen Wert haben, kann der Gastwirt die Annahme verweigern.

Ebenfalls ohne Einschränkungen bis zum Gesamtwert der Sache haftet der Gastwirt, wenn der Kunde beweist, dass der Schaden oder die Entwendung vom Gastwirt, seinen Mitarbeitern oder seinen Familienangehörigen verschuldet wurde. Der Gastwirt ist hingegen von der Haftung befreit, wenn er beweist, dass der Schaden oder die Entwendung vom Gast, durch höhere Gewalt oder durch Zufall verursacht wurde.

## BEISPIELE UND FRAGEN

[1] Berta Begeistert fährt mit dem Reiseunternehmen Atlas von Bozen nach Rom. Während sie bei einem Zwischenstopp in Bologna die Kirche S. Petronio besichtigt, wird ihre Reisetasche aus dem Bus gestohlen.

a) Was muss Frau Begeistert belegen, um ihren Schaden gegenüber dem Reiseunternehmen geltend machen zu können?

b) Was passiert, wenn das Reiseunternehmen Atlas beweisen kann, dass der Bus vorschriftsmäßig abgesperrt war?

c) Um sich die Beine zu vertreten, macht Frau Begeistert auf eigene Faust einen Spaziergang durch Bologna. Dabei stolpert sie und verletzt sich. Muss Atlas den Schaden begleichen?

d) Wie ist die Rechtslage, wenn Frau Begeistert auf den schmierigen Busstufen ausrutscht?

[2] Die Firma Ceramica Bella beauftragt den Frachtführer Franz Schneller mit dem Transport zerbrechlicher Ware an die Firma »Schöne Vasen«. Schneller verlädt die Vasen ordnungsgemäß und verschließt den LKW.

a) Durch Blitzschlag gerät der LKW in Brand und die Vasen werden beschädigt. Wer haftet?

b) Wer haftet, wenn die Angestellten von Ceramica Bella die Vasen nicht ordnungsgemäß verpackt haben und diese deshalb beim Transport zerbrechen?

[3] Drei Freundinnen aus Bozen buchen beim Reisebüro Bunt eine vom Veranstalter Lustig & Ledig ausgeschriebene Reise nach Florida. Es handelt sich dabei um eine Flugreise mit zehn Tagen Übernachtung mit Vollpension und einem dreitägigen Besichtigungsprogramm. Wer trägt die Haftung, wenn:

a) eine der Freundinnen den Flug wegen Krankheit ihrer Mutter verpasst,

b) der Flug wegen eines Streiks vollkommen ausfällt und die Freundinnen nicht nach Florida fliegen können,

c) die Freundinnen aufgrund des Streiks 3 Tage später als geplant ankommen,

d) das Hotel überbucht war und die Freundinnen für 200 Euro pro Nacht in einem anderen Hotel übernachten müssen,

e) die Freundinnen wegen einer Baustelle die ihnen schriftlich zugesicherte Aussicht auf das Meer nicht genießen können,

f) das Besichtigungsprogramm wegen Krankheit des Reiseführers ersatzlos gestrichen wird.

[4] In welchem Zeitraum und wie haben die oben genannten Freundinnen die Mängel im Zusammenhang mit der Reise anzuzeigen, um Schadenersatz zu erhalten?

[5] Die Familie Brambilla plant einen Schiurlaub und bestellt in einem Hotel in Sterzing ein Zimmer mit Alpenblick und Halbpension für 7 Tage im Jänner zum Gesamtpreis von 2.000 Euro.

a) Um welchen Vertrag handelt es sich?

b) Herr und Frau Brambilla sind noch nicht sicher, ob ihr Urlaub genehmigt wird. Wie können sie verhindern, dass sie dem Hotelier das Zimmer für die gesamte Zeitspanne bezahlen müssen?

c) Als die Familie Brambilla in Sterzing ankommt, fehlt der Schnee auch in den nahe gelegenen Schigebieten. Die Familie reist daher vier Tage später wieder ab. Muss trotzdem für die gesamte Woche bezahlt werden?

[6] Erklären Sie den Begriff »Reuegeld« (caparra penitenziale) und »Aufgeld« (caparra confirmatoria).

## DER LAGERVERTRAG

Beim gewerbsmäßig betriebenen Lagergeschäft wird zwischen dem **Lagerhalter** (*depositario*) und dem **Einlagerer** (*depositante*) ein Lagervertrag abgeschlossen. Mit dem **Lagervertrag** (*deposito*) übernimmt der Lagerhalter gegen Entgelt eine bewegliche Sache vom Einlagerer mit der Verpflichtung, sie aufzubewahren und sie auf Verlangen des Einlagerers wieder zurückzugeben.

Verwahrungsvertrag

Wird die Aufbewahrung nicht gewerbsmäßig betrieben, so spricht man von einem **Verwahrungsvertrag** (Art. 1766 – *deposito*), und es besteht die Vermutung, dass es sich um einen **unentgeltlichen** Vertrag handelt. Die Verwahrung ist oft eine Nebenpflicht aus einem anderen Vertrag (z. B. Beherbergungsvertrag).

Sowohl beim Lagervertrag als auch beim Verwahrungsvertrag handelt es sich um einen so genannten **Realvertrag** (*contratto reale*), der erst mit der Übergabe der Sache zustande kommt und nicht schon bei der Willenseinigung (Konsensualvertrag).

Der **Lagerhalter** ist vor allem **verpflichtet**, die übernommenen Güter mit der Sorgfalt »eines guten Familienvaters« **aufzubewahren** (*custodire*). Er haftet für den Verlust des Lagergutes. Nur wenn er beweist, dass der Verlust auf einen nicht zu vertretenden Grund zurückzuführen ist (z. B. bei einer Überschwemmung werden die lagernden Waren zerstört), braucht er keinen Schadenersatz zu leisten.

Unregelmäßige Verwahrung

Wird ein bestimmter Geldbetrag oder werden vertretbare Sachen zur Aufbewahrung vom Verwahrer übernommen, und kann der Verwahrer das Geld oder die vertretbaren Sachen für sich verwenden, so erwirbt er das Eigentum daran. In diesem Fall spricht man von **unregelmäßiger Verwahrung** (Art. – *deposito irregolare*), weil der Verwahrer nur verpflichtet ist, ebenso viele Sachen gleicher Art und Beschaffenheit zurückzugeben. Die unregelmäßige Verwahrung ist vor allem im Zusammenhang mit verschiedenen Bankgeschäften von Bedeutung.

### Die Lagerung in öffentlichen Lagerhäusern

Besondere Bestimmungen gelten für die Lagerung in den **öffentlichen Lagerhäusern** (*magazzini generali*) und in den **Zolllagern** (*depositi franchi*). Die mit der Führung dieser Lager betrauten Unternehmen brauchen eine besondere Ermächtigung. Der von diesen Unternehmen und dem Kunden (Einlagerer) geschlossene Lagervertrag verpflichtet den Lagerhalter nicht nur zur Aufbewahrung, sondern auch zur Erhaltung der eingelagerten Waren (Art. 1787). Der **Lagerhalter** eines öffentlichen Lagerhauses oder eines Zolllagers **haftet** für Verlust, Schwund oder Beschädigung der Lagergüter, wenn er nicht beweist, dass der Schaden durch Zufall, durch die Art der Waren, durch deren Mängel oder durch die Verpackung entstanden ist. Es ist im Wesentlichen die gleiche Haftung, wie jene des Frachtführers sowie jene des Gastwirts für die im Gastbetrieb aufbewahrten Sachen.

Der Einlagerer ist berechtigt, die eingelagerten Waren zu besichtigen und Proben zu entnehmen. Auf Wunsch des Einlagerers muss der Lagerführer eines öffentlichen Lagerhauses einen **Lagerschein** (*fede di deposito*) und damit verbunden einen **Lagerpfandschein** (*nota di pegno*) auf den Einlagerer oder auf eine vom Einlagerer bestimmte Person ausstellen. Es handelt sich um **Wertpapiere**, die auf Order lauten und die Rechte an den lagernden Waren verbriefen. Der Verkauf der gelagerten Waren kann somit durch Indossament und Weitergabe des Lagerscheins an den Käufer erfolgen. Solange der Lagerpfandschein mit dem Lagerschein verbunden ist, lastet kein Pfandrecht auf den lagernden Waren. Der Lagerpfandschein kann z. B. bei der Aufnahme eines Kredits an den Kreditgeber übertragen werden. Wird der geschuldete Betrag bei Fälligkeit nicht bezahlt, kann der Kreditgeber die verpfändete Ware versteigern lassen. In der Praxis werden Lagerschein und Lagerpfandschein nicht getrennt weitergegeben, weil die Banken sich in der Regel beide Wertpapiere, Lagerschein und Lagerpfandschein, zur Sicherstellung übertragen lassen.

### BEISPIEL

[1] Alexander Haber gibt 100 Karton mit Strümpfen zur Aufbewahrung in ein öffentliches Lagerhaus.
Als Herr Haber die Waren abholt, stellt er fest, dass ein Teil der Strümpfe von Mäusen zerfressen wurde. Wer hat den Schaden zu tragen?

# Der Arbeitsvertrag

Mit dem Einsatz von körperlicher und geistiger **Arbeit** werden von den Unternehmen Güter erzeugt und Dienstleistungen angeboten. Die Arbeitsleistung wird dabei vielfach von Mitarbeitern im Rahmen eines **abhängigen Arbeitsverhältnisses** (Art. 2096 ff. – *rapporto di lavoro subordinato*) erbracht.

Begründet wird das **Arbeitsverhältnis** zwischen dem Unternehmer als **Arbeitgeber** (*datore di lavoro*) und dem **Arbeitnehmer** (*lavoratore*) mit dem **Arbeitsvertrag** (*contratto di lavoro*). Es handelt sich dabei um einen gegenseitigen Vertrag, mit dem sich der Arbeitnehmer gegen Entlohnung verpflichtet, dauerhaft eine körperliche oder geistige Arbeitsleistung unter der Leitung des Arbeitgebers zu erbringen. Ein wesentliches Merkmal des Arbeitsverhältnisses ist das Weisungsrecht des Arbeitgebers und die damit zusammenhängende Verpflichtung des Arbeitnehmers, die Weisungen des Arbeitgebers zu befolgen (Gehorsamspflicht).

Außer mit Unternehmen können Arbeitsverhältnisse auch mit Freiberuflern, Privatpersonen (z. B. Hausangestellte), Vereinen und privaten Organisationen sowie mit öffentlichen Körperschaften (Gemeinden, Landesverwaltung, Regionen, Staat usw.) begründet werden. Für die Bediensteten im **öffentlichen Bereich** gelten viele besondere gesetzliche Bestimmungen, die stark von den Regelungen der Arbeitsverhältnisse in der Privatwirtschaft oder in gemeinnützigen Einrichtungen abweichen. So muss z. B. die Anstellung in der Regel aufgrund von **öffentlichen Wettbewerben** (*concorso pubblico*) erfolgen und für die Entlohnung gelten in den einzelnen Verwaltungen einheitliche Gehaltstabellen. Hier befassen wir uns nur mit den Arbeitsverträgen, die mit Unternehmen geschlossen werden.

Öffentlicher Wettbewerb

Die Vertragsfreiheit ist beim Arbeitsvertrag sehr eingeschränkt, weil im Arbeitsbereich zahlreiche zwingende Gesetzesbestimmungen sowie die Kollektivverträge zu beachten sind. Der Arbeitsvertrag regelt deshalb nur ein paar wesentliche Punkte, wie Beginn des Arbeitsverhältnisses, Einstufung, Probezeit und Entlohnung, sofern sie höher ist, als im Kollektivvertrag festgelegt. Man kann also sagen: Das Arbeitsverhältnis wird durch den Arbeitsvertrag begründet, aber geregelt wird es vor allem durch die Arbeits- und Sozialgesetze sowie durch die Kollektivverträge.

Kollektivvertrag

Als **Kollektivvertrag** (Tarifvertrag, Gesamtarbeitsvertrag – *contratto collettivo di lavoro*) bezeichnet man die Vereinbarungen, die detaillierte Regelungen für die Arbeitsverhältnisse in bestimmten Wirtschaftszweigen enthalten. Diese Regelungen betreffen unter anderem Einstufung, Mindestlöhne, Arbeitszeit und Urlaub. Die Kollektivverträge werden zwischen den Gewerkschaften (*sindacato*) als Vertreter der Arbeitnehmer und den betreffenden Arbeitgeberverbänden geschlossen (z. B. Industrieverband – *Confindustria*, Kaufleuteverband – *Confcommercio*, Bankenverband – *Associazione bancaria italiana – ABI*). In der Regel haben die Kollektivverträge eine Dauer von drei bis vier Jahren. Außerdem können noch auf Landesebene sowie für einzelne Betriebe so genannte **Zusatzabkommen** (*contratto integrativo*) geschlossen werden.

Im Zusammenhang mit dem Arbeitsverhältnis ergeben sich für den Arbeitgeber zahlreiche Verpflichtungen gegenüber den **Sozialversicherungsanstalten** (Meldungspflicht, Zahlung der Sozialversicherungsbeiträge, jährliche Abrechnung), und der Arbeitnehmer erwirbt so das Recht auf verschiedene soziale Leistungen: Pension, Arbeitslosengeld, Leistungen bei Arbeitsunfällen, Krankengeld usw. Der Arbeitgeber muss außer-

**Das Arbeitsverhältnis**

| Arbeitgeber (Unternehmen) | **Arbeitsvertrag** begründet das Arbeitsverhältnis | Arbeitnehmer |
|---|---|---|

| Wesentliche Regelungen des Arbeitsverhältnisses enthalten: | |
|---|---|
| **Arbeitsgesetze**<br>• Verfassung<br>• Bestimmungen im ZGB<br>• Kündigungsschutz<br>• Arbeiterstatut<br>• befristete Arbeitsverträge<br>• Mutterschutz<br>• Jugendschutz<br>• Gleichbehandlung von Mann und Frau am Arbeitsplatz<br>• Teilzeitarbeit<br>• Leiharbeit<br>• Arbeitsschutz usw.<br>• Arbeitsplatzteilung<br>• Projektarbeit | **Kollektivverträge**<br>• gesamtstaatliche Kollektivverträge (*contratto collettivo nazionale*)<br>• Landesabkommen<br>• betriebliche Zusatzabkommen |

dem als **Steuervertreter** (*sostituto d'imposta*) die Einkommensteuer von den Löhnen der Beschäftigten einbehalten und überweisen.

Die zahlreichen Einzelgesetze und sonstige rechtliche Bestimmungen, die das Arbeitsverhältnis sowie die gewerkschaftlichen Rechte und den sozialen Schutz der Arbeitnehmer betreffen, bilden zusammen das **Arbeitsrecht** (*diritto del lavoro*). Es ist als Schutzrecht vor allem durch den Kampf der Arbeiterschaft um bessere Arbeitsverhältnisse entstanden (kürzere Arbeitszeit, Mindestlöhne, Absicherung bei Krankheit, bei Arbeitsunfällen und im Alter). In den meisten Industriestaaten gibt es heute umfassende Schutzvorschriften, um die Arbeitnehmer als den wirtschaftlich schwächeren Teil im Arbeitsverhältnis abzusichern.

Freizügigkeit der Arbeitnehmer in der Europäischen Union

Innerhalb der Europäischen Union besteht für die Arbeitnehmer **völlige Freizügigkeit** (Art. 45–48 Vertrag von Lissabon). Deshalb gelten für die Arbeitskräfte aus anderen EU-Mitgliedsstaaten die gleichen Rechte wie für die inländischen Arbeitnehmer. Neben der Freizügigkeit für Arbeitskräfte strebt die Europäische Union nach einem hohen Beschäftigungsniveau, einem hohen Maß an sozialem Schutz sowie nach Chancengleichheit von Männern und Frauen auf dem Arbeitsmarkt und nach **Gleichbehandlung am Arbeitsplatz**.

Zur Angleichung der arbeitsrechtlichen Bestimmungen in der Europäischen Gemeinschaft sind verschiedene Richtlinien erlassen, so z. B. wichtige Richtlinien über Arbeitsschutz und Arbeitszeit, für Grenzpendler usw. Die unzureichende Angleichung der Sozialgesetzgebung – eine Zuständigkeit der Mitgliederstaaten – stellt jedoch weiterhin ein beachtliches Hindernis für die Mobilität der Arbeitskräfte innerhalb der EU dar.

Das Arbeitsrecht erfährt immer wieder Änderungen und Neuerungen. Grund dafür ist vor allem der tief greifende wirtschaftliche und gesellschaftliche Wandel, der besonders durch die Globalisierung und die informationstechnische Revolution verursacht wird.

Einige Neuerungen, wie die Arbeitsplatzteilung, die Projektarbeit oder die Reform der Lehrverträge, sind mit dem Ermächtigungsgesetz Nr. 30/2003 *(»legge Biagi«)* und der betreffenden Ermächtigungsverordnung (EVO 276/2003) eingeführt worden. Damit wurde auch eine stärkere Flexibilisierung des Arbeitsmarktes angestrebt.

Arbeitsmarktreform (»legge Biagi«)

## Der einfache Werkvertrag und die Projektarbeit

Neben den Arbeitnehmern, die ihre Leistungen im Rahmen eines abhängigen Arbeitsverhältnisses erbringen, können Arbeitsleistungen für Unternehmen auch durch **arbeitnehmerähnliche Beschäftigte** (*parasubordinato*), wie zum Beispiel durch freie Mitarbeiter oder Handelsvertreter, sowie durch Freiberufler im Rahmen eines einfachen Werkvertrages erbracht werden. Mit dem **einfachen Werkvertrag** (Art. 2222 – *contratto d'opera*) verpflichtet sich eine Person, der Werkhersteller (*prestatore d'opera*), für den Besteller (*committente*) gegen Entgelt ein Werk auszuführen oder eine Dienstleistung zu erbringen. Eine Weisungsgebundenheit *(vincolo di subordinazione)* oder die Pflicht zur Einhaltung einer vorgeschriebenen Arbeitszeit besteht in diesem Fall nicht. Gleichzeitig fehlen auch viele der für ein Arbeitsverhältnis typischen Rechte, wie zum Beispiel Anspruch auf bezahlten Urlaub, auf Lohnfortzahlung bei Krankheit oder Kündigungsschutz. Solche Werkverträge mit selbständigen Dienstleistern, die als Unternehmer gelten, eine Mehrwertsteuernummer besitzen und für ihre Leistungen Rechnungen ausstellen, ermöglichen manchmal die widerrechtliche Umgehung eines Arbeitsvertrages und der damit verbundenen Schutzbestimmungen.

Einfacher Werkvertrag

Dem abhängigen Arbeitsverhälnis sehr nahe kommt die **Projektarbeit** *(lavoro a progetto)*. Es handelt sich um ein Vertragsverhältnis über freie Mitarbeit (geregelte und dauerhafte Mitarbeit – *collaborazione coordinata e continuativa – co.co.co.*) mit vorwiegend persönlicher Leistung und ohne Weisungsgebundenheit. Zwischen dem freien **Projektmitarbeiter** und dem **Besteller** wird ein **Vertrag für Projektarbeit** *(contratto di lavoro a progetto)* geschlossen. Dabei sind folgende Punkte festzulegen:

Projektarbeit

- Dauer der Arbeitsleistung (z. B. bis zum 31. 12. 2010 oder bis zur Fertigstellung des Projekts),
- das **Projekt** *(progetto di lavoro)* oder **Arbeitsprogramm** *(programma di lavoro)* bestimmt nach seinem wesentlichen Inhalt,
- das Entgelt und dessen Berechungsweise, die Zahlungsart und Zahlungsfristen sowie die Regelung für den Spesenersatz,
- die Abstimmung der Projektdurchführung mit dem Besteller, wobei die unabhängige Ausführung durch den Projektmitarbeiter gewährleistet sein muss,

- etwaige Maßnahmen zum Schutz der Gesundheit und der Sicherheit des Projektmitarbeiters.

Beispiele für Projektarbeiten könnten die Ausarbeitung einer Werbekampagne, die Kostenanalyse in einem Industriebetrieb, die Einführung eines Computerprogramms oder bestimmte Beratungs- oder Übersetzungstätigkeiten sein. Auch die Beteiligung an Arbeitsprogrammen wie zum Beispiel die Ausarbeitung von Detailplänen für die Fertigung, die Korrektur von Werbeschriften oder die Schaufenstergestaltungen kann in der Form einer Projektarbeit erfolgen. Die Projektarbeiter können gleichzeitig auch mehrere Projekte für unterschiedliche Unternehmen ausführen.

Für die Projektarbeiter gelten die Verschwiegenheitspflicht und das Wettbewerbsverbot. Das **Entgelt** *(corrispettivo)* muss der Qualität und dem Umfang der geleisteten Arbeit entsprechen, und bei der Festlegung des Entgelts müssen die Vergütungen für ähnliche freiberufliche Tätigkeiten berücksichtigt werden.

Neben der bereits früher für die freien Mitarbeiter bestehenden (meist ungenügenden) Pensionsversicherung haben die Projektmitarbeiter auch Anspruch auf einen gewissen **Schutz** bei Krankheit, Schwangerschaft oder Unfall. Trotzdem handelt es sich bei den Projektmitarbeitern um selbständig Beschäftigte. Das Vertragsverhältnis endet mit Fertigstellung des vereinbarten Projektes oder der Vollendung des festgelegten Arbeitsprogramms. Aus einem **wichtigen Grund** *(giusta causa)* ist eine vorzeitige Auflösung des Vertrages für Projektarbeit möglich.

Gelegentliche freiberufliche Tätigkeit

Nicht als Projektarbeit gelten die **gelegentlichen freiberuflichen Tätigkeiten** *(lavoro occasionale)*, für die je Besteller folgende Beschränkungen zu beachten sind: jährliche Beschäftigungsdauer von höchstens 30 Tagen und Entgelt von höchstens 5.000 Euro. Auch Freiberufler, die in Berufsverzeichnisse eingetragen sind (Rechtsanwälte, Ärzte, Ingenieure usw.) und Personen, die eine Altersrente beziehen, können keine Projektarbeit leisten.

Nun zum abhängigen Arbeitsverhältnis: Dazu ein Überblick, wie Arbeitsverträge zwischen Unternehmen und Arbeitnehmern abgeschlossen werden, welche Rechte und Pflichten sich daraus ergeben und wie das Arbeitsverhältnis beendet wird.

## Die Arbeitsvermittlung

Das Angebot an freien Stellen und die Nachfrage nach Beschäftigungsmöglichkeiten können auf verschiedene Weise zusammengeführt werden: so z. B. durch Informationen aus dem Bekanntenkreis, über den Stellenmarkt in den Zeitungen oder durch private Arbeitsvermittlungsagenturen. Die öffentlichen **Arbeitsämter** *(ufficio del lavoro)* – in Südtirol sind sie Teil der Landesverwaltung – haben unter anderem die Aufgabe, freie Stellen bekannt zu machen und den Beschäftigungssuchenden geeignete Arbeitsplätze anzubieten. Die Arbeitsvermittlung kann mit Ermächtigung des Arbeitsministeriums auch von den privaten **Arbeitsagenturen** *(agenzie per il lavoro – Apl)* durchgeführt werden. Es handelt sich dabei hauptsächlich um Leiharbeitsfirmen wie die internationalen Konzerne Adecco und Manpower. Und schließlich können auch die Oberschulen, Universitäten, Lokalkörperschaften, Arbeitsrechtsberater, Unternehmerverbände und Gewerkschaften sich in der Arbeitsvermittlung betätigen.

Mit der Arbeitsmarktreform (EVO 276/2003) ist ein System von vernetzten Datenbanken geplant, das die Aufgaben einer elektronischen **Online-Arbeitsbörse** *(borsa continua del lavoro)* erfüllen soll. Dieses System soll jederzeit die Eingabe und die Abfrage von Stellenangeboten und von Beschäftigungssuchenden im gesamten Staatsgebiet ermöglichen.

Bei der Anstellung, aber auch während des Arbeitsverhältnisses ist jede diskriminierende Behandlung der Frauen untersagt (Gesetz Nr. 903/1977 über die **Gleichbehandlung von Mann und Frau im Arbeitsbereich**). Ebenso ist es unzulässig, von den Bewerberinnen zu verlangen, dass sie nicht verheiratet oder nicht schwanger sein dürfen. Das **Diskriminierungsverbot** erstreckt sich auch auf die Stellenangebote, die nicht ausschließlich an männliche Bewerber gerichtet sein dürfen. Nur besonders schwere Arbeiten (Bergwerk, Hochofen, Gießereien) können aufgrund der Kollektivverträge den Männern vorbehalten werden. Keine Anwendung findet das Diskriminierungsverbot in den Bereichen Mode, Film oder Theater, wo bestimmte Tätigkeiten geschlechtsgebunden sind (z. B. Mannequins oder Schauspieler für Männer- oder Frauenrollen).

Gleichbehandlung von Mann und Frau

Es ist schließlich verboten, vor der Anstellung Informationen über die politische, religiöse und gewerkschaftliche Einstellung der Bewerber einzuholen oder Angaben, die den Privatbereich der Bewerber betreffen, zu verlangen (Schutz der Privatsphäre – *tutela della privacy*).

Betriebe mit mindestens 15 Beschäftigten sind verpflichtet, eine nach der Beschäftigtenzahl gestaffelte Anzahl von Arbeitnehmern der »geschützten Kategorien« in beschränktem Ausmaß anzustellen (Gesetz Nr. 68/1999). Zu diesen Arbeitnehmern zählen Arbeits- und Dienstinvaliden, durch Arbeits- und Dienstunfälle zu Witwen oder Waisen gewordene Personen, Zivilinvaliden und Gehörlose sowie Blinde, die für die Telefonvermittlung und die Physiotherapie eingesetzt werden können. Für die **Pflichtvermittlung** der »geschützten Arbeitnehmer« ist das Arbeitsamt zuständig.

Beschäftigung »geschützter« Arbeitnehmer

## Der Abschluss des Arbeitsvertrages

Der Arbeitsvertrag kann auch mündlich geschlossen oder durch konkludentes Handeln zustande kommen (z.B. ein Arbeiter beginnt mit der Apfelernte in einer Obstwiese und der Landwirt akzeptiert diese Leistung). Meistens wird der Arbeitsvertrag jedoch schriftlich, und zwar mit einem **Anstellungsschreiben** (*lettera di assunzione*) geschlossen. Der Arbeitgeber wird in der Regel eine vom Arbeitnehmer unterschriebene Kopie des Anstellungsschreibens aufbewahren. Einen Tag vor Beginn seiner Arbeitstätigkeit muss der Arbeitnehmer mit E-Mail beim Arbeitsamt gemeldet werden. Ein Arbeitsvertrag liegt selbstverständlich auch bei **Schwarzarbeit** (*lavoro nero*) vor. Als Schwarzarbeit bezeichnet man das Arbeitsverhältnis, bei dem Personen ohne die vorgeschriebene Meldung beim Arbeitsamt sowie ohne Zahlung der Sozialversicherungsbeiträge und der Einkommensteuer beschäftigt werden. In solchen Fällen können Arbeitnehmer ihre Forderungen auch nach Beendigung des nichtregulären Arbeitsverhältnisses geltend machen.

Anstellungsschreiben

Innerhalb von 30 Tagen nach der Anstellung ist der Arbeitgeber verpflichtet (EVO Nr. 152/1997), eine **schriftliche Mitteilung** mit folgenden Angaben dem Arbeitnehmer auszuhändigen, wenn das nicht bereits mit dem Anstellungsschreiben erfolgt ist: Personalien der beiden Vertragspartner (Arbeitgeber und Arbeitnehmer), Arbeitsort, Beginn des Arbeitsverhältnisses, Dauer des Arbeitsverhältnisses (unbefristet oder befristet), Einstufung des Arbeitnehmers oder Kurzbeschreibung der Tätigkeiten. Für folgende Angaben kann auf den Kollektivvertrag verwiesen werden: Dauer der Probezeit, Anfangslohn und Zusammensetzung der Entlohnung, Urlaub, Arbeitszeit und Kündigungsfrist.

Aufgrund gesetzlicher Bestimmungen ist die Schriftform für die **Dauer** befristeter Arbeitsverträge (*contratto di lavoro a tempo determinato*), für die etwaige **Probezeit** (*periodo di prova*) und die **Teilzeitverträge** (*part-time*) erforderlich. Ohne schriftliche Vereinbarung sind diese Verträge und Vertragsklauseln nichtig.

## Die Probezeit

Höchstdauer der Probezeit

Mit dem Arbeitsvertrag kann eine **Probezeit** (*periodo di prova*) vereinbart werden. Die Probezeit muss nach Art. 2096 schriftlich festgelegt werden, wobei für die jeweiligen Kategorien die nach den Kollektivverträgen geltende Höchstdauer zu beachten ist. Während der Probezeit kann sowohl der Arbeitgeber als auch der Arbeitnehmer fristlos und ohne Begründung kündigen. Der Arbeitnehmer ist verpflichtet, die vereinbarte Probeleistung zu erbringen und der Arbeitgeber muss diese Arbeitsleistung ermöglichen. Bei Kündigung während der Probezeit hat der Arbeitnehmer Anspruch auf Entlohnung bis zum Tag der Kündigung sowie auf die entsprechende Abfertigung und auf Entschädigung für die anfallenden Urlaubstage. Mit Beendigung der Probezeit erfolgt die endgültige Anstellung des Arbeitnehmers. Bei einer Kündigung nach dem Ablauf der Probezeit müssen die gesetzlichen Bestimmungen zum Kündigungsschutz beachtet werden.

**Anstellungsschreiben**

(Unbefristeter Arbeitsvertrag – *contratto di lavoro a tempo indeterminato*)

FIRMA LÄUFER

*Bozen, Fagenstr. 18*

Frau Monika Mair
Lahnweg 10
Sarnthein

Bozen, 2. 2. 2009

**Anstellung als Fremdsprachenkorrespondentin**

Sehr geehrte Frau Mair,

wir sind erfreut, Sie als neue Mitarbeiterin in unserem Unternehmen begrüßen zu können. Die Anstellung ist unbefristet und es gelten folgende Regelungen:

- Beginn des Arbeitsverhältnisses zum 1. 3. 2009,
- Einstufung in die 5. Kategorie als Fremdsprachenkorrespondentin,
- Anfangsgehalt monatlich 2312 Euro brutto,
- wöchentliche Arbeitszeit 37,5 Stunden (täglich 7,5 Stunden in der Form gleitender Arbeitszeit, mit Kernzeiten zwischen 9 und 12 Uhr sowie zwischen 14.30 und 16 Uhr, der Zeitausgleich erfolgt monatlich),
- Probezeit zwei Monate.

Für alle sonstigen Regelungen gilt der Kollektivvertrag für Transportunternehmen.

Wir bitten Sie, die beigefügte Kopie dieses Briefes unterschrieben zurückzusenden.

Mit freundlichen Grüßen

*Bernhard Läufer*

Die meisten **Kollektivverträge** sehen folgende Höchstdauer für die Probezeit vor:

- 6 Monate für leitende Angestellte und Angestellte der 1. Kategorie,
- 3 Monate für Angestellte der übrigen Kategorien,
- 15 Tage für Arbeiter (in bestimmten Fällen 3 Wochen oder 1 Monat),
- 2 Monate für die Lehrlinge.

Die häufigste Form der Arbeitsverträge sind die **unbefristeten Arbeitsverträge** (*contratto di lavoro a tempo indeterminato*). Zusammen mit dem Kündigungsschutz soll dadurch der Arbeitnehmer als der wirtschaftlich schwächere Teil im Arbeitsverhältnis besser geschützt werden. **Befristete Arbeitsverhältnisse** (*rapporto di lavoro a tempo determinato*) sind deshalb nur in den vom Gesetz vorgesehenen Fällen zulässig (befristeter Arbeitsvertrag, Ausbildungsvertrag).

Mit der Anhebung der Schulpflicht auf 10 Jahre und der Ausbildungspflicht bis zum 18. Lebensjahr können Jugendliche nach Abschluss der Pflichtschule erst ab dem 15. Lebensjahr mit einem Lehrvertrag beschäftigt werden. Dabei ist sicherzustellen, dass die Jugendlichen bis zum 18. Lebensjahr die erforderlichen Kurse besuchen, um so der Ausbildungspflicht zu entsprechen. Für Minderjährige bis zum 18. Lebensjahr sind einige gefährliche und gesundheitsschädliche Tätigkeiten untersagt.

## Rechte und Pflichten

Aus dem Arbeitsvertrag ergeben sich für die Vertragspartner verschiedene Rechte und Pflichten: Der **Arbeitnehmer** ist vor allem zur Erbringung der Arbeitsleistung verpflichtet. Dabei muss er die erforderliche Sorgfalt anwenden und die Weisungen des Unternehmers sowie der Vorgesetzten befolgen (Art. 2104 – Sorgfalt des Arbeitnehmers). Zudem darf der Arbeitnehmer sich nicht in Konkurrenz mit seinem Unternehmen wirtschaftlich betätigen. Das könnte der Fall sein, wenn z. B. ein Bankangestellter außerhalb der Arbeitszeit Kreditkunden an eine andere Bank vermittelt. Ferner ist es dem Arbeitnehmer untersagt, Informationen über die Organisation des Unternehmens oder über Produktionsverfahren weiterzugeben oder zu dessen Schaden zu verwenden (Art. 2105 – Treuepflicht). Werden die Vertragspflichten durch den Arbeitnehmer verletzt, so kann der Unternehmer die von den Kollektivverträgen vorgesehenen Disziplinarstrafen verhängen (Art. 7 – Arbeiterstatut), die vom Verweis bis zur Entlassung reichen.

Pflichten des Arbeitnehmers

Der **Unternehmer** ist als Arbeitgeber verpflichtet, dem Arbeitnehmer den Lohn zu bezahlen. Außerdem muss er die Gesundheit und die Persönlichkeit des Arbeitnehmers schützen. In diesem Zusammenhang sind zahlreiche Bestimmungen über den Arbeitsschutz und den Schutz der Gesundheit am Arbeitsplatz (EVO 81/2008) sowie die Vorschriften des Arbeiterstatuts (Gesetz Nr. 300/1970 – *statuto dei lavoratori*) und jene über den Schutz der Privatsphäre zu beachten.

Pflichten des Arbeitgebers

Zwischen dem Unternehmen als Arbeitgeber und den Arbeitnehmern bestehen verschiedene **Interessengegensätze**. Um sich im Wettbewerb behaupten zu können, müssen Unternehmen dauerhaft Gewinne erzielen und die Kosten möglichst niedrig halten. Zur Eindämmung der Lohnkosten möchten die Unternehmer deshalb in der Regel bei Auftragsrückgängen oder im Zusammenhang mit Rationalisierungsmaßnahmen die überschüssigen Arbeitskräfte ohne Schwierigkeiten entlassen können, während die Arbeitnehmer, besonders bei hoher Arbeitslosigkeit oder wenn es sich um ältere Menschen handelt, hohen Wert auf Sicherung des Arbeitsplatzes und Kündigungsschutz legen. Die Unternehmer sind zudem oft an einem flexiblen Einsatz der Beschäftigten interessiert, vor allem wenn es starke Schwankungen in der Auftragslage gibt. Bei Bedarf sollten deshalb die nötigen Überstunden gefordert werden können. Teure Anlagen müssen in vielen Fällen möglichst durchgehend und sogar an Sonn- und Feiertagen genutzt werden, was nur durch Schichtarbeit (Turnusarbeit) erreicht werden kann. Auch in verschiedenen Dienstleistungsbereichen, wie z. B. in den Spitälern oder im Bereich der Telekommunikation, ist Schichtarbeit erforderlich. Die Kollektivverträge und die Arbeitsgesetze versuchen einen Ausgleich zwischen den unterschiedlichen Interessen der Arbeitgeber und der Arbeitnehmer herbeizuführen.

**Arbeitsverhältnis**

**Rechte und Pflichten**

| | **Arbeitgeber** |
|---|---|
| **Rechte** | • Recht auf Arbeitsleistung des Arbeitnehmers<br>• Weisungsrecht<br>• kann bei Verstößen des Arbeitnehmers Disziplinarstrafen verhängen |
| **Pflichten** | • Lohn bezahlen<br>• Regelungen des Kollektivvertrages einhalten<br>• Persönlichkeit und Privatsphäre des Arbeitnehmers achten<br>• für gesunde Arbeitsbedingungen sorgen und Arbeitsunfälle verhüten (Arbeitsschutz) |
| | **Arbeitnehmer** |
| **Rechte** | • Entlohnung<br>• Achtung der Persönlichkeit, Schutz der Privatsphäre<br>• gesunde Arbeitsbedingungen, Maßnahmen zur Verhütung von Arbeitsunfällen |
| **Pflichten** | • Arbeitsleistung sorgfältig erbringen<br>• Weisungen befolgen<br>• betriebliche Informationen nicht missbrauchen<br>• Konkurrenzverbot und Schweigepflicht |

## Normale Arbeitszeit und Überstunden

Nach den einschlägigen EU-Richtlinien und der Arbeitszeitverordnung (EVO Nr. 66/2003) beträgt die **normale Wochenarbeitszeit** *(orario normale di lavoro)* 40 Stunden. Einschließlich der Überstunden darf die Höchstarbeitszeit durchschnittlich 48 Stunden pro Siebentageszeitraum (Woche) nicht übersteigen. Von dieser Regelung ausgenommen sind unter anderem die leitenden Angestellte sowie das Wachpersonal und andere, mit Bewachungsaufgaben betraute Personen. Je 24-Stunden-Zeitraum steht dem Arbeitnehmer eine **tägliche Ruhezeit** *(riposo giornaliero)* von elf zusammenhängenden Stunden zu, und bei einer täglichen Arbeitszeit von mehr als sechs Stunden ist eine Ruhepause (*pausa*) vorgeschrieben. Alle sieben Tage und zwar in der Regel am Sonntag, hat der Arbeitnehmer Anspruch auf eine nicht unterbrochene **wöchentliche Ruhezeit** von 24 Stunden zuzüglich zur täglichen Ruhezeit von elf Stunden. Die Kollektivverträge sehen meistens kürzere Wochenarbeitszeiten vor und legen zudem die Fünftagewoche fest. In manchen Bereichen, wie bei den Transport- und Versorgungsbetrieben, in den Krankenhäusern, im Gastgewerbe oder bei kontinuierlichen Produktionen, kann die wöchentliche Ruhezeit bei Bedarf auch nicht mit dem Sonntag zusammenfallen.

Tägliche Ruhezeit

Als **Überstunden** *(lavoro straordinario)* bezeichnet man die Arbeitszeit, die die normale Wochenarbeitszeit überschreitet. Für die geleisteten Überstunden steht ein Überstundenzuschlag zu. Nach der Arbeitszeitverordnung dürfen die Arbeitnehmer nicht mehr als 250 Überstunden pro Jahr leisten. Die Kollektivverträge schränken in der Regel die Überstunden, die jährlich geleistet werden können, noch stärker ein. Überstunden

Auch die **Nachtarbeit** *(lavoro notturno)* ist gesetzlich geregelt, und als Nachtzeit gilt die Zeitspanne von sieben Stunden, die auf jeden Fall die Zeit zwischen 24 Uhr und 5 Uhr umfasst. Für die Nachtarbeit ist ein Bewilligungsverfahren unter Einschaltung der Gewerkschaften erforderlich. Die in Nachtarbeit Beschäftigten dürfen durchschnittlich nicht mehr als 8 Stunden je 24-Stunden-Zeitraum arbeiten. In den Kollektivverträgen werden etwaige Arbeitszeitkürzungen bei Nachtarbeit und der Nachtarbeitszuschlag zum Lohn festgelegt. Nachtarbeit

## Verschiedene Arbeitszeitmodelle

Die moderne Arbeitsorganisation ermöglicht zahlreiche **Arbeitszeitmodelle**: Teilzeitarbeit, Gleitzeit, flexible Arbeitszeit, Jobsharing, längere Freistellungen (Sabbatjahr), Telearbeit, »6 x 6« Schichten (es gibt täglich vier Schichten zu je sechs Stunden und es wird an sechs Tagen der Woche gearbeitet, also einschließlich Samstag) usw. Die Vorteile solcher Arbeitszeitmodelle: Oft wird ein flexiblerer Einsatz der Arbeitskräfte möglich und zum Teil können auch die Bedürfnisse der Arbeitnehmer besser berücksichtigt werden.

Bei **Teilzeitarbeit** (*tempo parziale, part time*) arbeitet der Teilzeitbeschäftigte nur an einigen Tagen der Woche (*part time verticale*) mit voller oder verkürzter Stundenzahl oder er arbeitet an sämtlichen Arbeitstagen der Woche, jedoch mit einer verkürzten Stundenzahl gegenüber der kollektivvertraglich festgelegten Wochenarbeitszeit (*part time orizzontale*). Der Arbeitsvertrag, der Teilzeit vorsieht, muss schriftlich abgefasst werden (EVO Nr. 61/2000), wobei die Detailregelungen der betreffenden Kollektivverträge zu beachten sind. Durch die EVO 276/2003 ist eine flexiblere Regelung der Arbeitszeiten im Rahmen eines Teilzeitvertrages ermöglicht worden. Dazu werden die Einzelheiten in den Kollektivverträgen festgelegt und damit kann auch die etwaige Mehrarbeit (praktisch: etwaige Überstunden) geregelt werden, die über die vereinbarte Arbeitszeit hinausgeht. Eine Sonderform der Teilzeitarbeit stellen die Wochenendverträge (*contratto week-end*) dar. Die Beschäftigten arbeiten nur am Samstag und am Sonntag, was eine bessere Auslastung der Anlagen ermöglicht. Teilzeitarbeit

**Gleitzeit** (*orario elastico*) wird meistens aufgrund betrieblicher Regelungen eingeführt und sie gilt für einzelne Arbeitsplätze, Abteilungen oder für ganze Betriebe. Die Beschäftigten können täglich in flexibler Weise entscheiden, wann sie mit der Arbeit beginnen, wann sie die Mittagspause einlegen und wann sie die Arbeit beenden. In den so genannten **Kernzeiten** (z. B. von 9 bis 12 Uhr und von 14 bis 16 Uhr) herrscht Anwesenheitspflicht. Elektronisch werden die jeweiligen Zeitguthaben und Zeitschulden in Monatskonten festgehalten und meistens innerhalb des Monats ausgeglichen.

Die so genannte **flexible Arbeitszeit** (*orario flessibile*) wird durch die Kollektivverträge geregelt und ermöglicht, nach dem jeweiligen Arbeitsanfall und den privaten Bedürfnissen der Arbeitnehmer die tägliche, wöchentliche oder monatliche Arbeitszeit unterschiedlich festzulegen. Die längere Arbeitszeit an bestimmten Flexible Arbeitszeit

Tagen, Wochen oder Monaten wird durch eine entsprechende Verkürzung der Arbeitszeit in anderen Zeiträumen ausgeglichen. Der Arbeitgeber kann auf diese Weise Überstunden einsparen.

Arbeitsplatzteilung

Beim **Jobsharing** oder **Arbeitsplatzteilung** *(lavoro ripartito)* teilen sich zwei oder mehrere Arbeitnehmer einen Arbeitsplatz. Dabei wechseln sie sich nach persönlicher Absprache ab. Das Gesetz überlässt die **Regelung** der Arbeitsplatzteilung weitgehend den Kollektivverträgen.

Arbeit auf Abruf

Die **Arbeit auf Abruf** oder Arbeit mit Unterbrechungen *(lavoro intermittente, lavoro a chiamata)* ermöglicht es den Unternehmen, die Arbeitnehmer nur bei Arbeitsbedarf einzusetzen. Beim Arbeitsvertrag auf Abruf kann auch eine Bereitschaftszeit vereinbart werden, in der sich der Arbeitnehmer für einen etwaigen Arbeitseinsatz bereithält. In diesem Fall steht ein Entgelt für die Bereitschaftszeit zu. Die Arbeit auf Abruf kann unter anderem im Gastgewerbe und im Handel bei stark schwankender Kundenzahl oder für kurze Beschäftigungen an bestimmten Feiertagen von Bedeutung sein.

Unter dem Sabbatjahr versteht man längere Freistellungen (z. B. 6 Monate), die nach einer gewissen Anzahl von Arbeitsjahren in Anspruch genommen werden können. Während dieses Langzeiturlaubs werden das Gehalt und die Sozialbeiträge vom Unternehmen weiter bezahlt.

Die **Telearbeit** *(telelavoro)* wird durch die moderne Informations- und Computertechnik ermöglicht. Der mit einem Computer ausgerüstete Arbeitsplatz befindet sich beim Arbeitnehmer zu Hause und eine Datenleitung ermöglicht die Verbindung zum Betrieb. In diesen Fällen ist meistens eine individuelle Gestaltung der Arbeitszeit möglich, weil bei solchen Arbeitsverhältnissen vor allem das Arbeitsergebnis zählt. Die soziale Isolierung sowie die Verwischung von Arbeitszeit und Freizeit sind einige der Probleme, die mit der Telearbeit auftauchen.

## Der Urlaub

Die Arbeitnehmer haben jährlich Anspruch auf einen bezahlten **Urlaub** *(ferie)* von mindestens vier Wochen (Verfassung Art. 36, Art. 2109 ZGB und Arbeitszeitverordnung) und sie dürfen darauf nicht verzichten. Die Festlegung der Urlaubszeit steht dem Arbeitgeber zu, wobei neben den betrieblichen Erfordernissen auch die Wünsche des Arbeitnehmers berücksichtigt werden müssen. Abgesehen von anders lautenden Regelungen der Kollektivverträge muss die Urlaubszeit im betreffenden Jahr mindestens zwei aufeinander folgende Wochen umfassen, wenn dies vom Arbeitnehmer verlangt wird. Damit wird auch die gängige Rechtssprechung bestätigt, die in zahlreichen Fällen den Anspruch der Arbeitnehmer auf eine längere zusammenhängende Urlaubszeit anerkannt hat.

Urlaub muss in Anspruch genommen werden

Wenn ein Arbeitnehmer in einem bestimmten Jahr den ihm zustehenden Urlaub nicht vollständig aufbraucht, so muss er die verbleibende Urlaubszeit in den folgenden 18 Monaten in Anspruch nehmen. Denn eine Abgeltung des nicht genossenen Urlaubs ist verboten. Nur wenn das Arbeitsverhältnis aufgelöst wird und der Arbeitnehmer noch Anspruch auf Urlaub hat, dann dürfen die nicht genossenen Urlaubstage abgegolten werden.

Freistellungen

Neben dem jährlichen Urlaub gibt es auch den Heiratsurlaub und die entlohnten **Freistellungen** *(permesso retribuito)* wie zum Beispiel für Blutspender, Stimmenzähler bei Wahlen oder Gewerkschaftsvertreter.

## Die Einstufung

Nach Art. 2095 werden die Arbeitnehmer in folgende Kategorien eingeteilt:
- leitende Angestellte (*dirigenti*),
- untere Führungskräfte (*quadri*),
- Angestellte (*impiegati*),
- Arbeiter (*lavoratori*).

Auf diese Einteilung nehmen auch die verschiedenen Kollektivverträge Bezug, die für die einzelnen Kategorien noch zusätzliche Unterteilungen vorsehen. So werden z. B. die Arbeiter meistens in Facharbeiter (*operaio specializzato*), qualifizierte Arbeiter (*operaio qualificato*), angelernte Arbeiter (*manovale specializzato*) und ungelernte Arbeiter (*manovale comune*) eingeteilt. Von der jeweiligen **Kategorie** hängen vor allem Probezeit, Kündigungsfrist, Urlaub sowie die Entlohnung ab. Die Arbeitnehmer sind für jene Tätigkeiten einzusetzen, die ihrer Kategorie entsprechen, mit der sie eingestellt wurden oder in die sie nachträglich aufgerückt sind (Art. 2103). Übt der Arbeitnehmer eine Tätigkeit aus, die einer höheren Kategorie entspricht, so steht ihm die entsprechende Entlohnung zu. Spätestens nach drei Monaten muss er in die höhere Kategorie eingestuft werden, wenn er nicht einen Arbeitnehmer vertritt, der Anspruch auf die Erhaltung des Arbeitsplatzes hat (z. B. eine Frau im Mutterschaftsurlaub oder einen zur Kindesbetreuung beurlaubten Vater). Nur in Ausnahmefällen dürfen die Arbeitnehmer niedriger eingestuften Tätigkeiten zugewiesen werden als jenen, für die sie aufgenommen wurden. Dies gilt vor allem zur Erhaltung der Arbeitsplätze bei betrieblichen Krisen.

## Die Entlohnung

Nach der italienischen Verfassung (Art. 36) hat »der Arbeitnehmer Anrecht auf eine Entlohnung, die dem Umfang und der Qualität seiner Arbeit entspricht und in jedem Fall ausreichend ist, ihm und seiner Familie eine freie und würdige Existenz zu sichern«. Für die einzelnen Wirtschaftszweige werden die Löhne mit den jeweiligen Kollektivverträgen festgelegt, wobei eine Staffelung nach Kategorien vorgesehen ist. Es handelt sich dabei um Mindestlöhne. Mit Betriebsabkommen oder mit Einzelvereinbarung zwischen Arbeitgeber und Arbeitnehmer werden vielfach höhere Löhne vereinbart.

Lohngleichheit

Den Frauen steht bei gleicher Arbeit die **gleiche Entlohnung** zu (Gleichstellung der Frau im Arbeitsbereich – Gesetz Nr. 903/1977). Außerdem sollen die noch bestehenden Benachteiligungen der Frauen bei Entlohnung und Karriere durch gezielte Maßnahmen abgebaut werden (Gesetz Nr. 125/1991).

Die verbreitetste Entlohnungsform ist der **Zeitlohn**, und zwar meistens als Monatslohn (*stipendio, paga mensile*). Eine leistungsabhängige Entlohnungsform ist der **Leistungs-, Akkord- oder Stücklohn** (*retribuzione a cottimo*), der angewendet werden muss, wenn der Arbeitnehmer an einen bestimmten Arbeitsrhythmus gebunden ist oder wenn die Arbeitsleistung durch Zeitmessung bestimmt wird (Art. 2100). In der Industrie gibt es in der Regel keinen reinen Akkordlohn, sondern der Grundlohn wird durch eine leistungsabhängige Akkordprämie ergänzt.

Zum so genannten Grundlohn (*stipendio base, paga base*) kommt vielfach noch die in den Kollektivverträgen geregelte **Dienstalterszulage** (*scatto di anzianità*) hinzu. Es handelt sich um eine bestimmte Anzahl von Gehaltsvorrückungen (*scatto*), die meistens alle zwei Jahre erfolgen und als Vergütung für die erworbenen beruflichen Fähigkeiten anzusehen sind. Die Kollektivverträge und die betrieblichen Zusatzabkommen können auch die Zahlung einer so genannten Produktionsprämie (*premio di produzione*) vorsehen, die an die Produktivitätsentwicklung gekoppelt ist. Lohnzuschläge werden außerdem für Überstunden (*lavoro straordinario*) und für Schichtarbeit (*lavoro a turno*) mit wechselndem Arbeitsturnus bezahlt. Weitere Zuschläge gibt es für Sonn- und Feiertagsarbeit, Nachtarbeit, Arbeit im Gebirge (Höhenzulage), Grubenarbeit usw. Vor den Weihnachtsfeiertagen wird jährlich das Weihnachtsgeld (*gratifica natalizia*) oder das **dreizehnte Monatsgehalt** (*tredicesima mensilità*) bezahlt und einige Kollektivverträge sehen auch ein vierzehntes Monatsgehalt vor.

Mit der Lohnzahlung ist dem Arbeitnehmer die **Lohnabrechnung** (Lohnstreifen – *prospetto paga, busta paga*) auszuhändigen. Es handelt sich um eine Aufstellung für den betreffenden Entlohnungszeitraum (Monat, Woche) mit den genauen Daten des Arbeitnehmers, der Entlohnung und den etwaigen Zuschlägen, den Familienzulagen sowie den Abzügen: Sozialbeiträge zu Lasten des Arbeitnehmers und einbehaltene Einkommensteuer.

Lohnfortzahlung

Bei **Krankheit** hat der Arbeitnehmer Anrecht auf Lohnfortzahlung und Erhaltung des Arbeitsplatzes für die im Kollektivvertrag festgelegte Höchstdauer. Dies gilt auch für die Genesungszeit bei Arbeitsunfällen. Wenn die Abwesenheit des Arbeitnehmers wegen Krankheit die zulässige Höchstdauer (*periodo di comporto*) überschreitet, kann er entlassen werden.

## Beendigung des Arbeitsverhältnisses

Um ein Arbeitsverhältnis zu begründen, ist im Wesentlichen die Einigung der Vertragspartner (Arbeitgeber und Arbeitnehmer) erforderlich. Auch die Beendigung eines Arbeitsverhältnisses kann einvernehmlich erfolgen (**einvernehmliche Auflösung** – *risoluzione consensuale*). Zudem besteht die Möglichkeit, das unbefristete Arbeitsverhältnis einseitig durch Kündigung aufzulösen. Als **Kündigung** bezeichnet man die einseitige Willenserklärung des Arbeitnehmers (Kündigung – *dimissione*) oder des Arbeitgebers (Entlassung – *licenziamento*), womit das bestehende Arbeitsverhältnis beendet wird. Das befristete Arbeitsverhältnis endet automatisch mit Erreichung des festgelegten Endtermins.

Kündigungsschutz

Die Kündigung durch den Arbeitgeber wird von verschiedenen Bestimmungen über den **Kündigungsschutz** stark eingeschränkt (Vorschriften über Einzelentlassungen – *norme sui licenziamenti individuali* Gesetz Nr. 604/1966, Arbeiterstatut Gesetz Nr.300/1970 Art. 35, Gesetz Nr. 108/1990). Nur in wenigen Fällen – leitende Angestellte, Hausangestellte, während der Probezeit, bei Arbeitsverhältnissen mit nicht gewerblichen Körperschaften – ist die Kündigung von unbefristeten Arbeitsverträgen nach Art. 2118 durch den Arbeitgeber ohne Begründung zulässig (*licenziamento ad nutum*). Für die Arbeitnehmer ist hingegen die Kündigung im Arbeitsverhältnis auf unbestimmte Zeit ohne Einschränkungen möglich. Dabei ist die von den Kollektivverträgen festgelegte Kündigungsfrist zu beachten. Die Kündigung durch den Arbeitnehmer muss schriftlich erfolgen.

In allen anderen Fällen ist eine Entlassung des Arbeitnehmers nur zulässig, wenn ein wichtiger Grund (*giusta causa*) oder ein rechtfertigender Anlass (*giustificato motivo*) gegeben ist.

Ein **wichtiger Grund** liegt nach Art. 2119 vor, wenn eine auch nur zeitweilige **Fortsetzung des Arbeitsverhältnisses unzumutbar** ist, weil vor allem das Vertrauensverhältnis zwischen Arbeitgeber und Arbeitnehmer schwer beeinträchtigt wurde. In diesen Fällen kann das unbefristete Arbeitsverhältnis nach Art. 2119 **fristlos gekündigt** werden (fristlose Kündigung – *licenziamento in tronco*), und ein befristetes Arbeitsverhältnis kann vor Erreichung des Endtermins aufgelöst werden. Beispiele für einen wichtigen Grund, die eine schwere Beeinträchtigung des Vertrauensverhältnisses darstellen und somit eine fristlose Kündigung rechtfertigen:

Wichtiger Grund

- der Arbeitnehmer täuscht eine Krankheit vor, um einer anderen Arbeit nachzugehen,
- eine Rauferei in einem Fertigungsbereich,
- nicht entschuldigtes Entfernen vom Arbeitsplatz, wodurch die Sicherheit von Personen und Maschinen gefährdet wird,
- die Bedrohung von Vorgesetzten,
- ein Bankbeamter stellt ungedeckte Schecks aus.

Kein wichtiger Grund und deshalb kein Kündigungsgrund besteht hingegen, wenn z. B. der Arbeitnehmer unzureichende Leistungen erbringt oder wenn er ungenügend beruflich qualifiziert ist.

Fristlose Entlassung

Die Kündigung aus einem wichtigen Grund erfolgt **fristlos**, wobei die vorgeschriebene Vorgangsweise genau einzuhalten ist: Vor allem ist der Kündigungsgrund umgehend dem Arbeitnehmer in schriftlicher Form zur Kenntnis zu bringen. Zudem darf der Kündigungsgrund nicht nachträglich abgeändert oder ersetzt werden.

Rechtfertigender Anlass

Als ein **rechtfertigender Anlass** (*giustificato motivo*) für eine Kündigung gilt eine **bedeutende Verletzung der vertraglichen Pflichten** durch den Arbeitnehmer. Auch betriebsbedingte Erfordernisse, also Gründe, die mit der **Produktion oder dem Arbeitsablauf** zusammenhängen, können als rechtfertigender Anlass gelten. Dazu einige Beispiele:

- der Arbeitnehmer tritt den Urlaub ohne vorherige Abstimmung mit dem Arbeitgeber an und weigert sich, den Urlaub vorzeitig abzubrechen,
- fortgesetzte Missachtung der Anweisungen des Arbeitgebers und der Vorgesetzten durch den Arbeitnehmer,
- Schließung einer Abteilung, ohne dass die Möglichkeit besteht, dem Arbeitnehmer eine gleichwertige Tätigkeit zuzuweisen,
- die Schließung des Betriebes.

Gegen die Entlassung aus einem wichtigen Grund oder einem rechtfertigenden Anlass kann der Arbeitnehmer **Klage auf Wiedereinstellung** (*reintegrazione*) erheben. Wird der Klage stattgegeben, weil die Entlassung als unrechtmäßig angesehen wird, so verfügt der Richter die **Wiedereinstellung** des entlassenen Arbeitnehmers im gleichen oder in einem ähnlichen Tätigkeitsbereich. Zudem wird eine **Entschädigung** festgelegt, die mindestens fünf Monatslöhne beträgt. Wenn der Arbeitnehmer auf die Wiedereinstellung verzichtet, so stehen ihm zwischen zweieinhalb und sechs Monatslöhne als Entschädigung zu. Kleinere Betriebe mit bis zu 15 Beschäftigten können die Wiedereinstellung des unrechtmäßig entlassenen Mitarbeiters ablehnen und dafür die vorgesehene Entschädigung leisten (zweieinhalb bis sechs Monatslöhne).

Gesetzliche Bestimmungen und die Kollektivverträge regeln die Auflösung des Arbeitsverhältnisses bei Erreichung des Rentenalters, bei Überschreitung der

**höchstzulässigen Abwesenheitsdauer** wegen Krankheit oder Unfall (*periodo di comporto*), bei Betriebsschließung oder wegen Konkurserklärung des Unternehmens. Der Tod des Arbeitnehmers beendet das Arbeitsverhältnis wegen höherer Gewalt. Hingegen wird das Arbeitsverhältnis beim Tod des Arbeitgebers mit dessen Erben fortgesetzt. Auch die Veräußerung des Unternehmens bewirkt nicht die Beendigung des Arbeitsverhältnisses. Es wird mit dem neuen Firmeninhaber weitergeführt.

Der weitgehende Kündigungsschutz ist für die Beschäftigten besonders in Zeiten hoher Arbeitslosigkeit von großer Wichtigkeit. Das führt aber auch zu Nachteilen: Wegen der eingeschränkten Möglichkeit von Einzelentlassungen zögern die Unternehmen oft bei der Einstellung neuer Arbeitskräfte, was zur Verschärfung der Arbeitslosigkeit beitragen kann. Oder es werden vermehrt nur prekäre Beschäftigungsmöglichkeiten geboten.

Massenentlassungen

Rationalisierungsmaßnahmen oder Absatzkrisen können **Massenentlassungen** (*licenziamento collettivo*) erforderlich machen. In diesen Fällen sind die Gewerkschaften im Voraus von den geplanten Entlassungen zu verständigen. Es können so Lösungen zur Erhaltung der Arbeitsplätze erarbeitet werden (vorübergehende Lohnkürzungen, Kurzarbeit usw.), wozu auch die Nutzung der Lohnausgleichskasse (*cassa integrazione guadagni*) für die vorübergehend in Kurzarbeit befindlichen oder freigestellten Arbeitnehmer zählt. Sind keine solchen Lösungen möglich, können die geplanten Entlassungen nach Ablauf der vorgesehenen Frist vorgenommen werden, wobei die Mobilitätsunterstützung zur Anwendung kommen kann.

## Der befristete Arbeitsvertrag

In der Regel müssen Arbeitsverträge unbefristet (auf unbestimmte Zeit – *a tempo indeterminato)* geschlossen werden, weil sie den Arbeitnehmern mehr Sicherheit bieten. Der **befristete Arbeitsvertrag** *(contratto di lavoro a tempo determinato)* ist deshalb nur aus den im Gesetz vorgesehenen Gründen zulässig, weil sonst zahlreiche Schutzbestimmungen unterlaufen werden können (Kündigungsschutz, Mutterschutz usw.) und die Arbeitnehmer einem unzumutbaren Druck ausgesetzt sein könnten.

Befristung aus technischen, produktionsbezogenen oder organisatorischen Gründen sowie im Vertretungsfall

Das befristete Arbeitsverhältnis endet mit dem vereinbarten Endtermin, und es ist keine Kündigung erforderlich. Nach dem Gesetz (EVO Nr. 368/2001) ist die Befristung der Arbeitsverträge aus technischen, produktionsbezogenen oder organisatorischen Gründe sowie im **Vertretungsfall** zulässig. Eine befristete Vertretung ist möglich, um einen vorübergehend abwesenden Arbeitnehmer zu ersetzen, der Anrecht auf die Erhaltung des Arbeitsplatzes hat (Krankheit, Genesung nach einem Unfall, Mutterschaft, Pflegeurlaub usw.). Typische befristete Beschäftigungen sind die Saisonarbeiten (Erntearbeiten, Schneeräumung, Arbeiten bei Ausstellungen und Messen, Saisonarbeit im Fremdenverkehr, Herstellung von Süßigkeiten vor Weihnachten und Ostern usw.) oder bestimmte außerordentliche Tätigkeiten wie zum Beispiel die Beschäftigung bei Übersiedlung.

Schriftliche Vereinbarung der Befristung

Die **Befristung** des Arbeitsverhältnisses muss schriftlich erfolgen und entsprechend begründet werden (z. B. ... bis zum 30. 4. 2006 zur Montage der neuen Tiefdruckmaschine oder bis zur Genesung der erkrankten Frau Cecilia Mair). Im Streitfall muss der Arbeitgeber beweisen, dass die Befristung des Arbeitsverhältnisses zulässig ist. Ist die Befristung unwirksam, so gilt der ursprünglich befristete Arbeitsvertrag als auf unbestimmte Zeit geschlossen. Nur bei gelegentlichen Arbeitsverhältnissen mit einer Dauer von höchstens zwölf Tagen ist für die Befristung keine Schriftform erforderlich.

Bei befristeten Arbeitsverhältnissen mit einer Dauer von weniger als drei Jahren ist eine **einmalige Erneuerung** aus objektiven Gründen und für die gleiche Tätigkeit zulässig. Eine mehrmalige Verlängerung von befristeten Arbeitsverhältnissen (so genannte Kettenarbeitsverträge) ist hingegen verboten.

Wird das befristete Arbeitsverhältnis nach Fristablauf fortgesetzt, so muss für die ersten zehn Tage ein Lohnaufschlag von 20 % und danach ein Aufschlag von 40 % bezahlt werden. Bei einer weiteren Fortsetzung (20 bzw. 30 Tage nach Fristablauf) gilt das Arbeitsverhältnis als unbefristet. Für die befristet Beschäftigten gilt der Grundsatz der Nichtdiskriminierung. Diese Arbeitnehmer haben deshalb zeitanteilig Anrecht auf die gleiche Behandlung (Urlaub, 13. Monatsgehalt, Abfertigung usw.) wie die unbefristet Beschäftigten des Unternehmens mit gleicher Einstufung.

Das befristete Arbeitsverhältnis endet in der Regel mit dem Ablauf der vereinbarten Zeit. Eine **vorzeitige Beendigung** eines befristeten Arbeitsverhältnisses ist nur aus folgenden Gründen möglich: unbefriedigender Ausgang der Probezeit, Kündigung aus einem wichtigen Grund (*giusta causa*) oder einem rechtfertigenden Anlass, Überschreitung der höchstzulässigen Abwesenheit wegen Krankheit oder Arbeitsunfall. Ein Rücktritt des Arbeitnehmers ohne wichtigen Grund ist nicht zulässig. Wenn es trotzdem dazu kommt, muss er dem Unternehmen Schadenersatz leisten.

## Die Leiharbeit

Auch die **Leiharbeit** (Zeitarbeit – *somministrazione di mano d'opera)* ist mit der Arbeitsmarktreform neu geregelt worden. Unternehmen und andere Arbeitgeber einschließlich der öffentlichen Verwaltung können sich als **Entleiher** *(utilizzatore)* bei Bedarf von einer privaten Leiharbeitsagenturen als **Verleiher** *(somministratore)* Arbeitnehmer »ausleihen«. Zwischen Entleiher und Verleiher wird ein befristeter oder unbefristeter **Arbeitnehmerüberlassungsvertrag** *(contratto di somministrazione)* geschlossen und dabei ein entsprechendes Entgelt vereinbArt. Die Leiharbeitnehmer schließen einen Arbeitsvertrag mit dem Verleiher, sie erbringen aber ihre Arbeitsleistung dem Entleiher, dem auch das Weisungsrecht zusteht. Für ihre Tätigkeit braucht die Leiharbeitsagentur eine staatliche Genehmigung.

Arbeitnehmerüberlassungsvertrag zwischen Entleiher und Verleiher

Unbefristete Arbeitnehmerüberlassungsverträge können unter anderem folgende Arbeitsleistungen betreffen: Beratung im Informatikbereich, Reinigungstätigkeiten, Wachdienste, Personen- und Warentransporte, Unternehmens- und Marketingberatung, Telefondienste, Führung von Bibliotheken, Museen, Archiven, Lagern usw.

Befristete Arbeitnehmerüberlassungsverträge sind aus technischen, produktionsbezogenen oder organisatorischen Gründen sowie im Vertretungsfall zulässig.

Im Unterschied zur Arbeitnehmerüberlassung wird die Leistung beim **Werkvertrag** (Werkvertrag mit Unternehmen – *appalto)* von einem Unternehmen erbracht, das unter Verwendung der erforderlichen Mittel seine eigenen Arbeitnehmer einsetzt, die dem Weisungsrecht unterstehen. Das Unternehmen trägt im Zusammenhang mit dem Werkvertrag auch das Unternehmerrisiko.

## Die Lehrverträge

Mit der Arbeitsmarktreform sind auch die Bestimmungen für das Berufsausbildungsverhältnis grundlegend erneuert worden. In Südtirol zählt die Berufsausbildung zu den primären Zuständigkeiten des Landes, und es müssen noch die notwendigen gesetzlichen Anpassungen an die staatlichen Bestimmungen erfolgen.

Das **Berufsausbildungsverhältnis** (Lehrverhältnis, Lehre – *apprendistato)* ist ein besonders ausgestaltetes Arbeitsverhältnis. Dabei verpflichtet sich der Arbeitgeber, für die berufliche Ausbildung des auszubildenden Arbeitnehmers (Auszubildender – Azubi, Lehrling – *apprendista)* zu sorgen. Die Ausbildung erfolgt im Betrieb und durch den Besuch von Lehrgängen. Der auszubildende Arbeitnehmer darf höchstens zwei Ebenen unter jenen Beschäftigten eingestuft werden, die im Betrieb gleiche Aufgaben oder Tätigkeiten erfüllen. Im Rahmen eines bis zu fünf Jahre dauernden Lehrverhältnisses ist in Südtirol der Besuch einer vom Land geführten Berufsschule Pflicht.

Berufsschulpflicht

Das staatliche Gesetz sieht drei Arten von Berufsausbildungsverhältnissen vor:

- traditionelle Lehre
- Höhere Lehre
- Diplomlehre

Die **traditionelle Lehre** ist Jugendlichen ab dem 15. Lebensjahr zugänglich und hat eine Höchstdauer von drei Jahren *(apprendistato per l'espletamento del diritto-dovere di istruzione e formazione).* Mit dem Abschluss der Lehre erlangt der Jugendliche eine berufliche Qualifikation. Gleichzeitig erfüllt er die bis zum 18. Lebensjahr dauernde Bildungs- und Ausbildungspflicht.

Die **Höhere Lehre** *(apprendistato professionalizzante)* ist für junge Erwachsene zwischen dem 18. und dem 29. Lebensjahr zugänglich. Sie hat eine Dauer von eineinhalb bis drei Jahren und führt zu einer Zusatzqualifikation oder Spezialisierung nach einer Erstausbildung. Die **Diplomlehre** *(apprendistato per l'acquisizione di un diploma o per percorsi di alta formazione)* ist ebenfalls jungen Erwachsenen zwischen 18 und 29 vorbehalten und ist auf die Erlangung eines Diploms oder einer hohen Qualifikation ausgerichtet.

### BEISPIELE UND FRAGEN

[1] Was sind die wesentlichen Merkmale des Arbeitsvertrages? Vergleichen Sie den Arbeitsvertrag mit dem einfachen Werkvertrag.

[2] Was versteht man unter einem Kollektivvertrag?

[3] Nach einer mündlichen Absprache mit dem Bauunternehmer Baumax arbeitet der Maurer Franz Fleißig auf einer entlegenen Baustelle. Eine Meldung beim Arbeitsamt, bei der Sozialversicherung und bei der Arbeitsunfallversicherung erfolgt nicht und der Lohn wird wöchentlich ohne Einbehaltung der Einkommensteuer und der Sozialbeiträge bar ausbezahlt. Liegt in diesem Fall ein Arbeitsverhältnis vor?

[4] Die wesentlichen Rechte und Pflichten aus dem Arbeitsvertrag.

[5] Welche Punkte muss ein Anstellungsschreiben enthalten?

[6] Schildern Sie die wesentlichen Merkmale der verschiedenen Arbeitszeitmodelle.

[7] Herr Schönhaar trägt eine auffällige Frisur, die seiner Arbeitgeberin, Frau Ordentlich, sehr missfällt. Nach mehreren Ermahnungen entlässt sie Herrn Schönhaar. Ist das zulässig?

[8] Aus welchen Gründen kann die Kündigung eines Arbeitnehmers erfolgen?

[9] In welchen Fällen kann ein befristeter Arbeitsvertrag geschlossen werden?

[10] Was versteht man unter Leiharbeit?

## Lehrberufe

**Handwerk, Gastgewerbe, Industrie, Dienstleistungen**

Aufzuganlagentechniker/in
Autotapezierer/in

Bäcker/in
Bau- und Galanteriespengler/in
Baumschuler/in
Bautechnischer Zeichner/in
Binder/in
Blechblasinstrumentenbauer/in
Bodenleger/in
Brauer/in und Mälzer/in
Buchbinder/in
Büchsenmacher/in
Bürofachkraft

Chemielaborant/in

Dachdecker/in
Damenschneider/in
Destillateur/in
Drechsler/in
Drogist/in
Druckfertiger/in

Einrichtungsberater/in
Elektromechaniker/in
Elektroniker/in
Elektrotechniker/in

Fachkraft für Lebensmittelherstellung
Fahrradmechaniker/in
Fassmaler/in
Federkielsticker/in
Feinmechaniker/in
Feuerungsanlagenmechaniker/in
Fliesen, Platten- und Mosaikleger/in
Florist/in
Fotograf/in
Friseur/in

Galvaniseur/in
Gärtner/in
Gerber/in
Glaser/in
Glasmaler/in und Glasdekorateur/in
Gold- und Silberschmied/in

Hafner/in
Herrenschneider/in
Holzbildhauer/in
Holzinstrumentenbauer/in
Holzschnitzer/in

Installateur/in von Heizungs- und sanitären Anlagen

Kälte- und Klimatechniker/in
Kaminkehrer/in
Karosseriebauer/in
Keramiker/in und Keramikmaler/in
Kfz-Techniker/in
Koch/Köchin
Kommunikationstechniker/in
Konditor/in
Kunstschmied/in
Kürschner/in

Laborassistent/in
Landmaschinenmechaniker/in
Lebensmittelverkäufer/in
Lederwarenerzeuger/in

Maler/in und Lackierer/in
Maschinenbaumechaniker/in
Maschinenschnitzer/in
Maurer/in
Mediengestalter/in – Mediendesign
Mediengestalter/in – Medienoperating
Mediengestalter/in – Medientechnik
Metzger/in
Molkereifachmann/-frau

Offsetdrucker/in
Optikerassistent/in
Orgelbauer/in
Orthopädiemechaniker/in
Orthopädieschuhmacher/in

Sägewerker/in
Saiten- und Streichinstrumentenbauer/in
Sattler/in
Schlosser/in
Schmied/in – und Schlosser/in
Schönheitspfleger/in
Schumacher/in
Servierfachkraft
Siebdrucker/in
Speiseeishersteller/in
Steinbildhauer/in
Steinmetz/in
Sticker/in
Stricker/in
Stuckateur/in und Trockenbauer/in

Tapezierer- und Raumausstatter/in
Techniker/in für Elektrohaushaltsgeräte
Technische Zeichner/in für Anlagen
Textilreiniger/in
Tiefbauer/in
Tischler/in

Uhrmacher/in

Vergolder/in
Verkäufer/in
Verzierungsbildhauer/in

Weber/in
Weißnäher/in
Werkzeugmacher/in

Zahnarzthelfer/in
Zahntechnikerassistent/in
Zimmerer/ Zimmerin

# Die Wertpapiere

## Begriff und wirtschaftliche Funktion

Wertpapiere verbriefen Vermögensrechte

**Wertpapiere** (*titolo di credito*) sind Urkunden, die ein Vermögensrecht verbriefen, das nur mit dem Besitz der Urkunde in Anspruch genommen werden kann. Es gibt verschiedene Arten von Wertpapieren, die wie der Scheck, die Obligationen und die Aktien in der Wirtschaft eine große Bedeutung haben.

Die Vorläufer der heutigen Wertpapiere sind die Wechselbriefe (*lettera di cambio*), die von den italienischen Fernhändlern für Zahlungen in oft weit entfernten Handelsorten verwendet wurden. Es entfielen damit der aufwendige und äußerst gefährliche Transport sowie das Umwechseln von großen Münzmengen. Im Laufe der Zeit sind neue Arten von Wertpapieren entwickelt worden, die den Zahlungsverkehr, aber auch den Kredit- und Kapitalverkehr sowie den Güterumlauf wesentlich erleichtert und beschleunigt haben.

Die Wertpapiere ermöglichen eine **einfache, schnelle** und **sichere Übertragung** der verbrieften Rechte. Sie dienen als Zahlungsmittel (Scheck und Zirkularscheck), als Kreditmittel und Kreditsicherungsmittel (Wechsel), als Finanzinstrumente für die Aufbringung und Anlage von Kapital (Obligationen, Staatspapiere, Aktien) und als Warenwertpapiere im Güterumlauf (Ladeschein, Lagerschein).

Allgemeine Bestimmungen für Wertpapiere

Eine **allgemeine Regelung** für die Wertpapiere findet sich im Zivilgesetzbuch, und zwar als Teil des Schuldrechts (Art. 1992 ff.). Für die Aktien und Obligationen gelten die besonderen Bestimmungen im Aktienrecht (Art. 2346 ff. und Art. 2410 ff.), während Wechsel und Scheck durch eigene Gesetze geregelt werden. Die allgemeinen Bestimmungen über die Wertpapiere dienen als Ergänzung zu den besonderen Vorschriften für die einzelnen Arten von Wertpapieren, wie z. B. für den Scheck, die Obligationen oder die Aktien. Darüber hinaus gelten die allgemeinen Bestimmungen als Leitlinie für die Schaffung neuer Arten von Wertpapieren, die so genannten atypischen Wertpapiere (*titolo atipico*). Abgesehen von den Inhaberpapieren, die die Zahlung eines Geldbetrages verbriefen (Art. 2004), können nämlich bei Bedarf auch neue Arten von Wertpapieren gestaltet werden.

Atypische Wertpapiere

Für sämtliche Wertpapiere gelten die **grundlegenden Bestimmungen** über die Erfüllung der Leistung, die zulässigen Einwendungen und die Wirkungen des Besitzes im guten Glauben (Art. 1992–1994).

Was die **Erfüllung der Leistung** anbelangt, hat der Besitzer eines Wertpapiers Anspruch auf die in der Urkunde **verbriefte Leistung**, wobei es sich meistens um Zahlungen handelt. Vom Schuldner (Verpflichteten – *debitore*) wird die Leistung an den Besitzer des Wertpapiers mit befreiender Wirkung erbracht, wenn dieser das Papier vorlegt und sich in der gesetzlich vorgeschriebenen Form als Berechtigter ausweist (Art. 1992).

Um die sichere und einfache Weitergabe der Wertpapiere zu gewährleisten, können vom Schuldner gegenüber dem Besitzer des Wertpapiers nur **zulässige Einwendungen** (Art. 1993 – *eccezioni opponibili*) geltend gemacht werden. Einwendungen, die gegenüber jedem Besitzer vorgebracht werden können, betreffen unter anderem die **Formmängel** (z. B. es fehlt das Wort »Scheck« in einem Scheckvordruck), **Fälschung** der eigenen Unterschrift, **mangelnde Handlungsfähigkeit** oder **Vertretungsvollmacht des Ausstellers** des Wertpapiers.

Einfache Weitergabe

Die **Weitergabe der Wertpapiere** ist sehr einfach, weil die Bestimmungen für den Erwerb des Eigentums an beweglichen Sachen durch **Besitz in gutem Glauben** angewandt werden (Art. 1153). Wer eine bewegliche Sache von jemandem erwirbt, der nicht der Eigentümer ist, erwirbt trotzdem das Eigentum. Dazu sind der Besitz in gutem Glauben und ein geeigneter Rechtstitel, z. B. ein Kaufvertrag, erforderlich. Diese Regelung erleichtert besonders den Warenaustausch. Auch die Weitergabe von Wertpapieren wird durch eine ähnliche Bestimmung leichter und sicherer gestaltet (Art. 1994). Hat jemand den Besitz eines Wertpapiers im guten Glauben nach den Vorschriften erworben, die dessen Umlauf regeln (z. B. durch Indossament), so kann er nicht auf Herausgabe geklagt werden: z. B. wenn ein gestohlener Wechsel im guten Glauben in Zahlung genommen wird. Der Besitzer des Wertpapiers erwirbt in diesem Fall ohne Einschränkungen und in ursprünglicher Weise das im Wertpapier verbriefte Recht.

Es werden so die Nachteile vermieden, die mit der **Abtretung von Forderungen** (*cessione del credito*) verbunden sind. Der übernommene Schuldner soll nämlich durch die Abtretung der Forderung nicht benachteiligt werden, und deshalb kann er gegenüber dem Übernehmer der Forderung sämtliche Einwände geltend machen, die er gegen den abtretenden Gläubiger vorbringen kann. Ein gutgläubiger Erwerb einer Forderung durch Abtretung ist deshalb grundsätzlich ausgeschlossen.

## Einteilung der Wertpapiere

Nach dem jeweils **verbrieften Recht** können die Wertpapiere eingeteilt werden in
- **Gläubigerpapiere** (*titoli di credito in senso stretto*), die ein Schuldrecht verbriefen: Scheck, Wechsel, Obligationen, Anteile an Investmentfonds,
- **Beteiligungspapiere** (*titoli di credito di partecipazione*). Es handelt sich um die Aktien, die Beteiligungsrechte an einer Aktiengesellschaft oder an einer Genossenschaft verbriefen,
- **Sachenrechtliche Papiere** oder **Warenwertpapiere** (*titoli di credito rappresentativi di merci*), die das Eigentumsrecht oder ein Pfandrecht an den im Wertpapier angeführten Waren verbriefen: Lagerschein und Lagerpfandbrief.

Nach der **Art der Weitergabe** werden die Wertpapiere unterschieden in
- Inhaberpapiere (Überbringerpapiere),
- Orderpapiere und
- Namenspapiere.

Die **Inhaberpapiere** (*titolo al portatore*) werden durch die einfache Übergabe des Papiers übertragen (Art. 2003 ff.). Dazu zählen die Inhabersparbücher, Sparaktien, Obligationen, Anteile an Investmentfonds, Staatspapiere und andere öffentliche Schuldverschreibungen. Um zu verhindern, dass Inhaberpapiere für die **Geldwäsche** (*riciclaggio di denaro sporco*) durch Kriminelle verwendet werden, dürfen Inhabersparbücher und frei übertragbare Schecks nur auf Beträge unter 12.500 Euro lauten.

Zur Bekämpfung der Geldwäsche dürfen Inhaberpapiere nur beschränkt verwendet werden.

Die **Orderpapiere** (*titolo all'ordine*) werden zugunsten einer bestimmten Person ausgestellt und mit **Indossament** (*girata*) weitergegeben. »Der Besitzer eines Orderpapiers ist zur Ausübung des darin verbrieften Rechtes auf Grund einer ununterbrochenen Folge von Indossamenten berechtigt« (Art. 2008). Zu den Orderpapieren zählen der Scheck, der Wechsel und die Warenwertpapiere. Das Indossament (Übertragungsvermerk) ist eine vom Indossanten unterschriebene schriftliche Erklärung auf dem Papier, mit der er sämtliche Rechte aus dem Papier an den Indossatar (den neuen Berechtigten) überträgt: »Für mich an Frau Maria Wieser (unterschrieben) Josef Mair«. Weitere Details werden noch im Zusammenhang mit dem Wechsel behandelt.

Die **Namenspapiere** (*titolo nominativo*) sind dadurch gekennzeichnet, dass sie auf eine bestimmte Person ausgestellt sind, und dies sowohl auf dem Papier als auch im Register des Ausstellers (*emittente*) eingetragen ist. Die wichtigsten Namenspapiere sind die Aktien (mit Ausnahme der Sparaktien). Außerdem können Obligationen und Anteile an Investmentfonds als Namenspapiere begeben werden. Bei der Übertragung von Namenspapieren ist die Mitwirkung des Ausstellers erforderlich, der die erforderliche Eintragung in das von ihm geführte Register durchführt. Diese Eintragung ist nur erforderlich, wenn der Erwerber des Wertpapiers die im Papier verbrieften Rechte ausüben will. Wenn er z. B. an der Hauptversammlung der Aktiengesellschaft teilnehmen will, deren Aktien er erworben hat.

## Die Kraftloserklärung von Wertpapieren

Wenn ein Wertpapier abhanden kommt, weil es verloren, entwendet oder zerstört wurde, so kann für Order- und Namenspapiere die **Kraftloserklärung** (*ammortamento*) durch das Gericht erlangt werden (Art. 2016 ff. und Art. 2027). Wer z. B. einen Wechsel verliert, der muss den Bezogenen (Schuldner) verständigen und außerdem einen Rekurs an den Präsidenten des Landesgerichtes richten, in dessen Bereich der Wechsel zahlbar ist.

Nach Überprüfung des Sachverhaltes und der Berechtigung des Besitzers wird vom Gericht die Kraftloserklärung mit Dekret verfügt. Das Dekret muss auf Veranlassung des Antragstellers dem Schuldner zugestellt und im staatlichen Amtsblatt veröffentlicht werden. Darauf kann die Einlösung des Papiers 30 Tage nach der Veröffentlichung erfolgen.

## Die »elektronischen« Wertpapiere

Durch die weltweite Vernetzung der Computer im Internet und durch die Entwicklung von wirkungsvollen Verschlüsselungstechniken werden immer mehr geschäftliche Transaktionen elektronisch und somit beleglos durchgeführt. Diese Entwicklung hat auch beachtliche Auswirkungen für die Wertpapiere. **Schuldverschreibungen, Aktien, Optionsscheine** und andere Finanzinstrumente, deren Handel an Börsen und anderen geregelten Märkten erfolgt, dürfen nicht als Wertpapiere in Form einer Urkunde ausgegeben werden, sondern müssen als **stücklose (unverbriefte) Wertpapiere** begeben werden (Ermächtigungsverordnung Nr. 213/1998 V. Titel: Unverbriefte Wertpapiere – *dematerializzazione*). Für jede Emission muss bei der **Wertpapiersammelverwahrungsgesellschaft** (*società di gestione accentrata – Monte titoli*) ein auf den Emittenten lautendes Konto eröffnet werden, und die »elektronischen Wertpapiere« können nur stücklos durch Buchungen über Banken und Wertpapierfirmen übertragen werden. Für ihre stücklosen Aktien, Obligationen und sonstigen Finanzinstrumente erhalten die Inhaber von der Bank oder der Wertpapierfirma eine nicht **übertragbare Bestätigung** (*certificazione non trasferibile*), die für die Ausübung der Rechte, wie die Beteiligung an der Hauptversammlung, erforderlich ist.

Eine reibungslose und kostengünstige Abwicklung der Börsengeschäfte ist nur mit stücklosen (»elektronischen«) Aktien, Obligationen und anderen stücklosen Wertpapieren möglich.

Für **Schecks** erfolgt die beleglose Bearbeitung im Rahmen des **beleglosen Scheckeinzugsverfahrens** (cheque truncation). Die erforderlichen Daten werden elektronisch weitergeleitet. Das ermöglicht ein sicheres und wesentlich beschleunigtes Inkasso. Trotzdem wird der Scheck im Zahlungsverkehr immer mehr durch die beleglosen »elektronischen«

Zahlungsformen und Einzugsverfahren verdrängt. Kreditkarten, Bancomat-Karten für Zahlungen an POS-Kassen, Banküberweisungen, Lastschriftverfahren und elektronische Bankquittungen erweisen sich als bequemer, sicherer und meistens auch einfacher in der Verwendung als der Scheck. Größere Unternehmen nutzen verstärkt das Factoring, wobei sie ihre Forderungen aus Waren- und Dienstleistungsgesellschaften an Factoring-Gesellschaften oder Banken abtreten.

Für den **Wechsel** ist ein belegloses Inkasso nicht möglich, und deshalb gestalten sich die Bearbeitung der Wechsel und der Wechseleinzug zeitraubend und aufwändig. Außerdem fürchten viele Wirtschaftstreibende die kreditschädigende Wirkung eines Wechselprotests. Dazu kommt noch die steuerliche Belastung durch die Wechselsteuer. Aus diesen Gründen hat die Bedeutung des Wechsels stark abgenommen, weshalb auf eine ausführliche Darstellung der wechselrechtlichen Bestimmungen verzichtet wird.

An Stelle der Wechsel werden heute für den Forderungseinzug das **Lastschriftverfahren** (*Rid*) und der beleglose Einzug von **Bankquittungen** (RiBa) bevorzugt. Dabei können Bankquittungen, die der Gläubiger bei seiner Bank zum Inkasso einreicht, bis zu ihrer Fälligkeit bevorschusst werden. In der Regel werden für diese Bevorschussungen günstigere Zinsen angewandt als für den Kontokorrentkredit.

Auch die Bedeutung der **Warenwertpapiere** (Ladeschein, Lagerschein, Konnossement) ist zurückgegangen. Dazu tragen die Verkürzung der Transportzeiten, die begrenzte Lagerhaltung und der rasche elektronische Datenaustausch bei.

## DER WECHSEL

Der **Wechsel** (*la cambiale*) ist ein Wertpapier, das als Kreditmittel, aber auch im Zahlungsverkehr Verwendung findet. Die rechtliche Regelung erfolgt durch das **Wechselgesetz** (königl. Dekret Nr. 1669/1933), das den Grundsätzen der Genfer Konvention (1930) entspricht.

Es gibt zwei Arten von Wechseln: den **gezogenen Wechsel** oder **Tratte** (*cambiale tratta*) und den **Eigenwechsel** (**eigener Wechsel, Solawechsel** – *vaglia cambiario, pagherò cambiario*).

Der **gezogene Wechsel** (Tratte) ist eine Anweisung, durch die der **Aussteller** (*traente*) den **Bezogenen** (*trattario*) anweist, bei Fälligkeit einen bestimmten Geldbetrag an den im Wechsel bezeichneten **Begünstigten** (**Wechselnehmer** – *prenditore*) oder an dessen Order zu bezahlen. In der Regel lautet der gezogene Wechsel an die eigene Order des Ausstellers, und somit ist der Aussteller meistens auch gleichzeitig der Begünstigte.

Annahme (Akzept) durch Bezogenen

Der **Aussteller** des gezogenen Wechsels erteilt dem Wechselschuldner die Anweisung, den Geldbetrag zu zahlen, und er übernimmt nach dem Gesetz die ersatzweise Haftung für Annahme und Einlösung des Wechsels. Der **Bezogene** wird durch Unterschrift auf der Vorderseite des Wechsels, die so genannte **Annahme** (Akzept – *accettazione*), zum **Wechselschuldner** (*obbligato cambiario*). Bei Fälligkeit hat er an den **Begünstigten** gegen Übergabe des Wechsels den festgelegten Geldbetrag zu bezahlen. Damit der Aussteller einen Wechsel auf den Bezogenen ziehen kann, muss dieser dazu die Einwilligung erteilen.

Der **Eigenwechsel** (eigener Wechsel, Solawechsel) ist ein **unbedingtes Zahlungsversprechen**, durch das sich der **Aussteller** (*emittente*) verpflichtet, bei Fälligkeit einen bestimmten Geldbetrag an den in der Wechselurkunde bezeichneten **Wechselnehmer** (*prenditore*) zu bezahlen.

## Bestandteile des Wechsels

Der Wechsel wird in der Regel auf einem eigenen Vordruck ausgestellt, der mit der erforderlichen Stempelmarke zu versehen ist. Die **gesetzlichen Bestandteile** (*requisiti essenziali*) des gezogenen Wechsel sind in Art. 1 Wechselgesetz und jene des Eigenwechsels in Art. 100 Wechselgesetz festgelegt. Ein **gezogener Wechsel** muss demnach folgende wesentlichen Bestandteile aufweisen:

- für den **gezogenen Wechsel** die **Bezeichnung »Wechsel«** im Text der Wechselurkunde, und zwar in der Sprache, in der der Wechsel ausgestellt ist. Wird ein italienischer Wechselvordruck in Deutsch ausgefüllt, so ist die Bezeichnung »cambiale« durch »Wechsel« zu ergänzen,
- die **unbedingte Anweisung** (»zahlen Sie …« – *pagherete per questa cambiale …*), einen **bestimmten Geldbetrag** zu bezahlen,
- Name, Geburtsort und Geburtsdatum des **Bezogenen**, oder die **Steuernummer** *(codice fiscale)* statt dem Geburtsort und dem Geburtsdatum (Gesetz Nr. 273/2002),
- Angabe der **Fälligkeit**, sie kann in folgender Weise erfolgen: auf Sicht (*a-vista*), 1 (2, 3 …) Monat(e) nach Sicht [1 *(2, 3 …) mese(i) vista*], 1 (2, 3 …) Monat(e) nach Ausstellung *[1 (2, 3 …) mese(i) data]*, an einem bestimmten Tag (z. B. 1. 5. 2001 – *a giorno fisso*). Bei fehlender Angabe der Fälligkeit ist der Wechsel bei Sicht fällig,
- **Zahlungsort**: Der Wechsel kann bei einer Bank oder bei einem sonstigen Dritten zahlbar gestellt werden (*domiciliata*),
- Name des **Begünstigten**, wobei der gezogene Wechsel an die eigene Order des Ausstellers lauten kann,
- **Unterschrift des Ausstellers** (Vorname und Familienname oder die Firma).

**Gezogener Wechsel**

(*cambiale tratta*)

Bozen, 20. 02. 2009 ……………
(Ausstellungsort und -datum – *luogo e data dell'emissione*)

Euro 1.000,00 ……
(Betrag in Zahlen – *in cifre*)

Am 20. 05. 2009 ……
(Fälligkeit – *scadenza*)

Zahlen Sie (*pagate*) gegen diesen Wechsel (*per questa cambiale*)

an Josef Hofer, Marling ……
(*al*)

von Euro tausend, null Cent ……
(Betrag in Buchstaben – *in lettere*)

| zahlbar gestellt bei (*domiciliazione*) | Name und Anschrift des Schuldners (*nome e indirizzo del debitore*) |
|---|---|
| Südtiroler Volksbank<br>Pfarrplatz 4<br>39100 Bozen | Frau Rosa Müller<br>Steuernummer:<br>MLR042E59Z102Z<br>Bindergasse 16<br>39100 Bozen |

Josef Hofer
……
Unterschrift – (*firma*)

Eigenwechsel

Der **Eigenwechsel** *(pagherò cambiario)* enthält unter anderem das Versprechen des Ausstellers (»zahle ich für diesen Wechsel ...« – *»pagherò per questa cambiale ...«)* einen bestimmten Geldbetrag zu bezahlen sowie die Unterschrift des Ausstellers mit seinem Geburtsort und Geburtsdatum oder mit der Steuernummer. Diese Angaben sind erforderlich (Gesetz Nr. 273/2002), um Verwechslungen zu vermeiden, die besonders bei protestierten Wechseln mit großen Nachteilen verbunden sein können.

Die **Wechselverbindlichkeit** (*obbligazione cambiaria*) besteht in der Verpflichtung, die Wechselsumme zu bezahlen. Neben dem Bezogenen, der den Wechsel angenommen hat (Annehmer, Akzeptant – *trattario-accettante*), haften der Aussteller, jeder Indossant (*girante*) und der etwaige Wechselbürge (*avallante*) aus dem Wechsel. Alle Wechselverpflichteten haften gegenüber dem Wechselinhaber als **Gesamtschuldner** (Art. 54 Wechselgesetz), wodurch die Sicherheit des Wechselverkehrs gewährleistet wird.

Alle Wechselverpflichteten haften als Gesamtschuldner (solidarisch).

Die Bestimmungen für den Umlauf der Wechsel (*circolazione della cambiale*) entsprechen, von einigen Einzelheiten abgesehen, im Wesentlichen den allgemeinen Bestimmungen des ZGB für Orderpapiere. Der Wechsel wird vom Wechselinhaber (Indossant – *girante*) durch **Indossament** (*girata*) – eine schriftliche Erklärung auf der Rückseite der Wechselurkunde – an den neuen Wechselinhaber übertragen: *»Für mich an Roberto Bianco* (unterschrieben) *Josef Müller (per me pagate a Roberto Bianco)«.*

Indossament

Der Wechselinhaber kann den Wechsel bei Fälligkeit dem Bezogenen zur Zahlung vorlegen. Meistens wird jedoch eine **Bank als Inkassostelle** angeführt, wo der Wechsel zur Zahlung aufliegt. Die Vorlage des Wechsels bzw. die Zahlung bei der Inkassostelle hat **am Zahlungstag** oder an einem der **beiden folgenden Werktage** zu erfolgen.

Bei Bezahlung wird die entsprechend quittierte Wechselurkunde dem **Bezogenen ausgehändigt** (Art. 45 Wechselgesetz). Eine Teilzahlung darf nicht zurückgewiesen werden. In diesem Fall wird die Wechselurkunde dem Bezogenen nicht ausgehändigt, jedoch muss die Teilzahlung auf dem Wechsel vermerkt werden.

Bei Nichteinlösung des Wechsels kann der Wechselinhaber alle Wechselverpflichteten (Aussteller, Bezogenen, Indossanten, Bürgen) einzeln oder gemeinsam auf Zahlung der Wechselsumme in Anspruch nehmen.

Handelt es sich um die direkten Wechselverpflichteten (*obbligato diretto*) – das sind der Aussteller, der Annehmer und deren etwaigen Bürgen –, so ist kein Wechselprotest erforderlich. Für den **Rückgriff** (Regress – *regresso*) auf die Rückgriff-Wechselverpflichteten muss zuerst **Wechselprotest** (*protesto*) mangels Annahme oder mangels Zahlung erhoben werden.

Wechselprotest

## DER SCHECK

Der **Scheck** (*l'assegno bancario*) ist ein Wertpapier, das die unbedingte Anweisung an eine **Bank** enthält, auf Rechnung des Ausstellers eine bestimmte Geldsumme an eine bestimmte Person oder an den Überbringer zu zahlen. Der Scheck dient als **Zahlungsmittel** (*strumento di pagamento*), womit die bei einer Bank verfügbaren Geldmittel (Buchgeld) für bargeldlose Zahlungen verwendet werden können.

Zusammen mit dem **Zirkularscheck** (*l'assegno circolare*) wird der Scheck durch das **Scheckgesetz** (königl. Dekret Nr. 1736/1933) geregelt, das auf der Grundlage des Genfer Abkommens über das einheitliche Scheckgesetz erlassen wurde. Deshalb besteht weitgehende Übereinstimmung mit der gesetzlichen Regelung des Schecks in den meisten europäischen Staaten.

Scheckgesetz

**Der Scheck**

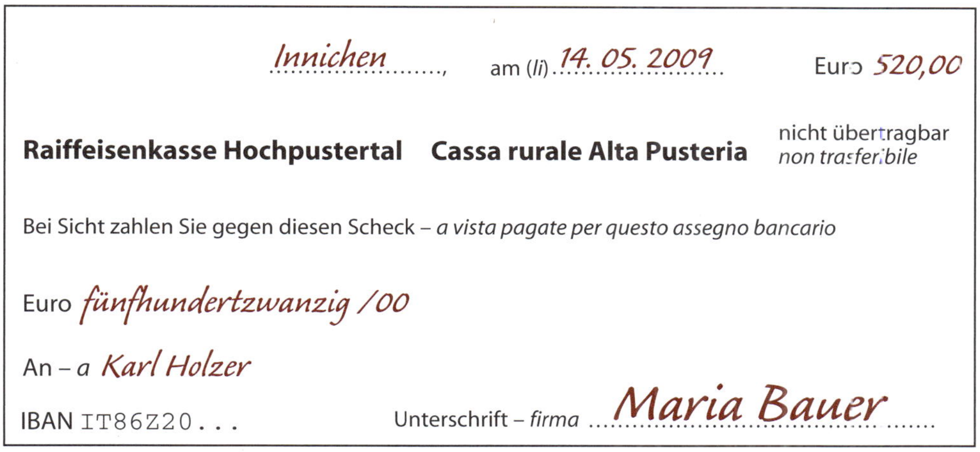


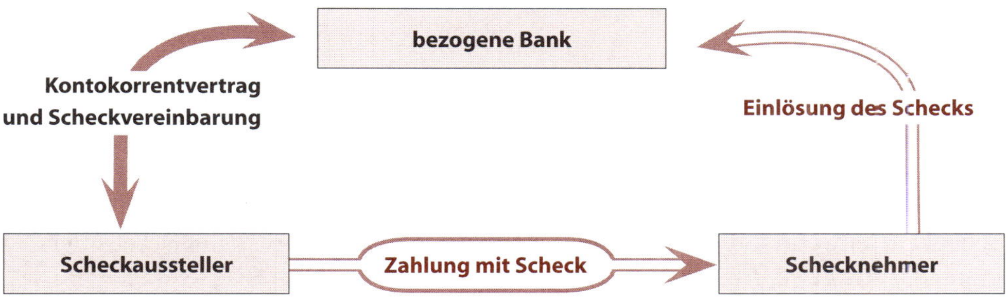


Um Schecks ausstellen zu können, muss die Person oder das Unternehmen mit der Bank im Rahmen des Kontokorrentvertrags eine **Scheckvereinbarung** (*convenzione di assegno*) treffen. Diese Vereinbarung ermächtigt den Kontoinhaber in den Grenzen der Verfügbarkeit auf dem Konto Schecks auf die Bank zu ziehen. Der **Aussteller** (*traente*) darf also nur dann einen Scheck ausstellen, wenn er bei der bezogenen Bank (*banca trattaria*) vom Zeitpunkt der Ausstellung bis zur Einlösung des Schecks über ein entsprechendes Guthaben auf dem Konto oder über eine ausreichende Kreditlinie verfügt. Dabei sind die von der Bank mit dem Scheckbuch (*libretto degli assegni, carnet*) ausgehändigten Scheckvordrucke zu verwenden.

Mit der Umsetzung der EU-Richtlinien zur Verhinderung und Aufdeckung von Geldwäsche (*antiriciclaggio*) und der Terrorismusfinanzierung sollen besonders die anonymen wirtschaftlichen Transaktionen stark eingeschränkt werden. Aus diesem Grund bestehen unter anderen verschiedene Beschränkungen für Bargeldzahlungen sowie für Inhabersparbücher und frei übertragbare Schecks.

Zur Bekämpfung der Geldwäsche dürfen Schecks ab 12.500 Euro nur mit dem Vermerk **»nicht übertragbar«** (*non trasferibile*) ausgestellt werden. Dabei ist der Name oder Firmenname des Schecknehmers (*beneficiario*) anzugeben. Die freie Weitergabe des Schecks ist so unterbunden, und der Betrag kann von der Bank nur an den Schecknehmer ausbezahlt oder auf dessen Konto gutgeschrieben werden. Üblicherweise sind die in einem Scheckbuch enthaltenen Scheckvordrucke mit dem Aufdruck »nicht übertragbar« versehen.

Für Beträge unter 12.500 Euro können auch **frei übertragbare Schecks** (*assegni liberi*) ausgestellt werden, deren Weitergabe mit Indossament (Übertragungsvermerk) zu erfolgen hat. Wegen der Stempelsteuer von 1,50 Euro je Scheckvordruck dürften die frei übertragbaren Schecks jedoch nur in Ausnahmefällen verwendet werden.

## Gesetzliche Bestandteile

Der Scheck muss auf eine Bank gezogen werden und er ist ein abstraktes und streng förmliches Wertpapier. Er enthält also keine Angaben über den Schuldgrund und er muss die gesetzlichen Bestandteile aufweisen. Bei Nichteinlösung kann der Schecknehmer den Scheck als Vollstreckungstitel (*titolo esecutivo*) verwenden.

Die **gesetzlichen Bestandteile** (*requisiti*) des Schecks sind nach Art. 1 Scheckgesetz:

- die Bezeichnung **Scheck** (*assegno*) im Text der Urkunde,
- die unbedingte **Anweisung** (*ordine*), eine bestimmte **Geldsumme** zu zahlen,
- die **bezogene Bank**,
- Schecknehmer
- der Zahlungsort,
- Ausstellungsort und -datum,
- **Unterschrift** des Ausstellers.

Zusätzlich zu den gesetzlichen Bestandteilen kommen aus banktechnischen Gründen noch die maschinenlesbare Nummer des Schecks und die Bankleitzahl der bezogenen Bank dazu. Für die Einlösung des Schecks lässt sich mit diesen Daten das entsprechende Konto des Scheckausstellers eindeutig ermitteln. Denn bei Anforderung eines Scheckbuchs werden die laufend nummerierten Scheckvordrucke dem betreffenden Konto des Bankkunden zugeordnet.

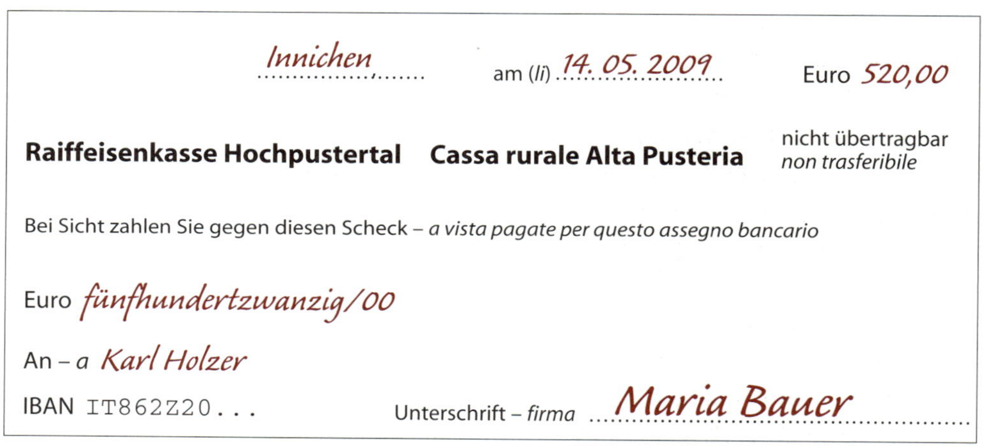


Blankoscheck

Der Scheck ist stets **bei Sicht** (*a vista*) zahlbar. Fehlt ein gesetzlicher Bestandteil, so ist der Scheck nichtig. Als **Blankoscheck** (*assegno in bianco*) wird ein Scheck bezeichnet, bei dem wesentliche Bestandteile wie der Scheckbetrag oder das Ausstellungsdatum fehlen und durch den Schecknehmer vor der Einlösung vervollständigt werden.

Wer **ungedeckte Schecks** (*assegno a vuoto*) oder Schecks ohne Ermächtigung durch die Bank (*assegno non autorizzato*) ausstellt, begeht einen auf dem Verwaltungsweg geahndeten Verstoß (*illecito amministrativo*), wofür eine Geldstrafe und etwaige Nebenstrafen vorgesehen sind. Bevor das Verfahren eingeleitet wird, hat der Scheckaussteller noch die Möglichkeit, innerhalb von 60 Tagen nach Ende der Scheck-Vorlagefrist die Schecksumme einschließlich der gesetzlichen Verzugszinsen, des Strafgeldes (10 % der Schecksumme) und der etwaigen Protestspesen zu bezahlen.

Wenn die Zahlung nicht innerhalb der 60-Tage-Frist erfolgt, darf der Aussteller von ungedeckten Schecks oder von Schecks ohne erforderliche Ermächtigung der Bank für den Zeitraum von sechs Monaten keine Schecks mehr ausstellen. Die Banken sind verpflichtet, die bestehenden Scheckvereinbarungen mit der bestraften Person aufzuheben. Zudem darf keine Bank mit dem Bestraften eine neue Scheckvereinbarung abschließen. Um diese für das gesamte Bankensystem geltende Sperre umzusetzen, haben die Banken Zugang zu einer elektronischen Datenbank (*Centrale Rischi Interbancaria*) bei der Banca d'Italia, in der sämtliche »Schecksünder« gespeichert werden. Hält sich eine Bank nicht an diese Sperrfrist von sechs Monaten, haftet sie gesamtschuldnerisch mit der bestraften Person für die Nichteinlösung von Schecks bis zu einem Höchstbetrag von 10.329,14 Euro je Scheck.

## Übertragung und Einlösung

Wegen der Einschränkungen aufgrund der Geldwäscheverordnung werden Schecks in der Regel nur mit der Klausel **»nicht übertragbar«** ausgestellt. Die Scheckvordrucke sind bereits mit dieser Klausel versehen, und solche Schecks können deshalb nur vom Schecknehmer eingelöst werden. Bis zu einem Betrag von 12.499,99 Euro sind auch frei übertragbare Schecks (*assegno libero*) zulässig. Die betreffenden Scheckvordrucke müssen schriftlich angefordert werden und zudem ist jeder Vordruck mit einer Stempelsteuer von 1,50 Euro belastet. Ein **frei übertragbarer** Scheck kann vom Inhaber durch **Indossament** (Übertragungsvermerk – *girata*) weitergegeben werden.

Mit der **Einlösung** des Schecks – Zahlung durch die bezogene Bank gegen Aushändigung des quittierten Schecks – erlischt die scheckrechtliche Verpflichtung. Der Scheck muss der bezogenen Bank innerhalb der **Vorlegungsfrist** zur Einlösung vorgelegt werden: Innerhalb von acht Tagen, wenn der Scheck am Ausstellungsort zahlbar ist, innerhalb von 15 Tagen, wenn der Scheck an einem anderen Ort im Staatsgebiet eingelöst werden muss. Die Bank kann den Scheck auch nach Ablauf der Vorlegungsfrist einlösen, es sei denn, der Aussteller hat die Anweisung erteilt, die Schecksumme nicht zu bezahlen. Wird die Vorlegungsfrist versäumt, so entfällt bei nicht erfolgter Einlösung die Rückgriffsmöglichkeit auf die Indossanten, während der Rückgriff auf den Aussteller weiterhin zulässig ist.

In der Praxis werden Schecks zur Einlösung meistens bei der Bank des Schecknehmers (**Inkassobank** – *banca negoziatrice*) eingereicht. Der Scheckbetrag wird in diesen Fällen unter der Bedingung »Eingang vorbehalten« dem Konto des Schecknehmers gutgeschrieben. Bis zu Summen von 3.000 Euro erfolgt die Einlösung der Schecks im beleglosen Scheckeinzugsverfahren (*check truncation*). Die Inkassobank leitet die Scheckdaten in elektronischer Form an die bezogene Bank weiter. Lehnt die bezogene Bank die Einlösung ab, weil zum Beispiel keine ausreichende Deckung am Konto vorhanden ist, muss sie die Inkassobank innerhalb von drei Arbeitstagen von der verweigerten Einlösung elektronisch verständigen. Daraufhin kann der Scheckvordruck an die bezogene Bank oder an die Abrechnungsstellen (*Stanza di compensazione*) in Mailand oder Rom geschickt werden. Nach der Überprüfung des vorgelegten Schecks kann die Einlösung durch die bezogene Bank erfolgen, oder es wird die Einlösung erneut verweigert, weil zum Beispiel eine Fälschung vorliegt. Wenn auf dem betreffenden Konto die erforderlichen Mittel fehlen, wird auf Protest wegen der nicht erfolgten Einlösung meistens verzichtet. Die Schecks sind nämlich in der Regel mit der Klausel »nicht übertragbar« versehen, und der Rückgriff auf den Aussteller kann auch ohne Protest erfolgen.

Für Schecks, die auf Beträge von über 3000 Euro lauten, wird das elektronische Einzugsverfahren nicht angewandt. In diesen Fällen muss die Inkassobank den Scheck der bezogenen Bank zur Einlösung zuschicken oder der Scheck wird bei der Abrechungsstelle eingereicht.

Die bezogene Bank muss bei der Einlösung von Schecks mit der für die Banktätigkeit üblichen Sorgfalt (*diligenza professionale*) vorgehen, weil sie sonst für die Einlösung von gefälschten Schecks oder für die Zahlung an eine nicht berechtigte Person haftet. Das gilt in begrenztem Maß auch für die Inkassobank, wenn sie Schecks zur Einlösung entgegennimmt. Vom Bankkunden wird hingegen verlangt, dass er das Scheckbuch und die einzelnen Scheckvordrucke sorgfältig aufbewahrt. Verlust oder Diebstahl der Scheckformulare sind der Bank umgehend anzuzeigen.

## Zirkularscheck

Der Zirkularscheck (*assegno circolare*, in Deutschland: Bankscheck) ist ein Wertpapier, das von einer Bank ausgestellt wird und mit dem sich die Bank verpflichtet, dem Begünstigten einen bestimmten Betrag bei Sicht zu bezahlen. Der entsprechende Betrag muss von der Person, die den Zirkularscheck anfordert, bereits bei Ausstellung desselben zur Verfügung gestellt werden. Zirkularschecks ab einem Betrag von 12.500 Euro dürfen zur Verhinderung der Geldwäsche nur mit der Klausel »nicht übertragbar« ausgestellt werden.

Wie der Scheck ist auch der Zirkularscheck ein Zahlungsmittel. Da sie eine Zahlungsverpflichtung einer Bank verbriefen, sind Zirkularschecks in der Regel sicherer als normale Schecks. Um zu verhindern, dass Zirkularschecks an Stelle von Banknoten verwendet werden, dürfen sie im Gegensatz zum Scheck **nicht auf den Inhaber** lauten. Der Zirkularscheck muss innerhalb von 30 Tagen nach Ausstellung zum Inkasso vorgelegt werden, weil danach kein Rückgriff mehr möglich ist.

### BEISPIELE UND FRAGEN

[1] Wie können die Wertpapiere eingeteilt werden?

[2] Der Dieb Hans Klau hat einen Wechsel gestohlen, der Herrn Franz Ehrlich gehört. Frau Kramer hält H. Klau für den Berechtigten und nimmt den Wechsel in Zahlung. Wer ist nun Rechtsinhaber des Wechsels?

[3] Der nette, aber unordentliche Karl Treu verliert einen Wechsel, den Kurt Schlau findet.
a) Was kann Karl Treu unternehmen, um die Einlösung des Wechsels zu verhindern?
b) Was müsste Kurt Schlau beweisen, um die Einlösung des Wechsels zu erreichen?

[4] Nennen Sie die gemeinsamen Merkmale von gezogenem Wechsel und Eigenwechsel.

[5] Was unterscheidet Wechsel und Scheck?

[6] Was geschieht, wenn ein ungedeckter Scheck ausgestellt wird?

[7] Was muss die Bank bei der Einlösung des Schecks überprüfen?

# Die Banken und die Bankverträge

## Die Öffnung des Bankenmarktes und die Universalbanken

Bevor wir uns mit den einzelnen Bankverträgen befassen, zuerst ein Überblick über den Wandel im Finanzbereich und über die wesentlichen Merkmale der Bankunternehmen.

In den 90er Jahren hat sich weltweit im Banken- und Finanzbereich ein tief greifender Wandel vollzogen, was sich auch auf Italien ausgewirkt hat. Durch die Liberalisierung des Kapitalverkehrs und mit der Öffnung des Bankenmarktes in der EU hat sich der **Wettbewerb** wesentlich verschärft. Die internationalen Verflechtungen der Finanzmärkte und die Einführung des Euro beschleunigten auch in Italien die Umstrukturierungen der Banken. Früher öffentliche Kreditinstitute sind privatisiert worden und durch Bankfusionen sind einige Großbanken entstanden (Unicredit, Intesa Sanpaolo).

Ein bedeutender Druck zur Umgestaltung des italienischen Bankenmarktes ist von der EU ausgegangen. Mit verschiedenen Richtlinien, insbesondere mit der Zweiten **Bankenrechtskoordinierungs-Richtlinie** (Richtlinie 2006/49/EG) wurden die Voraussetzungen geschaffen, dass die Banken, die in einem Mitgliedstaat der EU zugelassen sind, auch in allen anderen EU-Staaten ihre Tätigkeit ausüben und dort Filialen eröffnen können, ohne dass in diesen Ländern eine eigene Zulassung erforderlich ist. Außerdem wird die Kontrolle über die Banken, die außerhalb ihres Herkunftslandes tätig sind, von der Aufsichtsbehörde in jenem Land durchgeführt, wo die Banken ihren Sitz haben (Herkunftslandkontrolle). Das begünstigt den Wettbewerb und fördert den Abbau von hemmenden Bestimmungen. Ferner kommen auch im Bank- und Finanzbereich die verschiedenen Bestimmungen für den Verbraucherschutz zum Tragen, die in Italien fast ausschließlich auf EG-Richtlinien zurückgehen. Das gilt besonders für Verbraucherkredite und für die Regelungen betreffend die stark belastenden Klauseln in Verbraucherverträgen.

Nach dem Bankgesetz (Einheitstext für das Bank- und Kreditwesen – *Testo unico in materia bancaria e creditizia*) können sich alle Banken als so genannte **Universalbanken** (*banca universale*) betätigen und somit eine Vielzahl von Finanztätigkeiten ausüben. Ausschließlich den Banken bleibt die so genannte Banktätigkeit vorbehalten.

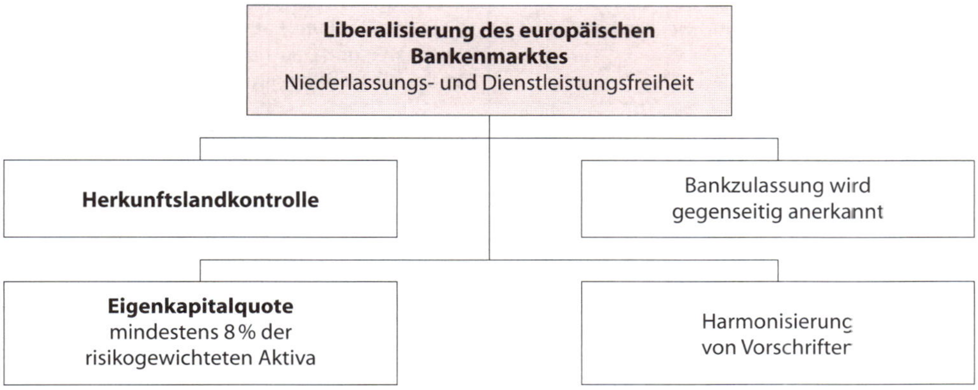

Banktätigkeit: Einlagengeschäft und Kreditgeschäft

Die **Banktätigkeit** (*attività bancaria* – Bankgesetz Art. 10) besteht darin, dass Banken gewerbsmäßig Einlagen oder andere rückzahlbare Gelder vom Publikum entgegennehmen und Kredite gewähren können. Im rechtlichen Sinn ist die Banktätigkeit somit sehr eng begrenzt und umfasst nur das **Einlagengeschäft** in Verbindung mit dem **Kreditgeschäft**. Die widerrechtliche Ausübung der Banktätigkeit und die missbräuchliche Verwendung der Bezeichnung »Bank« werden strafrechtlich geahndet.

Außerdem können die Banken nach dem Bankgesetz auch alle übrigen Finanztätigkeiten und die damit verbundenen Tätigkeiten ausüben. Neben dem Einlagen- und Kreditgeschäft fallen unter die so genannten **Finanztätigkeiten** (*attività finanziaria*) hauptsächlich die Tätigkeiten im Anhang zur Banken-Richtlinie (Richtlinie 2006/48/EG). Es handelt sich vor allem um Dienstleistungen im Rahmen des Zahlungsverkehrs, die Ausgabe und Verwaltung von Schecks, von Kreditkarten und von Reiseschecks, die Wertpapiergeschäfte für eigene Rechnung oder im Auftrag der Kundschaft, die Wertpapieraufbewahrung und -verwaltung, die Teilnahme an Wertpapieremissionen, die Handelsauskünfte, das Finanzleasing usw. Die Banken können somit eine breite Palette von Bankleistungen und Finanzprodukten anbieten, ohne hierfür eigene Finanzgesellschaften gründen zu müssen.

## Die Zulassung zur Banktätigkeit

Bevor eine neue Bank ihre Tätigkeit aufnehmen kann, ist die Zulassung durch die Banca d'Italia und die Eintragung in das Verzeichnis (*albo*) der in Italien zugelassenen Banken erforderlich, wenn die Bank nicht bereits in einem anderen EU-Mitgliedstaat die Zulassung erlangt hat. Für die Zulassung einer neuen Bank sind folgende **Voraussetzungen** erforderlich:

- Rechtsform des Bankunternehmens: Aktiengesellschaft oder Genossenschaft auf Aktien mit beschränkter Haftung,
- eingezahltes Eigenkapital in der vorgeschriebenen Mindesthöhe (5 Mio. Euro),
- Vorlage des Geschäftsplans zusammen mit dem Gründungsakt und der Satzung,
- die Zuverlässigkeit (*onorabilità*) der Anteilseigner; Beteiligungen müssen im Voraus von der Banca d'Italia genehmigt werden, wenn sie 5 % des Eigenkapitals übersteigen,
- die fachliche Eignung (*professionalità*) und Zuverlässigkeit der Personen, mindestens zwei, die mit der Geschäftsleitung betraut sind.

### Das italienische Bankwesen im Euro-Raum

| | |
|---|---|
| **Europäische Zentralbank** – Frankfurt<br>*(Banca Centrale Europea)*<br>Zuständig für die Geld- und Wechselkurspolitik | **Eurorat**<br>(Finanz- und Wirtschaftsminister der 16 Staaten des Euro-Raumes: Koordinierung der Wirtschafts- und Haushaltspolitik)<br>**Rat der Wirtschafts- und Finanzminister** der EU |
| **Banca d'Italia**<br>Umsetzung der Geldpolitik,<br>Bankenaufsichtsbehörde<br>Wettbewerbsbehörde (antitrust) | **Finanz- und Wirtschaftsminister**<br>*(ministro delle finanze e dell'economia)*<br>Verantwortlich für das Bankwesen |

| **Die Banken** |
|---|
| • Bankaktiengesellschaften (Bank-AG)<br>• Genossenschaftsbanken: Volksbanken und Raiffeisenkassen<br>• Filialen ausländischer Banken (aus EU-Mitgliedstaaten und anderen Staaten) |

## Die Bankgeschäfte

Traditionell werden die Bankgeschäfte nach ihrer **Bilanzwirksamkeit** unterteilt in
- Aktivgeschäfte,
- Passivgeschäfte und
- Dienstleistungsgeschäfte.

Die **Aktivgeschäfte** (*operazione attiva*) sind jene Bankgeschäfte, die auf der Aktivseite der Bankbilanz ausgewiesen werden, und zu diesen Geschäften zählen die **Kreditgeschäfte**, Geldmarkt- und Wertpapieranlagen sowie der Erwerb von Beteiligungen.

Die **Passivgeschäfte** (*operazione passiva*) dienen der Beschaffung der erforderlichen Fremdmittel (Mittelbeschaffung, *operazione di raccolta fondi, operazione di provvista*). Diese Mittel stammen aus Einlagen der Kunden, dem so genannten **Einlagengeschäft**. Die Besorgung von Fremdmitteln kann außerdem durch die Ausgabe von Obligationen, die Aufnahme von Krediten bei anderen Kreditinstituten oder durch Refinanzierungsgeschäfte mit der Europäischen Zentralbank erfolgen. Aus diesen Geschäften ergeben sich Verbindlichkeiten, die auf der Passivseite der Bilanz ausgewiesen werden.

Banken können nicht allein mit Fremdmitteln arbeiten, sondern sie müssen auch **Eigenkapital** (Eigenmittel) einsetzen, das durch Kapitalerhöhung oder durch Rücklagenbildung aus Gewinnen erhöht werden kann. Die Eigenmittel müssen mindestens 8 % der risikogewichteten Aktiva erreichen.

Die **Dienstleistungsgeschäfte** umfassen eine Reihe von sehr unterschiedlichen Bankdienstleistungen, wie die Abwicklung von Zahlungsaufträgen im In- und im Ausland, die Ausgabe von Kreditkarten, die Verwaltung von Wertpapierdepots, die Vermietung von Schließfächern usw. Diese Leistungen führen zu Erträgen, die in der Erfolgsrechnung ausgewiesen werden (Provisionen, Inkassogebühren, Mieterträge der Schließfächer usw.).

Nach dem Bankgesetz können die Banken auch Finanzdienstleistungen des banknahen Bereichs (*operazione parabancaria*) wie Leasing, Factoring und Forfaiting anbieten. Oft werden diese Finanzdienstleistungen von Gesellschaften erbracht, die mit den Banken verbunden sind.

## Rechtsvorschriften für Bankgeschäfte

Das Einlagengeschäft und das Kreditgeschäft sowie die übrigen Bankgeschäfte werden durch zahlreiche rechtliche Bestimmungen geregelt. Folgende Rechtsvorschriften sind für die verschiedenen Bankgeschäfte von großer Bedeutung:
- der **Einheitstext für das Bank- und Kreditwesen** (EVO Nr. 385/1993, EVO Nr. 342/1999 kurz **Bankgesetz**);
- die Bestimmungen über die **Bankverträge** im Zivilgesetzbuch (Art. 1834–1860);
- verschiedene Einzelgesetze, wie z. B. das Scheck- und das Wechselgesetz;
- der neue **Einheitstext für den Finanzmarkt** (Nr. 58/1998, *Testo unico della finanza*, kurz: **Finanzmarktgesetz**);
- Bestimmungen zur Beschränkung der Zahlungen mit Bargeld und mit Überbringerpapieren sowie zur **Bekämpfung der Geldwäscherei** durch Kredit- und Finanzinstitute (Gesetz Nr. 197/1991);
- Gesetz zur **Bekämpfung der Wucherei** (Gesetz Nr. 108/1996);
- **Datenschutzgesetz** (Gesetz Nr. 675/1996, *legge sulla privacy*);

- Gesetz über die **Verbriefung** von Forderungen (Gesetz Nr. 130/1999 – *cartolarizzazione*, securitisation);
- **Anlegerschutz und Regelung der Finanzmärkte** (Gesetz Nr. 262/2005 – *tutela del risparmio e disciplina dei mercati finanziari*);
- **Verbraucherschutz-Gesetzbuch** (*Codice del consumo*) EVO Nr. 206/2005 und EVO Nr. 221/2007;
- **MiFID-Richtlinie** über Märkte für Finanzinstrumente und Wertpapierdienstleistungen (umgesetzt mit EVO Nr. 164/2007);
- Regelungen der Europäischen Zentralbank;
- Vorschriften und Richtlinien der Banca d'Italia;
- Beschlüsse der staatlichen Börsenbehörde (*Commissione nazionale per le società e la borsa – Consob*);
- die **Allgemeinen Geschäftsbedingungen** (*condizioni generali di contratto*) für einzelne Verträge, die vielfach nach Vorschlägen des italienischen Bankenverbandes (*Associazione Bancaria Italiana – ABI*) ausgearbeitet werden.

## DIE BANKVERTRÄGE NACH DEM ZIVILGESETZBUCH

Im Zivilgesetzbuch sind die Bankverträge meist nur sehr lückenhaft geregelt, und vielfach handelt es sich nicht um zwingende Bestimmungen. Die Bank als in der Regel stärkere Vertragspartei kann deshalb von diesen Bestimmungen abweichen. Zudem hat sich das Dienstleistungsangebot der Banken in den letzten Jahrzehnten stark erweitert. Es ist deshalb verständlich, dass das Zivilgesetzbuch von 1942 nur Regelungen für einen Teil der Bankgeschäfte beinhaltet (Art. 1834–1860). So gibt es praktisch keine eigenen Bestimmungen für den wichtigsten und verbreitetsten Bankvertrag, das Bankkontokorrent (*conto corrente bancario, conto corrente di corrispondenza*). Auch für die verschiedenen Formen des elektronischen Zahlungsverkehrs (elektronische Bankquittungen, Lastschriftverkehr) fehlen einschlägige gesetzlichen Regelungen.

Das **Bankgesetz** regelt einige Bankgeschäfte, insbesondere die mittel- und langfristige Beschaffung von Mitteln durch die Begebung von Obligationen, die durch Vorschriften der Banca d'Italia ergänzt werden. Auch die Besicherung von Krediten durch Hypothek, Pfand oder Vorzugsrechte zugunsten der Bank wird jetzt einheitlich durch das Bankgesetz geregelt (Einheitstext für das Bank- und Kreditwesen Art. 38–48). Dazu kommen vor allem die Bestimmungen der MIFID-Richtlinie für Wertpapierdienstleistungen.

Wegen der eher bescheidenen gesetzlichen Regelungen für die Bankverträge kommt den **Vorschriften der Banca d'Italia** und den **allgemeinen Geschäftsbedingungen** der Banken eine große Bedeutung zu. Die Wettbewerbsbehörde (*antitrust*) wacht darüber, dass die Banken sich nicht wettbewerbswidrig verhalten.

Formularverträge

Um den Geschäftsverkehr zu rationalisieren und die elektronische Datenverarbeitung zu erleichtern, werden zwischen den Banken und den Kunden in der Regel **standardisierte Verträge** auf Vordrucken abgeschlossen. Meistens sind es nur wenige Punkte, die im Vertrag individuell mit dem Kunden ausgehandelt und festgehalten werden, wie z. B. im Kreditgeschäft: Betrag, Zinssatz, Sicherstellungen und Fälligkeit.

## Transparenz der Bankkonditionen und Verbraucherschutz

Damit die Kunden unter den zahlreichen Angeboten an Bank- und Finanzdienstleistungen eine überlegte Wahl treffen können, sind klare und umfassende Informationen erforderlich. Eine gute Marktübersicht fördert den Wettbewerb und kann sich so positiv auf das Leistungsniveau im Finanzbereich auswirken. Das Bankgesetz macht den Banken und den sonstigen Finanzintermediären verschiedene Auflagen über die **Transparenz der Konditionen** für verschiedene Bank- und Finanzgeschäfte (Bankgesetz, Titel VI – *trasparenza delle condizioni contrattuali*). Außerdem gelten auch für den Bankbereich die Bestimmungen über **missbräuchliche Klauseln in Verbraucherverträgen** (Art. 33 Verbraucherschutz-Gesetzbuch). Damit soll verhindert werden, dass Privatkunden durch Bestimmungen in Standardverträgen und durch die Allgemeinen Geschäftsbedingungen (*condizioni generali di contratto*) der Banken unangemessen benachteiligt werden (Haftungsbeschränkung, kurze Verfallsfristen, Umkehr der Beweislast usw.). Klagen können in diesem Zusammenhang auch von Verbraucherschutzverbänden eingebracht werden.

Transparente Konditionen und Schutz vor missbräuchlichen Klauseln

Detaillierte Bestimmungen zur Transparenz der Bankgeschäfte und Bankdienstleistungen enthalten die betreffenden Anweisungen der Banca d'Italia. Das Ziel ist eine transparente Information der Kunden über die wichtigsten Vertragsbedingungen insbesondere über die Bankkonditionen (Zinsen, Provisionen, Gebühren, Spesen, Wertstellungen) und deren Änderungen. Dadurch soll auch der Wettbewerb zwischen den Banken gefördert werden. Zu diesem Zweck müssen die Kunden mit einem Aushang und einer schriftlichen Bekanntmachung über die wesentlichen **Transparenzbestimmungen** aufgeklärt werden.

Informations- und Übersichtsblätter

Den Kunden müssen eigene Informationsblätter *(fogli informativi)* mit der Beschreibung der Bankgeschäfte einschließlich Risken, Konditionen und Vertragsklauseln zur Verfügung stehen. Vor Vertragsabschluss können sich die Kunden eine vollständige Abschrift des Vertrages aushändigen lassen. Das **Übersichtsblatt** *(documento di sintesi)* enthält die Bankkonditionen und die wesentlichen Vertragsklauseln in Kurzfassung. Für Darlehen, Bevorschussungen und sonstige Finanzierungen ist auch die **Gesamtkostensatz** *(inidicatore sintetico di costo – Isc)* entsprechend dem effektiven Jahreszinssatz *(tasso annuo effettivo globale – Taeg)* vorgesehen. Bei Kreditgeschäften sind zudem die etwaigen Verzugszinsen und Verzugsgebühren anzugeben. Diese Unterlagen dienen nur der Information der Kunden und verpflichten nicht zu einem Vertragsabschluss.

Gesamtkostensatz (effektiver Jahreszinssatz)

Die **Verträge** über Bankgeschäfte müssen **schriftlich** abgeschlossen werden, und dem Kunden ist eine Abschrift einschließlich der Allgemeinen Geschäftsbedingungen auszuhändigen. Weil die Banken die Möglichkeit haben, **einseitig** die Zinssätze, die Spesen und die übrigen Konditionen auch **zum Nachteil** des Kunden abzuändern, müssen die betreffenden Klauseln vom Kunden getrennt angenommen werden. Es handelt sich nämlich nach Art. 1341 um stark belastende Klauseln (*clausole vessatorie*).

Änderung der Zinssätze

Erfolgt eine **Änderung der Zinssätze** oder der sonstigen Konditionen zu Ungunsten des Kunden, sind diese Änderungen erst ab dessen Benachrichtigung wirksam. Der Kunde kann innerhalb von 60 Tagen nach der Benachrichtigung oder nach der Veröffentlichung ohne Zahlung von etwaigen Vertragsstrafen vom Vertrag **zurücktreten.** Dabei sind die vor der Änderung geltenden Konditionen anzuwenden.

Kontoauszug und Übersichtsblatt

Bei **andauernden Vertragsverhältnissen,** wie dem Kontokorrentvertrag oder dem Depotvertrag, müssen die Kunden eine periodische Mitteilung mit dem **Kontoauszug** *(comunicazione periodica alla clientela)* erhalten, der in klarer und vollständiger Weise über die erfolgten Kontobewegungen informiert. Dem ist auch das **Übersichtsblatt** *(documento di sintesi)* mit den aktuellen Bankkonditionen beizufügen. Die Mitteilungen mit dem Kontoauszug müssen dem Kunden mindestens einmal im Jahr und bei Vertragsende zugeschickt oder ausgehändigt werden. Ohne schriftlichen Einwand des Kunden gilt der Kontoauszug nach **60 Tagen** als angenommen. Gegen einen Kostenbeitrag hat der Bankkunde auch das Recht, Kopien der Belege für bestimmte Bankgeschäfte aus den vergangenen 10 Jahren anzufordern (z. B. die Kopien der eingelösten Schecks).

Weitere Transparenzbestimmungen betreffen die Bestimmungen für den Kauf und Verkauf von Staatspapieren, die Rechte bei Verbraucherkrediten *(credito al consumo)* sowie die Information über die **Beschwerdemöglichkeiten** und die **Schlichtungsverfahren** (Ombudsmann) in Streitfällen.

Da die Bankgeschäfte und Bankdienstleistungen oft sehr komplex und die vielen Vertragsklauseln meist nicht leicht verständlich sind, sollen die Transparenzbestimmungen eine klare und übersichtliche Information der Bankkunden ermöglichen und die Vergleiche zwischen den verschiedenen Banken erleichtern. Ähnliche Transparenzbestimmungen gelten für die im Sinne des Finanzmarktgesetzes als **Finanzintermediäre** bezeichneten Unternehmen. Das sind im Wesentlichen die Finanzierungs-, Leasing- und Factoring-Gesellschaften.

## DIE BANKEINLAGEN

Einlagengeschäft

Mit den Bankeinlagen (Art. 1834 – *deposito bancario*) beschaffen sich die Banken einen wesentlichen Teil der Fremdmittel, die sie für Kreditgeschäfte und sonstige Aktivgeschäfte benötigen. Das **Einlagengeschäft** zählt somit zu den wichtigsten Passivgeschäften der Banken. Beim Vertrag über Bankeinlagen handelt es sich um eine **unregelmäßige Verwahrung** (Art. 1782 – *deposito irregolare*). Mit dem **Bankeinlagevertrag** erwirbt die Bank nämlich das Eigentum am eingelegten Geldbetrag und verpflichtet sich, den gleichen Geldbetrag, aber nicht materiell das gleiche Geld, bei der vereinbarten Fälligkeit (**gesperrte Einlage**, Termineinlage – *deposito vincolato*) oder auf Verlangen des Einlegers (**freie Einlage**, Sichteinlage – *deposito libero*) zurückzuerstatten.

Nach den allgemeinen Bestimmungen über die Bankverträge (Bankgesetz Art. 117) muss der vereinbarte Zinssatz im Vertrag über die Bankeinlage schriftlich festgelegt werden. Der Zinssatz darf nicht geringer sein wie der Zinssatz, der für die betreffende Art von Einlagen (Kontokorrenteinlagen, freie Spareinlagen, gesperrte Spareinlagen mit unterschiedlicher Bindungsfrist) im Aushang in den Schalterräumen sowie mit dem Informations- und Übersichtsblatt bekannt gemacht wird. Wenn diese Bestimmung nicht eingehalten wird, muss die Bank den Zinssatz anwenden, der dem Höchstzinssatz für BOT-Schatzscheine entspricht, die in den 12 Monaten vor Vertragsabschluss begeben worden sind. Die anfallenden Zinsen werden je nach vertraglicher Vereinbarung jährlich oder halbjährlich der Einlage zugerechnet und mitverzinst (kapitalisierte Zinsen – *interessi capitalizzati*).

## DAS SPARBUCH

Im Zusammenhang mit dem Abschluss eines **Sparvertrages** (*deposito a risparmio*) ist dem Einleger ein **Sparbuch** (Art. 1835 – *libretto di risparmio*) auszuhändigen. Es handelt sich um eine Urkunde in Heftform. Behebungen und Einzahlungen können nur gegen Vorlage des Sparbuchs erfolgen. Außerdem sind im Sparbuch die Zinsgutschriften zu vermerken.

Nach dem Gesetz hat das Sparbuch eine besondere Beweiskraft: Die vom Bankbeamten unterschriebenen Eintragungen im Sparbuch haben volle Beweiskraft für die Geschäftsbeziehungen zwischen Bank und Einleger. Deshalb ist auszuschließen, dass eine Behebung oder Einzahlung, die nicht im Sparbuch aufscheint, anderweitig bewiesen werden kann.

Das Sparbuch kann als Inhabersparbuch oder als Namenssparbuch ausgestellt werden. Ein **Inhabersparbuch** (Überbringersparbuch – *libretto al portatore*) kann durch Übergabe an eine andere Person übertragen werden, die so auch zu Behebungen vom Sparbuch berechtigt ist. Erfolgt die Auszahlung vorsätzlich oder grob fahrlässig an einen nicht berechtigten Vorleger des Sparbuchs (z. B. an den Dieb, der das Inhabersparbuch gestohlen hat), so haftet die Bank. Nach der ständigen Rechtsprechung liegt eine grobe Fahrlässigkeit stets dann vor, wenn bei Behebungen durch eine Person, die nicht der Einleger ist, keine Feststellung der Personalien erfolgte. Nach den Bestimmungen zur Bekämpfung der Geldwäsche dürfen die Inhabersparbücher nur Einlagen bis zu einem Gesamtbetrag von 12.499,99 Euro aufweisen. Wird dieser Betrag überschritten, so müssen sie in Namenssparbücher umgewandelt werden. Inhabersparbuch

Das **Namenssparbuch** (*libretto nominativo*) ist ein Legitimationspapier, das dazu dient, die zu Ein- und Auszahlungen ermächtigte Person zu bestimmen.

Das Sparbuch hat weitgehend an Bedeutung verloren, weil damit keine zusätzlichen Bankleistungen wie Scheck, Bancomat oder Daueraufträge genutzt werden können.

## DAS KONTOKORRENT

Zwischen zwei Unternehmen, die länger miteinander in Geschäftsverbindung stehen, können laufend gegenseitige Ansprüche aufgrund von erbrachten Leistungen entstehen. Das wäre z. B. der Fall, wenn die Firma »Saftig« in kurzen Abständen die Firma »Wurstig & Lustig« mit verschiedenen Getränken beliefert und im Gegenzug von der Firma »Wurstig & Lustig« häufig Wurst- und Fleischwaren bezieht. Statt jede Verbindlichkeit aus den zahlreichen Geschäften einzeln zu begleichen, können die Unternehmen die gegenseitigen Ansprüche über **Kontokorrent** (Laufende Rechnung – *conto corrente*) abrechnen. Die zwischen zwei Unternehmen entstehenden gegenseitigen Forderungen werden so in regelmäßigen Zeitabschnitten verrechnet und auf eine einzige Geldschuld (Saldo) zurückgeführt.

Heute findet das Kontokorrent (Art. 1823–1833) im Geschäftsverkehr zwischen Unternehmen kaum noch Anwendung. Für Bankgeschäfte und im Allgemeinen für Geschäfte im Finanzbereich ist das Kontokorrent hingegen von grundlegender Bedeutung. Die Bestimmungen über das Kontokorrent (*conto corrente ordinario*) sind deshalb noch wichtig, weil sie teilweise auf das Bankkontokorrent angewandt werden können. Auf das Bankkontokorrent (*conto corrente bancario*) und dessen Besonderheiten werden wir im Zusammenhang mit den Bankgeschäften (Bankverträgen) noch näher eingehen.

Nach Art. 1823 ist der **Kontokorrentvertrag** »der Vertrag, mit dem sich die Parteien verpflichten, die aus gegenseitigen Leistungen entstehenden Forderungen in eine Rechnung einzutragen und sie bis zum Rechnungsabschluss als nicht fällig und als nicht verfügbar zu betrachten«. Der **Saldo** aus dem Kon- Kontokorrentvertrag tokorrent ist zu dem für den Rechnungsabschluss vereinbarten Termin fällig. Wird die Zahlung des Saldos nicht verlangt, dann wird der Saldo im Kontokorrent für den nächsten Rechnungsabschnitt vorgetragen.

Die wesentlichen Merkmale des Kontokorrentvertrages sind so bereits ersichtlich:

- die einzelnen Forderungen, die in das Kontokorrent aufzunehmen sind, können **nicht getrennt** bei ihrer jeweiligen Fälligkeit geltend gemacht werden und sie dürfen auch **nicht an Dritte abgetreten** werden (*i crediti sono temporaneamente inesigibili e indisponibili*);
- bei Abschluss der jeweiligen Kontokorrent-Abrechnungsperiode werden die einzelnen Forderungen der beiden Parteien **gegenseitig verrechnet** und der Saldo ermittelt. Nach Genehmigung der Abrechnung durch die Parteien muss der **Saldo** sofort beglichen werden, oder er wird vorgetragen, was zu einer stillschweigenden Verlängerung des Kontokorrentvertrages führt.

Mit dem Kontokorrentvertrag verpflichten sich die Parteien (wenn keine gegenteilige Vereinbarung besteht) **alle** gegenseitigen Forderungen und Verbindlichkeiten in das Kontokorrent aufzunehmen. Ausgenommen sind nur jene Forderungen, die nicht aufgerechnet werden können.

Für den Gläubiger einer Kontokorrentpartei gilt der Grundsatz, dass einzelne in das Kontokorrent aufgenommene Forderungen nicht beschlagnahmt oder gepfändet werden können. Der Gläubiger kann nur den etwaigen Saldo bei Rechnungsabschluss beanspruchen.

Für jede in das Kontokorrent aufgenommene Forderung werden Zinsen zum vereinbarten oder zum gesetzlichen Zinssatz berechnet. Anfallende Auslagen und Kommissionsgebühren werden in das Kontokorrent aufgenommen, sofern keine gegenteilige Vereinbarung besteht.

Beim **Abschluss einer Kontokorrentperiode** wird der **Saldo** festgestellt und in der Regel sendet eine Kontokorrentpartei der anderen den entsprechenden **Kontoauszug** (*estratto conto*) zu. Erfolgt keine zeitgerechte Beanstandung durch die betreffende Kontokorrentpartei, gilt der Kontoauszug als angenommen. Die ausdrückliche oder stillschweigende Annahme des Kontoauszuges ermöglicht es trotzdem, die Abrechnung wegen Schreib- oder Rechenfehler sowie wegen Auslassungen oder Wiederholungen anzufechten. Eine entsprechende Anfechtungsklage kann jedoch nur innerhalb von sechs Monaten nach Empfang des Kontoauszuges erhoben werden.

Wenn der Kontokorrentvertrag auf unbestimmte Zeit abgeschlossen wurde, so kann jede Partei bei jedem Rechnungsabschluss mit einer Vorankündigung von mindestens 10 Tagen zurücktreten. Auch bei Zahlungsunfähigkeit einer Partei kann jede Partei vom Vertrag zurücktreten. Das gilt auch beim Tod einer Partei, wobei das Rücktrittsrecht von den Erben ausgeübt werden kann.

## DAS BANKKONTOKORRENT

Alle laufend zwischen Kunde und Bank getätigten Geschäfte werden in der Regel über Kontokorrent abgewickelt und verrechnet. Nach Art. 1852 können Bankeinlagen, Kredite und andere Geschäfte über das Bankkontokorrent, kurz Bankkonto, abgewickelt werden. Für Spareinlagen auf Sparbüchern führen die Banken hingegen eigene Sparkonten.

Bankkonto

Als **Bankkontokorrent** (*conto corrente bancario, conto corrente di corrispondenza*) bezeichnet man das von der Bank für den Kunden geführte Kontokorrent. Eingehende und ausgehende Zahlungen im Zusammenhang mit den verschiedenen Bankgeschäften (Zahlungsaufträge, Überweisungen zugunsten des Kunden, Bargeldbehebungen mit Bancomat, Zahlungen mit Bancomat an POS-Kassen, Dauerzahlungsaufträge, ein- und ausgehende Zahlungen im Zusammenhang mit Wertpapier- und Devisengeschäften, Zahlungen mit Kreditkarten usw.) und die periodisch berechneten Zinsen werden von der Bank im Kontokorrent verbucht. Unter Berücksichtigung der Wertstellungen wird jeweils der Saldo ermittelt, über den der Kontoinhaber frei verfügen kann.

Die Bank haftet nach den Vorschriften über den Auftrag (*mandato*) für die Weisungen, die sie vom Kontoinhaber oder einem anderen Kunden erhalten hat (Art. 1856). Viele Bestimmungen des normalen Kontokorrents werden auch auf das Bankkontokorrent angewandt. Der wesentliche Unterschied besteht jedoch darin, dass der Saldo im normalen Kontokorrent bis zum Abschluss desselben nicht fällig und nicht verfügbar ist, während der Kontoinhaber über den disponiblen Saldo im Bankkonto jederzeit verfügen kann. Über Beträge, die **»Eingang vorbehalten«** (*salvo buon fine – sbf*) verbucht wurden, kann ohne anderweitige Vereinbarung erst verfügt werden, wenn die Zahlung tatsächlich bei der kontoführenden Geschäftsstelle eingeht.

»Eingang vorbehalten«

### Über Bankkontokorrent abgewickelte Geschäfte

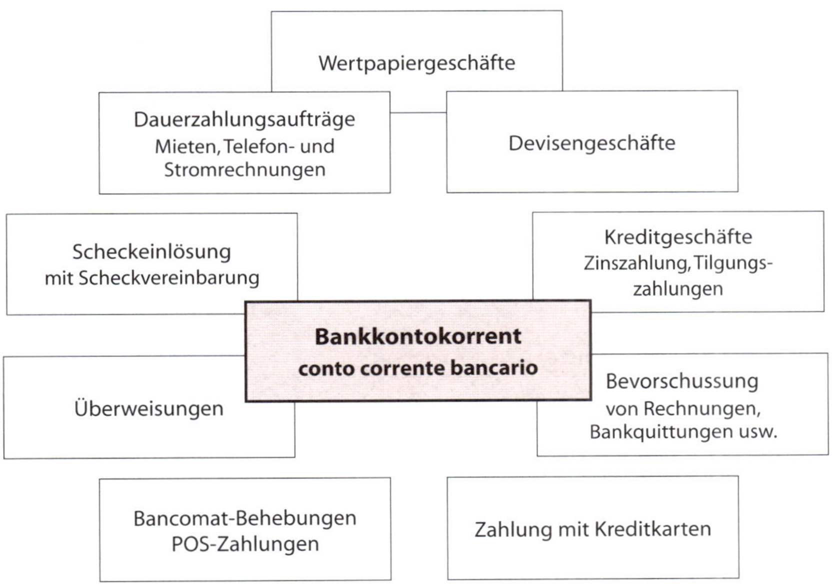


Hat der Kunde als Kontoinhaber eine **Scheckvereinbarung** (*convenzione di assegno, convenzione di chèque*) mit der Bank getroffen, so kann er Schecks für bargeldlose Zahlungen verwenden. Die Bank ist verpflichtet, die vom Kontoinhaber ordnungsgemäß ausgestellten Schecks einzulösen, wenn am Konto ausreichende Deckung durch ein Guthaben oder durch einen eingeräumten Kredit vorhanden ist.

Für die Eröffnung und Führung eines Bankkontokorrents schließen die Bank und der Kunde als Kontoinhaber (*correntista*) einen schriftlichen **Kontokorrentvertrag** (*contratto di contocorrente*). Bestandteil des Vertrages ist das getrennte **Übersichtsblatt** *(documento di sintesi)* mit dem **Habenzinssatz** *(interessi passivi)* zugunsten des Kontoinhabers und dem **Sollzinssatz** *(interessi attivi)* sowie den Überziehungszinssatz zugunsten der Bank. Dazu kommt noch die Spitzensaldo-Provision, die je Quartal vom Haben-Spitzensaldo berechnet wird *(provvigione di massimo scoperto)*. Weitere Anga-

Kontokorrentvertrag

# Enzian Bank AG

## Übersichtsblatt zum Kontokorrentvertrag

*(documento di sintesi)*
(gekürzt)

**Konditionen** (Zinssätze, Provisionen, Gebühren, Spesen)

Quartalweise Zinsgutschrift oder Zinsbelastung

| **Zinssätze (variabel)** | |
|---|---|
| Habenzinssatz jährlich | 0,2% |
| Sollzinssatz jährlich | 8,5% |
| Überziehungszinssatz | 14,0% |
| Provision auf Haben-Spitzensaldo | 0,6% |

| **Abwicklungsspesen** | |
|---|---|
| Geschäfte am Schalter | 1,50 Euro |
| Automatisierte Geschäfte | 0,85 Euro |

| **Kontoführungsspesen** | |
|---|---|
| Kontoführung | 25,00 Euro |
| Staffelrechnung | 2,00 Euro |
| Kontoauszug in Papierform | 2,00 Euro |
| Elektronischer Kontoauszug | 0,00 Euro |
| Zwischen-Kontoauszug | 1,50 Euro |
| Postspesen | 0,80 Euro |
| Kontolöschung | 0,00 Euro |

| **Spesen für verschiedene Dienste** | |
|---|---|
| Dauerauftragzahlungen | 1,50 Euro |
| Steuerzahlungen | 2,00 Euro |
| Überweisungen an andere Banken | 2,00 Euro |

| **Wertstellungen** (AT = Arbeitstage) | |
|---|---|
| Bar- und Scheckeinlage betreffend bei eigener Filiale | Am Tag der Einlage |
| Scheckeinlage betreffend andere Banken am Platz | 3 AT |
| Scheckeinlage betreffend andere Banken | 7 AT |
| Einlage von Zirkularschecks anderer Banken | 6 AT |
| Barbehebung am Schalter oder mit Bancomat | Tag der Behebung |
| Belastung ausgestellter Schecks | Tag der Ausstellung |
| Belastung Bancomat-Zahlung | Tag der Zahlung |

| **Verfügbarkeit** (AT = Arbeitstag) | |
|---|---|
| Scheckeinlage betreffend eigene Bank | 1 AT |
| Einlage von Schecks anderer Banken am Platz | 6 AT |

Die gesetzliche Stempelsteuer wird getrennt berechnet.

# Enzian Bank AG

## Zusammenfassung der wichtigsten Vertragsklauseln

**Durchführung der Kundenaufträge**
Die Bank behält sich vor, die Aufträge des Kunden abzulehnen. In diesem Fall wird der Kunde umgehend unterrichtet.

**Rücktrittsrecht**
Die Bank und der Kunde haben jederzeit das Recht, mit einer Kündigungsfrist von einem Tag vom Kontokorrentvertrag und von der Scheckvereinbarung zurückzutreten.

**Scheck**
Bei bestehender Scheckvereinbarung kann der Kunde mittels Scheck über sein Kontokorrentguthaben verfügen. Bei fehlender Deckung wird der Scheck protestiert. Nach Widerruf der Scheckvereinbarung oder nach Kontoschließung gezogene Schecks werden nicht eingelöst. Wenn die Bank einen Scheck trotz fehlender Deckung einlöst, stellt dies keine Kreditgewährung dar.

**Kontobelastung durch Scheck oder Wechsel**
Die Bank ist ermächtigt, das Konto des Kunden mit den von ihm ausgestellten Schecks oder gezogenen Wechseln zu belasten. Die Belastung ist auch bei einem Indossament mit unleserlicher Unterschrift möglich.

**Periodischer Kontoabschluss und Verzugszinsen**
Die Soll- und Habenzinsen werden in gleichen Zeitabständen berechnet. Auf den bei Kontoauflösung ausgewiesenen Haben-Saldo werden die vereinbarten Verzugszinsen berechnet.

**Unbewegtes Konto**
Falls das Kontokorrent in einem Jahr keine Bewegungen aufweist und der Haben-Saldo höchstens 250,00 Euro beträgt, werden von der Bank keine Zinsen bezahlt und es wird kein Kontoauszug verschickt.

**Annahme des Kontoauszuges**
Der Kontoauszug gilt als angenommen, wenn die schriftlichen Einwände des Kunden nicht innerhalb von 60 Tagen ab dem Zustellungsdatum bei der Bank eintreffen.

**Änderung der Konditionen**
Die Bank hat das Recht, die Zinssätze und die übrigen Konditionen auch zum Nachteil des Kunden abzuändern. Dem Kunden wird ein Änderungsvorschlag mitgeteilt, den er innerhalb von 60 Tagen ablehnen kann und er kann innerhalb dieser Frist vom Kontokorrentvertrag zurücktreten. Dabei werden bis zur Vertragsauflösung die bisherigen Konditionen angewandt.

**Rücktritt**
Sowohl der Kunde als auch die Bank können jederzeit mit einer Kündigungsfrist von 15 Tagen vom Vertrag zurücktreten. Aufträge, die nach dem Rücktritt bei der Bank eingehen, werden nicht mehr ausgeführt.

**Verweis auf andere Bestimmungen**
Die Verwendung der Bancomat- und der Kreditkarte, sowie eventuelle Kreditgewährungen werden von den betreffenden Verträgen geregelt.

ben im Übersichtsblatt betreffen die Buchungsspesen, die Kontoführungsspesen und die Spesen für verschiedene Dienste, die **Wertstellungen** betreffend Bar- und Scheckeinlagen sowie Barbehebungen, Belastungen für ausgestellte Schecks und Bancomat-Zahlungen. Auch die Verfügbarkeit von Bar- und Scheckeinlagen sind anzuführen. Dazu kommt die Zusammenfassung der wichtigsten Vertragsklauseln.

Der Kontokorrentvertrag vereint Merkmale verschiedener Vertragsarten, wie den Auftrag, die Zahlungsanweisung, die Bankeinlagen, die Krediteröffnung usw., deren Bestimmungen bei Bedarf zur Anwendung kommen. Für die Rechtsprechung handelt es sich deshalb um einen **gemischten atypischen Vertrag**.

Einseitige Änderungen der Konditionen durch die Bank

Die **Allgemeinen Geschäftsbedingungen** für den Kontokorrentvertrag und die damit zusammenhängenden Dienstleistungen entsprechen den Empfehlungen des italienischen Bankenverbandes (*ABI*) und regeln wesentliche Punkte des Kontokorrentvertrages. Von besonderer Bedeutung sind auch die einschlägigen Bestimmungen im Bankgesetz. Die Bank kann die mit dem Kunden vereinbarten Konditionen **einseitig ändern**. Dies gilt vor allem für die Haben- und Sollzinssätze, deren Anpassung meist bei einer Änderung der Marktzinsen oder auf Druck der Kunden erfolgt. Weitere Änderungen können die Gebühren, wie z. B. die Überweisungsgebühren betreffen. Ergeben sich durch diese Änderungen Nachteile für den Kunden, so kann er nach den Transparenzbestimmungen für Bankverträge (Bankgesetz Art. 38–48) vom Vertrag zurücktreten. Bis zum Abschluss müssen die vor der Änderung geltenden Konditionen angewandt werden.

Missbräuchliche Klauseln

Die Bestimmungen über **missbräuchliche Klauseln in Verbraucherverträgen** (Art. 33 Verbraucherschutz-Gesetzbuch) gelten auch für den Kontokorrentvertrag. Deshalb sind für Verbraucher, die das Kontokorrent nicht für das Unternehmen oder für eine freiberufliche Tätigkeit nutzen, die so genannten **stark belastenden Klauseln** (*clausole vessatorie*) im Kontokorrentvertrag nichtig und somit nicht anwendbar. Zu den stark belastenden Klauseln zählten z. B. folgende Klauseln in den Allgemeinen Geschäfts-

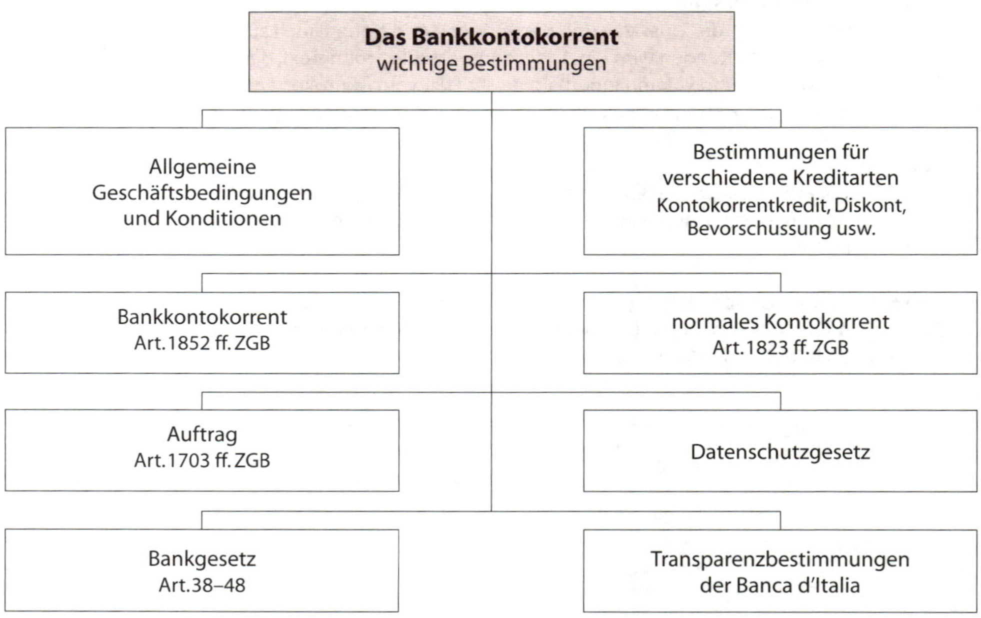

bedingungen für den Kontokorrentvertrag: Möglichkeit des Kreditentzuges und Verpflichtung zur Rückzahlung des Kredits mit eintägiger Frist, die vorrangige Haftung der Eheleute mit ihrem privatem Vermögen usw.

In einigen Fällen wird durch das Bankgesetz auch die Wertstellung geregelt. Unter **Wertstellung** (*valuta*) versteht man die Festsetzung des Tages, mit dem die Verzinsung des neuen, durch einen Zahlungseingang oder -ausgang veränderten Saldos beginnt. Für Bareinlagen und bei der Einlage von Zirkularschecks des Kreditinstituts erfolgt die Wertstellung **am Tag der Einlage** und der Betrag muss bis zum Tag der Behebung des Betrages verzinst werden. Dies gilt auch für die Einlage von Schecks, wenn sie auf jene Bankstelle gezogen wurden, wo das Konto geführt wird.

Wertstellung

Der periodische **Abschluss** des Bankkontokorrents wird in der Regel vierteljährlich durchgeführt. Mit dem Abschluss erfolgt die Berechnung der Zinsen, die in den Saldovortrag einfließen und im folgenden Quartal ebenfalls verzinst werden. Nach der ständigen Rechtsprechung gilt für die Bankgeschäfte nicht das allgemeine Zinseszinsverbot (Art. 1283 Zinseszins – *anatocismo*), weil im Bankenbereich der Zinseszins laut Gewohnheitsrecht zulässig ist. Der Kontoinhaber erhält nach dem Abschluss den **Kontoauszug** (*estratto conto*) mit sämtlichen Bewegungen seit dem letzten Abschluss und mit der Zinsstaffel. Zudem wird das aktuelle Übersichtsblatt mit den Bankkonditionen beigelegt.

Kontoauszug

Der **Kontoauszug** mit den Buchungen seit dem vorhergehenden Abschluss, der Zinsenberechnung und Gebührenaufstellung gilt als angenommen, wenn der Kontoinhaber innerhalb von **sechzig Tagen** nach Empfang des Kontoauszuges keine schriftliche Beanstandung der Bank zukommen lässt (Art. 119 Bankgesetz). Buchungs- oder Rechenfehler, Unterlassungen oder Doppeleintragungen können innerhalb der normalen Verjährungsfrist (10 Jahre) geltend gemacht werden.

Ein Bankkontokorrent kann als **Gemeinschaftskonto** (*conto cointestato*) für die gemeinsame Rechnung mehrerer Kontoinhaber geführt werden. Sind die Kontoinhaber **getrennt verfügungsberechtigt** (Gemeinschaftskonto mit getrennter Verfügungsberechtigung – *conto a firma disgiunta*), so sind die Kontoinhaber gegenüber der Bank solidarische Gläubiger des Sollsaldos (Guthaben) und solidarische Schuldner des Habensaldos (Verbindlichkeit). Jeder Kontoinhaber kann so Behebungen oder Überweisungen unabhängig von den anderen Inhabern des Kontos durchführen. Andererseits haften die Kontoinhaber gemeinsam, wenn z. B. nur ein Berechtigter mit seinen Behebungen die Kreditlinie (Kreditrahmen) überschreitet.

Der Rücktritt vom Kontokorrentvertrag und die Auflösung des Kontokorrents sind jederzeit mit einer eintägigen Kündigungsfrist möglich. Dabei sind die geschuldeten Beträge sofort zu bezahlen.

## Einheitlicher Euro-Zahlungsverkehrsraum (SEPA)

Mit der Einführung des Euro haben sich die Bargeldzahlungen in der Eurozone über die nationalen Grenzen hinweg vereinfacht. Der bargeldlose Zahlungsverkehr erfolgte hingegen trotz Einheitswährung noch immer über die verschiedenen Zahlungsverkehrssysteme der Mitgliedsstaaten und war deshalb oft langsam und teuer.
Die **Richtlinie für Zahlungsdienstleistungen** (Richtlinie 2007/64/EG, bis 2009 umzusetzen) bildet die Grundlage, um den **einheitlichen Euro-Zahlungsverkehrsraum** (englisch: Single Euro Payments Area, abgekürzt SEPA) zu schaffen. In diesem Zahlungsraum, dem neben den 27 EU-Mitgliedsstaaten auch Island, Liechtenstein, Norwegen und die Schweiz angehören, soll es für die Kunden keinen Unterschied zwischen bargeldlosen innerstaatlichen und grenzüberschreitenden Zahlungen mehr geben.

Bereits jetzt dürfen Euro-Zahlungen mit der Standardüberweisung innerhalb der EU nicht mehr kosten als Inlandsüberweisungen (EU-Verordnung 2560/2001 über grenzüberschreitende Zahlungen). Laut der Richtlinie für Zahlungsdienstleistungen sollen im einheitlichen Euro-Zahlungsverkehrsraum (SEPA) die bargeldlosen Zahlungen innerhalb der Teilnehmerländer so standardisiert werden, dass es für die Bankkunden keine Unterschiede zwischen nationalen und grenzüberschreitenden Zahlungen mehr gibt. Die EU will so bargeldlose Zahlungen, wie Kreditkartennutzungen, Überweisungen oder Lastschriftverfahren, einfacher, schneller und kostengünstiger gestalten. Für die Zahlkarten (Debitkarten) wie die Bancomat-Karten soll ein einheitlicher Standard erarbeitet werden, so dass man die Karten ohne Schwierigkeiten in ganz Europa verwenden kann.

Wichtige Zielsetzungen sind unter anderem:

- Schaffung eines gemeinsamen Rechtsrahmens für Zahlungsverkehrsgeschäfte in Europa;
- Entwicklung gemeinsamer Standards, Datenformate und Softwarelösungen;
- mittelfristig die Auflassung der einzelnen Zahlungsverkehrssysteme zugunsten EU-weiter Zahlungsverkehrssysteme.

## DIE KREDITERÖFFNUNG

»Die **Eröffnung** eines **Bankkredits** ist der Vertrag, mit dem sich die Bank verpflichtet, einen **Geldbetrag** für eine bestimmte Zeit oder auf unbestimmte Zeit zur Verfügung der anderen Partei zu halten« (Art. 1842 Krediteröffnung – *apertura di credito bancario*). Es handelt sich um einen Konsensualvertrag, der durch beiderseitige Willensübereinstimmung zustande kommt und mit dem der **Kreditnehmer** (Privatperson, Unternehmen, Verein, öffentliche Körperschaft) einen Bankkredit (*«fido», «affidamento»*) zugesagt erhält bzw. in Anspruch nimmt. Für die Wirksamkeit des Krediteröffnungsvertrages ist es nicht erforderlich, dass die Bank den vereinbarten Geldbetrag tatsächlich dem Kreditnehmer (*accreditato*) übergibt. Im Gegensatz dazu ist der Darlehensvertrag (Art. 1813) ein Realvertrag, der erst zustande kommt, wenn der vereinbarte Geldbetrag oder die vereinbarte Menge vertretbarer Sachen dem Darlehensnehmer übergeben wird.

Wie für alle Bankverträge ist für den **Krediteröffnungsvertrag** die **Schriftform** zwingend vorgeschrieben und er unterliegt den Transparenzvorschriften für Bankdienstleistungen. Eine Abschrift des Vertrages mit dem **Übersichtsblatt** *(documento di sintesi)* muss dem Kreditnehmer ausgehändigt werden. Mit dem Kontokorrentvertrag wird oft auch die Einräumung und Nutzung des **Kontokorrentkredits** geregelt. Es handelt sich dabei um die wichtigste kurzfristige Finanzierungsform und die verbreitetste Bankkreditart.

Der Kontokorrentkredit kann innerhalb des Kreditrahmens in unterschiedlicher Höhe in Anspruch genommen werden.

Wenn keine andere Vereinbarung getroffen wurde, kann der Kreditnehmer den im Kontokorrent eingeräumten Kredit mehrmals und in unterschiedlicher Höhe nutzen, wenn in der Zwischenzeit die Verfügbarkeit durch Einzahlungen jeweils wieder hergestellt wird. Die **mehrmalige Nutzbarkeit** innerhalb des festgelegten **Kreditrahmens** (Kreditlinie – *linea di credito*) ist das wichtigste Merkmal des Kontokorrentkredits.

Der Kreditnehmer kann in verschiedener Weise über den Kreditbetrag verfügen: z. B. durch Überweisung, Barbehebung, Scheckziehung, Zahlung mit Kreditkarte usw. Nutzungen, die nicht zur üblichen Bankpraxis zählen, wie z. B. die Ziehung eines

Wechsels auf die Bank, sind ohne eigene Vereinbarung nicht möglich: Die Bank wäre in diesem Fall Wechselschuldner, und es würde sich so ein vom Kreditverhältnis unabhängiges Verhältnis zum Inhaber des Wechsels ergeben.

Mit dem Krediteröffnungsvertrag ist der Kreditnehmer gegenüber der Bank zur Zahlung der Zinsen für den jeweils genutzten Kreditbetrag, zur Zahlung der Provisionen (vor allem die Provision auf den Spitzenhabensaldo) und der Spesen verpflichtet. Die Rückzahlung des zeitlich unbefristeten Kontokorrentkredites kann von der Bank äußerst kurzfristig verlangt werden: Laut den Bestimmungen für den Kontokorrentvertrag gilt eine nur eintägige Kündigungsfrist!

Wenn für die Bank die persönliche Kreditwürdigkeit des Kunden für die Krediteröffnung ausreicht, so spricht man von einer **unbesicherten Krediteröffnung** (*apertura di credito allo scoperto*). Vielfach wird jedoch von der Bank verlangt, dass der Kreditnehmer eine dingliche oder persönliche Sicherheit leistet. In diesem Fall handelt es sich um eine **besicherte Krediteröffnung** (*apertura di credito garantita*). Zur Besicherung des Kredits kann z. B. ein Pfand an Wertpapieren oder eine Hypothek als **dingliche Sicherheit** (*garanzia reale*) bestellt oder eine Bürgschaft als Personensicherheit (*garanzia personale*) geleistet werden.

Bei der **Bürgschaft** (*fideiussione*) handelt es sich um einen einseitig verpflichtenden Vertrag: Der Bürge (*fideiussore*) verpflichtet sich dem Gläubiger gegenüber persönlich, für die Erfüllung einer fremden Verbindlichkeit einzustehen (Art. 1936).

Bürgschaftsvertrag

Bezogen auf einen Bankkredit ist die **Bürgschaft** ein **Vertrag**, mit dem sich der Bürge gegenüber der Bank als Gläubiger des Kreditnehmers (Hauptschuldner) verpflichtet, gesamtschuldnerisch (solidarisch) mit dem Hauptschuldner (dem Kreditnehmer) für die Erfüllung der Verbindlichkeit einzustehen. Die Verbindlichkeit umfasst die Rückzahlung des Kredits sowie die damit zusammenhängenden Zinsen, Verzugszinsen, Kursverluste und Aufwendungen für die Eintreibung.

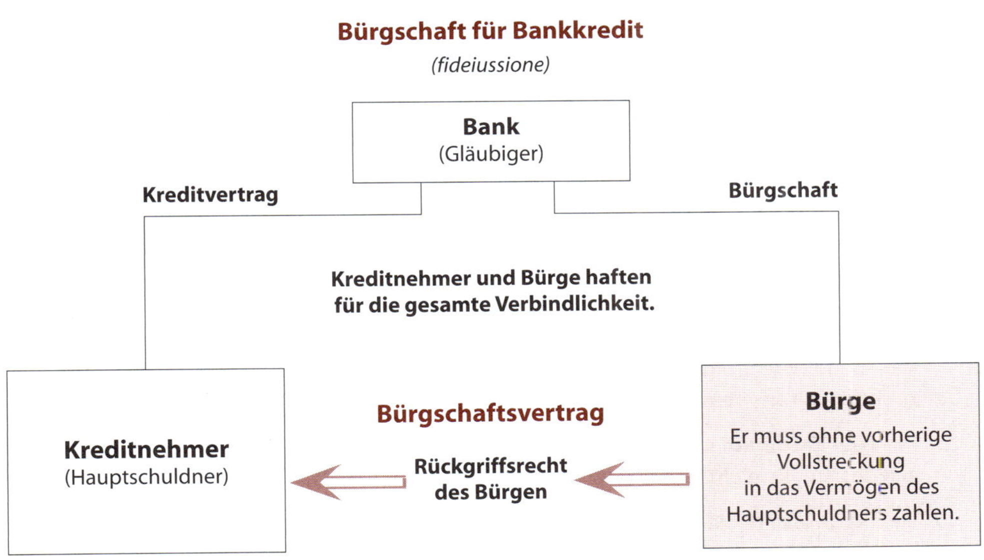

## Bürgschaft für einen bestimmten Kredit

*(fideiussione specifica)*

**Allgemeine Geschäftsbedingungen**
(zusammengefasst, **Hervorhebungen** vom Autor)

**Gläubiger:** Enzian Bank AG
**Kreditnehmerin (Hauptschuldnerin):** Elisabeth Hofer
**Bürge:** Andreas Müller

An die Enzian Bank AG
Bozen

Betrifft Bürgschaft für einen bestimmten Kredit

Sehr geehrte Damen und Herren,
ich, Andreas Müller, beziehe mich auf den Kontokorrentkredit, den Sie Frau Elisabeth Hofer (in der Folge Hauptschuldnerin genannt) bis zu einem Höchstbetrag von 200.000 Euro (zweihunderttausend/00 Euro) mit Laufzeit bis zum 31. 12. 2012 eingeräumt haben oder einräumen werden.
Mit diesem Brief erkläre ich gegenüber der Enzian Bank, für die oben genannte Hauptschuldnerin die Bürgschaft zu übernehmen. Ich verpflichte mich, mit der Hauptschuldnerin und mit jedem ihrer Rechtsnachfolger für die Erfüllung der Verpflichtungen, die aus dem obigen Kontokorrentkredit erwachsen, gesamtschuldnerisch einzustehen.
Für die Bürgschaft gelten folgende **Allgemeine Geschäftsbedingungen**:

1. Die Bürgschaft erstreckt sich auf den **Gesamtbetrag**, den die Hauptschuldnerin der Enzian Bank schuldet, und er umfasst somit die Tilgung des Kredits, die Zinsen einschließlich der Verzugszinsen, die Verbindlichkeiten aus Wechselkursschwankungen sowie alle Nebenkosten zuzüglich der Eintreibungskosten und sämtliche Steuern und Gebühren.
2. Hat die Enzian Bank zur Erfüllung der Verbindlichkeit bereits Beträge erhalten und hat die Enzian Bank die Beträge wieder zurückerstatten müssen (wegen Anfechtung der Zahlung usw.), so muss der Bürge auch diese Beträge bezahlen.
3. Die aus der Bürgschaft erwachsenden Verbindlichkeiten gelten auch gegenüber den Erben und allen anderen Rechtsnachfolgern als gesamtschuldnerisch und unteilbar.
4. Wird der **Kredit auf unbestimmte Zeit** eingeräumt, kann der Bürge **von der Bürgschaft zurücktreten**, indem er die Enzian Bank mit Einschreibebrief verständigt. Die Kündigung wird erst dann wirksam, wenn die Enzian Bank die Möglichkeit hat, ihr Recht zum Rücktritt vom eingeräumten Kredit auszuüben.
   Der Bürge haftet nicht nur für die Verbindlichkeiten aus dem eingeräumten Kredit zum Zeitpunkt, an dem die Enzian Bank Kenntnis von der Kündigung der Bürgschaft erhalten hat, sondern der Bürge haftet auch für alle sonstigen Verbindlichkeiten, die sich noch nachträglich aus dem eingeräumten Kredit ergeben.
5. Wird der **Kredit auf bestimmte Zeit** eingeräumt, so kann der Bürge während der Laufzeit des Kredits **nicht kündigen**.
6. Der Bürge erklärt, die Vermögensverhältnisse der Hauptschuldnerin zu kennen und er wird sich darüber laufend informieren. Besonders wird sich der Bürge bei der Hauptschuldnerin über die Entwicklung des eingeräumten Kredits informieren.
   Die Enzian Bank ist verpflichtet, auf Verlangen des Bürgen und bis zur Höhe des von ihm verbürgten Kreditbetrages die Gesamtverbindlichkeiten der Hauptschuldnerin mitzuteilen. Erhält der Bürge die schriftliche Zustimmung der Hauptschuldnerin, so erteilt die Enzian Bank noch weitere Informationen über deren Gesamtverbindlichkeiten.

7. Die aus der Bürgschaft sich ergebenden Rechte der Enzian Bank bleiben bis zur vollständigen Tilgung der Verbindlichkeiten der Hauptschuldnerin bestehen. Der Bürge entbindet die Enzian Bank von der Verpflichtung als Gläubiger (Art. 1957 ZGB), innerhalb von sechs Monaten nach Fälligkeit der Hauptverbindlichkeit Klage gegen die Hauptschuldnerin zu erheben. Der Bürge kann also **nicht den Einspruch der Vorausklage geltend machen**.

8. Der Bürge ist verpflichtet, nach schriftlicher Aufforderung durch die Bank **sofort alles zu bezahlen**, was sich aus der Verbindlichkeit der Hauptschuldnerin ergibt: Tilgung des eingeräumten Kredits, Zinsen, Eintreibungskosten usw.

   Bei Zahlungsverzug des Bürgen muss dieser der Enzian Bank die Verzugszinsen zu den gleichen Bedingungen zahlen, wie sie für die Hauptschuldnerin festgelegt wurden.

9. Der Bürge kann sein **Rückgriffsrecht** gegen die Hauptschuldnerin erst dann ausüben, wenn die Verbindlichkeit gegenüber der Enzian Bank vollständig erfüllt wurde.

10. Der Bürge kann keinen Einwand gegen den Zeitpunkt erheben, an dem die Bank der Hauptschuldnerin den Kreditvertrag kündigt.

11. Unabhängig von anderen dinglichen oder persönlichen Sicherheiten, die bereits bestehen oder künftig gegenüber der Bank zugunsten der Hauptschuldnerin geleistet werden, bleibt die Bürgschaft voll rechtswirksam. Verbürgen sich mehrere Personen, so haftet jede für den Gesamtbetrag der Verbindlichkeit.

12. Erklärungen, Mitteilungen und Zustellungen der Bank werden dem Bürgen rechtswirksam an seine Anschrift zugestellt.

13. Die Kosten für die Registrierung dieses Schriftstücks gehen zu Lasten des Bürgen.

14. Gerichtssitz: Für alle Streitigkeiten ist das Landesgericht zuständig, wo sich der Rechtssitz der Enzian Bank befindet.

15. Wird die Bürgschaft vom Ehegatten geleistet, so ist die Enzian Bank in Abweichung von Art. 190 ZGB ausdrücklich ermächtigt, sich für ihr Gesamtguthaben ohne Einrede der Vorausklage durch die Vollstreckung in die persönlichen Sachen eines jeden der Ehegatten zu befriedigen.

Datum …

Unterschrift des Bürgen
*Andreas Müller*

Folgende Klauseln werden nach Art. 1341 und 1342 ZGB gesondert vom Bürgen unterschrieben:

Punkt 6) Bürge muss sich bei der Hauptschuldnerin über deren Vermögensverhältnisse erkundigen;

Punkt 7) Bank ist nicht zur Vorausklage gegen die Hauptschuldnerin verpflichtet;

Punkt 8) unverzügliche Zahlung nach Aufforderung durch die Bank;

Punkt 9) Rückgriffsrecht gegen die Hauptschuldnerin erst nach Zahlung durch den Bürgen;

Punkt 10) Verzicht auf Einwendung;

Punkt 14) Gerichtsstand;

Punkt 15) Haftung der Ehegatten.

Der Bürge erklärt die obigen Klauseln ausdrücklich anzuerkennen.

Unterschrift des Bürgen
*Andreas Müller*

Die Bürgschaft wird in der Regel nur für einen bestimmten Kredit geleistet (**Bürgschaft für einen bestimmten Kredit** – *fideiussione specifica*). Ein solcher, durch Bürgschaft besicherter Kredit kann verschiedener Art sein: Kontokorrentkredit, Tilgungsdarlehen, Bevorschussung von Rechnungen und von Bankquittungen »Eingang vorbehalten«, Bankgarantien, Diskontrahmen für Handelswechsel, Rotationsfondsdarlehen usw. Neben der Bürgschaft für einen bestimmten Kredit kann eine Bürgschaft auch für eine unbestimmte Anzahl von künftigen Krediten geleistet werden (**Bürgschaft für mehrere Kredite** – *fideiussione omnibus*). Damit ist auch ein wesentlich höheres Risiko für den Bürgen verbunden.

Im Zusammenhang mit Bankkrediten verpflichten sich oft Verwandte oder der Ehepartner als Bürgen. Auch die Gesellschafter kleinerer Kapitalgesellschaften müssen in vielen Fällen Bankkredite, die der Gesellschaft eingeräumt werden, durch eine Bürgschaft absichern. Die Allgemeinen Geschäftsbedingungen sehen unter anderem vor, dass der Bürge **keine Vorausklage** gegen den Hauptschuldner nach Art. 1957 verlangen kann. Für ihre Forderungen aus dem durch die Bürgschaft besicherten Kredit muss deshalb die Bank nicht zuerst die Zwangsvollstreckung in das Vermögen des Kreditnehmers durchführen, sondern kann sofort den Bürgen in Anspruch nehmen.

## DAS KREDITGESCHÄFT GEGEN PFAND

Bei der **Bevorschussung gegen Verpfändung von Wertpapieren oder Waren** (Art. 1846 ff. – *anticipazione bancaria su pegno di titoli o merci*) handelt es sich um einen Krediteröffnungsvertrag, bei dem der Bankkredit durch ein Pfand an einer beweglichen Sache oder an Wertpapieren besichert wird. Die Bank als Pfandgläubiger erhält dadurch das Recht, sich bei Nichterfüllung ihrer Forderungen aus dem Kreditvertrag aus dem Pfandobjekt (Wertpapiere oder Waren) zu befriedigen.

Das **Pfand** (Art. 2784 ff. – *pegno*) zählt zusammen mit der Hypothek (Art. 2808 – *ipoteca*) zu den dinglichen Garantierechten (Sachsicherheiten – *diritto reale di garanzia*), die als Sicherheit für eine Verbindlichkeit bestellt werden. Während mit einer Hypothek unbewegliche Sachen belastet werden, kann ein Pfand an beweglichen Sachen, an Forderungen und an Rechten, die bewegliche Sachen zum Gegenstand haben, bestellt werden.

Für einen **Bankvorschuss** (*anticipazione bancaria*) können vom Kreditnehmer nur Wertpapiere oder Waren als Pfand gegeben werden. Dabei überwiegen bei weitem die Wertpapiere. In der Regel handelt es sich um Staatspapiere, deren Kurse meist nur geringen Schwankungen unterliegen. Die Bank kann somit sowohl bei der Vergabe des Kredits als auch während der gesamten Laufzeit des Kredits leicht überprüfen, ob der Wert des Pfandes (abzüglich eines Abschlages) dem eingeräumten Kredit entspricht. Beim Kredit handelt es sich meistens um einen Kontokorrentkredit, den der Kunde in unterschiedlicher Höhe nutzen kann.

Die allgemeinen Bestimmungen über das Pfandrecht sehen die Unteilbarkeit des Pfandrechts vor. Die Bestimmungen über den Bankvorschuss räumen hingegen dem Kreditnehmer das Recht ein, einen Teil der verpfändeten Wertpapiere (oder Waren) zurückzunehmen, wenn ein Teil des Kredits bereits vor Ende der Laufzeit zurückbezahlt oder wenn der Kreditrahmen gekürzt wurde. Vermindert sich der Wert des Pfandes während der Laufzeit um mindestens ein Zehntel, so kann die Bank vom Kreditnehmer verlangen, dass er die Sicherheit ergänzt.

Von der Bankbevorschussung gegen Pfand ist die **Pfandleihe** (Versatzgeschäft – *prestito su pegno*) zu unterscheiden. In diesem Fall werden Darlehen gegen Verpfändung von Wertgegenständen und Gebrauchsgegenständen an Privatpersonen (Verbraucher) vergeben.

## DAS WERTPAPIERDEPOT UND SCHLIESSFÄCHER

Die **Depotverwaltung von Wertpapieren** (*deposito di titoli in amministrazione*) wird durch Art. 1838 im Zusammenhang mit den Bankeinlagen geregelt. Es handelt sich um einen Vertrag zwischen der **Bank** und dem **Hinterleger** (*depositante*), mit dem sich die Bank verpflichtet, für die Verwahrung der vom Kunden hinterlegten Wertpapiere zu sorgen. Als Beauftragter übernimmt sie zudem die Verwaltung der hinterlegten Wertpapiere. Bei der Depotverwaltung muss die Bank die Wertpapiere aufbewahren, die Zinsen und Dividenden einziehen, Prämienauslosungen und die Auslosungen zur Tilgung der Anleihen überwachen sowie für die Einhebung von Beträgen (Zinsen, Tilgungszahlung) auf Rechnung des Hinterlegers sorgen.

Nach dem Finanzmarktgesetz (EVO Nr. 58/1998 – *testo unico della finanza*) werden Aktien, Obligationen, Staatspapiere und sonstige Finanztitel (Finanzinstrumente – *strumenti finanziari*), die zum Handel an geregelten Märkten (Börse, elektronische Handelsplattformen) zugelassen sind, in gesammelter Form bei einer **Wertpapieraufbewahrungsgesellschaft** (*Monte titoli*) verwahrt. Die Verwahrung erfolgt **stücklos**. Das heißt, die erworbenen Aktien, Obligationen, Staatsanleihen und sonstigen Finanztitel werden nicht mehr in ausgedruckten Wertpapierurkunden verbrieft, sondern elektronisch auf den Konten verbucht, die Banken und *SIM*-Wertpapiervermittlungsgesellschaften (*SIM – società di intermediazione mobiliare*) bei der Wertpapieraufbewahrungsgesellschaft unterhalten. Auch die Übertragung der stücklosen Wertpapiere wird elektronisch durch Buchungen auf den Konten durchgeführt. Für die Banken entfällt deshalb im Zusammenhang mit der Depotverwaltung fast völlig die materielle Verwahrung der Wertpapiere. Stücklose Wertpapiere

Bei der **Depotverwaltung** nehmen die Banken die Rechte des Kunden (Hinterleger) aus den Wertpapieren ohne vorherige Weisung selbst oder über die Wertpapieraufbewahrungsgesellschaft wahr. Ausbezahlte Zinsen und Dividenden werden dem Konto des Hinterlegers gutgeschrieben. Auch die Besteuerung der Kapitalerträge aus dem Wertpapierdepot wird von den Banken nach den Bestimmungen für die Depotverwaltung durchgeführt (EVO 461/1997 – *risparmio amministrato*), die es dem Hinterleger erlauben, die Anonymität gegenüber dem Fiskus zu wahren.

Für das **Wertpapierdepot** werden Art und Umfang der Verwaltungspflichten vom Gesetz und im Detail durch die Allgemeinen Geschäftsbedingungen geregelt. Wenn für Aktien ein Bezugsrecht (Recht auf den Erwerb neuer Aktien – *diritto di opzione*) ausgeübt werden soll, ist nach Art. 1838 die Weisung des Hinterlegers einzuholen.

Neben dem Depotgeschäft betreiben die Banken auch das **Verwahrungsgeschäft**. Die Bank übernimmt dabei die Aufbewahrung von Wertgegenständen in **Schließfächern** (Safes – *cassetta di sicurezza*) und Stahlschrankfächern unterschiedlicher Größe. Sie sind in der Tresoranlage untergebracht und sie werden den Kunden zur Aufbewahrung von Wertgegenständen aller Art gegen eine im Voraus zu bezahlende Gebühr vermietet. Die Bank vermietet das Schließfach und sorgt für die Bewachung der Räume. Die Bank haftet dem Kunden gegenüber für die Eignung und die Bewachung der Tresorräume und für die Unversehrtheit des Schließfaches (Art. 1839). Bei Verwahrungsgeschäft

Einbruch, Feuer und sonstigen Schäden haftet die Bank, wenn sie nicht beweist, dass der Schaden auf Zufall zurückzuführen ist und mit normaler Sorgfalt nicht zu vermeiden war.

Streitigkeiten können sich bei der Bemessung des Schadens ergeben, wenn die hinterlegten Wertgegenstände entwendet oder durch Brand beschädigt werden. Die Allgemeinen Geschäftsbedingungen sehen die Begrenzung des zu ersetzenden Schadens vor. Für die Rechtsprechung gelten diese Haftungseinschränkungen nicht, wenn Vorsatz oder grobe Fahrlässigkeit des Schuldners der Leistung, in diesem Fall der Bank, gegeben ist (siehe Art. 1229).

## DER VERBRAUCHERKREDIT

**Verbraucherkredite** (Konsumentenkredit – *credito al consumo*) werden natürlichen Personen (Konsumenten) von Banken und sonstigen Finanzintermediären für nichtgewerbliche Zwecke, das heißt für die private Verwendung gewährt. Die Regelungen für den Verbraucherkredit finden sich im Bankgesetz sowie im Verbraucherschutz-Gesetzbuch, und sie fußen auf der Verbraucherkredit-Richtlinie (Richtlinie 87/102/EWG). Bis zum Jahr 2010 muss die neue Verbraucherkredit-Richtlinie umgesetzt werden. Unternehmen – vor allem Handels- und Industrieunternehmen wie die Autofirmen und die Einrichtungshäuser – können Konsumentenkredite nur als Zahlungsaufschub oder in Form einer sonstigen Finanzierungshilfe anbieten. Banken gewähren den Konsumentenkredit meistens in der Form eines Ratenkredits.

Effektiver Jahreszinssatz

Um den Verbrauchern einen Überblick über Gesamtkosten der Kreditangebote zu ermöglichen, müssen die Zinsen, die Provisionen und die Bearbeitungsgebühren in einem **effektiven Jahreszinssatz** (*tasso annuo effettivo globale – Taeg*) zusammengefasst werden. Dadurch wird die Gesamtbelastung durch den Verbraucherkredit pro Jahr in einem Prozentsatz ausgedrückt. Zusätzlich ist ein typisches Berechnungsbeispiel anzuführen.

Der Verbraucherkredit kommt den Erfordernissen der Konsumenten entgegen, die so geplante Konsumausgaben nicht mehr aufschieben müssen, bis sie den erforderlichen Betrag gespart haben. Der Kredit, der den Verbrauchern von Banken oder sonstigen Finanzintermediären eingeräumt wird, muss nicht für einen bestimmten Kauf verwendet werden. Verbraucherkredite werden von den Banken in verschiedener Form angeboten: als **Ratenkredit** (der Kunde erhält den vereinbarten Betrag, den er ratenwei-

**Verbraucherkredit**

eingeräumt von einer Finanzierungsgesellschaft für einen Warenkauf

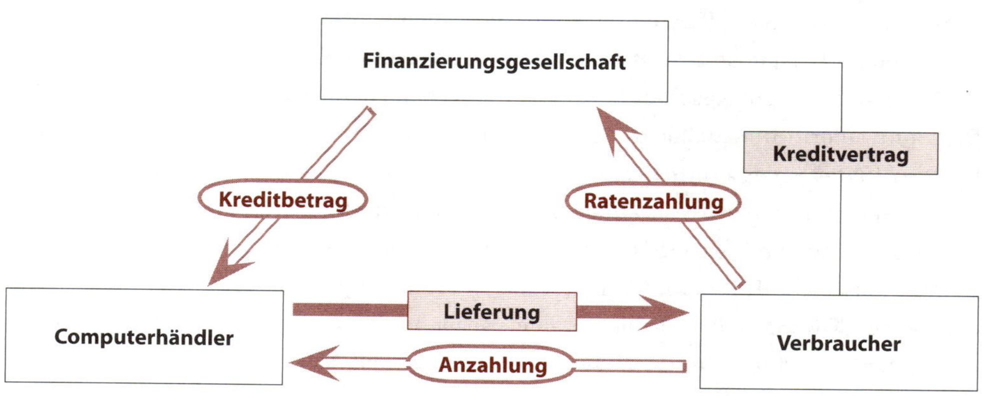

Kontokorrentkredit

se zurückzahlt), als **Kontokorrentkredit**, der bis zur Kreditlinie variabel genutzt werden kann, oder als Kredit in Zusammenhang mit einer Kreditkarte (*carta di credito*), wie sie von Kreditkartengesellschaften angeboten werden.

**Auskünfte** über die Kreditwürdigkeit gegenwärtiger und möglicher Kreditnehmer werden von der Auskunftei CRIF spa (Bologna) erteilt, die unter Wahrung des Datenschutzes von den Banken Informationen über die Zahlungspünktlichkeit ihrer Kunden erhält.

Um den Absatz zu erleichtern, können Industrie-, Handels- und Dienstleistungsunternehmen Abmachungen mit **Finanzierungsgesellschaften** treffen, die den Kunden einen Verbraucherkredit für den Kauf bestimmter Waren (z. B. Anschaffung von Möbeln, Haushaltsgeräten, Autos, Heimelektronik usw.) oder für die Nutzung bestimmter Dienstleistungen einräumen. In diesem Fall wird der vereinbarte Kreditbetrag von der Finanzierungsgesellschaft direkt an das Unternehmen gezahlt. Der Kunde, der in der Regel bereits eine Anzahlung geleistet hat, kann daraufhin die gekaufte Ware in Empfang nehmen oder die festgelegte Dienstleistung nutzen und er muss selbstverständlich die vereinbarten Raten an die Finanzierungsgesellschaft bezahlen.

Die Bestimmungen über den Verbraucherkredit sind auf den Schutz des Verbrauchers ausgerichtet. So wird genau festgelegt, wie der Zinssatz für den Verbraucherkredit, wie die Preise für die betreffenden Waren oder Dienstleistungen und die sonstigen Bedingungen bekannt gegeben werden müssen, um die bestmögliche Information des Verbrauchers zu gewährleisten.

Angaben in Verträgen über Verbraucherkredite

Der Vertrag betreffend den Verbraucherkredit muss in Schriftform abgefasst werden und er muss die vom **Gesetz vorgeschriebenen Angaben** enthalten:

- Betrag und Art der Finanzierung,
- Zahl, Betrag und Fälligkeit der einzelnen Raten,
- **effektiver Jahreszinssatz** (*Taeg*),
- Voraussetzungen, unter denen eine etwaige Änderung des effektiven Jahreszinssatzes möglich ist,
- Art und Betrag der Kosten, die nicht in die Berechnung des effektiven Jahreszinssatzes einbezogen werden,
- zu bestellende Sicherheiten,
- etwaige Versicherungen im Zusammenhang mit dem Kreditvertrag.

Wenn es sich um einen **Warenkauf** oder einen Vertrag über die **Erbringung von Dienstleistungen** handelt, muss der Kreditvertrag zusätzlich noch folgende Angaben enthalten, weil sonst der Vertrag nichtig ist:

- Beschreibung der Waren oder Dienstleistungen,
- Preis bei Barzahlung, im Kreditvertrag festgelegter Preis und Betrag der etwaigen Anzahlung,
- Bedingungen für die Eigentumsübertragung, wenn der Verkauf mit Eigentumsvorbehalt erfolgt.

Mit der Umsetzung der **neuen Verbraucherkredit-Richtlinie,** die bis 2010 zu erfolgen hat, werden sich einige Verbesserungen für die Verbraucher ergeben:

- Um bessere Vergleiche zu ermöglichen, ist ein EU-weit **einheitliches Formular** vorgeschrieben, das alle für den Kreditnehmer wichtigen Informationen in leicht verständlicher Form enthalten muss.
- Es gilt ein Widerrufsrecht innerhalb von 14 Tagen nach Vertragsabschluss ohne Angabe von Gründen und ohne Vertragsstrafe.
- Die Vorfälligkeitsentschädigung bei vorzeitiger Rückzahlung des Kredits darf 1 Prozent der zurückgezahlten Summe nicht übersteigen.

Auch die neue Verbraucherkredit-Richtlinie bietet leider keinen Schutz vor einer leichtfertigen Verschuldung der Verbraucher. Die Banken und die sonstigen Kreditgebern, haben nämlich keine erhöhte Sorgfaltspflicht, die sie zwingen würde, den bereits Überschuldeten keine weiteren Kredite zu gewähren. Außerdem gelten die neuen Bestimmungen nur für Nettodarlehensbeträge zwischen 200 und 75.000 Euro. Eine Reihe von Kreditformen, wie die Hypothekardarlehen, sind von der Regelung ausgeschlossen.

Bei einem Kreditvertrag, der für einen **Kauf mit Eigentumsvorbehalt** geschlossen wird (z. B. Kauf eines Autos), ist zum Schutz des Verbrauchers Art. 1525 anzuwenden. Demnach kommt es zu keiner **Auflösung des Vertrages**, wenn der Verbraucher eine einzige Rate nicht bezahlt und die Rate höchstens ein Achtel des Kaufpreises ausmacht. Außerdem steht dem Verbraucher das Recht zu, den Kredit vorzeitig zurückzuzahlen oder vom Vertrag zurückzutreten, wobei die Zinsenlast entsprechend gesenkt wird.

Wird zwischen einer **Finanzierungsgesellschaft** und einem Unternehmen eine Exklusivvereinbarung getroffen, um den Kunden des Unternehmens Verbraucherkredite für den Kauf von Waren oder für die Erbringung von Dienstleistungen einzuräumen, so kann der Verbraucher bei Nichterfüllung durch das Unternehmen gegen die Finanzierungsgesellschaft bis zur Höhe des Kreditbetrages vorgehen, wenn die Inverzugsetzung des Unternehmens wirkungslos bleibt.

## Wuchergrenze für Kreditgeschäfte

Alle drei Monate veröffentlicht das Ministerium für Finanzen und Wirtschaft den durchschnittlichen effektiven Jahreszinssatz (TEG), der von den Banken und den Finanzgesellschaften im vorherigen Quartal für eine Reihe von Kreditgeschäften angewandt wurde (siehe Internetseite der Banca d'Italia).

Aufgrund dieser vierteljährlich erhobenen, durchschnittlichen effektiven Jahreszinssätze wird die Wuchergrenze für das folgende Quartal festgelegt. Die Wuchergrenze ergibt sich, indem man den durchschnittlichen effektiven Jahreszinssatz um die Hälfte erhöht. Zinssätze über der Wuchergrenze gelten als wucherische Zinssätze

**Durchschnittliche effektive Jahreszinssätze**

für die Festsetzung der Wuchergrenze im Zeitraum 1. April – 30. Juni 2008 nach Gesetz Nr. 108/1996

| Kreditgeschäfte | | Zinssätze | Wuchergrenze |
|---|---|---|---|
| Kontokorrentkredite | bis 5.000 Euro<br>über 5.000 Euro | 12,91 %<br>9,88 % | **19,36 %**<br>**14,82 %** |
| Factoring | bis 5.000 Euro<br>über 5.000 Euro | 7,39 %<br>6,84 % | **11,08 %**<br>**10,26 %** |
| Verbraucherkredite von Banken | | 10,18 % | **15,27 %** |
| Verbraucherkredite von anderen Intermediären | bis 5.000 Euro<br>über 5.000 Euro | 16,77 %<br>12,35 % | **25,15 %**<br>**18,53 %** |
| Leasing | bis 5.000 Euro<br>über 5.000 – 25.000<br>über 25.000 – 50.000<br>über 50.000 | 11,81 %<br>9,51 %<br>8,42 %<br>7,10 % | **17,71 %**<br>**14,26 %**<br>**12,63 %**<br>**10,65 %** |
| Ratenkredite, Revolvingkredite | bis 1.500 Euro<br>über 1.500 – 5.000<br>über 5.000 | 16,20 %<br>16,18 %<br>10,60 % | **24,30 %**<br>**24,27 %**<br>**15,90 %** |
| Hypothekardarlehen | fest verzinst<br>variabel verzinst | 6,04 %<br>6,00 % | **9,06 %**<br>**9,00 %** |

Quelle: Banca d'Italia

(*tasso usuraio*). Banken und Finanzgesellschaften dürfen diese Wuchergrenze bei Darlehen und Krediten jeglicher Art nicht überschreiten.

Nach Artikel 644 Strafgesetzbuch gelten für Wucher folgende Strafen: »Wer als Entgelt für ein Darlehen oder einen sonstigen Vorteil sich selbst oder anderen Wucherzinsen oder sonstige wucherische Vorteile in jeglicher Form zahlen oder versprechen lässt, wird mit Gefängnis von zwei bis zehn Jahren und einer Geldbuße von 5000 bis 30.000 Euro bestraft.«

## BEISPIELE UND FRAGEN

[1] Worin besteht die Banktätigkeit nach Art. 10 Bankgesetz? Dürfen Banken auch so genannte Finanztätigkeiten ausüben?

[2] Die in Österreich zugelassene Bank »Deingeld« möchte ihre Geschäftstätigkeit auch auf Italien ausdehnen. Welche Voraussetzungen muss die Bank erfüllen? Welche Behörde ist für die Kontrolle der »Deingeld«-Filialen in Italien zuständig?

[3] Die in Norwegen zugelassene »Artic Bank« will eine Filiale in Italien errichten. Welche Voraussetzungen müssen erfüllt werden?

[4] Erklären Sie die Begriffe »Aktivgeschäfte« und »Passivgeschäfte«.

[5] Welche Form gilt für Verträge über Bankgeschäfte. Gibt es hierzu Ausnahmen?

[6] Was muss die Bank beachten, wenn sie einseitige Veränderungen der Vertragsbedingungen zu Lasten des Kunden vornimmt?

[7] A legt bei der Bank ein gestohlenes Inhabersparbuch vor, um Geld zu beheben. Der Bankbeamte zahlt an A, ohne dessen Identität zu prüfen. Der Einleger erhebt nun Klage gegen die Bank, um die abgehobene Summe erstattet zu bekommen. Zu Recht?

[8] Was ist die Rechtsnatur des Kontokorrentvertrages?

[9] Definieren Sie den Begriff Bankkontokorrent (*conto corrente bancario*).

[10] Geben Sie Beispiele für stark belastende Klauseln in Bankverträgen. Wie werden Verbraucher beim Kontokorrentvertrag vor solchen stark belastenden Klauseln geschützt?

[11] Was versteht man unter einem Gemeinschaftskonto mit getrennter Verfügungsberechtigung?

[12] Wann wird ein Vertrag zur Eröffnung eines Bankkredites wirksam? Wann ein Darlehensvertrag?

[13] Erklären Sie die Begriffe:
a) unbesicherte Krediteröffnung,
b) besicherte Krediteröffnung.

[14] Wie kann ein Kredit besichert werden? Erklären Sie den Unterschied zwischen dinglichen und persönlichen Sicherheiten (*garanzie reali e personali*).

[15] Drei Gangster brechen in eine Bank ein und leeren unter anderem zahlreiche Schließfächer. Die Bank will die Haftung für den von den Kunden erlittenen Schaden ausschließen. Was muss sie in diesem Fall beweisen?

[16] Kann ein Verbraucherkredit auch für gewerbliche Zwecke, wie zum Beispiel den Kauf einer Geschäftseinrichtung, bestimmt werden?

[17] Was passiert, wenn ein Kreditvertrag für einen Warenkauf oder für die Erbringung von Dienstleistungen keine Angaben über die Waren, die Dienstleistungen oder den Preis enthält?

[18] Was versteht man unter Wucher und wie wird die Wuchergrenze festgelegt?

# Verträge der banknahen Finanzinstitute

## DAS FINANZIERUNGS-LEASING

Beim **Finanzierungs-Leasing** (*leasing finanziario, locazione finanziaria*) handelt es sich um einen gesetzlich nicht im Einzelnen geregelten Vertrag (atypischen Vertrag) zur Überlassung von beweglichen oder unbeweglichen Sachen durch eine Finanzierungsgesellschaft. Ein Unternehmer, der z. B. Autos, Lastwagen, Maschinen, Anlagen oder Gebäude benötigt und diese Güter nicht kaufen will, kann sich, wenn die Miete dieser Güter nicht möglich oder vorteilhaft ist, an eine auf das Leasing spezialisierte **Finanzierungsgesellschaft (Leasing-Gesellschaft** – *società di leasing*) wenden. Die Leasing-Gesellschaft als **Leasing-Geber** (*concedente*) wird die vom Unternehmer (**Leasing-Nehmer** – *utilizzatore*) benötigten Wirtschaftsgüter (Kraftfahrzeuge, Maschinen, Anlagen oder Immobilien) nach seinen Angaben beim Hersteller oder Händler kaufen und sie ihm gegen Zahlung einer meist monatlichen **Leasing-Miete** (Leasing-Raten – *canone leasing*) zur Nutzung überlassen. Mit den Leasing-Mieten werden die Anschaffungs- oder Herstellungskosten des Leasing-Objektes sowie sämtliche Nebenkosten einschließlich der Finanzierungskosten gedeckt, und die Leasing-Gesellschaft wird damit meistens auch einen Gewinn erzielen.

Das **Leasing-Geschäft** umfasst also **zwei getrennte Verträge**:

- einen **Kaufvertrag** zwischen Hersteller und Leasing-Gesellschaft zum Erwerb des Leasing-Gegenstandes (Leasing-Objekt), wodurch die Leasing-Gesellschaft Eigentümerin des Leasing-Gegenstandes wird, und (Kaufvertrag)
- den **Leasing-Vertrag**, mit dem der Gegenstand dem Leasing-Nehmer gegen Zahlung der Leasing-Miete zur Nutzung überlassen wird. (Leasing-Vertrag)

Handelt es sich um bewegliche Wirtschaftsgüter, so erfolgt in der Regel die Lieferung direkt vom Hersteller an den Leasing-Nehmer.

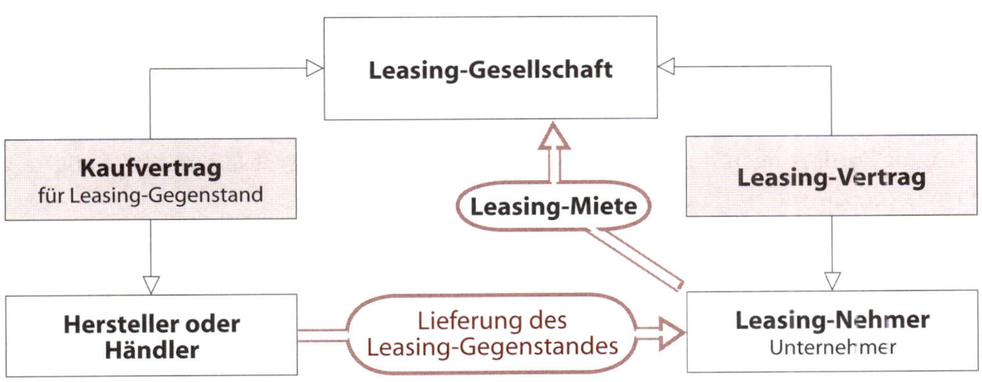


Nach Ablauf des Leasing-Vertrages sehen die **Allgemeinen Geschäftsbedingungen** in der Regel vor, dass der Leasing-Nehmer den Leasing-Gegenstand meist zu einem niedrigen, bereits im Vertrag festgelegten Preis erwerben kann (für Immobilien ist hingegen der Preis bei Vertragsende in der Regel noch ziemlich hoch). Der Leasing-Nehmer hat oft die Möglichkeit, den Leasing-Gegenstand nach Ablauf des Vertrages gegen Bezahlung einer herabgesetzten Leasing-Miete weiter zu nutzen oder er kann das Gut zurückgeben.

Während der Nutzungszeit trägt der Leasing-Nehmer in der Regel die gesamten Wartungs- und Instandhaltungskosten. Außerdem muss er den Leasing-Gegenstand nach den Anweisungen der Leasing-Gesellschaft versichern. Er ist auch verpflichtet, etwaige Mängel des Leasing-Gegenstandes dem Hersteller umgehend mit Mängelrüge anzuzeigen.

Die Rechtsprechung und die Lehre haben versucht, den Leasing-Vertrag als Miet- und teilweise als Kaufvertrag (Ratengeschäft mit Eigentumsvorbehalt) einzuordnen. Die Unterschiede zu diesen beiden Vertragstypen sind jedoch sehr groß. Deshalb wird das Finanzierungs-Leasing vorwiegend als **atypischer Vertrag** angesehen, der Finanzierungszwecken dient.

Nach dem Bankgesetz zählt das Leasing-Geschäft zu den Finanztätigkeiten, die von den Banken betrieben werden können. In der Regel wickeln die Banken das Leasing-Geschäft über getrennte Leasing-Gesellschaften ab, die ebenfalls der Kontrolle durch die Banca d'Italia unterliegen.

Hersteller-Leasing

Vom Finanzierungs-Leasing ist das **Hersteller-Leasing** (*leasing operativo*) zu unterscheiden. Es handelt sich dabei um einen Mietvertrag, mit dem Hersteller von Maschinen, Autos, Lastwagen usw. diese Güter einem anderen Unternehmer oder einem Privaten gegen ein periodisches Entgelt zur Nutzung zur Verfügung stellen. Die Nutzung wird für einen Zeitraum vereinbart, der kürzer ist als die wirtschaftliche Lebensdauer des betreffenden Gutes. Manchmal ist vorgesehen, dass der Unternehmer das von ihm genutzte Gut nach Ablauf des Vertrages kaufen kann.

## DAS FACTORING

Unter **Factoring** (*factoring*) versteht man den Ankauf von Geldforderungen aus Warenlieferungen oder Dienstleistungen durch eine Finanzierungsgesellschaft, die **Factoring-Gesellschaft** (Factor – *società di factoring*, Gesetz 130/1999). Für den Factoring-Vertrag gibt es keine eigene gesetzliche Regelung. Es handelt sich also um einen atypischen Vertrag.

Mit dem **Factoring-Vertrag** verpflichtet sich der **Factoring-Kunde** (ein Industrie-, Handels- oder Dienstleistungsunternehmen) zur Abtretung seiner Forderungen aus den Handelsgeschäften durch eine **Globalzession** an die Factoring-Gesellschaft. Dem Factoring-Kunden wird der Gesamtbetrag der abgetretenen und meist später fälligen Forderungen aus Rechnungen von der Factoring-Gesellschaft abzüglich Provision, Zinsen und einem Sperrbetrag bereitgestellt.

Neben der Bevorschussung der abgetretenen Rechnungen erbringt die Factoring-Gesellschaft verschiedene Dienstleistungen, die vor allem das Rechnungsinkasso und das Mahnwesen umfassen. Außerdem kann die Factoring-Gesellschaft auch das Ausfallrisiko (Delkredere) übernehmen.

Das Factoring-Geschäft wird hauptsächlich von Finanzierungsgesellschaften betrieben, die in der Regel Banken gehören. Außerdem haben auch größere Industrieunternehmen eigene Factoring-Gesellschaften gegründet, die sämtliche Forderungen gegenüber den Kunden des Konzerns übernehmen.

Globalzession künftiger Geldforderungen

Die Globalzession von künftigen Geldforderungen eines Unternehmers wird durch ein eigenes Gesetz geregelt (Gesetz Nr. 52/1991), womit die Bestimmungen des Zivilgesetzbuches über die **Abtretung von Forderungen** (Art. 1260 ff. – *cessio-*

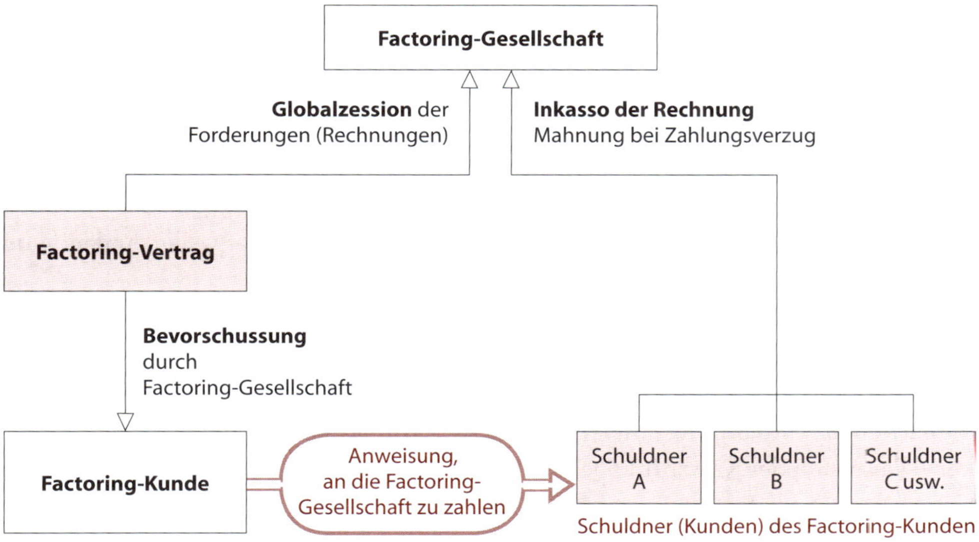


*ne dei crediti*) ergänzt und teilweise abgeändert werden. Gegenüber dem **Schuldner** gilt der allgemeine Grundsatz, dass der Gläubiger seine Forderung auch ohne Zustimmung des Schuldners entgeltlich oder unentgeltlich an andere Personen übertragen kann. Allerdings ist die Abtretung gegenüber dem Schuldner erst dann wirksam, sobald sie von ihm angenommen wurde oder ihm angezeigt worden ist (Art. 1264).

Was die Wirksamkeit der Abtretung gegenüber Dritten anbelangt, so sieht das Gesetz über die **Globalzession** vor, dass die Abtretung bereits wirksam ist, wenn das **sichere Datum** der Zahlung bewiesen wird (z. B. durch Banküberweisung). Außerdem kann die Abtretung der Forderungen an eine Factoring-Gesellschaft auch beim Konkurs des Factoring-Kunden geltend gemacht werden.

## DIE KREDITKARTEN

Die Fortschritte in der Informationstechnologie haben zu einem großen Wandel im Zahlungsverkehr geführt. Bargeld und Schecks werden immer stärker durch den elektronischen Zahlungsverkehr und durch so genanntes elektronisches Geld ersetzt. Gemeint sind damit vor allem die verschiedenen Zahlungskarten: Debitkarten, Geldkarten und Kreditkarten. **Debitkarten**, wie die Bancomatkarte, werden für Zahlungen an den elektronischen POS-Kassen (POS = point of sale, Verkaufsstelle) verwendet, wobei zeitgleich das Bankkonto des Kunden belastet wird. Außerdem ermöglicht die Debitkarte die Benutzung von Geldausgabeautomaten, die neben der Ausgabe von Bargeld auch noch zusätzliche Leistungen bieten. **Geldkarten** werden mit begrenzten Geldbeträgen vom Bankkonto des Kartenbenutzers aufgeladen und dienen für die Zahlung kleinerer Geldbeträge an eigens ausgerüsteten Kassen. Bei Zahlungen mit der »elektronischen Geldbörse« bleibt der Karteninhaber anonym, weil nicht die geheime persönliche Identifikationsnummer (PIN-Code) eingegeben werden muss. Die »elektronische Geldbörse« ist meistens eine Zusatzfunktion auf anderen Arten von Zahlungskarten.

Debitkarten

Geldkarten (»elektronische Geldbörse«)

Mit der EU-Richtlinie über **Zahlungsdienstleistungen** (Richtlinie 2007/64/EG, bis 2009 umzusetzen) soll der **einheitliche Euro-Zahlungsverkehrsraum** (englisch: Single Euro Payments Area, abgekürzt SEPA) für bargeldlose Zahlungen geschaffen werden. Neben den Banküberweisungen und dem Lastschriftverkehr soll es für die Kunden auch bei der Verwendung von Debitkarten keinen Unterschied zwischen bargeldlosen innerstaatlichen und grenzüberschreitenden Zahlungen mehr geben. Dabei soll ein europaweit einheitlicher Standard geschaffen und die Bestimmungen zum Schutz der Kartenbenutzer angeglichen werden. Es besteht jedoch die Befürchtung, dass die US-Kartenunternehmen Visa und MasterCard, die bereits für ihre Debitkartensysteme (V-Pay und Maestro) über eine europaweite Infrastruktur verfügen, gegenüber Systemen wie dem italienischen Bancomat-System oder dem deutschen EC-System eindeutig im Vorteil sein könnten.

Kreditkarten

Auch die **Kreditkarten** (*carta di credito*) dienen vor allem dem bargeldlosen Zahlungsverkehr einschließlich der Zahlungen im Internet. Sie ermöglichen darüber hinaus einen Zahlungsaufschub für den Karteninhaber (*titolare*) bis zur meist monatlichen Abrechnung sowie die Nutzung von Ratenkrediten. Mit der Kreditkarte kann sich der Karteninhaber auch Bargeld bei Banken und Bargeldautomaten beschaffen. Das gilt für die von Kreditkartenorganisationen oder Banken (Kreditkartenherausgeber – *emittente*) emittierten Kreditkarten: in Italien z. B. die *CartaSi* und die international verbreiteten Kreditkarten wie *Visa, Diner's Club, MasterCard, American Express*, mit denen in vielen Ländern der Welt bargeldlos bezahlt werden kann. Daneben gibt es die so genannten Kundenkarten, die besonders von großen Handelsunternehmen und Handelsketten emittiert werden. Die Unternehmen können so den Kunden regelmäßig kurzfristige Kredite beim Kauf von Waren und bei der Nutzung von Dienstleistungen einräumen.

Als Karteninhaber erhält der Kunde **periodisch eine Abrechnung**, und der geschuldete Betrag wird im Lastschriftverfahren vom Bankkonto des Karteninhabers eingezogen.

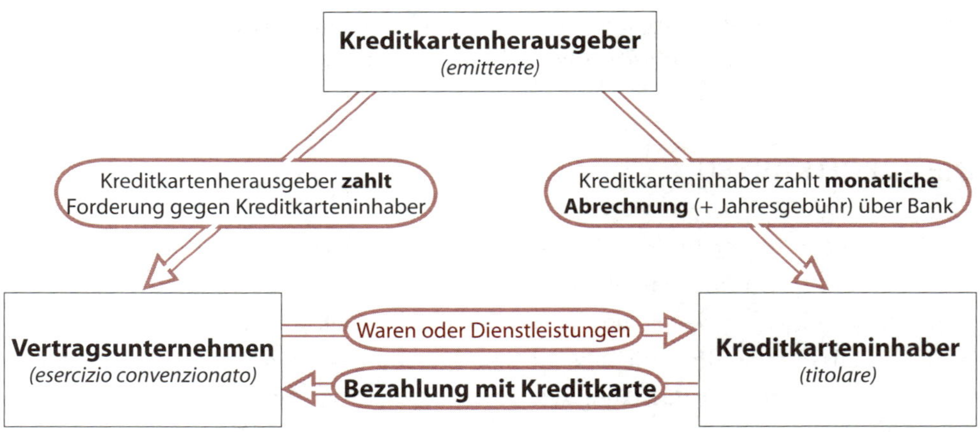


Beim so genannten Drei-Parteien-System sind zusätzlich zum **Kreditkartenherausgeber** und zum **Karteninhaber** auch Handels- und Dienstleistungsunternehmen als **Vertragsunternehmen** (*esercizio convenzionato*) beteiligt. Bei diesen Vertragsunternehmen kann der Karteninhaber die gekauften Waren und erhaltenen Dienstleistungen mit der Kreditkarte bezahlen. Dadurch ergeben sich Rechtsbeziehungen zwischen Kartenherausgeber und Karteninhaber, zwischen Kartenherausgeber und Vertragsunternehmen sowie zwischen Karteninhaber und Vertragsunternehmen.

Durch den Vertrag mit dem Karteninhaber verpflichtet sich der **Kartenherausgeber**, die Forderungen des Vertragsunternehmers gegenüber dem Karteninhaber zu bezahlen. Der Vertrag wird im Wesentlichen durch die Allgemeinen Geschäfts-

bedingungen im Vertragsvordruck des Kartenherausgebers geregelt. Der Kunde erhält eine **Kreditkarte**, für die ein monatliches Ausgabelimit festgelegt wird (z. B. 2.500,00 Euro). Damit wird der Kreditkarteninhaber ermächtigt, bei den Vertragsunternehmen ohne Barzahlung Waren zu kaufen oder Dienstleistungen zu beziehen, wobei er den entsprechenden Zahlungsauftrag (sales slip) mit der Kreditkartennummer unterzeichnen muss. Die Forderungen, die sich gegenüber dem Karteninhaber ergeben, werden vom Kreditkartenherausgeber an das Vertragsunternehmen abzüglich einer Provision (bis zu 3 %) bezahlt. Der Kreditkarteninhaber ermächtigt den Kreditkartenherausgeber, die ausgelegten Beträge, die sich einschließlich der anfallenden Spesen (Postspesen, Provision für Bezahlung bei Tankstellen) aus dem monatlichen Kontoauszug ergeben, im Lastschriftverfahren vom Bankkonto des Karteninhabers einzuziehen. Außerdem wird jährlich für die Kreditkarte eine Kartengebühr verlangt.

Vertragsunternehmen zahlen bis zu 3 % Provision.

Der Vertrag, den der Karteninhaber mit dem Kreditkartenherausgeber schließt, wird durch **Allgemeine Geschäftsbedingungen** geregelt, die den Empfehlungen der EU-Kommission Rechnung tragen. Das gilt vor allem für die Haftungsbeschränkung bei missbräuchlicher Verwendung der Kreditkarte durch andere Personen bei Verlust, Entwendung oder Fälschung. In diesen Fällen ist die Haftung des Karteninhabers auf 150,- Euro begrenzt.

Gegenüber dem **Vertragsunternehmen** verpflichtet sich der Kreditkartenherausgeber mit dem Vertrag, die Forderungen gegen die Karteninhaber zu bezahlen, sofern die festgelegten Kontrollvorschriften (Kartennummer, Unterschrift, Fälligkeitsdatum, Kontrolle über Telefon- oder Datenleitung beim Herausgeber) beachtet werden. Der Vertragsunternehmer verpflichtet sich gegenüber dem Kreditkartenherausgeber, den Karteninhabern bei Verzicht auf Barzahlung Waren zu verkaufen oder Dienstleistungen zu erbringen. Mit dem Kreditkartenvertrag liegt also ein Vertrag zugunsten Dritter, dem Vertragsunternehmen, vor. Das Vertragsunternehmen muss eine meist nach dem Umsatz gestaffelte Provision an den Kreditkartenherausgeber entrichten.

Kreditkarten können auch für Zahlungen über das Internet verwendet werden. Dabei besteht leider die Möglichkeit, dass Betrüger oft durch Unachtsamkeit des Karteninhabers in den Besitz von Kreditkartennummern kommen und sie für Zahlungen im Internet verwenden.

## BEISPIELE UND FRAGEN

[1] Was versteht man unter Finanzierungs-Leasing (*leasing finanziario*) und um welche Art von Vertrag handelt es sich?

[2] Wer trägt beim Finanzierungs-Leasing während der Nutzungszeit gewöhnlich die Wartungs- und Instandhaltungskosten?

[3] Der Unternehmer Franz Wagner schließt mit einer Finanzierungsgesellschaft einen Factoring-Vertrag ab. Wagner gerät in Konkurs und kurz darauf wird das Konkursverfahren gegen ihn eröffnet. Unter welchen Voraussetzungen kann die Globalzession gegenüber dem Konkursverwalter geltend gemacht werden?

[4] Stellen Sie die Rechtsbeziehungen zwischen dem Kreditkartenausgeber, dem Karteninhaber und dem Vertragsunternehmen beim so genannten Drei-Parteien-System dar.

[5] In welchen Fällen haftet der Karteninhaber für die missbräuchliche Verwendung seiner Kreditkarte? Was muss der Karteninhaber machen, wenn er die Kreditkarte verliert oder wenn sie entwendet wird?

# Finanzmärkte, Finanzintermediäre und Wertpapierdienstleistungen

## DIE FINANZMÄRKTE – EIN ÜBERBLICK

Als **Finanzmärkte** (*mercato finanziario*) bezeichnet man die Märkte, auf denen Geld (Liquidität), Kapital, Kredite, Wertpapiere, Devisen, Derivate und andere Finanzinstrumente angeboten und nachgefragt werden. Im Zuge der weltweiten Verflechtung der Wirtschaft (Globalisierung, *globalizzazione*) ist der Zugang zu effizienten Finanzmärkten von entscheidender Bedeutung für die wirtschaftlichen Entwicklungsmöglichkeiten eines Landes. Die Finanzmärkte können nach den gehandelten Finanzinstrumenten in Geldmärkte, Kapitalmärkte, Märkte für Derivate und Devisenmärkte unterteilt werden.

Einen Teilmarkt des Finanzmarktes bildet der **Kapitalmarkt** (*mercato dei capitali*) für längerfristige Anleihen und für Beteiligungskapital (Risikokapital). Die Kapitalmärkte ermöglichen es den Unternehmen, sich mit dem benötigten Risikokapital zu versorgen. Außerdem können die Unternehmen, die Staaten und anderen öffentlichen Körperschaften ihre Anleihen auf den Kapitalmärkten unterbringen.

Sparer und Anleger, die über Geldkapital verfügen, speisen das Angebot auf den Finanzmärkten meist über **Finanzintermediäre** (*intermediario finanziario*). Es sind das vor allem Banken, Wertpapiervermittlungsgesellschaften (*società di intermediazione mobiliare – Sim*), Fondsgesellschaften und Pensionsfonds. Banken, Versicherungsgesellschaften und sonstige Aktiengesellschaften sowie die Staaten und andere öffentliche Körperschaften bieten verschiedene Anlagemöglichkeiten, die nach dem Finanzmarktgesetz (EVO Nr. 58/1998) zusammenfassend als **Finanzprodukte** (*prodotti finanziari*) bezeichnet werden und zu denen auch einige Versicherungsverträge gehören. Die weitaus wichtigste Gruppe der Finanzprodukte bilden die so genannten **Finanzinstrumente** (Finanztitel – *strumenti finanziari*). Dazu zählen Aktien, Staatspapiere und Obligationen, die man in Italien als **marktfähige Wertpapiere** (*valore mobiliare*) bezeichnet. Weitere Finanzinstrumente sind Geldmarktpapiere wie BOT-Schatzscheine und Commercial Papers, Anteile an Investmentfonds, Optionsscheine, Zertifikate, Futures (standardisierte Terminkontrakte auf Aktien, Zinspapiere, Indizes, Rohstoffe usw.), Swaps (Zins- und Währungstauschgeschäfte), Kreditderivate (credit default swap), Devisen- und Warentermingeschäfte, Optionen auf Aktien, Devisen und Börsenindizes sowie Kombinationen der verschiedenen Instrumente.

**Derivate** sind derivative Finanzinstrumente (*strumenti finanziari derivati*) wie Futures, Optionen und Swaps. Futures und Optionen sind standardisierte Terminkontrakte, die am Kassamarkt gehandelte Aktien und Staatspapiere oder die entsprechenden Indizes betreffen. Als Aktien-Derivate und Zins-Derivate dienen sie der Absicherung gegen Schwankungen der Aktienkurse und gegen Zinsrisiken sowie der Spekulation.

Im Gegensatz zu den typischen Bank- und Versicherungsprodukten (Bankeinlagen, Bankkredite, Versicherungsverträge), deren Veräußerung nicht möglich ist, können die Finanzinstrumente gekauft und verkauft werden. Dabei kann der Handel an **geregelten Märkten** (*mercato regolamentato*) wie den Börsen oder den elektronischen

Geregelte Märkte

Handelssystemen erfolgen. Zwischen Banken, Brokern, Wertpapiervermittlungsgesellschaften und Anlegern gibt es zudem einen nicht geregelten **außerbörslichen Handel** (nicht geregelter Markt – *mercato non regolamentato*, over the counter market) für verschiedene Finanzinstrumente.

Primärmarkt (Emissionsmarkt)

Beim Kapitalmarkt muss eine wichtige Unterscheidung zwischen dem Primärmarkt und dem Sekundärmarkt gemacht werden: Am **Primärmarkt** (Emissionsmarkt – *mercato primario*, primary market) werden neue Wertpapiere untergebracht, die von Unternehmen (Aktien oder Obligationen) oder vom Staat (Staatspapiere) begeben werden. Es sind vor allem Banken und Wertpapiervermittlungsgesellschaften, die neue Wertpapiere bei den Anlegern unterbringen. Staatspapiere werden häufig im Tenderverfahren platziert, das sind Versteigerungen, an denen nur institutionelle Anleger teilnehmen.

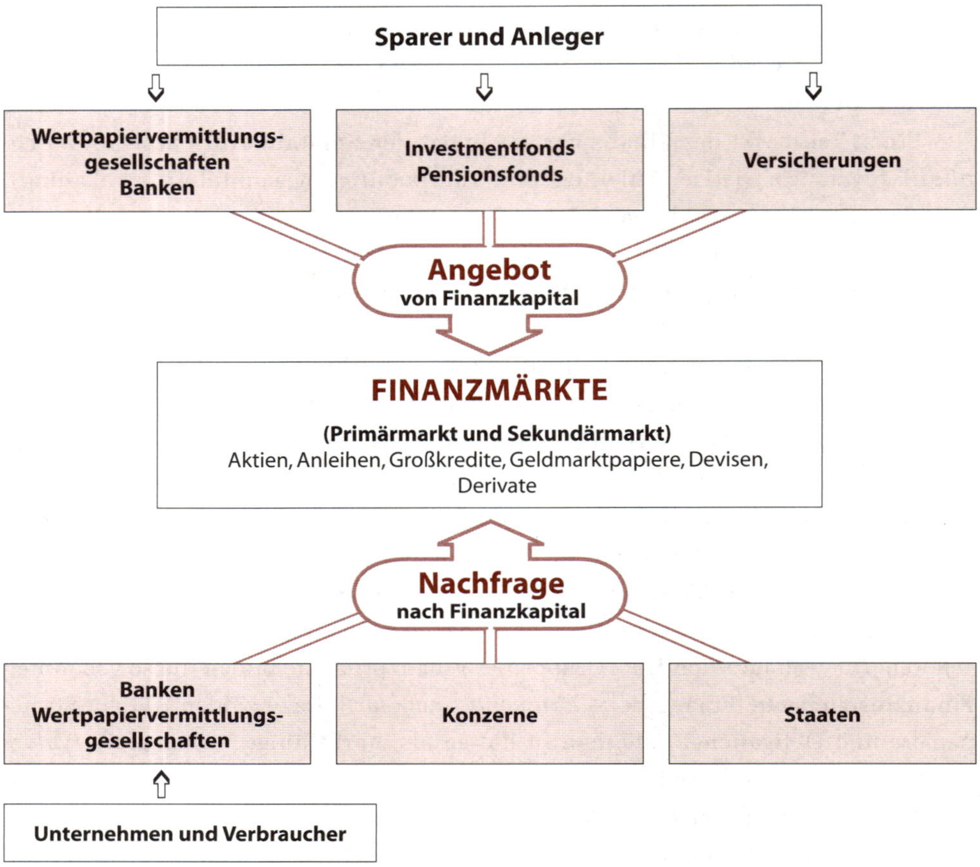


Sekundärmarkt (Umlaufmarkt)

Am **Sekundärmarkt** (Umlaufmarkt, Zirkulationsmarkt – *mercato secondario*, secundary market) werden die bereits im Umlauf befindlichen Wertpapiere – Aktien, Obligationen und Staatspapiere – zwischen Anlegern, Finanzintermediären und Spekulanten gehandelt. Sparer und vor allem die so genannten **institutionellen Anleger** (*investitore istituzionale*) wie Investmentfonds, Pensionsfonds, Versicherungen und Stiftungen sind Anbieter von früher erworbenen Wertpapieren. Ihnen stehen andere Anleger, Finanzintermediäre und Spekulanten als Nachfrager gegenüber. Aufnahmefähige Sekundärmärkte (Wertpapierbörsen, Handelssysteme für Wertpapiere, außerbörslicher Handel) ermöglichen es den Anlegern, sich jederzeit die benötigten Geldmittel durch den Verkauf ihrer Wertpapiere zu beschaffen. Dadurch sind die Anleger nicht gezwungen, sich mit dem Erwerb von langfristigen Wertpapieren auch für eine lange Dauer und bei Aktien sogar auf unbegrenzte Zeit zu binden.

Die Leistungsfähigkeit des Primärmarktes hängt deshalb im wesentlichen Maße von der Effizienz und Liquidität (stets genügende Nachfrage und genügendes Angebot) der Sekundärmärkte ab. Neue Wertpapiere würden nämlich bei den Anlegern wenig Anklang finden, wenn diese Wertpapiere am Sekundärmarkt nur mit erheblichen Kursverlusten verkauft werden könnten oder wenn sie sogar unveräußerlich wären. Für den Kapitalnehmer, den Emittenten des Wertpapiers, findet hingegen am Sekundärmarkt nur der Austausch des Kapitalgebers statt.

Die Kurse, die sich laufend am Sekundärmarkt bilden, haben natürlich einen beachtlichen Einfluss auf die Bedingungen, zu denen sich Unternehmen oder öffentliche Körperschaften – allen voran der Staat – die benötigten Finanzmittel durch die Emission von Wertpapieren am Primärmarkt beschaffen können. Besonders das Management der börsennotierten Aktiengesellschaften muss nach der Wertsteigerung ihrer Aktien streben (shareholder value), wenn sie die Erwartungen der Aktionäre insbesondere der institutionellen Anleger erfüllen wollen.

Für das reibungslose Funktionieren der Finanzmärkte spielen die sogenannten **Finanzintermediäre** – Banken, Wertpapiervermittlungsgesellschaften, Fondsgesellschaften, Versicherungen, Pensionsfonds, – eine entscheidende Rolle. Dies gilt im besonderen Maße für die Wertpapiermärkte. Es wäre sicher möglich, dass ein Sparer selbständig und ohne Hilfe von Finanzinstituten bei einer Gesellschaft neue Aktien zeichnet oder Obligationen erwirbt. Doch fehlt dem Sparer meistens die nötige Marktübersicht und zudem kann er die Gewinnchancen und das Risiko einer bestimmten Anlage nur sehr schwer einschätzen, weil ihm die nötigen Informationen und oft auch das erforderliche Fachwissen fehlen. Das Risiko durch **Streuung der Anlagen** (Diversifizierung) zu mindern, wäre für den kleineren Sparer ebenfalls kaum möglich, weil die zur Verfügung stehenden Sparbeträge in der Regel viel zu klein sind. Und schließlich könnte der Sparer bei Geldbedarf wohl nur mit größten Schwierigkeiten sofort einen Käufer finden, der bereit wäre, für seine Wertpapiere einen angemessenen Preis zu bezahlen.

Wertpapierdienstleistungen

Durch die Dienstleistungen der **Finanzintermediäre**, die so genannten **Wertpapierdienstleistungen** (*servizi finanziari*), und durch funktionierende Finanzmärkte können Sparer und Anleger beim Kauf oder Verkauf von Wertpapieren oder anderer Finanzinstrumente ihre Ziele sicher besser erreichen. Vereinfacht sind die **Ziele der Anleger** folgende: eine angemessene **Rendite** (*rendimento*), ein dazu im Verhältnis stehende/s **Sicherheit/Risiko** (*sicurezza, rischio*) und die leichte **Liquidierbarkeit** der Anlage (Verfügbarkeit – *liquidabilità dell'investimento*). Das heißt, dass die Wertpapiere rasch und ohne bedeutende Werteinbußen sowie ohne hohe Kosten wieder verkauft werden können.

**Die Ziele des Anlegers**

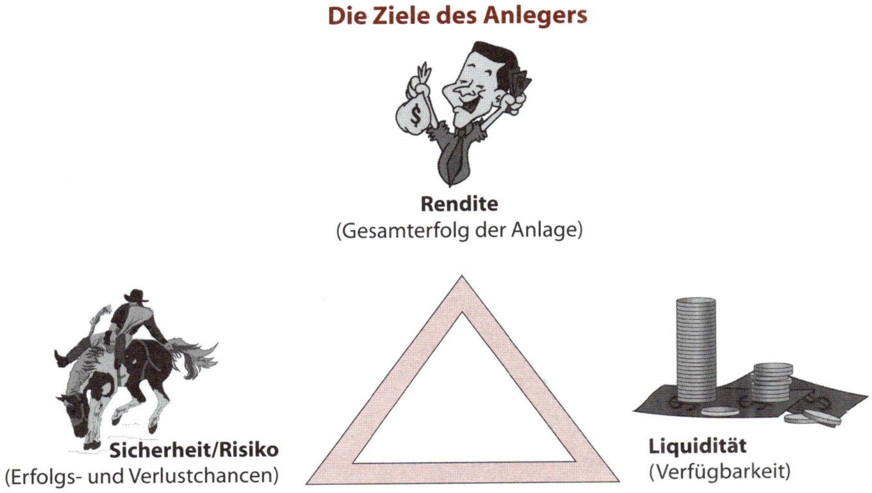

## FINANZMARKTGESETZ UND MIFID-RICHTLINIE

Die EU setzt auch im Finanzbereich auf einen möglichst ungehinderten Wettbewerb und ist gleichzeitig um einen wirksamen Anlegerschutz bemüht. Ein bedeutender Druck, um die Finanzmärkte zu modernisieren und zu integrieren, geht von der Wirtschafts- und Währungsunion (WWU – *unione economica e monetaria, UEM*) im Rahmen der EU aus. Die Entwicklung zu einem gemeinsamen Geld- und Kapitalmarkt ist besonders durch Einführung des Euro verstärkt worden. In diesem Zusammenhang stellt die **Wertpapierdienstleistungsrichtlinie** einen entscheidenden Schritt zur Harmonisierung des Banken-, Börsen- und Wertpapierrechts in der EU dar (Richtlinie 2004/39/EG – **MiFID-Richtlinie**, MiFID = Markets in Financial Instruments Directive). Diese Richtlinie erleichtert es den Banken und den übrigen Wertpapierfirmen, ihre Dienstleistungen für Wertpapiere in der gesamten Gemeinschaft zu erbringen und Zweigniederlassungen in der EU zu gründen.

MiFID-Richtlinie

In Italien erfolgte die Umsetzung der MiFID-Richtlinie durch entsprechende Änderungen im **Finanzmarktgesetz** (EVO Nr. 58/1998), das in einheitlicher Weise folgende Bereiche regelt: Finanzintermediäre, Wertpapierdienstleistungen, Investmentfonds, Finanzmärkte, Emittenten mit detaillierten Bestimmungen für die börsennotierten Gesellschaften, öffentliche Anlageempfehlungen sowie Strafbestimmungen unter anderem für Insidertrading und Marktmissbrauch. Das Finanzmarktgesetz (genauer: Einheitstext für finanzielle Mittlertätigkeit – *Testo unico delle disposizioni in materia di intermediazione finanziaria*) wird allgemein üblich als *Testo unico della finanza – Tuf* bezeichnet.

Finanzmarktgesetz

## DIE WERTPAPIERDIENSTLEISTUNGEN

Nach dem Finanzmarktgesetz (*Testo unico della finanza – Tuf*) dürfen nur Finanzintermediäre (Wertpapierfirmen, *impresa di investimento*) gewerbsmäßig Wertpapierdienstleistungen für das Anlegerpublikum erbringen. Es handelt sich bei diesen Finanzintermediären um ermächtigte Banken, Wertpapiervermittlungsgesellschaften (*società di intermediazione mobiliare – Sim*) und mit Einschränkungen um Fondsgesellschaften (*società di gestione del risparmio – Sgr*) und Pensionsfonds sowie um die Finanzgesellschaften nach Art. 107, Bankgesetz. Für sie gelten EU-weit strenge Anforderungen bezüglich Eigenmittel, Geschäftsführung, Mitteilungspflicht sowie Anlegerschutz. Die italienischen Banken und sonstigen Wertpapierfirmen unterliegen im Zusammenhang mit Wertpapierdienstleistungen der Aufsicht durch die Börsenaufsichtsbehörde (*Consob*) und die Banca d'Italia. Banken und sonstige Wertpapierfirmen aus anderen EU-Mitgliedsstaaten, die in Italien ihre Dienstleistungen erbringen, werden durch die Behörden in ihrem Herkunftsland beaufsichtigt.

Aufgrund der MiFID-Richtlinie können die gesetzlich geregelten Wertpapierdienstleistungen von den dazu ermächtigten Wertpapierfirmen EU-weit angeboten werden. Das hat eine weitgehende Harmonisierung der einschlägigen Vorschriften erforderlich gemacht. Als **Wertpapierdienstleistungen** (*servizi di investimento*) und **Anlagetätigkeiten** (*attività di investimento*) gelten nach dem Finanzmarktgesetz folgende Dienstleistungen und Geschäfte, die Finanzinstrumente betreffen:

- Annahme und Übermittlung von Aufträgen, die Finanzinstrumente betreffen, im Namen von Kunden;
- Ausführung von Aufträgen, die Finanzinstrumente betreffen, im Namen von Kunden;

- Handel mit Finanzinstrumenten auf eigene Rechnung;
- Emission und/oder Platzierung von Finanzinstrumenten;
- Vermögensverwaltung (Portfolio-Verwaltung);
- Anlageberatung;
- Betrieb eines multilateralen Handelssystems (*MTF – gestione di sistemi multilaterali di negoziazione*).

Dazu können auch noch so genannte **Nebendienstleistungen** (*servizi accessori*) wie folgende Dienstleistungen erbracht werden:

Nebendienstleistungen

- Verwahrung und Verwaltung von Finanzinstrumenten;
- Vermietung von Schließfächern;
- Gewährung von Krediten an Anleger zur Durchführung von Wertpapiergeschäften;
- Beratung von Unternehmen in Finanzangelegenheiten einschließlich Fusionen und Firmenkäufen;
- Dienstleistungen im Zusammenhang mit der Emission und Platzierung von Wertpapieren;
- Devisengeschäfte, die im Zusammenhang mit Wertpapiergeschäften stehen;
- Wertpapier- und Finanzanalyse oder sonstige Formen allgemeiner Empfehlungen, die Geschäfte mit Finanzinstrumenten betreffen.

Während die ermächtigten Banken und die Wertpapiervermittlungsgesellschaften die gesamte Palette von Wertpapierdienstleistungen und die Nebendienstleistungen für das Publikum erbringen können, sind die **Fondsgesellschaften** neben der Verwaltung von Investmentfonds nur zur Vermögensverwaltung (*gestione di portafoglio*) für Einzelkunden sowie zur Anlageberatung ermächtigt. Dabei können sie auch sämtliche hierfür erforderlichen Nebendienstleistungen erbringen.

## ANLEGERSCHUTZ

Mit der Umsetzung der MiFID-Richtlinie für Wertpapierdienstleistungen sollen EU-weit hauptsächlich zwei Ziele verwirklicht werden: Einerseits ein wirkungsvoller **Schutz der Anleger** und andererseits ein möglichst reibungsloses Funktionieren der Wertpapiermärkte durch mehr Transparenz und freien Wettbewerb untereinander. Anleger, sowohl private wie institutionelle, sollen so leichter innerhalb der EU, aber auch über ihre Grenzen hinweg investieren können. Wir konzentrieren uns hier vorwiegend auf den Anlegerschutz im Zusammenhang mit den verschiedenen Wertpapierdienstleistungen.

Anlegerschutz

Nach dem Finanzmarktgesetz und den Bestimmungen der Börsenaufsichtsbehörde Consob (*Regolamento Intermediari, delibera Consob n. 16190/2007*) müssen die Banken und die übrigen Wertpapierfirmen, bei der Erbringung von Wertpapierdienstleistungen und Nebendienstleistungen gegenüber den Kunden eine Reihe **Wohlverhaltensregeln** beachten. Demnach müssen die Wertpapierfirmen »sorgfältig, redlich und transparent im bestmöglichen Interesse ihrer Kunden handeln«. Dieser allgemeine Grundsatz gilt unter anderem auch für die Werbe- und Marketingmitteilungen, die »redlich, eindeutig und nicht irreführend« sein müssen. Bei Informationen über Finanzinstrumente sind deshalb auch eine Beschreibung der damit verbundenen Risiken sowie eine Offenlegung sämtlicher Kosten und Nebenkosten erforderlich.

## Umfassende Informationen

Vorvertragliche Informationen für Anleger

**Vor dem Abschluss** eines Vertrages über Wertpapierdienstleistungen müssen die Kunden eine Reihe **vorvertraglicher Informationen** erhalten, damit sie die angebotenen oder nachgefragten Dienstleistungen und die damit verbundenen Finanzinstrumente verstehen können. Das sollte besonders den Kleinanlegern überlegte Anlageentscheidungen ermöglichen. Die vorgeschriebenen **Informationen** betreffen unter anderem:

- die Bank (oder sonstige Intermediäre) und ihre Dienstleistungen;
- Merkmale der angebotenen Finanzinstrumente und der damit verbundenen Anlagestrategien einschließlich der Risiken;
- Kosten und Prämienzahlungen zugunsten der Bank;
- Grundsätze der Auftragsausführung;
- Kundenabrechnung und Berichterstattung;
- Verwahrung von Finanzinstrumenten für die Kunden;
- Schutz der Finanzinstrumente und der hinterlegten Geldbeträge;
- Grundsätze für den Umgang mit Interessenkonflikten.

## Informationen über Finanzinstrumente

Risiken von Finanzinstrumenten

Der Kunde muss eine Beschreibung der angebotenen Finanzinstrumente mit deren allgemeinen Merkmalen und Risiken erhalten. Zu den Risiken zählen unter anderem das

- **Währungsrisiko**: Durch Wechselkursänderung können sich zum Beispiel der Ertrag und die Wertentwicklung von Aktien oder Anleihen, die in einer anderen Währung gegeben wurden, erhöhen oder verschlechtern;
- **Länderrisiko**: Politische und wirtschaftliche Instabilität können negative Auswirkungen haben;
- **Liquiditätsrisiko**: Aktien, Anleihen und sonstige Finanzinstrumente sind liquide, wenn sie jederzeit zu marktgerechten Preisen gekauft oder verkauft werden können. Die gute Handelbarkeit (= Liquidität) eines Finanzinstruments kann für einen Anleger sehr wichtig sein. Illiquide Finanzinstrumente sind bei Bedarf oft nur zu ungünstigen Bedingungen verkäuflich. Ähnliches gilt für Lebensversicherungen mit Finanzmarktbindung, das sind indexgebundene oder fondsgebundene Lebensversicherungen. Sie können vor Ende der Laufzeit oft nur mit hohen Verlusten aufgelöst werden;
- **Bonitätsrisiko**: Als Bonität oder Kreditwürdigkeit eines Emittenten von Anleihen bezeichnet man dessen Fähigkeit, seine Zahlungsverpflichtungen (Zinszahlungen, Tilgungszahlung) termingerecht zu erfüllen. Die Bonität von Emittenten wird von Ratingagenturen wie Moody's, Standard & Poor's und Fitch beurteilt, wobei die Benotung von AAA (beste Bonität) bis D (zahlungsunfähig) reicht. Seit der weltweiten Krise wegen der verbrieften subprime US-Hypotheken, denen die Ratingagenturen beste Bonität bescheinigten, wird das Rating allein oft nicht als ausreichend erachtet, um das Bonitätsrisiko zu bewerten;
- **Zinsrisiko**: Eine künftige Änderung der Marktzinsen wirkt sich besonders auf den Kurs der festverzinslichen Wertpapiere aus. Wenn die Marktzinsen steigen, so erleiden diese Papiere Kursverluste. Wenn hingegen die Marktzinsen sinken, dann kommt es zu Kursgewinnen;
- **Kursrisiko**: Das Kursrisiko ergibt sich aus den möglichen Wertschwankungen einer Anlage, wobei auch starke Verluste eintreten können;

- **Risiko des Totalverlustes und Hebelwirkung**: Es besteht die Möglichkeit, dass zum Beispiel eine zeitlich befristete Kauf- oder Verkaufsoption wegen der ungünstigen Kursentwicklung wertlos wird. Die Hebelwirkung (*effetto leva*) führt dazu, dass bei Derivaten und Hebelzertifikaten die Gewinn- und Verlustchancen gemessen am eingesetzten Kapital sehr hoch sind. Der Extremfall sind Futureskontrakte, bei denen anfänglich nur ein Bruchteil des betreffenden Basiswertes als Einsatz geleistet werden muss. Wegen der geringen Einsatzzahlung und der damit verbundenen Hebelwirkung sind je nach Kursentwicklung des Basiswertes (Aktienindizes, Devisenkurse, Rohstoffpreise usw.) hohe Gewinne, aber auch starke Verluste möglich. Es können so täglich entsprechende hohe Einschusszahlungen erforderlich werden, um den entstandenen Verlust auszugleichen.

Die Kleinanleger müssen imstande sein, die mit der betreffenden Anlageklasse zusammenhängenden Risiken zu verstehen. Zur besseren Übersicht werden die Finanzinstrumente in verschiedene Risikoklassen eingeteilt:

### Risikoklassen von Finanzinstrumenten

| ganz geringes Risiko | geringes Risiko | mittleres Risiko | hohes Risiko | sehr hohes Risiko |
|---|---|---|---|---|
| **Anleihen** | | | | |
| auf Euro lautende Anleihen von sehr guter Qualität, höchstens 3 Jahre Laufzeit oder Restlaufzeit | auf Euro lautende Anleihen von sehr guter Qualität, höchstens 8 Jahre Laufzeit oder Restlaufzeit | auf Euro lautende Anleihen von guter Qualität, Anleihen in Fremdwährungen (CHF, GBP, USD) von sehr guter Qualität | auf Euro lautende Anleihen von geringer Qualität, Wandelanleihen (Euro) von guter Qualität | Anleihen von Schwellenländern mit geringer Qualität, Anleihen mit unbekannter Qualität, strukturierte Anleihen |
| **Aktien** | | | | |
| | | | auf Euro lautende Aktien, die an geregelten Märkten gehandelt werden, Fremdwährungsaktien | Aktien von Schwellenländern |
| **Investmentfonds** | | | | |
| Geldmarktfonds Eurozone | Anleihenfonds in Euro, Anlageschwerpunkt Eurozone | Geldmarktfonds in Fremdwährung, Anleihenfonds in Fremdwährung (keine Schwellenländer), Mischfonds mit geringem Aktienanteil | Mischfonds mit hohem Aktienanteil, Aktienfonds | Hedgefonds |
| **Zertifikate** | | | | |
| | Garantiezertifikate* von Emittenten mit hoher Bonität (*gelten zurzeit als strukturierte Produkte mit sehr hohem Risiko) | | Indexzertifikate* auf Aktienindizes und Rohstoffindizes (*gelten zurzeit als strukturierte Produkte mit sehr hohem Risiko | Hebel-Zertifkate |
| **Derivate** | | | | |
| | | | | Optionsscheine, Optionen, Futures |
| **Index- und fondsgebundene Lebensversicherungen** | | | | |
| | Lebensversicherung mit Kapitalgarantie am Ende der Versicherungsdauer | Lebensversicherung mit Bindung an Anleihenfonds oder Mischfonds | Lebensversicherung mit Bindung an Aktienfonds oder Aktienindizes | |

## Kosten und Prämienzahlungen

Im Zusammenhang mit Wertpapierdienstleistungen und Nebendienstleistungen werden die Kunden mit verschiedenen Kosten und Provisionen belastet. Die Banken müssen die Kleinanleger im Detail über die verschiedenen Kostenposten und etwaige Steuern sowie über die **Gesamtkosten** für ein bestimmtes Finanzinstrument oder eine bestimmte Dienstleistung informieren. Dazu ist dem Kunden das **Übersichtsblatt** mit sämtlichen Konditionen auszuhändigen. Für Wertpapierdienstleistungen an Kunden dürfen die Banken **Prämienzahlungen und Anreizzahlungen** (*incentivi*) nur unter folgenden Voraussetzungen von Dritten erhalten oder an Dritte bezahlen: Die Anreizzahlungen müssen dem Kunden bereits vor Erbringung der Dienstleistung klar, vollständig und verständlich mitgeteilt werden. Die Anreiz- und Provisionszahlungen sind nur zulässig, wenn sie dazu beitragen, die Qualität der für den Kunden erbrachten Dienstleistung zu verbessern. Typische Anreizzahlungen sind die **Rückvergütungen** (*retrocessioni* – kickbak), die die Banken für den Verkauf von Fondsanteilen von den Fondsgesellschaften erhalten. Ähnliche Vergütungen bekommen die Banken auch beim Verkauf von fondsgebundenen oder indexgebundenen Lebensversicherungen. Entgeltzahlungen wie Verwahrungsgebühren, Abrechungsprovisionen, Entgelt für Rechtsbeistand sind zulässig, wenn sie für die Erbringung der betreffenden Dienstleistungen erforderlich sind. Damit darf jedoch nicht die Pflicht der Bank beeinträchtigt werden, die Interessen ihrer Kunden bestmöglich zu befriedigen.

## Umgang mit Interessenkonflikten

Bei der Erbringung von Wertpapierdienstleistungen und Nebendienstleistungen muss die Bank mögliche Konflikte zwischen ihren eigenen Interessen und jenen ihrer Kunden oder **Interessenkonflikte** (*conflitto d'interesse*) zwischen den Kunden von vornherein vermeiden. Dazu dienen organisatorische Maßnahmen, um solche Interessenkonflikte zu erkennen und zu regeln. So können zum Beispiel sensible Tätigkeitsbereiche der Bank durch Informationsbarrieren (»Chinese Walls«) abgeriegelt werden. Im Informatikbereich werden Sicherheitsvorkehrungen getroffen, damit Unbefugte aus anderen Abteilungen der Bank keinen Zugang zu sensiblen Daten erhalten. Die Angestellten sind verpflichtet, sich an Wohlverhaltensregeln zu halten usw.

Kunden klar informieren

Wenn sich Interessenkonflikte nicht vermeiden lassen, muss die Bank den Kunden über die bestehenden Interessenkonflikte klar informieren, damit er seine Anlageentscheidungen in Kenntnis dieses Sachverhaltes treffen kann. Dazu ist dem Kunden ein Informationsblatt über den Umgang der Bank mit Interessenkonflikten auszuhändigen.

### BEISPIEL

**Interessenkonflikte bei Finanzdienstleistungen**

Die »Südtiroler Großbank« hat Obligationen begeben und will einige davon ihrem Kunden Franz Hofer verkaufen. Dadurch ergibt sich folgender Interessenkonflikt: Die Bank muss nach den MiFID-Bestimmungen »ehrlich, redlich und professionell im besten Interesse« des Kunden handeln. Andererseits hat sie in diesem Fall ein Interesse, ihre Obligationen dem Kunden zu verkaufen, obwohl sich für den Kunden vielleicht bessere Anlagemöglichkeiten bieten könnten. Die Bank muss deshalb den Kunden über den bestehenden Interessenkonflikt schriftlich und in klarer Form informieren.

## Einstufung der Kunden

Bevor die Bank eine Wertpapierleistung erbringt, muss sie ihre Kunden in eine der zwei folgenden Kategorien einstufen:

- **Kleinanleger** (Privatkunden – *cliente al dettaglio, cliente retail*);
- **professionelle Kunden** (Geschäftskunden – *cliente professionale*).

Die meisten Kunden, sowohl Privat- als auch Firmenkunden einschließlich vieler juristischer Personen, werden als **Kleinanleger** eingestuft und genießen so das höchste Schutzniveau. Als **professionelle Kunden** gelten Banken, Versicherungsgesellschaften, Fondsgesellschaften, Pensionsfonds, Zentral- und Regionalregierungen sowie große Unternehmen, die mindestens zwei von folgenden Schwellenwerten erreichen: 20 Mio. Euro Bilanzsumme, 40 Mio. Euro Nettoumsatz, 2 Mio. Eigenkapital. Von diesen Kunden wird angenommen, dass sie über ausreichende Erfahrung und Kenntnisse verfügen, um die mit den Anlagen verbundenen Risiken korrekt beurteilen zu können. Deshalb gilt für die professionellen Kunden ein geringeres Schutzniveau.

Kleinanleger genießen höchstes Schutzniveau

Einige Kleinanleger können beantragen, als professionelle Kunden eingestuft zu werden. Dazu müssen die betreffenden Kunden zwei der folgenden drei Kriterien erfüllen: In den vier vorangegangenen Quartalen müssen sie durchschnittlich mindestens zehn Wertpapiergeschäfte von erheblichem Umfang getätigt haben, einschließlich der Bareinlagen muss ihr Wertpapierdepot 500.000 Euro übersteigen, und sie sind (oder waren) mindestens ein Jahr im Finanzsektor in einer Position tätig, für die Kenntnisse der geplanten Geschäfte vorausgesetzt werden. Einige professionelle Kunden gelten als **»geeignete Gegenpartei«**. Es handelt sich hauptsächlich um institutionelle Anleger, wie Banken und Versicherungsgesellschaften, die zum Handel an den Finanzmärkten zugelassen sind. Abgesehen von der Anlageberatung und der Vermögensverwaltung mit Vollmacht, ist für die geeignete Gegenpartei bei Finanzdienstleistungen kein besonderer Schutz vorgesehen.

## Eignung und Angemessenheit

Für Kleinanleger, die Wertpapierdienstleistungen in Anspruch nehmen wollen, muss die Bank vorher einen Test durchführen. Damit wird die **Eignung** (*adeguatezza*) oder die **Angemessenheit** (*appropriatezza*) der gewünschten Dienstleistungen für den Kunden beurteilt. Wenn es sich um die **Anlageberatung** (*consulenza in materia di investimenti*) oder die Vermögensverwaltung (*gestione di portafoglio*) handelt, muss die Bank die **Eignung** dieser Dienstleistungen für den Kunden feststellen. Dazu werden vom Kunden verschiedene Auskünfte über seine Kenntnisse und Erfahrungen betreffend Finanzgeschäfte sowie über seine finanziellen Verhältnisse und seine Anlageziele eingeholt.

Handelt es sich hingegen um die Annahme und Weiterleitung von Aufträgen, die Finanzinstrumente betreffen, um die Ausführung von Aufträgen sowie um die Emission und/oder Platzierung von Wertpapieren, so wird von der Bank nur die **Angemessenheit** dieser Dienstleistungen beurteilt. Dazu wird überprüft, ob der Kunde aufgrund seiner Kenntnisse und Erfahrungen in der Lage ist, die mit der Dienstleistung oder dem Finanzinstrument verbundenen **Risiken zu verstehen**. In diesem Fall müssen vom Kleinanleger jeweils nur Auskünfte über seine Kenntnisse und Erfahrung mit den betreffenden Finanzgeschäften eingeholt werden. Die Bank kann so beurteilen, ob die geforderte Dienstleistung oder das gewünschte Finanzinstrument für den Kleinanleger angemessen ist.

Nur Angemessenheit der Dienstleistungen beurteilen

Reine Ausführungsgeschäfte

Kauf- und Verkaufsgeschäfte, die nicht komplexe Finanzinstrumente betreffen (Aktien, Staatspapiere, Obligationen, Geldmarktpapiere, Fondsanteilen usw.), können auf Verlangen des Kleinanlegers als **reine Ausführungsgeschäfte** abgewickelt werden (*mera esecuzione* – execution only). Die Bank prüft in diesem Fall nicht, ob das betreffende Finanzinstrument den Kenntnissen und Erfahrungen des Kunden angemessen ist. Der Kunde muss jedoch ausdrücklich informiert werden, dass die Bank nicht die Angemessenheit der Dienstleistung bewerten muss und der Kunde deshalb den vorgesehenen Schutz verliert.

BEISPIEL

**Test zur Beurteilung der Angemessenheit von Wertpapierdienstleistungen**

Frau Elisabeth Schnellreich verfügt über 20.000 Euro, und sie möchte damit möglichst schnell viel Geld verdienen. Von ihrem Freund, Benno Sorglos, hat sie erfahren, dass Futures auf einen Börsenindex hohe Gewinnchancen bieten. Frau Schnellreich geht deshalb sofort zur Bank, um Futureskontrakte auf den EuroStoxx50 für einen Betrag von 10.000 Euro zu kaufen. Doch der Kundenberater Hans Sorgfältig macht sie drauf aufmerksam, dass er zuerst den vorgeschriebenen Test durchführen muss, um festzustellen, ob die gewünschte Dienstleistung (Annahme und Weiterleitung von Aufträgen für den Kauf von Futureskontrakten) für die Anlegerin angemessen ist oder nicht. Dazu muss Frau Schnellreich die von der Bank vorgegebenen Fragen über ihre Kenntnisse und Erfahrungen mit Finanzgeschäften beantworten.

Aus der Beantwortung der Fragen ergibt sich folgendes Anlegerprofil der als Kleinanlegerin eingestuften Kundin Elisabeth Schnellreich:

**Anlegerprofil der Kleinanlegerin Elisabeth Schnellreich**

(Es gibt keine einheitlichen Vorgaben, die von den Banken zu beachten sind.)

| **Erfahrung** | |
|---|---|
| Ausbildung im Finanzbereich | Abschluss der Handelsoberschule |
| Berufserfahrung im Finanzbereich | Keine Berufserfahrung im Finanzbereich |
| **Kenntnisse** | |
| Kenntnisse der Risiken von Geldmarktpapieren (BOT-Schatzscheine usw.) und Geldmarktfonds | Ja, ich kenne die Risiken dieser Papiere und der Geldmarktfonds |
| Kenntnis der Risiken von festverzinslichen Wertpapieren mit mittlerer Laufzeit und guter Bonität sowie von Anleihenfonds mit solchem Anlageschwerpunkt | Ja, ich kenne die Risiken dieser Papiere und der entsprechenden Anleihenfonds |
| Kenntnis von Finanzinstrumenten, die mit entsprechender Diversifizierung vorwiegend auf die längerfristige Wertsteigerung ausgerichtet sind (z. B. Aktienfonds und Mischfonds) | Ja, ich kenne die Risiken dieser Finanzinstrumente |
| Kenntnis von Finanzinstrumenten wie die börsennotierten Aktien, die ohne Diversifizierung vorwiegend auf längerfristige Wertsteigerung ausgerichtet sind | Ja, ich kenne die Risiken dieser Finanzinstrumente |
| Kenntnis von risikoreichen Finanzinstrumenten wie Optionsscheine, Optionen und Futures | Nein, ich kenne die Risiken dieser Finanzinstrumente nicht |

Ich bestätige diese Angaben und verpflichte mich, der Bank allfällige Änderungen bezüglich dieser Angaben umgehend zu melden. Außerdem nehme ich zur Kenntnis, dass die »Südtiroler Großbank« aufgrund der obigen Angaben die Angemessenheit der Wertpapierdienstleistungen beurteilt, die von mir nachgefragt oder die mir von der Bank angeboten werden.

Bruneck, 23. 11. 2009 *Elisabeth Schnellreich*

Der Bankberater Hans Sorgfältig muss aufgrund der Antworten von Frau Schnellreich den Kaufauftrag für Futureskontrakte auf den EuroStoxx50 als unangemessen ablehnen, weil die Kundin keine ausreichende Erfahrung und keine ausreichenden Kenntnisse der Risiken hat, die mit diesen Finanzinstrumenten verbunden sind.

Auch wenn Frau Schnellreich auf der Durchführung als reines Ausführungsgeschäft (excecution only) besteht, kann Herr Sorgfältig den Auftrag nicht annehmen, weil es sich bei den Futureskontrakten um komplexe Finanzinstrumente handelt. Ein reines Ausführungsgeschäft, bei dem die Angemessenheit der Dienstleistung nicht geprüft wird, ist nur für nicht-komplexe Finanzinstrumente zulässig (z. B. Staatspapiere, einfache Obligationen oder Aktien).

## VERTRAG ÜBER WERTPAPIERDIENSTLEISTUNGEN

Damit die Banken und die übrigen ermächtigten Finanzintermediäre die verschiedenen Wertpapierdienstleistungen für die Kunden erbringen können, müssen sie einen schriftlichen Vertrag abschließen. Es handelt sich in der Regel um einen Rahmenvertrag, der auch Nebendienstleistungen wie die Aufbewahrung und Verwaltung von Wertpapieren umfasst. Auf der Grundlage dieses Rahmenvertrages können die Kunden dann einzelne Kauf- und Verkaufsaufträge erteilen oder sonstige Dienstleistungen und Nebendienstleistungen in Anspruch nehmen.

Rahmenvertrag

Auch für den Vertrag über Wertpapierdienstleistungen gelten die allgemeinen Bestimmungen des Vertragsrechts, und dieser Vertrag umfasst Merkmale verschiedener Vertragsarten: Es handelt sich in vielen Fällen um einen **Auftrag** (Mandat – *mandato*) nach Art. 1703 ff. Zivilgesetzbuch. Dazu zählen zum Beispiel die Annahme und Übermittlung oder die Ausführung von Kauf- oder Verkaufsaufträgen für Wertpapiere sowie die Vermögensverwaltung. Der Handel mit Finanzinstrumenten auf eigene Rechnung, bei dem die Bank die Wertpapiere aus ihrem Bestand an den Kunden verkauft oder Wertpapiere vom Kunden ankauft, hat hingegen Merkmale eines **Kaufvertrages**. Bei der Anlageberatung, besonders wenn sie als getrennte Dienstleistung erbracht wird, sind die Merkmale eines **Werkvertrages** zu erkennen, der auf eine Dienstleistung ausgerichtet ist. Unter den Nebendienstleistungen wird unter anderem die Verwahrung und Verwaltung von Finanzinstrumenten angeboten, die bereits im Rahmen des Depotvertrages behandelt wurden.

Wesentlich ist in allen Fällen, dass Wertpapierdienstleistungen und Anlagetätigkeiten sowie Nebendienstleistungen ausschließlich von Banken oder anderen Finanzintermediären erbracht werden dürfen, die dazu noch eine eigene **Ermächtigung** von der Aufsichtsbehörde (Banca d'Italia oder Börsenaufsichtsbehörde *Consob*) einholen müssen. Nach dem Finanzmarktgesetz unterliegen sie besonderen **Wohlverhaltensregeln**, die sie verpflichten »sorgfältig, redlich und transparent im bestmöglichen Interesse ihrer Kunden (zu) handeln«. Einen besonderen Schutz genießen dabei die **Kleinanleger**, was die Einstufung der Kunden in Kleinanleger (Privatkunden) und professionelle Anleger erforderlich macht. Gegenüber den Kleinanlegern sind verschiedene **Informationspflichten** sowohl vor Vertragsabschluss als auch während der Vertragsdauer zu beachten.

Wohlverhaltensregeln

Informationspflichten

Zudem haften die Banken dafür, dass die Anlageberatung und Vermögensverwaltung für den betreffenden Kunden »geeignet« sind. Bei beratungsfreien Kauf- und Verkaufsaufträgen, die Finanzinstrumente betreffen, muss die Bank »Angemessenheit« beurteilen (der Anleger kennt das Risiko, das mit Wertpapieren dieser Art verbunden ist), die bestmögliche Auftragsausführung gewährleisten sowie für die periodischen Abrechnungen und Benachrichtigungen sorgen.

Bei der Erbringung von Wertpapierdienstleistungen müssen die **Banken** und übrigen Finanzintermediäre also zahlreiche **Vorschriften und Pflichten** beachten. Zudem unterliegen sie den Kontrollen durch die Aufsichtsbehörden, an die sich auch verschiedene Informationen weiterleiten müssen. Das ist vor allem deshalb notwendig, weil es sich bei den Finanzinstrumenten um nicht fassbare Produkte handelt, die noch dazu sehr komplex sein können. Viele Anleger sind darum bei Anlageentscheidungen oft überfordert. Besonders gegenüber den Kleinanlegern verfügen die Banken meistens über einen großen Vorsprung, was die Sachkenntnisse anbelangt, und sie können umfangreiche Informationsmöglichkeiten in Anspruch nehmen. Dieses Ungleichgewicht könnte ohne die umfangreichen Schutzbestimmungen leicht zum Schaden der Kunden ausgenützt werden, wie das beispielsweise bei den »Müll«-Obligationen von Parmalat und Cirio, den argentinischen Staatsanleihen oder bei den Zinstauschgeschäften (Swaps) mit vielen Gemeinden der Fall war.

Die vertraglichen Pflichten der Anleger, die Wertpapierdienstleistungen in Anspruch nehmen, sind hingegen nicht sehr umfangreich. Die **Anleger** müssen die verschiedenen vorvertraglichen Informationen über die Bank, die Wertpapiere, die Kosten usw. zur Kenntnis nehmen und die für den Test der »Angemessenheit« und der »Eignung« erforderlichen Auskünfte erteilen. Für die Auftragserteilungen sind die vereinbarten Kommunikationsformen (schriftlich, telefonisch, E-Mail usw.) zu nutzen und für die erbrachten Leistungen muss der Kunde die anfallenden Kosten tragen.

**Vertrag für Wertpapierdienstleistungen**

*(contratto relativo a servizi di investimento)*

| **Pflichten der Bank** | **Rechte des Anlegers** (Kleinanleger) |
|---|---|
| Wohlverhaltensregeln beachten: »Sorgfältig, redlich und transparent im bestmöglichen Interesse ihrer Kunden handeln«<br>Vorvertragliche Informationspflichten: betreffend die Bank und ihre Dienstleistungen, Merkmale der angebotenen Finanzinstrumente, Kosten, Umgang mit Interessenkonflikten usw.<br>Einstufung der Kunden<br>Vertragsunterlagen auf Wunsch dem Kunden vor Vertragsabschluss aushändigen<br>Auskünfte vom Kunden für »Angemessenheit« und »Eignung« der Dienstleistungen einholen<br>Vertrag schriftlich abschließen<br>Bestmögliche Auftragsausführung gewährleisten<br>Periodische Benachrichtigung und Abrechnung | Einhaltung der Wohlverhaltensregeln durch die Bank<br>Vorvertragliche Informationen und sonstige Informationen<br>Recht auf Einstufung (meistens als Kleinanleger)<br>Recht auf Aushändigung der Vertragsunterlagen vor Vertragsabschluss<br>Beurteilung der »Angemessenheit« und »Eignung« der Dienstleistungen<br>Kopie des schriftlichen Vertrages<br>periodische Benachrichtigung und Abrechnung |
| **Rechte der Bank** | **Pflichten des Kunden** |
| Kunde muss Auskünfte für Beurteilung der »Angemessenheit« und »Eignung« erteilen<br>Anfallende Kosten und Entgelte werden dem Kunden belastet | Vorvertragliche und sonstige Informationen zur Kenntnis nehmen<br>Auskünfte über Kenntnisse und Erfahrungen mit Wertpapiergeschäften, Vermögens- und Einkommensverhältnisse und Anlageziele erteilen<br>Stimmt zu, dass Kosten und Entgeltzahlungen belastet werden |

## Wesentliche Bestandteile des Vertrages

Nach den Consob-Regelungen für die Finanzintermediäre müssen die Verträge über Wertpapierdienstleistungen schriftlich abgefasst werden. Nur für die Anlageberatung ist kein schriftlicher Vertrag erforderlich. Die **Verträge über Wertpapierdienstleistungen** müssen unter anderem folgende Angaben enthalten:

- **Beschreibung** und Merkmale der erbrachten Dienstleistungen mit Angabe der betreffenden Art von Finanzinstrumenten und der **entsprechenden** Geschäfte;
- **Dauer des Vertrages** und etwaige **Vertragsverlängerung** sowie die Vorgangsweise, um etwaige **Vertragsänderungen** durchzuführen;
- Art und Weise der **Auftragserteilung** und Übermittlung von Anweisungen durch den Kunden (z. B. telefonisch oder mit E-Mail);
- Inhalt und Zeitspanne der **Abrechnung** und der **Berichterstattung** an den Kunden; bei der Vermögensverwaltung oder bei Derivaten kann für die Finanzinstrumente eine Verlustgrenze festgelegt werden, bei deren Erreichen der Kunde zu verständigen ist;
- **Entgelte und Prämien** einschließlich der Rückvergütungen, die der Bank zustehen;
- Möglichkeit im Zusammenhang mit der Dienstleistung (z. B. Annahme und Weiterleitung von Aufträgen oder Platzierung von Wertpapieren) auch die **Anlageberatung** als zusätzliche Dienstleistung zu erbringen;
- sonstige Vertragsklauseln;
- etwaige **Schlichtungs- und Schiedsverfahren** bei Streitfällen.

Anlageberatung: Eignung der Dienstleistung für den Kunden feststellen

Obwohl für die **Anlageberatung** (*consulenza in materia di investimenti*) kein schriftlicher Vertrag erforderlich ist, hat die Aufsichtsbehörde empfohlen, alle wesentlichen Punkte für diese Dienstleistung schriftlich festzulegen. Dabei muss es sich um eine individualisierte Beratung für bestimmte Wertpapiere oder sonstige Finanzinstrumente handeln, und es sind besonders die möglichen Interessenkonflikte offenzulegen. Ein typischer Interessenkonflikt besteht bei der Anlageberatung, wenn zum Beispiel von den Kundenberatern der Bank bestimmte Investmentfonds oder Zertifikate empfohlen werden, die eine Tochtergesellschaft der Bank begeben hat. Die Anlageberatung kann nur als Dienstleistung erbracht werden, wenn vorher die **Eignung** (*adeguatezza*) für den Kunden mit dem entsprechenden Test festgestellt wird. Dabei müssen auch Angaben über die Einkommens- und Vermögenssituation des Kunden, über seine Erfahrungen und Kenntnisse im Anlagebereich und über seine Anlageziele erhoben werden, weil sonst die Anlageberatung nicht durchgeführt werden kann.

Vermögensverwaltung: Bank wird beauftragt, Anlageentscheidungen für den Kunden zu treffen

Die Wertpapierdienstleistungen können auch die **Vermögensverwaltung** (Portfolio-Verwaltung – *gestione di portafogli*) umfassen. In diesem Fall wird der Kunde, der keine Zeit, zu wenig Kenntnisse oder keine Lust hat, sich laufend mit seinen Finanzen zu beschäftigen, die Bank beauftragen, die Anlageentscheidungen für ihn zu treffen. Im Vertrag mit Kleinanlegern müssen für die Vermögensverwaltung nach den Vorschriften der Börsenaufsichtsbehörde *Consob* folgende Punkte festgelegt werden: die Art von Wertpapieren und sonstigen Finanzinstrumenten, die in das Portfolio des Kunden aufgenommen und welche Geschäfte durchgeführt werden können. Dazu können zum Beispiel auch Leerverkäufe oder Geschäfte mit Derivaten zählen: die Anlageziele, die mit der Vermögensverwaltung verfolgt werden, und die Risikogrenzen, die von den Vermögensverwaltern zu beachten sind, ob von etwaigen Hebelwirkungen, zum Beispiel mit Derivaten, Gebrauch gemacht werden soll, die Festlegung eines Vergleichsmaßstabs (Benchmark), um daran die Rendite des Portfolios zu messen. Wenn die Bank die Vermögensverwaltung an Dritte weitergibt, sind die Details dieses Auftrags festzulegen, die Methode, wie die Wertpapiere im Portfolio zu bewerten sind, und in welchen Zeitabständen die Bewertung zu erfolgen hat.

BEISPIEL

**Schritte zum Kauf von Aktien**

Wertpapierdienstleistungen nach den MiFID-Vorschriften

Frau Jessica Oberkalmsteiner hat von den Erfolgen der *Dolomit Space-Company* gehört, und sie möchte 1.000 Aktien dieser börsennotierten Raumfahrtgesellschaft kaufen. Sie geht deshalb zur Südtiroler Genossenschaftsbank, die sie vor Vertragsabschluss »redlich, eindeutig und nicht irreführend« informiert. Die Informationen betreffen unter anderem die Bank, die gewünschten Dienstleistungen und deren Kosten, etwaige Prämien für die Bank sowie bestehende Interessenkonflikte.

Für den Kauf von Aktien kann die als Kleinanlegerin eingestufte Kundin zwischen **drei Möglichkeiten** wählen:

[1] Der Aktienkauf erfolgt als **reines Ausführungsgeschäft** (execution only). In diesem Fall muss der Kundenberater keine Informationen von der Kundin einholen, um die Angemessenheit oder Eignung der Dienstleistung zu beurteilen.

[2] Der **Aktienkauf** erfolgt durch **Annahme und Übermittlung** oder **Ausführung** des Kaufauftrags, durch **Handel auf eigene Rechnung** oder durch die **Platzierung** von neuen Aktien. Zuvor muss der Kundenberater mit einem Test ermitteln, ob die gewünschte Dienstleistung für die Kundin angemessen ist. Aufgrund ihrer Erfahrungen und Kenntnisse müsste die Kundin imstande sein, die allgemein mit Aktien verbundenen Risiken zu verstehen (**Angemessenheit** – *appropriatezza*). Eine besondere Beratung der Kundin, die auf die Risiken und Chancen der Dolomit Space-Company ausgerichtet ist, findet nicht statt.

[3] Die Kundin entscheidet sich im Zusammenhang mit dem Aktienkauf für eine individuelle **Anlageberatung**. In diesem Fall muss der Kundenberater den Test für die **Eignung** (*adeguatezza*) dieser Dienstleistungen durchführen, wobei die Kundin auch Auskünfte über ihre Einkommens- und Vermögensverhältnisse sowie über ihre Anlageziele erteilen muss.

Die Bank ist zur **bestmöglichen Ausführung** (best execution) des **Kaufauftrags** der Kundin verpflichtet. Je nach den **Grundsätzen für die Auftragsausführung**, die die Bank festgelegt hat, kann der Auftrag entweder über eine Börse (geregelter Markt), über ein multilaterales Handelssystem oder von der Bank selbst als systematischer Internalisierer ausgeführt werden. Die Kundin wird nach Ausführung des Auftrags über die Details des Geschäfts benachrichtigt (Anzahl der gekauften Aktien, Markt, Kurs, Kosten usw.).

## Grundsätze der Auftragsausführung

Best execution

Nach dem Finanzmarktgesetz und den Vorschriften der Börsenaufsichtsbehörde (*Consob*) haben die Banken bei der Ausführung der Kauf- und Verkaufsaufträge das bestmögliche Ergebnis für ihre Kunden zu erreichen. Das gilt besonders, wenn die Aufträge für ein bestimmtes Wertpapier an verschiedenen Börsen, sonstigen geregelten Märkten und anderen Handelsplattformen ausgeführt werden können. Die Banken müssen deshalb Grundsätze festlegen, um **immer** die **bestmögliche Auftragsausführung** (*esecuzione alle condizioni migliori* – best execution) zu gewährleisten. Dabei sind der Preis, die Kosten, die Schnelligkeit und Wahrscheinlichkeit der Ausführung und Abrechnung, der Umfang und die Art des Auftrags sowie alle sonstigen, die Auftragsausführung betreffenden Umstände zu berücksichtigen. Die Finanzmarktgeschäfte müssen dabei so belegt werden, dass die Einhaltung der Best Execution und der anderen MiFID-Bestimmungen gegenüber den Aufsichtsbehörden nachgewiesen werden kann.

Mit der MiFID-Verordnung ist der früher in Italien bestehende Börsenzwang aufgehoben worden. Deshalb können die Kauf- und Verkaufsaufträge für börsennotierte Aktien, Obligationen und sonstige börsennotierte Finanzinstrumente wie Indexfonds, Zertifikate und Optionsscheine sowohl an der **Börse** und anderen **geregelten Märkten** (z.B. TLX) als auch an **multilateralen Handelssystemen** (Multilateral Trading Facilities – MTF) ausgeführt werden. Durch die weitgehende Gleichstellung dieser von Banken betriebenen elektronischen MTF-Handelssysteme soll mehr Wettbewerb im Wertpapierhandel entstehen, und gleichzeitig sollen die Transaktionskosten für Investoren gesenkt werden.

Die so genannten **»systematischen Internalisierer«** können den Handel mit börsennotierten Wertpapieren auch außerhalb eines geregelten Marktes oder eines multilateralen Handelssystems betreiben. Meistens sind es Großbanken, die als systematische Internalisierer zur Ausführung von Kundenaufträgen regelmäßig sowie in organisierter und systematischer Weise den Handel für eigene Rechnung durchführen. In diesen Fällen werden die Kauf- und Verkaufsaufträge so ausgeführt, dass die Banken den Kunden die betreffenden Wertpapiere aus ihrem Bestand verkaufen oder die Banken die Wertpapiere der Kunden für sich ankaufen. Die als systematische Internalisierer tätigen Banken müssen strenge Auflagen beachten und sind verpflichtet, die für ihre Kunden geltenden Kauf- und Verkaufspreise laufend zu veröffentlichen.

Grundsätze für die Auftragsausführung

Bezüglich der Auftragsausführung für börsennotierte Aktien kann zum Beispiel eine Bank in ihren **Grundsätzen für die Auftragsausführung** Folgendes festgelegen: Die Bank wird die Kauf- und Verkaufsaufträge elektronisch an ausgewählte Makler jener Börse oder an jene elektronische Handelsplattform weiterleiten, wo für die betreffenden Aktien regelmäßig die größten Umsätze erzielt werden. Wesentliche Kriterien für die bestmögliche Auftragsausführung sind in diesem Fall: Gesamtpreis, Umsatz, Schnelligkeit.

Die Kunden geben in der Regel mit dem Rahmenvertrag für Wertpapierdienstleistungen ihre Zustimmung zu den »Grundsätzen für die bestmögliche Auftragsausführung«. Mindestens einmal im Jahr, aber auch anlassbezogen, müssen die Banken ihre Grundsätze und Maßnahmen für die bestmögliche Auftragsausführung überprüfen.

## Vertrag über Wertpapierdienstleistungen

einschließlich Anlageberatung sowie
Aufbewahrung und Verwaltung von Wertpapieren
(vereinfacht und gekürzt)

**Südtiroler Genossenschaftsbank**

**Kunde:** Mair Franz Kardaun,
Karneider Straße Nr. 3

Am 30. 05. 2009 wird zwischen der Südtiroler Genossenschaftsbank, Sitz in Bozen, Waltherplatz Nr. 18 (in Folge Bank genannt), und dem Kunden Mair Franz (in Folge Anleger genannt) Folgendes vereinbart:

**Zusammenfassung der wichtigsten Vertragsklauseln**

Der Anleger erteilt der Bank den Auftrag zur Erbringung folgender Dienstleistungen:

- Annahme und Übermittlung von Aufträgen,
- Handel für eigene Rechnung,
- Ausführung von Aufträgen,
- Platzierung von Wertpapieren,
- Anlageberatung.

Die Gutschriften und Belastungen, die sich aus diesem Vertrag ergeben, werden auf dem Kontokorrent IT 030022.345-6, lautend auf Mair Franz, durchgeführt.

Die Anlageberatung (Art. 5) kann folgende Finanzinstrumente zum Gegenstand haben: Bankobligationen, Staatspapiere, börsennotierte Unternehmensobligationen, Investmentfonds, börsennotierte Investmentfonds (Etf), offene Pensionsfonds, fonds- und indexgebundene Lebensversicherungen, börsennotierte Aktien (Italien, EU, restliche Welt).

Der Anleger erklärt nach EVO 461/97 Art. 6 die Ersatzbesteuerung der Kursgewinne zu wählen.

Der Anleger nimmt zur Kenntnis, dass er als Kleinanleger (*cliente al dettaglio*) eingestuft wurde und erklärt, folgende Unterlagen erhalten zu haben:
- Informationen über die Bank und ihre Dienstleistungen im Anlagebereich,
- Informationen über die Finanzinstrumente,
- Grundsätze über den Umgang mit Interessenkonflikten,
- Sicherung der Finanzinstrumente und der bei der Bank hinterlegten Geldbeträge,
- Grundsätze der Auftragsausführung,
- Übersichtsblatt mit den Konditionen für die Wertpapierdienstleistungen.

Der Anleger erklärt, die Grundsätze der Auftragsausführung erhalten zu haben und diesen zuzustimmen. Er erklärt seine Zustimmung, dass die erteilten Aufträge auch außerhalb eines geregelten Marktes oder eines Multilateralen Handelssystems (MTF) ausgeführt werden können. Der Anleger erklärt, angemessene Informationen erhalten zu haben, um die Art und Risiken der Wertpapierdienstleistungen und der betreffenden Arten von Finanzinstrumenten verstehen und so sachkundig Anlageentscheidungen treffen zu können.

Der Anleger nimmt zur Kenntnis, dass die Bank die für die Anlageberatung erforderlichen Informationen einholen wird, um die Angemessenheit und Eignung des nachgefragten oder des angebotenen Finanzinstruments oder der nachgefragten oder angebotenen Dienstleistung beurteilen zu können.

## Teil I Verwahrung und Verwaltung von Finanzinstrumenten

(Depotvertrag)

**Art. 1 Beschreibung der Dienstleistung**

1. Die Verwahrung und Verwaltung hat ausschließlich stücklose Wertpapiere und andere stücklose Finanzinstrumente, zum Gegenstand, und sie erfolgt auf Depotkonten, die auf den Namen des Anlegers lauten.
2. Für die stücklos verwahrten Finanzinstrumente zieht die Bank die Zinsen und Dividenden ein, kontrolliert die Prämien- und Tilgungsauslosungen und sorgt für deren Einziehung auf Rechnung des Anlegers.
3. Für die Ausübung von Bezugsrechten, bei Umwandlung von Wertpapieren und für etwaige Kapitaleinzahlungen, fordert die Bank zuerst schriftliche Anweisungen des Anlegers an. Wenn für die Ausübung der Bezugsrechte keine rechtzeitigen Anweisungen erteilt werden, sorgt die Bank für den Verkauf der betreffenden Bezugsrechte.

**Art. 2 Drittverwahrung von stücklosen Finanzinstrumenten**

1. Die Bank ist berechtigt, die stücklosen Wertpapiere und sonstigen Finanzinstrumente bei in- oder ausländischen Sammelverwahrungsstellen – in Italien bei Monte Titoli – zu hinterlegen.
2. Der Anleger nimmt zur Kenntnis, dass seine Finanzinstrumente zusammen mit jenen von anderen Kunden der Bank auf einem Sammelkonto verbucht werden, das auf die Bank lautet. Dabei bleibt die Haftung der Bank bestehen.
3. Die Bank sorgt dafür, dass die vom Anleger gehaltenen Finanzinstrumente auf seinem Depotkonto erfasst sowie laufend und zeitgerecht auf den aktuellen Stand gebracht werden. Das Depotkonto wird in regelmäßigen Zeitabständen mit den Kontoauszügen der Sammelverwahrungsstelle abgeglichen.

**Art. 3 Periodische Mitteilung**

1. Die Bank sendet dem Anleger jährlich einen Depotauszug für die verwahrten Finanzinstrumente zu. Der Depotauszug gilt als richtig und als vom Anleger angenommen, wenn dieser nicht innerhalb von 60 Tagen nach Erhalt der Bank seine Beanstandungen mit Einschreibebrief zukommen lässt.

**Art. 4 Pflichten des Anlegers**

1. Der Anleger stimmt zu, dass die laut Übersichtsblatt anfallenden Depotkosten seinem Kontokorrent angelastet werden. Dies gilt auch für die betreffenden Steuern und Gebühren.

## Teil II Wertpapierdienstleistungen – Allgemeine Bestimmungen

**Art. 5 Anwendungsbereich**

1. Die allgemeinen Bestimmungen sind auf alle Dienstleistungen für den Anleger anzuwenden, die mit diesem Rahmenvertrag von der Bank erbracht werden.

**Art. 6 Sorgfaltspflicht**

1. Bei den Wertpapierdienstleistungen und Anlagediensten sowie den Nebendienstleistungen handelt die Bank sorgfältig, redlich und transparent, um dem Anlegerinteresse und der Marktintegrität bestmöglich zu dienen. Die Bank beachtet bei der Ausübung ihrer Tätigkeit die berufliche Sorgfaltspflicht nach Art. 1176, Abs. 2, Zivilgesetzbuch.

**Art. 7 Interessenkonflikt**

1. Bei Geschäften, die zu einem Interessenkonflikt nach Art. 24 der gemeinsamen Verordnung der Banca d'Italia und der Börsenaufsichtsbehörde Consob führen können, muss die Bank angemessene Vorkehrungen treffen, damit dem Anleger daraus keine Nachteile entstehen. Dazu sind die »Grundsätze über den Umgang mit Interessenkonflikten« zu beachten.

**Art. 8 Vertragsänderungen**

1. Wenn ein wichtiger Grund vorliegt, kann die Bank jederzeit die Klauseln und Konditionen dieses Vertrages abändern.

2. Die Bank muss die Änderungen dem Anleger mindestens fünfzehn Tage vor Inkrafttreten mitteilen. Innerhalb dieser Frist kann der Anleger das Rücktrittsrecht ausüben, ohne dass Vertragsstrafen angewandt werden.

**Art. 9 Vertragsdauer, Rücktritt vom Vertrag**

1. Der vorliegende Vertrag ist unbefristet.

2. Jede der Vertragsparteien hat jederzeit das Recht mit Einschreibebrief mit Rückantwort vom Vertrag zurückzutreten oder auf einzelne im Vertrag festgelegte Dienstleistungen zu verzichten.

3. Der Rücktritt des Anlegers wird mit dem Zeitpunkt wirksam, an dem die Bank die betreffende Mitteilung erhält. Der Rücktritt der Bank wird zehn Tage ab dem Zeitpunkt wirksam, an dem der Anleger die betreffende Mitteilung erhält. Die vor Erhalt der Mitteilung erteilten Aufträge werden ausgeführt.

4. Die Bank hat das Recht mit sofortiger Wirkung und mit entsprechender Benachrichtigung des Anlegers zurückzutreten, wenn
   a) der Anleger zahlungsunfähig geworden ist;
   b) gegenüber dem Anleger ein Konkursverfahren eröffnet wurde;
   c) der Anleger nicht innerhalb von drei Werktagen nach Erhalt der Zahlungsaufforderung für die aus diesem Vertrag sich ergebenden Zahlungen sorgt.

**Art. 10 Säumigkeit des Anlegers**

1. Falls der Anleger nicht pünktlich seinen Zahlungsverpflichtungen aus diesem Vertrag nachkommt, fordert ihn die Bank per Einschreibebrief mit Rückantwort auf, die Zahlung innerhalb von drei Tagen nach Erhalt der Aufforderung zu leisten.

2. Wenn der Anleger der Zahlungsaufforderung nicht fristgerecht Folge leistet, kann die Bank unbeschadet dem Rücktrittsrecht nach Art. 9 vom Kunden hinterlegte Wertpapiere im Ausmaß der Forderung verkaufen oder über einen ermächtigten Intermediär verkaufen lassen. Die Bank deckt ihre Forderungen aus dem Nettoerlös ab und hält den etwaigen Rest zur Verfügung des Anlegers.

**Art. 11 Mitteilungspflicht des Kunden – Haftungsausschluss**

1. Der Kunde verpflichtet sich, der Bank unverzüglich jene Änderungen seiner Vermögens- und Einkommenslage mitzuteilen, die seine finanziellen Verpflichtungen beeinträchtigen.

2. Die Bank schließt die Haftung für etwaige mangelhafte Dienstleistungen und für Schäden aus, die dem Anleger aus Gründen entstehen, die nicht der Bank selbst zuzuschreiben sind. Insbesondere gilt der Haftungsausschluss, wenn Schäden durch Unterbrechungen oder Mängel beim Internetzugang durch den Provider entstehen.

**Art. 12 Außergerichtliche Streitbeilegung**

1. Bei Streitfällen im Zusammenhang mit Wertpapierdienstleistungen kann sich der Anleger an die Beschwerdestelle der Bank wenden. Wird die Beschwerde abgewiesen, kann der Anleger den Banken-Ombudsmann (*Giurì Bancario*) damit befassen.

2. Der Anleger hat auch die Möglichkeit, bei Streitfällen im Zusammenhang mit Wertpapierdienstleistungen ein Schlichtungs- oder Schiedsverfahren nach EVO Nr. 58/1998 zu beantragen.

## Teil III Wertpapierdienstleistungen

(Ausführung von Aufträgen, Annahme und Übermittlung von Aufträgen, Handel auf eigene Rechnung)

### Art. 13 Voraussetzung

1. Damit die Bank die Ausführung von Aufträgen, die Annahme und Übermittlung von Aufträgen und den Handel auf eigene Rechnung als Wertpapierdienstleistungen erbringen kann, muss der Anleger der Verwahrung und Verwaltung von Finanzinstrumenten (Depotvertrag) nach Teil I des Vertrages zustimmen.

### Art. 14 Auftragserteilung

1. Die Aufträge für die Wertpapierdienstleistungen werden der Bank in der Regel schriftlich erteilt.
2. Werden die Aufträge telefonisch erteilt, so ist die Bank ermächtigt, die Gespräche zu Beweiszwecken aufzuzeichnen.
3. Die Bank ist berechtigt, die vom Anleger erteilten Aufträge nicht auszuführen oder zu übermitteln. In diesen Fällen muss sie den Anleger sofort verständigen.
4. Die Zahlung der für die Geschäfte erforderlichen Beträge und der anfallenden Provisionen und Spesen erfolgt durch Belastung im betreffenden Kontokorrent des Anlegers.

### Art. 15 Bestmögliche Auftragsausführung

1. Bei den Wertpapierdienstleistungen hält sich die Bank an die Anweisungen des Anlegers, wobei sie nach den »Grundsätzen der Auftragsausführung«, die dem Vertrag beigefügt sind, für die bestmögliche Auftragsausführung sorgt.

### Art. 16 Reine Auftragsausführung (*execution only*)

1. Die Bank kann die Aufträge für Wertpapierdienstleistungen auch durchführen, ohne dass sie vom Anleger die vorgesehenen Informationen erhält und ohne dass sie daraufhin beurteilt, ob die betreffenden Finanzinstrumente und Dienstleistungen angemessen sind.
2. Die reine Auftragsausführung ist möglich, wenn
   a) die Dienstleistungen nicht komplexe Finanzinstrumente zum Gegenstand haben;
   b) die Dienstleistungen auf Verlangen des Anlegers erbracht werden;
   c) der Anleger klar informiert wurde, dass die Bank nicht überprüfen muss, ob die zu erbringende Dienstleistung angemessen ist und der Anleger deshalb nicht den vorgesehenen Schutz genießt;
   d) die Bank die Pflichten zur Vermeidung von Interessenkonflikten beachtet.

## Teil IV Platzierung von Finanzinstrumenten

### Art. 17 Platzierung

1. Die Bank übt die Wertpapierdienstleistung der Platzierung von Finanzinstrumenten sowohl für die von ihr als auch für die von anderen Emittenten begebenen Finanzinstrumenten aus.
2. Die Bank hält sich bei der Ausübung der Dienstleistungen an die Anweisungen des Emittenten und des für die Platzierung Verantwortlichen. Die Bank sendet dem Anleger den Wertpapierprospekt und die sonstigen Unterlagen oder hält sie auf entsprechender Anweisung zu seiner Verfügung.
3. Vor jeder Zeichnung und jedem Kauf im Rahmen der Platzierung muss der Anleger die vom Emittenten und/oder dem für die Platzierung Verantwortlichen erstellten Unterlagen unterschreiben.
4. Falls der Kunde beabsichtigt, solche begebenen Finanzinstrumente zu zeichnen und/ oder zu kaufen, die nach Bewertung der Bank für den Anleger nicht angemessen sind, teilt die Bank diese Bewertung auch in standardisierter Form mit.

5. Von anders lautenden Vereinbarungen abgesehen, hat der Anleger keine Provisionen und Spesen für die Platzierung zu tragen.

**Art. 18 Risiko im Zusammenhang mit der Platzierung**

1. Der Anleger ist sich bewusst, dass alle Geschäfte im Zusammenhang mit der Platzierung auf seine Rechnung und auf seine Gefahr durchgeführt werden. Die laut Vertrag vorgesehenen Dienstleistungen gewährleisten nicht, dass der Wert der betreffenden Anlagen unverändert bleibt oder steigt.

## Teil V Anlageberatung

**Art. 19 Inhalt der Dienstleistung**

1. Im Rahmen der Anlageberatung erteilt die Bank dem Anleger Ratschläge und Anlageempfehlungen, die auf die individuellen Zielsetzungen und Erfordernisse des Anlegers abgestimmt sind. Die Anlageempfehlungen werden schriftlich erteilt.
2. Damit die Bank die Anlageberatung durchführen kann, muss sie vom Anleger Informationen über seine Vermögens- und Einkommenslage sowie über seine Anlageziele einholen, damit sie beurteilen kann, ob die Anlageempfehlungen für den Anleger geeignet sind. Wenn der Anleger die erforderlichen Informationen verweigert, kann die Dienstleistung nicht erbracht werden.
3. Der Bank steht es frei, die Dienstleistung der Anlageberatung anzubieten oder nicht anzubieten.

**Art. 20 Verantwortung des Anlegers**

1. Die individuellen Anlageempfehlungen der Bank sind für den Anleger nicht verbindlich. Jede Kauf- und Verkaufsentscheidung steht im ausschließlichen Ermessen des Anlegers.
2. Bei der Anlageberatung gibt die Bank keine Garantie für die Ergebnisse der empfohlenen Geschäfte ab. Die Bank stellt nur sicher, dass die Dienstleistung unter Einhaltung der festgelegten Verfahren erbracht wird.

**Art. 21 Erbringung der Dienstleistung**

1. Die Anlageberatung wird in Verbindung mit den Wertpapierdienstleistungen erbracht, die in diesem Vertrag geregelt sind. Bei der Erbringung der Dienstleistung stützt sich die Bank auf die Informationen der Wirtschaftspresse und der internationalen Informationsanbieter.
2. Vorbehaltlich gegenteiliger schriftlicher Vereinbarungen leistet die Bank für die vom Anleger aufgrund ihrer Empfehlungen erworbenen Finanzinstrumente keine Beratungen über Haftung, späteren Verkauf und sonstige künftige Entscheidungen.

**Art. 22 Aushändigung der Vertragsabschrift**

1. Der Anleger erklärt, eine Abschrift dieses Vertrages und der dazugehörigen Unterlagen erhalten zu haben.

| | |
|---|---|
| Die Bank<br>Südtiroler Genossenschaftsbank | Der Kunde |
| ....................................................... | Unterschrift ....................................................... |

Der Anleger nimmt gemäß Art.1341 Abs.2 ZGB folgende Bestimmungen des Vertrages mit gesonderter Unterschrift an: Art. 3 stillschweigende Genehmigung, Art. 8 Vertragsänderungen, Art. 10 Säumigkeit des Anlegers, Art. 14 Abs. 3 Nichtausführung von Aufträgen, Art. 20 Abs. 2 Haftungsbeschränkung,

Unterschrift .......................................................

## FINANZINTERMEDIÄRE

Im Rahmen der Wertpapiergeschäfte zählen neben den Banken auch die Wertpapiervermittlungsgesellschaften und die Fondsgesellschaften zu den Finanzintermediären (*intermediario finanziario*). Sie werden durch das Finanzmarktgesetz (EVO Nr. 58/1998 – *Testo Unico della Finanza – Tuf*) geregelt.

### Die Wertpapiervermittlungsgesellschaften

Die **Wertpapiervermittlungsgesellschaften** (Wertpapierhaus – *società di intermediazione mobiliare – Sim*) sind Unternehmen, die gewerbsmäßig Wertpapierdienstleistungen für das Anlegerpublikum erbringen und nicht als Banken gelten. In der Regel handelt es sich um Tochtergesellschaften von Banken. Sie können auch die oben genannten Nebendienstleistungen anbieten. Für die Wertpapiervermittlungsgesellschaften, die ihren Rechtssitz und die Hauptverwaltung in Italien haben, ist die Zulassung als **Sim-Wertpapiervermittlungsgesellschaft** durch die Börsenaufsichtsbehörde (*Consob*) sowie die Eintragung in das von der Börsenaufsichtsbehörde geführte Verzeichnis (*albo*) erforderlich. Mit dieser Zulassung können die Wertpapiervermittlungsgesellschaften ihre Dienstleistungen auch in anderen EU-Mitgliedstaaten anbieten und dort Niederlassungen errichten, ohne dass eine eigene Zulassung erforderlich ist. Genauso können die in anderen EU-Mitgliedstaaten zugelassenen Wertpapiervermittlungsgesellschaften ihre Dienstleistungen ohne besondere Zulassung in Italien erbringen oder hier Zweigstellen errichten. Für die Überprüfung der Wertpapiervermittlungsgesellschaften ist jeweils die Aufsichtsbehörde des Herkunftslandes zuständig (Sitzlandkontrolle).

Die **Aufsicht** (*vigilanza*) über die in Italien zugelassenen Sim-Wertpapiervermittlungsgesellschaften wird von der Banca d'Italia und von der Börsenaufsichtsbehörde (*Consob*) ausgeübt. Dabei überprüft die Banca d'Italia die Absicherung gegen Risiken und ob das erforderliche Eigenkapital vorhanden ist. Die Börsenaufsichtsbehörde wacht hingegen darüber, dass die Geschäfte transparent abgewickelt und die Wohlverhaltensregeln beachtet werden.

Detaillierte Aufsichtsregeln sollen unter anderem sicherstellen, dass **Interessenkonflikte** zwischen Wertpapiervermittlungsgesellschaft und Kunden sowie zwischen den verschiedenen Kunden einer Wertpapiervermittlungsgesellschaft nach Möglichkeit ausgeschaltet werden. Es sind auch die Regelungen für persönliche Transaktionen der Angestellten der Firma zu beachten. Die den Anlegern gehörenden Wertpapiere und Gelder müssen besonders für den Fall der Insolvenz der Wertpapiervermittlungsgesellschaft geschützt werden.

## FONDSGESELLSCHAFTEN UND INVESTMENTFONDS

Investmentfonds, Investmentgesellschaften mit variablem Kapital *(Sicav)*

Neben den Wertpapiervermittlungsgesellschaften und den Banken, die Wertpapierdienstleistungen anbieten dürfen, regelt das Finanzmarktgesetz auch die **Investmentfonds** und die **Investmentgesellschaften mit variablem Kapital** (*società di investimento a capitale variabile – Sicav*), die zusammenfassend als Organismen für gemeinsame Anlagen in Wertpapieren (OGAW – *organismi di investimento collettivo del risparmio – Oicr*) bezeichnet werden. Es handelt sich dabei um Unternehmen, die beim Anlegerpublikum beschaffte Gelder für gemeinsame Rechnung nach dem Grundsatz der Risikostreuung in Wertpapieren anlegen. Mit der **Investmentfonds-Richtlinie** (Richtlinie 85/611/EWG und spätere Änderungen) sind die Vorschriften für Investmentfonds EU-weit harmonisiert worden, um den Vertrieb von Fondsanteilen in der gesamten Gemeinschaft zu erleichtern und um Wettbewerbsverzerrungen auszuschalten. Zudem wird mit der Investmentfonds-Richtlinie ein wirksamer Schutz der Anteilseigner angestrebt.

**Investmentfonds**

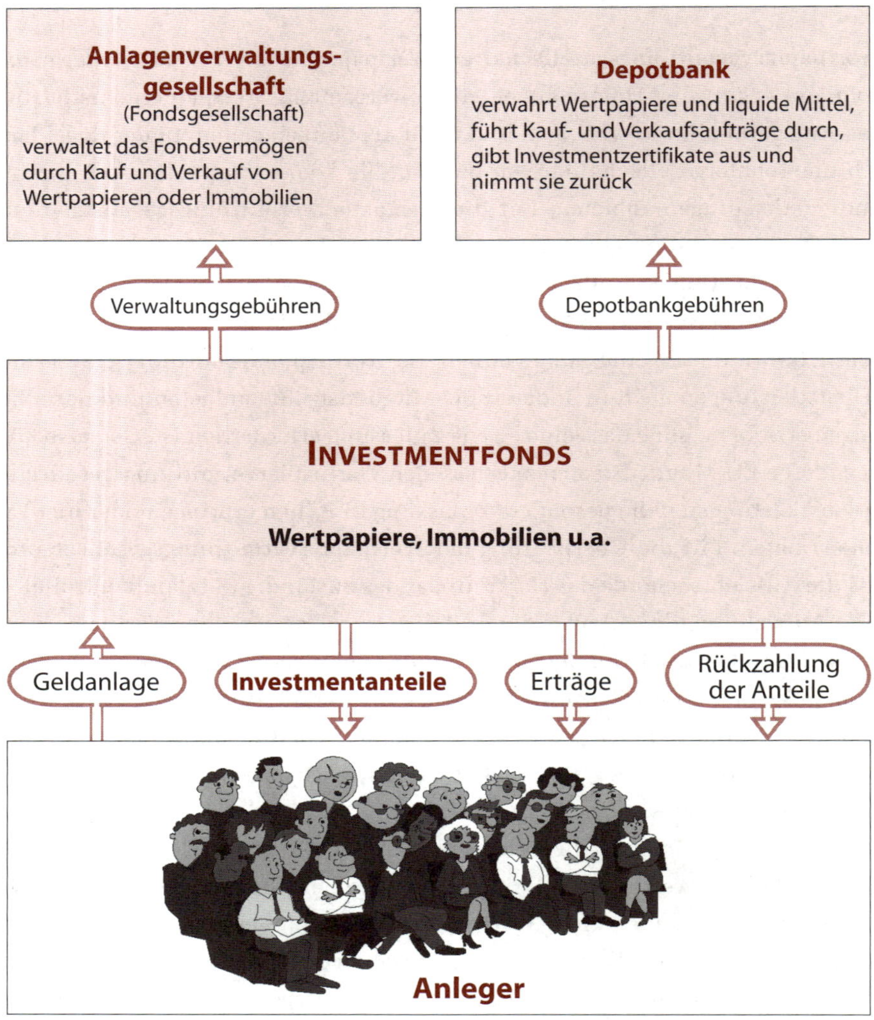


Als **Investmentfonds** (*fondo comune di investimento*) bezeichnet man ein vom Vermögen der Fondsgesellschaft getrenntes und in Sammelverwahrung verwaltetes Vermögen, das meistens aus Wertpapieren besteht und, in Anteilen unterteilt, sich im Eigentum einer größeren Zahl von Anteilseignern befindet (Finanzmarktgesetz Art. 36). Die Investmentfonds werden von **Fondsgesellschaften** (Fondsgesellschaften – *società di gestione del risparmio*) gegründet und professionell durch Fondsmanager verwaltet. Die Fondsgesellschaften verwalten meistens mehrere Investmentfonds und ihr Ziel ist es, durch die erfolgreiche Verwaltung des Fondsvermögens entsprechende Erträge (Eintritts- und Austrittsprovisionen sowie quartalsweise zu entrichtende Verwaltungsgebühren, zusätzliche Erfolgsprovisionen bei Erreichung guter Ergebnisse) zu erzielen und dadurch Gewinne zu erwirtschaften. Mit dem Kauf von **Anteilscheinen (Investmentzertifikate** – *certificato di partecipazione*) erwerben die Anleger ein Miteigentum

Anteilscheine (Investmentzertifikate)

am Fondsvermögen, das aus Wertpapieren, Geldmarktinstrumenten oder Immobilien besteht. Dementsprechend werden die Investmentfonds unterteilt in:

**Wertpapierfonds**

Wertpapierfonds

- **Aktienfonds** (*fondo azionario*) mit breiter Streuung oder spezialisiert auf bestimmte Länder, Branchen, z. B. Energie- oder Technologiewerte (*fondo specializzato*), Aktienfonds können auch einen bestimmten Aktienindex (z. B. Ftse/Mib, EuroStoxx50) abbilden (Indexfonds),
- **Rentenfonds** (Anleihenfonds – *fondo obbligazionario*),
- **Mischfonds** (Aktien und Anleihen – *fondo bilanciato*),
- **Geldmarktfonds** (*fondo monetario*) für Geldmarktpapiere,
- **Börsengehandelte Indexfonds** (exchange traded funds – Etf) bilden möglichst genau einen bestimmten Index (z. B. Ftse/Mib, Nasdaq 100, EuroStoxx50 usw.) oder einen Korb von Aktien oder Anleihen nach. Sie werden wie Aktien an der Börse gehandelt und sie zeichnen sich durch sehr niedrige Verwaltungsspesen aus,
- **Dachfonds** (*fondo dei fondi*), das Fondsvermögen besteht aus Anteilen an anderen Wertpapierfonds,
- **Hedgefonds** (*fondo speculativo*), das Fondsvermögen kann in Derivaten angelegt werden, um die Hebelwirkung dieser Finanzinstrumente zu nutzen.

**Immobilienfonds** (*fondo immobiliare*).

Immobilienfonds

Außerdem wird zwischen **offenen Investmentfonds** (*fondo aperto*), bei denen der Ein- und Austritt stets möglich ist, und **geschlossenen Investmentfonds** (*fondo chiuso*) unterschieden. Für die geschlossenen Fonds wird zu Beginn eine festgelegte Anzahl von Anteilscheinen begeben, die dann an der Börse oder außerbörslich gehandelt werden.

Die Zulassung von Fondsgesellschaften, die in Italien ihren Rechts- und Verwaltungssitz haben, erfolgt durch die Banca d'Italia. Dazu sind ein ausreichendes Gesellschaftskapital, beruflich erfahrene und zuverlässige (gut beleumundete) Geschäftsführer sowie ein Geschäftsplan mit der Darstellung der anfänglich geplanten Geschäfte und des organisatorischen Aufbaus erforderlich. Die Aktionäre, die größere Beteiligungen an der Fondsgesellschaft halten, müssen ebenfalls gut beleumundet sein. Nach erfolgter Zulassung werden die Fondsgesellschaften in ein von der Banca d'Italia geführtes Verzeichnis (*albo*) eingetragen. Es besteht auch die Möglichkeit, dass Investmentfonds von einer so genannten Gründergesellschaft (*società promotrice*) gegründet und die Verwaltung der Fonds an eine andere Gesellschaft, die Verwaltungsgesellschaft (*gestore*), übertragen wird. Die Fondsgesellschaften befinden sich sehr oft in der Hand von Banken. Die mangelnde Unabhängigkeit von den Banken wird zusammen mit der ungünstigen Besteuerung für die Krise der italienischen Investmentfonds verantwortlich gemacht, die in letzter Zeit zu bedeutenden Mittelabflüssen geführt hat.

Neben der Verwaltung von Investmentfonds können die Fondsgesellschaften noch zusätzliche Tätigkeiten ausüben, nämlich: Anlageberatung und Vermögensverwaltungen für Kunden (*gestione di portafogli di investimento*) sowie die Errichtung und Führung von Pensionsfonds.

Die Rechtsverhältnisse zwischen der **Fondsgesellschaft** und den **Anteilscheininhabern** werden im Wesentlichen durch die **Vertragsbedingungen des Investmentfonds** (*regolamento del fondo*) bestimmt, die von der Banca d'Italia genehmigt werden müssen. Die Vertragsbedingungen müssen den Bestimmungen des Finanzmarktgesetzes entsprechen und zudem sind die einschlägigen Vorschriften des Schatzministeriums und der Banca d'Italia zu beachten. Die Fondsgesellschaften unterliegen der Aufsicht durch die Banca d'Italia und die Börsenaufsichtskommission (*Consob*).

Die Wertpapiere und die liquiden Mittel des Investmentfonds stellen ein **selbständiges Vermögen** (*patrimonio autonomo*) dar, das vom Vermögen der Fondsgesellschaft und vom Vermögen der einzelnen Anteileigner getrennt ist.

Verkaufsprospekt

Vor Abschluss des Vertrages über den Kauf von Anteilscheinen ist dem Interessenten ein **Verkaufsprospekt** (*prospetto*) mit den Vertragsbedingungen auszuhändigen. Die Fondsgesellschaften müssen die wesentlichen Informationen über Anlagepolitik, Wertentwicklung, Besteuerung und Gebühren vereinfacht zusammenfassen. Besonders wichtig sind die Angaben über die **Gesamtkosten** eines Fonds. Das geschieht durch die Kennziffer Total Expense Ratio (*TER*). Die Kennziffer beschreibt das Verhältnis zwischen dem Vermögen eines Fonds und bestimmten Kosten der jährlichen Fondsverwaltung –

### Vertragsbedingungen für einen Investmentfonds

*regolamento del fondo*

(wesentliche Punkte nach dem Finanzmarktgesetz Art.39)

- Bezeichnung und Rechtssitz der **Fondsgesellschaft** (AG), Höhe des gezeichneten und eingezahlten Kapitals.
- Bezeichnung und Rechtssitz der **Depotbank**.
- **Bezeichnung und Dauer** (falls begrenzt) des Investmentfonds, Bedingungen für die Auflösung des Investmentfonds.
- Form der Beteiligung am Investmentfonds: Ob es sich um einen **Publikumsfonds** handelt, der grundsätzlich allen Anlegern offen steht, oder ob es sich um einen **Spezialfonds** handelt, der bestimmten institutionellen Anlegern (z.B. Versicherungen, Pensionsfonds) vorbehalten ist. Bedingungen für die Ausgabe und die Rückzahlung der Anteilscheine, für die geschlossenen Investmentfonds ist der Auflösungszeitpunkt festzulegen.
- **Anlagenziele und Anlagenpolitik**, die von den Fondsmanagern verfolgt werden müssen.
- Für die Investitionsentscheidungen zuständige Organe und Vorschriften für die Streuung der Anlagen.
- **Art der Wertpapiere** und der sonstigen Vermögensgegenstände, in die das Fondsvermögen angelegt werden kann. Die Wertpapiere im Fondsvermögen müssen in der Regel an Börsen oder anderen geregelten Märkten gehandelt werden. Nach der Art der Vermögensgegenstände, die das Fondsvermögen bilden, kann zwischen Aktienfonds, Rentenfonds (Anleihen), Geldmarktfonds, gemischten Fonds, variablen Fonds und Immobilienfonds unterschieden werden. Außerdem ist eine geographische Unterscheidung – Euroland, USA, Ostasien, Hoffnungsmärkte – oder eine Unterscheidung nach Sparten möglich.
- Ermittlung der Erträge und der Geschäftsergebnisse sowie der auszuschüttenden Erträge (Ausschüttungsfonds). Meistens ist keine Ertragsausschüttung vorgesehen, weil sämtliche Erträge einbehalten und reinvestiert werden (sogenannte Thesaurierungsfonds).
- **Aufwendungen**, die zu Lasten des Investmentfonds und die zu Lasten der Fondsgesellschaft gehen.
- Art der **Veröffentlichung des Anteilswertes**, die täglich in festgelegten Zeitungen zu erfolgen hat. Der Nettobestandswert des Investmentfonds zum Börsenkurs des Vortages geteilt durch die Anzahl der umlaufenden Anteile ergibt den **Nettobestandswert je Anteil**, der in den Zeitungen veröffentlicht werden muss.
- **Vergleichsmaßstab** (Benchmark, *parametro di riferimento, benchmark*), ein Aktien- oder Anleihenindex (z.B. MSCI-Aktienindizes oder JP Morgan-Anleihenindizes) mit dem der Kunde die Wertentwicklung seines Investmentfonds vergleichen kann.

etwa für die Verwaltung des Fonds, die Berichterstattung, Veröffentlichung und die Wirtschaftsprüfung. Der Anteilschein wird vom Anteileigner zum **Ausgabepreis** – Anteilwert meistens zuzüglich eines Aufschlags nach den Vertragsbedingungen – erworben und kann in stückloser Form (*dematerializzato*) begeben werden. Der **Anteilschein** (Investmentzertifikat – *certificato rappresentativo della quota di partecipazione al fondo comune, quota di fondo comune*) verbrieft als Wertpapier die Rechte des Anteileigners gegenüber der Fondsgesellschaft:

- Der Anteileigner hat das Recht, dass der von ihm bezahlte Betrag **nach den Vertragsbedingungen angelegt** wird. Dabei hat die Fondsgesellschaft mit Sorgfalt, Redlichkeit und mit Transparenz im Interesse der Anteileigner zu handeln,
- außerdem hat der Anteileigner, wenn es sich um einen offenen Investmentfonds handelt, jederzeit das **Recht auf die Rücknahme der Anteilscheine** zu Lasten des Fondsvermögens, und zwar zum jeweiligen **Rücknahmepreis**, der sich aus der Börsennotierung der Wertpapiere am Vortag ergibt.

Im Unterschied zum Aktionär besitzt der Anteileigner **kein Mitspracherecht** bei der Fondsgesellschaft. Wenn er mit den Ergebnissen des Investmentfonds nicht zufrieden ist, bleibt dem Anteileigner praktisch nur die Möglichkeit, seine Fondsanteile zu verkaufen.

Depotbank

Zum Schutz der Anleger muss die Verwahrung der Wertpapiere und der liquiden Mittel des Investmentfonds bei der **Depotbank** (*banca depositaria*) erfolgen, mit der die Fondsgesellschaft einen Depotbankvertrag abschließt. In der Regel befinden sich die Wertpapiere in Drittverwahrung bei einer Wertpapiersammelgesellschaft (*Monte titoli, Clearstream, Euroclear*). Die Ausgabe und die Rücknahme der Anteilscheine erfolgt durch die Depotbank, die auch zu kontrollieren hat, dass dabei die Vertragsbedingungen und gesetzlichen Vorschriften eingehalten werden. Das gilt auch für die börsentägliche Berechnung des Anteilwertes und für die Verwendung der Erträge aus dem Fondsvermögen. Bei Verletzung ihrer Pflichten haftet die Depotbank für alle Nachteile, die sich für die Fondsgesellschaft und die Anteileigner ergeben.

Neben den Investmentfonds regelt das Finanzmarktgesetz auch die **Investmentgesellschaften mit variablem Kapital** (*società di investimento a capitale variabile – Sicav*). Es handelt sich um **Aktiengesellschaften**, die Gelder sammeln, indem sie den Anlegern laufend eigene Aktien verkaufen und die gesammelten Gelder in Wertpapieren anlegen. Die Anleger werden Aktionäre der Investmentgesellschaft und haben die entsprechenden Aktionärsrechte. Das Gesellschaftskapital kann sich durch den Eintritt oder Austritt von Anlegern laufend verändern, ohne dass die Bestimmungen für eine Kapitalerhöhung oder -verminderung anzuwenden sind. In Italien werden hauptsächlich Aktien von luxemburgischen Investmentgesellschaften mit variablem Kapital angeboten.

## VERTRIEB VON FINANZPRODUKTEN AUSSERHALB DER GESCHÄFTSRÄUME

Die Absatzförderung und der Vertrieb von Investmentfonds erfolgt beim Anlegerpublikum vielfach außerhalb der Geschäftsräume der Fondsgesellschaft (*offerta fuori sede*). Dieser Vertriebsweg kann auch von Banken und Wertpapiervermittlungsgesellschaften für andere Finanzinstrumente und Wertpapierdienstleistungen, wie Vermögensverwaltungen, Lebensversicherungen oder offene Pensionsfonds, gewählt werden.

Haustürgeschäfte mit Finanzprodukten

Bei diesen so genannten **Haustürgeschäften** kann der Anleger innerhalb von **sieben Tagen** nach der Unterzeichnung vom Vertrag zurücktreten. Aufwandsentschädigungen oder ein Entgelt für den Anlagenvermittler müssen beim Rücktritt nicht entrichtet werden. Für den Vertrieb über Telefon, Fax oder Internet gelten die Bestimmungen der EU-Richtlinie über den Fernabsatz von Finanzdienstleistungen (Richtlinie 2002/65/EU). Diese Bestimmungen sind Teil des Verbraucherschutz-Gesetzbuches (Art. 67bis–67 vicies bis).

Anlagenvermittler

Für den Vertrieb von Wertpapierdienstleistungen und Finanzinstrumenten außerhalb der Geschäftsräume müssen sich Banken, Wertpapiervermittlungsgesellschaften und Fondsgesellschaften der Anlagenvermittler bedienen. Als **Anlagenvermittler** (*promotore finanziario*) werden Angestellte oder selbständige Vermittler bezeichnet, die außerhalb der Geschäftsräume des Auftraggebers gewerbsmäßig beim Anlegerpublikum den Absatz von Finanzprodukten fördern (*promozione*) und Finanzprodukte verkaufen (*collocamento*). Anlagenvermittler dürfen nur für **einen Auftraggeber** (Fondsgesellschaft, Bank, Wertpapiervermittlungsgesellschaft) tätig sein. Erleidet der Kunde durch unsaubere Geschäftspraktiken des Anlagenvermittlers einen Schaden, so haftet dafür der Auftraggeber gesamtschuldnerisch mit dem Anlagenvermittler. Die Anlagenvermittler müssen dem Kunden sämtliche vorvertraglichen Informationen erteilen, die aufgrund der MiFID-Verordnung erforderlich sind. Das gilt auch für die Auskünfte, um die »Angemessenheit« und die »Eignung« der Wertpapierdienstleistungen zu beurteilen.

Für die Tätigkeit als Anlagenvermittler ist die Eintragung in ein Verzeichnis (*albo*) bei der Börsenaufsichtsbehörde (*Consob*) Pflicht. Dazu ist eine Prüfung abzulegen, oder es muss die erforderliche berufliche Erfahrung nachgewiesen werden. Mit Verordnung der Börsenaufsichtsbehörde werden unter anderem die Verhaltensregeln festgelegt, die von den Anlagenvermittlern bei den Beziehungen mit den Kunden zu beachten sind.

Anlageberater

Mit der MiFID-Verordnung ist die Anlageberatung als selbständige Dienstleistung eingeführt worden. Diese Anlageberatung kann auch von selbständigen **Anlageberatern** (*consulente finanziario*) geleistet werden, die in ein eigenes, von der Consob beaufsichtigtes Berufsverzeichnis (*albo*) eingetragen sein müssen. Sie geben ihren Kunden individuell ausgerichtete Anlageempfehlungen und Ratschläge, wobei sie besonders deren Anlageziele sowie deren Einkommens- und Vermögenslage berücksichtigen müssen. Im Gegensatz zu den Anlagevermittlern, die von ihren Auftraggebern (Bank, *Sim*) für ihre Absatzleistungen bezahlt werden, erbringen die Anlageberater ihre Beratungsleistungen gegen Bezahlung durch den Kunden. Eine (noch ausständige) Verordnung der *Consob* wird im Detail die Pflichten der Anlageberater regeln. Dabei muss besonders gewährleistet werden, dass sie ihre Beratungstätigkeit im ausschließlichen Interesse der Kunden ausüben.

# Börsen und Emittenten

## Einführung

Der Staat und die EG haben es sich zur Aufgabe gemacht, die Voraussetzungen für ein gutes Funktionieren der Finanzmärkte zu schaffen, damit die Vorteile des Wettbewerbs auch im Finanzbereich voll zum Tragen kommen. Dies gilt besonders für die Spielregeln, die von den Marktteilnehmern zu beachten sind.

Der **Euro** fördert die Bildung eines einheitlichen europäischen Finanzmarktes, der noch weitere Harmonisierungsschritte im Steuerbereich sowie Angleichungen bei der Rechnungslegung und Rechnungsprüfung erforderlich macht. Mit den bereits erfolgten Harmonisierungsschritten, insbesondere mit der **Wertpapierdienstleistungs-Richtlinie** (Richtlinie 2004/39/EG – MiFID-Richtlinie), will die EU den Schutz der Anleger, den Wettbewerb zwischen den Intermediären sowie die Sicherung der Transparenz und somit die Effizienz der Wertpapiermärkte gewährleisten. Die weltweite Liberalisierung des Kapitalverkehrs, die Harmonisierung der Regeln für Wertpapiergeschäfte innerhalb des Gemeinsamen Marktes und die Europäische Währungsunion haben zu tief gehenden Veränderungen an den europäischen Finanzmärkten geführt.

## DIE BÖRSE, ANDERE GEREGELTE MÄRKTE UND HANDELSPLATTFORMEN

Börsen und Multilaterale Handelssysteme

Mit der MiFID-Richtlinie wird der Wettbewerb zwischen verschiedenen Wertpapiermärkten in der EU gefördert. Neben den Börsen und den anderen geregelten Märkten kann der organisierte Handel mit Finanzinstrumenten auch an Multilateralen Handelssystemen (Multilateral Trading Facility – MTF) stattfinden. Banken können außerdem die Kundenaufträge intern als »systematische Internalisierer« abwickeln. Diese Entwicklung ist besonders durch den Einsatz von Computern und die elektronischen Datennetze begünstigt worden. Während früher der Wertpapierhandel vorwiegend an so genannten Präsenzbörsen (Parkettbörsen) unter den physisch anwesenden Börsenhändlern stattfand, haben sich heute weitgehend Computerbörsen und elektronische Handelsplattformen durchgesetzt. Das ermöglicht den zugelassenen Händlern den Börsenhandel über Bildschirme von den Handelsräumen der Banken und Maklerfirmen aus zu verfolgen. Die Kauf- und Verkaufsaufträge werden elektronisch an die Börse oder Handelsplattform weitergeleitet und durch das Computersystem nach dem Auktionsverfahren oder im laufenden Handel ausgeführt. Eine andere Form des Wertpapierhandels stellt das Market-Maker-Verfahren dar.

Beim **Auktionsverfahren** (*l'asta*) wird täglich zu festen Zeiten für die eingelangten Kauf- und Verkaufsaufträge vom Computersystem ein Kurs bestimmt, der für die betreffende Aktie zum größtmöglichen Umsatz führt. In der restlichen Zeit erfolgt der laufende Handel (laufende Notierung), indem die eintreffenden Aufträge nach klaren Regeln der Kursbildung zusammengeführt werden.

Bei dem **Market-Maker-Verfahren** verpflichten sich die an der Börse oder Handelsplattform zugelassenen Market-Maker (Marktmacher) laufend Ankaufs- und Verkaufskurse (Geld- und Briefkurse) für bestimmte Wertpapiere zu veröffentlichen. Dabei darf eine festgelegte Höchstspanne (Spread) zwischen Geld- und Briefkurs nicht überschritten werden. Die Market-Maker sorgen so, dass auch für nicht leicht handelbare Titel ständig verbindliche Kauf- und Verkaufsangebote vorliegen.

Käufer und Verkäufer bleiben bei den Börsengeschäften **anonym**, weil die Geschäfte nur über eine Zentrale Gegenpartei (Central Counterparty) abgewickelt werden. Diese Zentrale Gegenpartei ist alleiniger Käufer für sämtliche Verkäufer und alleiniger Verkäufer für sämtliche Käufer. Das erleichtert die Durchführung der Börsengeschäfte, weil alle Börsenteilnehmer nur mit einem einzigen Vertragspartner, der Zentralen Gegenpartei, in Verbindung stehen. Zusätzliche elektronische Clearing- und Abrechungssysteme (Euroclear, Clearstream) sowie die stücklose Verwahrung bei Wertpapieraufbewahrungsstellen (z.B. Monte Titoli) ermöglichen die schnelle Abwicklung auch über die Landesgrenzen hinweg.

Nach dem Finanzmarktgesetz (Art. 60ter) sind die Börsen und die anderen geregelten Märkte von Unternehmen in der Rechtsform einer Aktiengesellschaft zu führen. Mit der Führung der **Italienischen Börse** (*Borsa Italiana*, oft auch *»piazza Affari«, Borsa di Milano*) ist eine private Aktiengesellschaft betraut. Die Aufsicht über die **Börsenbetreibergesellschaft** (*società di gestione*) und über die Handelstätigkeit an der Börse wird von der Börsenaufsichtsbehörde (*Consob*) ausgeübt. Die Italienische Börse, die 2007 mit der Londoner Börse fusioniert hat, verwendet ein Computerhandelssystem (*borsa telematica*), über das Aktien, Staatspapiere und Obligationen sowie Derivate (Futures, Optionen, Optionsscheinen [Warrants] und Zertifikate) gehandelt werden. Für Großgeschäfte mit Staatspapieren steht ein eigener geregelter Markt (*Mercato telematico dei titoli di Stato – Mts*) zur Verfügung, das ebenfalls von einer privaten Betreibergesellschaft geführt wird.

Börsenbetreibergesellschaft

Londoner Börse

Die Überwachung der Börse und der anderen geregelten Märkte (*vigilanza dei mercati*) durch die **Börsenaufsichtsbehörde** (*Consob*) soll die Transparenz und Stabilität der Märkte, die geordnete Durchführung der Geschäfte und den Schutz der Anleger gewährleisten. Zum Schutz der Anleger überwacht die Börsenaufsichtsbehörde auch die Multilateralen Handelssysteme und die systematischen Internalisierer.

Die **Börsen- oder Marktordnung** (*regolamento di mercato*) wird von der jeweiligen Börsen- oder Marktbetreibergesellschaft erlassen. Am Börsenhandel können sich die Banken und Wertpapiervermittlungsgesellschaften (*Sim*) beteiligen, die über die notwendige **Zulassung** verfügen. Auch Wertpapiervermittlungsgesellschaften und Banken aus anderen EU-Staaten steht die Beteiligung am Börsenhandel in Italien offen, wenn sie bereits in einem anderen EU-Mitgliedstaat die erforderliche Zulassung erhalten haben und das notwendige Eigenkapital aufweisen.

Standardisierte Börsenverträge

Ein Teil der Italienischen Börse ist eine Kassabörse, an der Aktien, Obligationen und Staatspapiere aufgrund **völlig standardisierte Verträge** gehandelt werden. Die Kauf- und Verkaufsaufträge werden elektronisch über Datenleitungen in das Handelssystem eingegeben und die Preisfindung erfolgt durch das Computersystem. In der Eröffnungsphase (*apertura*) zu Beginn des Börsengeschäfts wird automatisch ein Kurs bestimmt, der möglichst viele der eingegebenen Kauf- und Verkaufsaufträge zusammenführt. Darauf werden im laufenden Handel (*negoziazione continua*) die nach der Eröffnungsphase laufend eingehenden Kauf- und Verkaufsaufträge automatisch miteinander verbunden, wenn die Preisangaben es zulassen. Die Aufträge können mit **standardisierten Beschränkungen** versehen werden, die Dauer, Menge und Preis des Angebots betreffen (z. B. »gültig bis 11.00 Uhr«, »alles oder nichts«, »Höchstpreis 30,50 Euro« usw.). Ähnlich wie die Aktien werden an der Börse auch die Unternehmensanleihen und die Staatspapiere gehandelt.

Um eine größtmögliche Transparenz beim Börsenhandel zu gewährleisten, werden laufend Kursinformationen veröffentlicht.

Für einen effizienten Börsenhandel muss auch eine reibungslose elektronische **Abwicklung** über die **Wertpapiersammelverwahrungsgesellschaft** (*Sistema di gestione accentrata, Monte titoli*) und durch **Aufrechnung** (Wertpapierclearing) der gegenseitigen Forderungen gewährleistet werden. Dadurch wird die rein buchmäßige Übertragung von Wertpapieren ermöglicht, die sich in Sammelverwahrung bei der Wertpapiersammelverwahrungsgesellschaft befinden. Die mit den Börsengeschäften verbundenen Zahlungen erfolgen täglich in der Form eines multilateralen Clearing (Aufrechnung und Zahlung), bei dem nur die Verrechnungssalden zwischen den verschiedenen Börsenteilnehmern ausgeglichen werden.

Abwicklung der Börsengeschäfte (Wertpapierclearing)

## ÖFFENTLICHES WERTPAPIERANGEBOT

Beim **öffentlichen Wertpapierangebot** oder **öffentlichen Platzierung** (*sollecitazione all'investimento*) von Aktien, Anleihen und anderen Wertpapieren sind verschiedene Vorschriften des Finanzmarktgesetzes zu beachten, die vor allem auf den **Schutz des Anlegers** abzielen. Bevor mit der öffentlichen Platzierung, das heißt der Unterbringung der Wertpapiere beim Anlegerpublikum, begonnen werden kann, muss bei der Börsenaufsichtsbehörde (*Consob*) ein **Verkaufsprospekt** (*prospetto informativo*) eingereicht werden. Der Verkaufsprospekt muss umfassende und wahrheitsgetreue Informationen enthalten, damit sich die Anleger ein zutreffendes Urteil über das Wertpapier oder die sonstigen Finanzprodukte und über den Emittenten machen können. Dadurch soll der Schutz der Sparer gewährleistet und das Vertrauen in Wertpapieranlagen gestärkt werden. Ein ähnlicher Informationsprospekt muss vor der Börseneinführung einer Gesellschaft veröffentlicht werden (**Börseneinführungsprospekt** – *prospetto di ammissione alla quotazione*). Die Börsenaufsichtsbehörde erlässt auch Richtlinien zur Werbung im Zusammenhang mit der öffentlichen Platzierung von Wertpapieren und anderen Finanzprodukten.

Verkaufsprospekt

Das Finanzmarktgesetz enthält eine ausführliche Regelung für **öffentliche Kauf- oder Tauschangebote** (*offerta pubblica d'acquisto – Opa, offerta pubblica di scambio – Ops*). Für die Dauer des öffentlichen Kaufangebots (Übernahmeangebot) hat die börsennotierte Aktiengesellschaft, auf deren Aktien sich das Angebot richtet, nur eine eingeschränkte Handlungsfähigkeit (passivity rule – wenn in der Satzung vorgesehen). Damit soll der Schutz der kleinen Anleger und der Minderheitsaktionäre gewährleistet werden, weil so günstige Übernahmeangebote nur schwer abgewehrt werden können.

Öffentliche Kauf- oder Tauschangebote

## DIE EMITTENTEN

Für die Emittenten, deren Aktien und Obligationen an Börsen gehandelt werden, besteht eine umfassende **Publizitätspflicht**. Sie reicht vom Verkaufsprospekt und dem Börseneinführungsprospekt bis zur jährlichen und halbjährlichen Rechnungslegung. Dazu kommen die so genannten Ad-hoc-Informationen für das Publikum über allgemein nicht bekannte Ereignisse in der Gesellschaft, die den Aktienkurs und den Kurs der Obligationen beeinflussen können (z. B. eine wichtige Erfindung, hohe Verluste bei Spekulation mit Derivaten, geplante Fusionen mit anderen Gesellschaften).

Es besteht zudem ein Verbot, so genannte **Insider-Informationen** (*informazione privilegiata*) selbst zu nutzen oder an Dritte weiterzugeben. Es handelt sich dabei um genaue und vertrauliche Informationen über den Emittenten, die von beträchtlicher Bedeutung für den Kurs einer Aktie, aber auch anderer Wertpapiere sind. Der **Missbrauch von Insider-Informationen** wird strafrechtlich geahndet (bis zu sechs Jahren Gefängnis und einer Geldstrafe von 20.000 bis 3 Mio. Euro, die in schweren Fällen sogar verdreifacht werden kann). Dem Verbot unterliegen jene Personen, die durch Kapitalbeteiligung, als Geschäftsführer oder aus einer sonstigen Leitungsfunktion sowie aus beruflichen oder amtlichen Gründen Zugang zu vertraulichen Informationen haben, aber auch jene Personen, die Insider-Informationen erhalten und zu Geschäften an der Börse nützen. Durch die Bekämpfung des Missbrauchs von Insider-Informationen soll vor allem das Vertrauen der Anleger in das tadellose Funktionieren der Finanzmärkte gesichert werden, auch wenn es in Italien bis jetzt nur selten gelungen ist, Verstöße gegen Insider-Bestimmungen aufzudecken, und es fast nie zu Verurteilungen gekommen ist.

Missbrauch von Insider-Informationen

Auch wer falsche oder übertriebene Informationen in Umlauf bringt, Geschäfte simuliert oder Schliche anwendet, die zu bedeutenden Kursveränderungen bei Finanzinstrumenten führen können oder die einen lebhaften Markt vortäuschen, wird ebenfalls strafrechtlich geahndet. Für den **Marktmissbrauch** droht auch eine Verwaltungsstrafe bis zu 5 Mio. Euro.

Neuerungen für börsennotierte Gesellschaften

Für die **börsennotierten Aktiengesellschaften** *(società quotata in borsa)* gelten neben den Bestimmungen des Gesellschaftsrechts auch umfangreiche Vorschriften des **Finanzmarktgesetzes** *(testo unico della finanza, EVO Nr. 58/1998)*. Außerdem müssen diese Gesellschaften den Verhaltenskodex der Italienischen Börse *(Codice di Autodisciplina)* sowie Anweisungen der Börsenaufsichtsbehörde *(Consob)* beachten.

Für die börsennotierten Aktiengesellschaften gelten umfassende Publizitätspflichten, und die Minderheitsaktionäre verfügen in der Hauptversammlung über gestärkte Rechte. Diese Regelungen sind nach Aufdeckung der unlauteren Machenschaften bei der versuchten Übernahme der Banca Antonveneta durch die Banca Popolare di Lodi – in die Geschichte war auch der damalige Gouverneur der Banca d'Italia, Antonio Fazio, verwickelt – durch entsprechende Änderungen im Finanzmarktgesetz eingeführt worden. So können zum Beispiel in den börsennotierten Aktiengesellschaften bereits Aktionäre mit einem Anteil von 2,5 % vom Aktienkapital eine eigene Liste für die Wahl der Verwaltungsratsmitglieder einbringen. Mindestens ein Mitglied des Verwaltungsrates steht dann jener Minderheitsliste zu, die am meisten Stimmen erhalten hat. Den Minderheitsaktionären steht auch ein Mitglied im Überwachungsrat zu, der das Amt des Vorsitzenden bekleidet. Zur Stärkung der Minderheiten soll auch die erleichterte Sammlung von Vertretungsvollmachten für die Hauptversammlung beitragen. Trotzdem sind die Hauptversammlungen der börsennotierten Aktiengesellschaften in der Regel ein abgekartetes Spiel im feierlichen Rahmen. Die dort verbreiteten Informationen sind dem Finanzmarkt meistens schon bekannt. Oft sind die Großaktionäre durch **Beherrschungsverträge** *(patto parasociale)* verbunden, und sie einigen sich bereits vorher über die Beschlüsse, die dann formell von der Hauptversammlung abgesegnet werden. Publikumsgesellschaften (public company), bei denen sich die Aktien zum Großteil im Streubesitz, das heißt vorwiegend im Besitz von Kleinaktionären, befinden, sind in Italien sehr selten.

## BEISPIELE UND FRAGEN

**Wertpapierdienstleistungen**

[1] Erklären Sie die Begriffe »Primär- und Sekundärmarkt«.

[2] Nennen Sie Wertpapierdienstleistungen und damit verbundene Nebendienstleistungen.

[3] Das Wertpapiervermittlungsgesellschaft »Optima« mit Sitz in Deutschland möchte in Bozen eine Niederlassung eröffnen. Ist dafür die Genehmigung der italienischen Aufsichtsbehörde erforderlich?

[4] Wie erfolgt die Kontrolle der italienischen Wertpapiervermittlungsgesellschaften (*Sim*)?

[5] Was ist ein Investmentfonds und welche Arten kennen Sie?

[6] Welche Bestimmungen sichern bei Investmentfonds den Schutz der Anleger?

[7] Worin liegt der grundsätzliche Unterschied zwischen Aktionär und dem Inhaber von Investmentzertifikaten?

[8] Anton Reich entscheidet sich für den Erwerb von Investmentzertifikaten (Fondsanteile). Dies wurde ihm von einem Anlagevermittler geraten, der unangemeldet bei ihm zu Hause vorstellig wurde. Reich unterschrieb ein Vertragsformular, das ihm allerdings nicht ausgehändigt wurde. Zudem fehlt im Vertrag die Aufklärungsklausel über etwaige Kursschwankungen der Fondsanteile.
a) Unter welchen Voraussetzungen kann Herr Reich vom Vertrag zurücktreten?
b) Welche sonstigen Möglichkeiten hat der Anleger und wie unterscheiden sie sich voneinander?

[9] Erläutern Sie die allgemeinen Risiken bei Anlagen in Finanzinstrumente.

[10] Die berühmte Tänzerin Carla Paffi hat einen Vermögensverwaltungsvertrag mit dem Wertpapiervermittlungsgesellschaft (*Sim*) »*Onesti*« abgeschlossen. Welche Pflichten hat Frau Paffi als Anlegerin und die Firma »*Onesti*« als Vermögensverwalter?

**Börsen und Emittenten**

[11] Durch welche Organe wird die Börse in Italien überwacht?

[12] Was muss ein Emittent vor einer öffentlichen Platzierung von Wertpapieren beachten?

[13] Was enthält ein Verkaufsprospekt für die öffentliche Platzierung von Wertpapieren?

[14] Was versteht man unter dem Missbrauch von Insider-Informationen?

# Die Versicherungsverträge

## Das Versicherungsgeschäft

Der **Versicherungsvertrag** (*contratto di assicurazione*) ist nach Art. 1882 der Vertrag, mit dem sich das **Versicherungsunternehmen** gegen Zahlung einer Prämie (*premio*) verpflichtet, dem Versicherten innerhalb vereinbarter Grenzen den Schaden zu vergüten, der ihm aus einem Schadensfall erwachsen ist, beziehungsweise ein Kapital oder eine Rente auszuzahlen, wenn ein das menschliche Leben betreffendes Ereignis (z. B. Todesfall) eintritt. Es können also grob zwei große Versicherungszweige unterschieden werden:

- die **Schadenversicherung** (*assicurazione contro danni*) und
- die **Lebensversicherung** (*assicurazione sulla vita*).

Das Wesen des Versicherungsgeschäftes lässt sich so umreißen: Versicherungsunternehmen (der Versicherer – *assicuratore*) schließen eine Vielzahl von annähernd gleichartigen Versicherungsverträgen ab (Feuer-, Kfz-Haftpflicht-, Produkthaftpflicht-, Unfall-, Krankenversicherung usw.) und sie übernehmen so gegen Bezahlung einer **Prämie** (das Entgelt für den Versicherungsschutz), abgegrenzte **Risiken** (*rischio*) für einen bestimmten Zeitraum. Das übernommene Risiko besteht darin, dass beim Eintritt des Versicherungsfalles, also bei Verwirklichung der versicherten Gefahr oder bei einem Ereignis im menschlichen Leben, dem Versicherten (*assicurato*) eine vertraglich festgelegte Leistung zu erbringen ist (Zahlung des Schadens, Zahlung einer Rente).

Abgegrenzte Risiken

Die **große Zahl** von ziemlich einheitlichen Versicherungsverträgen, der so genannte Versicherungsbestand, ermöglicht es den Versicherungsunternehmen, für die einzelnen Sparten den zu erwartenden Gesamtschaden ziemlich genau mit statistischen und versicherungsmathematischen Methoden zu schätzen: Z. B. werden jährlich von 100 Autos durchschnittlich 15 Autos in einen Unfall mit Sachschaden und 3 Autos in einen Unfall mit Personenschaden verwickelt. Daraus lässt sich das Ausmaß des zu erwartenden Gesamtschadens ableiten, mit dem ein Versicherungsunternehmen im Rahmen der Kraftfahrzeug-Haftpflichtversicherung zu rechnen hat. Aufgrund dieser Berechnungen und betriebswirtschaftlicher Überlegungen wird die Prämie für die Versicherungsleistung festgelegt. Für einen Einzelfall, also z. B. bezogen auf ein einziges Auto, wäre es hingegen praktisch unmöglich, den zu erwartenden Schaden auch nur annähernd zu schätzen.

Aufgrund von statistischen Untersuchungen, die verschiedene Risikofaktoren berücksichtigen, kann ein Versicherungsunternehmen z. B. auch abschätzen, wie viele der versicherten Häuser in einem Jahr durch Brand beschädigt werden oder in wie viele der gegen Diebstahl versicherten Wohnungen eingebrochen wird und wie hoch der dadurch entstandene Schaden sein wird. Nach Geschlecht, Beruf, Familienstand, Wohnregion usw. aufgeschlüsselte Sterbetafeln ermöglichen ziemlich genaue Vorhersagen über die durchschnittliche Lebenserwartung von Personen, was besonders für die Rentenversicherung von großer Bedeutung ist.

Die Versicherung fußt somit auf der **Schätzbarkeit des Risikos** und unterscheidet sich deshalb von den Wett- oder Spekulationsverträgen, die man als aleatorische Verträge bezeichnet (lat. alea = Würfel), weil deren Erfüllung von einem ungewissen Ereignis oder vom Zufall abhängt. Im Unterschied zu den aleatorischen Verträgen müssen bei der

Versicherung die erforderlichen Mittel für die nach versicherungstechnischen Methoden schätzbaren Versicherungsfälle bereits vor deren Eintritt bereitgehalten werden.

Die von den Versicherten (genauer: dem Versicherungsnehmer) für die Versicherungsleistung bezahlten Prämien werden nach den Vorgaben der Aufsichtsbehörde vom Versicherungsunternehmen in Wertpapiere und in andere Vermögenswerte wie z.B. Immobilien angelegt. Die Versicherungsunternehmen zählen deshalb zu den wichtigen institutionellen Anlegern auf den Finanzmärkten. Es ist Aufgabe der Versicherungsunternehmen, die Finanzmittel in sicheren und ertragbringenden Vermögenswerten anzulegen. Die Versicherer müssen stets über die notwendigen Mittel verfügen, um bei Eintritt des Versicherungsfalles die erforderlichen Zahlungen leisten zu können: Schadenvergütungen, Zahlung einer vereinbarten Kapitalsumme (Kapitallebensversicherung) oder regelmäßig wiederkehrende Zahlungen von Geldbeträgen (Rentenversicherung). Die dazu erforderlichen **versicherungstechnischen Rückstellungen** (technische Reserve – *riserva tecnica*) müssen mit zulässigen Vermögenswerten, wie Schuldverschreibungen, Aktien, Anteile an Investmentfonds, Forderungen gegen Rückversicherer oder Sachanlagen bedeckt werden. Mit dem überschüssigen Teil der Prämieneinnahmen deckt das Versicherungsunternehmen seine Kosten ab und erwirtschaftet in der Regel einen Gewinn. Der Wettbewerb zwischen den Versicherern kann verhindern, dass für die Versicherungsleistungen von den Kunden zu hohe Prämien verlangt werden. Unwirtschaftlich arbeitende Unternehmen werden durch den Wettbewerb vom Markt verdrängt.

Wegen der großen wirtschaftlichen und sozialen Bedeutung des Versicherungswesens gelten für diesen Bereich eine Reihe von besonderen Vorschriften. Sie betreffen unter anderem die Einhaltung der versicherungstechnischen Grundsätze und die Anlage der Mittel aus den Prämienzahlungen. Die Aufsicht über die Versicherungsunternehmen wird von der **Versicherungsaufsichtsbehörde** (*Istituto per la vigilanza sulle assicurazioni private e di interesse collettivo – Isvap*) ausgeübt. Aufgabe der Versicherungsaufsicht ist es, die Belange der Versicherten zu wahren und die dauernde Erfüllbarkeit der Verpflichtungen aus den Versicherungsverträgen sicherzustellen.

Versicherungs-aufsichtsbehörde

Mit der Verwirklichung des Binnenmarktes hat die Europäische Gemeinschaft mehrere Richtlinien erlassen, um einen **einheitlichen Versicherungsmarkt** in der EU zu schaffen und einen gleichförmigen Verbraucherschutz zu erreichen. Ähnlich wie im Bankwesen bewirkten die EU-Richtlinien einen weitgehenden Abbau der wettbewerbshindernden Vorschriften. **Einheitliche Zulassungsbestimmungen** ermöglichen eine EU-weite Tätigkeit der Versicherungsunternehmen. Die Aufsicht besonders über die versicherungstechnischen Rückstellungen der Versicherungsunternehmen erfolgt jeweils durch die Aufsichtsbehörde des Herkunftslandes. Außerdem wurden die Vorschriften für die Kapitalanlage stark vereinfacht und ein weitgehend freier Verkehr der Versicherungsdienstleistungen verwirklicht. Bewusst wurde hingegen auf eine Angleichung des Versicherungsvertragsrechtes verzichtet.

Das Versicherungsgeschäft darf nur von **Versicherungsunternehmen** in der Rechtsform einer Aktiengesellschaft, von **Genossenschaften** oder von **Versicherungsvereinen** auf Gegenseitigkeit ausgeübt werden. Vor Beginn der Geschäftstätigkeit müssen die Versicherungsunternehmen die Zulassung durch die Versicherungsaufsichtsbehörde erhalten.

Versicherungsvermittler

Im Versicherungsgeschäft sind neben den Versicherungsunternehmen auch noch andere Unternehmen so genannte **Versicherungsvermittler** tätig (Versicherungsgesetzbuch Art. 106 ff. – *intermediari di assicurazione*). Dazu zählen die Versicherungsagenten und Versicherungsmakler, aber auch die Banken, Anlagenvermittler (*promo-*

*tore finanziario*) und Vertriebsbeauftragten. Für die Versicherungsvermittler gelten bei Geschäftskontakten mit den Versicherungskunden genaue vorvertragliche Informationspflichten und Wohlverhaltensregeln. Die Versicherungsvermittler und ihre Mitarbeiter, die außerhalb der Geschäftslokale Anträge für Verträge einholen, müssen in das von der Versicherungsaufsichtsbehörde (*Isvap*) geführte Register der Versicherungsvermittler eingetragen sein.

Die **Versicherungsagenten** (Versicherungsvertreter – *agente di assicurazione*) üben ihre Tätigkeit auf der Grundlage eines Agenturvertrages für ein oder mehrere Versicherungsunternehmen aus. Dabei besorgen sie die Vertragsabschlüsse zwischen den Kunden und dem Versicherungsunternehmen, und sie betreuen die Kunden während der Dauer des Vertragsverhältnisses. Sie können zusätzlich Vertriebsbeauftragte (*produttore*), die oft nur nebenberuflich tätig sind, für die Gewinnung von Kunden einsetzen. Die Banken haben vielfach die Ermächtigung, verschiedene Versicherungsprodukte anzubieten.

Versicherungsmakler

Der Abschluss von Versicherungsverträgen kann auch durch die Vermittlung von **Versicherungsmaklern** (*broker*) erfolgen. Diese Unternehmer sind durch kein Vertragsverhältnis mit einem bestimmten Versicherungsunternehmen gebunden. Die wesentlichen Rechte und Pflichten des Versicherungsmaklers gegenüber dem Versicherungsnehmer werden durch den Maklervertrag geregelt.

In manchen Sparten, wie der Kfz-Haftpflichtversicherung, hat der Direktvertrieb über Telefon oder Internet bereits beachtliche Bedeutung erlangt. Dafür gelten die Bestimmungen über den Fernabsatz von Versicherungsprodukten im Versicherungsgesetzbuch sowie die einschlägigen Bestimmungen im Verbraucherschutzgesetzbuch.

## Der Versicherungsvertrag im Allgemeinen

Die Versicherungsverträge werden durch das **Versicherungsgesetzbuch** (Gesetzbuch der privaten Versicherungen EVO Nr. 209/2005 – *Codice delle assicurazioni private*) geregelt. Es enthält ausführliche Bestimmungen über die Transparenz im Versicherungsgeschäft und zum Schutz der Versicherungsnehmer. Neben den vorvertraglichen Informationspflichten und den Regelungen für die Versicherungsverträge im Allgemeinen umfasst das Versicherungsgesetzbuch auch ausführliche Bestimmungen für einzelne Versicherungszweige wie die Kfz-Haftpflichtversicherung. Außerdem kommen noch die Bestimmungen über die Verträge im Allgemeinen und die besonderen Bestimmungen für die Versicherungsverträge im Zivilgesetzbuch (Art. 1882 ff.) zur Anwendung. Diese gesetzlichen Vorschriften werden noch durch die umfangreichen Vorschriften der Versicherungsaufsichtsbehörde (*regolamento Consob*) ergänzt.

Wohlverhaltensgrundsätze

Damit die Versicherungskunden überlegte und ihren Versicherungsbedürfnissen entsprechende Entscheidungen treffen können, müssen die Versicherungsunternehmen bestimmte **Wohlverhaltensgrundsätze** beachten. Die Versicherungsunternehmen haben sich

a) gegenüber den Kunden, die einen Vertrag abschließen möchten, und gegenüber den Versicherungsnehmern **sorgfältig, redlich und transparent** zu verhalten;
b) von den Kunden, die einen Vertrag abschließen möchten, müssen sie die erforderlichen Informationen einholen, um deren **Versicherungs- und Vorsorgebedarf** richtig beurteilen zu können;
c) **Interessenkonflikte** müssen möglichst vermieden werden, und wenn sie nicht vermeidbar sind, dürfen sich daraus keine Nachteile für die Versicherungsnehmer ergeben.

Für die Lebensversicherungen bestehen noch zusätzliche Informationspflichten für die gesamte Dauer des Versicherungsverhältnisses. Dazu zählen unter anderem die jährlichen Kontoauszüge, die dem Versicherungsnehmer zugestellt werden müssen.

Auch die **Versicherungsvermittler** (Versicherungsagenten, Makler, Banken usw.), über die hauptsächlich der Absatz von Versicherungsprodukten erfolgt, müssen eine Reihe von Wohlverhaltensregeln und vortragvertragliche **Informationspflichten** sowie **Beratungs- und Dokumentationspflichten** beachten: Sie müssen die notwendigen Informationen einholen, damit sie dem Kunden jene Versicherungsverträge anbieten oder empfehlen können, die seinem Versicherungs- und Vorsorgebedarf entsprechen. Verweigert der Kunde diese Auskünfte, so muss er eine eigene Erklärung mit dem Hinweis unterschreiben, dass wegen der fehlenden Informationen die Auswahl des für den Kunden geeigneten Versicherungsvertrages beeinträchtigt wird. Bei Anträgen für Versicherungsverträge, die für den betreffenden Kunden nicht geeignet sind, müssen ihn die Versicherungsvermittler davon unter Angabe der Gründe unterrichten.

Zu den vorvertraglichen Informationspflichten zählt das **Informationsblatt** (*nota informativa*), das nach dem Versicherungsgesetzbuch vor Vertragsabschluss zusammen mit den allgemeinen Versicherungsbedingungen übergeben werden muss. Das Informationsblatt enthält hauptsächlich Angaben über den Versicherungsvertrag. Sie betreffen Gewährleistung und Pflichten des Versicherungsunternehmens, Fälle von Nichtigkeit, Verfallsfristen, Beschränkungen und Ausschluss von Versicherungsleistungen, etwaige Rückgriffsrechte (Regressrechte), Rechte und Pflichten während des Vertragsverhältnisses und beim Schadensfall, Verjährungsfristen für Entschädigungsansprüche und Beschwerdemöglichkeiten.

Vertragsabschluss

Der **Abschluss eines Versicherungsvertrages** wird formell meistens durch einen Antrag des Versicherungskunden eingeleitet. Dazu wird ein vom Versicherungsunternehmen vorbereiteter Vordruck verwendet, der die wichtigsten Klauseln des künftigen Versicherungsvertrages und meistens eine Reihe von Fragen an den künftigen Versicherten enthält, die der genauen **Risikobeschreibung** dienen. Es besteht auch die Möglichkeit, dass der **Versicherungsnehmer** (*contraente*) den Vertrag zugunsten einer dritten Person abschließt. Das ist bei Lebensversicherungen der Fall, die z. B. zugunsten des Ehepartners oder der Kinder abgeschlossen werden. In diesen Fällen sind jene Personen die Versicherten, denen die Rechte aus dem Versicherungsvertrag erwachsen.

Der Versicherungsvertrag ist ein konsensueller Vertrag, der nach den allgemeinen Bestimmungen (Art. 1882–1903) **schriftlich nachgewiesen** werden muss. Deshalb ist das Versicherungsunternehmen verpflichtet, dem Versicherten stets eine Urkunde, die **Versicherungspolizze** (Art. 1888 – *polizza assicurativa*), auszustellen.

Wesentliche Merkmale des Versicherungsvertrages sind das **Risiko** und die **Prämie**. Das Risiko ist ein zukünftiges und unsicheres Ereignis. Mit dem Versicherungsvertrag wird das Risiko auf das Versicherungsunternehmen übertragen, das bei Eintritt des versicherten Ereignisses die vereinbarte Leistung zu erbringen hat. Der Versicherte muss dafür im Voraus die Prämie bezahlen. Der Rechtsgrund (causa) des Versicherungsvertrages besteht somit in der Übernahme des Risikos gegen Bezahlung der Versicherungsprämie. Deshalb ist der Versicherungsvertrag nichtig, wenn nie ein Risiko bestanden hat oder wenn das Risiko vor Vertragsabschluss erloschen ist. Herr Sehrschlau schließt z. B. eine Brandschutzversicherung für ein Haus ab, das vor einiger Zeit bereits abgebrochen wurde.

Es kann leicht vorkommen, dass der Versicherungsnehmer beim Abschluss des Versicherungsvertrages **unrichtige Angaben** macht oder dass er wichtige Tatsachen verschweigt. Das Versicherungsunternehmen kann sich in solchen Fällen kein klares

**Versicherungspolizze**
(vereinfacht)

Polizze Nr. 177666 | Agentur Nr. 211

**Hausratversicherung**

Beginn des Vertrages um 24 Uhr des 14. 5. 2009 | Ende des Vertrages um 24 Uhr des 14. 5. 20010

**Versicherte Risiken**

| | Versicherungswert | Prämie |
|---|---|---|
| Brand (Neuwert) Haus (Wohnung) | 500.000 Euro | 400 Euro |
| Haftpflicht der Familienangehörigen | 100.000 Euro | 50 Euro |
| Diebstahl | 200.000 Euro | 200 Euro |
| | **Gesamtbetrag der Prämie** | **650 Euro** |

**Versicherte Immobilie**
39050 Eppan (St. Pauls), Feldweg 12

**Erklärung des Versicherten**
Der Versicherte erklärt:
a) dass die tragenden Teile des Hauses, die Außenmauern und die Dachdeckung aus feuerfestem Material bestehen (Dachstuhl und Zwischendecken können aus Holz sein)
b) dass das Haus sein meldeamtlicher Wohnsitz ist,
c) dass die Schließvorrichtungen als »normal« anzusehen sind,
d) dass er in den fünf Jahren vor Abschluss dieses Vertrages weder Schäden durch Brand, Diebstahl oder versuchten Diebstahl erlitten hat noch Schadenersatz aus Haftpflicht leisten musste,
e) das Informationsblatt nach VO Nr. 209/2005 erhalten zu haben.

Der Versicherte | Das Versicherungsunternehmen

.................................................... | ....................................................

Bild vom wirklichen Ausmaß des Risikos machen und es kann deshalb kaum eine angemessene Prämie festlegen. Deshalb sieht das Gesetz die Annullierbarkeit des Vertrages vor, wenn der Versicherungsnehmer vorsätzlich oder grob fahrlässig unrichtige Angaben macht oder wichtige Tatsachen verschweigt (Art. 1892).

## DIE SCHADENVERSICHERUNG

Die **Schadenversicherung** ist ein Sammelbegriff für jene Versicherungszweige, bei denen das Versicherungsunternehmen beim Eintritt des **Schadensfalls** (Versicherungsfall – *sinistro*) den nachweisbar eingetretenen **Schaden** (*danno*) zu ersetzen hat.

Im Zivilgesetzbuch ist die Schadenversicherung durch die Artikel 1904–1918 geregelt. Unter die Schadenversicherung fallen die Versicherungen gegen Risiken, die bestimmte Sachen (z. B. Haus, Betrieb) oder Rechte wie z. B. die Kredite (Kreditversicherung) oder, im Falle der Haftpflicht, das gesamte Vermögen des Versicherten betreffen können. Die Versicherungen gegen Unfälle und gegen Krankheit weisen zwar verschiedene Besonderheiten auf, werden aber auch zur Schadenversicherung gezählt.

Bei einer Schadenversicherung muss der Versicherungsnehmer ein **Interesse am Schadenersatz** haben. So kann z. B. der Wohnungseigentümer eine Diebstahlversicherung abschließen, weil er befürchtet, durch Diebe einen Schaden zu erleiden. Eine außenstehende Person kann hingegen diese Wohnung nicht versichern lassen, weil das erforderliche Interesse fehlt.

Dauer des Versicherungsvertrages

Der genaue **Beginn und das Ende** der Versicherung ist bei den Schadenversicherungen gesetzlich geregelt (Art. 1899): Die Versicherung **beginnt um vierundzwanzig Uhr** des Tages, an dem der Vertrag geschlossen wurde, und **endet um vierundzwanzig Uhr** des letzten Tages des Versicherungszeitraums. Der Versicherungsvertrag kann einmal oder mehrmals **stillschweigend** verlängert werden. Wenn der Versicherungsnehmer die erste Prämie nicht bezahlt, wird der Versicherungsschutz bis zu jenem Tag (24 Uhr) ausgesetzt, an dem die geschuldete Prämie bezahlt wird (Art. 1901). Bezahlt der Versicherungsnehmer die weiteren Prämien nicht innerhalb der festgelegten Fälligkeit, so wird der Versicherungsschutz ab dem 15. Tag (24 Uhr) nach der Fälligkeit ausgesetzt.

Ein wichtiger Grundsatz besagt, dass bei der Schadenversicherung nur der **entstandene Schaden** vergütet werden muss, und zwar auch, wenn die Versicherungssumme höher als die Schadensumme ist (**Überversicherung** – *soprassicurazione*). Dadurch sollen unzulässige Bereicherungen und Spekulationen unterbunden werden. Es besteht jedoch die Möglichkeit, durch eine ausdrückliche Vereinbarung neben dem entstandenen Schaden auch den entgangenen Gewinn zu versichern.

BEISPIEL

**Überversicherung**

Der vorsichtige Herr Schutzmann hat sein Haus auf 500.000 Euro gegen Brandschäden versichert. Durch ein Schadenfeuer wird das Haus völlig zerstört, und es entsteht ein Schaden, der unter Berücksichtigung des Neuwertes auf 400.000 Euro geschätzt wird. Demnach kann der Schadenersatz, wenn Neuwertentschädigung vereinbart wurde, höchstens diesen Betrag erreichen.

**Unterversicherung** (*sottoassicurazione*) liegt vor, wenn beim Eintritt des Schadensfalls die Versicherungssumme niedriger ist als der Wert der versicherten Sache. Bei Totalschaden erhält der Versicherte nur die Versicherungssumme, die wegen der Unterversicherung nicht dem Wert der zerstörten Sache entspricht. Entsteht hingegen ein Teilschaden, so wird der entstandene Schaden nur im Verhältnis von Versicherungssumme zum Versicherungswert ersetzt. Die Berechnung erfolgt nach der Formel:

$$\text{Entschädigung} = \text{Schaden} \times \frac{\text{Versicherungssumme}}{\text{Versicherungswert}}$$

## BEISPIEL

**Unterversicherung**

Frau Sorglos versichert ihre Wohnung gegen Brandschäden, wobei die Versicherungssumme, das heißt der versicherte Höchstbetrag bei Totalschaden, mit 100.000 Euro beziffert wird. Durch einen Wohnungsbrand entstehen erhebliche Schäden, die sich auf 150.000 Euro belaufen. Der nicht durch den Brand beschädigte Teil der Wohnung wird einschließlich Möbel, Geräte und sonstigen versicherten Sachen auf 150.000 Euro geschätzt. Vor dem Schadensfall belief sich der Gesamtwert der Wohnung deshalb auf insgesamt 300.000 Euro.

Der entstandene Schaden (100.000 Euro) wird wegen der Unterversicherung nicht im vollen Ausmaß vergütet. Entsprechend dem Verhältnis zwischen Versicherungssumme und Versicherungswert (1:2) werden von der Versicherung nur 50.000 Euro als Schadenersatz ausbezahlt.

$$\text{Entschädigung} = 100.000 \times \frac{150.000\ (\text{Versicherungssumme})}{300.000\ (\text{Versicherungswert})} = 50.000$$

Gegenüber der Leistung des Versicherungsunternehmens – Übernahme des Risikos und Ersetzung des etwaigen Schadens – ergeben sich bei Schadenversicherungsverträgen folgende **Pflichten für den Versicherten**:

- Zahlung der vereinbarten **Prämie**,
- **Mitteilungspflicht:** Bei einer wesentlichen **Erhöhung des Risikos** während der Laufzeit des Vertrages muss der Versicherungsnehmer umgehend das Versicherungsunternehmen benachrichtigen. Das Versicherungsunternehmen kann darauf hin eine höhere Prämie verlangen oder vom Vertrag zurücktreten (Art. 1898),
- **nach Eintritt des Schadensfalls:** Der Versicherungsnehmer muss den Schadensfall innerhalb von **drei Tagen** dem Versicherungsunternehmen **melden** (Benachrichtigungspflicht bei Schadensfall – *avviso in caso di sinistro*), damit es umgehend das Ausmaß und die Ursache des Schadens feststellen kann (Art. 1913).
  Der Versicherungsnehmer muss im Rahmen des Möglichen alles unternehmen, um den Schaden abzuwenden oder zu mindern (Art. 1914 **Rettungspflicht** – *obbligo di salvataggio*).

### Schadenversicherung – vertragliche Pflichten

| Pflichten des Versicherten | Pflichten des Versicherungsunternehmens |
|---|---|
| • Zahlung der Prämie<br>• Mitteilung an den Versicherer bei wesentlicher Erhöhung des Risikos<br>• bei Eintritt des Schadensfalls: Benachrichtigung des Versicherers (drei Tage), Rettungspflicht | • Übernahme des Risikos<br>• Schadenersatz bei Eintritt des Schadensfalls |

Wenn der Versicherungsnehmer bei einem Schadensfall vorsätzlich den eingetretenen Schaden nicht meldet oder wenn er vorsätzlich seiner Rettungspflicht nicht nachkommt, verliert er den Anspruch auf die Entschädigung durch das Versicherungsunternehmen (Art. 1915). Hat der Versicherungsnehmer hingegen fahrlässig seine Benachrichtigungs- oder seine Rettungspflicht nicht erfüllt, so kann das Versicherungsunternehmen die Entschädigung entsprechend den erlittenen Nachteilen kürzen. In den Allgemeinen Versicherungsbedingungen behalten sich die Versicherungsunternehmen in der Regel das Recht vor, beim Eintritt eines Schadensfalls mit Vorankündigung vom Vertrag zurückzutreten, und zwar bis zu 60 Tage nach Zahlung der Entschädigung, wobei der auf den restlichen Versicherungszeitraum entfallende Teil der Prämie dem Versicherten zurückerstattet werden muss.

Eintrittsrecht

Eine wichtige Bestimmung sieht das **Eintrittsrecht des Versicherers** (Art. 1916 – *diritto di surrogazione dell'assicuratore*) vor. Damit kann das Versicherungsunternehmen, wenn es beim Schadensfall die Entschädigung bezahlt hat, in die Rechte des Versicherungsnehmers gegenüber den für den Schaden verantwortlichen Dritten eintreten. Wenn z. B. Kinder mit Kerzen spielen und dadurch ein gegen Feuer versicherter Stadel in Brand gerät, muss das Versicherungsunternehmen den entstandenen Schaden dem versicherten Eigentümer des Stadels bezahlen. Daraufhin kann es die Eltern der Kinder auf Bezahlung des Schadens klagen, jedoch nur bis zur Höhe der an den Versicherten bezahlten Entschädigung. Durch diese Bestimmung soll vermieden werden, dass sich der Versicherungsnehmer in unzulässiger Weise bereichert, indem er die Zahlung vom Versicherungsunternehmen erhält und zudem Schadenersatz von den Verursachern des Schadens verlangt. Das Versicherungsunternehmen kann im Versicherungsvertrag auf das Eintrittsrecht verzichten. In diesem Fall können keine Ansprüche gegen die haftenden Dritten geltend gemacht werden.

## DIE HAFTPFLICHTVERSICHERUNG

Ein wichtiger Zweig der Schadenversicherung ist die **Haftpflichtversicherung** (*l'assicurazione della responsabilità civile*), die den Versicherten vor Haftpflichtansprüchen durch geschädigte Dritte schützt. Damit übernimmt das Versicherungsunternehmen bis zur vertraglich festgelegten **Deckungssumme** (*massimale*) das Risiko aus der vertraglichen oder außervertraglichen Haftung des Versicherten, letztere insbesondere im Zusammenhang mit unerlaubten Handlungen (Art. 2043 ff.). Ausgeschlossen sind vorsätzlich vom Versicherungsnehmer verursachte Schäden. So kann z. B. ein Gastwirt eine Haftpflichtversicherung für seinen Betrieb abschließen. Diese Versicherung betrifft Schäden, die Gäste durch Verschulden des Gastwirtes oder seiner Mitarbeiter im Betrieb erleiden: Ein Gast rutscht auf dem schlüpfrigen Boden aus und verletzt sich, ein Gast ertrinkt im unbewachten Schwimmbad des Hotels usw.

**Risiko bei der Haftpflichtversicherung:** Schadenersatzansprüche aus der vertraglichen oder außervertraglichen Haftung des Versicherten

Haftpflichtversicherungen werden für verschiedenste Bereiche angeboten: Haftpflichtversicherungen der Betriebe, wie z. B. Produkthaftung oder Haftung für Umweltschäden, Haftpflichtversicherungen für Familien einschließlich der Schäden, die Dritte bei durch Familienmitgliedern verursachten Sportunfällen erleiden können, Haftpflichtversicherungen für Tierhalter (z. B. Hundebesitzer), für Freiberufler (z. B. Kunstfehler der Ärzte), für Hauseigentümer usw.

Das Zivilgesetzbuch enthält nur sehr knappe Bestimmungen über die Haftpflichtversicherung. Dabei wird der Schutz des geschädigten Dritten kaum berücksichtigt. Dieser hat zwar ein Vorzugsrecht an der vom Versicherungsunternehmen geschuldeten Entschädigung (Art. 2767), der geschädigte Dritte kann aber seinen Anspruch nicht direkt gegenüber dem Versicherungsunternehmen geltend machen und diesen auch nicht gerichtlich belangen.

In der Praxis sehen Klauseln in den Versicherungsverträgen vor, dass der Versicherungsnehmer etwaige Prozesse über den Haftpflichtanspruch des Geschädigten und damit verbundene Vergleiche vom Versicherungsunternehmen führen lassen muss (**Prozessführungsklausel** – *patto di gestione della lite*).

## Kraftfahrzeug-Haftpflichtversicherung

Für Kraftfahrzeuge einschließlich der Leichtmotorräder ist die **Kraftfahrzeug-Haftpflichtversicherung** (*responsabilità civile automobilistisca – r. c.*) als Pflichtversicherung gesetzlich vorgeschrieben, und für sie gelten auch besondere Bestimmungen des Versicherungsgesetzbuches. Die Kraftfahrzeug-Haftpflichtversicherung muss vom Fahrzeugeigentümer abgeschlossen werden. Für im Verkehr befindliche Kraftfahrzeuge (Autos, Motorräder, Lastkraftwagen usw.) muss die Haftpflichtversicherung mit einer sichtbar am Fahrzeug angebrachten Versicherungsplakette und dem Versicherungsschein belegt werden. Die Kraftfahrzeug-Haftpflichtversicherung deckt Sach- und Personenschäden, die durch das im Verkehr befindliche Fahrzeug verursacht werden, einschließlich der Personenschäden, die Mitreisende – Familienmitglieder inbegriffen – erleiden. Die gesetzliche Mindestdeckungssumme wird stufenweise bis zum Jahr 2012 je Unfall auf 5 Mio. Euro für Personenschäden und 1 Mio. Euro für Sachschäden erhöht. Es ist jedoch möglich, höhere Deckungssummen oder eine unbegrenzte Deckung vertraglich zu vereinbaren.

Im Gegensatz zu anderen Haftpflichtversicherungen hat der **geschädigte Dritte** (*terzo danneggiato*) bei der Kraftfahrzeug-Haftpflichtversicherung im Rahmen der Deckungssumme einen **Direktanspruch** (*azione diretta*) gegen das Versicherungsunternehmen. Er kann aber gleichzeitig den Schadenersatzanspruch gegen den Fahrzeugeigentümer und den Lenker des Fahrzeugs gerichtlich geltend machen. Wenn an Stelle des Eigentümers eine andere Person das Fahrzeug lenkt, haften Eigentümer und Lenker gesamtschuldnerisch für die Dritten zugefügten Schäden.

Haftung bei Verkehrsunfällen

Im Zusammenhang mit **Verkehrsunfällen** sind zwei weitere wichtige Grundsätze zu beachten (Art. 2054):

- Wenn ein Lenker eines Fahrzeuges (gilt z. B. auch für Fahrradfahrer oder ein Pferdefuhrwerk, Geleisfahrzeuge sind ausgenommen) Personen oder Sachen mit dem im Verkehr befindlichen Fahrzeug einen Schaden zufügt, so muss er den Schaden ersetzen, wenn er nicht beweist, dass er alles Mögliche unternommen hat, **um den Schaden zu vermeiden**.
- Wenn Fahrzeuge zusammenstoßen, wird bis zum **Gegenbeweis** vermutet, dass jeder der beteiligten Lenker **im gleichen Maß** zur Verursachung des an den einzelnen Fahrzeugen entstandenen Schadens beigetragen hat.

Für die Entschädigung sind nach einem Unfall zwei verschiedene Verfahren vorgesehen: die »gewöhnliche« Entschädigung und die direkte Entschädigung.

## BEISPIEL

**»Gewöhnliche« Entschädigung**

Der unachtsame Hans Schnell bringt mit seinem rasanten Motorrad die Radfahrerin Frau Renate Vorsichtig zu Fall. Sie erleidet verschiedene Abschürfungen, ihre Kleider sind zerrissen, und das Fahrrad ist beschädigt. Herr Schnell meldet den Unfall seiner Versicherungsgesellschaft »sichere Fahrt«, bei der er die Kfz-Haftpflichtversicherung abgeschlossen hat. Dieser Fall wird nach den Bestimmungen für das »gewöhnliche« Entschädigungsverfahren (*procedura »ordinaria«*) abgewickelt. Die geschädigte Frau Vorsichtig wendet sich deshalb für den Schadenersatz an die Versicherungsgesellschaft »sichere Fahrt« des für den Unfall verantwortlichen Herrn Schnell.

**Direkte Entschädigung**

Der unachtsame Hans Schnell hat am Steuer seines Autos die Vorfahrtsregel nicht beachtet und knallt in die Flanke des Autos von Frau Jessica Ruhig. Es entsteht beachtlicher Sachschaden, und die Verschuldensfrage ist klar. Die beiden Autolenker füllen den Unfallbericht (blauer Vordruck: *costatazione amichevole*) aus und unterschreiben ihn. Frau Ruhig, die sich als Geschädigte nicht (oder nur teilweise) für den Unfall verantwortlich erachtet, muss sich für die Entschädigung an ihre eigene Versicherungsgesellschaft »Vorsichtig und vernünftig« wenden und nicht an jene von Herrn Schnell, wie das beim gewöhnlichen Entschädigungsverfahren der Fall wäre. Diese direkte Entschädigung (*risarcimento diretto*) ermöglicht eine schnellere Schadensabwicklung, verursacht einen geringeren Verwaltungsaufwand und verringert die Streitfälle. Die Versicherungsgesellschaft »Vorsichtig und vernünftig« wird die geleistete Entschädigung zu Durchschnittskosten im multilateralen Abrechnungsverfahren mit der Versicherungsgesellschaft von Hans Schnell verrechnen.

Beim **»gewöhnlichen« Entschädigungsverfahren** (*procedura »ordinaria«*) wendet sich der Geschädigte an jene Versicherungsgesellschaft, bei der die Haftpflichtversicherung für das Kraftfahrzeug abgeschlossen wurde, dessen Lenker den Unfall verursacht hat. Diese Form der Schadensabwicklung wird zum Beispiel bei einem Unfall zwischen einem Kraftfahrzeug (Auto, Motorrad, Lastwagen, Bus usw.) und einem Fußgänger oder einem Fahrradfahrer angewandt, wenn der Lenker des Kraftfahrzeugs den Unfall voll oder wenigstens teilweise zu verantworten hat. Auch wenn mehrere Kraftfahrzeuge in einen Unfall verwickelt sind und in verschiedenen anderen Fällen wird das »gewöhnliche« Entschädigungsverfahren angewandt.

Direktes Entschädigungsverfahren

Das **direkte Entschädigungsverfahren** (*risarcimento diretto*) ist im Versicherungsgesetzbuch durch die Artikel 149 und 150 geregelt. Dieses vereinfachte Verfahren ist nur bei Unfällen zwischen **zwei Kraftfahrzeugen** vorgesehen. Dabei müssen die Kraftfahrzeuge in Italien zugelassen und versichert sein. Entschädigt werden die Schäden an jenem Fahrzeug, dessen Lenker keine Verantwortung am Unfall trägt. Außerdem darf sich dieser Lenker nicht schwerer verletzt haben. Das direkte Entschädigungsverfahren ist nämlich nur zulässig, wenn die Verletzungen des Lenkers höchstens zu neun Punkten bleibender Invalidität führen. Die Entschädigung von Mitreisenden ist hingegen auch bei schwereren Verletzungen möglich.

Unfallbericht

Über den Unfall muss der ausführliche **Unfallbericht** auf dem blauen Vordruck (*constatazione amichevole, modulo CAI*) abgefasst werden. Dieser Unfallbericht ist dann zusammen mit dem Entschädigungsantrag vom Versicherungsnehmer eingeschrieben und mit Rückschein **an seine** Versicherungsgesellschaft zu schicken oder dort abzugeben. Die Versicherungsgesellschaft muss bei Schäden am Fahrzeug innerhalb von 60 Tagen nach Einlangen des Entschädigungsantrags (innerhalb von 90 Tagen bei Personenschäden) ein Entschädigungsangebot machen. Wenn beide am Unfall be-

teiligten Lenker den Unfallbericht unterschrieben haben, verkürzt sich die Frist von 60 auf 30 Tage. Wenn der Geschädigte mit der vom Versicherungsunternehmen angebotenen Entschädigungssumme einverstanden ist, muss die Zahlung innerhalb von 15 Tagen erfolgen. Diese Entschädigungssumme muss auch bezahlt werden, wenn der Geschädigte mit dem Angebot nicht einverstanden ist und er ein Gerichtsverfahren gegen das Versicherungsunternehmen einleitet, um eine höhere Entschädigung zu erhalten.
Das direkte Entschädigungsverfahren ist möglich, weil die Versicherungsunternehmen aufgrund eines Abkommens die Schadensfälle untereinander zu Durchschnittskosten im multilateralen Abrechnungsverfahren verrechnen.

### Kfz-Haftpflichtversicherung

| Pflichten des Versicherungsnehmers | Pflichten der Versicherungsgesellschaft |
| --- | --- |
| • Kraftfahrzeug versichern und Versicherungsprämie bezahlen<br>• Versicherungsplakette gut sichtbar am Fahrzeug anbringen<br>• bei einem Unfall: Unfallbericht ausfüllen und Unfall unverzüglich melden | • vorvertragliche Informationen erteilen<br>• ist zum Vertragsabschluss verpflichtet (Kontrahierungszwang)<br>• Versicherungsplakette und Versicherungsschein aushändigen<br>• Bescheinigung über Schadenverlauf vor Ablauf der Versicherung aushändigen<br>• Unterstützung bei Schadensabwicklung |

## DIE LEBENSVERSICHERUNG

Die Lebensversicherung umfasst nach dem Versicherungsgesetzbuch verschiedene Zweige:

I. die klassischen **Lebensversicherungen** (Ablebens- oder Erlebensversicherung – *assicurazioni sulla durata della vita umana*);
II. Heirats- und Geburtenversicherung (kaum üblich);
III. **fonds- oder indexgebundene** Lebensversicherungen (*assicurazione unit linked, index linked*);
IV. **Kranken- und Pflegeversicherungen** (*assicurazione malattia e contro il rischio di non autosufficienza*);
V. **Kapitalbildungsverträge**;
VI. **individuelle Rentenversicherungen**.

Kapitalbildungsverträge

Die **Kapitalbildungsverträge** (*contratto di capitalizzazione, contratto a capitale differito*) sehen vor, dass der Versicherungsnehmer eine einmalige Prämienzahlung oder periodische Prämienzahlungen durchführt. Dafür verpflichtet sich das Versicherungsunternehmen, nach Ablauf der vereinbarten Jahre einen Kapitalbetrag auszubezahlen. Dabei besteht keine Abhängigkeit von der Lebensdauer des Versicherungsnehmers. Es handelt sich deshalb um ein Versicherungsprodukt, das starke Ähnlichkeiten mit Finanzprodukten aufweist.

Die individuellen **Rentenversicherungen** (*piano individuale pensionistico*) sichern den Versicherten eine Zusatzrente, wenn sie das gesetzliche Rentenalter (Frauen 60, Männer 65) erreichen. Ihre Leistungen ähneln den offenen und geschlossenen Zusatzrentenfonds und sind steuerlich begünstigt.

Der Abschluss eines Lebensversicherungsvertrages wird formell mit einem **Antrag des Kunden** (Versicherungsnehmer) eingeleitet. In diesem Zusammenhang hat das Versicherungsunternehmen die Wohlverhaltensregeln zu beachten und umfassende vorvertragliche Informations- und Transparenzpflichten zu erfüllen. Dem Versicherungsnehmer ist eine Informationsbroschüre auszuhändigen. Sie enthält ein Übersichtsblatt (*scheda sintetica*) mit einer Übersicht über die Merkmale, die Sicherstellungen, die Kosten und die etwaigen Risiken der betreffenden Versicherungsleistung, das Informationsblatt mit einer Zusammenfassung der Vertragsbedingungen, die allgemeinen Versicherungsbedingungen, ein Glossar und den Vordruck für den Antrag des Versicherungsnehmers.

Der **Antrag** für Lebensversicherungsverträge ist durch den Kunden **widerrufbar** (*revocabile*), und die von ihm eventuell bezahlten Beträge müssen zurückerstattet werden. Für den Versicherungsnehmer besteht außerdem ein **Rücktrittsrecht** (*diritto di recesso*) vom Lebensversicherungsvertrag innerhalb von **30 Tagen**, nachdem er die Mitteilung des Vertragsabschlusses erhalten hat. Das Versicherungsunternehmen muss den Kunden von diesem Rücktrittsrecht informieren und kann die Vergütung der Aufwendungen verlangen, die tatsächlich für die Erstellung des Versicherungsvertrages entstanden sind.

Neben den Bestimmungen des Versicherungsgesetzbuchs gelten für Lebensversicherungsverträge auch die Bestimmungen des Zivilgesetzbuchs (Art. 1919–1927). So gibt es im Zivilgesetzbuch eine Regelung, wenn es bei einem Lebensversicherungsvertrag (Todesfallversicherung) zu einer Erhöhung des Risikos kommt, weil der Versicherungsnehmer den Beruf oder die Beschäftigung wechselt.

Bei einer übermäßigen Erhöhung des Risikos (z. B. ein Bankbeamter wird Tiefseetaucher) kann das Versicherungsunternehmen vom Vertrag zurücktreten. Sonst kann es dem Versicherungsnehmer eine Prämienerhöhung oder eine Herabsetzung der Versicherungsleistung vorschlagen. Dieser Vorschlag gilt als angenommen, wenn ihn der Versicherungsnehmer nicht innerhalb von 15 Tagen ausdrücklich ablehnt.

Wenn der Versicherungsnehmer die Prämie für das erste Jahr nicht bezahlt, kann sie das Versicherungsunternehmen einklagen. Bei **Nichtzahlung der Prämien** nach dem ersten Jahr gilt der Vertrag nach Ablauf der vertraglich festgelegten Wartefrist oder 30 Tage nach Fälligkeit der Prämie (wenn keine Wartefrist festgelegt wurde) als aufgehoben (Art. 1924). Die geleisteten Prämien verbleiben dem Versicherungsunternehmen, wenn nicht die Voraussetzungen für die Beendigung des Versicherungsvertrages durch

Rückkauf

Rückkauf oder für die Herabsetzung der Versicherungsleistung bestehen. Unter **Rückkauf** (*riscatto*) versteht man die vorzeitige Beendigung eines Lebensversicherungsvertrages, bei dem der Versicherungsnehmer den sogenannten Rückkaufswert (*valore di riscatto*) ausbezahlt erhält.

Im Gegensatz zu den hier behandelten Lebensversicherungen, bei der mit den Prämienzahlungen entsprechende Anlagen in Wertpapieren und anderen Vermögenswerten getätigt werden, arbeitet die **gesetzliche Pensionsversicherung** – es handelt sich um einen Kernbereich des Sozialstaates – nach dem **Umlageverfahren** (*sistema a ripartizione*): Die erwerbstätigen Versicherten finanzieren mit ihren Beiträgen die laufenden Pensionen der Pensionisten und erwerben dadurch Pensionsansprüche gegenüber der nachrückenden Generation. Dieser so genannte Generationenvertrag wird durch die zunehmende Überalterung der Bevölkerung stark gefährdet.

## BEISPIELE UND FRAGEN

[1] Auf welche Weise wird die Versicherungsprämie festgesetzt?

[2] Welche Rechtsform ist für die Versicherungsunternehmen vorgeschrieben?

[3] Was sind Versicherungsvermittler, und welche Pflichten müssen sie bei der Vermittlung von Versicherungsgeschäften erfüllen?

[4] Christine Feuer schließt mit der Brandversicherung »Wasser« einen Versicherungsvertrag gegen Brandschäden ab. Die Allgemeinen Versicherungsbedingungen der Versicherungsgesellschaft »Wasser« enthält eine Klausel, die durch Blitzschlag verursachte Schäden ausschließt. Während eines Gewitters wird das Haus von Frau Feuer tatsächlich von einem Blitz getroffen, was zu schweren Brandschäden im gesamten Dachgeschoss führt. Nun verweigert die Versicherungsgesellschaft die Bezahlung des Schadens. Zu Recht?

[5] Welche Form ist für den Versicherungsvertrag erforderlich?

[6] Wann ist ein Versicherungsvertrag völlig nichtig und wann ist er annullierbar (*annullabile*)?

[7] Was versteht man unter der »Prozessführungsklausel«?

[8] Wann kann nach einem Verkehrsunfall das direkte Entschädigungsverfahren angewandt werden? Welches sind die Vorteile dieses Verfahrens?

[9] Welche Rechte und Pflichten ergeben sich aus dem Kfz-Haftpflichtversicherungsvertrag für Versicherungsnehmer und für das Versicherungsunternehmen?

[10] Beim Überqueren der Straße wird Frau Pech auf dem Zebrastreifen von einem leichtfertigen Autofahrer angefahren. Hat sie einen Direktanspruch gegen das Versicherungsunternehmen?

[11] Der Kunde kann den Antrag für einen Lebensversicherungsvertrag widerrufen. Er hat auch ein Rücktrittsrecht innerhalb von 30 Tagen, nachdem er vom Versicherungsunternehmen die Mitteilung vom Vertragsabschluss erhalten hat. Begründen Sie diese Bestimmungen.

[12] Nennen Sie die Ereignisse im menschlichen Leben, die bei einer Lebensversicherung den Versicherungsfall auslösen?

[13] Wann kann die Versicherungsgesellschaft vom Lebensversicherungsvertrag zurücktreten?

[14] Die Verkäuferin Andrea schließt bei der Versicherungsgesellschaft »Viel Glück« eine Lebensversicherung zu Gunsten ihres Sohnes ab. Bei Vertragsabschluss beantwortet sie alle Fragen zum Risikozuschlag. Es bestanden jedoch keine risikoerhöhenden Umstände. Eine halbes Jahr später entdeckt Frau Andrea ihre Leidenschaft für das Gleitschirmfliegen und frönt nun fast jedes Wochenende ihrem gefährlichen Sport. Die Versicherungsgesellschaft »Viel Glück« will auf Grund des erhöhten Risikos vom Versicherungsvertrag zurücktreten. Zu Recht?

[15] Frau Andrea zahlt über zwei Jahre hinweg keine Prämie für ihren Lebensversicherungsvertrag. Besteht der Versicherungsvertrag noch weiter?

# INFORMATIONSBLATT FÜR KFZ-HAFTPFLICHTVERSICHERUNGSVERTRÄGE

nach dem Versicherungsgesetzbuch und der *Isvap*-Verordnung Nr. 5/2006
(gekürzt und vereinfacht)

Zur Information des Versicherungsnehmers erläutert das Versicherungsunternehmen »Euroland-Versicherung« die wichtigsten Vertragsbedingungen. Diese Erläuterungen sind nicht Teil des Versicherungsvertrages. Das Vertragsverhältnis wird ausschließlich durch den Versicherungsvertrag und durch die Allgemeinen Versicherungsbedingungen geregelt.

## Informationen über das Versicherungsunternehmen

Die »Euroland-Versicherung« Aktiengesellschaft, Gesellschaftssitz Brixen, Adlerbrückengasse 3, ist mit Dekret des Ministeriums für Wirtschaftsentwicklung vom 10. 7. 2008 zur Ausübung der Versicherungstätigkeit ermächtigt worden.

## Informationen über den Versicherungsvertrag im Allgemeinen

**Anwendbares Recht**
Nach dem Versicherungsgesetzbuch haben die Vertragspartner die freie Wahl des Rechts, das auf das Vertragsverhältnis anwendbar ist. Die »Euroland-Versicherung« AG schlägt vor, für den Versicherungsvertrag das italienische Recht anzuwenden.

**Beschwerden**
Beschwerden, die das Versicherungsverhältnis betreffen, sind schriftlich, mit Fax oder E-Mail an die »Euroland-Versicherung« Brixen zu richten. Wenn auf die Beanstandung keine für den Versicherungsnehmer ausreichende Abhilfe folgt oder wenn er innerhalb von 45 Tagen keine Antwort erhält, kann sich der Versicherungsnehmer an die Beschwerdestelle der Versicherungsaufsichtsbehörde *Isvap* wenden.

**Verjährung**
Die Verjährung tritt mit Ablauf der zur Durchsetzung von Ansprüchen bestimmten Zeit ein. Nach Artikel 2952 Zivilgesetzbuch verjähren die Ansprüche aus dem Versicherungsvertrag in einem Jahr ab dem Tag, an dem sich der Vorfall ereignet hat, aus dem sich der Anspruch begründet.
Bei der Kfz-Haftpflichtversicherung beginnt die Frist ab dem Tag zu laufen, an dem der Dritte vom Versicherungsnehmer den Schadenersatz verlangt oder gegen ihn Klage erhoben hat.
Der Anspruch auf Schadenerssatz, der durch den Verkehr von Fahrzeugen jeglicher Art verursacht wird, verjährt in zwei Jahren (Artikel 2947 Zivilgesetzbuch).

## Besondere Informationen über den Kfz-Haftpflichtversicherungsvertrag

**Ausgeschlossene Personen- und Sachschäden**

Wenn der Lenker des versicherten Fahrzeugs den Verkehrsunfall verschuldet, dann sind die von ihm erlitten Personen- und Sachschäden von der Versicherung ausgeschlossen.

In solchen Fällen sind außerdem folgende Sachschäden ausgeschlossen:

a) an Sachen des Eigentümers des Fahrzeugeigentümers, an Sachen des Fahrzeugkäufers, wenn er das Fahrzeug unter Eigentumsvorbehalt erworben hat, sowie Sachen des Fahrzeugmieters, der das Fahrzeug aufgrund eines Leasingvertrages nutzt;

b) an Sachen des Ehepartners, des Lebensgefährten, der Eltern und der Kinder des Fahrzeuglenkers und des Fahrzeugeigentümers bzw. Fahrzeughalters nach Buchstabe a);

c) an Sachen der persönlich haftenden Gesellschafter und ihrer Familienangehörigen.

**Laufzeit des Vertrages, Prämienanpassung**

Der für ein Jahr oder einem längeren Zeitraum geschlossene Versicherungsvertrag verlängert sich jeweils um ein Jahr, wenn er nicht mindestens 15 Tage vor Vertragsende gekündigt wird. Wenn das Versicherungsunternehmen bei Vertragserneuerung die geltenden Prämienkonditionen abändern will, muss es die neuen Tarife mindestens 60 Tage vor Vertragsablauf dem Versicherungsnehmer bei der zuständigen Agentur zur Verfügung stellen.

Bewirkt die Prämienanpassung eine Erhöhung der bisherigen Prämie, kann der Versicherungsnehmer den Vertrag vor Ablauf kündigen. In diesem Fall hat der Versicherungsnehmer Anrecht auf Versicherungsschutz im vertraglich vereinbarten Umfang bis 15 Tage nach dem Fälligkeitstag. Nach Ablauf der 15-tägigen Nachfrist erlischt der Vertrag automatisch, wenn bis dahin weder die Kündigung erfolgt ist noch die Prämie bezahlt wurde.

Auf Verträge, die ohne die Klausel der »stillschweigenden Verlängerung« abgeschlossen wurden, finden vorherige Regelungen keine Anwendung.

**Begrenzung des Versicherungsschutzes und Regressrecht**

Wenn bei Eintritt des Schadenfalls kein Versicherungsschutz bestand, kann das Versicherungsunternehmen Rückgriff (Regress) auf den Versicherungsnehmer nehmen. Dieses Rückgriffrecht besteht auch in den sonstigen Fällen nach Art. 144 Versicherungsgesetzbuch:

a) wenn der Fahrzeuglenker nicht die jeweils vorgeschriebene Fahrerlaubnis besitzt,

b) wenn ein Fahrschüler das Fahrzeug ohne Beistand eines Fahrlehrers lenkt,

c) bei Haftpflichtansprüchen von mit dem versicherten Fahrzeug beförderten Personen, wenn deren Beförderung gegen die geltenden Vorschriften und den Angaben im Fahrzeugschein verstößt,

d) wenn der Lenker unter dem Einfluss von Alkohol oder Rauschmitteln stand oder mit Fahrverbot nach der Straßenverkehrsordnung belegt war.

**Prämieneinstufung**

Bei der Kfz-Haftpflichtversicherung nach dem Bonus-Malus-System reduziert sich die Versicherungsprämie je länger die schadenfreie Versicherungsdauer ist. Der Versicherungsnehmer kann eine Prämienerhöhung aufgrund von Schadensfällen vermeiden.

Dazu muss er die vom Versicherungsunternehmen während der Zeitspanne vor Vertragserneuerung erbrachten Entschädigungsleistungen nach den Vertragsbedingungen ganz oder teilweise ersetzen.

Bei Verkauf, Verschrottung oder Diebstahl des Fahrzeugs steht es dem Eigentümer zu, dass ihm für ein anderes Fahrzeug die gleiche Prämienstufe zuerkannt wird. Das Recht auf die gleiche Prämienstufe steht auch für ein Fahrzeug des mit dem Fahrzeugeigentümer in Gütergemeinschaft lebenden Ehepartners zu.

**Bescheinigung über den Schadenverlauf**

Das Versicherungsunternehmen übergibt dem Fahrzeugeigentümer jeweils vor dem jährlichen Ablauf des Versicherungsvertrages die Bescheinigung über den Schadenverlauf (*attestato dello stato di rischio*). Diese Bescheinigung enthält unter anderem: die in den vergangenen fünf Jahren eingetretenen Versicherungsfälle, die vom Versicherungsnehmer eingeforderten und nicht bezahlten Selbstbehalte, die nach dem Bonus-Malus-System im abgelaufenen Jahreszeitraum und die für den folgenden Jahreszeitraum zugewiesene Prämienstufe.

Der Versicherungsnehmer, der das Fahrzeug mit Ablauf des Jahreszeitraums bei einem anderen Versicherungsunternehmen versichert, muss diesem die Bescheinigung über den Schadenverlauf für das abgelaufene Jahr vorlegen.

**Verhalten bei Schadensfällen**

Bei Schadensfällen ist der Versicherungsnehmer verpflichtet, unverzügliche Meldung unter Verwendung des Vordrucks für den Schadenbericht (*modulo CAI – Constatazione Amichevole di Incidente*) zu erstatten. Im Vordruck sind alle erforderlichen Angaben zu machen: Schilderung des Unfalls, Kennzeichen der beteiligten Fahrzeuge, Daten der betreffenden Versicherungsverträge, Personalien der Lenker. Dem Versicherungsunternehmen sind außerdem alle sachdienlichen Auskünfte zu erteilen und sämtliche Unterlagen zum Schadensfall, auch über die Einleitung von Gerichtsverfahren, vorzulegen.

Wenn die Pflicht zur Meldung des Schadensfalls oder zur Vorlage der obigen Unterlagen verletzt wird, ist das Versicherungsunternehmen zum Rückgriff (Regress) auf den Versicherungsnehmer befugt, um die erbrachten Entschädigungsleistungen voll oder teilweise einzufordern.

## Entschädigungsleistungen

**Erbringung von Entschädigungsleistungen**

Wenn bei einem Verkehrsunfall nur Sachschäden entstanden sind, kann die beschleunigte direkte Schadensabwicklung unter Verwendung des Vordrucks für den Unfallbericht (*modulo CAI*) durchgeführt werden. Dabei wird die Entschädigungsleistung vom Versicherungsunternehmen innerhalb folgender Fristen erbracht:

a) innerhalb von 30 Tagen, wenn der eingeschriebene Entschädigungsantrag der vollständig ausgefüllte und von beiden beteiligten Lenkern unterschriebene Unfallbericht (*modulo CAI*) beiliegt;
b) innerhalb von 60 Tagen, wenn dem eingeschriebenen Entschädigungsantrag der vollständig ausgefüllte und nur vom Antragsteller unterschriebene Unfallbericht (*modulo CAI*) beiliegt.

Es ist zudem mitzuteilen, wann und wo der Schadensregulierer das beschädigte Fahrzeug besichtigen kann. Bei Verkehrsunfällen mit Personenschäden, wird die Entschädigungsleistung innerhalb von 90 Tagen nach Empfang der vorgeschriebenen Unterlagen erbracht.

**Abkommen über das direkte Entschädigungsverfahren**
Die »Euroland-Versicherung« Aktiengesellschaft ist dem Abkommen über das direkte Entschädigungsverfahren beigetreten. Dadurch können die Entschädigungsleistungen vom Versicherungsunternehmen direkt an den Eigentümer des versicherten Fahrzeugs geleistet werden,

a) wenn am Verkehrsunfall nur zwei Kraftfahrzeuge beteiligt waren und beide identifiziert worden sind;
b) wenn der nicht für den Verkehrsunfall verantwortliche Lenker Sach- oder Personenschäden erlitten hat und die Personenschäden nach Art. 139 Versicherungsgesetzbuch höchstens eine Invalidität von neun Prozent verursachen;
c) wenn das für die Kfz-Haftpflichtversicherung des anderen Unfallfahrzeugs zuständige Versicherungsunternehmen, dem Abkommen über das direkte Entschädigungsverfahren beigetreten ist.

Leichtmotorräder und landwirtschaftliche Maschinen sind vom direkten Entschädigungsverfahren ausgeschlossen.

# Die Insolvenzverfahren

## Einführung

Unternehmen sind nicht immer erfolgreich, und es gibt zahlreiche Ursachen, die zum Niedergang eines Unternehmens führen können: Verlust bedeutender Absatzmärkte, Zahlungsunfähigkeit eines wichtigen Kunden, fehlgeschlagene Investitionen, unzureichende Innovationsfähigkeit und allgemeine Unfähigkeit der Geschäftsführung, um nur einige zu nennen. Bevor es zum völligen Zusammenbruch kommt, gibt es meistens deutliche Hinweise auf die zunehmenden Schwierigkeiten. Rechnungen, Steuern, Sozialbeiträge und Löhne werden nicht mehr pünktlich bezahlt, Kreditrahmen werden überzogen, neue Kredite werden aufgenommen, Verkäufe mit übermäßigen Preisnachlässen oder die Veräußerung von Vermögensgegenständen sollen die dringend benötigte Liquidität bringen. Die schwierige Lage bleibt den Geschäftspartnern und besonders den Banken nicht lange verborgen. Waren werden dann nur mehr gegen Barzahlung geliefert, Kredite werden gekündigt und Gläubiger werden versuchen, ihre fälligen Forderungen einzutreiben oder Sicherstellungen zu erhalten.

In solchen Fällen lässt sich der Zusammenbruch des Unternehmens, der in die völlige Zahlungsunfähigkeit münden kann, oft nicht mehr abwenden. Bei Zahlungsunfähigkeit des Unternehmers soll mit den **Insolvenzverfahren** (*procedure concorsuali*) die **gleichmäßige Befriedigung aller Gläubiger** (*par condicio creditorum*) und, wenn möglich, die Sanierung des in Krise befindlichen Unternehmens erreicht werden.

Zwangsvollstreckung

Der Konkurs ist von der **Zwangsvollstreckung** (*azione esecutiva individuale*) in das Vermögen des Unternehmens zu unterscheiden. Die Zwangsvollstreckung kann von einzelnen Gläubigern betrieben werden, wenn sich ein Unternehmer weigert, eine fällige Zahlung zu leisten. In diesem Fall muss nicht unbedingt eine Zahlungsunfähigkeit vorliegen, sondern der Unternehmer könnte die Zahlung aus anderen Gründen verweigern: Z. B. wird eine Maschine nicht bezahlt, weil sich kurz nach Ablauf der Garantiefrist ein Totalschaden ereignet hat, für den der Lieferant nicht mehr aufkommen will.

Um die Zahlung der ausständigen Forderung zu erzwingen, kann der Gläubiger ein gerichtliches Mahnverfahren (*procedimento di ingiunzione*) einleiten. Er kann so einen **Mahnbescheid** (*decreto ingiuntivo*) erlangen, womit der säumige Schuldner zum Beispiel aufgefordert wird, den ausständigen Rechnungsbetrag innerhalb einer Frist von 40 Tagen zu bezahlen. Wenn der Schuldner dieser Aufforderung nicht fristgerecht nachkommt, stellt der Mahnbescheid einen Vollstreckungstitel dar. Damit kann der Gläubiger dann die Zwangsvollstreckung in das Vermögen des Schuldners betreiben.

## Das Konkursgesetz

Die Insolvenzverfahren sind durch das so genannte **Konkursgesetz** (königl. Dekret Nr. 267/1942 – *»legge fallimentare«*) geregelt, das mit der Reform von 2006 (EVO Nr. 5/2006 und EVO Nr. 169/2007) in wesentlichen Teilen erneuert wurde. Die Reform sollte auch eine Vereinfachung und Beschleunigung der früher äußerst langwierigen Verfahren bringen. Neben dem eigentlichen **Konkurs** (*fallimento*) zählen zu den Insolvenzverfahren noch der **Ausgleich** (*concordato preventivo*) sowie die **Zwangsliquidierung** im Verwaltungsweg (*liquidazione coatta amministrativa*), die für bestimmte Unternehmen wie Banken, Versicherungen und Genossenschaften an Stelle des Konkursverfahrens angewandt wird. Ein besonderes Verfahren, die **außerordentliche Verwaltung** (*amministrazione straordinaria*), ist für in Krise geratene Unternehmen mit **mehr als 200 Beschäftigten** (Gesetz Nr. 95/1979 – »*legge Prodi*«, 1999 novelliert) und für Großunternehmen vorgesehen, wenn konkrete Sanierungschancen bestehen (EVO Nr. 347/2003).

## DER KONKURS

Als **Konkurs** (*fallimento*) bezeichnet man das Verfahren, wodurch bei Zahlungsunfähigkeit eines Handelsunternehmers die Gläubiger möglichst gleichmäßig befriedigt werden sollen. Der Handelsunternehmer, über den der Konkurs eröffnet wurde, ist der so genannte **Gemeinschuldner** (*fallito*). Beim Konkursverfahren wird sein gesamtes, dem Konkurs unterliegendes Vermögen verwertet und der Erlös dazu verwendet, um die Forderungen der Gläubiger so weit wie möglich zu begleichen. Einzelvollstreckungen in das Vermögen des Gemeinschuldners sind während des Konkursverfahrens nicht zulässig. Bevor mit der Verwertung der Aktiva begonnen wird, muss geprüft werden, ob eine Sanierung des in Krise geratenen Unternehmens möglich ist.

### Zahlungsunfähigkeit des Handelsunternehmens

Das Konkursverfahren kann nur über ein **zahlungsunfähiges Handelsunternehmen** (Einzelunternehmen und Gesellschaften) eröffnet werden.

Freiberufler, Landwirte, öffentliche Körperschaften, die keine Handelstätigkeit ausüben, Vereine und Privatpersonen können nicht dem Konkurs unterworfen werden. Bei Zahlungsunfähigkeit oder Zahlungsverweigerung ist gegenüber diesen Rechtssubjekten, wenn überhaupt etwas zu holen ist, nur die Zwangsvollstreckung möglich.

Dem Konkurs unterliegen nur **mittlere und größere** Handelsunternehmen im weiteren Sinn. Es kann sich dabei um Einzelunternehmen, Personen- oder Kapitalgesellschaften handeln. Damit bei Zahlungsunfähigkeit der Konkurs beantragt werden kann, muss das betreffende Handelsunternehmen in das Handelsregister eingetragen sein, und die nicht bezahlten und bereits fälligen Schulden müssen insgesamt mindestens **30.000 Euro** betragen. Zudem muss das Unternehmen folgende drei Grenzwerte erreichen:

- **Gesamtaktiva** von **über 300.000 Euro** in den drei Geschäftsjahren vor dem Konkursantrag,
- **Bruttoerträge** von über **200.000 Euro** in den drei Geschäftsjahren vor dem Konkursantrag,
- **Gesamtschuldenstand** (einschließlich der nicht fälligen Schulden) **über 500.000 Euro.**

Kleinere Unternehmen sind hingegen vom Konkursverfahren ausgeschlossen, und gegen sie können bei Zahlungsunfähigkeit nur Einzelvollstreckungen eingeleitet werden.

## Konkursantrag

Der Konkurs kann von einem oder mehreren Gläubigern beantragt werden. Auch der zahlungsunfähige Unternehmer selbst oder die Staatsanwaltschaft können den Konkursantrag (*istanza fallimentare*) stellen. Die Staatsanwaltschaft muss den Konkursantrag stellen, wenn die Zahlungsunfähigkeit im Zusammenhang mit Konkursstraftaten (z. B. betrügerischer Bankrott – *bancarotta fraudolenta*) steht. Wenn also z. B. Vermögenswerte des Unternehmens versteckt wurden oder die Buchhaltung und die dazugehörigen Belege zerstört oder gefälscht wurden.

Der **Konkursantrag** ist an das **Landesgericht** zu stellen, in dessen Zuständigkeitsbereich sich der Hauptsitz des zahlungsunfähigen Unternehmens befindet. Das Gericht hat den zahlungsunfähigen Unternehmer anzuhören und etwaige Ermittlungen zu veranlassen. Wird der Konkursantrag als begründet erachtet, so **eröffnet** das Landesgericht den **Konkurs** durch ein entsprechendes Urteil (*sentenza dichiarativa di fallimento*). Gegen dieses Urteil kann Widerspruch eingelegt werden. Auf Verfügung des Gerichts muss der Unternehmer die Jahresabschlüsse der vergangenen drei Jahre sowie eine auf den letzten Stand gebrachte Übersicht über die Vermögens-, Wirtschafts- und Finanzlage bei Gericht hinterlegen.

Konkurseröffnungsurteil

## Die Konkursorgane

Das Konkursverfahren zielt darauf ab, das Vermögen des **Gemeinschuldners** (*fallito*) zu erfassen und zu liquidieren (»versilbern«). Die so erzielten Erlöse werden dann aufgrund eines Verteilungsplanes an die Gläubiger verteilt. An der Abwicklung des Konkursverfahrens sind vier **Konkursorgane** (Konkursgesetz Art. 23 ff. – *organi del fallimento*) beteiligt: das Konkursgericht, der beauftragte Richter, der Masseverwalter und der Gläubigerausschuss.

Konkursgericht

Das **Konkursgericht** (*tribunale fallimentare*) ist mit dem gesamten Konkursverfahren betraut. Es ernennt den beauftragten Richter und den Masseverwalter und überwacht deren Tätigkeit. Es entscheidet in Streitfällen, die das Verfahren betreffen, und über den Widerspruch gegen Maßnahmen des beauftragten Richters. Außerdem hat das Konkursgericht weitgehende Zuständigkeiten für Streitfälle, die sich aus dem Konkursverfahren ergeben.

Beauftragter Richter

Der **beauftragte Richter** (*giudice delegato*) überwacht die Abwicklung des Konkurses und die Tätigkeit des Masseverwalters. Er bestellt den Gläubigerausschuss, entscheidet bei Beschwerden gegen Maßnahmen des Masseverwalters und des Gläubigerausschusses, und er ermächtigt den Masseverwalter, sich auf Rechtsstreitigkeiten einzulassen.

Masseverwalter

Der **Masseverwalter** (*curatore*) übernimmt das Konkursvermögen, und er verwaltet und verwertet es unter der Aufsicht des beauftragten Richters. Bei der Ausübung seines Amtes ist er eine **Amtsperson** (*pubblico ufficiale*). Nach der Konkurseröffnung muss der Masseverwalter innerhalb von 60 Tagen einen ausführlichen **Bericht über die Ursachen des Konkurses** und die diesbezügliche Verantwortung des Gemeinschuldners dem beauftragten Richter vorlegen. Unter anderem muss er im Bericht jene Rechtshandlungen des Gemeinschuldners anführen, die er anfechten will.

Die wichtigste Aufgabe des Masseverwalters besteht in der **Sicherung, Verwaltung und Verwertung des Konkursvermögens**. Er haftet für die sorgfältige Ausführung seiner Aufgaben. Für seine Tätigkeit steht ihm ein Honorar zu.

## Das Konkursverfahren

| | |
|---|---|
| **1. Konkurseröffnung**<br>*(la dichiarazione di fallimento)* | **Voraussetzung:**<br>• Zahlungsunfähigkeit (*stato di insolvenza*) des Handelsunternehmers<br>• mindestens 30.000 Euro fällige und nicht bezahlte Schulden<br>• Gesamtschuldenstand über 500.000 Euro<br>• in den drei Geschäftsjahren vor Konkursantrag: Gesamtaktiva über 300.000 Euro und Bruttoerträge über 200.000 Euro |
| | **Konkursantrag** an das Landesgericht durch:<br>• Gemeinschuldner (*fallito*)<br>• ein oder mehrere Gläubiger (*creditore*)<br>• Staatsanwalt (*pubblico ministero*) |
| | **Konkurseröffnung** durch Konkursurteil des Landesgerichts |
| | **Konkursorgane:**<br>• Konkursgericht (*tribunale fallimentare*)<br>• beauftragter Richter (*giudice delegato*)<br>• Masseverwalter (*curatore*)<br>• Gläubigerausschuss (*comitato dei creditori*) |
| | **Wirkungen der Konkurseröffnung:**<br>• für den Gemeinschuldner: Er verliert die Verfügungsgewalt über sein Vermögen, muss Geschäftsbücher hinterlegen und Geschäftskorrespondenz abgeben<br>• für die Gläubiger: keine Einzelzwangsvollstreckung<br>• für Rechtshandlungen zum Nachteil der Gläubiger: Anfechtung durch den Masseverwalter<br>• für in Ausführung befindliche Verträge: Masseverwalter kann zwischen Ausführung und Auflösung wählen; manche Verträge werden automatisch aufgelöst (z. B. Kontokorrentvertrag) |
| **2. Ablauf des Konkursverfahrens**<br>*(la procedura)* | **Verwahrung und Verwaltung der Konkursmasse**<br>• Anbringen von Siegeln<br>• Masseverwalter erstellt Inventar<br>• Anmerkung der Konkurseröffnung im Handelsregister<br>• eventuell einstweilige Weiterführung des Unternehmens |
| | **Feststellung der Schulden** (*accertamento del passivo*)<br>• Forderungsanmeldung durch die Gläubiger |
| | **Verwertung der Konkursmasse und Verteilung des Liquidationserlöses** (*liquidazione dell'attivo*)<br>• Erstellung des Abwicklungsplans durch Masseverwalter<br>• wenn keine Sanierung möglich, Veräußerung des gesamten Betriebes oder von einzelnen Betriebszweigen<br>• wenn Veräußerung des ganzen Betriebes nicht möglich oder nicht vorteilhaft, Verkauf der beweglichen und unbeweglichen Sachen sowie der Rechte<br>• Verteilungsvorschlag mit Reihenfolge: Masseschulden, bevorrechtigte Forderungen, nicht bevorrechtigte Forderungen<br>• Rechnungslegung des Masseverwalters und Schlussverteilung des Liquidationserlöses |
| | **Beendigung des Konkursverfahrens** – verschiedene Möglichkeiten:<br>• es wurden keine Forderungen angemeldet<br>• Verfahrensspesen und sämtliche Forderungen wurden bezahlt<br>• Verwertung der Konkursmasse und Schlussverteilung sind abgeschlossen<br>• Ausgleich innerhalb des Konkurses (*concordato fallimentare*)<br>• Einstellung mangels Aktiva |
| | **Landesgericht verfügt Einstellung des Konkursverfahrens** |

Der **Gläubigerausschuss** (*comitato dei creditori*) wird vom beauftragten Richter ernannt und besteht aus drei oder fünf Gläubigern.

Gläubigerausschuss

Er ermächtigt und überwacht die Maßnahmen des Masseverwalters und gibt Stellungnahmen in den vom Gesetz vorgesehenen Fällen ab (z. B. über etwaige Unterhaltszahlung für den Gemeinschuldner, den Verteilungsvorschlag, den Ausgleichsvorschlag) und wenn das Konkursgericht oder der beauftragte Richter eine Stellungnahme anfordert. Der Masseverwalter muss die Ermächtigung des Gläubigerausschusses unter anderem in folgenden Fällen einholen:

- für Maßnahmen der außerordentlichen Verwaltung;
- Weiterführung eines Werkvertrages;
- einstweilige Weiterführung des Unternehmens;
- Verpachtung des Unternehmens;
- Verzicht auf Sachen des Gemeinschuldners, deren Verwertung mehr kostet, als sie wert sind.

Den Mitgliedern des Gläubigerausschusses steht ein Entgelt zu, das höchstens 10 % vom Honorar des Masseverwalters betragen darf.

## Auswirkungen der Konkurseröffnung für den Gemeinschuldner

Die Konkurseröffnung hat einschneidende Auswirkungen für den Gemeinschuldner, und zwar besonders was die Verfügungsgewalt über sein Vermögen anbelangt (Art. 42 ff. Konkursgesetz).

Für den **Gemeinschuldner** gelten nach der Konkurseröffnung verschiedene Einschränkungen: Er darf nicht Mitglied des Verwaltungsrates, des Überwachungsrates oder anderer Gremien von Kapitalgesellschaften sein. Wenn der Gemeinschuldner ein Gesellschafter einer Personengesellschaft ist (einfache Gesellschaft, offene Handelsgesellschaft oder Vollhafter einer Kommanditgesellschaft), erfolgt nach Konkurseröffnung sein Ausschluss aus der Gesellschaft. Auch die Ausübung bestimmter Freiberufe (Notar, Rechtsanwalt, Wirtschaftsberater) ist dem Gemeinschuldner während der Dauer des Konkursverfahrens untersagt.

Im Zusammenhang mit dem Konkurs kann der Gemeinschuldner außerdem wegen verschiedener Konkursstraftaten angeklagt werden, die auf die Schädigung der Gläubiger abzielen. Darunter fällt der **betrügerische Bankrott** (*bancarotta fraudolenta*). Es handelt sich um Straftaten, die vom Unternehmer vorsätzlich begangen wurden, wie z. B. die Zerstörung der Geschäftsbücher, die Verheimlichung von Vermögenswerten, Zahlungen an bestimmte Gläubiger zum Schaden der anderen Gläubiger. Der **einfache Bankrott** (*bancarotta semplice*) umfasst fahrlässige Handlungen des Gemeinschuldners wie übermäßige Privatentnahmen oder die ungenaue Führung der Geschäftsbücher. Eine **missbräuchliche Kreditbeanspruchung** (*ricorso abusivo al credito*) liegt vor, wenn der Unternehmer unter Verheimlichung seiner Zahlungsschwierigkeiten weiterhin Kredite in Anspruch nimmt.

Mit dem Konkurseröffnungsurteil wird dem Gemeinschuldner das Recht entzogen, seine Güter zu verwalten und darüber zu verfügen. Die Verwaltung und das Verfügungsrecht über das Konkursvermögen wird dem Masseverwalter übertragen, wobei er ein Inventar zu erstellen hat. Nicht unter den Konkurs fallen nur die rein persönlichen Sachen und Rechte des Gemeinschuldners (z. B. der Mietvertrag für die Wohnung des Gemeinschuldners) und der für den Unterhalt erforderliche Teil etwaiger Gehälter und Pensionen.

## Bevorrechtigte und nicht bevorrechtigte Gläubiger

Durch den Konkurs sollen die **Gläubiger** gleichmäßig befriedigt werden. Die Gläubiger sind im Konkurs aber nicht alle gleichgestellt. Man unterscheidet **bevorrechtigte Gläubiger** (*creditore privilegiato*), deren Forderungen durch Pfand, Hypothek oder Vorzugsrechte gesichert sind, und **nicht bevorrechtigte Gläubiger** (*creditore chirografaro*), also gewöhnliche Gläubiger, deren Forderungen nicht abgesichert sind.

Massegläubiger

Von den Konkursgläubigern (bevorrechtigte und nicht bevorrechtigte Gläubiger) sind die **Massegläubiger** (*creditore di massa*) zu unterscheiden. Ihre Forderungen entstehen nach Konkurseröffnung aus Rechtsgeschäften und Handlungen des Masseverwalters (Telefon- und Stromrechnung, Büromaterial, Prozesskosten usw.) und sie müssen voll und vor den Forderungen der Konkursgläubiger aus der Konkursmasse bezahlt werden.

Für die Konkursgläubiger gelten zwei wichtige Grundsätze:

- **alle Forderungen**, auch die abgesicherten Forderungen, müssen – von Ausnahmen abgesehen – nach dem Konkursrecht **festgestellt werden**,
- mit der Konkurseröffnung darf **keine Einzelzwangsvollstreckung** auf Sachen, die vom Konkurs betroffen sind, begonnen oder fortgesetzt werden.

Mit der Konkurseröffnung gelten alle **Geldschulden** des Gemeinschuldners als **fällig**. Gleichzeitig wird durch die Konkurseröffnung der Lauf der vertraglichen und der gesetzlichen Zinsen bis zur Beendigung des Konkurses unterbrochen. Nur für die bevorzugten Forderungen einschließlich der Lohnforderungen laufen die Zinsen weiter. Die Zahlung der Zinsen erfolgt jedoch nur, wenn dazu der Erlös aus dem Verkauf der als Sicherung dienenden Sachen ausreicht.

## Die Konkursanfechtung

Bevor ein Unternehmen in den Konkurs schlittert, werden oft Waren, Maschinen oder Immobilien zu Schleuderpreisen veräußert sowie andere nachteilige Geschäfte abgeschlossen, wodurch die Konkursgläubiger sicher einen Schaden erleiden. Zum Schutz der Gläubiger sind deshalb verschiedene, vor dem Konkurs zustande gekommene Rechtsgeschäfte gegenüber den Gläubigern **unwirksam** (*privi di effetto*). Dies betrifft sämtliche Schenkungen und sonstige unentgeltliche Verfügungen in den zwei Jahren vor Konkurseröffnung, mit Ausnahme der Geschenke aus üblichen Anlässen, wenn sie in angemessenem Verhältnis zum Vermögen des Gemeinschuldners stehen (Art. 64 Konkursgesetz). Gleiches gilt für jene Schulden, die am Tag der Konkurseröffnung oder später fällig werden und die vom Gemeinschuldner in den zwei Jahren vor der Konkurseröffnung vorzeitig beglichen wurden. Sowohl die Schenkungen als auch die vorzeitig bezahlten Schulden sind unwirksam, und der Masseverwalter muss in diesen Fällen keine gerichtliche Anfechtung durchführen.

Gerichtliche Anfechtung

Die **gerichtliche Anfechtung** (*azione revocatoria*) ist hingegen erforderlich, damit jene **entgeltlichen Geschäfte** (abgeschlossen innerhalb von einem Jahr vor Konkurseröffnung) für unwirksam erklärt werden, bei denen zwischen Leistung und Gegenleistung ein beachtliches Missverhältnis zu Ungunsten des Gemeinschuldners besteht: Waren werden z. B. um mehr als 25 % unter ihrem Marktwert verkauft. Auch bei unüblichen Zahlungsformen, wie die Hingabe von Sachen an Stelle der Zahlung, und bei der nachträglichen Einräumung von Pfandrechten, Hypotheken für nicht fällige Schulden (immer im Zeitraum von einem Jahr vor Konkurseröffnung) kann eine gerichtliche Anfechtung durch den Masseverwalter erfolgen. Die Anfechtungsklage kann in diesen

Fällen abgewiesen werden, wenn die **beklagte Partei beweist**, dass ihr die Zahlungsunfähigkeit des Schuldners nicht bekannt war.

Folgende Rechtshandlungen, die innerhalb von sechs Monaten vor Konkurseröffnung vorgenommen wurden, sind anfechtbar, wenn der **Masseverwalter beweist**, dass die beklagte Partei die **Zahlungsunfähigkeit des Schuldners kannte**. Dazu zählen die Zahlung von fälligen Schulden mit normalen Zahlungsmitteln, die Errichtung eines Pfandes oder einer Hypothek für neu entstandene Schulden sowie alle sonstigen entgeltlichen Rechtsgeschäfte.

Keine Anfechtungsklage kann gegen Einzahlungen des Gemeinschuldners auf sein Bankkonto eingeleitet werden. Ausgenommen sind nur die Einzahlungen, die wesentlich und dauerhaft die Verschuldung des Gemeinschuldners gegenüber der Bank vermindert haben (Art. 67 Konkursgesetz). Ebenfalls keine Anfechtungsklage ist gegen den Verkauf von Immobilien und gegen die Vorverträge möglich, wenn die betreffende Immobilie als Hauptwohnung für den Käufer oder für seine Familienangehörigen dient.

Für die in Gütergemeinschaft (*comunione dei beni*) lebenden Ehegatten – das ist der Normalfall – hat die Konkurseröffnung die **Auflösung der Gütergemeinschaft** (Art. 191 ZGB) zur Folge. Die aktiven Vermögensteile (Immobilien, Möbel, Auto usw.) und die Schulden aus der Gütergemeinschaft (Hypothekardarlehen usw.) werden zu gleichen Teilen unter den Ehepartnern aufgeteilt. Zur Konkursmasse zählen deshalb die Hälfte der Vermögenswerte aus der Gütergemeinschaft und die persönlichen Güter des Gemeinschuldners. Die Hälfte der Schulden aus der Gütergemeinschaft fallen unter die Konkursforderungen.

Auswirkungen der Konkurseröffnung auf Verträge

Die Konkurseröffnung hat auch Auswirkung auf die verschiedenen **Vertragsverhältnisse**, die zwischen dem Gemeinschuldner und anderen Unternehmen oder sonstigen Wirtschaftssubjekten bestehen.

Grundsätzlich gilt, dass der Masseverwalter entscheiden kann, ob er die mit dem Gemeinschuldner bestehenden Rechtsverhältnisse fortführen will oder nicht. Deshalb sind die Vertragsklauseln nichtig, die eine Vertragsauflösung bei Konkurs vorsehen (Art. 72 Konkursgesetz). Für einige Vertragsarten sieht das Konkursgesetz hingegen ausdrücklich die Auflösung des Vertrages mit der Konkurseröffnung vor. So gilt zum Beispiel der Kontokorrentvertrag einschließlich das Bankkontokorrent **automatisch als aufgelöst**, weil mit dem Konkurs sämtliche Forderungen gegenüber dem Gemeinschuldner sofort fällig werden. Die automatische Auflösung ist auch für den Auftrag (nur beim Konkurs des Beauftragten), den Kommissionsvertrag und den Werkvertrag mit Unternehmen (*contratto d'appalto*) vorgesehen. Mit Ermächtigung des Gläubigerausschusses kann der Masseverwalter aber innerhalb von 60 Tagen nach Konkurseröffnung die Auflösung des Werkvertrages verhindern.

Was den **Mietvertrag für Immobilien** (*contratto di locazione immobiliare*) anbelangt, der in der Praxis von besonderer Bedeutung ist, gilt beim Konkurs des Mieters (*conduttore*) Folgendes: Der Masseverwalter kann entscheiden, ob er den Mietvertrag weiterführen will oder nicht. Wenn sich der Masseverwalter für die Fortsetzung des Mietverhältnisses mit dem Vermieter (*locatore*) entscheidet, kann er in der Folge jederzeit vom Vertrag zurücktreten. Der **Pachtvertrag für den Betrieb** (*contratto d'affitto di azienda*) wird durch den Konkurs des Pächters oder des Verpächters nicht automatisch aufgelöst. Beide Vertragsparteien haben aber innerhalb von 60 Tagen nach Konkurseröffnung die Möglichkeit, vom Vertrag zurückzutreten, wobei eine angemessene Entschädigung zu leisten ist (Art. 79 Konkursgesetz).

Für die in Ausführung befindlichen **Kauf- und Dauerlieferungsverträge** kann sich der Masseverwalter (als Käufer) für die weitere Durchführung entscheiden. Die daraus sich ergebenden Verbindlichkeiten zählen zu den Masseschulden. Ist der Gemeinschuldner hingegen der Verkäufer, so kann der Masseverwalter die Lieferung verweigern, und in diesem Fall muss der Käufer seine Forderung, wenn er z. B. eine Anzahlung geleistet hat, (nicht bevorzugt) beim Konkurs anmelden. Der Masseverwalter kann auch in den Dauerlieferungsvertrag eintreten, und der Preis ist in diesem Fall auch für die bereits erfolgten Lieferungen zur Gänze zu bezahlen.

## Feststellung der Schulden und Verwertung der Konkursmasse

Die **Feststellung der Konkursforderungen** stellt einen heiklen Abschnitt im Konkursverfahren dar, wobei es starke Spannungen zwischen den Gläubigern und dem Gemeinschuldner geben kann. Die vom Masseverwalter benachrichtigten Gläubiger müssen ihre Forderungen mindestens 30 Tage vor der Versammlung zur Bildung des Schuldenstandes beim Landesgericht anmelden. Aufgrund der eingelangten Anträge bildet der Masseverwalter den **provisorischen Schuldenstand** mit den zugelassenen Forderungen (*credito ammesso*), den nicht zugelassenen Forderungen (*credito non ammesso*) und den mit Vorbehalt zugelassenen Forderungen (*credito ammesso con riserva*), weil z. B. die erforderlichen Belege fehlen. Bei einer Versammlung, an der Masseverwalter, Gemeinschuldner und Konkursgläubiger teilnehmen, erfolgt die Überprüfung der angemeldeten Forderungen, wobei die Betroffenen Einwände vorbringen können. Es besteht dabei auch die Möglichkeit, weitere Forderungen anzumelden. Unter Berücksichtigung der etwaigen Einwände wird dann der **endgültige Schuldenstand** des Konkurses vom beauftragten Richter mit Dekret als vollstreckbar erklärt. Darauf kann der Masseverwalter mit der **Verwertung der Konkursmasse** (*liquidazione dell'attivo*) beginnen.

Dazu hat der Masseverwalter einen **Abwicklungsplan** (*programma di liquidazione*) zu erstellen, um die Veräußerung der Aktiva möglichst schnell durchführen zu können. Dieser Abwicklungsplan muss vom Gläubigerausschuss angenommen werden. Nach Art. 105 Konkursgesetz ist der Verkauf des gesamten Betriebes oder von einzelnen Zweigen des Betriebes gegenüber einer getrennten Verwertung der Waren, Maschinen, Einrichtungen, Immobilien sowie der sonstigen Sachen und Rechte vorzuziehen. In diesem Zusammenhang kann auch mit den Belegschaftsvertretern vereinbart werden, dass nur ein Teil der Arbeitnehmer vom neuen Eigentümer des Betriebes übernommen wird. Nur wenn ein Verkauf des gesamten Betriebes oder von Betriebsteilen nicht möglich ist oder wenn damit keine bessere Befriedigung der Gläubiger erzielt werden kann, ist der Verkauf von einzelnen Sachen aus der Aktiva zulässig.

Verteilungsentwurf

Alle vier Monate muss der Masseverwalter eine Aufstellung der verfügbaren Geldmittel und einen Verteilungsentwurf vorlegen. Die Erlöse aus der Verwertung der Konkursmasse werden nach folgender Reihenfolge ausgezahlt:

- Masseschulden und vorab zu befriedigende Forderungen;
- bevorrechtigte Forderungen;
- nicht bevorrechtigte Forderungen (*credito chirografaro*).

Als **Masseschulden** und vorab zu befriedigenden Forderungen (*crediti prededucibili*) werden jene Forderungen bezeichnet, die mit der Abwicklung des Konkursverfahrens entstehen und deshalb vor den übrigen Forderungen vollständig befriedigt werden müssen. Dazu zählen die Spesen für die Aufbewahrung und Liquidierung der Aktiva, die Ausgaben für die vom Masseverwalter eingeleiteten Gerichtsverfahren, die Aufwendungen für die einstweilige Geschäftsführung, das Honorar des Masseverwalters, die etwaigen Aufwendungen für den Ausgleichsversuch vor Konkurseröffnung usw.

Zu den **bevorrechtigten Forderungen** (*credito assistito da diritto di prelazione*) zählen jene Forderungen, für die ein allgemeines Vorzugsrecht an beweglichen Sachen (Art. 2751 ff. ZGB) gilt oder für die ein Pfandrecht an einer bestimmten Sache, wie zum Beispiel an einer Maschine, eingeräumt wurde. Ein allgemeines Vorzugsrecht an beweglichen Sachen (*privilegio generale sui mobili*) besteht unter anderem für Forderungen betreffend die ausständigen Entlohnungen der Arbeitnehmer und die ausständigen Provisionen der Handelsvertreter, die ausständigen Honorare der Freiberufler, die Forderungen der Handwerksunternehmen sowie der Arbeitsgenossenschaften und der landwirtschaftlichen Genossenschaften und die ausständigen Steuern und Sozialbeiträge.

Außer den Hypotheken, die auf bestimmte Liegenschaften eingeräumt wurden, bestehen auch Vorzugsrechte an Liegenschaften (*privilegi sopra gli immobili*). So zum Beispiel für Forderungen betreffend die Zwangsversteigerung von Immobilien.

Nach Abschluss der Verwertung der Konkursmasse legt der Masseverwalter dem beauftragten Richter die detaillierte Abrechnung über seine Geschäftsführung vor. Nach Annahme der Abschlussrechnung kann die **Schlussverteilung** (*ripartizione finale*) vorgenommen werden.

## Die Beendigung des Konkursverfahrens

Das **Konkursverfahren** kann auf verschiedene Weise beendet werden:
- durch einen **Ausgleich**, der innerhalb des Konkurses erfolgt;
- es wurden **keine Forderungen** angemeldet, weil z. B. eine außergerichtliche Einigung mit den Gläubigern erzielt werden konnte;
- die Verfahrensspesen wurden bezahlt, und **sämtliche Forderungen** wurden befriedigt;
- die **Verwertung der Konkursmasse** wurde abgeschlossen und die **Schlussverteilung beendigt**. Das ist die übliche Abwicklung eines Konkurses. Meistens wird nur ein Teil der Gläubiger voll befriedigt;
- durch Einstellung des Verfahrens **mangels Aktiva**.

Einstellung des Konkursverfahrens

Die Einstellung des Konkursverfahrens wird vom Landesgericht verfügt, und damit enden die vermögensrechtlichen Wirkungen des Konkurses sowohl für den Gemeinschuldner als auch für die Gläubiger. Es wird somit wieder möglich, eine Einzelzwangsvollstreckung auf das eventuell noch vorhandene oder erneut entstandene Vermögen des Schuldners einzuleiten.

Entschuldung

Wenn es sich um eine natürliche Person handelt, kann der Gemeinschuldner nach Beendigung des Konkursverfahrens die so genannte **Entschuldung** (*esdebitazione*) bei Gericht beantragen. Wenn das Gericht den Antrag annimmt, wird der Gemeinschuldner von der Bezahlung der noch nicht befriedigten Forderungen befreit. Voraussetzungen für die Entschuldung sind nach Art. 142 Konkursgesetz unter anderem, dass der Gemeinschuldner mit den Konkursorganen zusammengearbeitet, die Geschäftskorrespondenz dem Masseverwalter übergeben und die Zahlungsunfähigkeit nicht zusätzlich verschärft hat.

## Ausgleich im Konkurs

Die Beendigung des Konkursverfahrens kann mit einem **Ausgleich im Konkurs** (*concordato fallimentare*) erfolgen. Dazu legen ein oder mehrere Gläubiger, eine ausstehende Person oder der Gemeinschuldner einen Ausgleichsvorschlag vor, um eine Einigung mit den Gläubigern zu erreichen. Die Gläubiger können dabei in mehrere Gruppen eingeteilt werden, für die eine unterschiedliche Befriedigung der Forderungen vorgesehen ist. Auch eine nur teilweise Befriedigung der bevorrechtigten Forderung ist zulässig. Der Ausgleichsvorschlag gilt als angenommen, wenn die Gläubiger, die dem Vorschlag zustimmen, die Mehrheit der Forderungen vertreten. Mit dem Bestätigungsdekret des Landesgerichts wird der Ausgleich im Konkurs für alle Gläubiger wirksam und kann dann durchgeführt werden.

# DER AUSGLEICH

Ein in Zahlungsschwierigkeiten geratener Unternehmer kann den **Konkurs vermeiden**, indem es einen **Ausgleich** (*concordato preventivo*) vorschlägt. Mit diesem Insolvenzverfahren vermeidet der Unternehmer die vermögensrechtlichen und die etwaigen strafrechtlichen Folgen, die mit einem Konkurs verbunden sind. Als Schuldner kann der Unternehmer einen Ausgleichsantrag an das Landesgericht stellen, dem ein Bericht eines Freiberuflers über die Durchführbarkeit des Ausgleichs beizufügen ist. Dabei kann der Ausgleichsvorschlag eine Einteilung der Gläubiger in verschiedene Gruppen vorsehen, die in unterschiedlichem Ausmaß befriedigt werden sollen.

Gerichtskommissär überwacht den Ausgleich

Wenn das Landesgericht den Ausgleichsantrag annimmt, wird ein **Gerichtskommissär** für die Überwachung des Ausgleichs bestellt und die Versammlung der Gläubiger einberufen. Der Ausgleichsvorschlag gilt als angenommen, wenn die Gläubiger, die dem Vorschlag zustimmen, die Mehrheit der Forderungen vertreten. Mit dem darauf folgenden Bestätigungsurteil (*giudizio di omologazione*) des Landesgerichts wird der Ausgleich für sämtliche Gläubiger des Unternehmers wirksam. Während des Ausgleichverfahrens behält der Unternehmer die Verfügungsgewalt über sein Vermögen und er führt die im Rahmen des Ausgleichs vereinbarten Maßnahmen unter der Aufsicht des Gerichtskommissärs durch.

Das Insolvenzrecht sieht noch zwei weitere Möglichkeiten vor, die den Unternehmen Auswege aus der Verschuldungskrisen bieten. Es handelt sich um das Abkommen zur Schuldenumstrukturierung und um den außergerichtlichen Ausgleich. Das

Schulden-umstrukturierung

**Abkommen zur Schuldenumstrukturierung** (*accordo di ristrutturazione dei debiti*) ist ein privatrechtlicher Vertrag zwischen dem Unternehmer als Schuldner und mehreren Gläubigern, die mindestens 60 % der gesamten Forderungen gegenüber den Unternehmer vertreten. Dabei können die verschiedensten Lösungen für die Verschuldungskrise vereinbart werden: Zahlungsaufschub, teilweiser Schuldenerlass oder Beteiligungen am Unternehmen mit zusätzlichen Sicherstellungen usw. Für die Gläubiger, die sich nicht am Umstrukturierungsabkommen beteiligen, muss die vollständige Befriedigung ihrer Forderungen gewährleistet werden. Darin besteht der wesentliche Unterschied zum Ausgleich, dessen Regelungen für alle Gläubiger gelten, also auch für jene, die dem Ausgleichsvorschlag nicht zugestimmt haben.

Damit das Umstrukturierungsabkommen wirksam werden kann, sind das Bestätigungsurteil des Landesgerichts und die Veröffentlichung im Handelsregister erforderlich. Dadurch ist dann keine Anfechtung der mit dem Abkommen geleisteten Zahlungen und Sicherstellungen möglich.

## BEISPIELE UND FRAGEN

[1] Erläutern Sie den Unterschied zwischen Zwangsvollstreckung und Insolvenzverfahren.

[2] Der Landwirt Almoser schuldet einer Gläubigerin den Betrag von 10.000 Euro. Wie kann die Gläubigerin vorgehen, um zu ihrem Geld zu kommen?

[3] Unter welchen Voraussetzungen kann ein Konkursantrag von der Staatsanwaltschaft gestellt werden?

[4] Nennen Sie die Konkursorgane und erklären Sie deren Aufgaben im Rahmen des Konkursverfahrens.

[5] Albert Baum ist Bauunternehmer. Wegen der äußerst ungünstigen Marktlage bekommt er keine neuen Aufträge mehr und er gerät deswegen in Zahlungsschwierigkeiten. Obwohl Herr Baum sich seiner Zahlungsunfähigkeit bewusst ist, nimmt er unter Vorspiegelung falscher Tatsachen bei der Berner Bank einen Kredit auf. Rechtliche Folgen?

[6] Welche Arten von Gläubigern gibt es bei einem Konkurs?

[7] Herr Stark gerät in Konkurs. Welche Folgen für die Gütergemeinschaft zwischen Herr und Frau Stark hat die Konkurseröffnung?

[8] Am 30. März 2009 wird ein Konkursverfahren über das Unternehmen von Ludwig Stein eröffnet. Das Unternehmen hat einen geschätzten Wert von 2,5 Mio. Euro. Herr Stein hat am 5. Februar 2006 seiner Tochter Barbara ein Grundstück im Wert von 500.000 Euro geschenkt. Schon am 2. Januar 2008 hat er seinen Neffen Klaus und David je ein neues Auto im Wert von 30.000 Euro geschenkt.
a) Welche Schenkungen sind anfechtbar?
b) Welche Maßnahmen können gegen diese Schenkungen ergriffen werden?

[9] Der Unternehmer Giuseppe Verde befindet sich in ernsten Zahlungsschwierigkeiten. Um wieder liquide zu werden, verkauft er der Unternehmerin Steinreich einen Teil seiner Waren (Marktwert 500.000 Euro) um 50.000 Euro. Um seinen aufdringlichsten Gläubiger zu befriedigen, liefert er diesem einen weiteren Teil seiner Waren an Zahlungs statt, um eine offene Rechnung über 100.000 Euro zu tilgen. Zwei Monate danach wird das Konkursverfahren über das Vermögen von Verde eröffnet. Lassen sich die zwei Lieferungen rückgängig machen?

[10] Alfred Durst hat mit dem Zulieferer Franz Biermann einen Bierlieferungsvertrag abgeschlossen (Vertragsdauer 10 Jahre, monatliche Lieferungen 1.000 Liter Bier).
a) Was passiert mit dem Vertrag, wenn Unternehmer Durst in Konkurs gerät?
b) Was geschieht hingegen, wenn ein Konkursverfahren gegen Biermann eröffnet wird?

[11] Welche Wirkungen ergeben sich aus der Beendigung des Konkursverfahrens? Wird der Schuldner automatisch von allen Verbindlichkeiten befreit?

[12] Was versteht man unter der Entschuldung?

[13] Wie kann ein zahlungsunfähiger Unternehmer den Konkurs vermeiden?

# Glossar

## A

*abuso (di posizione dominante)* Missbrauch (marktbeherrschender Stellung)

*abuso di dipendenza economica* Missbrauch der wirtschaftlichen

*(contratto di subfornitura)* Abhängigkeit (Zuliefervertrag)

*accertamento del passivo* Feststellung der Schulden

*accettazione* Annahme

*accomandante* Kommanditist, Teilhafter

*accomandatario* Komplementär, Vollhafter

*accordo collettivo* Kollektivabkommen (Handelsvertreter)

*accordo di ristrutturazione dei debiti* Abkommen zur Schuldenumstrukturierung

*accordo* Einigung, übereinstimmende Willenserklärung

*adeguatezza* Eignung

*adempimento* Erfüllung

*affiliante* Franchisegeber

*affiliato* Franchisenehmer

*affittuario* Pächter

*agente di assicurazione* Versicherungsvertreter, Versicherungsagent

*agente di commercio* Handelsagent

*agente plurimandatario* Mehr-Firmenvertreter

*Agenzia delle Entrate* Einnahmenagentur (Steuerbehörde)

*agenzia di viaggi* Reisebüro

*agenzia per il lavoro* Arbeitsagentur

*albo delle cooperative* Genossenschaftsregister

*albo professionale* Berufsverzeichnis

*albo* amtliches Verzeichnis

*amministratore delegato* beauftragter Verwalter (AG)

*amministratore unico* Alleinverwalter

*amministratore* Verwalter

*amministrazione congiuntiva* Gesamtgeschäftsführung

*amministrazione controllata* Geschäftsaufsicht

*amministrazione disgiuntiva* Einzelgeschäftsführung

*ammortamento (titoli di credito)* Kraftloserklärung (Wertpapiere)

*ammortamento* Abschreibung

*anatocismo* Zinseszins

*annullabile* anfechtbar

*annullabilità* Anfechtbarkeit

*anticipazione bancaria* Bankvorschuss

*antiriciclaggio* Bekämpfung der Geldwäsche

*antitrust* Wettbewerbsaufsichtsbehörde

*apertura (borsa)* Eröffnungsphase (Börsengeschäft)

*apertura di credito bancario* Krediteröffnung

*appaltatore* Unternehmer (Werkvertrag)

*appalto pubblico* Vergabe (öffentlicher Aufträge)

*appalto* Werkvertrag

*appropriatezza* Angemessenheit

*arbitrato* Schiedsgericht

*arbitro* Schiedsrichter

*assegno a vuoto* ungedeckter Scheck

*assegno bancario* Scheck

*assegno circolare* Zirkularscheck

*assegno in bianco* Blankoscheck

*assegno libero* frei übertragbarer Scheck

*assegno sbarrato* gekreuzter Scheck

*assegno sbarrato* gekreuzter Scheck

*assemblea dei soci* Gesellschafterversammlung (GmbH)

*assemblea dei soci* Gesellschafterversammlung (GmbH)

*assemblea ordinaria* ordentliche Hauptversammlung

*assemblea straordinaria* außerordentliche Hauptversammlung

*assemblea* Hauptversammlung

*assicurato* Versicherter

*assicurazione contro danni* Schadenversicherung

*assicurazione della responsabilità civile* Haftpflichtversicherung

*assicurazione sulla vita* Lebensversicherung

*associazione in partecipazione* stille Beteiligung, stille Gesellschaft

*associazione* Verein, Vereinigung

*attività bancaria* Banktätigkeit

*attività di investimento* Anlagetätigkeit

*attività finanziaria* Finanztätigkeit

*attivo* Aktiva

*atto costitutivo* Gesellschaftsvertrag, Gründungsvertrag

*atto di fusione* Verschmelzungsakt

*atto giuridico* Rechtshandlung

*atto pubblico* öffentliche Urkunde

*atto unilaterale* einseitiges Rechtsgeschäft (Gründungsakt)

*aumento di capitale* Kapitalerhöhung

*aumento gratuito (di capitale)* Ausgabe von Gratisaktien

*authority* Regulierungsbehörde

*autonomia contrattuale* Vertragsfreiheit

*autonomia patrimoniale* Verselbständigung des Gesellschaftsvermögens

*Autorità garante della concorrenza e del mercato* Antitrustbehörde (Kartellbehörde)

*avallante* Wechselbürge

*avviamento (valore di ...)* Geschäftswert, Firmenwert

*avviso sintetico* Konditionenaushang (Banken)

*azienda coniugale* von Ehegatten gemeinsam geführter Betrieb

*azienda* Betrieb

*azione al portatore* Inhaberaktien

*azione collettiva (class action)* Sammelklage

*azione di responsabilità* Haftungsklage

*azione di risparmio* Sparaktien

*azione diretta* Direktanspruch

*azione esecutiva individuale* Zwangsvollstreckung

*azione nominativa* Namensaktie

*azione privilegiata* Vorzugsaktie

*azione* Aktie

*azionista di controllo* Kernaktionär

*azionista* Aktionär

**B**

*Banca Centrale Europea (BCE)* Europäische Zentralbank (EZB)

*banca depositaria* Depotbank

*banca di credito cooperativo* Genossenschaftsbank, -Raiffeisenkasse

*banca negoziatrice* Inkassobank

*banca trattaria* bezogene Bank

*bancarotta fraudolenta* betrügerischer Bankrott

*bancarotta semplice* einfacher Bankrott

*benchmark* Vergleichsmaßstab, Benchmark

*bilancio consolidato* konsolidierter Jahresabschluss, Konzernbilanz

*bilancio d'esercizio* Jahresabschluss

*Bollettino dei protesti* Wechselprotestliste

*borsa continua del lavoro* Online-Arbeitsbörse

*borsa* Börse

*brevetto* Patent

*broker* Versicherungsmakler

*buona fede* Treu und Glauben (Grundsatz des Vertragsrechts)

*busta paga* Lohnstreifen, Lohnbestätigung

**C**

*cambiale in bianco* Blankowechsel

*cambiale tratta* gezogener Wechsel, Tratte

*cambiale* Wechsel

*camera di commercio* Handelskammer

*camera di commercio, industria, artigianato e agricoltura* Handels-, Industrie-, Handwerks- und Landwirtschaftskammer

*capacità di agire* Handlungsfähigkeit

*caparra confirmatoria* Angeld zur Bestätigung

*caparra penitenziale (penitenziaria)* Reuegeld

*capitale di rischio* Risikokapital

*capitale di rischio* Risikokapital

*capitale sociale (nominale)* Kapital (Grundkapital), Gesellschaftskapital

*carta di credito* Kreditkarte

*caso fortuito* Zufall

*cassetta di sicurezza* Schließfach, Safe

*causa* Rechtsgrund (causa)

*causalità* ursächlicher Zusammenhang

*certificato della quota di partecipazione al fondo comune* Investmentzertifikat, Anteilschein

*cessione di crediti* Abtretung von Forderungen

*cheque truncation* Scheckeinzugsverfahren

*clausola di gradimento* Zustimmungsklausel

*clausola penale* Vertragsstrafe, Konventionalstrafe

*clausola vessatoria* stark belastende Klausel, missbräuchliche Klausel (in Verbraucherverträgen)

*cliente al dettaglio, cliente retail* Kleinanleger (Privatkunden)

*cliente professionale* professioneller Kunde (Geschäftskunde)

*codice civile (c.c.)* Zivilgesetzbuch (ZGB)

*Codice del consumo* Verbraucherschutz-Gesetzbuch (Gesetzbuch über den Verbrauch)

*Codice della Proprietà Industriale* Gesetzbuch über Patent- und Markenrechte

*Codice delle assicurazioni private* Versicherungsgesetzbuch

*codice di autodisciplina pubblicitaria* Vorschriften zur Selbstkontrolle im Werbebereich

*collaborazione coordinata e continuativa (co. co. co.)* geregelte und dauerhafte Mitarbeit (freie Mitarbeit)

*collaudo* Abnahme

*collegio arbitrale* Schiedsgericht

*collegio professionale* Berufskollegium

*collegio sindacale* (herkömmlicher) Aufsichtsrat, Überwachungsrat

*collocamento obbligatorio* Pflichtvermittlung

*coltivatore diretto* selbstbewirtschaftender Bauer oder Pächter

*comitato dei creditori* Gläubigerausschuss

*comitato esecutivo* Vollzugsausschuss

*comitato per il controllo della gestione* Kontrollausschuss zur Überwachung der Geschäftsführung

*commercio elettronico* elektronischer Geschäftsverkehr, e-Commerce

*commesso viaggiatore* Handelsreisender

*commesso* Verkäufer

*commissionario* Kommissionär

*Commissione nazionale per le società e la borsa (Consob)* Börsenaufsichtsbehörde

*commissione* Kommissionsvertrag

*committente* Kommittent, Besteller (beim Werkvertrag)

*communicazione commerciale non sollecitata* nicht angeforderte kommerzielle Kommunikation (Internet)

*comportamento concludente* konkludentes Handeln, schlüssiges Handeln

*comportamento secondo correttezza* redliches Verhalten (im Rahmen eines Schuldverhältnisses)

*compratore* Käufer

*compravendita* Kaufvertrag

*comunicazione unica* alleinige telematische Meldung

*comunione dei beni* Gütergemeinschaft

*Comunità Europea (CE)* Europäische Gemeinschaft (EG)

*concessionario* Vertragshändler

*concessione di vendita* Vertragshändler-Vertrag

*concordato fallimentare* Ausgleich im Konkurs

*concordato preventivo* Ausgleich

*concorrenza sleale* unlauterer Wettbewerb

*concorso pubblico* öffentlicher Wettbewerb

*condizioni generali di assicurazione* Allgemeine Versicherungsbedingungen

*condizioni generali di contratto* Allgemeine Geschäftsbedingungen

*conferimento* Einlage

*conflitto di interessi* Interessenwiderstreit, Interessenkonflikt, Interessenkollision

*consenso scritto (espresso per iscritto)* schriftliche Zustimmung

*consiglio di amministrazione* Verwaltungsrat
*consiglio di gestione* Vorstand
*consiglio di sorveglianza* Aufsichtsrat
*consorzio* Konsortium, Arbeitsgemeinschaft (Bauwirtschaft), Bietergemeinschaft (Bauwirtschaft)
*constatazione amichevole, modulo CAI* Unfallbericht
*consulente del lavoro* Arbeitsrechtberater
*consulente finanziario* Anlageberater
*consulenza in materia di investimenti* Anlageberatung
*consultazione scritta* schriftliche Befragung
*consumatore* Verbraucher
*contabilità* Buchführung
*continuità contrattuale* Vertragskontinuität
*conto cointestato* Gemeinschaftskonto
*conto corrente bancario* Bankkontokorrent
*conto economico a costi, ricavi e rimanenze* Gesamtkostenverfahren (Erfolgsrechnung)
*conto economico* Erfolgsrechnung (Gewinn- und Verlustrechnung)
*contraente* Versicherungsnehmer
*contratto a distanza* Fernabsatzvertrag
*contratto atipico* atypischer Vertrag
*contratto collettivo di lavoro* Kollektivvertrag
*contratto commerciale* Handelsvertrag
*contratto consensuale* Versprechensgeschäft, Konsensualvertrag
*contratto d'affitto di azienda* Pachtvertrag für einen Betrieb
*contratto d'albergo* Beherbergungsvertrag
*contratto d'appalto d'opera* Bauvertrag
*contratto d'impresa* Handelsvertrag
*contratto d'opera intellettuale* Werkvertrag über ein geistiges Werk
*contratto d'opera* einfacher Werkvertrag (Dienstvertrag)
*contratto del consumatore* Verbrauchervertrag
*contratto di affiliazione commerciale* Franchisevertrag, Franchisingvertrag
*contratto di agenzia* Agenturvertrag
*contratto di assicurazione* Versicherungsvertrag
*contratto di capitalizzazione, contratto a capitale differito* Kapitalbildungsverträge
*contratto di contocorrente* Kontokorrentvertrag
*contratto di fornitura* Dauerlieferungsvertrag, Vertrag über Bereitstellung von Leiharbeitnehmern
*contratto di franchising* Franchisevertrag, Franchisingvertrag
*contratto di lavoro a progetto* Vertrag für Projektarbeit
*contratto di lavoro a tempo determinato* befristeter Arbeitsvertrag
*contratto di lavoro a tempo indeterminato* unbefristeter Arbeitsvertrag
*contratto di lavoro* Arbeitsvertrag
*contratto di serie* Formularvertrag, Mustervertrag
*contratto di somministrazione* Arbeitnehmerüberlassungsvertrag
*contratto di subfornitura* Zuliefervertrag
*contratto di vendita di pacchetti turistici* Reisevertrag (genauer: Reiseveranstaltungsvertrag)
*contratto integrativo* Zusatzabkommen (zum Kollektivvertrag)
*contratto misto* gemischter Vertrag
*contratto per la negoziazione, la ricezione e la trasmissione di ordini su strumenti finanziari* Vertrag über den Handel mit Finanzinstrumenten, Wertpapierhandelsvertrag
*contratto preliminare* Kaufvorvertrag
*contratto sociale* Gesellschaftsvertrag, Gründungsvertrag
*contratto* Vertrag
*controparte qualificata* geeignete Gegenpartei
*convenzione di assegno* Scheckvereinbarung
*convocazione* Einberufung
*cooperativa a mutualità prevalente* Genossenschaft mit vorwiegender Mitgliederförderung
*cooperativa sociale* Sozialgenossenschaft
*cooperativa* Genossenschaft
*correntista* Kontoinhaber (Bankkonto)
*corrispettivo* Entgelt
*Corte di Giustizia Europea* Europäischer Gerichtshof (EuGH)
*costi* Aufwendungen
*costituzione in mora* Mahnung, Inverzugsetzung
*costituzione* Verfassung
*credito al consumo* Verbraucherkredit, Konsumentenkredit
*credito assistito da diritto di prelazione* bevorrechtigte Forderung
*credito prededucibile* vorab zu befriedigende Forderung
*creditore chirografario* nicht bevorrechtigter Gläubiger
*creditore di massa* Massegläubiger
*creditore privilegiato* bevorrechtigter Gläubiger
*creditore* Gläubiger, Berechtigter
*criminalità organizzata* organisiertes Verbrechen
*criteri di collegamento* Anknüpfungsgrundsätze
*criterio di valutazione* Bewertungsprinzip
*curatore fallimentare* Masseverwalter

## D

*danno* Schaden
*datore di lavoro* Arbeitgeber
*debitore* Schuldner (Verpflichteter)
*decreto ingiuntivo* Mahnbescheid
*decreto legislativo* Ermächtigungsverordnung, gesetzesvertretendes Dekret, -Legislativdekret, Verordnung mit Gesetzeskraft
*delega di voto* Abstimmungsvollmacht
*delibera* Beschluss
*delitto societario* Vergehen im Bereich der Kapitalgesellschaften
*denominazione d'origine protetta (dop)* geschützte Ursprungsbezeichnung
*denominazione sociale* Firma (Gesellschaft)
*depositante* Einlagerer (Lagervertrag)
*depositario* Lagerhalter
*deposito bancario* Bankeinlage
*deposito di titoli in amministrazione* Depotverwaltung von Wertpapieren
*deposito irregolare* unregelmäßige Verwahrung

*deposito* Verwahrungsvertrag
*destinatario* Empfänger
*deterioramento* Verschlechterung
*difetto di conformità* Vertragswidrigkeit (Verbrauchsgüterkauf)
*diligenza professionale* berufliche Sorgfalt
*diligenza* Sorgfalt
*dimissione* Kündigung (durch den Arbeitnehmer)
*direttiva CE* EG-Richtlinie
*dirigente* leitender Angestellter
*diritto commerciale* Handelsrecht
*diritto d'autore* Urheberrecht
*diritto del lavoro* Arbeitsrecht
*diritto di contrordine* nachträgliches Dispositionsrecht (Frachtvertrag)
*diritto di opzione* Optionsrecht
*diritto di prelazione* Vorkaufsrecht
*diritto di recesso* Austrittsrecht (Gesellschaft, Genossenschaft), Rücktrittsrecht, Widerrufsrecht (Verbrauchervertrag)
*diritto di seguito* Folgerecht
*diritto di stabilimento* Niederlassungsrecht
*diritto di utilizzazzione economica* Verwertungsrecht
*diritto di voto* Stimmrecht
*diritto internazionale privato* Internationales Privatrecht
*diritto morale dell'autore* Urheberpersönlichkeitsrecht
*diritto privato* Privatrecht
*disabile* Behinderter
*distribuzione esclusiva* Alleinvertrieb
*ditta* Firma
*dividendo* Dividende
*divieto di concorrenza* Konkurrenzverbot
*documento di sintesi (banca)* Übersichtsblatt (Bank)
*dolo* Arglist
*doloso* arglistig

## E

*economia di mercato* Marktwirtschaft
*economia sommersa* Schattenwirtschaft
*economia* Wirtschaft
*emittente* Aussteller, Emittent
*equità* Billigkeit
*equo* billig
*errore* Irrtum
*esclusione del socio* Ausschluss des Gesellschafters, des Mitglieds (der Genossenschaft)
*esclusione* Ausschluss
*esclusiva* Alleinlieferungsrecht
*esdebitazione* Entschuldung
*esecuzione alle condizioni migliori (best execution)* bestmögliche Auftragsausführung
*esercizio pubblico* gastgewerblicher Betrieb und andere öffentliche Lokale
*estratto conto* Kontoauszug
*euro (l'euro)* Euro

## F

*fallimento* Konkurs
*fallito* Gemeinschuldner
*fede di deposito* Lagerschein
*ferie* Urlaub
*fideiussione* Bürgschaft
*fideiussore* Bürge
*firma elettronica* digitale Signatur (Unterschrift)
*fitto* Pachtzins
*foglio informativo (banca)* Informationsblatt (Bank)
*folgio informativo analitico* Konditionenblatt
*fondo di investimento* Investmentfonds
*forma scritta* Schriftform, schriftliche Form
*franchisee* Franchisenehmer
*fusione* Fusion, Verschmelzung

## G

*garanzia convenzionale* vertragliche Garantieverpflichtung
*garanzia di buon funzionamento* Gewährleistung für Gebrauchs fähigkeit
*garanzia per evizione* Gewährleistung für Rechtsmängel
*garanzia per vizi della cosa* Gewährleistung für Sachmängel
*garanzia personale* Personensicherheit (Kredit)
*garanzia reale* dingliche Sicherheit (Kredit)
*garanzia* Gewährleistung
*gestione di portafogli di investimento* Vermögensverwaltung
*gestione di portafoglio* Vermögensverwaltung (Portfolio-Verwaltung)
*girante* Indossant, Übertragungsvermerk
*girata* Indossament
*giusta causa* wichtiger Grund (für die Entlassung des Arbeitnehmers)
*giustificato motivo* rechtfertigender Anlass (für die Entlassung des Arbeitnehmers)
*granzia per le diformità e vizi dell'opera* Gewährleistung (des Werkunternehmers) für Mängel und Fehler des Werks
*gruppo europeo di interesse economico (Geie)* Europäische wirtschaftliche Interessenvereinigung
*gruppo* Konzern

## I

*illimitatamente* unbeschränkt
*impiegato* Angestellter
*imprenditore agricolo professionale* beruflich qualifizierter landwirtschaftlicher Unternehmer
*imprenditore agricolo* landwirtschaftlicher Unternehmer
*imprenditore artigiano* Handwerksunternehmer
*imprenditore commerciale* Handelsunternehmer
*imprenditore* Unternehmer
*impresa artigiana* Handwerksunternehmen
*impresa di investimento comunitaria* EG-Wertpapierhandelshaus
*impresa familiare* Familienunternehmen
*impresa utilizzatrice* entleihendes Unternehmen (Leiharbeit)
*impresa* Unternehmen

*inadempimento* Nichterfüllung

*incapace di intendere e volere* unzurechnungsfähig

*indennità di fine rapporto* Abfertigung (Handelsvertreter)

*indicatore sintetico di costo* Gesamtkostenangabe

*indicazione geografica protetta (igp)* geschützte geografische Angabe

*influenza dominante* beherrschender Einfluss

*informazione privilegiata* Insider-Information

*iniquo* unbillig, »ungerecht«

*insegna* Firmenzeichen

*insider* Insider (Person, die vertrauliche Informationen für Börsenspekulationen missbraucht)

*institore* Geschäftsführer

*interessi attivi* Zinserträge

*interessi di mora* Verzugszinsen

interessi legali gesetzliche Zinsen

*interessi moratori* Verzugszinsen

*interessi passivi* Zinsaufwendungen

*interessi* Zinsen

*intermediario di assicurazione* Versicherungsvermittler

*intermediario finanziario* Finanzintermediär

*invenzione di procedimento* Verfahrenserfindungen

*invenzione di prodotto* Sacherfindung

*invenzione* (patentfähige) Erfindung

*inversione dell'onere della prova* Umkehr der Beweispflicht

*investitore istituzionale* institutioneller Anleger

*invito a proporre* Einladung, ein Angebot vorzulegen

*istanza fallimentare* Konkursantrag

## L

*lavoratore autonomo* Selbständiger

*lavoratore temporaneo* Leiharbeitnehmer

*lavoratore* Arbeitnehmer

*lavoro a progetto* Projektarbeit (Projektmitarbeit)

*lavoro a turno* Schichtarbeit

*lavoro autonomo* selbständige Arbeit

*lavoro interinale* Zeitarbeit, Leiharbeit

*lavoro intermittente* Arbeit mit (zeitlichen) Unterbrechungen

*lavoro nero* Schwarzarbeit

*lavoro notturno* Nachtarbeit

*lavoro ripartito* Arbeitsplatzteilung, Jobsharing

*lavoro straordinario* Überstunden

*leasing finanziario* Finanzierungs-Leasing

*leasing operativo* Hersteller-Leasing

*legge antitrust* Anti-Trust-Gesetz

*legge sulla privacy* Datenschutzgesetz

*lettera di assunzione* Anstellungsschreiben

*lettera di incarico* Auftragsschreiben

*leveraged buy-out* fremdfinanzierte Übernahme

*libretto al portatore* Inhabersparbuch

*libretto nominativo* Namenssparbuch

*libro degli inventari* Inventarbuch

*libro dei soci* Gesellschafterbuch

*libro giornale* Journal, Grundbuch

*licenza d'esercizo* Betriebserlaubnis

*licenziamento collettivo* Massenentlassung

*licenziamento in tronco* fristlose Kündigung

*licenziamento* Entlassung

*linea di credito* Kreditrahmen, Kreditlinie

*liquidazione coatta amministrativa* Zwangsliquidierung im Verwaltungsweg

*liquidazione dell'attivo* Verwertung der Konkursmasse

*liquidazione* Liquidation

*locatore* Verpächter

*lotto minimo (borsa)* Mindestauftragsgröße (Börse)

## M

*magazzino generale* öffentliches Lagerhaus

*mandante* Mandant, Auftraggeber

*mandatario* Beauftragter, Mandatar

*mandato con rappresentanza* Auftrag mit Vertretungsvollmacht

*mandato* Auftrag

*marchio collettivo* Kollektivmarke

*marchio comunitario* Gemeinschaftsmarke

*marchio registrato* geschützte (registrierte) Marke

*marchio* Marke

*mastro* Hauptbuch

*mediatore* Makler

*mediazione* Maklervertrag

*mercato dei capitali* Kapitalmarkt

*mercato finanziario* Finanzmarkt

*mercato mobiliare* Finanzmarkt

*mercato primario* Primärmarkt, Emissionsmarkt

*mercato secondario* Sekundärmarkt, Umlaufmarkt, Zirkulationsmarkt

*messa in mora* In-Verzug-Setzung

*mittente* Absender

*modelli e disegni ornamentali* Geschmacksmuster

*modello d'utilità* Gebrauchsmuster

*moneta scritturale* Buchgeld

*monomandatario* Ein-Firmenvertreter

*Monte titoli* Wertpapiersammelverwahrungsgesellschaft

*mora del creditore* Gläubigerverzug

*mora* Verzug

*multiproprietà* Teilwohnrecht, Teilzeiteigentum

*mutualità prevalente* vorwiegende Mitgliederförderung

## N

*negoziazione continua* laufender Handel (Börse)

*negozio giuridico* Rechtsgeschäft

*nolo* Frachtgeld

*non trasferibile* nicht übertragbar

*nota di pegno* Lagerpfandschein

*nota informativa* Informationsblatt

*nota integrativa* Anhang
*nullità* Nichtigkeit

## O

*obbligato in solido* gesamtschuldnerisch (solidarisch) haften
*obbligazione convertibile* Wandelobligation
*obbligazione in solido* Gesamtschuld
*obbligazione* Schuldverhältnis
*obbligazioni (Delle)* Schuldrecht (ZGB)
*offerta ostile* feindliches Übernahmeangebot
*offerta pubblica d'acquisto (Opa)* öffentliches Kaufangebot (von Aktien)
*offerta pubblica di scambio (Ops)* öffentliches Tauschangebot (von Aktien)
*offerta* Angebot
*oggetto (del contratto)* Gegenstand, Leistungsgegenstand
*oggetto sociale* Gesellschaftszweck
*omologazione* Homologierung (Gesellschaftsvertrag)
*onorabilità* Zuverlässigkeit
*operazione bancaria* Bankgeschäft
*operazione parabancaria* Finanzdienstleistung (banknaher Bereich)
*orario di lavoro* Arbeitszeit (Wochenarbeitszeit)
*orario elastico* Gleitzeit
*orario flessibile* flexible Arbeitszeit
*ordine professionale* Berufskammer
*organi del fallimento* Konkursorgane
*organizzazione non lucrativa di utilità sociale (Onlus)* gemeinnützige Organisation

## P

*pagherò cambiario* eigener Wechsel, Solawechsel
*parametro di riferimento* Vergleichsmaßstab, Benchmark
*parasubordinato* arbeitnehmerähnlicher Beschäftigter (Scheinselbständiger)
*parte* Vertragspartei, Partei
*partecipazione* Beteiligung
*part-time* Teilzeit
*passivo* Passiva
*patrimonio netto* Reinvermögen (Jahresabschluss)
*patto di esclusiva* Exklusivbelieferung
*patto di gestione della lite* Prozessführungsklausel
*patto di riservato dominio (vendita a rate con ...)* Eigentumsvorbehalt (beim Ratenkauf)
*patto in deroga* von den gesetzlichen Bestimmungen abweichende Vereinbarung
*patto parasociale* Stimmbindungsabkommen, Beherrschungsabkommen (Aktiengesellschaften)
*pegno* Pfand
*perdita* Verlust
*perimento* Untergang (der Sache)
*periodo di comporto* höchstzulässige Abwesenheitsdauer wegen Krankheit oder Unfall
*periodo di prova* Probezeit
*permesso retribuito* entlohnte Freistellung
*persona fisica* natürliche Person
*persona giuridica* juridische Person
*personalità giuridica* Rechtspersönlichkeit
*piano individuale pensionistico* individuelle Rentenversicherung
*piccola e media impresa (PMI)* kleine und mittlere Unternehmen(KMU)
*piccola società cooperativa* Kleingenossenschaft
*piccolo imprenditore* Kleinunternehmer
*polizza assicurativa* Versicherungspolizze
*portafoglio titoli* Wertpapierdepot, Portefeuilles
*posizione dominante* marktbeherrschende Stellung
*posta elettronica certificata (Pec)* zertifizierte E-Mail
*posta elettronica premio* E-Mail Prämie (Versicherung)
*pratica commerciale aggressiva* aggressive Geschäftspraxis
*pratica commerciale ingannevole* irreführende Geschäftspraxis
*pratica commerciale scorretta* unlautere Geschäftspraxis
*pratica commerciale* Geschäftspraxis (Verbraucherrecht)
*premio di produzione* Produktionsprämie, Leistungsprämie
*prenditore* Begünstigter, Wechselnehmer
*preponente* Geschäftsherr Handelsvertretervertrag)
*prestatore d'opera* Werkhersteller
*prestito su pegno* Pfandleihe, Versatzgeschäft
*presupposizione* Wegfall der Geschäftsgrundlage
*prezzo a corpo* Pauschalpreis
*prezzo forfettario* Gesamtpreis
*principio nominalistico (moneta)* Nominalitätsgrundsatz (Währung)
*privilegio generale sui mobili* allgemeines Vorzugsrecht an beweglichen Sachen
*privilegio sopra gli immobili* Vorzugsrecht an Liegenschaften
*procacciatore d'affari* Geschäftsanbahner
*procedimento di ingiunzione* Mahnverfahren
*procedura »ordinaria«* »gewöhnliches« Entschädigungsverfahren
*procedura concorsuale* Konkursverfahren
*procura* Prokura, Vertretungsvollmacht
*procuratore* Prokurist
*professionalità* fachliche Eignung
*professione intellettuale protetta* geschützter Freiberuf
*professionista* Gewerbetreibender (Verbraucherrecht)
*programma di liquidazione* Abwicklungsplan
*promotore di servizi finanziari* Anlagenvermittler (Absatzförderer für Finanzprodukte)
*promozione a carattere piramidale* Pyramidenverkaufssystem, Schneeballsystem
*propensione al rischio* Risikobereitschaft
*proposta* Angebot, Antrag
*proprietà intellettuale* geistiges Eigentum
*prospetto di ammissione alla quotazione* Börseneinführungsprospekt
*prospetto paga* Lohnabrechnung
*protesto (cambiale)* Protest (Wechsel)
*provvigione* Provision

*pubblicità comparativa* vergleichende Werbung

*pubblicità costitutiva* Veröffentlichung im Handelsregister mit rechtsbegründender (konstitutiver) Wirkung

*pubblicità dichiarativa* Veröffentlichung im Handels mit rechtsbekunden der (deklaratorischer) Wirkung

*pubblicità ingannevole* irreführende Werbung

*pubblicità subliminale* unterschwellige Werbung

*pubblicità* Werbung

*public company* Publikumsgesellschaft

### Q

*quadro* untere Führungskraft

*quota di fondo comune* Investmentzertifikat

*quota di partecipazione* Geschäftsanteil

*quota* Anteil (Geschäftsanteil GmbH)

### R

*raggiro* Täuschungshandlung

*ragione sociale* Firma

*(a) regola d'arte* fachgemäß

*rapporto di cambio* Umtauschverhältnis (Aktien, Geschäftsanteile)

*rapporto di lavoro* Arbeitsverhältnis

*rapporto interno* Innenverhältnis (der Gesellschaft)

*rappresentante plurimandatario* Mehr-Firmenvertreter

*rappresentazione veritiera e corretta (true and fair value)* ein den tatsächlichen Verhältnissen entsprechendes Bild (der Vermögens-, Finanz- und Ertragslage)

*reato societario* Kapitalgesellschaften betreffende Straftat

*recesso* Austritt, Rücktritt

*registro delle imprese artigiane* Verzeichnis der Handwerks unternehmen

*registro delle imprese* Handelsregister

*regolamento interno (cooperativa)* Betriebsordnung (Genossenschaft)

*regolarmente costituita (assemblea)* beschlussfähige (Gesellschafterversammlung)

*regole deontologiche* berufsethische Regeln

*regresso* Regress

*reintegrazione* Wiedereinstellung (des entlassenen Arbeitnehmers)

*relazione integrativa (bilancio)* Lagebericht (Jahresabschluss)

*rendiconto* Rechenschaft, Rechnungslegung

*rescissione* Rückgängigmachung

*retribuzione a cottimo* Akkordlohn, Stücklohn

*retrocessione* Rückvergütung (kickbak)

*revisore contabile* Rechnungsprüfer, Wirtschaftsprüfer

*revocatoria fallimentare* Konkursanfechtung

*riabilitazione* Wiedereinsetzung in die Rechte

*ricavi* Erträge

*riciclaggio di denaro sporco* Geldwäsche

*ricorso abusivo al credito* missbräuchliche Kreditbeanspruchung

*riduzione del capitale* Kapitalherabsetzung

*riposo giornaliero* tägliche Ruhezeit

*risarcimento diretto* direktes Entschädigungsverfahren

*riscatto* Rückkauf

*riserva legale* gesetzliche Rücklage

*riserva statutaria* satzungsmäßige Rücklage

*riservato dominio* Eigentumsvorbehalt

*risoluzione (del contratto)* Auflösung (des Vertrages)

*risoluzione consensuale (del rapporto di lavoro)* einvernehmliche Auflösung (des Arbeitsverhältnisses)

*ristorno* Rückvergütungen

*ritardo di pagamento* Zahlungsverzug

### S

*saggio degli interessi legali* gesetzlicher Zinssatz

*salvo buon fine* Eingang vorbehalten

*scambio mutualistico* Mitgliedergeschäft

*scatto di anzianità* Dienstalterszulage

*scheda sintetica* Übersichtsblatt

*scioglimento* Auflösung

*scissione (della società)* Spaltung (der Gesellschaft)

*sconto bancario* Diskontgeschäft

*scopo di lucro* Gewinnstreben

*scopo mutualistico* Mitgliederförderung

*scrittura privata* Privaturkunde

*securitization* Verbriefung

*sede legale* Rechtssitz

*servizi della società dell'informazione* Dienste der Informationsgesellschaft

*servizi finanziari* Wertpapierdienstleistungen

*servizio accessorio* Nebendienstleistung

*servizio di investimento* Wertpapierdienstleistung

*sindacato* Gewerkschaft

*sinistro* Schadenfall, Unfall

*sistema di gestione accentrata* Wertpapiersammelverwahrung

*sistema dualistico* dualistisches System, zweistufige Gesellschaftsform (der Aktiengesellschaft)

*sistema monistico* monistisches System, einstufige Gesellschaftsform (der Aktiengesellschaft)

*sistema multilaterale di negoziazione* multilaterales Handelssystem

*sistema ordinario* herkömmliche Form (der Aktiengesellschaft)

*società a responsabilità limitata (srl)* Gesellschaft mit beschränkter Haftung (GmbH)

*società agricola* landwirtschaftliche Gesellschaft

*società controllante* beherrschende Gesellschaft,Muttergesellschaft, Dachgesellschaft, Holding

*società controllata* abhängige Gesellschaft, Tochtergesellschaft

*società cooperativa* Genossenschaft

*società di capitali* Kapitalgesellschaft

*società di gestione del risparmio* Fondsgesellschaft, Anlagenverwaltungsgesellschaft

*società di intermediazione mobiliare (Sim)* Wertpapiervermittlungsgesellschaft, Wertpapierfirma

*società di investimento a capitale variabile (Sicav)* Investmentgesellschaft mit variablem Kapital

*società di leasing* Leasing-Gesellschaft
*società di persone* Personengesellschaft
*società di revisione* Revisionsgesellschaft, Prüfungsgesellschaft
*società in accomandita per azioni* Kommanditgesellschaft auf Aktien
*società in accomandita semplice* Kommanditgesellschaft (KG)
*società in nome collettivo (snc)* offene Handelsgesellschaft (OHG)
*società per azioni (spa)* Aktiengesellschaft (AG)
*società quotata in borsa* börsennotierte Gesellschaft
*società semplice* einfache Gesellschaft
*società unipersonale* Einpersonengesellschaft (GmbH)
*socio (società, cooperativa)* Gesellschafter, Mitglied (der Genossenschaft), Genossenschafter
*socio cooperatore* Genossenschaftsmitglied, -Genosse, Genossenschafter
*soggetto* Vertragspartei
*solidalmente responsabile* gesamtschuldnerisch (solidarisch) haften
*solidalmente* als Gesamtschuldner, gesamtschuldnerisch, solidarisch
*sollecitazione all'investimento* öffentliche Anlageempfehlung
*somministratore* Verleiher (Leiharbeit)
*somministrazione di mano d'opera* Leiharbeit, Zeitarbeit
*somministrazione* Dauerlieferungsvertrag, Bezugsvertrag
*sostituto d'imposta* Steuervertreter
*sovrapprezzo* Aufgeld
*spedizione* Speditionsvertrag
*spedizioniere* Spediteur
*spezzature* Kleinauftrag (Börse)
*star del credere* Delkredere (Delkredere-Haftung)
*stato patrimoniale* Bilanz
*statuto dei lavoratori* Arbeiterstatut (Arbeitnehmerstatut)
*stipendio base* Grundgehalt
*stipendio* Gehalt
*strumento finanziario* Finanzinstrument
*subfornitore* Zulieferer
*surrogazione (diritto di …)* Eintrittsrecht (des Versicherers)

## T

*tasso annuo effettivo globale – Taeg* effektiver Jahreszinssatz
*tasso usuraio* wucherischer Zinssatz
*telelavoro* Telearbeit
*tempo parziale (part time)* Teilzeitarbeit
*Testo unico della finanza* Finanzmarktgesetz
*Testo unico* Einheitstext (Gesetz)
*titolo al portatore* Inhaberpapier
*titolo all'ordine* Orderpapier
*titolo di credito dematerializzato* stückloses Wertpapiertitolo esecutivo Vollstreckungstitel
*titolo di credito* Wertpapier
*titolo nominativo* Namenspapier
*tour operator* Reiseveranstalter
*traente (cambiale)* Aussteller (Wechsel)
*trasferibile* übertragbar
*trasformazione (società)* Umwandlung (Gesellschaft)
*trasformazione eterogenea* artüberschreitende Umwandlung
*trasformazione eterogenea* artüberschreitende Umwandlung
*trasparenza delle condizioni contrattuali* Transparenz der (Bank-)Konditionen
*trasporto di cose* Güterbeförderung
*trasporto di persone* Personenbeförderung
*trattamento di fine rapporto (Tfr)* Abfertigung
*trattario (cambiale)* Bezogener
*tredicesima (mensilità)* dreizehntes Monatsgehalt
*tribunale fallimentare* Konkursgericht
*tribunale* Landesgericht
*true and fair view* den tatsächlichen Verhältnissen des Unternehmens entsprechendes Bild (Jahresabschluss)
*tutela del consumatore* Verbraucherschutz
*tutela della privacy* Schutz der Privatsphäre, Datenschutz

## U

*ufficio del lavoro* Arbeitsamt
*ufficio italiano brevetti e marchi* staatliches Patent- und Markenamt
*unipersonale (srl, spa)* Einpersonen (GmbH, AG)
*usura* Wucherei
*utile* Gewinn
*utilizzatore* Entleiher (Leiharbeit)

## V

*vaglia cambiario* eigener Wechsel, Solawechsel
*valore di avviamento* Geschäftswert
*valore equo (fair value)* beizulegender Zeitwert (Immobilien, immaterielle Anlagegüter, Rückstellungen)
*valore nominale* Nennwert
*valuta* Wertstellung
*vendita a rate* Ratenkauf
*vendita di beni di consumo* Verbrauchsgüterkauf
*vendita per corrispondenza* Versandhandel
*vendita sottocosto* Verkauf unter dem Einstandspreis
*vendita* Kaufvertrag
*venditore* Verkäufer
*verbale* Protokoll
*verifica* Abnahme (des ausgeführten Werkes)
*vettore* Frachtführer, Beförderer
*viaggio »tutto compreso«* Pauschalreise
*vigilanza* Bankenaufsicht
*vincolo di subordinazione* Weisungsgebundenheit
*violenza* Drohung
*(a) vista* bei Sicht
*vizio (della cosa)* Mangel
*vizio del consenso* Willensmangel
*vizio occulto* versteckter Mangel

# Bibliographie


### Gesetzbücher und Gesetzessammlungen

Alemagna Emanuele, Borella Simone, Gubitosi Marco: Le nuove procedure concorsuali, Piacenza 2008

Bauer Max W. u.a. (Übersetzer und Herausgeber): Italienisches Konkursrecht und andere Insolvenzverfahren, Bozen 1983

Bauer Max W. u.a. (Übersetzer und Herausgeber): Italienisches Zivilgesetzbuch (vierte, überarbeitete Auflage), Bozen 2004

Bauer Max W. u.a. (Übersetzer und Herausgeber): Nebengesetze zum Italienischen Zivilgesetzbuch, Bozen 1993

Bauer Max W. u. a. (Übersetzer und Herausgeber): Gesetze über den Verbraucherschutz, Bozen 2007

Cimino Iacopo Pietro (Hrsg.): La tutela dell'assicurato nel nuovo codice delle assicurazioni private, Torino 2006

Di Majo Adolfo (a cura di): Codice civile con la costituzione, il trattato C.E.E. e le principali norme complementari, Milano 2008

Guerinoni Ezio: La nuova disciplina dei contratti di investimento, Direttiva MIFID, servizi finanziari e tutela dell'investitore, Lavis 2008

Hilpold Peter (Hrsg.): Die Reform des italienischen Gesellschaftsrechts, Innsbruck 2006

Mariotti Paolo, Losco Giorgio Maria: I contratti assicurativi e l'assicurazione nei codici, Milano 2008

Stanzione Pasquale und Giovanni Sciancalepore (Hrsg.): Commentario al codice del consumo, Vicenza 2006

Tommasi Fabio (Hrsg.): Contratti e tutela dei consumatori, Torino, 2007

Winkel Klaus (Hrsg.): Europäisches Wirtschaftsrecht, Sammlungen von EG-Rechtsvorschriften für den euro-päischen Binnenmarkt, München 2004

Wolf Martin: Why Globalization Works, New Haven – London, 2004

### Lehrbücher

Jaeger Pier Giusto, Denozza Francesco: Appunti di Diritto Commerciale, Impresa e Società (5a edizione): Mi-la-no 2000

Buonocore Vincenzo (a cura di): Manuale di diritto commerciale, Torino 1997

Campobasso Gian Franco: Diritto commerciale - 3. Contratti, titoli di credito, procedure concorsuali (2a edizione), Torino 1997

Galgano Francesco: Diritto commerciale, L'imprenditore, Bologna 1987

Galgano Francesco (trattato diretto da): Il contratto del commercio, dell'industria e del mercato finanziario, Torino 1997

Kindler Peter: Italienisches Handels- und Wirtschaftsrecht, Heidelberg 2002

Schmidt Karsten: Handelsrecht, 5. Auflage, Köln 1999

Zatti Paolo, Colussi Vittorio: Lineamenti di diritto privato (3a edizione), Padova 1991

### Abhandlungen über Einzelthemen

Barchi Luca, Plattner Peter Karl: Vademecum delle nuove società a responsabilità limitata, Pubblicazioni della Cassa di Risparmio, Volume 2, Bolzano

Belli Franco, Mazzini Francesco, Tedeschi Roberto (a cura di): Il Testo unico della finanza, Milano 1998

Bormann Gerald Dirk: Sicherheit bei Verträgen in Europa, München 1999

Busani Angelo: La riforma delle società s.r.l., Il nuovo ordinamento dopo il D.lgs. 6/2003, Milano 2004

De Gioa Valerio: I contratti di viaggio, Forlì – Trento 2004

Eugenio Di Giandomenico, Festa Davide, Cirelli Camillo: Le società cooperative dopo la riforma del diritto societario, Santarcangelo di Romangna 2004

Flader Sieghart, Righi Giuliano, Tschöll Josef: Handbuch zur Reform des Arbeitsmarktes – neue und flexible Formen der Arbeit, Die Schriftenreihe der Sparkasse, Band 5, Teil II, Bozen 2004

Frizzera Bruno, Odorizzi Cristina: Guida alla Riforma delle Società, Milano 2003

Galgano Francesco: Il nuovo diritto societario, Trattato di diritto commerciale e di diritto pubblico dell'economia volume 29°, Padova 2003

Ianniello Barbara, La riforma del diritto societario, IPSOA 2003

Martinelli Livia, Martinelli Felice: La società a responsbilità limitata, Milano 2004

Montalenti Paolo: La società quotata, Trattato di diritto commerciale (diretto da Cottino Gastone), Padova 2004

Nissolino Laura, Caloja Alessandro: Le clausole abusive nei contratti, Milano 2004

Pozzoli Matteo, Roscini Vitali Franco: Guida operativa al nuovo diritto societario, Milano 2003

Sarzana di S. Ippolito Carlo, Sarzana di S. Ippolito Fulvio: Profili giuridici del commercio via Internet, Mi-la-no 1999

Sirotti Gaudenzi Andrea: Manuale pratico dei marchi e dei brevetti, Santarcangelo di Romangna 2004

### Nachschlagwerke

Ciola Bruno u.a.: Terminologisches Wörterbuch zum Gesellschaftsrecht, italienisch/deutsch, München, Bozen, Wien, Bern 2000

Marengo Silvio Riolfo (diretta da): Enciclopedia Garzanti del diritto, Milano 1993

Patti Salvatore (Hrsg.): Il diritto, enciclopedia giuridica del Sole 24 ore, Milano 2007

Weber Klaus (Hrsg.): Creifelds Rechtswörterbuch, München 2002

### Vertragssammlungen

Bianchi Marco u.a.: I contratti per le imprese italiane, modelli contrattuali tipici e atipici, Milano 1997

Dolce Rodolfo, Corradini Gianni: Folmulario commentato di contrattualistica commerciale Germania – Italia, Milano 2004

Guerri Cesare: I contratti di impresa, Milano 1995

Palmieri Germano, Stassano Giuseppe: Formulario dei contratti aziendali, Milano 1999

# Stichwortverzeichnis

## C



## D



## E



## F



## G

**R**



**S**



**T**



**U**

STIFTUNG
SÜDTIROLER SPARKASSE
1854

**Wir stiften Kultur**